HISTOIRE

MONDIALE

DE LA

FRANCE

SOUS LA DIRECTION DE

Patrick Boucheron

HISTOIRE

MONDIALE

DE LA

FRANCE

COORDINATION

Nicolas Delalande
Florian Mazel
Yann Potin
Pierre Singaravélou

SEUIL

ISBN 978-2-02-133629-0

www.seuil.com

Ouverture

PAR
PATRICK BOUCHERON

« *Ce ne serait pas trop de l'histoire du monde
pour expliquer la France.* »

Jules Michelet, *Introduction à l'histoire universelle* (1831)

Introduire une histoire de France, vraiment? On aimerait pouvoir passer outre, en plongeant directement dans le grand bain des récits rassemblés. Y aller voir sans tarder, au hasard des événements, des envies et des souvenirs; tantôt parcourir à grandes traversées la mer des histoires, tantôt se laisser surprendre par des courants inattendus qui, agités par quelque association d'idées ou réminiscence, nous jetteraient d'une rive à l'autre du temps. Mais toujours sans s'embarrasser de ces pesants préalables qu'implique inévitablement le genre, on ne peut plus intimidant, de l'introduction à une histoire de France. Tant de siècles accumulés, de prédécesseurs graves et solennels, tant de controverses aussi, quand on exige si souvent des historiens qu'ils assument, seuls ou presque, les hantises de leur temps : on en serait presque fatigué d'avance. Aussi se contentera-t-on ici de dire brièvement *ce qui nous a réunis* – brièvement car

il s'agit de rendre compte de la vitesse d'un entrain collectif et du sentiment d'urgence qui l'accompagnait.

Une ouverture donc, davantage qu'une introduction, pour ce que ce mot évoque du point de vue moral et politique, et en pensant moins au prélude majestueux d'une œuvre musicale qu'à la focale du photographe qui lui permet de régler la profondeur de champ. Les auteurs de ce volume ont une ambition en partage qui peut se dire en quelques mots : écrire une histoire de France accessible et ouverte, en proposant au plus large public un livre innovant mais sous la forme familière d'une collection de dates, afin de réconcilier l'art du récit et l'exigence critique.

Cette ambition est politique, dans la mesure où elle entend mobiliser une conception pluraliste de l'histoire contre l'étrécissement identitaire qui domine aujourd'hui le débat public. Par principe, elle refuse de céder aux crispations réactionnaires l'objet « histoire de France » et de leur concéder le monopole des narrations entraînantes. En l'abordant par le large, renouant avec l'élan d'une historiographie de grand vent, elle cherche à ressaisir sa diversité. Voici pourquoi elle prend la forme d'un projet pensé d'emblée comme un geste éditorial : faire entendre un collectif d'historiennes et d'historiens travaillant ensemble à rendre intelligible un discours engagé et savant. Ce livre est donc joyeusement polyphonique. Il ne l'est pas faute de mieux – comment écrire aujourd'hui d'un seul jet et d'une même plume une histoire de France ? – mais par choix et par conviction.

Il faut savoir voyager léger. Partant à l'aventure, les 122 auteurs qui nous ont fait confiance ont accepté de se délester du lourd équipement théorique faisant l'ordinaire des expéditions académiques. C'est qu'ils n'acceptent plus, en somme, ce partage des rôles qui leur est de plus en plus défavorable : aux publicistes les facilités narratives d'un récit s'éloignant sans scrupule de l'administration de la preuve, aux historiens les circonvolutions embarrassées pour ramener ce récit aux froides exigences de la méthode. « C'est plus compliqué que cela » ? Oui sans doute, ça l'est toujours. Mais le rappel à la complexité ne peut être le dernier mot des historiens, sauf à se faire des professionnels du désenchantement. Le travail critique n'est pas

systématiquement morne et austère ; il est parfois même captivant. On peut raconter, sur le mode de l'enquête, la manière dont le passé se fait et se défait sans cesse au travail de l'histoire. Car celle-ci ne parle pas d'elle-même, dans la transparence éthérée de l'évidence, mais à travers des intrigues de connaissances. Telle était donc la consigne : écrire sans notes et sans remords une histoire vivante, parce que constamment renouvelée par la recherche, adressée à ceux avec qui on a plaisir à la partager, en espérant qu'un peu de cette joie saura faire front aux passions tristes du moment. L'écrire sans notes et sans remords, mais en ne cédant rien aux rigueurs de notre métier, notamment en suggérant à la fin de chaque texte quels sont les travaux savants sur lesquels il s'appuie.

Chaque auteur avait donc toute liberté de bâtir son intrigue à partir d'une date de l'histoire de France – que celle-ci fasse déjà partie de la frise chronologique du légendaire national ou qu'on l'y ramène d'ailleurs, entendons d'un autre endroit de la mémoire du monde. Dans tous les cas, l'entrée par les dates s'imposait comme la manière la plus efficace pour déjouer les continuités illusoires du récit traditionnel : elle permet d'évoquer des proximités pour les déplacer, ou au contraire de domestiquer d'apparentes incongruités. C'est bien ce double mouvement – dépayser l'émotion de l'appartenance et accueillir l'étrange familiarité du lointain – que la chronique, dans sa succession enjouée, tend à éprouver. Nous n'avions pas à chercher systématiquement le contre-pied : les dates canoniques y sont bien, quoique parfois décalées, et toujours bousculées par la volonté d'y reconnaître l'expression locale d'un mouvement de plus grande ampleur. Ainsi peut-on faire surgir, au milieu du récit faussement nostalgique de nos souvenirs scolaires, l'énergie constamment surprenante d'une histoire élargie, diverse et relancée.

Il y avait autre chose dans la besace des auteurs qui arrivent ici à bon port : une phrase de Michelet, placée en exergue de ce livre. Mot de passe davantage que cri de ralliement, elle était suffisamment énigmatique pour susciter le désir et l'inquiétude, ces deux moteurs du voyage, condamnant chacun à sa propre liberté d'écrire. « Ce ne serait pas trop de l'histoire du monde pour expliquer la France » : lorsqu'il écrit cela au seuil de son *Introduction à l'histoire universelle* (1831), Jules Michelet a trente-deux ans. Maître de conférences à l'École normale, il enseigne à de plus jeunes que lui une histoire qui ressemble diablement à de la philosophie : c'est en fait, au sens propre, une philosophie de l'histoire. La révolution de 1830 a fait passer « l'éclair de juillet », et avec lui l'espérance politique de la liberté. C'est elle qui soulève l'humanité que Michelet, contrairement à la plupart des historiens de son temps, refuse de croire plaquée au sol par les fatalités de la race. Car ce fils de la Révolution française défend une conception énergique, vitaliste, d'une histoire ouverte qui ne se fige jamais longtemps en ses points d'arrêt que l'on nomme origine, identité ou destin obligé. « Ce qu'il y a de moins simple, de moins naturel, de plus artificiel, c'est-à-dire de moins fatal, de plus humain et de plus libre dans le monde, c'est l'Europe ; de plus européen, c'est ma patrie, c'est la France. » Ainsi avance la flèche du temps, et voici pourquoi cette *Introduction à l'histoire universelle* ne pouvait être pour Michelet qu'une introduction à son histoire de France.

Attention toutefois aux rapprochements trompeurs : si Michelet apparaissait déplacé dans son temps, il n'est pas pour autant de plain-pied avec le nôtre. Car nous ne pouvons plus admettre avec lui que la France est cette « glorieuse patrie [qui] est désormais le pilote du vaisseau de l'humanité ». Le patriotisme de Michelet nous apparaît aujourd'hui compromis par une histoire dont il n'était évidemment pas comptable, mais qui, après lui, s'est autorisée de cette « mission civilisatrice » de la France, notamment pour justifier l'agression coloniale. Compromission définitive ? On pourrait en discuter, quand il apparaît à beaucoup désormais que la réinvention d'un « patriotisme constitutionnel » d'inspiration universaliste et ouvert à la diversité du monde pourrait être le meilleur rempart contre la régression identitaire d'un nationalisme dangereusement étriqué. Mais tel n'est pas le sujet ici : il suffit de relever combien cette aspiration de Michelet pour une France qui *s'explique avec le monde* a pu apparaître, à différents moments de l'histoire, comme une source d'inspiration et d'encouragement.

Ainsi, dans son cours professé au Collège de France de 1943 à 1944, Lucien Febvre revient longuement sur ce texte négligé de Michelet pour éclairer le bien plus célèbre *Tableau* qui ouvrait en majesté le deuxième tome de son *Histoire de France* (1834). Il s'agit pour Febvre de défiger cet être géographique, de déjouer « l'idée d'une France nécessaire, fatale, préfigurée, l'idée d'une France donnée toute faite par la nature géographique à l'homme de France, en appelant France toute la série des formations, des groupements humains qui ont pu exister avant la Gaule sur ce qui est aujourd'hui notre sol », ainsi qu'il l'affirme dans sa 25e leçon prononcée le 1er mars 1944. Dans le Paris occupé, alors qu'il reçoit de son disciple Fernand Braudel, prisonnier dans l'oflag de la citadelle de Mayence, la *Méditerranée* qu'il y écrit chapitre après chapitre, Lucien Febvre évoque ces moments où, comme au temps de Jeanne d'Arc, la France « a manqué de disparaître » et parle des historiens qui, tel Michelet, ont « chassé la race de notre histoire ».

Une fois pour toutes ? On serait bien naïf de le croire. Voici pourquoi

Lucien Febvre reprend le combat après guerre contre ce qu'il appelait dès 1922, dans *La Terre et l'évolution humaine. Introduction géographique à l'histoire* qu'il fait reparaître en 1949, le « préjugé de la prédestination » – soit l'idée selon laquelle l'histoire d'un pays ne peut être guidée que par un destin national. Répondant en 1950 aux appels de l'UNESCO qui voulait faire de l'histoire une science auxiliaire de la recherche d'une paix universelle, il écrit avec François Crouzet un projet de manuel décrivant le développement de la civilisation française comme l'essor fraternel de cultures métissées – ce livre inédit ayant été récemment publié sous le titre *Nous sommes des sang-mêlés* (2012). Car Febvre nommait civilisation cette capacité de débord : « La civilisation française, pour ne parler que d'elle, a toujours débordé largement les limites de la France politique, de l'État français ramassé au-dedans de ses frontières. Et de le savoir, ce n'est certes pas une diminution. C'est un élargissement. La source d'une espérance. »

D'où vient l'idée, étrange quand on y songe, qu'une ouverture sur le monde aboutirait à une diminution de sa grandeur ? Par quel paradoxe en vient-on à imaginer l'histoire d'un pays comme une lutte sans fin pour maintenir sa souveraineté à l'abri des influences extérieures qui viendraient la dénaturer, l'affaiblir et finalement la mettre en péril dans son essence même ? C'est, on le sait bien désormais, l'histoire difficile de la société française confrontée aux défis de la mondialisation durant ces trente dernières années qui explique cette cristallisation croissante du débat public sur le thème de l'identité. Du point de vue historiographique, le point de bascule se situe certainement entre la parution du premier volume des *Lieux de mémoire* dirigés par Pierre Nora en 1984 et celle de *L'Identité de la France* de Fernand Braudel en 1986. La revendication identitaire, d'abord portée par la gauche de gouvernement, débouchait sur la défense d'une culture française définie par le droit à la différence ; elle nourrit désormais une critique de la diversité culturelle dans laquelle se discerne de plus en plus nettement une hostilité face aux effets supposément destructeurs de l'immigration.

Le 16 octobre 1985, Fernand Braudel présentait à des élèves d'un collège de Toulon une leçon pleine d'allant sur le siège de leur ville en 1707. Ce récit d'histoire-monde était destiné à leur faire comprendre non seulement « que la France se nomme diversité », mais que son unité politique et territoriale ne se fabriquait que très lentement, certainement pas au temps de Jeanne d'Arc comme on pouvait encore leur enseigner, plutôt « avec les tardives liaisons des chemins de fer ». Un mois plus tard, sa mort interrompait ce qu'il n'appelait pas autrement que son « Histoire de France » et dont il prévoyait qu'elle

allait être « comprise de travers ». Et de fait : on lut son *Identité de la France*, livre posthume et inachevé, pour le testament politique de l'historien des longues durées alors qu'elle n'était que l'arrêt provisoire d'une histoire en mouvement. Comment la relancer aujourd'hui, sinon en s'inspirant de l'opération de Lucien Febvre, éclairant le *Tableau de la France* de Michelet par l'étincelle de son *Introduction à l'histoire universelle* ?

Il y a, parmi les jeunes chercheurs, beaucoup d'initiatives qui vont aujourd'hui dans ce sens. Elles peuvent s'inspirer de la démarche de Thomas Bender qui proposa, dans un livre retentissant paru en 2006, une histoire globale des États-Unis envisagés comme « une nation parmi d'autres » (*A Nation among Nations : America's Place in World History*). Traiter la guerre de Sécession comme une des nombreuses guerres d'indépendance qui, en Europe et dans le monde, articulaient revendication nationale et idéal de liberté, c'était infliger une blessure narcissique à un pays attaché à un récit national tenu pour exceptionnel. D'autres expériences historiographiques furent tentées, par exemple pour écrire une histoire transnationale de l'Allemagne ou restituer le *Risorgimento* italien dans sa dimension méditerranéenne. Mais si l'histoire de la Révolution française ou de l'empire colonial se prête depuis quelques années à une approche globale, il n'existe pas encore aujourd'hui d'histoire mondiale de la France. Le livre qu'on va lire n'en tient pas lieu : il en forme, tout au plus, les prémices ou la promesse.

Car qu'entend-on ici par histoire mondiale de la France ? D'abord, pleinement, une histoire de France qui ne déserte pas plus les hauts lieux qu'elle ne néglige les grands personnages. Il s'agit moins d'élaborer une autre histoire que d'écrire différemment la même histoire : plutôt que de se complaire dans les complexités faciles du contre-récit ou dans les dédales de la déconstruction, on a cherché à affronter, sans louvoyer, toutes les questions que l'histoire traditionnelle d'une France toujours identique à elle-même prétend résoudre. Voici pourquoi on lira ici une histoire mondiale de la France et non pas une histoire de la France mondiale : nous n'avions nulle intention de suivre l'expansion au long cours d'une France mondialisée pour exalter l'essor glorieux d'une nation vouée à l'universel, pas plus que nous souhaitions chanter les louanges des métissages heureux et des circulations fécondantes. Faut-il dire à nouveau qu'il ne s'agit ici ni de célébrer ni de dénoncer ? Que l'histoire soit, depuis bien longtemps déjà, un savoir critique sur le monde et non un art d'acclamation ou de détestation est une idée qu'on pouvait croire acquise ; elle rencontre tant d'adversaires aujourd'hui qu'il est peut-être bon de la défendre à nouveau.

Expliquer la France par le monde, écrire l'histoire d'une France qui s'explique avec le monde : tout l'effort vise en somme à défaire la fausse symétrie de la France et du monde. La France n'existe pas séparément du monde, le monde n'a jamais la même consistance pour la France. Le monde de la Gaule romaine et du pays des Francs regarde vers la Méditerranée tandis que celui du royaume de Saint Louis s'ouvre sur l'Eurasie. Mais, à différents moments de l'histoire longue des mondialisations, dans les rapports changeants entre ce qui se donne comme « France » et ce qui s'appréhende symétriquement comme « monde », surgissent d'autres configurations sociales, des filiations multiples, des bifurcations inattendues, une géographie décalée – bref une histoire en mouvement. Plutôt que de la dire mondiale, on pourrait se contenter d'affirmer qu'elle est une histoire longue de la France – puisqu'elle commence bien avant qu'on ne puisse la ramener à la brève séquence nationale de son devenir politique. Le vieux terme d'« histoire générale » conviendrait également à une démarche qui ne prétend à rien d'autre qu'à l'analyse d'un espace donné dans toute son ampleur géographique et sa profondeur historique.

Telle est donc l'intrigue principale. Elle n'est ni linéaire ni orientée et n'a ni commencement ni fin – et c'est pourquoi les premières dates plongent au plus profond de l'histoire de l'occupation humaine sur le territoire identifié aujourd'hui comme français, précisément pour neutraliser la question des origines. Il arrive parfois à cette intrigue de se densifier, lorsque les connexions se font plus nombreuses (dans les années 1450-1550 notamment) ou lorsque la France prétend (par exemple à partir du XVIIe siècle et du projet de puissance de la monarchie absolue) rayonner sur le monde, voire le contenir tout entier en assumant l'aventure politique de l'universalisme qui fait du français, pour le monde entier, la langue de l'espérance révolutionnaire. Mais il lui arrive aussi de se distendre, et c'est alors l'histoire des rendez-vous manqués, des replis et des rétractations que l'on a tenté de raconter, notamment depuis ce que l'on peut décrire comme la mondialisation à la française de la seconde moitié du XIXe siècle.

Tout cela fait-il une histoire ? Pas encore. Si les 146 dates qu'on a choisies ici ne forment pas vraiment une chronologie, c'est parce qu'elles ne peuvent, à elles seules, soutenir le récit exhaustif d'une histoire mondiale de la France. Attirant l'attention sur des événements, elles valorisent inévitablement une lecture politique et culturelle, négligeant sans doute les évolutions de plus longue durée affectant l'histoire des sociétés dans leur dimension économique, mais aussi environnementale.

Elles ménagent donc des lacunes que l'on ne manquera pas de repérer : certaines étaient peut-être inévitables, d'autres nous seront imputables. Enfin, les séquences que dessinent ces dates ne valent pas périodisations : elles ne sont là que pour guider une lecture qui peut aussi s'échapper par les sentiers buissonniers que percent, dans le corps du livre, index et renvois, et que relance, à la fin de l'ouvrage une invitation au voyage par le biais d'autres parcours, le traversant thématiquement à la faveur de rapprochements inattendus.

Osera-t-on, pour finir, avouer ce qui, le plus souvent, a guidé nos choix ? Ce fut le principe de plaisir. Non par volonté de bâtir une histoire heureuse : celle qu'on va lire n'est ni plus légère ni plus sombre qu'une autre, même si sa gravité n'est pas désespérée. Mais sans doute n'est-il pas si futile que cela d'affirmer aujourd'hui l'énergie joyeuse d'une intelligence collective. Nous espérons seulement qu'un peu de ce plaisir que l'on éprouve à se créer des surprises, à se faire confiance, à échafauder ensemble un texte commun, à travailler pour ne pas trop se décevoir mutuellement, saura ici se montrer communicatif. Et si l'on nous demande : « Pourquoi cette histoire de France est-elle mondiale ? », on pourra répondre simplement : « Mais parce qu'elle est tellement plus intéressante ainsi ! »

AUX PRÉMICES D'UN BOUT DU MONDE

Ouvrir une *Histoire mondiale de la France* par l'horizon insaisissable des sociétés préhistoriques est un pari improbable et, pour tout dire, risqué. Les quatre cents siècles d'histoire humaine ici traversés au pas de course ont valeur de garde-fou : au mirage de la continuité « spatiale », « la France d'avant la France » se dissout dans les prémices d'une humanité métisse et migrante, jusqu'à ce que les cités-États de l'âge du Fer fixent des unités politiques sous influence romaine. Inutile de chercher à contourner un constat implacable : cet espace n'est rien d'autre que le laboratoire archéologique de sociétés dont l'identité sociale, culturelle et même biologique ne se différencie aucunement du reste du monde. À l'image de la tête en ivoire de Brassempouy, « nos » prédécesseurs n'ont pas de visages reconnaissables. Tout semble venir d'ailleurs, à commencer par les groupes humains bien sûr, jusqu'à l'agriculture méditerranéenne comme technique, pour ne rien dire de l'art rupestre paléolithique, entre 34 000 et 12 000 avant notre ère, dont la tradition s'exprime à une échelle « européenne ». Cul-de-sac de l'Eurasie, isthme continental pour l'Afrique, ce bout du monde favorise les mélanges et donne un point d'appui ponctuel aux premières thalassocraties grecques dès le VIIe siècle avant notre ère, avant d'offrir à la romanisation un territoire d'expansion plusieurs décennies avant Alésia. Ce qui s'y reconnaît, à Carnac comme à Vix, est la marque d'une évolution vers des sociétés structurées par la domination sociale, sans doute aussi politique et plus encore symbolique, mais dont le sens, imaginaire ou réel, restera inaccessible.

Il n'en demeure pas moins que les vestiges du sol et des parois ornées constituent autant de symboles qui permettent de rêver la généalogie impossible d'un territoire, et pire encore d'un « peuple ». À y prêter une attention sérieuse, la fragilité des traces enchevêtrées confine la mémoire écrite ou orale des sociétés « historiques » à un appendice infime de la chaîne des temps. Elles offrent le spectacle d'une spirale à double tranchant, où la surgie du vestige se transforme en acte rétroactif de fondation, sinon d'identification. On ne peut donc penser la préhistoire en dehors de sa propre histoire, savante et politique, née au XIXe siècle. La course à l'antiquité de l'homme universel et de ses traces, de Cro-Magnon (1868) à Chauvet (1995), se substitue en France à la quête obsédante de l'identité raciale, dès la fin du XIXe siècle. Pour mieux obtenir la prééminence sans doute : à ce titre, la France contemporaine est parvenue, à force de fouilles, à occuper une place majeure dans le patrimoine préhistorique mondial exhumé. Cette glorieuse galerie d'oripeaux fossiles et de sites investis d'une aura originelle a cependant contribué, pour finir, à reléguer au grenier des fantasmes le vieux mythe des origines gauloises de la France. Est-il autre chose que le revers de la fiction narrative d'une providentielle « conquête » romaine ?

34 000
avant J.-C.

Inventer le monde dans les entrailles de la Terre

Hier comme aujourd'hui, les visiteurs de la grotte Chauvet sont des hommes « de Cro-Magnon ». Près de 40 000 ans après son attestation, cet art s'offre-t-il pour autant comme une mémoire universelle ? Le chemin parcouru par cet Homo sapiens résolument moderne consacre la profondeur indicible de ses origines et le métissage irréductible de ses identités.

C'était il y a 36 000 ans, au début du printemps. Ils marchent en direction de la grotte, lui, le plus jeune garçon, suivant leurs pas. Il savoure sa chance car, l'année passée, ils n'avaient fait qu'une trop brève escale dans la région ; tout était alors encore gelé, battu par les vents, et le gibier était trop rare pour rester plus longtemps. À présent, le printemps revient plus vite, les troupeaux de chevaux et de bisons promettent d'être plus nombreux, et ils ont donc choisi de s'installer là pour toute la saison, plantant leurs tentes dans cet abri au bord de la rivière, en contrebas du sentier qu'ils empruntent maintenant. Et lui les accompagne. Arrivés devant l'entrée de la grotte, celui qui la connaît le mieux y pénètre d'abord, sans bruit, puis revient assez longtemps après pour leur dire qu'il n'a pas senti la présence des ours – et, en effet, nous n'allons rencontrer qu'un cadavre déjà sec, mort en hibernation depuis longtemps déjà. Tous entrent alors, lui toujours derrière. Les parois dansent puis disparaissent sous la lumière des torches. Après un assez long cheminement, ils s'arrêtent et on lui dit de fermer les yeux. Lorsqu'il les rouvre, face à lui sont des rhinocéros peints à l'ocre, aussi des lions et un mammouth, puis, non loin de là, des mains humaines tatouées en rouge dont on lui dit en la montrant que celle-ci est la marque laissée là par la mère de sa mère. Il pose sa propre main dessus et sent le calcaire frais et humide. Continuant leur chemin, à un moment donné, ils baissent les torches et accélèrent leurs pas ; il croit voir de loin, tracés en noir, des rennes et, derrière eux, plus loin encore, des chevaux, des aurochs et des rhinocéros. Mais il n'en est pas très sûr et, surtout, son œil est alors attiré par un grand feu à l'entrée d'une galerie. Qui l'a allumé ? Il faut passer à côté et sa fumée lui rougit les yeux. Il s'agrippe à la tunique de l'homme qui marche devant lui tandis qu'ils descendent lentement dans cette galerie où, cette fois, lorsqu'on lui donne la permission de voir, il contemple le mystère d'un monde né d'une violence inouïe. Il sent que, même s'il n'a pas le droit de la rapporter à quiconque, l'histoire racontée ici a déjà transformé son regard. On lui dit que ces images sont très anciennes, qu'elles datent même de l'origine du monde. Et cela lui apparaît comme une évidence.

C'était l'année dernière, au cœur de l'été. Une foule nombreuse se presse dans les gorges de l'Ardèche pour visiter la reproduction de cette grotte, dont tout le monde se fait l'écho. Qu'ils soient ou non émerveillés par les fac-similés de ces fresques dans l'évocation de leur décor d'origine, les visiteurs vont au moins y rencontrer une chose simple : nous ne sommes pas nés d'hier. « Nous ». Car ces images renvoient invariablement chacune et chacun – par leur puissance intrinsèque ou bien est-ce le regard que nous projetons dessus qui agit ainsi ? – à quelque chose d'universel. Peut-être parce qu'elles surgissent de nulle part qu'une mémoire singulière puisse s'approprier, mettant ainsi tout le monde d'accord, d'où que l'on vienne et quelle que soit l'identité avec laquelle on se tient face à elles. Or, pourtant, ces images prennent bel et bien place dans une trajectoire historique particulière et c'est bien elle dont il faut essayer de mesurer la portée – afin, justement, de donner du sens à ce sentiment d'universalité.

Mais que sait-on des auteurs de ces fresques et de leurs motivations ? On ne sait pas quelle langue ils parlaient, on ne sait pas exactement pourquoi ils ont inventé ce langage imagé, pourquoi ils l'ont exprimé là, on ignore tout de ce qu'ils se disaient face à ces œuvres et l'on ne sait guère que reconnaître des animaux et décrire comment ils ont été réalisés – en s'émerveillant. Tout ce qui a été dit plus haut est parfaitement inventé ; le garçon que l'on a imaginé découvrir ces peintures n'a bien sûr jamais existé. C'est une image d'Épinal plaquée sur des images d'un autre temps, désespérément muettes alors qu'elles paraissent hurler. Quant à leur date, tout ce que nous savons, c'est que les premières fresques de cette grotte ont été exécutées sur une certaine durée, entre 37 000 et 34 000 ans avant le présent. Toutefois, ce garçon a une place bien réelle dans l'histoire. Il nous parle de la construction d'un nouveau monde, ce monde qu'il a, lui, pu croire de toute éternité, à coups de pinceau ou plutôt de fusain.

Ce monde est celui de l'homme de Cro-Magnon. Celui-ci est, comme nous à sa suite, le fruit d'une trajectoire biologique complexe, qui vit nos très lointains ancêtres (*Homo erectus*) quitter pour partie l'Afrique tandis que d'autres y demeuraient, les premiers devenant peu à peu, une fois parvenus en Europe, des hommes de Neandertal tandis que les seconds se transformaient en *Homo sapiens*; plus tard, vers 100 000 ans, ces derniers quittent à leur tour l'Afrique pour le Proche-Orient puis, longtemps encore après, l'Eurasie, où ils côtoient alors les néandertaliens évoqués précédemment, tous ensemble conjuguant allègrement leurs gènes. Voilà ce qu'est l'homme de Cro-Magnon, notre ancêtre direct – un métis, par vocation. Le phénomène en question – alliant mouvements de populations, échanges, croisements, etc. – prend d'ailleurs une dynamique nouvelle quelques millénaires avant que soient peintes les fresques. Entre 60 000 et 40 000 ans avant le présent, *Sapiens* se répand en effet sur le monde, au-delà de ses frontières d'alors, à l'image de l'Australie comme, peut-être, déjà, selon certains modèles, des Amériques. Et ainsi donc, vers 45 000 ans, le voici en Europe. L'accroissement démographique, dans un monde encore très loin d'être plein, ne peut seul suffire à expliquer le phénomène, et sans doute de puissantes dynamiques sociales sont-elles en jeu.

Qu'est-ce qui fait tourner le monde? Une société humaine trouve-t-elle d'abord son explication dans une forme de « rationalité biologico-économique » (mutations techno-économiques sur fond de croissance démographique et de variations environnementales), ou puise-t-elle son essence dans des idéaux régissant les rapports de sexe, de génération, de pouvoir, etc. ? À cela, les fresques de cette grotte répondent : les sociétés du Paléolithique supérieur étaient certainement déjà fondées sur des valeurs politico-religieuses et voilà peut-être en quoi résident tout à la fois leur modernité et leur universalité. Religieuses car, même si nous n'en connaissons pas le sens, il est bien certain que ces œuvres débordent de spiritualité ; politiques car leur message est sans nul doute d'exprimer des règles qui informent la place que l'homme se donne dans l'univers et dans le monde animal. Il s'invente ainsi comme être social, à travers un réseau de valeurs organisatrices de ce qui devient société, par codification probable du rapport entre le masculin et le féminin, ou encore le lien entre générations.

Et sans doute est-ce pour cela que des générations d'Aurignaciens – c'est ainsi que les préhistoriens nomment les premiers à avoir fréquenté cette grotte, les auteurs de ses principales fresques – s'y sont-ils rendus pour y peindre et y apprendre, dans ces enfilades de salles et de galeries, au détour d'alcôves et de diverticules, un tel message. Certainement venaient-ils de loin pour cela, ces groupes nomades circulant, on le sait, dans de vastes régions à l'image de tout le sud de la France actuelle, d'Aquitaine en Méditerranée. On les connaît se déplaçant d'abris naturels en campements en plein air, selon les circonstances et les saisons, brillants chasseurs, habiles artisans pour travailler l'os, le bois ou la peau, aimant parer leur corps de diverses manières (colliers de dents ou de perles, pendeloques en ivoire, etc.), autant de façons, là encore, de codifier la place des individus dans les groupes et l'identité des groupes entre eux. Et brillants artistes, dont cette grotte reste le chef-d'œuvre : avec près de cinq cents figures animales (outre les espèces que nous avons imaginées entrevues par le garçon, ajoutons des bisons, bouquetins, mégacéros ou encore ours et même hiboux), mettant en scène l'une des plus anciennes représentations de la femme (réduite pour l'essentiel à son sexe), elle contient plus d'images que toutes celles que nous connaissons par ailleurs dans le monde aurignacien. Ce faisant, cette grotte et ses œuvres circonscrivent les principaux thèmes de ce « grand art des cavernes », auquel se dédieront des générations d'artistes, pendant plus de 20 000 ans.

Leur disposition dans le gigantesque espace de cette cavité semble suivre une réelle logique, comme si elle respectait une certaine forme de cheminement initiatique : les premières parties de la grotte, principalement décorées de peintures rouges, alternent des panneaux aisément accessibles avec d'autres dissimulés dans des diverticules ; le fond de la cavité détient les peintures noires employées pour la confection des fresques les plus complexes et les plus riches, tels le « panneau des chevaux » et celui « des lions » – dont nous avons imaginé qu'il ait pu provoquer un sentiment si fort au jeune garçon, tant cette scène est en effet puissante. À cela

s'ajoutent quantité de gravures animales, le plus souvent simplement tracées au doigt au contact de la paroi, ainsi que de nombreux « signes » – c'est ainsi que l'on nomme des motifs géométriques –, le tout additionnant vraisemblablement les interventions de nombreuses personnes, durant des siècles, même si l'on peut considérer que les spectaculaires panneaux noirs du fond, évoqués précédemment, sont le fait de quelques artistes seulement et peut-être même d'un seul et unique « maître ». Car la dextérité de ces œuvres invite à penser qu'il existait de véritables artistes et que c'est d'ailleurs à travers l'art et nulle autre activité qu'émerge alors cette notion de « spécialiste ».

En inventant un tel langage, ces artistes ont bel et bien contribué à fonder un nouveau monde. Un monde entrant dans l'histoire non par les textes, mais au travers du legs qu'une génération entend laisser à la suivante grâce à la dissociation du corps et de l'esprit, matérialisation d'une pensée qui, si elle n'est pas encore gravée dans le marbre, résiste sur la paroi. Fondement d'une mémoire collective donc, mais appelée à se réinventer et dont nous sommes en quelque sorte aujourd'hui le dernier avatar. Nous savons en effet que, plusieurs siècles durant après que les premières fresques ont été réalisées, la grotte continua d'être fréquentée et que ces peintures continuèrent à être vues. Après avoir été momentanément abandonnée, la grotte fut même réinvestie quelques millénaires plus tard et l'on se perd en conjectures pour tenter de percer le mystère de ce qu'ont pu ressentir ces Gravettiens qui la redécouvrirent. Puis elle fut oubliée et enfouie jusqu'à resurgir à la fin de notre XXe siècle à nous.

De cette grotte, on peut donc vouloir livrer une restitution « originelle », fût-elle fantasmée, mais il est en fait tout aussi important de réfléchir à sa portée à travers les siècles. Il est illusoire de vouloir « décoder » la signification exacte de ces œuvres non seulement parce qu'elle a été oubliée mais aussi parce qu'elle a, par essence, été déjà maintes fois repensée ; on peut en revanche essayer d'en saisir la vocation (politico-religieuse, sociale) dans cette étape cruciale de mutation des sociétés humaines accompagnant les premiers temps d'*Homo sapiens* en Europe. Enfin, face à ces fresques, si nous avons le sentiment d'être aux sources de notre histoire, c'est aussi ce sentiment, tout autant qu'elles, qu'il est intéressant d'interroger.

—

FRANÇOIS BON

RÉFÉRENCES

—

François BON, *Préhistoire. La fabrique de l'homme*, Paris, Seuil, 2009.
Jean CLOTTES (dir.), *La Grotte Chauvet. L'art des origines*, Paris, Seuil, 2001.
Jean CLOTTES (dir.), *La France préhistorique. Un essai d'histoire*, Paris, Gallimard, 2010.
Jacques JAUBERT, *Préhistoires de France*, Bordeaux, Confluences, 2011.
Chris STRINGER, *Survivants. Pourquoi nous sommes les seuls humains sur terre*, Paris, Gallimard, 2012.
Boris VALENTIN, *Le Paléolithique*, Paris, PUF, coll. « Que sais-je ? », 2011.

RENVOIS

—

23 000, 12 000, 1907, 1940

23 000

L'homme se donne un visage de femme

*La plus ancienne représentation conservée au monde
d'un visage humain sculpté est vieille de 25 000 ans.
Les traits de la « Dame de Brassempouy » nous paraissent
à présent comme destinés de toute éternité à incarner
la Préhistoire. Mais cela a-t-il toujours été si évident ?
Retour sur les tribulations d'une icône,
de l'Atlantique à l'Oural.*

Nous, les humains, avons besoin d'icônes – et pour pouvoir penser la préhistoire nous avons eu besoin de lui donner un visage. En fait, plusieurs visages viennent à l'esprit lorsque l'on songe à cette période, figures incarnant chacune une portion du spectre de sentiments et de représentations contradictoires qu'elles véhiculent, certaines franchement grimaçantes – tel le crâne édenté du « vieillard » de Cro-Magnon, par exemple –, d'autres beaucoup plus paisibles et rassurantes. C'est justement l'un de ces visages sereins, parmi les plus célèbres et en tous les cas parmi les plus beaux, dont il est question ici.

Elle est pourtant minuscule, cette petite tête d'à peine plus de 3 centimètres, sculptée dans un bel ivoire de mammouth aux reflets doux, toute fragile en apparence, avec cette grande balafre de dessiccation qui lui traverse la joue. Énigmatique, ce qu'elle exprime est laissé à notre entière imagination : ses yeux ne sont ni ouverts ni fermés – on ne peut que deviner son regard sous ses arcades sourcilières –, pas plus que sa bouche, non plus tracée, n'exprime quoi que ce soit, tandis que ses oreilles sont simplement, sans doute, dissimulées sous sa coiffe ; en résumé, tous ses sens sont au repos et elle est comme tournée en elle-même.

Et pourtant, plus on lui retire d'expression et plus elle paraît gagner en signification, plus le message qu'elle délivre, seulement porté par sa grâce, paraît profond et universel. Voici certainement pourquoi cette petite « Dame à la capuche » de Brassempouy est si souvent placée en frontispice des ouvrages de préhistoire du monde entier, comme si son charme ineffable était le meilleur ambassadeur d'une période inracontable – et pourtant fondatrice.

Il n'y a pas très longtemps qu'elle est entrée dans notre imaginaire car il n'y a pas très longtemps que la préhistoire à laquelle elle appartient a été inventée. Première étape, franchie non sans mal : admettre l'ancienneté de l'homme bien au-delà des traces écrites lui ayant jusqu'alors servi de seul journal de bord ; voilà qui est fait vers 1860. Seconde étape, se contredire bruyamment sur la nature et l'évolution de cet homme préhistorique, ce qui occupera les préhistoriens jusqu'au début du XXᵉ siècle – et qui continue de les occuper même si, depuis cent ans environ, l'évolution biologique est démontrée et unanimement admise dans son principe. Simultanément, tenter d'écrire cette histoire sans textes, relater l'évolution non seulement de l'homme mais de ses sociétés, et c'est à cela que, parmi d'autres, mais mieux que beaucoup, s'est attelé Édouard Piette (1827-1906), magistrat ardennais et pyrénéen d'adoption. Préhistorien de la seconde génération, il poursuit l'œuvre de Boucher de Perthes et de Lartet en tentant, lui, loin des rives de la Somme du premier et plus près des terrains du second, de puiser dans les cavernes méridionales les archives du sol susceptibles de bâtir cette nouvelle science. Le voici par exemple en 1873 dans la vallée de la Neste à Lortet, puis au Mas-d'Azil en Ariège à partir de 1887, comme enfin à Brassempouy quelques années plus tard.

Situées au cœur de la Chalosse, les grottes de Brassempouy sont certes déjà connues depuis quelques années lorsqu'il y installe son chantier, mais il allait appartenir à Piette de leur donner leur pleine renommée. Une célébrité que l'on pourrait croire due à l'authentique qualité scientifique des recherches qu'il y entreprend, lesquelles livrent en effet une remarquable séquence stratigraphique appelée à jouer un rôle important dans l'établissement des chroniques paléolithiques, mais qui réside en fait et pour beaucoup dans cet objet, dont la notoriété finit par surclasser tout et même son propre contexte de découverte. Pourtant, lorsqu'il le sort de terre en cet été 1894 que l'on imagine chaud et orageux comme le sont les étés landais, Piette hésite, s'interroge : trop beau, trop proche, ce visage ne répond pas aux idées reçues que l'on a alors sur les artisans de cette période sauvage, sur ces chasseurs-cueilleurs errants, et il a peur d'être face à un canular. Mais, sitôt publiée, la « Dame de Brassempouy », du haut de ses quelques centimètres d'ivoire, devient rapidement l'un des objets les plus emblématiques pour penser et se représenter cette période et son humanité.

Cependant, si cet objet est depuis longtemps une représentation de la préhistoire qui nous parle, est-il vraiment représentatif de la culture de celui ou de celle qui le fit sortir de l'ivoire entre ses doigts il y a quelque 25 000 ans, d'après les connaissances dont nous disposons désormais à son sujet ? Oui et non – et voilà bien l'un des paradoxes de ce petit visage sculpté. Au moment où Piette le recueille, il ne sait pas encore qu'il vient de mettre la main sur l'un des premiers exemples d'un thème emblématique de l'art du Paléolithique supérieur européen : celui de la représentation de la Femme. On connaît cet art pour être avant tout animalier, et c'est vrai, mais la représentation féminine, non de la femme comme être social, mais de la féminité comme valeur symbolique, n'en est pas moins centrale. Elle se décline de bien des façons et, notamment, dans la statuaire de figurines en divers matériaux (ivoire, pierres et même terre cuite) dont les artisans du Gravettien, tradition « culturelle » attestée à travers toute l'Europe entre 29 000 et 22 000, sont justement passés maîtres, propageant ce thème et ses déclinaisons à l'échelle de tout le continent européen, depuis les rives de l'Atlantique jusqu'aux bords du Don ; on peut même aller jusqu'à dire que ce thème est l'un des ferments les plus palpables de l'unité culturelle des populations de cette période et qu'avec lui, et pour la première fois, les archéologues dressent les contours d'une tradition non sur la base de savoir-faire techniques (telle ou telle façon de tailler la pierre, etc.) mais en fonction de ce qui apparaît à l'évidence, d'abord, comme une idéologie partagée. Ce faisant, ces hommes du Paléolithique inventent les premières icônes et marquent en cela un véritable tournant dans l'histoire de l'humanité.

Et pourtant, la « Dame de Brassempouy » n'en demeure pas moins un objet exceptionnel et même excentrique dans ce contexte. Si l'on connaît plusieurs dizaines de représentations féminines, elle seule ou presque nous livre un visage ; dans l'immense majorité des cas en effet, l'attention de l'artiste s'est focalisée sur ce que l'on désigne pudiquement comme les « attributs » de la féminité : seins, sexe, ventre, hanches, tout en rondeur ou béance, en profusion et plénitude, minimisant voire supprimant tout à fait la tête. Lorsqu'elle est cependant représentée, la voici alors souvent « coiffée », montrant comme à Brassempouy le soin donné à la parure de tête (cheveux tressés ou véritable coiffe, on ne sait), qui reste d'ailleurs bien souvent la seule partie du corps qui soit ainsi ornée, codifiée par un artifice. Mais, des traits du visage, jamais il n'est question. Notre objet est donc davantage encore qu'exceptionnel, c'est un renversement des valeurs communes : un visage mieux qu'une tête, sans corps alors que la plupart des autres représentations ne sont que cela.

Est-ce la raison pour laquelle elle a été abandonnée parmi d'autres rejets de fabrication ? Impossible de le savoir mais, en effet, ce merveilleux objet gisait dans l'entrée de la grotte du Pape de Brassempouy parmi d'autres figurines, entières et incomplètes, de formes d'ailleurs assez diverses et pour certaines peut-être seulement ébauchées, toutes réduites à des silhouettes de corps, voluptueux ou graciles, mais toujours sans visages, au milieu de fragments de défenses et de copeaux d'ivoire. Sans doute s'agit-il d'un atelier de fabrication et peut-être cette pièce, dont on sait qu'elle n'a jamais été autre chose qu'une tête et son visage détachés du corps, est-elle à proprement parler un essai ou, tout du moins, une représentation très libre à l'égard des normes, nullement destinée en tous les cas à propager et perpétuer un canon de l'époque ? Bref, si la « Dame de Brassempouy » participe d'un thème déterminant dans l'iconographie paléolithique, celui de la figurine féminine, elle demeure une icône légèrement subversive dans sa propre culture.

Un caprice de préhistorique devenu un emblème de préhistorien ? Peut-être, mais surtout, une belle leçon pour tout le monde à la fois : la grâce de ses traits balaie calmement tous les *a priori* possibles sur la rusticité présumée de ces hommes et femmes des cavernes, lesquels, à 25 000 ans de là, émergent sous nos yeux depuis l'ombre chinoise de leur culture. Bref, un objet parfait, à peine décalé des propres valeurs de sa culture pour mieux en incarner d'autres, et qui surtout s'amuse de tous les effets de surprise.

Quoi qu'il en soit, son profil, tel celui d'une Marianne des temps paléolithiques, soldat inconnu de l'« éternel féminin », est désormais l'image de marque de notre Musée d'archéologie nationale ; et c'est ainsi que ce visage, bien que finalement singulier dans son contexte préhistorique, grâce aux dimensions esthétiques, allégoriques et, disons-le, politiques qu'on lui trouve et lui fait jouer, il n'était sans doute que justice de lui réserver une place ici.

RÉFÉRENCES

—

François BON, Yann POTIN, Dominique HENRY-GAMBIER *et al.*, « Pré-histoires parallèles. Henri Delporte, Édouard Piette et les grottes de Brassempouy », *in* René DESBROSSE et André THÉVENIN (dir.), *Arts et cultures de la préhistoire. Hommages à Henri Delporte*, Paris, Éd. du CTHS, 2007, p. 185-196.

Henri DELPORTE, *Édouard Piette. Histoire de l'art primitif*, précédé de *Piette, pionnier de la préhistoire*, Paris, Picard, 1987.

Henri DELPORTE, *L'Image de la femme dans l'art préhistorique*, Paris, Picard, 1993, 2ᵉ éd. augmentée.

Emmanuel GUY, *Préhistoire du sentiment artistique. L'invention du style il y a 20 000 ans*, Paris, Presses du Réel, 2011.

Aurélien SIMONET, *Brassempouy (Landes, France) ou la Matrice gravettienne de l'Europe*, Liège, Études et recherches archéologiques de l'université de Liège, 2012.

Randall WHITE, « The Women of Brassempouy : A Century of Research and Interpretation », *Journal of Archaeological Method and Theory*, 2006, vol. 13, n° 4, p. 251-304.

RENVOIS

—

34 000, 397, 1815, 1858, 1949

FRANÇOIS BON

12 000
avant J.-C.

Le climat détraqué et l'art régénéré

En parallèle d'un réchauffement climatique, une mutation profonde des sociétés se produit, 12 000 ans avant notre ère, bien avant la sédentarisation. Le maillage du temps par l'archéologie se resserre : on peut alors tenter une paléohistoire et déconstruire les mythes sur cette période. Les mystérieux galets ornés du Mas-d'Azil sont-ils les traces d'une révolution idéologique au bout du monde eurasiatique ?

Deux cents siècles environ s'écoulèrent entre les œuvres chtoniennes de la grotte Chauvet (Ardèche) et celles de Niaux (Ariège). Les représentations d'animaux cessèrent ensuite, de même que les rites consistant à orner les cavités de l'Europe du Sud-Ouest d'un bestiaire réaliste ou fabuleux et de signes géométriques devenus énigmatiques. Pour cette fin de l'art des cavernes, le titre du chapitre indique une date précise, mais, en réalité, la disparition sans doute progressive de ces symboles foisonnants a pu se produire aussi bien entre 12 026 et 12 015 qu'entre 12 198 et 11 874 ou bien lors de tout autre intervalle pendant à

peu près deux siècles avant et après notre repère chronologique approximatif. En ces temps-là, l'imprécision du carbone 14 est de cet ordre, loin toutefois des millénaires de flou entourant par exemple les dessins de Chauvet au début du Paléolithique récent. Pour autant, sur sa fin mieux datée dont il est ici question, il n'y a toujours pas d'événement saisissable. C'est à ces temporalités imprécises que je prétends adapter l'ambition historique en plaidant pour une démarche « paléohistorique », alors même que beaucoup d'historiens s'intéressent symétriquement à l'archéologie et aussi à l'histoire démesurément ancienne.

Se revendiquer d'une telle démarche, c'est déjà œuvrer à décongeler une préhistoire imaginaire figée en un seul gros bloc. On l'émaille de quelques clichés souvent moqueurs, comme on le fait aussi pour le Moyen Âge : équipage de dinosaures anachroniques (l'adjectif est faible : 60 millions d'années d'écart au bas mot) ou bien de mammouths (ça tombe mieux, mais pas partout et pour toute la préhistoire : ils quittèrent l'Europe au XIIIe millénaire avant J.-C.), gourdins (jamais trouvés), femmes tirées par les cheveux (c'est le cas de le dire)... Les stéréotypes alimentent l'arrogance envers l'Autre, celui que nous avons été, aujourd'hui exhibé dans les musées en mannequins crasseux, succédanés polis des zoos humains. C'est l'idée de décadence et la myopie historique dont elle procède que l'on a choisi de moquer dans le titre, car le fantasme du déclin trouve périodiquement le succès. « Petits et peu robustes, avec une grosse tête, ils eussent fait piètre figure auprès des fiers Cro-Magnon », écrivait par exemple un archéologue dans l'*Histoire de la France* dirigée par Georges Duby en 1995, à propos de la période qui nous intéresse ici et des gens d'alors. Ainsi, certains bâtisseurs de l'archéologie préhistorique, cette science encore jeune, ont nourri eux-mêmes les mythes disparates l'entourant : préhistoire immobile ou bien ascension linéaire vers le progrès ou encore alternance entre prétendus apogées et déchéances, le tout mêlé de fictions racialistes.

Mais, pour que la démarche paléohistorique ne soit pas un simple slogan, elle doit se pratiquer en pleine conscience de l'imprécision de nos chronologies et des lacunes de nos sources, exclusivement archéologiques. Si bien que qualifier d'« art » les petits galets trouvés d'abord au Mas-d'Azil (Ariège), gravés ou ocrés de points et de lignes quelques siècles après la disparition des œuvres en grotte, revient peut-être à de l'ethnocentrisme. Ces galets de rivière, connus depuis les Cantabres jusqu'à l'est de la France, portent tout de même des symboles, c'est certain, même si l'on ignore de quoi. On sait seulement que les exemplaires gravés l'ont été en une fois et ne sont donc pas des décomptes calendaires. Et ces galets dits « aziliens » – un terme qui renvoie à la fois à une phase historique et à un vaste courant culturel – ne portent évidemment pas d'écriture, contrairement à ce que l'on a voulu croire quand on cherchait à tout prix à faire mentir l'adage « *Ex oriente lux* » (« La lumière vient de l'est »). Les autres prétendues écritures de Glozel, les Indo-Européens et quelques théories en apparence plus anodines sur une agriculture précoce en Europe résultent de la même difficulté à admettre que les finistères que nous habitons par hasard aujourd'hui ont été à plusieurs reprises tributaires du Proche-Orient. Ce dernier le fut aussi de ce qui s'est passé ici, mais à d'autres moments : à cette échelle-là, la globalisation des pratiques est ancienne, tout comme les migrations incessantes et en tous sens.

Quant à ces discrets galets, ils n'ont rien à voir non plus avec la grotte de Niaux, ses œuvres zoomorphes un peu plus anciennes et son « salon noir » au format de cathédrale, d'où cette idée obsolète de dégénérescence de l'expression symbolique entre les deux, vers 12 000 avant J.-C. Cela étant, on sait qu'il y eut alors un certain parallélisme entre cette révolution idéologique et un réchauffement très brutal du climat à la fin du dernier cycle glaciaire, ce bouleversement rapide s'accompagnant d'une transformation profonde du gibier disponible. On constate en outre de nets changements dans les activités de subsistance et les techniques des chasseurs-collecteurs nomades de l'époque. Se sont alors aussi achevés en France plus de deux cents siècles d'une véritable civilisation du renne, autrement dit d'une adaptation étroite aux paysages steppiques et à leur animal emblématique. Celui-ci se réfugia dans les régions septentrionales qu'il occupe actuellement, tandis qu'ailleurs, et donc à nos latitudes, les chasseurs se tournaient vers des gibiers forestiers. Il n'est pas sûr néanmoins que tous ces faits furent réellement concomitants puisqu'ils sont datés avec quelques siècles d'imprécision chacun. C'est la grande difficulté stimulante d'une démarche paléohistorique : modéliser, à défaut de pouvoir les démêler, les liens de causalité, probablement complexes, entre toutes ces mutations idéologiques, économiques et environnementales. Et sans doute démographiques puisque la paléogénétique vient de signaler d'importantes migrations humaines dans le même intervalle de temps. La lecture d'Alain Testart, un des rares anthropologues français à s'être penché sur le treizième millénaire avant J.-C. et ceux qui l'entourent, ouvre par ailleurs de nouveaux horizons : celui-ci propose de situer à cette époque une grande mutation sociologique, du moins en Europe, à savoir une diminution de l'interdépendance entre les membres des communautés nomades. Cette hypothèse, fondée sur un raisonnement régressif à partir des chasseurs-collecteurs récents, est malheureusement très difficile à tester archéologiquement car la sociologie se fossilise mal, notamment quand les sépultures sont rares, ce qui est le cas alors en Europe.

En revanche, à partir des environs de 9 000 avant J.-C., leur nombre explose en parallèle d'autres changements techniques et économiques non linéaires. C'est alors que se produisit un deuxième fort réchauffement climatique et que commence ce que l'on appelle par convention le « Mésolithique » dans la périodisation européenne. En fait, ce terme conventionnel recouvre des formes d'adaptation vraiment diverses aux milieux désormais tempérés. Une des options fut la sédentarisation avec regroupement des tombes en nécropole que l'on observe sur une part du littoral atlantique, notamment en Bretagne vers 6 000 avant J.-C., tandis que subsistaient ailleurs divers types d'économie nomade.

De telles sédentarisations sans agriculture ni élevage sont bien connues chez d'autres chasseurs-cueilleurs plus anciens ou plus récents : dès 12 000 avant J.-C. au Japon ou au Proche-Orient ainsi que 4 000 ans après au Pérou ou bien, il y a encore un siècle à peine, sur la côte pacifique de l'Amérique du Nord. Les sédentarisations anciennes de chasseurs-cueilleurs s'accompagnèrent probablement d'une autre grande mutation sociopolitique, l'apparition de la richesse, notamment autour de la constitution de stocks, comme on le voit dans les cas les plus récents. Une mutation si importante qu'Alain Testart la considère plus révolutionnaire encore que le « Néolithique », autrement dit que le début des économies agropastorales. Pour revenir à la France, on n'a pas encore identifié de signes explicites de différenciation sociale dans les communautés sédentaires du Mésolithique breton, mais la paléosociologie est une ambition très difficile, on l'a déjà souligné. L'archéologie n'apporte pas plus de témoignages flagrants de richesse dans les villages de ceux qui, durant les VIᵉ et Vᵉ millénaires avant J.-C., introduisirent la céréaliculture et l'élevage en provenance du Proche-Orient *via* les Balkans. De là, il a fallu au moins 1 000 ans aux économies néolithiques pour se propager par deux voies jusqu'en France, et 1 000 ans de plus pour couvrir tout le territoire. Dans ces délais, c'est aussi l'histoire des derniers chasseurs-collecteurs locaux qui se joue : de ceux qui, convertis aux nouvelles pratiques, s'en firent vite les zélateurs, et des autres qui, sans abandonner leur mode de vie traditionnel, tiraient profit de nouveaux échanges avec les paysans ou bien subissaient leur concurrence – peut-être violente, cela reste à établir. Les trajectoires historiques ont dû être, là encore, très variées : en Laponie, il a subsisté des chasseurs-cueilleurs nomades jusqu'au XVIIᵉ siècle de notre ère. En somme, si l'on considère que certaines sociétés ne sont pas assez « entré[e]s dans l'Histoire », c'est aussi le cas pour l'homme européen !

Car il est facile d'instrumentaliser le partage entre histoire et préhistoire, une notion que Lucien Febvre considérait du reste comme « l'une des plus cocasses ». Ce partage éventuel s'avère en outre bien fluctuant puisque le seuil en est tantôt l'agriculture tantôt l'écriture, ou le contact avec ceux qui en usent, plus ou moins couramment d'ailleurs. On a été témoin encore récemment de ces hésitations quand Paléolithique et Mésolithique – plus de 99 % de l'histoire universelle ! – ont été expulsés du programme d'histoire en première année de collège avant que les premières agricultures le soient ensuite. Heureusement, les nouveaux programmes réintègrent l'ensemble et c'est une excellente nouvelle puisque « l'âge de glace » et ce qui suit forment, nous l'avons vu, une histoire pas si froide qu'on ne le dit parfois. Or tout le monde mérite de connaître ce que dissimulent les mythes congelés.

—

BORIS VALENTIN

RÉFÉRENCES

—

Jean GUILAINE, *De la vague à la tombe. La conquête néolithique de la Méditerranée*, Paris, Seuil, 2003.
Grégor MARCHAND, *Préhistoire atlantique. Fonctionnement et évolution des sociétés du Paléolithique au Néolithique*, Paris, Errance, 2014.
Alain TESTART, *Avant l'histoire. L'évolution des sociétés, de Lascaux à Carnac*, Paris, Gallimard, 2012.
Boris VALENTIN, *Jalons pour une paléohistoire des derniers chasseurs (XIVᵉ-VIᵉ millénaire avant J.-C.)*, Paris, Publications de la Sorbonne, 2008.
Boris VALENTIN, *Le Paléolithique*, Paris, PUF, coll. « Que sais-je ? », n° 3924, 2011.

RENVOIS

—

5 800, 1610, 1816, 1940

5 800

avant J.-C.

Dans la multitude orientale des champs de blé

La révolution néolithique désigne sans aucun doute la plus grande rupture dans l'histoire mondiale de l'humanité : universelle par nécessité, la complexe association entre maîtrise de l'agriculture, domestication animale et sédentarisation des sociétés atteint le finistère de l'Europe 3 000 ans après son émergence au Moyen-Orient.

Il faut s'y résigner, l'agriculture n'a pas été inventée en France. Ni même en Europe. Depuis 10 000 ans avant notre ère, l'Europe était recouverte d'une épaisse forêt d'essences tempérées, chênes, tilleuls, hêtres, mais aussi noisetiers, aulnes, ormes, ainsi que de nombreux arbres fruitiers, sauvages par définition, pommiers, pruniers, vignes, baies diverses, et où croissaient au moins six cents espèces de plantes comestibles. Cette forêt était parcourue par un abondant gibier, aurochs (les derniers disparurent au XVIIe siècle de notre ère), cerfs, chevreuils, sangliers. Les groupes de chasseurs-cueilleurs indigènes dits « mésolithiques » y nomadisaient paisiblement, certains ayant même domestiqué le chien à partir du loup, tandis que les régions riches en ressources aquatiques permanentes (poissons, coquillages, mammifères marins) permettaient une certaine sédentarité, le long des grands fleuves et dans les zones côtières ou lagunaires, ce qui semble avoir été au moins le cas pour la Bretagne.

Mais, dans le même temps, des groupes de chasseurs-cueilleurs du Proche-Orient, entre le Néguev et le sud de l'actuelle Turquie, avaient entrepris de se sédentariser et de domestiquer des espèces sauvages locales, blés et orges, moutons, chèvres, bœufs et porcs, le chien ayant déjà été domestiqué. Dans un environnement semi-aride, ces domestications assuraient une alimentation sécurisée. De fait, l'invention de l'agriculture et de l'élevage (le « Néolithique ») ne s'est faite que dans un très petit nombre de régions du monde, indépendamment les unes des autres et avec des espèces animales et végétales à chaque fois différentes – bassin du fleuve Jaune, bassin du Yangzi Jiang, Andes, Mexique, Nouvelle-Guinée, peut-être nord de l'Afrique. Il a fallu un subtil mélange, pas toujours complètement éclairci, de conditions environnementales (il n'y a pas de raisons de domestiquer des espèces très abondantes dans la nature), techniques (la maîtrise du stockage) mais aussi culturelles (un changement d'attitude vis-à-vis de la nature).

Une fois l'agriculture établie, l'une de ses conséquences directes est, par une alimentation meilleure et sécurisée, une explosion démographique continue : si les chasseuses-cueilleuses ont en moyenne un enfant tous les trois ans, les agricultrices enfantent chaque année, même si la moitié des nouveau-nés meurent avant l'âge d'un an. Ce boom démographique conduit à partir du VIIe millénaire une partie des nouveaux paysans du Proche-Orient à déborder progressivement sur les régions avoisinantes, le nord-est de l'Afrique, l'Asie centrale et finalement l'Europe, à partir de 6 500 avant notre ère.

En quelques siècles, la péninsule balkanique est occupée par ces pionniers néolithiques, un mouvement de colonisation qui a parfois été contesté, en partie pour des raisons nationalistes : le Néolithique venait de Turquie, patrie des anciens maîtres ottomans ; mais on trouvait ce même souhait d'autochtonie un peu partout, France comprise. Néanmoins, les preuves archéologiques se sont accumulées, rendant désormais cet événement irréfutable, d'autant que la majeure partie des espèces domestiques (blé et orge, mouton et chèvre) n'existaient pas en Europe et proviennent du Proche-Orient, ce que la génétique a confirmé. De même, les ressemblances dans la culture matérielle (formes des poteries et des outils) et l'idéologie (figurines, parures) sont frappantes.

Des Balkans partirent deux courants de néolithisation. L'un suivit les côtes de la Méditerranée depuis l'Adriatique, la navigation étant maîtrisée comme le prouvent l'occupation de la plupart des îles et la découverte de pirogues monoxyles. Ses poteries sont décorées d'impressions de coquillages sur la pâte fraîche, surtout des coques (*Cardium edule*), d'où le nom de « culture cardiale » donnée à ce courant, qui atteint l'actuel territoire français vers 5 800 avant notre ère, pénètre peu à peu vers l'intérieur des terres, jusqu'à l'Auvergne mais aussi jusqu'à l'Atlantique, *via* la vallée de la Garonne. Il poursuit en même temps sa route vers les côtes espagnoles, jusqu'au Portugal. Il s'agit néanmoins d'implantations de petite taille, dont les habitations restent mal identifiées.

Beaucoup plus visible est l'occupation de l'intérieur des Balkans, où de nombreux villages ont été fouillés, caractérisés par des maisons rectangulaires d'environ 5 mètres de côté, une poterie peinte, un art plastique varié, principalement des figurines féminines en argile cuite ou en marbre. Pendant un millénaire, les agriculteurs balkaniques ne dépasseront guère le Danube, restant dans un climat relativement méditerranéen. Mais, à partir de - 5 500, l'adaptation s'étant faite, se crée sur le front de colonisation un nouveau courant, qui prend en écharpe toute l'Europe tempérée, de la mer Noire à l'Atlantique, et des Alpes à la Baltique. On le nomme « Céramique linéaire » ou « Rubané », du fait des décors géométriques continus gravés sur les poteries ; on disait naguère le « Danubien ». Les villages regroupent des maisons rectangulaires très longues, jusqu'à 45 mètres, et qui devaient abriter plusieurs familles ; elles montrent une remarquable uniformité de construction d'un bout à l'autre de l'Europe. Les morts sont inhumés en position fœtale avec quelques objets, sans différences sociales visibles, sinon entre les sexes et entre les âges. En revanche, la qualité de la poterie diminue d'est en ouest, et surtout l'art plastique se raréfie pour disparaître presque complètement. On estime que cette culture a pu regrouper vers - 5 000 environ 2 millions d'habitants au même moment.

La « Céramique linéaire » franchit le Rhin vers - 5 300 et atteint le Bassin parisien vers - 5 100. Des fouilles préventives systématiques, notamment dans les vallées de l'Aisne, de l'Oise, de la Marne et de l'Yonne, ont mis en valeur le quadrillage systématique du territoire par ces villages, qui ont en moyenne entre une demi-douzaine et une dizaine de maisons, lesquelles durent chacune à peu près le temps d'une génération. D'abord concentrés dans les fonds de vallée, ces agriculteurs occupent bientôt les plateaux, remplissent les interstices et atteignent l'Atlantique vers - 4 800. Les deux courants se rencontrent donc dans le tiers médian du territoire français.

À partir de ce moment, l'ensemble de l'espace européen disponible est occupé par des agriculteurs et il ne leur est pas possible d'aller plus loin vers l'ouest, dans ce mouvement de « fuite en avant » qui leur avait permis jusque-là de maintenir des communautés de petite taille et d'éviter les inconvénients de trop grandes masses humaines. Il faudra attendre Christophe Colomb pour aller plus loin ! Dans cet espace clos, la France étant l'ultime presqu'île occidentale de l'Eurasie et la population continuant de croître indéfiniment, il va donc falloir faire des « gains de productivité ». D'où un certain nombre d'inventions techniques progressives : traction animale, roue, araire, métallurgie du cuivre, tandis que l'on exploite à grande échelle le silex et les roches dures destinées aux haches, sous forme de minières regroupant plusieurs milliers de puits. Les régions moins propices, moyenne montagne, marécages ou lacs, sont occupées à leur tour : c'est le sens de ces « maisons sur pilotis », bien fouillées à Chalain et Clairvaux dans le Jura, jadis emblématiques du mode de vie néolithique, et qui sont en réalité une adaptation à des zones refuges.

L'invention de la métallurgie du cuivre sert à désigner en Europe cette période, entre -4 500 et -2 200, comme un « âge du Cuivre » ou « Chalcolithique », même si l'impact de cette invention technique reste marginal, le cuivre seul étant un matériau trop malléable. Ce métal est surtout un marqueur du pouvoir émergent et du prestige, ce qui justifie cette appellation. L'or est travaillé aussi, mais surtout en Europe orientale.

De fait, cette croissance démographique continue se traduit par des tensions, à la fois externes entre communautés, et internes par l'émergence d'inégalités sociales de plus en plus visibles – on parle de sociétés « à chefferies ». Les monuments mégalithiques sont un symptôme de ces deux types de tensions : à la fois marqueurs de territoire concentrés à l'extrémité du continent, là où l'on ne peut pas aller plus loin, et affirmation de la puissance des élites qui y sont inhumées. Les villages se hissent sur des hauteurs, s'entourent de fossés et de palissades. Les traces de blessures sur les squelettes, voire de massacres, se multiplient. Les hiérarchies sociales ne s'affirment pas de manière continue : aux grands monuments mégalithiques réservés à un petit nombre font suite à partir de -3 500 les « allées couvertes », modestes coffres en pierre d'une vingtaine de mètres où sont déposés jusqu'à plusieurs centaines de corps au fur et à mesure des décès, avec très peu d'objets d'accompagnement. Les figurations féminines s'estompent, au profit de celles de guerriers en armes.

Durant le IIIᵉ millénaire avant notre ère, le territoire français est l'un des lieux où sont présents deux vastes phénomènes paneuropéens encore mal compris. L'un, à partir de -2 900 environ, est celui dit de la « Céramique cordée », dont les poteries sont décorées par l'impression de cordelettes et où les « chefs » sont inhumés sous de petits tumulus avec des haches dites « de bataille ». On trouve ces tombes de la Russie au Bassin parisien et certains les ont parfois mis en relation avec les migrations indo-européennes supposées, qui auraient apporté en Europe occidentale les langues du même nom. L'autre phénomène est celui dit « Campaniforme », dont les poteries ont une forme de cloche (*campana* en latin) renversée, et sont décorées de bandeaux de motifs géométriques gravés. Il semble cette fois d'origine ibérique, mais est présent par plaques discontinues de l'Espagne au Danemark et de la Grande-Bretagne à la Hongrie, sans que l'on puisse encore déterminer s'il s'agit d'un phénomène migratoire mais discontinu, ou de simples échanges de biens, ou les deux.

C'est ce paysage complexe qui débouche à partir de -2 200 sur « l'âge du Bronze », le bronze lui-même n'étant qu'un progrès technique, par l'ajout d'environ 10 % d'étain au cuivre. D'un point de vue historique et social, cet « âge » n'est en réalité que la continuité du Chalcolithique. Il faudra attendre l'âge du Fer, sur le territoire français, pour assister aux débuts de développements vers des sociétés étatiques.

—

Jean-Paul Demoule

RÉFÉRENCES

—

Annick Coudart, *Architecture et société néolithique*, Paris, Éd. de la Maison des sciences de l'homme, 1999.

Jean-Paul Demoule (dir.), *La Révolution néolithique en France*, Paris, Inrap et La Découverte, 2007.

Jean-Paul Demoule (dir.), *La Révolution néolithique dans le monde*, Paris, CNRS Éditions, 2010.

Jean-Paul Demoule, *Mais où sont passés les Indo-Européens ? Le mythe d'origine de l'Occident*, Paris, Seuil, coll. « La Librairie du XXIe siècle », 2014.

Jacques Tarrête et Charles-Tanguy Le Roux (dir.), *Le Néolithique. Archéologie de la France*, Paris, ministère de la Culture et de la Communication et Picard, 2008.

RENVOIS

—

4 600, 1247, 1962

4 600
avant J.-C.

Pierres levées et haches de jade à l'occident du monde

Loin d'être l'apanage d'une civilisation atlantique, le mégalithisme de Carnac signale le centre aveugle d'un monde spirituel et politique inaccessible dont le jade est la matière la plus précieuse. Tout se passe comme s'il existait durant le Ve millénaire avant J.-C. une opposition entre une Europe du jade à l'ouest et une Europe du cuivre et de l'or à l'est.

Emblèmes pesants du Néolithique, pris dans les rets des discours légendaires, savants, nationalistes ou touristiques, dolmens et menhirs sont à décrypter comme des signaux émis par de lointaines élites, avides de notoriété, de pouvoir et peut-être d'éternité. L'éternité peut-être, car nul ne peut dire avec certitude quelles étaient les perspectives temporelles de ces hommes et femmes qui vivaient entre le Ve et le IIIe millénaire avant notre ère en France atlantique. Ces montagnes de cailloux et de limons bâties sur des collines et ces mâts de pierres érigés étaient en revanche des signes tangibles envoyés aux vivants, aux membres de ces premières communautés d'agriculteurs et d'éleveurs qui inventaient nos paysages. Quant à ces lames de hache et ces bracelets en roches nobles déposés auprès des morts dans les caveaux ou disposés dans le sol, ils disent eux aussi la puissance, d'une autre manière. 4 700, 4 600, 4 500 avant notre ère : la datation par le radio-carbone reste imprécise pour placer cette mutation sociale majeure, qui s'impose au terme d'une très longue préhistoire. Naissance des hiérarchies et des inégalités sociales, soumission volontaire, contrôle du travail d'autrui ; comment exprimer puis comprendre l'ascendant de certains sur la multitude ? Il sera question ici autant de sa mise en place, que de sa pérennité. Au Ve millénaire, le continent européen dans son entier est saisi d'un semblable mouvement, mais l'enracinement de ces pouvoirs dépend de stratégies économiques à chaque fois particulières insérées dans des environnements très différents. Il semble bien que Carnac ait été, un temps, le centre du monde…

125 mètres de long, 58 de large, 10 de hauteur, 30 000 mètres carrés. Le tumulus Saint-Michel à Carnac est un des trois mastodontes néolithiques du sud du Morbihan, qui trône sur la plus haute colline et domine l'océan. Une chapelle du XVIIIe siècle occupe la plate-forme sommitale, comme un couvercle destiné à contenir les symboles ancestraux. Les archéologues qui le fouillèrent à plusieurs reprises au XIXe et au XXe siècle nous laissent voir une succession d'enveloppes de pierres et de limons, qui protègent deux caveaux principaux et une vingtaine de niches en pierres sèches disposées tout autour. Et au cœur de cette montagne artificielle, de fabuleux trésors : douze grandes lames de haches polies en jadéite dont l'origine géologique doit se chercher à plus de 800 kilomètres dans les Alpes italiennes, cent une perles discoïdes et neuf pendeloques piriformes en variscite, provenant d'Andalousie à 1 000 kilomètres à vol d'oiseau (mais les individus du Néolithique devaient

marcher ou naviguer…) et vingt-six haches en fibrolite, un minéral exploité localement cette fois. Cette succession de nombres voudrait qualifier à la fois l'importance du travail collectif à destination de quelques-uns et la dimension des réseaux économiques d'ampleur européenne qu'ils contrôlaient.

Abordons le premier aspect, la structure politique liée à ces développements monumentaux. Il semble aujourd'hui que ces grands tumulus commandaient des terroirs différents entre deux rias, le tumulus Saint-Michel à l'ouest, Mané-er-Hroeck à Locmariaquer au centre, et la Butte-de-César à Arzon à l'est ; les destructions et saccages ultérieurs faussent peut-être notre perception. Il existe aussi dans le sud du Morbihan toute une cohorte de tumulus trapézoïdaux longs d'une trentaine de mètres, regroupant un caveau central comme à Lannec-er-Gadouer à Erdeven ou alors des petits coffres comme au Manio à Carnac, avec des mobiliers funéraires nettement moins abondants mais qui font écho à ceux des grands monuments. Doit-on y voir le squelette minéral d'une organisation hiérarchique ? Ou bien une transformation des structures politiques au cours du Néolithique, que nos maigres données chronologiques ne nous permettraient pas de bien distinguer ? On serait tenté de voir dans ces différences l'émanation d'une compétition entre individus ou entre maisonnées, d'autant que d'autres éléments de réflexion viennent s'ajouter au dossier. C'est en effet au même moment que d'immenses stèles ont été érigées dans les environs, dont le Grand Menhir de Locmariaquer est le plus connu, avec ses 20 mètres de longueur. Ces « menhirs », extraits de carrières particulières et totalement régularisés par percussion, portaient des gravures (haches, bovidés, peut-être cétacés) et probablement des peintures. Ils ont été abattus dès le Néolithique et souvent remployés comme dalles de couverture de tombes à couloirs (ou « dolmens ») bâties ultérieurement ; leur puissance symbolique a même imposé des transports de plusieurs kilomètres pour pouvoir se les accaparer. Derniers éléments de réflexion, exhumés lors de fouilles préventives récentes, des sites à grands foyers empierrés, assez éloignés des habitats eux-mêmes et sans grand mobilier archéologique répandu aux alentours, peuvent évoquer des lieux de festins, tels que l'ethnologie a su les montrer dans des systèmes politiques à compétition sociale exacerbée, comme les chefferies établies à l'ouest du continent nord-américain.

Les fondations économiques de ces systèmes sont hélas presque inconnues pour le Néolithique de Bretagne, tout comme leurs principes lignagers nous restent obscurs. Les archéologues ont proposé un enrichissement de certains individus par l'exploitation du sel marin ou encore par un contrôle des voies de navigation, mais sans aucune donnée matérielle tangible. D'ailleurs, l'océan est presque absent des témoignages archéologiques au début du Néolithique, que ce soit dans les symboles arborés ou les restes alimentaires, ce qui ne laisse pas de surprendre. Quels étaient les surplus, quelles étaient les formes d'intensification des pratiques agricoles,

quelles étaient les techniques de stockage alimentaire, quels étaient les principes de redistribution ? Il n'y a aucun élément de réponse pour l'instant. On connaît davantage une économie des objets-symboles, dont le contrôle fonderait des formes de pouvoir. Ces haches et anneaux en roches nobles, d'un vert insondable, polis à un degré merveilleux, seront non seulement détenus par certains individus, mais aussi dissimulés dans les tombes, ou dans des dépôts en pleine terre, tranchant en l'air. Signe de puissance encore, cette fois à travers le temps : seuls les archéologues ont eu l'outrecuidance de s'en emparer, six millénaires plus tard.

Voyons maintenant le second aspect, celui des réseaux et de leur contrôle qui confèrent une autre échelle géographique aux manifestations sociales de cette période. À l'issue d'une enquête menée durant plus de vingt ans, Pierre Pétrequin et Serge Cassen ont pu montrer que les plus belles haches, dites de prestige ou socialement valorisées, provenaient de carrières de jadéite creusées dans des sommets des Alpes italiennes, avec des productions estimées à des centaines de milliers d'éléments. Elles ont été transférées par le biais d'un réseau de places centrales qui en assuraient une redistribution aux alentours, davantage par des processus d'échanges entre élites que lors de marchés. Ces haches subissaient progressivement des métamorphoses, au gré des transferts de main en main, jusqu'à perdre leur statut fonctionnel lorsqu'elles arrivaient dans le Morbihan. Il y a d'ailleurs un type « carnacéen », à tranchant élargi, qui lui-même sera redistribué vers le nord du continent.

Cette partie de la Bretagne concentre une bonne part de ces grandes haches, les élites parvenant à drainer à leur profit ces circulations. Tout se passe comme s'il existait durant le Ve millénaire avant J.-C. une opposition entre une Europe du jade à l'ouest, avec Carnac comme épicentre, et une Europe du cuivre et de l'or à l'est, avec Varna en Bulgarie comme point focal.

La mise en place d'un tel système politique et économique incite à interroger les dynamiques sociales sur un temps long, à l'échelle locale des communautés où il est enraciné. Certains archéologues ont tenté de distinguer dans les cimetières des derniers chasseurs-cueilleurs de France atlantique des traces de différenciation sociale, soit enrichissement patent, soit statuts hérités ; mais les traces en sont dérisoires. Il n'y a pas non plus d'apparente intensification des pratiques de prédation durant le VIe millénaire, qui aurait pu donner naissance à une gestion des surplus au profit de certains ou qui résulterait d'un accroissement démographique. Enfin, il y a bel et bien une rupture entre cette période dite Mésolithique et celle du Néolithique, qui se traduit par la disparition des savoirs techniques millénaires, des styles régionaux de l'outillage et des pratiques économiques. Aucune interprétation ne doit être écartée, même celle de génocides qui auraient pu accompagner l'installation des premières communautés agricoles autour de 5 000 avant notre ère. Le processus de diffusion du Néolithique depuis le Proche-Orient est multiforme à travers l'Europe, du VIIe au Ve millénaire, mais il dépend clairement d'une arrivée de populations pour l'ouest de la France,

depuis le Bassin parisien où l'on retrouve toutes les techniques et styles développés ensuite sur la façade atlantique. Ce premier Néolithique s'affirme durant trois ou quatre siècles dans des hameaux comprenant quelques grandes maisons. Des réseaux d'acquisition de bracelets en schiste ou de couteaux en silex sont déjà solidement établis, sur des échelles de quelques centaines de kilomètres, mais la large distribution de ces objets dans les maisons évoque d'autres réalités sociales que celles de la période suivante. En clair, il n'y a pas de traces matérielles de distinctions sociales, pas même dans les tombes individuelles en pleine terre de leurs cimetières. Il y a donc un nouveau palier qui est franchi vers - 4 600. Une des hypothèses désormais classique est que le système économique du premier Néolithique était fondé sur l'expansion territoriale permanente, qui permettait de réduire la pression démographique. La barrière océanique aurait mis fin à cette régulation et les inégalités sociales procéderaient d'autres moyens de contrôle du corps social. On voit bien qu'une telle explication ne dit rien sur le mécanisme de ces prises de pouvoir, ni sur leur ressort économique. Certains individus auraient pu convertir des surplus alimentaires en pratiques de domination, mais comment ont-ils pu obliger les autres à les suivre ? On ne sait rien non plus de la réplication éventuelle de ces inégalités de génération en génération.

4 600 avant notre ère. Les élites de la région de Carnac affirment leur autorité dans le gigantisme de leurs tombes, sur des stèles de pierre, dans leur contrôle d'objets dont l'origine mystérieuse

renforce l'attrait, dans la manipulation des symboles et emblèmes, peut-être dans des compétitions festives autour de grands foyers. Entre affichage exacerbé et thésaurisation secrète, elles entretiennent entre elles des rapports compétitifs complexes, en captant à leur profit des réseaux européens. La destruction des grandes stèles et l'aspect plus collectif des pratiques funéraires par la suite soulignent qu'il y eut des heurts dès le Néolithique ; une histoire du pouvoir venait de commencer.

—

GRÉGOR MARCHAND

RÉFÉRENCES

—

Jean-Paul DEMOULE (dir.), *La Révolution néolithique en France*, Paris, Inrap et La Découverte, 2007.
Alain GALLAY, *Les Sociétés mégalithiques. Pouvoir des hommes, mémoire des morts*, Lausanne, Presses polytechniques et universitaires romandes, 2006.
Grégor MARCHAND, *Préhistoire atlantique. Fonctionnement et évolution des sociétés du Paléolithique au Néolithique*, Paris, Errance, 2014.
Pierre PÉTREQUIN, Serge CASSEN, Michel ERRERA, Lutz KLASSEN et Alison SHERIDAN (dir.), *Jade. Grandes haches alpines du Néolithique européen (V^e et IVe millénaires av. J.-C.)*, Presses universitaires de Franche-Comté et Centre de recherche archéologique de la vallée de l'Ain, 2 tomes, 2012.
Alain TESTART, *Avant l'histoire. L'évolution des sociétés, de Lascaux à Carnac*, Paris, Gallimard, 2012.

RENVOIS

—

5 800, 500 av. J.-C., 1682

600
avant J.-C.

La Grèce
avec ou sans la Gaule

À rebours d'une vision enchantée de l'aventure coloniale grecque, la fondation de Marseille 600 ans avant notre ère mérite d'être analysée dans la perspective élargie d'une histoire méditerranéenne connectée et conflictuelle. Loin de vouloir helléniser la Gaule, les colons grecs cherchaient alors à établir un relais dans un réseau maritime préexistant.

Vers 600 avant J.-C., un navire phocéen accoste non loin de l'embouchure du Rhône, après un long périple qui l'a conduit de la côte ionienne, en Turquie actuelle, jusqu'à l'Espagne du Levant et l'Andalousie. Menés par deux chefs, nommés Simos et Protis, les marins grecs vont alors trouver le roi des Ségobriges, un certain Nannos, sur le territoire duquel ils désirent fonder une cité. D'après l'historien romain Justin, à la fin du IIe siècle après J.-C., l'accueil fut chaleureux : « Justement ce jour-là le roi était occupé à préparer les noces de sa fille Gyptis, que, selon la coutume de la nation, il se disposait à donner en mariage au gendre choisi pendant le festin. Tous les prétendants avaient été invités au banquet ; le roi y convia aussi ses hôtes grecs. On introduisit la jeune fille et son père lui dit d'offrir l'eau à celui qu'elle choisissait pour mari. Alors, laissant de côté tous les autres, elle se tourne vers les Grecs et présente l'eau à Protis qui, d'hôte devenu gendre, reçut de son beau-père un emplacement pour y fonder la ville. »

L'histoire est belle : des aventuriers grecs s'installent paisiblement, avec l'accord amiable des populations indigènes, sur le territoire de ce qui deviendra la France. Dans ce récit enchanté, les Celtes, encore ensauvagés, se mettent immédiatement à l'école de la Grèce pour leur plus grand bénéfice : « Sous l'influence des Phocéens, les Gaulois adoucirent et quittèrent leur barbarie et apprirent à mener une vie plus douce, à cultiver la terre et à entourer la ville de remparts. Ils s'habituèrent aussi à vivre sous l'empire des lois plutôt que sous celui des armes, à tailler la vigne, à planter l'olivier, et le progrès des hommes et des choses fut si brillant qu'il semblait, non pas que la Grèce eût émigré en Gaule, mais que la Gaule eût passé dans la Grèce » (*Abrégé des histoires philippiques*, XLIII, 3). Ainsi la France d'avant la France aurait-elle été fécondée par des colons grecs, initiant des populations encore semi-barbares à la vie en cité, tant sur le plan urbanistique (les remparts) que politique (les lois), tout en introduisant la trilogie méditerranéenne (céréales, vignes et oliviers) sur des territoires encore incultes.

Les noces de Gyptis et Protis devinrent, au cours du XIXe siècle, la pesante allégorie de cette greffe hellène en terre gauloise : figurant en bonne place dans le palais de la Bourse de Marseille (vers 1860), ornant l'affiche du 25e centenaire de la fondation de la ville (vers 1899), cette scène matricielle fut même gravée sur une médaille officielle en 1943. Et depuis 1987, le quai Marcel-Pagnol accueille une table gravée d'une dédicace aux deux amants, fabriquée à partir de blocs de marbre venant directement de Grèce : invention d'un lieu de mémoire, mis en valeur par l'office du tourisme !

Assurément, la mariée est ici trop belle et il importe de soulever un coin du voile pour y regarder de plus près. En l'occurrence, Justin s'inspire librement de Trogue Pompée, un Celte originaire de Vaison-la-Romaine, écrivant en grec à la fin du Ier siècle avant J.-C. Comment ne pas voir, dans l'agencement même du récit, le reflet de la position d'un auteur entre deux mondes, à la charnière entre cultures grecque et celte ? Comment dès lors accorder le moindre crédit à une histoire qui, par ailleurs, fourmille d'erreurs factuelles, tant chronologiques que géographiques, et qui suit le canevas stéréotypé de nombreux mythes grecs de fondation, où des indigènes accueillants cèdent volontiers leur territoire aux nouveaux arrivants, comme à Cyrène en Libye ou à Mégara Hyblaea en Sicile ?

À rebours de cette vision enchantée de l'aventure coloniale grecque, la fondation de Marseille mérite d'être analysée dans la perspective élargie d'une histoire méditerranéenne connectée et conflictuelle. Car la fondation de Marseille ne s'effectua pas dans une mer sillonnée par les seuls marins phocéens : vers 600 avant J.-C., le delta du Rhône était depuis longtemps fréquenté par d'autres Grecs (probablement des Chypriotes et des Rhodiens) et, surtout, par des Étrusques et des Phéniciens, et l'on connaît même une tradition tardive qui attribue la fondation de Marseille aux habitants de Tyr ! La fondation de Marseille n'éradiqua d'ailleurs nullement ces réseaux commerciaux concurrents : pendant près d'un siècle, la zone demeura un espace d'échanges multiples et croisés, où des acteurs grecs et non grecs pouvaient venir vendre leurs produits, sans exclusive aucune. Dans les épaves retrouvées à proximité – à Porquerolles, notamment –, les cargaisons accueillent ainsi, à parts égales, céramiques grecques (corinthienne, laconienne, ionienne), étrusques et phéniciennes et, durant plusieurs décennies, Marseille fut probablement davantage un vaste *emporion* – un port de commerce et un lieu d'échange ouvert à tous – qu'une cité grecque en bonne et due forme.

Cette coexistence n'allait toutefois pas sans heurts. Naviguant sur des navires de guerre propulsés par cinquante rameurs – et non sur des bateaux ronds, comme c'était l'usage pour le transport des marchandises –, les Phocéens avaient en effet tendance à considérer la piraterie comme la continuation du commerce par d'autres moyens! Au milieu du VIe siècle, la situation dégénéra même en guerre maritime, après la fondation d'Alalia, en Corse, par les Phocéens fuyant l'avancée des Perses en Asie Mineure. Si la bataille tourna finalement à l'avantage des Grecs face aux Étrusques et Carthaginois coalisés, les pertes furent lourdes des deux côtés. Et, sur la terre ferme, les relations des Marseillais avec les populations locales n'étaient guère plus apaisées: entourée par des falaises abruptes, la ville fut ceinte de remparts dès le VIe siècle, pour protéger les colons des assauts extérieurs, et Strabon, au Ier siècle avant J.-C., ne fait pas mystère des affrontements incessants qui opposèrent les Marseillais aux Ibères, aux Salyens et autres Lygiens (*Géographie*, IV, 1, 6). Le conflit fut ainsi une donnée structurante de la vie de la colonie durant les premiers temps de son existence.

N'en déplaise à Justin: la greffe mit longtemps à prendre et l'arrivée des Grecs n'eut d'ailleurs, au départ, que fort peu d'impact au-delà des murs de la cité. Menacés de toutes parts, les Marseillais vivaient en effet largement coupés de leur propre territoire, d'autant que celui-ci n'était guère attractif en raison de son sol rocailleux: «Aussi les Massaliotes ont-ils d'abord compté sur la mer plus que sur la terre et tiré parti, de préférence, des avantages naturels qui s'offrent à la navigation» (Strabon, *Géographie*, IV, 1, 6). Cette disjonction entre la ville et son arrière-pays prévalut jusqu'au milieu de l'époque hellénistique: la chaîne de l'Estaque, située pourtant juste au nord de Marseille, ne fut véritablement intégrée à la cité qu'après 150 avant J.-C., tandis que l'*oppidum* de la Cloche, à quelques kilomètres à peine du centre urbain, conserva son caractère indigène jusqu'au milieu du Ier siècle avant J.-C. De la même façon, il fallut attendre près d'un siècle pour que le commerce avec l'intérieur des terres se développe et enclenche des processus d'hybridation substantiels: ce n'est qu'à la fin du VIe siècle que le Rhône devint un axe commercial important, mettant en contact étroit Grecs et Celtes.

C'est que les Phocéens n'avaient pas fondé Marseille pour développer des échanges avec les populations locales – et encore moins pour les civiliser –, mais dans le but de créer un point d'appui sur une route maritime transméditerranéenne bien établie. Selon toute vraisemblance, les Phocéens disposaient en effet déjà de plusieurs comptoirs commerciaux en Espagne au moment où Marseille fut fondée. Loin d'être la base avancée des Grecs en Extrême-Occident, la cité massaliote n'était donc qu'un maillon dans un réseau commercial préexistant, dont le but était d'assurer l'acheminement vers l'Asie Mineure de l'étain venu de Cornouailles et de l'argent extrait de la sierra Nevada.

Ces intenses échanges marchands se doublaient d'importants transferts institutionnels et religieux. Comme le rappelle Strabon (*Géographie*, IV, 1, 4), les colons phocéens fondèrent ainsi sur l'acropole un Éphésion, sur le modèle du grand sanctuaire d'Artémis à Éphèse, où ils avaient fait étape avant de faire voile vers l'occident. Non loin de là, ils établirent aussi un sanctuaire d'Apollon Delphinien, à l'imitation d'un culte originaire de Milet et commun à tous les Ioniens. La nouvelle cité jouissait d'ailleurs de « lois ioniennes », affichées en public comme dans la métropole et participant à la diffusion d'une culture politique commune de part et d'autre de la Méditerranée. Ainsi se dessinent, à travers le cas marseillais, les contours d'un puissant réseau ionien, en concurrence avec les circuits étrusques et phénico-carthaginois présents depuis longtemps dans la zone. Loin d'être la première étape de l'hellénisation de la Gaule, la fondation de Marseille marqua donc, au départ, le renforcement de logiques maritimes réticulaires au sein d'une Méditerranée fortement et inégalement connectée.

—

VINCENT AZOULAY

RÉFÉRENCES
—

Michel BATS, « Les Phocéens, Marseille et la Gaule (VIIᵉ-IIIᵉ siècle av. J.-C.) », *Pallas*, n° 89, 2012, p. 145-156.

Michel BATS, Guy BERTUCCHI, Gaëtan CONGES *et al.* (dir.), *Marseille grecque et la Gaule*, actes du colloque de Marseille (18-23 novembre 1990), Aix-en-Provence, Publications de l'université de Provence, 1992.

Marc BOUIRON et Henri TRÉZINY (dir.), *Marseille. Trames et paysages urbains de Gyptis au roi René*, actes du colloque de Marseille (3-5 novembre 1999), Aix-en-Provence, Édisud, 2001.

Sophie COLLIN BOUFFIER, « Marseille et la Gaule méditerranéenne avant la conquête romaine », *Pallas*, n° 80, 2009, p. 35-60.

Irad MALKIN, *A Small Greek World: Networks in the Ancient Mediterranean*, Oxford, Oxford University Press, 2011.

RENVOIS
—

52 av. J.-C., 719, 1347, 1446, 1923

500
avant J.-C.

Le dernier des Celtes

La tombe découverte à Vix il y a plus d'un demi-siècle confirme la complexité des structures politiques et économiques de l'arrière-monde méditerranéen au VIᵉ siècle avant notre ère. Le grand cratère associé au corps de ce qui fut sans doute l'équivalent d'une « reine » témoigne d'une extraordinaire circulation de biens de luxe d'origine gréco-étrusque.

La tombe de Vix a été découverte en janvier 1953, au pied de l'habitat de hauteur fortifié du premier âge du Fer du mont Lassois, dans une zone funéraire périphérique établie sur la terrasse de la rive droite de la Seine. Les premiers monuments funéraires, qui consistent en des tumulus à masse de terre, y sont édifiés dans le courant de la seconde moitié du IXᵉ siècle avant J.-C. et sont manifestement destinés à des individus de statut privilégié. La tombe de Vix appartient à l'un des tout derniers tertres funéraires édifiés au début du Vᵉ siècle avant J.-C. D'un diamètre d'une quarantaine de mètres, ce tumulus recouvrait une chambre funéraire centrale d'environ 3 mètres de côté, qui avait été creusée dans le sol et revêtue d'un habillage intérieur de bois.

Au centre de la chambre funéraire avait été déposée la caisse d'un char à quatre roues, à l'intérieur de laquelle avait été placée l'inhumation d'une femme âgée de trente à trente-cinq ans. Il s'agissait d'un véhicule léger, essentiellement construit en bois et dont la caisse était délicatement ornée d'appliques de bronze. Les roues du char avaient été démontées et alignées au pied d'une des parois de la chambre, après avoir été emballées dans du tissu. Sur le sol de la tombe, «une couche sans épaisseur d'un pigment d'un très beau bleu avec de place en place des points rouges éclatants» a été remarquée par les fouilleurs. Les pigments rouges ont été identifiés comme du cinabre ; ils pourraient avoir appartenu à l'orne-mentation d'une sorte de «bâche» en matériaux organiques disparus qui aurait recouvert le dépôt funéraire.

La défunte avait été allongée sur le dos, dans le sens de la marche du véhicule. Auprès du crâne a été trouvé un extraordinaire torque en or, dont les extrémités se terminent par des pattes de lion appuyées sur un ornement globuleux orné de petits chevaux ailés. Les restes d'un collier comprenant trois grosses perles d'ambre et quatre anneaux en roche dure polie ont également été recueillis, avec sept fibules – dont une en fer à double timbale ornée de deux cabochons en or – qui ont été retrouvées au niveau de la poitrine. Ces broches devaient fermer un vêtement. Aux avant-bras se trouvaient une paire d'anneaux en schiste et un bracelet de perles d'ambre enfilées sur une tige de bronze. Une paire d'anneaux de jambe en bronze était passée à la base des tibias. Enfin, on avait déposé sur l'abdomen un torque annulaire en bronze portant les traces d'un enroulement d'une lanière de cuir.

Le mobilier d'accompagnement se composait d'un imposant service à boisson en vaisselle métallique et céramique. Un grand cratère en bronze, d'une contenance de 1 100 litres, était placé auprès de la défunte. Sur son couvercle avaient été déposées une phiale en argent à ombilic en tôle d'or, ainsi que deux coupes attiques, l'une unie, à vernis noir, et l'autre présentant un motif de figures noires. Auprès du cratère, trois bassins en bronze avaient été déposés verticalement au pied d'une des parois de la chambre. Au pied du grand récipient a été découverte une *œnochoé* (ou cruche à vin) en bronze, qui devait se trouver

également sur le couvercle : elle semble être tombée sur le sol de la tombe au moment de l'effondrement du plafond de la chambre funéraire, lorsque les madriers de bois, rongés par la décomposition, ont cédé sous le poids des terres accumulées à l'emplacement de la masse du tumulus.

On connaissait depuis la fin du XIXe siècle l'existence de telles sépultures monumentales à char et à riches parures d'or. Datant de la fin de la période du premier âge du Fer, elles avaient été découvertes essentiellement dans l'est de la France et le sud-ouest de l'Allemagne. La tombe de Vix a montré de manière spectaculaire que ces tombes privilégiées étaient liées à un trafic d'importation de biens de luxe d'origine gréco-étrusque. Sa découverte apportait par ailleurs des éléments de datation qui permettaient de situer plus précisément ce phénomène dans l'histoire des relations du monde celtique ancien avec les civilisations méditerranéennes classiques.

Les recherches récentes réalisées sur le mobilier de la tombe de Vix ont révélé que celui-ci correspond en réalité à différents ensembles d'objets appartenant à deux périodes chronologiques distinctes, qui sont séparées l'une de l'autre par un intervalle chronologique de l'ordre d'une génération. L'ensemble le plus ancien regroupe principalement les pièces exceptionnelles de vaisselle de banquet, comme le cratère géant, fabriqué dans un atelier spécialisé de Grande Grèce vers 540-520 avant J.-C. L'une des coupes à boire en céramique attique a été produite dans un atelier athénien dans les années 530-520 avant J.-C.; tandis qu'un des grands bassins en bronze déposés au pied du cratère appartient vraisemblablement à une production étrusque du troisième quart du VIe siècle avant J.-C.

Les objets les plus récents sont ceux qui appartiennent à la panoplie vestimentaire de la défunte. En particulier, les anneaux de jambe et les bracelets en bronze, les anneaux en schiste et la série des sept fibules, tout comme le torque déposé sur le corps, sont des productions régionales datant d'une période située entre 500 et 450 avant J.-C. Le char à quatre roues se classe dans ce second ensemble, de même que la cruche à vin en bronze et deux des bassins, qui ont été produits en Étrurie, dans la région de Vulci, entre la fin du VIe siècle et la première moitié du Ve siècle avant J.-C. Une des deux coupes attiques, à vernis noir, a été fabriquée vers 500 avant J.-C. Elle constitue la pièce la plus récente du mobilier de la tombe, dont le dépôt doit dater des premières décennies du Ve siècle avant J.-C.

Ainsi, la « Dame de Vix » a-t-elle été enterrée avec des éléments de parure et de costume qui datent de la période de sa vie où elle était parvenue à l'âge adulte, ainsi qu'avec des objets de luxe étrangers qui sont arrivés à Vix au plus tard à l'époque de sa petite enfance, et qui datent vraisemblablement de la génération de ses parents. De manière révélatrice, ces deux séries d'objets renvoient à des mondes différents : les objets récents, qui sont essentiellement des objets personnels, sont communs à une classe de femmes appartenant à une strate sociale privilégiée, laquelle est enterrée avec des chars entre la fin du VIe et les débuts du Ve siècle avant J.-C. Les objets anciens,

en revanche – qui appartiennent principalement au « bagage funéraire » de la défunte – sont des biens de luxe importés qui renvoient explicitement à l'univers du banquet et aux pratiques des libations, tels qu'on les connaît dans les cultures urbaines méditerranéennes.

La « Dame de Vix » avait donc manifestement hérité son statut d'une génération précédente, dont elle avait reçu une série d'objets emblématiques du pouvoir et du prestige de la classe sociale dominante à laquelle elle appartenait. Mais quelle était l'origine de cette opulence particulière, manifestement due aux échanges avec le monde méditerranéen ? Selon le découvreur de la tombe René Joffroy, la région de Vix, au nord-ouest de la Bourgogne actuelle, aurait constitué un point de « rupture de charge » à l'articulation des « routes » par lesquelles l'étain atlantique était importé sur le continent européen et de la grande voie de pénétration du commerce méditerranéen remontant par la vallée du Rhône. Les souverains celtiques qui contrôlaient le secteur de Vix auraient, pensait-on, fait payer un « droit de passage » aux commerçants grécoétrusques qui importaient l'étain à travers le territoire de la Gaule préromaine.

Il est difficile de prouver cette hypothèse, qui cadre mal, cependant, avec ce que l'on peut reconstituer, grâce à l'anthropologie, de l'économie des sociétés prémonétaires de type celtique. Les objets de luxe méditerranéens déposés dans les sépultures du type de Vix se caractérisent en effet davantage comme des « cadeaux » prestigieux adaptés à la clientèle barbare celtique que comme de simples produits commerciaux. Ainsi le monstrueux cratère surdimensionné de Vix correspond-il manifestement à une tentative de transcription d'un objet grec classique – à savoir un récipient à mélanger le vin et l'eau – pour l'adapter à un milieu étranger dans lequel des quantités de plus en plus considérables de boisson sont mobilisées pour être distribuées par les classes dominantes celtiques, comme signe de leur prestige social et de leur pouvoir politique. Cette altération délibérée de la valeur d'objets ayant statut de signe d'identification sociale suggère l'existence de relations d'échange inégal entretenues entre les élites méditerranéennes et leurs équivalents celtiques.

Les Grecs, après les Étrusques, exploitent les profits extraordinaires que leur fournit un type d'économie barbare fondée sur le don et la dette, dans laquelle les possédants concentrent la richesse pour la redistribuer à leurs alliés, vassaux ou dépendants. Les « nantis » celtiques drainent pour eux les ressources locales que viennent chercher les Méditerranéens dans ces confins barbares – des métaux certainement, des esclaves peut-être ? – en échange de quoi ils obtiennent des biens inaccessibles à la plupart de leurs congénères, qui renforcent leur prestige et leur pouvoir : c'est notamment le vin grec, et les pièces de vaisselle ostentatoires avec lesquelles on le prépare et on le sert. Les aristocraties celtiques se trouvent ainsi aspirées dans un système de relations de dépendance, qui déstabilise l'ordre social en faisant émerger d'éphémères puissances accumulant des niveaux de richesse inégalés jusqu'alors. Le faste de la tombe de Vix est l'une des dernières manifestations de la fortune de ces élites celtiques, dont l'effondrement prochain marque la fin de la civilisation du premier âge du Fer.

—

LAURENT OLIVIER

RÉFÉRENCES

—

Markus EGG et Albert FRANCE-LANORD, *Le Char de Vix*, Mayence, Römisch-Germanisches Zentralmuseum, 1987.
René JOFFROY, « La tombe de Vix (Côte-d'Or) », *Monuments et mémoires de la Fondation Eugène Piot*, vol. 48, n° 1, 1954.
Laurent OLIVIER, « Tombes princières et principautés celtiques. La place du site de Vix dans la recherche européenne sur les centres de pouvoir du premier âge du Fer », in *Autour de la Dame de Vix, Celtes, Grecs et Étrusques*, catalogue de l'exposition du musée du Châtillonnais (27 juin-14 octobre 2003), Châtillon-sur-Seine, musée du Châtillonnais, 2003, p. 11-25.
Claude ROLLEY (dir.), *La Tombe princière de Vix*, Paris, Picard, 2003, 2 vol.

RENVOIS

—

23 000, 600 av. J.-C., 52 av. J.-C., 719, 1825, 1949

52
avant J.-C.

Alésia ou le sens de la défaite

Le récit par César de la reddition de Vercingétorix à Alésia en 52 avant notre ère marque une frontière artificielle entre une Gaule « gauloise », évanescente et improbable, et une Gaule « romaine », qui masque la longue durée de la romanisation économique et culturelle. La valeur mythologique de la défaite providentielle est-elle pour autant irrésistible ?

« Auprès de ce coteau, si aride aujourd'hui, du mont Auxois, se sont décidées les destinées du monde. Dans ces plaines fertiles, sur ces collines, maintenant silencieuses, près de 400 000 hommes se sont entrechoqués […]. La cause tout entière de la civilisation était en jeu. » Avec une emphase choisie, en empereur et en historien de Jules César, Napoléon III n'hésitait pas à magnifier les enjeux universels de la défaite glorieuse d'Alésia. Glorieuse mais improbable, compte tenu des forces en présence : comment 60 000 légionnaires, pris au piège dans la plaine des Laumes, au pied de l'*oppidum* d'Alésia, ont-ils pu vaincre les 80 000 guerriers de Vercingétorix, secourus par une armée de revers de près de 200 000 autres Gaulois ? Stupéfait et ironique, Napoléon Ier a été un des rares stratèges à souligner l'invraisemblance, voire la désinformation, ou au pire une mystification de César, ou de ses alliés gaulois. Le destin de son neveu allait la transformer en mythification.

Alors que Napoléon III aspirait à devenir le « divin Jules » des Français, il fut, cinq ans à peine après la parution de son *Histoire de Jules César*, condamné à tenir, en septembre 1870, dans Sedan assiégée, la position de Vercingétorix. Ironie sublime du sort et ruse tragique de l'histoire européenne, qui renverse les rôles du conquérant et inaugure un cycle de transpositions imaginaires où l'antagonisme franco-allemand trouve une justification, jusqu'à l'« effondrement » de 1940.

Cette collusion des temps et des scènes, sous-tendue par le thème romantique des origines gauloises de la France, nourrit depuis cent cinquante ans une fantasmagorie à valeur toute mythologique. Au revers du Morvan, à la pointe d'un Massif central devenu centre de gravité géographique de la France des instituteurs, le site perché d'Alise-Sainte-Reine a été consacré lieu d'origine et année zéro de l'histoire de France. D'autant que l'identification du site authentique, malgré les fouilles somptuaires de l'empereur à Alise dès 1861 jusqu'à celles conduites par une équipe franco-allemande au cours des années 1990, n'a cessé d'être contestée, suscitant une autre et interminable « bataille » d'Alésia : un ouvrage collectif, sous les auspices de Franck Ferrand, a relancé la polémique en 2014. En dénonçant la « supercherie dévoilée », la théorie du complot achève de faire d'Alésia une colline bien mal inspirée pour une impossible scène primitive. Comment la célébration d'une défaite a-t-elle pu être investie d'une telle puissance fondatrice ? Pourquoi la France du XIXᵉ siècle a-t-elle imaginé l'origine de la nation à travers le motif de l'intégration à la mondialisation romaine ? En croisant les acquis de l'archéologie avec la parole jalouse d'un César ayant verrouillé la « vision du vainqueur » par ses fameux *Commentaires sur la guerre des Gaules*, peut-on

échapper au piège imaginaire et narratif d'Alésia ?

Il faut d'abord se résoudre à revenir sur ce qui forme le noyau et la fonction du mythe : une scénographie absurde avec des personnages célèbres. Jusqu'à un certain point toutefois, car avant qu'Amédée Thierry ne sorte Vercingétorix de l'oubli en 1828, et avant que Camille Jullian n'en fasse un personnage historique en 1899, le nom même du héros gaulois (pour Michelet encore) n'était qu'un titre ou surnom militaire, synonyme de « généralissime ». Comme le suggère avec malice Jean-Paul Demoule, la capitulation en armes de Vercingétorix n'a pas plus de vraisemblance que celle de Saddam Hussein en camion militaire devant George Bush. Et si le vaincu enchaîné est, six ans plus tard, en 46 avant notre ère, réduit à être un personnage-trophée du triomphe de César à Rome, il meurt dans des conditions aussi déplorables sans doute que le dictateur irakien. C'est bien plutôt l'iconographie édifiante des sculpteurs (Aimé Millet et la statue offerte par l'empereur à Alise en 1865) et des peintres d'histoire (Lionel Royer en 1899) qui a fixé un très efficace précipité mémoriel, où la reddition volontaire des armes de Vercingétorix aux pieds de César symbolise le sacrifice du destin de « l'homme providentiel », assurant le salut de ses compatriotes au sacrifice de sa vie. Voilà l'efficace du mythe. Après Christian Goudineau, Jean-Louis Brunaux a rappelé que la reddition n'était que la mise en fiction des récits fleuris, et tous postérieurs aux *Commentaires* de César – Plutarque, Diodore de Sicile ou Dion Cassius. Si

César a voulu construire, tout au long de son récit, un Vercingétorix menaçant, tacticien hors pair, il se contente, dans son style lapidaire, de ne surtout pas décrire la reddition. Le recours au verbe impersonnel au passif : *Vercingetorix deditur* – Vercingétorix lui fut livré, ou encore « on livre Vercingétorix » – lui permet d'entretenir le flou sur les conditions de la défaite. Par qui Vercingétorix fut-il livré ? L'histoire ne le dira pas.

À cet égard, et compte tenu de notre dépendance envers le texte de César, tout est imaginable, y compris le fait que Vercingétorix, ancien otage et ami de César, ait pu être l'allié objectif, sinon l'agent indirect, des ennemis de César à Rome. En effet, la soudaine irruption, à la fin de l'année - 53, au livre VII de la *Guerre des Gaules*, de la rébellion de Vercingétorix, n'est pas sans lien avec la crise politique majeure que connaît alors Rome. À la faveur de la mort de Crassus en Syrie, le Sénat confie à Pompée une forme de dictature qui menace directement les ambitions de César. La saison guerrière qui conduit à Alésia est donc aussi un épisode diplomatique dans la crise généralisée des institutions de la République, en résonance avec la géopolitique d'une Méditerranée romaine en construction. La « conspiration permanente » qu'est le triumvirat de - 59 se transforme en une lutte à mort entre César et Pompée pour la conquête d'un empire qui ne dit pas encore son nom.

Il n'empêche : ce n'est pas ce que veut retenir la tradition. Ne serait-ce que pour masquer l'évidence qui perle au cours des sept premiers livres de la *Guerre des Gaules* : en - 58, l'intervention annuelle de César en Gaule a répondu à la demande de « l'assemblée » de Bibracte, menée par les Éduens, en vue d'un protectorat contre des voisins turbulents, parfois eux aussi déclarés « amis de Rome » (ainsi d'Arioviste et ses « Germains » en - 59). L'alliance à Rome est au fond un objet de désir concurrentiel et, en fait de conquête, il s'agit bien d'une pacification et d'une opération de police dans un territoire déjà largement soumis, par le biais des institutions et du commerce. Cette même assemblée, qui confie, un temps sans doute, à Vercingétorix une part de sa légitimité, n'est-elle pas un instrument de pouvoir indirect de Rome ?

Les quelque soixante cités-États qui couvrent le territoire « gaulois », les Gaules plutôt que « la » Gaule, n'ont pas été conquises par Rome après une farouche résistance pour défendre leur liberté. Elles se sont livrées à Rome en toute liberté.

Avec la scène de la reddition après bataille des armes à Alésia, l'idéologie nationale s'est ainsi dotée d'une matrice, à la fois rétroactive et prospective, où la défaite glorieuse *et* nécessaire devient un motif de justification de l'histoire et de son « sens ». La ferveur déployée en un culte pour Alésia s'est transformée en syndrome de la défaite glorieuse. Au point que se trouve ainsi forgé le premier maillon d'un chapelet de batailles perdues – que la mémoire nationale se charge d'épeler avec une curieuse fascination, de Poitiers à Azincourt, de Pavie à Waterloo, de Sedan à Paris, et de Trafalgar à Diên Biên Phu. Se fige ainsi une figure du glorieux perdant : Vercingétorix, christ républicain (et laïc), chargé d'antidater le

« baptême » mérovingien de la France, et, le cas échéant, de préfigurer la collaboration vichyste, quitte à rappeler qu'il fut aussi (parfois) victorieux.

Le 30 août 1942, c'est à Gergovie, à la faveur du 2ᵉ anniversaire de la Légion française des combattants et des volontaires de la Révolution nationale, que furent rassemblées en un cénotaphe de marbre des terres extraites de toutes les communes du territoire et de l'« empire » français. Le sacrifice nécessaire de Vercingétorix était évoqué par un sénateur, oncle du futur président Giscard d'Estaing, en des termes identiques à ceux du général de Gaulle, six ans plus tôt, dans *La France et son armée*... La défaite aurait ceci de supérieur à la victoire dans l'histoire de France : elle enracine l'union nationale.

Alésia ou le mythe historique en réserve, réversible dans son usage, dans son « sens » moral *et* chronologique. Difficile donc d'aborder un moment « historique » d'Alésia, qui se joue bien davantage au cours du second XIXᵉ siècle que dans un contexte antique. En un sens, le syndrome Alésia définit un certain rapport de la France au monde extérieur, à partir du moment où les signes de la puissance internationale rivalisent avec ceux du « déclin »... Écoutons à nouveau Napoléon III tirer la leçon du mythe en gestation et le sens de la défaite, par un curieux détour contrefactuel : « La défaite de César eût arrêté pour longtemps la marche de la domination romaine [...]. Les Gaulois, ivres de leur succès, auraient appelé à leur aide tous ces peuples qui cherchaient le soleil pour se créer une patrie, et tous ensemble se seraient précipités sur l'Italie ; ce foyer des lumières,

destiné à éclairer les peuples, aurait alors été détruit [...]. Aussi, tout en honorant la mémoire de Vercingétorix, il ne nous est pas permis de déplorer sa défaite [...] ; n'oublions pas que c'est au triomphe des armées romaines qu'est due notre civilisation : institutions, mœurs, langage, tout nous vient de la conquête. » Rien n'est moins sûr. Vercingétorix victorieux n'aurait-il pas été rechercher la consécration à Rome, pour devenir ce qu'il était en partie déjà, un général « romanisé », sinon romain ?

Là est le sens profond de ce culte de la défaite : sacrifier l'histoire préhistorique gauloise impossible à écrire (car privée de sources) à une brutale, mais providentielle, fusion « gallo-romaine », ethnogenèse controuvée pour conjurer l'origine germanique et aristocratique des « Francs ».

Cette « romanisation » vertueuse n'est-elle pas synonyme de ce que les publicistes nomment, en d'autres temps, une « mondialisation » ? Car le syndrome Alésia ne masque pas seulement une romanisation volontaire, selon le rythme lent et pluriséculaire qui se produit alors autour de la Méditerranée, de la Tunisie à l'Espagne. Alésia contribue à projeter l'image d'une « colonisation » romaine de la Gaule, symétrique à celle des empires ultramarins du XIXᵉ siècle, pour mieux dissimuler la temporalité d'un phénomène de très longue durée : l'intégration des Gaules à l'influence romaine a débuté à la fin du IVᵉ siècle, avec la prise légendaire de Rome par les « hordes » de Brennus.

Du Pô au Rhin, trois cents ans de connexions et d'interactions, de la Gaule cisalpine (- 222) à la Province transalpine (- 121), ont produit une romanisation d'abord sociale, puis culturelle et religieuse. Alésia, sanctuaire dédié à Héraclès depuis des décennies, n'était-il pas le lieu idéal d'une ordalie entre deux chefs de guerre concurrents ? La plus saisissante contribution de l'archéologie demeure en retour la découverte, sur le site d'Alise, de six pièces de monnaie gréco-romaines, frappées à l'effigie de Vercingétorix, sous les traits imberbes d'Apollon et d'après un modèle numismatique datant de Philippe II de Macédoine. Sans plus d'effet sur les représentations collectives du Gaulois chevelu que la potion magique sur Obélix.

—

Yann POTIN

RÉFÉRENCES
—

Jean-Louis BRUNAUX, *Alésia : le tombeau de l'indépendance gauloise*, Paris, Gallimard, 2012.
Olivier BUCHSENSCHUTZ, « Les Celtes et la formation de l'Empire romain », *Annales. Histoire, sciences sociales*, 2004 / 2, 59ᵉ année, dossier sur « La romanisation », p. 337-361.
Christian GOUDINEAU, *Le Dossier Vercingétorix*, Arles, Actes Sud, 2001.
André SIMON, *Vercingétorix et l'idéologie française*, Paris, Imago, 1989.
Yvon THÉBERT, « Romanisation et déromanisation en Afrique : histoire décolonisée ou histoire inversée ? », *Annales. Économies, sociétés, civilisations*, 1978, vol. 33, n° 1, p. 64-82.

RENVOIS
—

48, 212, 1357, 1420, 1763, 1815, 1871, 1882, 1940, 1965

PAGE SUIVANTE

Actuelle cathédrale d'Aix-la-Chapelle,
ancienne chapelle Palatine de Charlemagne
(photo : © akg / Bildarchiv Steffens)

DE L'EMPIRE
À L'EMPIRE

ouronné empereur à Rome à la Noël de l'an 800, Carolus Magnus comme le nomme Éginhard, son biographe, Karl der Grosse comme on dit en Allemagne, Charlemagne comme on l'appelle en France, choisit néanmoins de bâtir son palais bien plus au nord, à Aix-la-Chapelle, au cœur de ses domaines patrimoniaux, dans ces Ardennes aujourd'hui à cheval sur quatre pays différents, à proximité de sources d'eaux chaudes. Il a beau être un guerrier franc, l'empereur apprécie les bains à la romaine. Le parc qui jouxte son palais accueille l'éléphant blanc offert par le calife de Bagdad Haroun al-Rachid. La chapelle où il assiste aux offices, de plan centré à l'image du Saint-Sépulcre, se pare de colonnes de porphyre rapportées de Ravenne. Le centre du pouvoir s'est déplacé des rives de la Méditerranée vers le nord de l'Europe, mais s'émanciper du grand voisin byzantin nécessite encore de l'imiter et d'en adopter le modèle impérial.

Cet horizon impérial apparaît comme la principale caractéristique des huit siècles qui s'étendent du règne de Claude au couronnement du grand Charles. Les Gaules, qui n'avaient d'unité que sous le regard de César, se sont bel et bien fondues dans l'Empire romain, parfois de manière très précoce (ainsi en Narbonnaise), plus souvent durant la période séparant les tables claudiennes (48) de l'édit de Caracalla (212) : les Gaulois ne sont plus que des Romains comme les autres. Ils agrègent en outre, à compter du IIIe siècle, de nouvelles populations germaniques peu à peu intégrées à l'Empire selon des modalités variées. Au VIe siècle, le royaume fondé par Clovis et ses fils dessine, avec ses extensions successives vers le sud et vers l'est et avec le concours des élites civiles indigènes, les contours d'une entité politique inédite qui conserve, par la suite, une réelle unité par-delà les vicissitudes des partages mérovingiens. Ce « royaume des Francs » ne coïncide nullement avec la France actuelle, pas plus qu'avec le royaume de « Francie occidentale » apparu à Verdun en 843. On y parle plusieurs langues, sa population est mélangée, sa culture composite. Tout en en constituant le cœur, il s'efface et se fragmente dans l'empire refondé par Charlemagne, nouvelle agrégation de peuples et de royaumes divers, soumis au nom franc et à la religion chrétienne.

Des « migrations germaniques » aux raids scandinaves en passant par la conquête arabe, les temps demeurent ceux des remues d'hommes, des accommodements politiques et des acculturations réciproques. La réelle unité de ces sociétés bigarrées est d'avoir adopté et acclimaté jusqu'aux confins occidentaux du monde connu une religion orientale, le christianisme, arrivée de façon clandestine avec les marchands, les missionnaires et les moines d'outre-Méditerranée, et proclamée unique et universelle par la toute-puissance des empereurs, romains, byzantins et carolingiens.

48

Des Gaulois
au Sénat de Rome

*À l'automne 48, des notables issus des provinces
de la Gaule « chevelue » réclament, avec l'appui de l'empereur
Claude, le droit d'accéder au Sénat de Rome. Seuls les Éduens
obtiennent alors gain de cause, mais cette négociation
illustre l'intégration précoce des élites gauloises
à l'Empire romain et à sa culture méditerranéenne.*

Certains événements, rares, sont comme des traits de lumière dans l'obscurité : éclairés par plusieurs témoignages exceptionnels, ils donnent à voir, à travers des destins singuliers, des phénomènes historiques de grande portée. Et ce qui se trame à l'automne 48 au Sénat de Rome, en présence de l'empereur *Tiberius Claudius Germanicus*, plus communément nommé Claude (41-54 après J.-C.), compte parmi ces moments signifiants à la croisée de multiples enjeux.

Les faits sont bien établis grâce à deux textes qui entrent en profonde résonance. On doit le premier à l'historien latin Tacite (v. 58-v. 120 après J.-C.) qui, dans le livre XI des *Annales*, a brossé un récit détaillé du contexte historique de l'année 48 après J.-C. au cours de laquelle des notables des provinces d'Aquitaine, de Lyonnaise et de Belgique venus en délégation à Rome depuis Lyon réclamèrent pour eux le droit d'accéder et de siéger au Sénat, droit appelé en latin *ius adipiscendorum in Vrbe honorum* et qui leur était refusé alors même qu'ils bénéficiaient du statut de citoyens romains. Tacite décrit la venue de ces délégués, l'audience qui leur est accordée, le discours que Claude prononce en leur faveur, suivi d'une décision en demi-teinte de l'assemblée qui concède le droit aux honneurs aux seuls Éduens, grand peuple de Gaule lyonnaise qualifié de frères (*fratres*) en raison de l'ancienneté des liens qui les unissent aux Romains.

Le second texte, exceptionnel à plus d'un titre, fut mis au jour fortuitement en 1528 sur la colline de la Croix-Rousse à Lyon, là même où était érigé dans l'Antiquité le sanctuaire fédéral des Trois Gaules chargé de rendre un culte à Rome et aux empereurs. Il s'agit d'une inscription latine gravée avec soin sur une plaque de bronze doré pesant près de 220 kilogrammes ; fragmentaire, elle retranscrit la moitié environ du discours prononcé par Claude en faveur des Gaulois, celui-là même rapporté et réélaboré par Tacite. Cette inscription demeurée célèbre sous le nom de « table claudienne » avait été érigée près du sanctuaire dans un quartier où les anciens grands prêtres et leurs familles avaient pris l'habitude d'élever des statues et de construire des monuments à leur propre gloire. Bien que réécrit avant d'avoir été ainsi monumentalisé, ce discours qui retranscrit la parole vivante d'un empereur dans l'enceinte du Sénat demeure le seul du genre parvenu jusqu'à nous. Document patrimonial et source de fierté locale, les tables furent affichées à l'époque moderne dans l'Hôtel commun avant d'être exposées dans des musées lyonnais.

Mais revenons à l'affaire de 48 après J.-C. Celle-ci s'insère dans une chaîne d'événements dont le moment fondateur intervint un siècle plus tôt, en 52 avant J.-C., quand César annexa la Gaule après la capitulation de Vercingétorix à Alésia. Et pour qui cherche à comprendre les bouleversements intervenus entre ces deux bornes chronologiques, la notion de génération offre un bon outil d'analyse.

Les Gaulois pétitionnaires présents au Sénat sont des hommes mûrs, des notables à l'autorité affirmée dans leur cité, nés au tournant de notre ère. Petits-fils et arrière-petits-fils des combattants d'Alésia, ils sont les acteurs de la transformation de l'espace gaulois en un territoire romanisé juridiquement et culturellement, dont la manifestation la plus éclatante demeure la construction de villes et de monuments conçus dans des normes méditerranéennes et romaines – temples, forums, lieux de spectacles. D'autres éléments ne sont pas moins significatifs de ce marquage de l'espace par les dirigeants de Rome. Les villes nouvelles, créées ou refondées, prennent très souvent le nom du prince, ainsi *Juliobona*-Lillebonne, *Caesarodunum*-Tours, *Augustodunum*-Autun, etc. Quant aux membres des élites les plus fidèles, ils portent la même séquence onomastique – *Caius Julius* – tirée de la dénomination de César et d'Auguste avant 27 avant J.-C., accompagnée d'un surnom personnel, ces fameux *tria nomina* qui constituent l'indice d'un octroi personnel de la citoyenneté romaine en récompense de grands mérites. Ainsi, parmi de nombreux exemples, on peut citer le nom du prêtre éduen qui inaugura le sanctuaire des Trois Gaules : *Caius Julius Vercondaridubnus*. Quand Claude mènera à son tour une politique d'attribution individuelle ou collective de la citoyenneté, les provinces de l'Empire se couvriront d'individus appelés *Tiberius Claudius*. On ne soulignera jamais assez la force du lien de fidélité ainsi noué entre ces nouveaux citoyens et leur bienfaiteur.

Face à eux se tient l'empereur légitime héritier de la dynastie des Julio-Claudiens. Au pouvoir depuis sept années, acclamé par les prétoriens alors qu'il n'était pas destiné à revêtir la pourpre impériale puisque son propre neveu, Caligula, lui avait été préféré à la mort de Tibère en 37 après J.-C., Claude a engagé un vaste recensement en 47 après J.-C. qu'il a solennisé en réactivant la censure, cette vieille magistrature républicaine tombée en désuétude depuis Auguste. Ce geste s'explique par sa volonté de procéder à un inventaire du monde habité au moment où l'Empire venait d'être étendu à l'ouest en 43 après J.-C. avec la conquête de la Bretagne. Rappelons enfin que si Sénèque surnommait avec sarcasme Claude « le Gaulois », c'était en raison des liens personnels de ce dernier avec ces régions mais aussi parce qu'il était né à Lyon en 10 avant J.-C. au moment même où son père, Drusus, beau-fils d'Auguste et frère du futur empereur Tibère, y consacrait le sanctuaire des Trois Gaules. Il convient de ne pas se méprendre sur ce prince si souvent raillé par les auteurs anciens : Claude fut un administrateur avisé, digne de sa charge. On lui doit par exemple la création d'une administration centrale efficace et organisée en bureaux spécialisés. En outre, il fut durant sa vie un homme de culture doté d'une grande ouverture d'esprit : cela transparaît dans son discours au Sénat, quand il rappelle par une accumulation d'exemples édifiants que Rome demeure une cité ouverte car gouvernée depuis ses origines par des rois étrangers, sabins ou étrusques. Romulus n'avait-il pas témoigné d'une infinie sagesse en considérant le même jour ses adversaires comme des ennemis puis comme des citoyens ? En prenant ainsi la défense des pétitionnaires, Claude ne tient pas simplement son rôle d'empereur ou de premier parmi les sénateurs (*princeps*) ; il s'affirme avant tout comme le patron des Gaulois.

Reste maintenant à établir l'identité des sénateurs qui siégeaient alors à la curie. À cette date, les six cents *patres* sont majoritairement issus de familles italiennes naturalisées un siècle et demi plus tôt, les tumultes des guerres civiles ayant conduit à l'extinction des plus anciennes familles plébéiennes et patriciennes. Plusieurs d'entre eux sont également issus de groupes influents originaires des provinces les mieux intégrées comme la Bétique (sud de l'Espagne) ou la Narbonnaise (sud de la France). Principaux auxiliaires du prince dans le gouvernement de l'Empire, marqués par une conscience de classe aiguë, ils forment un milieu conservateur. En 48, afin de bloquer l'accès à de nouveaux venus susceptibles de menacer leurs intérêts, ils invoquèrent une peur ancestrale ancrée dans l'esprit des Romains, le fameux *metus Gallicus* (la crainte du Gaulois) qui remontait au souvenir du sac de Rome par les Celtes de Brennus en 390 avant J.-C.

Que retenir de cet événement qui se prête tout particulièrement à une réflexion sur les rapports mouvants entre l'espace identifié aujourd'hui comme français et ce qui se concevait en miroir comme monde il y a près de 2 000 ans ? On soulignera qu'il peut s'entendre de deux manières : d'abord au sens où des Gaulois se rendent au Sénat de Rome, puis avec l'idée qu'ils s'y rendent pour demander à entrer dans l'assemblée. Chemin faisant, derrière cette confrontation entre des provinciaux et des sénateurs amorcée par une pétition, se dévoilent d'une part les mécanismes complexes de l'intégration des hommes et des territoires qui composent l'Empire romain, et se révèle d'autre part en filigrane le fonctionnement même de cet édifice politique si singulier.

À travers cet exemple précis se mesure la force du droit et des liens personnels dans les mécanismes d'intégration dans l'Empire. Un siècle après la conquête, l'empereur s'appuie sur un réseau d'alliés fidèles, récompensés par la citoyenneté romaine qui leur donnait de multiples droits politiques et civils et asseyait leur prééminence dans leur cité. Au niveau supérieur, l'unité impériale était garantie par le culte commun rendu en l'honneur de Rome et des princes au sanctuaire des Trois Gaules de Lyon. Le 1er août de chaque année, les délégués des peuples gaulois élisaient un grand prêtre qui présidait à des cérémonies religieuses et à des jeux, mais qui était également chargé de transmettre au prince des décrets votés – pétitions, honneurs ou accusations portant sur la gestion des administrateurs impériaux. Par son statut d'interlocuteur privilégié avec le Sénat et le prince, l'assemblée jouait donc un rôle éminemment politique. Si sur le moment, en 48, la requête de la délégation semble n'avoir pas été entendue, à moyen terme la brèche

ouverte entraîna l'intégration au Sénat de plusieurs notables gaulois, dont le plus célèbre est l'Aquitain Julius Vindex qui fut l'un des principaux acteurs de la révolte de 68 après J.-C. contre Néron.

Enfin, l'événement nous éclaire sur la spécificité irréductible des mécanismes de fonctionnement de l'*Imperium romanum*, souvent mal compris, alors même que fleurit aujourd'hui pour d'autres périodes le courant des études impériales. L'affaire de 48 montre que le gouvernement de cet empire reposait sur une « diplomatie intérieure », concept qui permet de caractériser l'originalité des relations entre les pouvoirs locaux et Rome, relations qui n'étaient ni de simples rapports de type administratif entre gouvernants et gouvernés, ni des relations diplomatiques et bilatérales au sens actuel du terme entre deux États souverains, les Anciens ignorant ces catégories modernes. Tantôt les décisions étaient appliquées d'en haut, tantôt elles découlaient d'un dialogue amorcé par des requêtes formulées par les provinciaux. Si l'historien d'aujourd'hui, souvent prisonnier du modèle de l'État-nation, peine à caractériser ce fonctionnement avec ses mots, c'est pourtant bien cet amalgame entre administration et diplomatie qui explique ce moment singulier au cours duquel, dans l'enceinte du Sénat, un empereur prit parti pour des Gaulois contre l'avis des sénateurs, et que les Éduens obtinrent seuls ce privilège au motif qu'ils portaient le titre de frères des Romains avant la conquête.

—

Antony Hostein

RÉFÉRENCES

—

Dominique Briquel, « Claude, érudit et empereur », *Comptes rendus de l'Académie des inscriptions et belles-lettres*, vol. 132, n° 11, 1988, p. 217-232.

Yves Burnand *et al.* (dir.), *Claude de Lyon, empereur romain*, actes du colloque de Paris-Nancy-Lyon (novembre 1998), Paris, Presses de l'université Paris-Sorbonne, 1998.

Corpus inscriptionum Latinarum (CIL), XIII, Berlin, 1899, inscription n° 1668.

Philippe Fabia, *La Table claudienne de Lyon*, Lyon, Impr. Audin, 1929.

Barbara Levick, *Claude*, éd. et trad. par Isabelle Cogitore, Gollion (Suisse), Infolio, 2002.

Tacite, *Annales*, livres XI-XII, éd. et trad. par Pierre Wuilleumier, Paris, Les Belles Lettres, 1976.

RENVOIS

—

52 av. J.-C., 212, 882, 1960

177

Fille aînée du christianisme oriental ?

Les premiers martyrs chrétiens d'Occident hors de Rome sont lyonnais. Reflets d'une société bigarrée, pour une bonne part originaires d'Asie Mineure et fidèles d'une religion orientale, ils finissent victimes, en 177, de leur refus du culte impérial dans une cité creuset de l'intégration à l'Empire.

«Puisse la foi indéfectible de nos frères d'Orient réveiller celle des chrétiens d'Occident, comme aux premières heures du christianisme en Gaule» : ainsi s'exprime le cardinal Barbarin, archevêque de Lyon, dans la préface d'un ouvrage récent consacré aux martyrs de 177, en une allusion aux violences subies de la part des djihadistes islamistes. Les premiers chrétiens connus en Gaule, et même dans tout l'Occident en dehors de Rome, sont bien en effet les martyrs lyonnais de 177 et certains tirent leurs origines de l'Asie Mineure. Mais le cardinal Barbarin paraît aussi se référer à une théorie d'abord avancée par Ernest Renan, qui faisait de cette première Église lyonnaise une fille missionnaire des denses et vivaces communautés fécondées par saint Paul en Asie. Il est vrai que les événements de 177 sont connus par une lettre des Églises de Lyon et de Vienne aux Églises d'Asie et de Phrygie. Ce document rédigé en grec a été inséré et peut-être remanié au début du IVe siècle par l'un des pères des Églises orientales, Eusèbe de Césarée (en Palestine), dans son *Histoire ecclésiastique*, le premier exposé de la réalisation dans l'histoire du salut de l'humanité. Cette source unique révèle en tout cas que le grec était bien pratiqué par les premiers chrétiens lyonnais. En même temps, on sait bien que l'archevêque de Lyon porte toujours le titre de primat des Gaules, et Mgr Duchesne, grand historien de l'Église antique, n'hésitait pas à gratifier le siège lyonnais d'une telle hégémonie dès le IIe siècle.

Mais comment expliquer la présence à Lyon de cette communauté chrétienne martyrisée en 177 ? Lyon était le principal carrefour fluvial et routier de la Gaule et attirait de nombreux commerçants, en particulier orientaux. Le commerce oriental caractérisait néanmoins aussi des cités telles que Marseille, Narbonne ou Arles, situées dans la province de Gaule narbonnaise, le littoral méditerranéen que Pline l'Ancien assimilait dès le Ier siècle à l'Italie, tant sa romanisation était avancée. Lyon n'appartenait pas à ce territoire très anciennement soumis à Rome, mais apparaissait comme une ville pionnière, constituant une agglomération multiple. Sur la colline de Fourvière à l'ouest se trouvait le centre de la colonie de Lugdunum fondée en 43 avant J.-C. pour installer des légionnaires romains : seule entité disposant de la citoyenneté romaine en dehors de la Narbonnaise, elle était devenue la capitale de la province de Lyonnaise. Au sud, vers le confluent du Rhône et de la Saône, s'était implanté le vaste quartier commercial et artisanal dit des *canabae* (entrepôts). À l'est, sur les pentes de la Croix-Rousse, se situait Condate, qui abritait le sanctuaire fédéral des Trois Gaules : un autel de Rome et d'Auguste, voué au culte impérial, y

réunissait tous les ans des délégués des soixante cités formant les provinces de Lyonnaise, Aquitaine et Belgique. La présence d'une communauté chrétienne à Lyon paraît donc tenir à l'existence de cette agglomération neuve, ouverte sur l'extérieur, susceptible de rayonner sur toute la Gaule. L'Église des premiers temps s'insérait déjà dans la géographie du monde romain, mais au prix de tels décalages, et pas encore selon la rigoureuse organisation administrative qui caractérisera l'Empire chrétien des IVe et Ve siècles.

La communauté chrétienne de Lyon en 177 n'est connue que par ses martyrs, et donc par ses membres les plus obstinés et courageux. En plus de son récit principal, Eusèbe de Césarée a établi une liste de quarante-huit martyrs, attestée dans des textes latins postérieurs et gravée au XIXe siècle dans la crypte de Saint-Pothin à Lyon. Or ces quarante-huit noms sont tout à fait douteux et surtout convoqués par Eusèbe à l'appui d'une démonstration contre des courants chrétiens d'Asie jugés hérétiques plus d'un siècle après les événements. On ne peut donc véritablement se fonder que sur les dix martyrs les plus illustres évoqués par la fameuse lettre. La moitié d'entre eux est sans doute originaire de la province d'Asie. Nous en avons la certitude avec Attale de Pergame, un citoyen romain soutenant la communauté par sa fortune, et Alexandre, un médecin issu de Phrygie et établi en Gaule depuis plusieurs années. Trois noms grecs se signalent aussi, Alcibiade, Biblis (une femme) et Pothin. On peut leur adjoindre Vettius Épagathus, un citoyen romain notable certainement descendant d'un esclave oriental affranchi. L'autre moitié des martyrs se compose de Gaulois, avec le diacre de Vienne Sanctus, Maturus, et surtout les esclaves Blandine et Ponticus, âgé de quinze ans et qui était sans doute son jeune frère. On a voulu faire de Blandine une Orientale issue de la cité de Blandos dans la lointaine Arménie, alors que ce nom est parfaitement attesté dans les inscriptions gauloises ! La tradition la représente toujours en jeune fille, alors qu'il s'agissait d'une femme d'âge mûr. Revenons à l'autre figure célèbre, celle de Pothin, nonagénaire paraît-il, et qualifié d'évêque, c'est-à-dire de clerc de cette communauté, alors que la hiérarchie de l'Église est encore fort peu étoffée. Son nom oriente vers une origine asiate, mais on reconstruit surtout son parcours d'après celui de son successeur Irénée, auteur d'un traité *Contre les hérésies*. Irénée était issu de la province d'Asie, où il avait été formé par Polycarpe de Smyrne, avant de séjourner à Rome puis de s'installer à Lyon. Contrairement à certaines légendes, il ne fit pas partie des martyrs, mais porta à l'évêque de Rome Éleuthère la lettre des chrétiens de Lyon. Les origines orientales de certains martyrs suffisent à expliquer que la communauté lyonnaise ait informé les Églises d'Asie, sans qu'il soit besoin de supposer l'existence de liens très étroits avec elles ; et, d'ailleurs, les chrétiens lyonnais suivaient plutôt des usages établis à Rome, par exemple à propos de la date de Pâques.

Mais pourquoi ce groupe bigarré tant du point de vue ethnique que sur le plan social a-t-il subi le martyre en 177 ?

Certes pas en raison d'un édit impérial général qui ne surviendra qu'au milieu du IIIe siècle. Les premières persécutions se produisirent dans deux types de contexte. Il s'agit d'abord de catastrophes telles que l'incendie de Rome en 64 sous Néron : les chrétiens furent alors suppliciés comme coupables potentiels mais aussi pour leur refus de se livrer aux cérémonies païennes expiatoires. On a d'autre part affaire à des dénonciations de chrétiens pour des motifs proprement religieux, en particulier pour leur réticence vis-à-vis du culte impérial. Vers 112, Trajan a indiqué à Pline le Jeune, gouverneur de Bithynie (en Asie Mineure), qu'il ne fallait arrêter les chrétiens que sur dénonciation en bonne et due forme, non anonyme, conformément à la procédure judiciaire romaine. En 177, nous sommes sous le règne de Marc Aurèle, éminent philosophe stoïcien ; dans ses *Pensées*, il blâme l'opiniâtreté et la théâtralité manifestées par les chrétiens dans leur recherche du martyre, mais on ne peut lui attribuer, pas plus qu'aux autres empereurs de son temps, de persécution systématique. Eusèbe affirme néanmoins qu'à l'époque de Marc Aurèle «la persécution se ralluma contre nous dans certaines régions de la terre avec une plus grande violence [...] à la suite d'agressions populaires dans chaque cité». Plusieurs exemples, singulièrement en Asie, témoignent bien de véritables pogroms antichrétiens. Pour en rendre compte, on ne peut invoquer que les malheurs des temps toujours favorables à la désignation de boucs émissaires religieux : premières grandes invasions sur la frontière danubienne, terrible épidémie de «peste» (en fait de variole).

La persécution lyonnaise débuta bien comme un pogrom : après que les chrétiens eurent été exclus des lieux publics, tels que le forum ou les bains, la foule leur infligea huées, coups, agressions, pillages, jets de pierres et emprisonnements. Au forum de Lugdunum, ils furent interrogés par le tribun de la cohorte militaire stationnée sur place, et par les magistrats civiques. La société lyonnaise se distinguait à la fois par la diversité des origines et par le conformisme dû à l'importance du culte impérial : on conçoit que les chrétiens devaient y être difficilement supportés car ils associaient le premier caractère au refus obstiné du second. Ils furent emprisonnés en attendant de pouvoir comparaître devant le gouverneur de Lyonnaise, qui disposait seul du droit de condamner à mort. Vettius Épagathus confessa sa foi, mais ne fut pas ensuite exécuté, ce que l'on peut attribuer à son rang social. D'après Eusèbe, dix chrétiens abjurèrent leur foi. Il se produisit alors dans toute la ville une chasse aux chrétiens, qui était contraire à la jurisprudence de Trajan mais doit s'expliquer par un souci d'ordre public : on se rapprochait donc plutôt, de la part d'un gouverneur, de la persécution néronienne de 64. Les chrétiens furent ensuite torturés, en particulier Sanctus : tandis que l'on appliquait sur son corps des lamelles de bronze chauffées à blanc, il répondait à toute question : « Je suis chrétien ! » Biblis, qui s'était reniée, revint à la foi sous la torture, tandis que les autres apostats étaient quand même maintenus en prison, là encore contrairement à la jurisprudence. Le vieil évêque Pothin mourut dans son cachot, après avoir résisté à un lynchage. Une première phase, marquée par les emprisonnements et les tortures, visait ainsi à obtenir l'abjuration du plus grand nombre possible d'individus. Dans un second temps, les plus obstinés furent livrés au supplice des bêtes, une peine nullement réservée aux chrétiens. Ce châtiment eut lieu dans l'amphithéâtre proche de l'autel de Rome et d'Auguste, lors des jeux qui accompagnaient les fêtes célébrées à partir du 1er août. Sanctus, Maturus, Alexandre, Blandine et Ponticus subirent le fouet, les morsures des bêtes, le supplice du siège de fer chauffé, mais ils finirent décapités (sauf Ponticus qui succomba aux tortures). Blandine est toujours représentée face à un lion, mais, selon Eusèbe, elle fut enfermée dans un filet et livrée à un taureau, ce à quoi elle aurait résisté. Le cas du citoyen romain Attale fut soumis par le gouverneur aux bureaux de l'empereur et ces derniers autorisèrent la condamnation à mort, comme pour toute personne qui ne reniait pas sa foi. En raison de son rôle précurseur, il fut à nouveau livré aux bêtes, alors que les citoyens romains confesseurs de leur foi étaient directement décapités. Les corps des martyrs furent finalement exposés en plein air pendant six jours, livrés aux chiens, puis brûlés et jetés dans le Rhône : la mort sans sépulture était réservée par Rome aux pires criminels.

Le culte des martyrs de Lyon convoque ainsi pour la première fois la tradition d'une France « fille aînée de l'Église », tant par les liens de ses héros avec le christianisme primitif oriental que par la précocité de leur témoignage en Occident.

—

VINCENT PUECH

RÉFÉRENCES

——

«Je suis chrétien !» Blandine et les martyrs de Lyon en 177, préface du cardinal Philippe Barbarin, Paris, Parole et Silence, 2016.

«Lettre des Églises de Lyon et de Vienne aux Églises d'Asie et de Phrygie», in *Actes et passions des martyrs chrétiens des premiers siècles*, trad. par Pierre Maraval, Paris, Cerf, 2010, p. 67-90.

Pierre MARAVAL, *Les Persécutions des chrétiens durant les quatre premiers siècles*, Paris, Desclée, 1992.

Martyrs de Lyon (177) [Les], actes du colloque de Lyon (20-23 septembre 1977), Paris, CNRS Éditions, 1978.

Luce PIETRI *et al.* (dir.), *Histoire du christianisme*, t. 1 : *Le Nouveau Peuple (des origines à 250)*, Paris, Desclée, 2000.

RENVOIS

——

397, 1308, 1572, 1685, 1858, 1954

212

Des Romains comme les autres

L'empereur Caracalla étend en 212 la citoyenneté romaine à tous les habitants de l'Empire. Tous les « Gaulois » et plus seulement leurs élites deviennent alors des Romains comme les autres. La citoyenneté n'est plus un privilège politique et commande indirectement la grande « migration barbare » ultérieure au cœur de l'Empire.

Dans l'historiographie de l'Empire romain, la Gaule tient une place à part au moins sur un point : on parle de Gallo-Romains, ce que l'on ne fait pour aucune autre province. Nos Gaulois se seraient-ils montrés plus Romains que les Pannoniens, les Syriens ou les Bretons ? Le terme se décline pour les individus, mais aussi pour l'art, la culture, les cultes. La Gaule aurait-elle été la « fille aînée » de Rome ? Cette situation intrigue d'autant plus que d'autres provinces comptèrent davantage de citoyens romains (l'Afrique, l'Asie), que leurs élites furent au moins aussi nombreuses à entrer au Sénat (l'Espagne) ou à peupler l'armée (la Thrace). Réalité historique ou manière de se pousser du col

a posteriori ? Quand on consulte les définitions données du terme, on n'y trouve rien qui ne puisse s'appliquer à n'importe quel autre peuple ou ensemble de peuples formant une province romaine. Par le fait du hasard, le seul discours impérial conservé prônant clairement l'intégration des élites dans la citoyenneté romaine est celui que prononça Claude et qui fut gravé à Lyon sur des tables en bronze retrouvées au XVIe siècle. Coup de pouce de l'histoire pour faire sortir les Gaulois de l'anonymat des peuples soumis ?

Car rien ne justifie cette appellation privilégiée. On voit bien que ceux qui l'ont créée – le terme apparaîtrait en 1833 selon le *Dictionnaire historique*

(Le Robert) mais on le trouve dès 1830 chez Arcisse de Caumont – voulaient jouer sur tous les tableaux : « Gaulois » faisait barbare, à l'évidence, et fondait nos ancêtres dans la masse indifférenciée des sujets (pérégrins) de l'Empire ; « Romain », pour ceux qui avaient acquis la citoyenneté, gommait leurs racines et ôtait toute raison d'en être fier. « Gallo-Romain » rappelait à la fois les origines glorieuses (Vercingétorix) et l'insertion réussie dans le monde nouveau.

Et pourtant, les Gaulois furent des Romains comme les autres, avant comme après l'événement qui affecta l'Empire – autant dire le monde – en 212, du nord de la (Grande) Bretagne au Sahara et aux rives du Tigre. Cette année-là, l'empereur Caracalla accorda à tous les habitants de l'Empire (sauf une catégorie infime, les déditices) une égale citoyenneté. Cette mesure révolutionnaire n'a guère laissé de traces chez les auteurs anciens. C'est tout juste si l'historien Dion Cassius, contemporain de la mesure, la signale en prêtant à l'empereur une intention malveillante : « Il fit de tous les habitants de l'empire des citoyens ; en apparence, il les honorait, mais son but réel était d'accroître ses revenus par ce moyen, car, comme étrangers, ils n'avaient pas à payer la plupart de ces taxes » (*Histoire romaine*, 78, 9). La plupart des auteurs se contentent d'une simple allusion. Par chance, un papyrus d'Égypte (*P. Giessen* 40) a conservé le texte, très mutilé, de l'édit impérial, qui donne d'autres motivations, quoique vagues : « rendre grâce aux dieux immortels », ceux de Rome proprement dite, en augmentant le nombre de leurs fidèles ;

une allusion est néanmoins faite un peu plus loin à « la multitude associée […] aux charges qui pèsent sur tous » mais c'est pour inviter aussi à « l'englober dans la Victoire ». Avant que le texte ne s'interrompe, l'empereur estime que « [le présent édit] augmentera la majesté du [peuple] romain : [il est conforme à celle-ci] que d'autres puissent être admis à cette même [dignité que celle dont les Romains bénéficient depuis toujours], alors qu'en étaient exclus […] » Souder l'ensemble des habitants de l'Empire autour de ses dieux et de son armée va bien au-delà d'une simple préoccupation fiscale.

Mais peu importent au fond les motivations profondes de Caracalla : piété ? souci de la gloire de Rome ? besoin de remplir les caisses de l'État ? De telles motivations ne sont d'ailleurs pas exclusives. Il est beaucoup plus intéressant d'analyser la mesure dans ses effets, de voir ce qu'elle implique sur le plan intellectuel, idéologique, sur le sentiment de soi que pouvaient en tirer les bénéficiaires.

Rappelons en deux mots que, dans l'Empire romain, les hommes libres se répartissent avant 212 en deux groupes : les citoyens romains et les pérégrins (laissons de côté les déditices mal connus et peu nombreux). Les citoyens romains sont, depuis la Guerre sociale (90-88 avant J.-C.), les descendants des habitants de l'Italie, tous assimilés à cette date aux citoyens de Rome. S'y ajoutent les individus (et leurs descendants) qui ont acquis cette citoyenneté romaine, dans les provinces, par différents moyens. L'octroi individuel par le Sénat de Rome ou par l'empereur (à partir d'Auguste), comme c'est le cas, par exemple, pour les rois clients de Rome (Hérode est ainsi un *Caius Iulius Herodes*), est le plus rare et le plus huppé. Il est réservé aux grands notables des provinces. Avec le temps, presque tous les titulaires des magistratures civiques dans les cités de Grèce, d'Asie Mineure, d'Afrique, d'Espagne semblent en bénéficier. Mais les notables ne sont pas seuls à entrer dans la citoyenneté. Les habitants des « colonies romaines » sont également citoyens ; si, à l'origine, les colons sont des citoyens à qui on donne les terres confisquées à des indigènes, à partir du IIe siècle les « colonies » sont pour l'essentiel des cités indigènes promues à ce titre, dont tous les habitants libres deviennent de ce fait citoyens romains. On devient citoyen aussi par affranchissement de l'esclavage : les enfants d'affranchis deviennent citoyens. On peut encore ajouter les soldats qui servent dans les unités auxiliaires de l'armée romaine : lors de la démobilisation, ils deviennent pleinement citoyens. Or, beaucoup se recrutent chez les peuples les moins romanisés de l'Empire, les Thraces, les Germains, les Hispaniques du Nord-Ouest. Dans ces conditions, le nombre des citoyens romains augmente rapidement, mais le pourcentage par rapport à la population varie beaucoup selon les provinces : il est nettement plus élevé en Gaule (surtout en Narbonnaise), en Espagne, en Afrique ou dans le bassin égéen qu'en Syrie, en Arabie, et surtout qu'en Égypte. Tous les autres habitants sont des pérégrins, c'est-à-dire des sujets de l'Empire, généralement citoyens d'une communauté locale, une *civitas* en Occident, une *polis* dans la partie hellénophone. Ils relèvent du droit de leur communauté et ne paient pas certains impôts dus par les citoyens romains, comme le vingtième (c'est-à-dire 5 %) sur les héritages.

La mesure prise en 212 se situe d'une certaine manière dans la continuité d'une politique constante d'intégration. Comme Tacite en prête le propos à Claude dans son fameux discours de Lyon, la force de Rome tient à sa capacité à intégrer les vaincus : « Quelle autre cause y a-t-il eu à la ruine des Lacédémoniens et des Athéniens, en dépit de leur valeur guerrière, que leur entêtement à écarter les vaincus comme étrangers ? » (Tacite, *Annales*, XI, 23-25). En réalité, cette phrase n'apparaît pas dans la version officielle du discours, mais elle est parfaitement fidèle à l'esprit de celui-ci. S'oppose ainsi la générosité de Rome en matière de citoyenneté face à l'avarice grecque. Parallèle trompeur, du moins en partie, car à la citoyenneté d'Athènes et de Sparte s'attachent des droits politiques réels (élection des magistrats, vote des lois, justice), alors que ceux-ci sont largement illusoires à Rome dès la fin de la République, et inexistants sous l'Empire. La continuité dans l'ouverture de la citoyenneté aux vaincus d'hier explique sans doute le choix de Caracalla, et le peu d'écho qu'il rencontra dans l'Empire. On était, somme toute, habitué à ce que de nouveaux citoyens soient créés en nombre à tout moment. Et cet accroissement ne privait personne de quoi que ce soit : les distributions frumentaires ne concernaient que Rome et l'Italie, où, quoi qu'il en soit, tout le monde était citoyen depuis la fin de la Guerre sociale.

Et pourtant, l'édit de 212 apparaît rétrospectivement comme une mesure inouïe dans le cadre d'un Empire. Il va même à l'encontre de toute la pratique des autres empires. Tous sont fondés sur la coexistence de multiples communautés vivant selon leurs lois, sous la houlette d'une minorité ethnique ou religieuse qui possède seule l'ensemble des droits, notamment politiques, dans l'Empire. L'Empire n'est donc qu'une juxtaposition de « nations » (ainsi l'Empire ottoman) jouissant d'une relative autonomie aussi longtemps que le maître de l'Empire le veut bien. L'Empire romain ignore pratiquement cette étape, car les provinces n'ont pas grand-chose à voir avec des nations ou des peuples. Même s'il existe au sein de la Gaule comme de bien d'autres provinces une langue et des dieux communs, l'appartenance à la communauté de base compte davantage en termes de patriotisme que le sentiment de former un peuple uni culturellement. À l'inverse, à l'échelle de l'Empire, les citoyens romains, autrement dit la minorité possédant la totalité des droits, ne se recrutent pas seulement dans un groupe ethnique ou religieux donné, mais appartiennent à tous les peuples de l'Empire. L'intégration est donc en marche à tous les niveaux de la population, et dans toutes les communautés ethniques.

Avec l'édit de 212, tout habitant libre peut désormais se dire « Romain », qu'il le dise en latin (*Romanus*) ou en grec (*Rhomaios*). Les Gaulois, comme les autres provinciaux, devinrent donc des Romains, pour ceux qui ne l'étaient pas déjà, et rien ne les distinguait juridiquement des Romains des autres provinces. Lorsque, au moment des invasions germaniques, de nouveaux maîtres venus du nord s'imposèrent en Gaule comme en Espagne ou en Italie, on vit se confronter deux aristocraties, la nouvelle, germanique, l'ancienne, romaine, qui était selon les lieux de culture gauloise, hispanique ou italienne, mais pouvait partout se revendiquer comme « romaine ». La formidable machine à intégrer que constitua l'Empire romain fonctionna donc en Gaule comme ailleurs, en dépit des efforts de l'historiographie ultérieure pour distinguer la Gaule au sein de cet ensemble à la fois juridiquement uniforme et culturellement diversifié.

Avec l'édit de 212, Caracalla jetait les bases, peut-être involontairement, d'un empire totalement original. La citoyenneté commune au sein de l'Empire plaçait sur un pied d'égalité juridique le patricien de l'Aventin, le marchand gaulois, le paysan du Fayoum, le soldat thrace, le rhéteur athénien, le caravanier de Palmyre et le pasteur du Rif. Après la relative uniformisation linguistique qu'imposait l'usage exclusif du latin et du grec par l'administration, voici que chacun pouvait se réclamer du droit romain et se prévaloir d'une même appartenance : la Gaule se fondait un peu plus dans l'Empire-monde établi aux rives de la Méditerranée. Caracalla posait un jalon de plus vers la concordance entre le *populus romanus* et son empire territorial, même si jamais l'État-nation ne vit le jour. Le modernisme du dispositif n'en demeure pas moins une évidence pour l'historien.

—

MAURICE SARTRE

RÉFÉRENCES

—

Mary BEARD, *SPQR. Histoire de l'ancienne Rome*, Paris, Perrin, 2016 [éd. originale anglaise 2015].

Jean-Pierre CORIAT, *Le Prince législateur. La technique législative des Sévères et les méthodes de création du droit impérial à la fin du Principat*, Rome, École française de Rome, 1997.

Paul Frédéric GIRARD et Félix SENN, *Les Lois des Romains*, Naples, 1977, 7e éd.; repris *in* Joseph MÉLÈZE-MODRZEJEWSKI, *Droit impérial et traditions locales dans l'Égypte romaine*, Aldershot, Variorum, 1990.

Hervé INGLEBERT (dir.), *Idéologies et valeurs civiques dans le monde romain. Hommage à Claude Lepelley*, Paris, Picard, 2002.

Maurice SARTRE, « Vous serez tous citoyens romains », *L'Histoire*, n° 372, 2012, p. 67-73.

RENVOIS

—

48, 451, 800, 1804, 1927, 1965, 1974

397

Le saint patron de la Gaule venait d'Europe centrale

En quelques décennies après sa mort en 397, l'évêque de Tours, Martin, ascète originaire de l'actuelle Hongrie et évangélisateur des campagnes poitevines et tourangelles, devient le saint patron de la Gaule et le symbole de l'alliance entre l'Église et la royauté franque, des Mérovingiens aux Capétiens.

Le IVe siècle fut un moment essentiel pour la définition de la doctrine chrétienne et l'évolution des modèles de sainteté. La liberté des cultes qu'instaura la paix de l'Église en 313 puis l'édit de Théodose qui fit triompher le christianisme nicéen en 380 rendirent le martyre de sang inutile. En Gaule aussi, la sainteté impliquait désormais le souci de la communauté sociale, le charisme de la pastorale et l'excellence de la vertu. Le temps des confesseurs, des ascètes, des pèlerins et… des hagiographes était venu.

Ainsi donc, vers 380, Dieu prit la main d'une jeune femme pour lui faire faire le tour du monde. Le monde d'alors, de la Galice, au nord-ouest de l'Espagne, à la Mésopotamie. Les origines d'Égérie, appelée aussi Éthérie, ont été discutées et l'on considère aujourd'hui que la jeune Gauloise était plutôt originaire de Galice. Peu importe. L'*Itinerarium* d'Égérie – retrouvé sous une forme anonyme et fragmentaire dans une bibliothèque d'Arezzo à la fin du XIXe siècle – est d'abord le récit de la découverte du monachisme oriental et des Lieux saints. Un récit rédigé dans un latin populaire et rendu possible par l'hospitalité des ascètes rencontrés en chemin. La première partie du fragment est consacrée aux différentes étapes du voyage qu'on interprète parfois comme un pèlerinage. Depuis Constantinople, on peut suivre Égérie en Galilée, en Samarie, à Jérusalem, en Thébaïde... la voir gravir les pentes du Sinaï, la montagne de Dieu, où des ermites lui firent contempler l'horizon peuplé de lieux saints et, plus au nord, la Palestine, la terre de promission. Égérie retourna ensuite à Jérusalem, dont elle découvrit notamment les pratiques liturgiques, avant de poursuivre sa route vers la Mésopotamie. Elle se rend enfin aux sanctuaires d'Édesse, la ville d'Abraham, actuellement Şanlıurfa dans le sud-est de la Turquie, ville aujourd'hui peuplée majoritairement de Kurdes et d'Arabes sunnites, devenue la principale base arrière du conflit entre les autorités turques, les djihadistes de Daech et les miliciens du Parti des travailleurs du Kurdistan. Égérie termina son périple à Harran avant de revenir vers l'ouest, Antioche et Constantinople. La seconde partie du fragment, qui se concentre sur les pratiques liturgiques et sacramentelles de Jérusalem, ne nous apprend rien de plus sur cette jeune femme, ni sur les destinataires du récit, ses « sœurs », peut-être des moniales ou simplement des parentes. L'attribution de ce texte anonyme à Égérie est elle-même hypothétique. Elle repose sur la lettre d'un ermite du VIIe siècle, un certain Valérius, qui raconta à ses frères des montagnes du Bierzo, dans le nord de l'Espagne wisigothique, les vertus d'une vierge dont le voyage en Orient correspond précisément aux étapes de l'*Itinerarium*. Autant dire que le souvenir perdu de ces pérégrinations dans la mémoire biblique et la géographie judéo-chrétienne n'a pas grand-chose à voir avec le souvenir de saint Martin, l'un des saints patrons de la Gaule chrétienne et des principaux protecteurs de la royauté franque, dont le vocable est omniprésent en 2016 – année de la célébration du 1 700e anniversaire de sa naissance – dans l'onomastique, la topographie et les lieux de culte français.

Martin, pourtant, était un étranger. Originaire de Pannonie, de Sabaria exactement, l'actuelle ville hongroise de Szombathely, il fait figure d'exception dans la galerie des évêques gaulois, presque tous membres de l'aristocratie sénatoriale qui voyait dans les charges ecclésiastiques un moyen de conserver sa position dominante. Ces évêques n'avaient aucune confiance dans cet « homme nouveau » dont ils méprisaient l'origine et l'allure grossière. Il faut dire que Martin était obsédé par le désir d'ascèse : fils d'un tribun militaire païen, il avait dû rejoindre l'armée à quinze ans où il s'était fait remarquer, d'après Sulpice Sévère, par son humilité et sa charité. C'est ainsi qu'il partagea, en plein hiver, sa chlamyde de soldat avec un pauvre qui mendiait aux portes d'Amiens. La vision en rêve du Christ revêtu d'une moitié de chlamyde persuada Martin, qui avait alors dix-huit ans, de demander le baptême et, deux ans plus tard, de quitter l'armée impériale pour devenir soldat du Christ. Il se rendit d'abord chez Hilaire de Poitiers dont l'enseignement rayonnait sur la Gaule. Mais Martin n'avait pas oublié ses origines et, avec l'accord d'Hilaire, il retourna auprès de ses parents qui étaient restés païens. Les hagiographes racontent que, durant ce long périple jusqu'en Illyrie, Martin prit le dessus sur les brigands des Alpes et sur les apparitions diaboliques. Il parvint ensuite à convertir sa mère et quelques proches mais fut impuissant devant le succès de l'arianisme dans sa région d'origine où il fut battu et expulsé. Ayant dû rejoindre l'Italie, il s'installa d'abord dans un ascétère à Milan où il fut à nouveau persécuté et, après une halte à Rome, retourna en Gaule où il fut accueilli « de la manière la plus gracieuse ». C'est à ce moment-là qu'il aurait fondé la toute première communauté monastique en Gaule, à Ligugé, non loin de Poitiers, bien avant qu'il ne crée à Marmoutier, un peu en amont de Tours, un nouvel ermitage auquel il resta attaché toute sa vie malgré son accession au siège épiscopal de Tours en 371 sous la pression du peuple des fidèles. Célébré comme l'un des principaux initiateurs de la vie monastique en Occident et l'incarnation intemporelle de la charité chrétienne, Martin est aussi le symbole de l'évangélisation des campagnes païennes et de l'action fondamentale des moines-évêques dans les villes gauloises. Ces représentations, qui traversent l'hagiographie et l'iconographie occidentales, doivent beaucoup à plusieurs textes latins des ve et vie siècles : la *Vie de saint Martin* de son disciple Sulpice Sévère, qui constitue la première biographie chrétienne produite en Gaule et le texte fondateur de l'hagiographie franque, les deux *Vies de saint Martin* en vers composées par Paulin de Périgueux et Venance Fortunat et, enfin, les *Histoires* de Grégoire de Tours qui prétendait avoir

été guéri miraculeusement par saint Martin dont il fut l'un des successeurs sur le siège épiscopal de Tours en 573. L'œuvre historiographique de Grégoire est essentielle pour la glorification de la figure martinienne. Elle contribue à faire du saint évêque de Tours le premier évêque à avoir accompli la fondation d'une Église par son action et, après son inhumation le 11 novembre 397, par le rayonnement de son culte, par les donations qu'il suscita et par la protection qu'il prodigua aux puissants et aux humbles. La mémoire franque de Martin inaugura une ère nouvelle dans l'édification de la société chrétienne et la recomposition du territoire de la cité en Gaule : l'essor de son culte et le dynamisme spirituel de la basilique suburbaine de Tours, le long de la voie qui conduit à Poitiers, conférèrent à cet espace sacré, dès le vie siècle, une importance supérieure au *castrum* séculaire de la cité antique de Tours.

L'approche « martinocentrique » de Grégoire, ses liens personnels avec les membres de la famille régnante en Austrasie et l'ancienneté du culte de Martin révèlent aussi l'importance des représentations martiniennes pour la dynastie mérovingienne. Le souvenir de Martin accompagna en effet la christianisation de la fonction royale depuis la bataille de Vouillé, en 507, au cours de laquelle Clovis avait fait apporter la « chape » du saint et obtenu la victoire sur le roi wisigoth Alaric, juste avant que le concile d'Orléans de 511 ne fasse du pèlerinage de Tours le pèlerinage de Gaule. L'entente entre la royauté et l'Église se manifesta enfin dans la célébration de la « chape » de Martin – le manteau du saint ou, plus sûrement, le drap qui recouvrait son tombeau – qui devint la relique la plus précieuse du Trésor des rois mérovingiens. Aux VIIe et VIIIe siècles, les souverains francs renforcèrent leur dévotion envers Martin, comme en témoigne le cercle d'ecclésiastiques autour de Pépin, vers 770, les « chapelains » (*capellani*), qui étaient préposés à la garde de la fameuse « chape » conservée dans l'oratoire des rois mérovingiens et sur laquelle on prêtait serment. La multiplication des églises dédiées à saint Martin – par exemple à Utrecht, au milieu du VIIIe siècle, après la prise de la ville par les Francs, si l'on en croit la lettre de saint Boniface au pape Étienne II en 753 – montre que le culte de l'évêque de Tours était devenu l'un des principaux marqueurs de l'autorité franque. La spiritualité carolingienne consolida l'empreinte politique de la sainteté martinienne. La meilleure illustration en est sans doute l'édification de la « chapelle » privée de Charlemagne où l'empereur honorait la « chape » de Martin à Aix-la-Chapelle, dans l'actuelle région allemande de Rhénanie-du-Nord-Westphalie. Autant dire que la spiritualité politique du souvenir martinien ne concerne pas seulement l'histoire de France, du moins pas avant l'appropriation de son culte par les héritiers du comte Robert qui donnèrent naissance à la dynastie des « Capétiens » qui régna sur la France, en lignes directes ou collatérales, de 987 à 1848. Ce surnom est lié au fondateur de la dynastie, Hugues le Grand, qui avait été l'abbé laïc de la collégiale Saint-Martin de Tours. Si Adémar de Chabannes, vers 1030, semble avoir été le premier à présenter Hugues comme le « roi à la chape », il faut attendre le chroniqueur anglais Raoul de Dicet, au XIIe siècle, pour trouver le premier emploi de la dénomination « Capétien » pour qualifier la dynastie des rois de France, les « Francs capétiens », ainsi nommés en référence à la *capa* de l'ancien évêque de Tours originaire de Pannonie célébré aujourd'hui dans le monde entier (Martin est aussi le patron de Buenos Aires !). Forgé dans le creuset de la piété et de la royauté franques, le rayonnement de la figure martinienne est donc d'abord le récit d'une ambition à la mesure de l'Europe carolingienne et de ses marges, de la Flandre historique au royaume croate, un rêve d'unité culturelle et politique où se reflète, dans les littératures, les croyances et les territoires de la France médiévale, la mémoire multiple et contrariée de l'Europe contemporaine.

—

STÉPHANE GIOANNI

RÉFÉRENCES

—

ÉGÉRIE, *Journal de voyage (Itinéraire)*, texte critique et traduction par Pierre Maraval, Paris, Cerf, 1982.

GRÉGOIRE DE TOURS, *Libri de virtutibus sancti Martini*, éd. par Bruno Krusch, MGH, SRM I, 2, Hanovre, 1969, p. 134-211.

Martin HEINZELMANN, *Gregor von Tours (538-594). « Zehn Bücher Geschichte ». Historiographie und Gesellschaftskonzept im 6. Jahrhundert*, Darmstadt, Wissenschaftliche Buchgesellschaft, 1994.

Sylvie LABARRE, *Le Manteau partagé. Deux métamorphoses poétiques de la « Vie de saint Martin » chez Paulin de Périgueux (v*e* siècle) et Venance Fortunat (vi*e* siècle)*, Paris, Collection des Études augustiniennes, série « Antiquité », n° 158, 1998.

SULPICE SÉVÈRE, *Vie de saint Martin*, trad. par Jacques Fontaine, Paris, Cerf, 3 vol., 1967-1969.

RENVOIS

—

177, 910, 1137, 1534

451

Quand les Barbares défendent la Gaule romaine

La bataille des Champs catalauniques oppose les Huns menés par Attila à l'armée du général romain Aetius. Mais les armées des deux camps se ressemblent, tant Barbares et Romains sont depuis longtemps en relation et participent du même monde et d'une même culture.

À la fin juin 451, l'armée du roi hun Attila et celle du général romain Aetius s'affrontent dans une bataille démesurée et sanglante en Champagne. C'est l'une des rares collisions frontales entre des envahisseurs « barbares » et les défenseurs de l'Empire romain ; elle est aussi la dernière avant la chute de l'Empire d'Occident en 476.

Depuis le dernier quart du IVe siècle, l'Empire d'Occident doit faire face à un important déplacement en son sein de populations « barbares », que l'historiographie française qualifia souvent de « grandes invasions », mais qu'on évoque comme des « migrations » dans les pays d'outre-Rhin. Ces populations sont considérées comme « barbares » par les Romains car elles ont des langues et des cultures différentes ; elles représentent l'Autre, l'Étranger inconnu et menaçant. Ces ethnies, en grande partie germaniques et venant du nord de la mer Noire, cherchent à pénétrer dans le territoire de l'Empire pour y trouver refuge et subsistance. Parmi elles, les Huns – un peuple probablement d'origine turque, qui constitue un « empire » nomade multiethnique dans la première moitié du ve siècle – mènent une politique originale. Installés en Pannonie vers 425, ils conduisent des incursions dévastatrices dans les Balkans pour soutirer des tributs d'or considérables à l'empereur d'Orient. Leur roi, Attila, né vers 395, règne sans partage depuis 444 ou 445 sur les Huns et plusieurs peuples alliés et assujettis. Son centre de pouvoir se situe quelque part entre les fleuves Danube et Tisza. C'est là qu'une ambassade envoyée de Constantinople le rencontre en 449. Mais en 450 le nouvel empereur, Marcien, ne veut plus céder aux exigences des Huns. C'est alors que se présente à Attila un prétexte pour se tourner vers l'Occident : Honoria, sœur de Valentinien III, empereur d'Occident, écartée du pouvoir et de la cour, s'adresse secrètement à lui pour lui demander son soutien et lui envoie une bague. Le roi hun saisit sa proposition et exige en dot la moitié de l'Empire d'Occident. Lorsque la main d'Honoria lui est refusée, il décide d'attaquer l'Occident et dirige son armée vers la Gaule.

À cette époque, la Gaule fait partie encore de l'Empire romain, mais l'autorité impériale y est fortement affaiblie. Les peuples dits barbares – mais déjà fortement acculturés, romanisés – y occupent de plus en plus de terrain. En 418, les Romains ont permis aux Wisigoths de s'installer en Aquitaine comme « fédérés », c'est-à-dire comme peuple allié à la suite d'un traité (*foedus*). Sous le règne de Théodoric Ier (r. 418-451), ils forment un royaume entre la Garonne et les Pyrénées, avec comme centre de pouvoir Toulouse. À l'est, les Burgondes sont établis dans le Genevois. Au nord de la Gaule, les Francs

saliens deviennent les alliés des Romains à partir des années 430. Pour maintenir le pouvoir romain en Gaule, le dernier général efficace est Aetius. Il a à peu près le même âge qu'Attila. Son père, d'origine scythe, est devenu maître de milice et comte. Aetius, élevé à la cour impériale d'Occident, fut envoyé pendant sa jeunesse en otage chez les Wisigoths, puis chez les Huns, où il a connu Attila. En Gaule, il essaie de limiter les velléités d'expansion des « Barbares » et pour cela utilise à plusieurs reprises les Huns. Il fait de même implanter à Valence, en Armorique et autour d'Orléans, les Alains, originaires des abords de l'Iran, qui ont fait irruption en Gaule en 406 avec plusieurs autres peuples. Dans l'armée d'Aetius, la plupart des soldats sont des fédérés barbares ; au moment de l'intrusion d'Attila en Gaule, les troupes impériales se trouvent en Italie.

Fait remarquable, nous connaissons en détail la campagne d'Attila et le déroulement de la bataille des Champs catalauniques par l'*Histoire des Goths* de Jordanès, écrite une centaine d'années après l'événement. Jordanès rapporte que la campagne d'Attila fut précédée de négociations diplomatiques entreprises aussi bien par le roi hun que par l'empereur Valentinien III. À leur issue, le roi des Wisigoths Théodoric se laisse persuader par l'empereur et met en branle une armée contre les Huns. L'armée imposante d'Attila se met en marche probablement en janvier 451 et se dirige vers la Gaule. Pourquoi cette destination ? Selon Jordanès, c'est Genséric, le roi des Vandales, qui aurait encouragé Attila à attaquer les Wisigoths. On a aussi connaissance d'un conflit de succession pour le pouvoir royal dans une tribu des Francs, dans lequel l'aîné des fils, opposé au cadet, était le protégé d'Attila. Après l'incendie de Metz et le massacre de la population, l'armée des Huns prend la direction d'Orléans, dont la situation sur la Loire en faisait un passage obligatoire vers le royaume des Wisigoths. Cette ville fortifiée, défendue par le roi alain Sangiban, est sur le point de tomber sous l'assaut des Huns quand Aetius et ses alliés wisigoths arrivent enfin et contraignent Attila à se replier vers le nord. L'armée romaine et ses alliés rattrapent les Huns en Champagne, en un lieu appelé *Mauriacus* ou « Champs catalauniques », situé quelque part entre Troyes et Châlons-en-Champagne.

La confrontation des deux camps apparaît rétrospectivement comme une véritable « bataille des nations ». Chaque armée est composée de plusieurs peuples et compte un grand nombre de cavaliers. Dans celle d'Attila, outre les Huns, on trouve les Ostrogoths et les Gépides, un autre peuple germanique. Quant à Aetius, il a rassemblé toute une série d'auxiliaires : Francs, Sarmates, Armoricains, Liticiens, Burgondes, Saxons, et d'autres peuples « de Celtique et de Germanie ». Théodoric, roi des Wisigoths, a amené avec lui ses deux fils aînés, Thorismond et Théodoric, et une foule innombrable. Les deux armées se positionnent sur une colline. Attila se trouve au milieu du camp des Huns. Dans le camp adverse, Aetius place les Alains au centre ; l'aile gauche est occupée par les Romains, l'aile droite par les Wisigoths. D'après Jordanès, Attila aurait encouragé ses troupes à s'attaquer plutôt aux Alains et aux Wisigoths pour priver les Romains de leurs alliés. La lutte fut semble-t-il d'une grande violence et dura toute la nuit. Le roi Théodoric y succomba. Son fils Thorismond, ainsi qu'Aetius lui-même, s'égarèrent un moment dans la mêlée. Le lendemain matin, Aetius et ses alliés étaient persuadés d'en être sortis vainqueurs, tandis que les Huns restaient retranchés dans leur camp. Romains et Goths décidèrent d'abord d'assiéger les Huns pour les affamer. Aetius enjoignit alors Thorismond de regagner son royaume pour s'y faire reconnaître comme le successeur de son père : selon Jordanès, Aetius aurait voulu éviter qu'après avoir écrasé les Huns les Wisigoths ne fassent tomber l'Empire. Quand Attila apprend le départ des Wisigoths, il croit d'abord à une ruse. Mais constatant le silence qui règne sur le champ de bataille, il reprend le chemin de retour sans être poursuivi par l'armée romaine.

Le nombre des victimes s'élèverait à 165 000 morts selon Jordanès, sans compter 15 000 autres tués avant la principale bataille. Il s'agit à l'évidence d'un chiffre exagéré, comme c'est souvent le cas chez les historiens antiques et médiévaux. Mais il est hors de doute que les pertes furent très importantes dans les deux camps. Qui sortait vainqueur du combat ? En réalité, tout porte à croire que l'immense bataille ne fit que ralentir la décomposition de l'Empire d'Occident sans avoir de répercussion décisive sur son destin. Aetius avait laissé partir l'armée des Huns. Selon Frédégaire, un chroniqueur franc du VIIe siècle, il aurait même encouragé Attila à hâter son départ afin que les Wisigoths ne l'attaquent pas. On peut penser que privé de ses alliés, avec des troupes affaiblies, Aetius aurait eu des difficultés à poursuivre la lutte. Selon une autre hypothèse, Aetius aurait craint que l'effondrement de l'empire d'Attila ne favorise un afflux de réfugiés barbares dans l'Empire, menaçant l'équilibre des forces en Gaule au détriment des Romains.

Les années qui suivent la bataille des Champs catalauniques furent fatales à ses principaux protagonistes. Après une nouvelle campagne en Italie en 452, Attila succomba en 453 à une hémorragie nasale lors de sa nuit de noces avec une nouvelle épouse. La troisième année de son règne, le nouveau roi des Wisigoths, Thorismond, tomba également malade et fut assassiné. Un an après la mort d'Attila (21 septembre 454), Aetius fut à son tour assassiné sur l'ordre de l'empereur Valentinien III qui se sentait menacé par les ambitions croissantes du chef militaire. Le même sort frappa l'empereur quelques mois plus tard (16 mars 455). Avec la mort d'Aetius, l'Empire d'Occident perdait le dernier chef d'armée capable de maintenir l'autorité romaine sur la Gaule et l'Italie. L'époque était marquée par une instabilité grandissante : les diverses ethnies barbares manifestaient leurs velléités d'étendre leur domination sur de nouveaux territoires ; la ville de Rome subit un nouveau traumatisme lorsque les Vandales, sous la conduite de Genséric, la pillèrent en 455 ; les usurpations, les dépositions et les assassinats d'empereurs devinrent de plus en plus fréquents, jusqu'à la déposition du dernier empereur d'Occident en 476.

Si les sources contemporaines ne donnent pas d'Attila l'image d'un homme cruel ou sanguinaire, les légendes plus tardives créent progressivement une image terrible des Huns en général et du roi en particulier. À la fin du VIe siècle, Grégoire de Tours évoque l'incendie de la ville de Metz et le massacre de sa population, mais ne souligne pas la férocité d'Attila. Dans les légendes médiévales, Attila devient la métaphore du « Fléau de Dieu », l'instrument de Dieu pour châtier l'humanité de ses péchés. En France, ce sont les manuels scolaires du XIXe, voire du XXe siècle, qui répandent l'image d'un Attila dont le passage dévastateur n'aurait pas laissé repousser l'herbe foulée par les sabots de son cheval, et qui nourrissent, au moment de la Première Guerre mondiale, l'assimilation nationaliste des Allemands à de nouvelles hordes de Huns.

—

EDINA BOZOKY

RÉFÉRENCES
—

Istvan BONA, *Les Huns. Le grand empire barbare d'Europe (IVᵉ-Vᵉ siècle)*, Paris, Errance, 2002.
Edina BOZOKY, *Attila et les Huns. Vérités et légendes*, Paris, Perrin, 2012.
JORDANÈS, *Histoire des Goths*, trad. par Olivier Devillers, Paris, Les Belles Lettres, 1995.
Iaroslav LEBEDYNSKY, *La Campagne d'Attila en Gaule (451 après J.-C.)*, Clermont-Ferrand, Lemme Edit, 2011.
Iaroslav LEBEDYNSKY et Katalin ESCHER, *Le Dossier Attila*, Arles, Actes Sud / Errance, 2007.

RENVOIS
—

212, 882, 1066, 1927, 1940

511

Les Francs choisissent Paris pour capitale

Le concile convoqué à Orléans en 511 par le Barbare Clovis symbolise l'alliance entre le « roi des Francs » et les élites civiles incarnées par les évêques. Cette alliance s'inscrit dans un contexte d'innovations multiples, avec notamment la création d'un espace politique inédit et l'adoption de Paris comme capitale.

« Pour moi, l'histoire de France commence avec Clovis, choisi comme roi de France par la tribu des Francs, qui donnèrent leur nom à la France. Avant Clovis, nous avons la préhistoire gallo-romaine et gauloise. L'élément décisif pour moi, c'est que Clovis fut le premier roi à être baptisé chrétien. » Charles de Gaulle s'exprimait ainsi, de façon consciente, en héritier de la tradition républicaine de l'« histoire de France », qu'il souhaitait allier à ses convictions chrétiennes. Il aurait probablement été plus étonné de constater à quel point cette présentation des Francs comme une « tribu » séparée, ayant son propre système politique pour choisir librement son roi en son sein et donner naissance à la nation française, reposait sur les travaux des chercheurs allemands du XIXᵉ siècle : en raison de leur langue germanique, les Francs furent comptés au nombre des ancêtres de la nation allemande, dont l'État restait à construire, mais dont les traditions germaniques, transmises depuis les temps païens, étaient invoquées pour justifier un destin particulier.

Il est pourtant difficile de retracer l'existence d'une « tribu » des Francs ayant son propre passé et ses traditions politiques. Le nom de « Francs » n'apparut chez les auteurs latins que dans la seconde moitié du IIIᵉ siècle de notre ère. Au siècle suivant, les Francs furent associés aux Saxons et signalés pour leurs attaques maritimes sur les côtes de la Manche. Néanmoins, à côté des Goths ou des Burgondes, ce groupe barbare paraissait si insignifiant que son arrivée en Gaule, probablement durant les troubles de l'hiver 406-407, ne fut même pas signalée par les différents chroniqueurs. Par la suite, leurs rois se firent les chefs mercenaires, rarement fidèles, des différents candidats à l'Empire romain.

C'est dans la province de Belgique seconde, province romaine située entre l'Escaut et la Somme, que les Francs et leurs rois acquirent un statut notable. Les funérailles du père de Clovis, Childéric, à Tournai, en 481, donnèrent lieu à une débauche d'éléments ostentatoires. La richesse des objets et du trésor monétaire posés dans la tombe de Childéric était connue depuis leur découverte, par hasard, en 1653. Les fouilles récentes ont montré que les funérailles avaient été accompagnées de pratiques impressionnantes, avec le sacrifice d'une vingtaine de chevaux et la construction d'un tumulus de 20 mètres de diamètre au-dessus de la tombe. Ces dispositions ne peuvent être assimilées à des traditions barbares remontant à plus d'un demi-siècle. Depuis les années 430, des tombes de chefs, au riche mobilier funéraire marqué par un grand nombre d'armes, montrent la formation d'un groupe spécialisé dans la fonction guerrière, qui développe des pratiques funéraires spécifiques pour assurer sa reconnaissance sociale. Des inhumations privilégiées avec le dépôt de tels objets n'existaient auparavant ni dans la tradition romaine, ni dans la tradition germanique. Des funérailles comme celles de Childéric montrent l'exagération de ces pratiques, dont les équivalents ne se trouvent plus au niveau local, mais régional : il s'agit cette fois de montrer une autorité supérieure à celle des guerriers et la formation d'une domination sans partage.

Cette récente élite supérieure, assimilable aux rois, inventa des rituels pour illustrer sa domination : qu'ils soient présentés comme ancestraux n'enlève rien à leur nouveauté ni à leur fragilité. Ainsi, la transmission du pouvoir royal au sein de la famille mérovingienne, par partage entre les fils du défunt roi, est présentée par Grégoire de Tours, qui rédigea ses *Histoires* entre 573 et 594 après J.-C., comme une coutume franque. Pour autant, elle n'apparaît jamais avant le décès de Clovis, qui fut seul à hériter de son père, et l'existence d'autres rois des Francs, qu'il élimina systématiquement au cours de sa carrière, montre que la domination exclusive de sa famille n'était pas assurée. L'autorité royale de Clovis sur les Francs et le partage de celle-ci entre ses fils n'étaient donc pas l'application de traditions ancestrales, mais révèlent la transformation rapide des normes sociales dans une période créatrice.

De même le nouveau rituel développé pour les funérailles de Childéric fut-il abandonné pour celles de son fils, trente ans plus tard. Adieu tumulus, adieu sacrifices de chevaux ! Clovis fut inhumé dans l'église des Saints-Apôtres, qu'il avait fait construire à Paris, sur l'actuelle montagne Sainte-Geneviève. Le modèle était cette fois celui de Constantin, bâtisseur à Constantinople d'une église dédiée elle aussi aux apôtres Pierre et Paul, où il se fit enterrer ainsi que ses successeurs. La tombe de Clovis, qui n'a pas été retrouvée, comportait peut-être de nombreux objets luxueux, mais son prestige principal venait cette fois de la construction de l'église, du modèle impérial et de sa proximité avec la tombe de sainte Geneviève.

L'autorité acquise par Childéric est attestée par une lettre envoyée par l'évêque Remi de Reims à Clovis peu après 481, où il le félicite d'hériter d'une domination étendue à la Belgique seconde. Le roi apparaît ici comme détenteur d'une autorité territoriale, à même de remplacer celle de l'empereur romain d'Occident, dont les insignes furent renvoyés à Constantinople en 476. Deux groupes se partageaient alors le pouvoir. Clovis et ses guerriers multiplièrent les victoires après avoir défait le général romain Syagrius en 486, jusqu'à étendre leur pouvoir jusqu'à la Loire et les royaumes voisins des Wisigoths et des Burgondes. Cette expansion militaire n'empêchait pas que les maîtres des cités restaient des membres de l'aristocratie gallo-romaine. Depuis le concile de Nicée (325), les évêques, successeurs des apôtres, étaient les chefs de la communauté chrétienne, élus par le clergé et par le peuple. En pratique, ces fonctions étaient transmises au sein des familles aristocratiques, de plus en plus éloignées du pouvoir central en raison de la brièveté des règnes impériaux, et impliquaient la direction de la cité.

Face à Clovis et ses guerriers francs, les évêques représentaient ainsi l'ensemble des élites civiles. L'unité religieuse n'était pas indispensable entre les deux groupes : la lettre de félicitations de Remi, adressée à un Clovis encore païen, montre que la conversion au christianisme n'était pas un préalable indispensable à leur collaboration. Néanmoins, le ralliement au catholicisme se révéla inexorable pour les différents rois barbares. Le paganisme, dépourvu de sources écrites, le christianisme arien, reposant sur une définition ancienne de la Trinité, n'étaient pas à même de soutenir la concurrence du christianisme catholique et de ses brillants théologiens. La conversion de Clovis au catholicisme constitue un événement politique majeur en raison de sa relative précocité, mais aussi de la solidité de l'alliance ainsi créée. Quelle que soit la date précise du baptême de Clovis, entre 496 et 508, son adhésion au catholicisme eut lieu près d'un siècle avant la conversion des rois wisigoths, en 589, et fournit à Clovis un atout dans sa conquête du royaume wisigoth, marqué par la victoire de Vouillé en 507. Clovis convoqua un concile à Orléans en 511 et la participation de trente-deux évêques, venus aussi de l'Aquitaine récemment conquise, montre l'ampleur de l'alliance nouée par le roi. Mais celle-ci aurait pu être rompue.

En effet, la conversion au catholicisme ne suffisait pas à assurer le soutien des évêques. Sigismond, fils du roi des Burgondes, se convertit du christianisme arien au christianisme catholique avant 508 et devint roi des Burgondes en 516. Pour autant, le concile des évêques du royaume réuni à Épaone l'année suivante se déroula en l'absence du roi, et les évêques l'excommunièrent même quelques années plus tard pour ne pas faire respecter les interdits de parenté, inaugurant les troubles intérieurs qui favorisèrent la conquête du royaume des Burgondes par les fils de Clovis, entre 523 et 534.

L'essentiel ne se joua donc sans doute pas au baptême de Clovis, ni au concile d'Orléans, mais dans les années qui suivirent, où les fils de Clovis surent maintenir l'alliance avec les évêques, dont la réitération est symbolisée par les conciles réguliers à Orléans : le cinquième eut lieu en 549. À cette date, la fusion des élites était en cours et les guerres civiles qui déchirèrent les royaumes francs à partir de 572 reposèrent sur de nouveaux clivages.

Clovis inaugura donc une autorité royale territoriale, appuyée sur une alliance des élites militaires franques et civiles gallo-romaines à peine en avance sur les royaumes voisins, mais particulièrement stable. Cette stabilité, alliée à la continuité des conquêtes, donna à ses fils la capacité de surmonter les bouleversements entraînés par la tentative de reconquête de l'empereur romain Justinien, menée en Occident entre 533 et 554, et d'installer la transmission dynastique.

L'innovation venait aussi de l'espace politique dessiné par les conquêtes de Clovis, qui n'avait pas eu de précédent, de la Belgique seconde au sud de la Loire jusqu'aux Pyrénées. Cet espace atlantique – l'accès à la mer Méditerranée ne fut donné que par la récupération de la Provence, en 537 – n'avait pas de sens par rapport à l'ancien pouvoir romain, et aucun centre ne s'y imposait. Clovis choisit d'établir sa capitale à Paris en 508, délaissant des villes plus prestigieuses, comme Trèves ou Tours. Cette décision avait peu d'effets concrets, dans la mesure où la royauté restait itinérante et où il n'existait aucune administration centralisée hors de l'entourage royal. Néanmoins, en se faisant inhumer à Paris, Clovis donnait à cette cité un poids symbolique nouveau. Son choix semble dû au rôle de sainte Geneviève. Issue de la plus haute aristocratie gallo-romaine, elle était sortie de sa retraite pieuse pour protéger la cité lors des affrontements contre les Huns en 451, puis contre les Francs dix ans plus tard. Elle fut inhumée vers 502 et Clovis choisit de reposer auprès d'elle jusqu'au Jugement dernier.

Lors du partage du pouvoir royal entre les petits-fils de Clovis, cinquante ans après sa mort, Paris resta en indivision, comme symbole de la dynastie. Par la suite, elle apparut comme une ville centrale, prête à être choisie comme capitale dans toutes les configurations territoriales reposant de nouveau sur cette large façade atlantique, qu'on l'appelât Neustrie, Francie de l'Ouest ou France.

—

MAGALI COUMERT

RÉFÉRENCES

——

Geneviève BÜHRER-THIERRY et Charles MÉRIAUX,
La France avant la France (481-888), Paris, Belin,
2010.
Bruno DUMÉZIL, *Les Racines chrétiennes de l'Europe.
Conversion et liberté dans les royaumes barbares
(Vᵉ-VIIIᵉ siècle)*, Paris, Fayard, 2005.
Marie-Céline ISAÏA, *Remi de Reims. Mémoire d'un
saint, histoire d'une Église*, Paris, Cerf, 2010.
Michel ROUCHE (dir.), *Clovis. Histoire et mémoire*,
Paris, Presses universitaires de Paris-Sorbonne,
1997, 2 vol.
Ian WOOD, *The Merovingian Kingdoms (450-751)*,
Londres / New York, Longman, 1994.

RENVOIS

——

1215, 1357, 1682, 1882, 1900

719

L'Afrique frappe à la porte du pays des Francs

Peu après avoir pillé Narbonne, en 719, une troupe musulmane se partage le butin à Ruscino, près de l'actuelle Perpignan. Des Ibères aux Arabes en passant par les Celtes, les Romains et les Wisigoths, la région des Pyrénées au Rhône est foulée par les peuples, les cultures et les religions, qui s'y mêlent, avant que les Francs ne l'arriment par force à leur royaume.

Il faut bien parler de la menace islamique, puisqu'elle approche. Depuis qu'en Orient la prédication de Mahomet s'est lancée, sabre au poing, à l'assaut du monde, on en perçoit le sourd fracas. Vous l'entendez ? La vague bientôt déferlera en causant la mort et la dévastation. De là où vous êtes posté, vous distinguez déjà, dans son écume cotonneuse, la sinistre cavalcade. L'endroit s'appelle Ruscino. C'est une colline, à deux heures à pied de la mer, dans le Roussillon (dont le nom est une déformation de Ruscino). Vous habitez ici parmi des ruines familières. Dès l'alerte

donnée, vous avez caché vos outils de travail, car le fer est rare : si l'ennemi vous épargne, la vie reprendra. Ni les historiens ni les archéologues ne savent qui vous êtes ni ce que vous faites là. Vous, vous attendez, comme une sentinelle solitaire guette les barbares sur la courtine d'un poste de garde aux confins du monde. Éprouvez-vous crainte ou résignation ? Si l'attente est un poison, quel est son remède ?

On a retrouvé à Ruscino quelques monnaies frappées par des souverains qui portent les noms étranges de Wittiza ou Akhila. Mais il n'y a plus de roi à Tolède, la capitale. Ils ont été défaits ou tués par les Sarrasins. Vous habitez en province, mais dans une province qui n'est plus la province de rien. Vous habitez en banlieue de Perpignan, mais vous ne le savez pas, car Perpignan n'existe pas (je veux dire : pas encore). Nous sommes en 719, date conventionnelle, celle du calendrier grégorien (puisqu'il faut bien un point fixe dans cette histoire flottante comme une frontière). Le pays est wisigoth, du moins les élites. Vous semblez, d'ailleurs, posséder des armes et des parures dans le goût de l'Europe du Nord. Si cet équipement est à vous, si vous n'avez pas détroussé un marchand sur la *via Domitia*, dont les pavés sont défoncés et les ornières trop profondes, alors vous avez toutes les chances de parler le dialecte germanique de vos trisaïeuls, ou bien un patois bas-latin avec un gros accent allemand, qui sonne comme du français ou du catalan. Vous êtes chrétien (c'est en tout cas probable, quoique rien de matériel ne l'atteste), c'est-à-dire bon trinitarien (je veux dire catholique). Car en vous installant en Gaule et en Hispanie, en devenant un envahisseur assagi et un barbare tout ce qu'il y a de plus romain, vous avez refoulé la vieille hérésie arienne (vous êtes devenu *mainstream*). Et pour donner l'exemple, vous avez appris à exécrer les juifs, dont la rumeur vous dit qu'ils ont aidé les Sarrasins à prendre l'Afrique.

À présent l'Afrique est là, chez nous. L'Afrique gonflée de zèle religieux par l'Orient arabe, l'Afrique berbère aux incisives limées, l'Afrique à la peau sombre, l'Afrique hurlante et nue a passé les colonnes d'Hercule il y a sept ans, elle a pris Tolède au dernier roi des Wisigoths, elle a enlevé Pampelune et Saragosse, elle a empli l'Hispanie comme une outre en vessie de chamelle. Depuis votre promontoire, vous avez vu la troupe africaine passer et s'en aller piller Narbonne. Si vous n'étiez pas si tremblant de rage ou de peur, vous apprécieriez, vous la vieille terreur des gens d'ici, vous qui aviez fendu l'Empire romain comme un tronc pour vous faire une place en son sein, l'ironie qu'il y a à vous entendre maudire le barbare du jour, à le dépeindre comme un ennemi furieux, à *vous* dépeindre surtout comme le gardien du monde en paix.

Les antiquaires qui ont remué le site de Ruscino et les archéologues qui l'ont fouillé ont permis d'établir une séquence d'occupations. C'est un document incomplet, comme un manuscrit auquel il manquerait des pages sans que l'on sache combien ni lesquelles. Elle commence à l'âge du Bronze final et se poursuit à l'âge du Fer. Qualifions l'établissement sur cet *oppidum* de bon gros village gaulois, si ce n'est que « gaulois » est impropre car, à en juger par les inscriptions sur amphores ou les textes sur feuilles de plomb, les habitants étaient ibères. Ils faisaient du commerce (ce sont les centaines de monnaies de tous horizons qui l'attestent) et de la sorte ils devinrent peu à peu latins. Ils y réussirent si bien que leur bourg, sous Auguste, se vit gratifier d'un forum, privilège des colonies romaines. On a retrouvé des plaques de marbre portant des dédicaces aux membres de la dynastie julio-claudienne. La fortune s'éloigne avant la fin du Ier siècle. Le site, peu fréquenté, en tout cas par ceux qui font tomber des monnaies de leur bourse et renseignent ainsi les chercheurs, est livré pour plusieurs siècles au démantèlement et au remploi. On n'a guère retrouvé d'habitat pour cette longue période, la faute peut-être à l'érosion ou à l'arasement moderne des sols. On a des silos qui ont servi de silos et ont resservi plus tard de dépotoirs ou de caches. Et des monnaies d'or frappées au nom de souverains wisigoths de la toute fin du VIIe siècle ou du tout début du VIIIe. Et c'est là, juste au temps de la vigie inquiète sur le bord rocheux de son promontoire, qu'ont été abandonnés sur le site plusieurs dizaines (on en a retrouvé quarante-trois) de petits sceaux de métal frappés d'un timbre en langue et en écriture arabes, qui portent tous la mention « *Maghnûm tayyib / qusima bi-Arbûnah* », c'est-à-dire « Butin licite partagé à Narbonne ». Son forfait accompli, l'équipée aura fait relâche sur la colline de Ruscino pour procéder au partage, laissant pour unique et fugace vestige de son bref passage des estampilles de plomb décachetées à la hâte. C'est du moins une hypothèse qui en vaut bien une autre, mais elle ne peut pas être trop éloignée de la réalité.

Qu'est-il advenu de vous ? On n'en sait rien. Un siècle plus tard, après une reprise d'occupation, Ruscino sera devenu un chef-lieu comtal carolingien, on y bâtira un château : finies les incursions barbares qui pénètrent et colmatent les fissures du monde, finie l'aberration de l'entre-deux languedocien. Désormais, la frontière entre les deux empires, le franc et le sarrasin, le chrétien et l'islamique, disons pour être plus allégorique entre la France et l'Afrique, passera de col en col au sommet des Pyrénées. L'escale de Ruscino, qui appartient encore à un espace et une époque intermédiaires, marque dans la ténuité et l'incertain de ses vestiges un état antérieur au bon ordre géographique. Les traces s'y juxtaposent comme les mouvements s'interpénètrent. Les termes et issues de la rencontre y sont encore indécidables.

Bien sûr, il aurait été possible de choisir d'autres dates ou d'autres lieux (mais les lieux de la mémoire sont des dates) pour parler de cette rencontre. On aurait peut-être dû parler de l'autre incursion, celle que la mémoire collective a conservée comme une relique précieuse parce que c'est une victoire. Mais convenons tout de même que « Poitiers », quatorze ans après « Ruscino », ne verse dans la précision factuelle du récit national, appris à l'école, que pour tomber dans l'illusion événementielle : c'est une bataille qui n'eut pas lieu à Poitiers mais à Tours, ou n'importe où entre les deux (puisque au vrai on n'en sait rien). C'est une bataille comme il y en eut des dizaines d'autres, gagnées ou perdues, avant et après. Et je suis désolé de dire que ce qui donne son souffle épique à la bataille de Poitiers, ce n'est pas la vaillance d'un maire du palais même pas couronné entouré de ses barons assis sur d'énormes baudets. C'est plutôt l'empreinte laissée sur cette escarmouche par l'épopée de l'autre, celle de l'adversaire, reconstruite et narrée comme une vague qui n'aurait conquis la Syrie, la Perse, l'Égypte, l'Afrique byzantine et l'Hispanie wisigothique que pour être bravement stoppée dans le Poitou. Est-ce bien sérieux ? D'une épaisseur événementielle déjà plus consistante, nous aurions pu parler de *Fraxinetum*, qu'un rapprochement toponymique identifie au Freinet, opportunément situé dans le massif des Maures et surplombant le golfe de Saint-Tropez. On imaginait naguère une bande de pirates de terre ferme perchés dans un nid d'aigle et vivant de rapines et de captures dans toute la Provence, jusqu'aux Alpes et à la haute vallée du Rhin. Mais quand les pirates tiennent quatre-vingts ans et qu'ils obéissent au calife de Cordoue, ne sont-ils encore que des aventuriers sans scrupule, âpres au gain immédiat? Ou faut-il voir leur réduit comme un terroir habité et administré, un comptoir ou une colonie, voire un petit État planté sur la bordure littorale du pays des Francs, comme il en exista en tant d'autres sahels de la civilisation islamique?

À vrai dire, il faudra peut-être que le récit national révise la géométrie de la rencontre, qui n'est pas toujours ni univoquement celle de l'affrontement de deux camps étrangers l'un à l'autre. Sous les yeux du témoin de Ruscino, le détachement arabo-berbère a pillé d'abord, puis s'est établi à Narbonne. Pendant près de cinquante ans, jusqu'à ce qu'un autre ennemi, franc celui-là, prenne la ville en nous faisant croire qu'il la remettait dans notre giron, un émir, une administration, des soldats de la garnison et leurs familles ont été narbonnais, et des Narbonnais qui étaient nés chrétiens ou juifs allèrent à la prière du vendredi après-midi. À Nîmes même, prise dans la foulée de Narbonne mais qui ne fut islamique que durant une génération, on déposait les musulmans en terre en veillant à leurs rites. Comme cela s'est passé partout en al-Andalus, une mère chrétienne enterrait son mari ou son fils musulman dans le cimetière de tous. En élaborant nos généalogies imaginaires ou matérielles, on a expulsé de nous le souvenir de cette tombe, sauf à l'accueillir aujourd'hui comme signe précurseur et insolite, mais au final insignifiant, de notre bienveillance à l'égard du voisin. Mais cette place dans le cimetière commun, nous avons échoué à la retrouver ou à la reconnaître en nous.

—

FRANÇOIS-XAVIER FAUVELLE

RÉFÉRENCES

—

Mohammad BALLAN, « Fraxinetum : An Islamic Frontier State in Tenth-Century Provence », *Comitatus : A Journal of Medieval and Renaissance Studies*, vol. 41, 2010, p. 23-76.

William BLANC et Christophe NAUDIN, *Charles Martel et la bataille de Poitiers. De l'histoire au mythe identitaire*, Paris, Libertalia, 2015.

Isabelle RÉBÉ, Claude RAYNAUD et Philippe SÉNAC (dir.), *Le Premier Moyen Âge à Ruscino (Château-Roussillon, Perpignan, Pyrénées-Orientales) entre Septimanie et al-Andalus (VIIᵉ-IXᵉ siècle)*, Lattes, Association pour le développement de l'archéologie en Languedoc-Roussillon, 2004.

Jean-Claude-Michel RICHARD et Georges CLAUSTRES, « Les monnaies de Ruscino », *Ruscino, Château-Roussillon, Perpignan (Pyrénées-Orientales). I. État des travaux et recherches en 1975*, *Revue archéologique de Narbonnaise*, supplément 7, 1980, p. 107-150.

Philippe SÉNAC, *Musulmans et Sarrasins dans le sud de la Gaule (VIIIᵉ-XIᵉ siècle)*, Paris, Le Sycomore, 1980.

RENVOIS

—

212, 1143, 1270, 1446, 1863, 1931, 1940

800

Charlemagne, l'Empire et le monde

En l'an 800, Charlemagne est couronné empereur à Rome par le pape. Derrière l'écheveau des ambitions et de stratégies multiples qui impliquent le monde entier, de Byzance à Cordoue, de Bagdad au pays des Avars, se dessinent la naissance des États de l'Église à l'ombre des Francs et l'irrémédiable fracture entre les deux chrétientés.

« Parce qu'ils lui avaient arraché les yeux et coupé la langue, les Romains poussèrent le pape Léon [...] à faire appel à la fidélité (*fides*) du roi : pour remettre en état l'Église qui avait été entièrement bouleversée, Charlemagne vint donc à Rome – il y passa l'hiver [800-801]. À cette occasion, il reçut le nom d'empereur et d'auguste. » Éginhard, biographe de Charlemagne (r. 768-814), présente le couronnement impérial comme l'apothéose d'un règne consacré à la défense de la foi. Après lui et pour plusieurs siècles, le couronnement de l'empereur par le pape sert de fondement à leur gouvernement conjoint de l'*ecclesia* ; seulement le sens à donner à ce terme d'*ecclesia* évolue

plus vite que l'immuable rituel impérial : faut-il comprendre le « peuple chrétien », qui a vocation à peupler toute la terre, ou la seule Église latine qui reconnaît Rome comme son centre ? L'empereur Charlemagne gouverne-t-il un empire franc ou le monde ? Le point de départ de l'affaire est incontestablement d'intérêt local. Les Francs, maîtres du royaume lombard (qui englobe la majeure partie de l'Italie du Nord et du Centre) depuis 774, ont à Rome même la réputation de se comporter en pays conquis : gourmands de reliques qu'ils exportent, ils ont encore obtenu du pape Hadrien la promesse d'élever un monastère franc à côté de Saint-Paul-hors-les-Murs. Une enclave franque sur les terres de l'Église ? Des biens inaliénables cédés à des Barbares ? Des Romains protestent ; le 25 avril 799, ils interrompent la procession que conduit Léon III, successeur d'Hadrien, et le malmènent. Le pape échappe à l'émeute grâce à Gunichis, duc de Spolète et représentant du souverain carolingien. Il n'a pas le choix : il doit obtenir à Paderborn le soutien militaire de Charlemagne pour pouvoir revenir dans la Ville, et le couronnement de Noël semble en partie une récompense pour services rendus. Le pape Léon III pose une couronne sur la tête du roi en prière, que la foule acclame : « Vie et victoire à Charles Auguste que Dieu a couronné magnifique et pacifique empereur des Romains ! »

L'interprétation par le contexte romain satisfait très peu le lettré proche de la cour qui continue en 807 les premières *Annales royales* (787-793) à la gloire des Carolingiens. Selon lui, le couronnement ne peut pas être la conséquence de l'émeute romaine mais d'une hégémonie territoriale franque. Il écrit : « [799] Le seigneur roi [Charlemagne] franchit le Rhin, passa en Saxe et s'établit à Paderborn, d'où il envoya son fils Charles [junior] […] pour des négociations avec les Slaves […] Il y reçut avec honneur le souverain pontife Léon […] Aussitôt qu'il fut reparti pour Rome, le roi revint à son palais d'Aix-la-Chapelle. Durant la même expédition, Daniel, ambassadeur du préfet de Sicile Michel, parut devant le seigneur roi. La même année, le peuple des Avars trahit les serments prêtés et Éric, duc de Frioul […] fut assiégé à Tersat, une cité de Liburnie [auj. Croatie] tandis que Gerold, préfet de Bavière, tombait au combat contre

les Avars. Les îles Baléares, ravagées l'an passé par les Maures et les Sarrasins, s'en remirent à nous […] et les insignes des Maures, pris au combat, furent présentés au roi. Le comte Gui […] reçut la soumission de la Bretagne et présenta au roi, de retour de Saxe, les armes des chefs qui s'étaient soumis à lui […] Toute la province des Bretons passa sous le joug des Francs […] La même année, un moine venant de Jérusalem apporta au seigneur roi des reliques du sépulcre du Seigneur de la part du patriarche. Azan, préfet de la cité de Huesca, lui envoya les clés de sa ville avec des cadeaux. [800] […] Quittant Aix en mars, le roi parcourut le littoral de l'océan gaulois [Manche et mer du Nord], célébra Pâques à Saint-Riquier, s'avança jusqu'à Rouen, y passa la Seine pour venir prier à Saint-Martin de Tours […] Il revint à Aix-la-Chapelle en passant par Orléans puis Paris […] Début août, il vint à Mayence pour partir en Italie et gagner Ravenne […] Après avoir mis sur pied une expédition contre les Bénéventains […] il fit route vers Rome. » Ce tableau étourdissant relève de la plus optimiste désinformation : la Bretagne est loin d'être intégrée au royaume franc, le sud de l'Italie comme al-Andalus et la Saxe même offrent une résistance tenace à la conquête. Mais l'annaliste justifie ainsi par la géographie politique le couronnement impérial qui vient sitôt après : il le présente aux élites procarolingiennes comme la reconnaissance par l'Église de la suprématie que la monarchie franque exerce sur le continent européen.

Les *Annales royales* donnent donc la version officielle qui a cours vers 807 – celle que répètent aussi les

Annales de Metz. Elles font volontairement abstraction du contexte réel des années 790-800, et notamment de l'hypothèque majeure que l'existence d'un empereur à Byzance fait peser sur le couronnement. Ce n'est pas le cas des *Annales* dites *de Lorsch* ; selon ces dernières, Charlemagne a pu occuper le trône impérial parce qu'il était vacant : « Et puisque le titre d'empereur s'était éteint du côté des Grecs, et qu'ils avaient une femme pour commander sur eux, alors il parut au pape Léon [...] comme au reste du peuple chrétien, qu'ils devaient nommer empereur ce Charles, roi des Francs. » Les *Annales de Lorsch* ont en fait gardé la mémoire du discours de justification élaboré par la cour franque vers 801-802 : elles répètent que le règne à Byzance d'une femme, Irène, a laissé l'empire sans véritable maître. Seulement Irène une fois renversée en 802 par un Nicéphore Ier qui prend sans hésiter le titre d'empereur, la justification par la vacance devient moins efficace, et les *Annales royales* plongent dans le silence la situation byzantine. Le couronnement de Charlemagne vient pourtant bel et bien consommer une rupture sans retour avec Byzance, où l'unique Empire romain s'est maintenu depuis 324. L'Empire est dirigé au VIIIe siècle par la dynastie des Isauriens, qui doivent leur arrivée au pouvoir à l'expansion de l'Islam : Léon III l'Isaurien a sauvé l'Empire de l'anéantissement lors du siège de Constantinople par les Omeyyades en 717. Depuis, les Isauriens comptent sur le pouvoir franc pour ouvrir contre les califes un deuxième front en Occident. La *Chronique* du moine grec Théophane, rédigée vers 814, mentionne leurs efforts continus pour se concilier les Carolingiens ; elle témoigne de l'admiration qu'on voue à Byzance à Charles Martel, vainqueur des Arabes ; elle raconte que l'impératrice Irène elle-même a proposé à Charlemagne de l'épouser pour réunir en leurs personnes l'Orient et l'Occident chrétiens (798).

Comment expliquer alors que Charlemagne ait pris la décision de rompre avec ce pouvoir impérial byzantin qui le regarde avec bienveillance ? La diplomatie pontificale a joué son rôle. Après la reconquête de l'Italie par Justinien († 565), l'indépendance politique et militaire du pape est garantie par la présence en Italie d'un représentant de l'empereur byzantin, l'exarque de Ravenne, mais menacée par les envahisseurs lombards de confession arienne. Or l'équilibre s'inverse au cours du VIIIe siècle : les Lombards embrassent la foi catholique et maintiennent un *modus vivendi* acceptable avec les papes, tandis que les Byzantins adoptent une interprétation divergente de l'orthodoxie sur l'intercession des saints, les images de dévotion et la vie consacrée – positions que Rome qualifie d'hérétiques dès 737 et qu'on connaît comme « iconoclastes ». Aussitôt, les papes cherchent auprès des nouveaux maîtres francs des protecteurs de l'Église capables de remplacer les Byzantins impies. La création des États de l'Église est le premier succès concret de cette politique : conquises par les Francs sur les Lombards, vingt-deux cités forment le noyau d'un territoire perpétuellement donné « à saint Pierre » dès 756 – une donation que Charlemagne, nouveau roi des Lombards, confirme au pape Hadrien en 774. La correspondance des papes avec les

Carolingiens, que le roi franc fait copier en 791 dans le *Codex Carolinus*, est tout entière traversée par ce projet pontifical d'alliance, y compris contre Byzance – on y voit les papes appuyer l'ascension de la nouvelle dynastie face aux Mérovingiens défaillants et sacrer Pépin le Bref (754), célébrer la parfaite orthodoxie des Francs et empêcher tous les mariages que les Isauriens envisagent avec les Carolingiens. De ce point de vue, la cérémonie du 25 décembre 800 consacre le succès du pape plus que celui de Charlemagne. Voici peut-être l'origine de l'amertume du roi franc, dont Éginhard dit qu'il « était si opposé à [ce couronnement impérial] qu'il disait qu'il ne serait jamais entré dans l'église [Saint-Pierre] ce jour, bien que ce fût le jour d'une fête de première importance, s'il avait pu connaître à l'avance la décision du pontife ».

Pour les Carolingiens, l'intérêt de l'alliance pontificale semble *a posteriori* une évidence. Leur choix, qui aboutit à faire de l'Église romaine la norme de toute Église catholique, n'avait cependant rien d'écrit à l'avance. Il a vraisemblablement été inspiré par une compréhension originale de la situation politique de l'Islam. Vu du côté isaurien, l'Islam menaçant est celui des califes abbassides de Syrie et d'Égypte, que la résistance omeyyade établie en al-Andalus à partir de 751 pourrait fragiliser. Vu du côté carolingien au contraire, le califat d'Hârûn al-Rachîd est un appui lointain qu'il faut ménager pour que les Lieux saints restent accessibles, tandis que les conflits de légitimité internes à l'Espagne musulmane laissent espérer la renaissance d'une Espagne chrétienne. Le choix

de Charlemagne est sans équivoque : avec les Abbassides, il échange ambassades et cadeaux, en 801-802 notamment ; mais il exploite continûment les failles du monde omeyyade en al-Andalus jusqu'à créer, malgré Roncevaux, une Marche d'Espagne. Le couronnement du 25 décembre, conçu comme le retour de l'unique Empire chrétien de Constantinople à Rome, a consacré en vérité une territorialisation des pouvoirs et figé la partition entre Orient et Occident.

—

MARIE-CÉLINE ISAÏA

RÉFÉRENCES

Roger COLLINS, « Charlemagne's Imperial Coronation and the *Annals of Lorsch* », *in* Joanna STORY, *Charlemagne: Empire and Society* (dir.), Manchester / New York, Manchester University Press, 2005, p. 52-69.
Marios COSTAMBEYS, « Alcuin, Rome and Charlemagne's Imperial Coronation », *in* Francesca TINTI (dir.), *England and Rome in the Early Middle Ages: Pilgrimage, Art and Politics*, Turnhout, Brepols, 2014, p. 255-289.
Johannes FRIED, « *Imperium Romanum*. Das römische Reich und der mittelalterliche Reichsgedanke », *in* Elke STEIN-HÖLKESKAMP et Karl-Joachim HÖLKESKAMP (dir.), *Erinnerungsorte der Antike. Die römische Welt*, Munich, C.H. Beck, 2006, p. 156-184.
Janet L. NELSON, « Why Are There so Many Different Accounts of Charlemagne's Imperial Coronation », *in* Janet L. NELSON, *Courts, Elites and Gendered Power in the Early Middle Ages: Charlemagne and Others*, « Variorum 878 », Aldershot, Ashgate, 2007, n° 12.

RENVOIS

842, 882, 987, 1308, 1515, 1804, 1811, 1863

L'ORDRE FÉODAL CONQUÉRANT

Du traité de Verdun (843), qui voit la naissance de la « Francie occidentale », matrice territoriale du royaume capétien, à la mort de Louis VII (1180), les vicissitudes de la couronne ne disent pas grand-chose de la France ni même du royaume. Il faut en convenir, l'élection d'Hugues Capet, « duc des Francs », en 987, grâce à l'appui intéressé du souverain germanique, est passée presque inaperçue dans le bruissement du monde. Tout au plus peut-on en retenir la fondation d'une nouvelle dynastie dont rien ne dit alors qu'elle durera huit siècles et, plus remarquable, la fin du tropisme des « rois de l'Ouest » pour l'ancien cœur de l'Empire défunt (la Lotharingie, à cheval sur les actuels Lorraine, Belgique et Luxembourg), devenu un cadre politique périmé. Durant les deux siècles suivants, le Capétien demeure pour l'essentiel dans son pré carré, réduit à des alliances de prestige (avec les princes de Kiev par exemple), débordé par des princes conqué-rants, tel Guillaume de Normandie devenu roi d'Angle-terre, ou contraint à des replis peu glorieux, face à Henri II Plantagenêt notamment.

Le dynamisme et l'ouverture à de plus vastes horizons sont à rechercher ailleurs : dans une croissance démographique et économique soutenue, portée et encadrée par un ordre féodal rigoureux, qui, sous les dehors de la coutume, n'est pas pour autant figé ni immobile. Expéditions militaires, pèlerinages, croisades – la première est prêchée à Clermont par un pape franc en 1095 –, études, activités commerciales ou réformes monastiques jettent sur les routes d'Europe et de Méditerranée des hommes issus des multiples seigneuries qui composent alors le paysage politique et social de ce qui devient, peu à peu, la « France ».

Les moines de Cluny d'abord, puis ceux de Cîteaux, mais également les templiers ou les hospitaliers, gagnent à leurs usages les monastères de toute la Chrétienté latine et portent, aux côtés de la papauté, une réforme de l'Église qui se veut aussi, au XIIe siècle, la fabrique d'une société purifiée de ses ennemis intérieurs, juifs et hérétiques, pour mieux affronter son ennemi extérieur, l'islam. Princes et chevaliers, liés par la fidélité vassalique, tentés par l'aventure exotique, attirés par l'appât du gain ou entraînés par l'Église, peuplent les champs de bataille d'Espagne, d'Angleterre, d'Italie du Sud et de Terre sainte. Leurs guerres débouchent parfois sur de véritables conquêtes, la fondation de nouveaux États féodaux ou d'authentiques entreprises de colonisation. Ces conquêtes dilatent, de la Grande-Bretagne jusqu'au Levant, les horizons de ceux qui, encore appelés « Francs », sont de plus en plus perçus comme « Français », qu'ils soient originaires ou qu'on les assigne, de manière plus ou moins erronée, à ces quelques régions du nord du royaume où l'on parle cette « douce langue de France » dont les chansons de geste et les poèmes courtois commencent à assurer la renommée.

842-843

Quand les langues ne faisaient pas les royaumes

On a longtemps voulu voir dans les serments de Strasbourg, prononcés en 842 en langues « romane » et « tudesque », l'acte de naissance des nations appelées à habiter les royaumes dessinés à Verdun l'année suivante, sur les ruines de l'Empire carolingien. Mais au pays des Francs et du plurilinguisme, les langues ne faisaient pas encore les royaumes.

Les *Serments de Strasbourg* de 842 et le traité de Verdun de 843 appartiennent tous les deux au patrimoine « national » de la France et de l'Allemagne, et sont étudiés, interprétés et enseignés comme tels depuis le XIXe siècle, c'est-à-dire qu'ils sont peu ou prou étiquetés à l'aune d'identités définitoires construites sur des oppositions binaires entre une supposée « nation » romanophone (la « française ») et une supposée « nation » germano-phone (l'« allemande »). En fait, rien ne légitime encore une telle terminologie,

sauf à rétroprojeter sur ce passé tout de même bien présent les *habitus* natio-nalistes au détriment tant de la réalité que de la conscience et des mentalités de ceux qui ont été les acteurs, les témoins et les narrateurs de ces deux événements. L'importance des deux dates joue à des niveaux très différents : les *Serments* sont un fait historique mineur qui doit sa célébrité au fait que le narrateur et acteur de l'événement nous a livré dans son récit la langue exacte dans laquelle ont été prononcés ces serments, innovation majeure par rapport à l'habillage latin usuel de ces documents ; le traité de Verdun, sans perdre la mémoire de l'unité impériale, est le premier signe d'une division géographique qui finira par se cristalliser en différence langagière.

Ravivant des traditions familiales franques invétérées, les fils de Louis le Pieux avaient retrouvé les plaisirs des guerres privées entre membres d'une fratrie désireux de recueillir à leur meilleur avantage, comme leurs lointains ancêtres mérovingiens, des territoires, appelés *regna*, « royaumes » plus ou moins fictivement intégrés à l'espace plus vaste de l'*imperium* chrétien hérité de Charlemagne. Cet ensemble recouvrait une véritable mosaïque de régions, de peuples et de langues : dialectes celtiques, germaniques (vieil anglais, francique rhénan, moyen francique, saxon, alémanique, thuringien, lombard...), romans français (picard, champenois, normand...), occitans (limousin, gascon, languedocien, provençal, catalan...) ; espaces bascophones, éventuels îlots hellénophones (en Italie) et arabophones (sur la *Marca Hispánica*). Les découpages incessants des territoires attribués, comme les déplacements continus d'un palais à l'autre, ne se superposaient quasiment jamais de façon continue et significative à des ensembles dont l'identité fût tranchée (roman / germanique). Si le pivot symbolique du pouvoir reposait sur la légitimité lignagère de la famille carolingienne, les liens matériels qui la concrétisaient dépendaient avant tout de la force militaire associée à la cohérence administrative écrite et à l'unité religieuse, ces deux dernières étant entièrement dépendantes de la maîtrise du latin, outil majeur du système. Lors des conflits à répétition qui opposèrent Louis le Pieux à ses propres fils et ces derniers entre eux jusqu'à des batailles sanglantes (Fontenoy, 841), tous les récits – comme d'ailleurs l'évidence – attestent de tractations en continu entre les protagonistes, souvent en présence et sous l'autorité des évêques ou des abbés, voire des papes. Autrement dit, on se battait, on se parlait, et on concluait des trêves ou des accords, friables, mais requérant une parole efficace, donc compréhensible au moins par le premier rang des protagonistes. C'est dans ce cadre que furent prononcés le 14 février 842 à Strasbourg les serments, moment où, contre leur frère Lothaire (l'aîné, en principe en puissance d'Empire), s'allièrent Charles (petit dernier de Louis le Pieux, plus tard surnommé *Calvus*, « le Chauve ») et Louis, plus tard surnommé *Theotiscus*, « le Germanique » – Pépin II s'était alors replié chez lui en Aquitaine. Par chance, le narrateur, Nithard, lui-même membre de la famille, brillant lettré, impliqué dans toute l'histoire au point d'être probablement le rédacteur même des traités, nous a légué un récit détaillé de la cérémonie et surtout la copie des paroles prononcées par les deux princes et par leur cohorte.

Nous ne savons ni dans quel bâtiment s'est tenue l'assemblée, ni qui exactement y participait. Il semble que les deux souverains étaient entourés du premier cercle de leurs fidèles, soit quelques dizaines (quelques centaines ?) de participants directs. À ce moment des débats, au cœur d'une situation géographique sans cesse mouvante, il s'est trouvé que l'un, minoritaire, Louis, était maître d'un espace plutôt germanophone, l'autre, mieux loti, Charles, plutôt romanophone. Nithard prend d'abord soin de reproduire les deux discours adressés à l'assemblée par les deux frères avant que soient prononcés les serments. Ils sont brefs (sans doute moins de cinq minutes d'expression orale) et surtout confirment, et le bilinguisme des deux souverains, et le soin mis à croiser l'emploi des langues. En effet, Louis s'exprima en *theudisca lingua*, Charles en *romana lingua*. C'est qu'à ce moment il s'agissait de s'expliquer auprès des chefs du territoire qui leur avait été alloué. Ensuite, et inversement, lorsqu'il y eut lieu de s'engager auprès des chefs de la partie adverse, en terre allophone, le choix fut croisé : Louis jura en *romana*, Charles en *theudisca lingua*. Enfin, chacun des groupes adverses jura à son tour en *propria lingua*. Le sens des adjectifs en latin carolingien est clair : *theudisca* signifie « du peuple, donc des... francicophones », *romana* « de Rome, donc des latinophones ». Derrière ces noms apparaît la lettre des deux langues. Sous une graphie qui s'efforce de neutraliser un excès de particularisme dialectal, les germanistes ont reconnu du francique rhénan, les romanistes ont bien identifié non plus du latin, mais du roman, tout en restant perplexes quant au dialecte d'oïl représenté. Et tout le monde s'est interrogé sur le droit d'aînesse des documents : roman ou germanique en premier ?

Voici simplement la partie collective des serments, d'abord le camp de Charles, puis celui de Louis. Le texte a certainement été lu à haute voix d'après le modèle écrit par un héraut (pourquoi pas Nithard lui-même ?), proposition par proposition et répété en chœur par les fidèles (vassaux) :

« *Si Lodhuuigs sagrament, que son fradre Karlo iurat, conservat, et Karlus meos sendra de suo part non los tanit, si io returnar non l'int pois, ne io ne neuls, cui eo returnar int pois, in nulla aiudha contra Lodhuuig non li iu er.* »

« *Obar Karl then eid, then er sinemo bruodher Ludhuuuige gesuor, geleistit, indi Ludhuuig min herro, then er imo gesuor, forbrichit, ob ih inan es irruenden ne mag, noh ih noh thero nohhein, then ih es iruenden mag, widar Karle immo ce follusti ne uuirdhit.* »

« Si Louis respecte le serment qu'il a juré à son frère Charles, et que Charles, mon seigneur, pour sa part n'en tient pas les clauses, si je ne peux pas l'en détourner, et que ni moi, ni nul ne soit qui puisse l'en détourner, je ne lui serai d'aucune aide contre Louis. »

[Le texte francique est quasi identique, sauf à permuter les noms propres.]

Les deux serments en leur entier sont décalqués et adaptés des formulaires copiés dans les capitulaires carolingiens depuis longtemps, notamment lorsqu'en 802 fut menée une campagne de fidélisation par l'intermédiaire de serments prononcés par les grands à haute voix aux quatre coins de l'Empire sous la dictée des juristes. En fait, le phrasé de ces documents-là – brefs – n'est latin qu'en apparence : la graphie y masque peu la structure réelle de la langue parlée naturelle, mais beaucoup la prononciation (ce sont des serments latiniformes). Ce n'est plus le cas ici : Nithard, ouvrier génial de cette consignation, a voulu traiter les deux langues de manière identique en mettant par écrit l'oralité germanique et l'oralité romane, autrement dit dans ce second cas en montrant clairement comment était prononcé le latin ordinaire de l'administration carolingienne. À ce stade d'évolution de la langue quotidienne, c'est du roman, sans doute d'oïl, non pas unique – il y a longtemps qu'une partie de la langue écrite est plus latiniforme que latine –, mais exceptionnel, parce qu'il donne accès à la réalité orale de la *lingua romana rustica*, autrement dit le « latin des illettrés ». Évidemment, l'accès à l'écriture solennelle de ces deux oralités les promeut au rang d'acrolecte de plein droit.

À cette date, il serait tout à fait prématuré de désigner des entités comme « le français de France » et « l'allemand d'Allemagne ». Louis est improprement nommé « le Germanique » : il est né et a été élevé en Aquitaine, avant de se voir attribuer au hasard des conflits une zone de pouvoir (un *honor* ou un *feod*) dans un territoire effectivement germanophone. Son adversaire, Charles, est né à Francfort et a été élevé à Strasbourg. Quant à ce que les documents d'époque désignent la *Francia*, elle était un petit territoire romanophone comportant des enclaves germanophones, et de toute façon les princes carolingiens et leurs élites laïques, ecclésiastiques ou monastiques jouaient la partie du pouvoir et des relations sans aucun souci des délimitations langagières, voire géographiques. Les plus élevés en rang, avant tout les souverains carolingiens, étaient tous au moins bilingues : ils parlaient une variété de francique (un dialecte) et maîtrisaient plusieurs niveaux de « latin », le plus souvent une variété de compromis entre la parole immédiate et l'ancienne parole normée. En somme, la « France » et l'« Allemagne » n'existaient pas, chacun se pensant à travers des filtres culturels et mentaux radicalement différents des clivages modernes.

Cette situation trouva-t-elle une première infirmation dans le traité de Verdun (843) ? En l'absence de témoin aussi perspicace que Nithard, nous devons nous contenter de regarder le tracé des trois principaux royaumes : le découpage créa un ensemble massivement germanophone pour Louis à l'est, romanophone pour Charles à l'ouest, Lothaire recevant une immense bande transversale, entre les deux, allant de la Frise à la Lombardie. Ce dernier lot reflétait encore fidèlement l'indifférence langagière du temps en politique, puisque la « Lotharingie » naissante parlait le frison (dialecte germanique) au nord et le roman d'Italie au sud. La division de l'Europe en entités langagières distinctes et conflictuelles sera le résultat bien plus lointain de ces divisions fondées sur d'autres critères (et sur les hasards de l'histoire).

—

MICHEL BANNIARD

RÉFÉRENCES

—

Marie-France AUZÉPY et Guillaume SAINT-GUILLAIN (dir.), *Oralité et lien social au Moyen Âge (Occident, Byzance, Islam)*, Paris, ACHByz (Association des amis du Centre d'histoire et civilisation de Byzance), 2008.

Dieter GEUENICH, « Sprach Ludwig der Deutsche deutsch ? », *in* Mary GARRISON, Árpád P. ORBAN et Marco MOSTERT (dir.), *Spoken and Written Language : Relations between Latin and the Vernacular Languages in the Earlier Middle Ages*, Turnhout, Brepols, 2013.

Nithardi Historiarum libri IIII, Editio tertia, éd. par Ernestus Müller, MGH, coll. « Scriptores rerum Germanicarum in usum scholarum separatim editi », Hanovre / Leipzig, Hahn, 1907.

Walter POHL et Bernhard ZELLER (dir.), *Sprache und Identität im Frühen Mittelalter*, Vienne, Verlag der Österreichischen Akademie der Wissenschaften, 2012.

Jens SCHNEIDER, *Auf der Suche nach dem verlorenen Reich. Lotharingien im 9. und 10. Jahrhundert*, Cologne / Weimar / Vienne, Böhlau Verlag, 2010.

RENVOIS

—

511, 800, 1105, 1539, 1883, 1919, 1992

882

Un Viking dans la famille carolingienne ?

*Quelques décennies avant le fameux Rollon,
le chef viking Godfrid recevait le baptême, des terres
et se voyait proposer, en 882, la main d'une princesse
carolingienne. C'est que les relations avec les « hommes
du Nord » ne se résumèrent jamais à la guerre
mais empruntèrent les multiples chemins de l'accommodation.*

En juillet 882, l'empereur Charles III le Gros vint assiéger les Vikings établis à *Ascloha* (probablement Asselt, près de Roermond, actuels Pays-Bas). La campagne intervient dans une période qui avait vu une recrudescence des assauts vikings contre le monde franc, à partir de 879, avec la venue sur le continent d'une partie de la « grande armée » qui avait opéré en Angleterre. Après plusieurs jours d'un siège infructueux, Charles négocia avec les assaillants. Un des chefs normands, Godfrid (appelé par une autre source Sigfrid), reçut le baptême et des territoires situés en Frise, autrefois tenus par le Viking Roric. Une somme importante, présentée par certaines sources comme un tribut et par d'autres comme un cadeau de baptême, fut remise aux assaillants. Godfrid épousa Gisla, sœur d'Hugues, fils présumé illégitime du roi Lothaire II, entrant ainsi dans une alliance matrimoniale avec la famille carolingienne, soit comme partie de l'accord, soit plus probablement quelque temps après, dans la perspective de nouer une alliance avec Hugues, le frère de la princesse. Godfrid en effet ne tarda pas à se mêler aux intrigues de la famille carolingienne, soutenant Hugues en révolte contre l'empereur Charles, exigeant la cession de nouveaux fiscs en contrepartie du maintien de sa fidélité, avant de trouver la mort en 885, à Herespich, au confluent du Waal et du Rhin, dans un guet-apens ourdi par un fidèle de l'empereur, Henri de Babenberg, tandis qu'Hugues, arrêté, fut aveuglé et envoyé dans un monastère. Godfrid, qui s'était hissé au sommet des élites du monde franc, tomba, victime tout à la fois de son implication dans les intrigues dynastiques, de sa volonté d'en tirer parti et de l'hostilité qu'avait engendrée sa brutale promotion.

À la vérité, les sources qui nous renseignent (*Annales de Fulda*, *Annales de Saint-Bertin*, *Annales de Saint-Vaast*, Réginon de Prüm) sont contradictoires et rendent difficile une narration unique de l'événement. Ainsi, les deux versions des *Annales de Fulda* sur l'événement divergent totalement quant à l'attitude de Charles le Gros, roi pragmatique qui s'accorde avec des Normands en position de force, ou « nouvel Achab », mal conseillé par des traîtres, qui perpètre une odieuse compromission avec les assaillants alors que son armée était invaincue. Charles est mieux connu pour un autre compromis, tout aussi controversé, qui lui permit d'obtenir contre le versement d'un tribut – au demeurant fort modeste (700 livres) – la levée du siège de Paris (885-886) par les assaillants, qui furent autorisés à aller hiverner en Bourgogne. Les Vikings couvrirent Charles d'une légende noire dont les sources contemporaines se font déjà l'écho, mais qui – sur la base de ces témoignages – sera plus exacerbée encore par l'historiographie nationale du XIXe siècle. L'empereur fut l'antihéros par excellence, à l'opposé d'Eudes, comte de Paris, vaillant défenseur de la ville qui, précisément en raison de son héroïque résistance, gagna ses galons de capitale, comme l'expliquait au milieu du XIXe siècle Henri Martin dans son *Histoire de France* : « Paris avait conquis le titre de capitale du peuple nouveau qui venait de se révéler à lui-même en repoussant l'étranger et qui allait s'affirmer avec éclat en se donnant un chef national. Paris venait d'inaugurer ses grandes destinées ! Il était désormais la tête et le cœur de la France. » Quelques années auparavant, dans la galerie des Batailles du château de Versailles, le tableau de Jean-Victor Schnetz, *Le comte Eudes défend Paris contre les Normands* (1837), avait magnifié cette défense, le seul épisode mis en peinture entre Charlemagne et la victoire de Bouvines.

Le siège d'Asselt est l'un des épisodes de ce que l'on appelle communément les « invasions normandes ». L'expression, courante dans l'historiographie des XIXe-XXe siècles, donne une vision réductrice du mouvement viking en ce qu'elle met d'abord en avant le volet militaire et destructeur du phénomène. Non qu'il faille sous-estimer la terreur provoquée par les assaillants, les dévastations commises, la désorganisation entraînée pour les églises ou, plus discutés encore, les effets sur l'évolution politique des territoires concernés. L'attaque viking contre la vallée de la Seine en 841 est l'une des raisons avancées pour expliquer les traces d'incendie repérées à Jumièges et à Rouen ; de même que sont attribués aux hommes du Nord le ravage d'une partie du site de Zutphen (Pays-Bas), peut-être en 882, et celui de l'abbaye de Landévennec touchée par les Vikings en 913. Les ports de l'Empire franc qui avaient le plus profité de l'essor avec les pays riverains des mers septentrionales furent, à plusieurs reprises, la cible des assaillants, sans que l'on puisse faire de ces derniers les seuls responsables de leur déclin.

Il n'est pas certain qu'exprimer la question en termes d'« invasions normandes » amène une meilleure compréhension du mouvement d'expansion des peuples scandinaves. Le changement de perspective, jalonné par l'usage de plus en plus fréquent d'expressions comme « monde(s) viking(s) » ou (plus discuté) de « diaspora viking », invite à une approche globale, même s'il faut se garder d'en faire la seule grille de lecture. Retenons quelques points. En premier lieu, le phénomène viking s'inscrit sur le fond d'une profonde transformation des sociétés scandinaves, dont il est à la fois un prolongement, un indice et un facteur : la diversification des activités économiques, la naissance d'une nouvelle génération de places d'échanges à l'origine des premiers centres urbains, l'affirmation de pouvoirs centraux dont furent issus les royaumes scandinaves, l'infiltration du christianisme furent quelques-unes des manifestations de ces changements. En second lieu, il participe à une dilatation des espaces connus et à leur mise en relation à différentes échelles, ainsi qu'à un brassage de populations et de cultures. Il suscite enfin des expériences différentes selon les sociétés rencontrées et les modalités d'installation des nouveaux venus. Dans cette optique, il convient donc d'inscrire les contacts des Vikings avec le monde franc comme un cas de figure parmi d'autres au sein d'un phénomène viking varié et complexe.

Revenons à Godfrid. En réalité ce n'est ni la première fois, ni la dernière, que les autorités franques s'accordent avec un chef viking. La pratique remonte peut-être à la fin du règne de Charlemagne (r. 768-814), si l'on en croit une source tardive, et de manière plus certaine à celui de Louis le Pieux (r. 814-840), à un moment où les Francs s'immiscent dans les affaires danoises et que commence à se déployer, à l'initiative d'Ebbon de Reims puis de saint Anschaire, un effort missionnaire en direction des peuples du Nord. La venue du roi Harald Klak à la cour impériale (826), son baptême, avec Louis pour parrain, et la concession d'un bénéfice en Rüstringen (Frise orientale) n'amenèrent pas la conversion du Danemark mais inaugurèrent d'autres entreprises missionnaires. En 837, un certain Hemming, fils de Halfdan, trouve la mort en défendant Walcheren contre des pirates vikings. À plusieurs reprises, des chefs scandinaves, particulièrement danois, sont installés en Frise par les autorités franques : ainsi Roric, actif entre les années 840 et 870, contrôla une partie du pays, et notamment l'*emporium* de Dorestad, pour le compte des rois francs et noua des relations avec Lothaire Ier, Charles le Chauve, Louis le Germanique et Lothaire II. À l'occasion, les rois carolingiens, voire les grands du royaume, utilisèrent les services des chefs scandinaves contre leurs adversaires, y compris pour déloger d'autres Vikings : ainsi, en 860-861, Charles le Chauve paya – fort cher – la flotte de Weland, qui opérait dans la vallée de la Somme, afin d'expulser des pirates retranchés dans leur repaire d'*Oscellum*, sur la Seine, en amont de Rouen. D'autres sont connus pour avoir joué les intermédiaires lors des négociations entre les Francs et des Vikings : les discussions entre Weland et Charles sont menées par un certain *Ansleicus* (Aslak), un Danois au service du roi franc et « compagnon du palais » ; un Sigfrid, issu d'un clan royal danois, chrétien et fidèle du jeune roi Carloman II, est envoyé par les grands du royaume pour négocier un tribut avec les Vikings établis à Amiens en 884. Indéniablement, dans le cours du IXᵉ siècle, des Scandinaves étaient suffisamment intégrés à la société franque pour être l'interface entre les deux mondes.

La tentative de Godfrid fut un échec mais elle est significative de ce que, à la fin du IXᵉ siècle, des chefs scandinaves ont pu tenter de s'élever au rang le plus élevé de la société franque, mais aussi des résistances que pouvait entraîner la promotion de ces nouveaux venus. En 897, l'archevêque de Reims, Foulques, vitupère son protégé, Charles le Simple, pour s'être abouché avec *Hundeus*, dont le jeune prince carolingien avait cependant obtenu la conversion. Quelques années plus tard, le compromis trouvé entre Rollon, le roi Charles le Simple et les grands du royaume, et en premier lieu Robert, marquis de Neustrie, s'avéra plus fructueux. Il reconnaissait au chef normand, en contrepartie de son baptême et de la *tutela regni* (« la protection du royaume »), une cession territoriale sur la basse Seine, qui forma le noyau de la future Normandie. Rollon aurait épousé une autre Gisla, fille de Charles le Simple, ce dont débattent les historiens, et, de manière plus assurée, reçut le marquis Robert comme parrain. Le « traité » de Saint-Clair-sur-Epte (911) ne marquait pas uniquement les débuts de la seule fondation durable des Scandinaves dans le royaume franc. Il signait également l'intégration des nouveaux maîtres de Rouen à l'élite princière du royaume. En un sens, Rollon réussit là où Godfrid avait échoué une génération plus tôt.

—

Pierre Bauduin

RÉFÉRENCES

Pierre Bauduin, *Le Monde franc et les Vikings (viiiᵉ-xᵉ siècle)*, Paris, Albin Michel, 2009.
Stefan Brink et Neil Price (dir.), *The Viking World*, Londres / New York, Routledge, 2008.
Simon Coupland, « From Poachers to Gamekeepers : Scandinavian Warlords and Carolingian Kings », *Early Medieval Europe*, vol. 7, 1998, p. 85-114.
Élisabeth Ridel (dir.), *Les Vikings dans l'Empire franc. Impact, héritage, imaginaire*, Bayeux, OREP, 2014.
Rudolf Simek et Ulrike Engel (dir.), *Vikings on the Rhine : Recent Research on Early Medieval Relations between the Rhinelands and Scandinavia*, Vienne, Fassbaender, 2004.

RENVOIS

—

451, 800, 1051, 1066, 1550

910

Le monachisme universel naît entre Jura et Morvan

Qui aurait pu prévoir que l'abbaye fondée à Cluny en 909 ou 910, en Mâconnais, aux marges du royaume, allait rayonner dans les siècles suivants bien au-delà des réseaux féodaux qui avaient présidé à sa naissance et devenir le principal foyer du monachisme bénédictin de toute l'Europe latine ?

En 909 ou 910, l'abbaye de Cluny fut fondée en Mâconnais pour y accueillir quelques moines bénédictins. En seulement deux siècles, cette petite fondation acquit une dimension internationale que reflètent tout autant l'étendue de son réseau de dépendances (deux cents monastères disséminés dans toute l'Europe), que l'ampleur de son église principale, bâtie à la fin du XIᵉ siècle, qui resta la plus grande église de la Chrétienté jusqu'à la fin du Moyen Âge, plus grande même que la basilique du pape, Saint-Pierre de Rome. Il ne subsiste toutefois plus que quelques ruines des constructions médiévales, vendues comme bien national sous la Révolution, puis transformées en carrière et en haras, tandis que la fondation de l'abbaye est aujourd'hui un événement presque totalement oublié, dont on ignore de surcroît la date précise.

L'abbaye de Cluny fut fondée un 11 septembre, vraisemblablement en 910, par le très puissant duc d'Aquitaine, Guillaume le Pieux († 918), de concert avec son épouse Ingilberge, sœur du roi de Provence. Le couple se rendit ce jour-là à Bourges, l'un des centres de pouvoir de Guillaume, où fut rédigée une longue charte, très solennelle, qui projetait la création d'un nouvel établissement monastique dans le comté de Mâcon.

Guillaume et Ingilberge firent ainsi mettre par écrit leur décision, en présence de quarante-trois témoins qui formaient leur cour, notamment plusieurs évêques et de nombreux vassaux laïcs. On suppose que fut aussi présent Bernon, le premier abbé de l'établissement, un Bourguignon qui gouvernait déjà quatre monastères et qui était lié à la famille d'Ingilberge depuis vingt ans. Le rédacteur de la charte était Odon, un grand intellectuel qui avait été le protégé de Guillaume le Pieux avant de se faire moine auprès de Bernon et qui devint plus tard le deuxième abbé de Cluny.

Guillaume et Ingilberge installèrent la nouvelle communauté monastique à Cluny, sur l'un des domaines du duc qu'ils donnèrent aux apôtres Pierre et Paul, saints tutélaires de la future abbaye qui en posséderait des reliques. Les moines devaient y suivre la règle de saint Benoît, s'occuper des pauvres et surtout prier pour le salut de l'âme des fondateurs, mais aussi de leurs familles et de leurs vassaux. Guillaume et Ingilberge souhaitaient enfin que personne ne puisse imposer son autorité sur Cluny et chargèrent les apôtres et le pape, représentant de Pierre et Paul, de défendre l'abbaye, en poursuivant de leurs malédictions ceux qui oseraient s'en prendre à elle.

La fondation de Cluny rappelle celle de nombreux établissements carolingiens, mais elle consacre surtout la genèse de nouveaux équilibres qui transforment en profondeur les structures sociales et les modes d'exercice du pouvoir. Après 888, l'Empire carolingien se morcela en effet en différents royaumes, dans lesquels apparurent plusieurs entités territoriales cohérentes, les principautés, contrôlées par de puissantes familles aristocratiques. La principauté de la famille d'Ingilberge était elle-même devenue un royaume dès 890, celui de Provence, qui s'étendait sur le quart sud-est de la France actuelle et dont les ambitions se tournaient vers le royaume d'Italie. Guillaume le Pieux, pour sa part, se trouvait à la tête d'un ensemble très vaste, situé pour l'essentiel dans le royaume de Francie occidentale, englobant l'Aquitaine, le Berry, la Septimanie (l'actuel littoral languedocien), l'Auvergne, ainsi que le Mâconnais et le Lyonnais. En épousant Ingilberge entre 890 et 893, il avait scellé une union de première importance entre deux très grandes familles dont les principautés étaient contiguës. Or, la fondation de Cluny apparaît à plusieurs titres comme un symbole de cette alliance. Tout d'abord, les témoins de la fondation, qui devaient bénéficier des prières des moines, étaient des vassaux de chacune des deux familles, concrétisant, garantissant et perpétuant l'union de ces dernières. Par ailleurs, la localisation du nouvel établissement promouvait en elle-même la paix entre les familles : il était implanté en Mâconnais, un comté situé à la frontière entre le royaume de Provence et la principauté de Guillaume, qui avait jadis appartenu à Boson, le père d'Ingilberge, avant d'être attribué à la famille du duc d'Aquitaine. Y fonder l'abbaye de Cluny permettait d'affirmer définitivement la présence de Guillaume au cœur de cet espace stratégique, avec l'aval des rois de Provence.

La démarche de Guillaume et Ingilberge participe en outre aux stratégies d'affirmation des grandes familles princières au premier âge féodal. Celles-ci commencèrent une ascension décisive dans la seconde moitié du IXe siècle, en recevant du roi un nombre croissant de comtés. Ce processus leur permit de contrôler de vastes espaces, de se montrer plus revendicatives face au souverain de leur royaume et de s'imposer comme intermédiaires obligatoires entre la royauté et une noblesse régionale de moindre importance. Afin de se distinguer de cette dernière et de légitimer leur surcroît de pouvoir, les princes calquèrent leur comportement sur le modèle royal. Ainsi, Guillaume le Pieux se para de titres de plus en plus prestigieux qu'utilisaient auparavant les seuls souverains, il s'entoura d'une cour de vassaux et épousa une princesse qui avait du sang carolingien par sa mère et qui fut associée à la plupart de ses décisions. Enfin, il fonda un monastère, Cluny. La protection de l'Église, notamment des moines, était en effet un élément central de l'idéologie royale carolingienne. Comme tous les princes, Guillaume se l'appropria pour se poser en défenseur de l'Église, mais aussi pour capter la légitimité émanant des reliques détenues par les moines et obtenir de ces derniers des prières efficaces. Sa démarche impliquait de surcroît un large cercle de proches, notamment parce que le domaine sur lequel était fondé Cluny appartenait à sa famille de longue date et avait peut-être fait office de nécropole pour certains de ses parents.

L'un des traits les plus originaux de la démarche de Guillaume et Ingilberge réside dans le fait que, dès le départ, à rebours des coutumes de l'époque, ils s'interdirent d'intervenir ensuite dans la vie de la communauté. Cette décision inhabituelle résulte vraisemblablement des convictions du rédacteur de la charte de fondation, Odon, qui, une fois abbé, réforma de nombreux établissements dans différents royaumes. Le statut original de l'abbaye reflète dès lors la montée en puissance d'un nouveau genre de monachisme, très attaché à son autonomie vis-à-vis du reste de l'aristocratie, et notamment de ses représentants laïcs. En interdisant à quiconque, y compris à eux-mêmes et à leur parenté, d'exercer son autorité sur les biens de Cluny, le couple princier laissa ces derniers entre les mains des seuls moines, libres d'y développer leur pouvoir seigneurial. La protection de Cluny par les apôtres et le pape apparaît également comme un trait original de la fondation, à une époque où l'institution pontificale jouissait d'un certain prestige moral, mais ne disposait pas de véritables moyens d'action. L'important ici réside tout autant dans le choix d'un protecteur lointain, qui ne pourrait faire passer l'abbaye sous sa tutelle, que dans le recours aux malédictions spirituelles pour protéger les biens de Cluny, les moines se dotant d'une arme nouvelle et efficace contre leurs ennemis potentiels. En adressant directement leur don à Pierre et Paul, Guillaume et Ingilberge en changèrent enfin la nature : les futurs biens de l'abbaye, parce qu'ils étaient possédés par de saintes personnes, devinrent sacrés ; y toucher relevait du sacrilège. Le caractère atypique du statut de Cluny apparaît donc comme l'expression d'un idéal monastique radical, attaché à la possession et à la défense d'un patrimoine sacralisé, avec l'appui d'une papauté lointaine.

Très vite, la fondation de Cluny se chargea d'enjeux mémoriaux, d'abord au sein même de ce qu'était devenue l'abbaye. Destinataire de très nombreux dons à une large échelle géographique, du Saint Empire aux royaumes ibériques et de l'Angleterre méridionale à l'Italie, Cluny se structura en effet, au début du XIe siècle, en une puissante congrégation monastique réunissant une nébuleuse de monastères et de prieurés sous l'autorité de l'abbaye centrale. La nouveauté du phénomène conduisit les moines à réécrire le récit de leurs origines et à y voir les premiers jalons de leur puissance future. Ce n'est toutefois que bien plus tard que la fondation de Cluny devint un véritable instrument mémoriel : alors que la congrégation clunisienne, déjà moribonde, avait été dissoute en 1791 et que son unique tentative de restauration, entre 1888 et 1896, avait échoué, la célébration du millénaire de la fondation de l'abbaye fit de celle-ci le symbole d'une France catholique, monarchiste et antidreyfusarde. Les commémorations de 1910 s'inscrivent en effet dans le contexte très tendu du début du XXe siècle, marqué par l'expulsion des congrégations (1901), les lois de séparation des Églises et de l'État (1905) et la querelle des inventaires des biens du clergé (1906). L'ensemble des manifestations du millénaire (scientifiques, religieuses et municipales) chercha alors à célébrer l'alliance des pouvoirs politiques et religieux, révélant le désir de reconquête d'une certaine France catholique, qui se voyait en martyre de la cause laïque, comme Cluny avait été, à ses yeux, la victime des tumultes révolutionnaires.

—

ISABELLE ROSÉ

RÉFÉRENCES

—

Dominique IOGNA-PRAT, *Études clunisiennes*, Paris, Picard, 2002, p. 201-224.

Dominique IOGNA-PRAT, Michel LAUWERS, Florian MAZEL et Isabelle ROSÉ (dir.), *Cluny. Les moines et la société au premier âge féodal*, Rennes, Presses universitaires de Rennes, 2013.

Didier MÉHU (dir.), *Cluny après Cluny. Constructions, reconstructions et commémorations (1790-2010)*, Rennes, Presses universitaires de Rennes, 2013.

Isabelle ROSÉ, *Construire une société seigneuriale. Itinéraire et ecclésiologie de l'abbé Odon de Cluny (fin du IXe-milieu du Xe siècle)*, Turnhout, Brepols, 2008.

RENVOIS

—

177, 397, 1287, 1534, 1789, 1954

987

L'élection du roi qui ne fit pas la France

Par un heureux concours de circonstances et grâce au discret mais puissant soutien de l'empereur germanique, la couronne de Francie occidentale échut en 987 au plus puissant des princes francs, Hugues Capet. Si celui-ci parvint à fonder une nouvelle dynastie et à stabiliser un royaume, de sa royauté à la nation la distance restait grande.

Le 21 ou 22 mai 987, Louis V, roi de « Francie occidentale », meurt à Senlis des suites d'un accident de chasse. Âgé de dix-neuf ans, il ne laisse aucun héritier direct. Associé le 8 juin 979 à la royauté de son père le roi Lothaire, il lui avait succédé en 986. Avec lui s'éteint la dynastie carolingienne qui régnait depuis plus de deux siècles sur le royaume franc. Trois jours avant sa mort s'était réunie à Compiègne, à l'initiative du « duc des Francs », Hugues, une assemblée des grands du royaume destinée à rendre un jugement dans un procès pour trahison intenté à l'archevêque de Reims Adalbéron. Après avoir

procédé à l'inhumation du jeune roi et prononcé un non-lieu en faveur d'Adalbéron, l'assemblée décide de se déplacer à Senlis, sur les terres du duc des Francs, afin de procéder au choix du nouveau roi. Le 1er juin, à l'instigation d'Adalbéron, les grands écartent le dernier Carolingien survivant, Charles, duc de Basse-Lotharingie, oncle du roi défunt, et élisent le duc des Francs. Le 3 juillet, Hugues est sacré à Noyon (ou peut-être à Reims) par Adalbéron. Quelques mois plus tard, le jour de Noël 987, Hugues associe au trône son fils aîné Robert, qui vient d'atteindre sa majorité à seize ans, en le faisant couronner et sacrer par

Adalbéron dans l'église Sainte-Croix d'Orléans. Le principe héréditaire est restauré. Devenu roi, Hugues n'en a pas pour autant fini avec la famille carolingienne. Charles de Basse-Lotharingie ne se résigne pas ; en mai 988, il s'empare de Laon ; en janvier 989, le nouvel archevêque Arnoul lui livre la ville de Reims. Le royaume est divisé. Mais le 31 mars 991 l'évêque de Laon tend un piège à Charles à l'occasion de la fête des Rameaux et le livre au roi. Emprisonné, il meurt quelques mois plus tard.

Le récit de Richer (v. 940-998), moine de Saint-Remi de Reims, permet, malgré sa gangue rhétorique, d'approcher le plaidoyer d'Adalbéron et de replacer l'événement dans son contexte. Seul survivant de la famille carolingienne, Charles peut prétendre à la couronne mais son comportement est indigne d'un candidat à la royauté : il s'est mésallié en épousant la fille d'un simple chevalier et a choisi de servir un souverain étranger : écarté en 954 de la succession royale, il est devenu duc de Basse-Lotharingie, vassal de l'empereur germanique. Hugues, duc des Francs, lui, a le sens du bien public ; il a les qualités d'un souverain et en tient le rôle. Il a les faveurs de ceux qui souhaitent entretenir des relations apaisées avec l'empire voisin et bénéficie du soutien de l'Église qu'il se préoccupe de réformer. Sa piété lui a mérité le surnom de Capet, de *cappa*, le demi-manteau de saint Martin, conservé au chapitre de Tours dont il est l'abbé laïc.

L'avènement d'Hugues Capet a été promu au rang d'événement fondateur de l'histoire nationale. Les historiens parlent de césure majeure, de rupture, de coup d'État, d'usurpation, de *mutatio regni*, de date charnière, plus souvent encore de révolution. François Guizot situe en 987 la « naissance de la civilisation française » : « Nous datons de là ; ce ne sera plus de Gaulois, de Francs, de Romains, mais de Français, de nous-mêmes qu'il sera question. » Cette vision s'impose à l'époque républicaine comme un élément essentiel d'une pédagogie de la nation. Les manuels scolaires font de 987 le point de départ d'une construction nationale qui s'achève à la Révolution. La promotion de 987 s'inscrit en outre dans la proximité de « l'an mil » : au lendemain des terreurs et désastres que décrit Michelet, s'ouvre une période d'espérance et de créativité, dont participe la naissance de la France. Plus récemment, la geste capétienne est intégrée à la période d'essor qui s'étend du XIe au XIIIe siècle. Ce type d'appréciation téléologique a longtemps paralysé l'analyse historique. Aujourd'hui cependant, les historiens sont unanimes à voir dans l'élection d'Hugues Capet l'exemple même du non-événement ou de l'épiphénomène et le situent dans le cours d'une évolution, simple étape dans l'irrémédiable processus de déclin de la monarchie carolingienne.

L'élection d'Hugues Capet n'est pas une révolution. Deux de ses ancêtres, son grand-oncle Eudes (r. 888-898) et son grand-père Robert (r. 922-923), ont été rois avant lui. En effet, en 888, la dislocation de l'Empire carolingien invite déjà les grands du royaume à choisir comme roi celui qui paraît le plus apte à défendre le pays ; ils écartent alors le Carolingien Charles le Simple et élisent Eudes, marquis de Neustrie, qui s'est illustré dans la défense de Paris contre les Normands. En 922, c'est son frère Robert qui est élu au lendemain de la déposition de Charles le Simple. Cette alternance traduit l'existence de deux légitimités dynastiques, celle de la famille héritière de l'Empire et celle des Robertiens (futurs Capétiens). En 936, ceux-ci préfèrent devenir des faiseurs de rois : Hugues le Grand, le père d'Hugues Capet, va chercher Louis IV, fils de Charles le Simple, exilé en Angleterre, et l'installe sur le trône. Le nouveau roi lui attribue le titre de duc des Francs, qui fait de lui le second personnage du royaume. En 960, à la mort de son père, Hugues Capet hérite de cette situation.

La vie du royaume restait conditionnée par ses relations avec son puissant voisin de l'Est. Les derniers Carolingiens cultivent en effet une nostalgie impériale qui trouve un point de fixation sur la Lotharingie, berceau de leur dynastie, siège de l'ancien Empire et motif de conflits récurrents entre Francie et Germanie, surtout après l'avènement dans ce dernier royaume de la dynastie saxonne et le rétablissement de l'Empire par Otton Ier en 962. La faiblesse du royaume de Francie et son manque de rayonnement contrastent avec le prestige de l'institution impériale et la suprématie germanique. Il en résulte une relation de dépendance que les historiens assimilent à une tutelle. Soucieux de maintenir un équilibre garant de la paix, habité par la mission impériale, l'empereur germanique n'hésite pas à intervenir comme médiateur dans les conflits internes au royaume de l'Ouest. Une permanente émulation stimule Carolingiens et

Robertiens dans leur appel à la protection impériale et la quête d'unions matrimoniales. Mais les Carolingiens ne renoncent pas à la Lotharingie. En 978, Lothaire, le bien nommé, lance un raid sur Aix-la-Chapelle, mais se heurte à une victorieuse contre-offensive impériale. En 984, il entreprend une nouvelle offensive qui échoue à son tour. L'archevêque de Reims Adalbéron, issu d'une famille lotharingienne et mû par le désir de maintenir la paix entre les deux États voisins, soutient la cause impériale et est accusé de trahison. On comprend qu'il œuvre à l'élection d'Hugues Capet, dont l'avènement met un terme aux conflits que suscitait l'obsession lotharingienne des derniers Carolingiens. Mais, avec ce dernier, toute tutelle de l'empereur germanique sur le royaume franc disparaît également. Désormais coexistent deux États pleinement souverains qui se partagent la tâche de conduire le peuple chrétien sur la voie du salut.

Les historiens insistent sur la faiblesse territoriale du nouveau roi. Celui-ci n'a de véritable autorité que sur son seul domaine qui ne représente qu'une collection disparate de biens fonciers, de villes, de droits et de prérogatives. L'assise en est constituée par l'ancienne Neustrie, à laquelle on commence à réserver le nom de *Francia*, autour d'un axe Senlis-Paris-Orléans auquel s'agglomèrent les terres royales héritées de la couronne carolingienne, entre Laon et Compiègne, ainsi qu'une vingtaine d'évêchés au nord et à l'est et quelques abbayes prestigieuses dont le roi est l'abbé laïc (Saint-Denis, Saint-Benoît-sur-Loire, Saint-Martin de Tours). Le souverain n'intervient plus au sud de la Loire, aucun seigneur ni monastère méridional ne comptent parmi les destinataires de diplômes royaux et certains territoires méridionaux se détachent même du royaume. Le comté de Barcelone, principauté sud-pyrénéenne préfigurant la Catalogne, acquiert une pleine souveraineté ; au lendemain du sac de la ville par al-Mansûr en juillet 985, le comte Borrell avait lancé un appel à l'aide au roi Lothaire, qu'il renouvelle à l'adresse d'Hugues Capet. Dans sa réponse, le roi soumet une éventuelle intervention à des conditions précises. L'affaire en reste là. L'épisode met un terme à toute relation politique entre les comtés catalans et la royauté franque.

Cependant, aux yeux de ses sujets, le pouvoir du roi n'est pas de nature territoriale et les événements de 987 n'ont apporté aucun changement à la conception de la royauté. Le roi n'est jamais combattu ni contesté. Il ne peut prêter hommage et reste en dehors de la pyramide féodale. Même l'insolence du comte de Périgord (« Qui t'a fait roi ? ») suggère que, quelles que soient les conditions de son avènement, le roi devenu roi le reste. L'onction du sacre confère à sa royauté un caractère surnaturel et quasi magique, qu'illustrera son pouvoir thaumaturgique. Le roi exerce un ministère : le sacre fait de lui un personnage d'Église. C'est d'elle qu'il reçoit sa mission de souverain chrétien : faire régner la justice, maintenir la paix et l'ordre public, conduire le peuple qui lui est confié sur la voie du salut.

Si l'élection de 987 est un non-événement, sa portée historique est paradoxale, puisque l'élection du roi aboutit en quelques mois à l'établissement d'une nouvelle dynastie : une simple fonction née de l'élection devient une dignité transmise par le sang. Les premiers Capétiens ont en effet réussi à stabiliser l'institution monarchique en définissant les règles propres à en assurer la durée : la primogéniture qui met la dynastie à l'abri des luttes successorales, l'association au trône et le sacre de l'héritier, moyen d'éviter le recours à l'élection. Renonçant à l'ancien cœur de l'Empire carolingien, ils ont définitivement dégagé leur royaume de la protection intéressée du souverain germanique. À plus long terme, la réussite des Capétiens apparaît exceptionnelle : ils fondèrent une dynastie qui dura huit siècles et se prolongea en ligne directe pendant plus de trois cents ans. En France, plus tôt qu'ailleurs en Europe, la royauté disposa ainsi de la continuité chronologique et de la stabilité territoriale. Mais si cette histoire domestique accompagna la lente construction de l'État, il serait abusif d'en faire le terreau de l'émergence d'une nation. En 987, Hugues Capet fut fait roi mais il ne fit pas la France.

—

MICHEL ZIMMERMANN

RÉFÉRENCES

—

Olivier GUILLOT, *Hugues Capet et les premiers Capétiens (987-1180)*, Paris, Tallandier, 2002.
Florian MAZEL, *Féodalités (888-1180)*, Paris, Belin, 2010.
Michel PARISSE et Xavier BARRAL I ALTET (dir.), *Le Roi de France et son royaume autour de l'an mil*, actes du colloque « Hugues Capet, 987-1987. La France de l'an mil » (Paris-Senlis, 22-25 juin 1987), Paris, Picard, 1992.
Yves SASSIER, *Hugues Capet. Naissance d'une dynastie*, Paris, Fayard, 1987.
Laurent THEIS, *L'Avènement d'Hugues Capet (3 juillet 987)*, Paris, Gallimard, 1984.

RENVOIS

—

800, 842, 1137, 1214, 1882

1051

Une première alliance franco-russe

Le mariage du roi Henri Ier avec Anne de Kiev, en 1051, intègre les Capétiens dans les vastes horizons européens du marché matrimonial des grands souverains. Ce choix reste toutefois plus dominé par la recherche du prestige que par une stratégie politique. Un héritier naîtra de cette union, nommé Philippe, un nom glorieux inédit chez les Capétiens.

Le 19 mai 1051, dimanche de Pentecôte, la cathédrale de Reims accueillait le mariage et le couronnement d'Anna Iaroslavna, fille du prince de Kiev Iaroslav le Sage (née entre 1024 et 1032), troisième épouse du roi de France Henri Ier, petit-fils d'Hugues Capet (né vers 1008), associé au trône en 1027. Le roi en était à sa vingtième année de règne plein, et à sa septième année de veuvage.

Les communications n'étaient ni fréquentes ni aisées entre le royaume que l'on disait de moins en moins de « Francie occidentale », mais tout simplement « de France », plus exactement « des *Franci* », captant le glorieux souvenir des Francs et de leurs brillants dynastes, et la principauté de Kiev, innervée par les marchands suédois (dits « Varègues »), stabilisée par leurs vigoureux compatriotes sédentarisés. Ceux-ci avaient été les initiateurs d'une étatisation originale des peuplades slaves, tributaires ou directement dominées par les « Russes » (des Suédois slavisés donc), sur un vaste espace étiré du lac Ladoga aux abords de la mer Noire. Ce territoire, travaillé de forces centrifuges, sans cesse morcelé et recomposé, couvrait, en des termes pour l'heure anachroniques, la Biélorussie, l'Ukraine et la Russie occidentale.

Les princes de Kiev étaient animés comme leurs voisins d'un mélange de fascination / haine des Byzantins qu'ils protégeaient et enviaient, imitaient et pillaient, et qui eux-mêmes n'étaient pas tendres à l'égard de « ces tribus sournoises et sans honneur vivant au nord », mais qui apprécièrent vite et payèrent cher leurs services militaires. Comme leurs voisins aussi, les princes slavo-varègues étaient pris en ce milieu du XIᵉ siècle dans un mouvement complexe, mais bien rodé, de conversion au christianisme, soutenu et organisé par Byzance (baptême de Vladimir, 988), difficilement étendu au peuple. Les voies étaient aplanies pour Iaroslav, fils de Vladimir et de Rogneda, fille du prince de Polotsk (Biélorussie), qui recueillit un pouvoir total (r. 1020 *ca.*-1054) après s'être débarrassé de son frère aîné. La double consolidation, étatique-territoriale et religieuse, de l'État kiévien restait fragile et appelait des alliances, des négociations, des mariages. Iaroslav les pratiqua comme un art, mariant fils et filles pour étayer l'alliance byzantine, déployer un glacis d'alliances occidentales (Pologne, Hongrie, marche de Stade [Elbe inférieure], Norvège…) et même, avec Anne, prendre l'Empire latin à revers.

La perception du règne et des pouvoirs du roi de France est, paradoxalement, plus délicate. Les sources historiographiques sont souvent réduites à un squelette d'annales sèches, d'hagiographies allusives. Alors que son père Robert le Pieux avait tiré plein profit de ses liens avec Fleury (Saint-Benoît-sur-Loire), Henri Iᵉʳ manquait de lieux de mémoire, si l'on excepte Saint-Denis, dont le scriptorium n'était alors pas au mieux de sa forme : contrecoup sans doute d'un recentrage du pouvoir et des ambitions du roi en direction du nord, dont témoigne la confiance accordée au comte de Flandre Baudouin V, son beau-frère, qui sera à la mort du roi en 1060, et jusqu'en 1067, le régent (*procurator, bajulus*) du jeune Philippe Iᵉʳ.

Le mariage du roi de France était une grande affaire. Les premiers Capétiens avaient trouvé une aide déterminante chez leurs parents et protecteurs ottoniens : Otton Iᵉʳ, roi de Germanie et d'Italie, couronné empereur en 962, avait marié sa sœur Hadvise à Hugues le Grand, père d'Hugues Capet. Henri Iᵉʳ, sans perdre grand temps, avait d'abord misé sur une nouvelle alliance impériale en 1033, en se fiançant avec la jeune princesse Mathilde, morte dans l'année. Il convola alors avec une autre Mathilde, fille du margrave de Frise, frère utérin de l'empereur Henri III, âgée elle aussi de moins de dix ans ; elle décéda en 1044, après avoir mis au monde une fille, morte en bas âge. Bridé par une série d'interdits pour consanguinité – ils se renforçaient en ce courant du XIᵉ siècle –, le roi peinait à trouver une princesse de son royaume et de ses proches périphéries. Et il prenait son temps. Cette insouciance du roi chasseur et guerrier (on le surnomme à Fleury « *municeps* », preneur de château) a nourri bien des spéculations : caractère misogyne ou efféminé, pour les tenants de la faiblesse du pouvoir royal au fil du siècle ; assurance et aplomb d'un roi défavorisé par le manque de sources, mais qui ne craint pas de différer la naissance d'héritiers permettant de perpétuer le

« miracle capétien » d'une continuité dynastique ininterrompue, de père en fils, de 987 à 1328. Mais, quand il le faut, il sait et peut convoquer les grands, tisser de complexes alliances, tenir bon face à un empereur affaibli, tel ce Conrad II contraint de négocier avec lui son mariage avec Agnès de Poitou. Le roi capétien était, dans les faits, sur son sceau, dans son action, « empereur en son royaume », alors que l'empereur était à la peine en Allemagne comme en Italie. On apprit alors que le prince de Kiev mettait sur le marché matrimonial sa fille Anne, et avait essuyé un refus de l'empereur Henri III. Les gens du roi y virent sans doute une occasion, même si l'on temporisa encore quelques années.

Il n'y a rien d'impérial dans l'union avec Anne de Kiev, qui reproduit en mode mineur l'alliance d'Otton II (cousin d'Hugues Capet) avec la princesse byzantine Théophano. Mais une promesse de prestige, qui devait rejaillir sur le roi et sa lignée, comme le montrent les pratiques onomastiques contrastées des Capétiens : jusqu'à Robert le Pieux, la proportion est écrasante des noms repris des grands ancêtres robertiens (Hugues, Robert, Eudes), enrichis d'une dose d'ottonien (Otton et Henri : les noms de deux frères d'Hadvise, sont aussi les noms de deux frères d'Hugues Capet). La tradition familiale est pulvérisée à partir de Philippe Ier (r. 1060-1108), fils d'Henri Ier et d'Anne, avec le surgissement du couple Philippe (moins impérial qu'on ne l'a dit, mais très grec, allusion possible à l'apôtre Philippe prétendu évangélisateur des Scythes et des Sicambres, préfigures des Russes et

des Troyens / Francs) et Louis (introduit dès la génération suivante, fulgurante reprise du nom de Louis le Pieux, mais aussi de Clovis, « Hludovicus », « Chlodoweg »). Ici comme ailleurs, tout donne raison à Andrew Lewis : « Les mariages du roi sont concertés et utiles. »

Une première ambassade s'ébranla pour Kiev en 1049. À son retour, l'affaire fut conclue, une seconde escorte alla chercher la princesse, âgée d'une vingtaine d'années. Le prestige de son père Iaroslav était à son zénith : la grandiose basilique Sainte-Sophie était depuis peu achevée.

Une fois la reine couronnée, commencent neuf années de règne à peine éclairées. En tout cas, Anne met du cœur à son métier de reine : dès 1052, elle donne à la dynastie capétienne un héritier mâle, Philippe, qui ne sera que tard associé au trône, à la Pentecôte (23 mai) 1059 : il avait alors sept ans et le roi, ici encore, avait pris son temps, pressé maintenant par ses forces qui vacillaient. Entre-temps, Anne avait mis au jour deux autres fils, Robert et Hugues, ce dernier bientôt pourvu par mariage du Valois et du Vermandois. Pour le reste, il faut imaginer une reine dont le statut toujours très contrasté se perpétuera des siècles durant : sacrée et couronnée, ouvrière de la permanence dynastique, tenue autant que possible à l'écart du pouvoir... Au quotidien, comme les épouses d'Hugues Capet et de Robert le Pieux, la reine pourrait avoir dirigé l'approvisionnement du palais, tissé. Elle est flanquée d'un sénéchal, qui sans doute lève ses revenus et garde ses coffres ; peut-être d'autres serviteurs, dont ce « pédagogue » qu'elle donne à son fils. Anne est venue avec une dot (dont un joyau qui finira dans le trésor de Saint-Denis, mais sûrement pas un fameux fragment d'évangéliaire conservé à Reims), elle est pourvue d'un douaire, un ensemble de fiscs royaux dont elle perçoit les revenus.

Impossible de savoir si et en quoi Anne a participé à la « politique » royale. Son nom n'est pas même cité dans une brève narration de la cérémonie d'association au trône de Philippe en 1059 ; mais le véritable objet du document, soutenant les prérogatives de l'archevêque de Reims, peut suffire à justifier cette omission. De fait, la reine vient sur le devant de la scène sitôt son époux décédé, associée de façon informelle à la régence de Baudouin de Flandre. Il ne manqua pas au tableau le souffle de passion qui la fit tomber dans les bras du comte Raoul de Valois, fidèle du feu roi, qu'elle se hâta d'épouser en 1061. La gravité de la situation pourrait avoir été dramatisée par les historiens : seul Raoul semble avoir été excommunié pour se trouver en position de bigamie, et il sera assez vite réintroduit à la cour de Philippe Ier, qu'Anne semble n'avoir jamais quitté, de façon prolongée à tout le moins, jusqu'à sa dernière apparition connue, en 1075. Dans ces deux versants de sa vie publique, avant et après la mort du roi Henri, elle est normalement associée, la plupart du temps avec son ou ses fils, à la corroboration d'actes royaux, dans la grande profusion de formes de l'époque : elle est dite consentante, appose de façon effective ou symbolique son seing, deux fois au moins sous forme de croix. Mais elle est aussi présente, en 1055, à un débat judiciaire tenu devant le roi. Durant la minorité de son fils (1060-1067), elle est impliquée dans vingt-trois actes royaux. Il faut attendre l'année 1061 ou 1062 et un acte en faveur de Saint-Crépin de Soissons, pour la voir tracer son nom et son titre, d'une main ferme, en caractères cyrilliques, mais exprimés en latin (mâtiné de français ?) : « ANNA RE[G]INA ». Un fac-similé en sera offert en 1896 à l'empereur Nicolas II, alors en visite officielle en France. Cette fugace mention peut être rapprochée des thèmes et des termes plus proprement byzantins, qui apparaissent en ouverture du diplôme qu'elle consacre à la refondation de Saint-Vincent de Senlis. Comme les femmes de la haute aristocratie de France et de Germanie, comme les princesses byzantines, Anne connaît son alphabet, et dispose d'un certain bagage théologique et liturgique, pour donner au rédacteur de l'acte des thèmes et des associations inspirés de la pratique byzantine : hypothèse encore, que pourrait anéantir la présence d'un chapelain au côté d'Anne, si elle était avérée. On ne sait pas davantage comment la reine a pu vivre en 1054 le schisme Byzance-Rome ouvert par des excommunications réciproques, mais dont au juste on ne pouvait prévoir la durée. Officiellement, en tout cas, elle était épouse puis veuve du roi des Francs, sans que rien ne vînt déranger les normes imposées à son comportement.

Seule reine de France d'origine russe, Anne de Kiev a été mobilisée dès 1825, puis de façon répétée à compter de la fin du XIXe siècle, pour célébrer les relations franco-russes, sous le régime tsariste comme soviétique, avant que l'Ukraine ne reprenne la main dans ce qui fut avant tout un dialogue entre Senlis et Kiev, sanctionné par l'échange de statues et un jumelage, puis par le patronage du Lycée français de Kiev.

—

OLIVIER GUYOTJEANNIN

RÉFÉRENCES

—

Robert-Henri BAUTIER, « Anne de Kiev, reine de France, et la politique royale au XIᵉ siècle : étude critique de la documentation », in Robert-Henri BAUTIER (dir.), « Aspects des relations intellectuelles entre la France, la Russie et l'URSS », numéro thématique de la *Revue des études slaves*, t. 57, fasc. 4, 1985, p. 539-564.

Jean DUNBABIN, « What's in a Name ? Philip, King of France », *Speculum*, vol. 68, n° 4, 1993, p. 949-968.

Andrew W. LEWIS, *Le Sang royal. La famille capétienne et l'État, France (Xᵉ-XIVᵉ siècle)*, trad. par Jeannie Carlier, Paris, Gallimard, 1986 (éd. originale américaine, Cambridge, MA, Harvard University Press, 1981).

Vladimir VODOFF, *Naissance de la chrétienté russe. La conversion du prince Vladimir de Kiev (988) et ses conséquences (XIᵉ-XIIIᵉ siècle)*, Paris, Fayard, 1988.

Talia ZAJAC, « *Gloriosa Regina* or "Alien Queen" ? : Some Reconsiderations on Anna Yaroslavna's Queenship (r. 1050-1075) », *Royal Studies Journal*, vol. 3, n° 1, 2016, p. 28-70.

RENVOIS

—

882, 987, 1137, 1420, 1659

1066

Des Normands aux quatre coins du monde

Au cœur du XIe siècle, l'appât du gain, le goût de la guerre
et de l'aventure mais aussi la discipline féodale
et les ambitions princières poussent les chevaliers « francs »,
dont les Normands constituent désormais le fer de lance,
aux quatre coins du monde, des collines d'Angleterre
aux rivages de la Méditerranée.

Le 14 octobre 1066, sur le champ de bataille d'Hastings, dans le sud de l'Angleterre, le duc de Normandie Guillaume écrasait l'armée du roi Harold, qui y laissa la vie. Guillaume y gagna pour sa part le titre de roi d'Angleterre et le surnom de « Conquérant ». Son aventure constitue de fait la dernière invasion réussie de l'Angleterre. L'histoire est bien connue grâce à de nombreuses chroniques, pour la plupart favorables à la cause de Guillaume, et au célèbre récit en images de la tapisserie de Bayeux (une broderie en fait), probablement réalisée à l'initiative du demi-frère de Guillaume, l'évêque Odon de Bayeux. Ces événements connurent un important retentissement en Europe et ouvrirent la voie à la formation d'un ensemble singulier unissant les deux côtés de la Manche, ensemble que les historiens ont pris l'habitude de nommer le monde anglo-normand, dont les Plantagenêts furent, au siècle suivant, les héritiers et qui constitua indirectement, du milieu du XIe au début du XIIIe siècle, un puissant vecteur de l'affirmation capétienne.

L'accession de Guillaume de Normandie au trône d'Angleterre n'avait rien d'évident. D'après les chroniques normandes, le roi Édouard « le Confesseur », dépourvu de fils, aurait précocement désigné Guillaume comme son successeur : sa mère, Emma, était la grand-tante de Guillaume et il avait trouvé refuge en Normandie lors de son exil forcé en 1050-1051. Vers 1064-1065, à l'occasion d'un séjour en Normandie, Harold, le plus puissant des princes d'Angleterre, se serait engagé à respecter cette décision par serment. Mais Harold était le beau-frère du roi et, auréolé de ses victoires sur les Gallois, bénéficiait de l'appui de la haute aristocratie. Le 5 janvier 1066, Édouard, sur son lit de mort, l'aurait finalement substitué à Guillaume. Quoi qu'il en soit, Harold fut aussitôt proclamé roi par l'assemblée des grands réunie à Westminster. S'il voulait s'imposer, Guillaume allait devoir lutter. Les deux hommes n'étaient d'ailleurs pas les seuls en lice. Harald Hardrada, roi de Norvège, revendiquait également la couronne en vertu des droits du roi Cnut, qui avait régné sur l'Angleterre, le Danemark et la Norvège au début du XIᵉ siècle. Un quatrième homme pouvait prétendre à la royauté : Edgar Aetheling, un neveu d'Édouard, tout juste revenu d'un lointain exil en Hongrie. La succession au trône d'Angleterre était ainsi une affaire qui retenait l'attention de toute l'Europe du Nord : le royaume passait alors pour le plus riche d'Occident et celui où l'autorité du souverain était la mieux assise.

Convaincu de sa légitimité, Guillaume mobilisa l'ensemble de ses forces : l'aristocratie normande d'abord, mais également des alliés et des mercenaires venus de Flandre, du Maine et de Bretagne. Grâce, probablement, à l'entremise de clercs normands d'origine italienne, il réussit à obtenir le soutien du pape Alexandre II, qui lui envoya la bannière de saint Pierre. Déjà allié aux Normands d'Italie du Sud, le pape recherchait l'appui de princes puissants pour soutenir la réforme de l'Église. La flotte normande, longtemps retenue par des vents contraires, finit par traverser la Manche le 28 septembre 1066. Harold l'apprit quelques jours plus tard, après avoir vaincu et tué Harald Hardrada à la bataille de Stamford Bridge, le 25 septembre, à proximité d'York. Il s'avança en toute hâte au-devant de l'armée de Guillaume, provoquant la bataille. Celle-ci dura toute une journée et fut d'une violence peu commune. De très nombreux nobles anglo-saxons y trouvèrent la mort, suscitant l'horreur des chroniqueurs peu habitués à ce genre de massacre par les guerres vicinales et chevaleresques du temps. Les partisans de Guillaume interprétèrent sa victoire comme un jugement de Dieu en sa faveur. La fondation sur le champ de bataille de Battle Abbey, une abbaye dont les moines devaient prier pour le salut des morts au combat, allait commémorer ce triomphe et entretenir cette idée de faveur divine, tout en participant à l'établissement de la nouvelle domination : les premiers moines étaient issus de la puissante abbaye de Marmoutier, à côté de Tours. La victoire d'Hastings ouvrit à Guillaume la route de Londres, où, après le ralliement des derniers opposants, il fut couronné roi le 25 décembre 1066. Edgar Aetheling lui-même s'inclina et reconnut la légitimité de Guillaume. La conquête n'était pas achevée cependant et dura de longues années, ponctuées de révoltes et d'une répression de plus en plus sévère qui finit par éliminer presque toute l'ancienne aristocratie.

Au-delà de l'affaire successorale, la conquête de l'Angleterre constitue un événement européen aux conséquences considérables. Elle montre que les frontières des royaumes ne bornaient nullement les horizons politiques ou les stratégies matrimoniales de l'aristocratie féodale. La Manche, en l'occurrence, ne constituait aucunement un obstacle : entre la Bretagne, la Normandie, la Flandre et le sud de l'Angleterre, les échanges commerciaux et la circulation des hommes et des idées remontaient loin dans le haut Moyen Âge. La victoire de Guillaume manifestait la réussite exceptionnelle d'un prince français devenu roi, dont la puissance constituait désormais un sérieux défi pour le souverain capétien : l'Empire anglo-normand s'étendait du Maine aux marges de l'Écosse et, s'il fut un temps partagé entre les deux fils aînés de Guillaume, l'action d'Henri Iᵉʳ Beauclerc, le puîné, d'abord écarté de la succession, le réunifia à partir de 1106.

De nouveaux venus, issus de Normandie, mais aussi de Bretagne, de Flandre, d'Île-de-France, de Champagne ou de Picardie, continuèrent à affluer dans les années suivant la conquête, donnant à celle-ci les allures d'une véritable colonisation. Ces familles possédaient des seigneuries et tissaient des alliances de part et d'autre de la Manche. Elles engageaient leurs fils dans des carrières ecclésiastiques ou administratives à

cheval sur l'Angleterre et la Normandie. Le phénomène de colonisation, même s'il continue de faire l'objet de débats passionnés outre-Manche, apparaît remarquable : le remplacement de l'aristocratie et du haut clergé anglo-saxons par des continentaux, l'extension des usages féodaux, les transferts de sièges épiscopaux, l'implantation seigneuriale d'abbayes normandes, bretonnes ou ligériennes, la diffusion de la langue française, le déploiement d'une riche parure d'églises et de châteaux royaux... en donnent quelque idée.

La confrontation avec les Anglais favorisa également l'affirmation d'une identité « française », encore souvent définie comme « franque », mais qui renvoie de manière de plus en plus étroite à la moitié septentrionale du royaume de France, dont elle recouvre, sans les effacer, les affiliations régionales. De manière significative, la tapisserie de Bayeux désigne d'ailleurs les adversaires des « Anglais » comme des « Francs » et non des Normands. De même le plus ancien manuscrit de la *Chanson de Roland*, cette fameuse chanson de geste considérée comme le premier grand texte littéraire « français » et dans laquelle on trouve pour la première fois célébrée avec un certain lyrisme la « douce France », est-il composé en anglo-normand, ce dialecte de la langue d'oïl parlé par l'aristocratie anglo-normande. La littérature « française » s'épanouit alors sur les rives de la Tamise.

La conquête de l'Angleterre ne représente cependant qu'une facette de la puissante dynamique d'expansion de l'aristocratie « française » du xıᵉ siècle, dont rendent compte également les débuts de la *Reconquista* ibérique, la première croisade et la conquête de l'Italie du Sud et de la Sicile. En effet, avant 1066, d'autres Normands s'étaient déjà rendus maîtres du sud de la péninsule et de la partie orientale de l'île, dont la conquête fut achevée en 1091. L'arrivée de Normands et d'autres « Francs » dans ces régions est ancienne – elle remonte au moins aux années 1020 – et dure jusqu'au début du XIIᵉ siècle. Elle n'est pas liée à une initiative princière ou à une affaire de succession, mais à l'essor, dans une région profondément morcelée sur le plan politique, d'un mercenariat chevaleresque au service des Byzantins, des potentats lombards de Capoue ou Salerne, ou encore du pape, mercenariat qui finit par s'émanciper de ses maîtres et par engager, pour son propre compte, une véritable conquête. Celle-ci resta longtemps menée par plusieurs chefs rivaux avant de s'unifier sous l'égide d'une petite famille seigneuriale de Basse-Normandie, les Hauteville, au sein de laquelle se distinguent Robert Guiscard – dont l'un des fils, Bohémond, poursuivra l'aventure jusqu'en Orient en fondant la principauté d'Antioche dans le cadre de la première croisade – et Roger Iᵉʳ de Sicile. Cette unification, achevée par Roger II en 1139, est complétée dès 1130, grâce au soutien pontifical, par l'érection des terres ainsi rassemblées en nouveau royaume : le royaume normand de Sicile, doté de Palerme comme capitale et placé dans la vassalité du pape. Comme en Angleterre, la dynastie royale et l'aristocratie laïque restent attachées à leur identité normande d'origine et à une culture féodale et chevaleresque « française ». Mais, à la différence de l'Angleterre, les lignées implantées en Italie du Sud ou en Sicile ne conservent généralement plus de liens avec la Normandie. Le phénomène d'acculturation réciproque y est également plus profond et plus divers, la domination normande puisant largement dans les héritages byzantin, arabe, juif et lombard.

Au XIᵉ siècle, aventure chevaleresque, conquête et colonisation contribuent ainsi autant à la fabrique identitaire de l'aristocratie « française » qu'elles en reflètent le dynamisme démographique, politique et militaire. Le rôle privilégié qu'y jouent les Normands offre en outre l'exemple d'un beau renversement puisque ces « hommes du Nord » qui, un à deux siècles plus tôt, étaient encore perçus comme des barbares et des païens sont désormais considérés, dès lors qu'ils se confrontent à des peuples et à des mondes extérieurs, comme les meilleurs des Francs et les héros du catholicisme latin.

—

FLORIAN MAZEL

RÉFÉRENCES

David BATES, *William the Conqueror*, Londres,
George Philip, 1989.
Pierre BOUET, *Hastings (14 octobre 1066)*, Paris,
Tallandier, 2014.
Rosa CANOSA, *Etnogenesi normanne e identità
variabili. Il retroterra culturale dei Normanni
d'Italia fra Scandinavia e Normandia,* Turin, Silvio
Zamorani, 2009.
Jean-Marie MARTIN, *Italies normandes
(XIe-XIIe siècle)*, Paris, Hachette, 1994.
Mario d'ONOFRIO (dir.), *Les Normands, peuple
d'Europe (1030-1200)*, Paris, Flammarion, 1994.

RENVOIS

—

600 av. J.-C., 882, 1282, 1550

1095

L'Orient des Francs

*Les princes et chevaliers français sont les plus nombreux
à répondre à l'appel à la croisade lancé en 1095
par le pape Urbain II. De leur confrontation violente
avec « l'Orient compliqué » découlent une première
colonisation du Levant et, par-delà les rivalités féodales,
une forme de conscience identitaire à la fois « franque »
et latine, c'est-à-dire catholique.*

Le 17 novembre 1095, au dernier jour du concile qu'il présidait dans la cité de Clermont, le pape Urbain II invita les chrétiens d'Occident à se porter au secours des chrétiens d'Orient opprimés par les musulmans et à libérer le tombeau du Christ de la domination des infidèles, promettant la rémission de tous leurs péchés aux guerriers qui prendraient la route de Jérusalem et plaçant leurs biens sous la protection spéciale du Saint-Siège. Cet appel, renouvelé à Nîmes le 28 novembre, connut un retentissement considérable et mit en branle, dès le printemps 1096, une foule de pèlerins pour partie issus des classes populaires, puis, à partir de l'été, des armées de princes et de chevaliers, tous arborant sur leurs poitrines une croix, signe de leur engagement et de leur statut de croisés. Ce que l'on appelle la première croisade était lancé. Elle aboutit en 1099, après trois années de tribulations, à la prise de Jérusalem et à la fondation en Terre sainte de nouveaux États féodaux. L'événement témoignait à la fois de la puissance acquise par la papauté dans le cadre de la réforme de l'Église, de l'expansion de la domination « franque » en Méditerranée et du raidissement identitaire de la Chrétienté latine face aux musulmans, aux juifs et aux Grecs. Il ouvrait la voie à deux siècles de croisades qui, s'ils s'achevèrent sur un échec – la chute de Saint-Jean-d'Acre en 1291 signa la fin de la présence franque au Levant –, entretinrent dans la longue durée l'amertume des chrétiens d'Orient et le désir de revanche des populations musulmanes.

L'appel de Clermont s'inscrit dans un contexte singulier qui, pour la première fois depuis l'époque carolingienne, voit le pape, accompagné d'une foule de clercs de la curie, quitter l'Italie et parcourir l'ancienne Gaule, notamment les régions du Midi, du Centre et de l'Ouest, pour y tenir des assemblées, confirmer des privilèges, régler des litiges, consacrer des sanctuaires ou des aires funéraires. Urbain II est lui-même un Français issu de la noblesse champenoise et un ancien grand prieur de l'abbaye de Cluny. Alors que ses relations avec l'empereur germanique restent difficiles, il s'efforce de donner à voir et de faire accepter dans l'espace français et dans le royaume capétien en particulier la pleine autorité du pape sur l'Église et les nouvelles normes sociales promues par la réforme grégorienne.

Dans ce cadre, la désignation d'un ennemi – les musulmans – et d'un horizon à atteindre – Jérusalem et la Terre sainte – participe d'un vaste programme de contrôle par les clercs de l'activité guerrière et de l'idéologie chevaleresque. La sanctification de la guerre contre les musulmans, à l'initiative des papes, remonte en fait aux années 1060 et à la *Reconquista* ibérique, et peut puiser dans une tradition de légitimation de la violence qui remonte à saint Augustin, mais elle acquiert en 1095 une tout autre ampleur. À Clermont, le pape étend à toute la Chrétienté la législation de la paix et de la trêve de Dieu, qui limite et réglemente les usages de la guerre en pays chrétien,

pour mieux orienter la violence de la chevalerie vers l'extérieur : faire son salut en combattant les infidèles devient un idéal offert à tous les chevaliers d'Occident. Les juifs sont les premières victimes de cette stigmatisation des « ennemis de Dieu » : les premiers croisés, menés par Pierre l'Ermite et Gautier Sans Avoir, commettent dans les villes de Rhénanie une série de pogroms extrêmement violents qui constituent un véritable traumatisme pour le judaïsme ashkénaze. Les Byzantins, auxquels les croisés sont confrontés lors de leur passage à Constantinople, sont pour leur part accusés de faiblesse ou de complicité avec les musulmans.

On distingue traditionnellement une « croisade populaire », qui est en réalité aussi composée de chevaliers germaniques, et la « croisade des barons », menée par des princes français ou lotharingiens (Hugues, duc de Vermandois et frère du roi de France, Robert, duc de Normandie, Étienne, comte de Blois, Robert, comte de Flandre, Baudouin, comte de Hainaut, Raimond de Saint-Gilles, comte de Toulouse, Godefroi de Bouillon, duc de Basse-Lotharingie, Baudouin de Boulogne, son frère) et théoriquement dirigée par le légat du pape, l'évêque du Puy Adémar de Monteil. Ni l'empereur germanique ni aucun roi n'y participe, pas même le roi de France : tous sont alors en délicatesse avec la papauté. Le voyage est extrêmement long et difficile. Les premiers croisés, conduits par Pierre l'Ermite, mal organisés et se livrant à de nombreuses exactions, finissent massacrés par les Hongrois ou par les Turcs, après avoir été écartés de Constantinople par le *basileus*

Alexis Comnène. Les barons français, qui voyagent séparément, arrivent dans la capitale byzantine chacun à leur tour. Ils sont rejoints par les princes normands d'Italie du Sud, Bohémond de Tarente et son neveu Tancrède. Tous, à l'exception de Raimond de Saint-Gilles, acceptent, bien que de mauvaise grâce, de prêter hommage à Alexis avant de reprendre leur route vers Jérusalem. La traversée de l'Anatolie et le siège d'Antioche se révèlent particulièrement éprouvants en raison du climat, des maladies, des difficultés d'approvisionnement, du harcèlement des Turcs et des querelles qui divisent les chefs francs. La puissance de choc de la chevalerie produit cependant ses effets et les croisés sortent régulièrement victorieux des affrontements avec les musulmans. Ce sont toutefois des armées clairsemées et épuisées qui parviennent finalement devant Jérusalem, qui est prise et livrée au pillage le 15 juillet 1099.

Forts de leurs victoires, les princes « francs » s'affranchissent de leur fidélité envers l'empereur byzantin et instituent de nouvelles principautés indépendantes inspirées de la féodalité occidentale. Baudouin de Boulogne avait montré la voie en créant la principauté d'Édesse dès février-mars 1098. À Jérusalem, le clergé parvint dans un premier temps à empêcher l'émergence d'une royauté dont il pense qu'elle offenserait celle du Christ : Godefroi de Bouillon est seulement choisi comme « défenseur du Saint-Sépulcre ». Mais dès après sa mort, en 1100, son frère Baudouin prend le titre de roi de Jérusalem et revendique la suzeraineté sur les autres principautés franques : le comté de Tripoli, aux mains d'une branche cadette des comtes de Toulouse, la principauté d'Antioche, aux mains des Normands d'Italie, le comté d'Édesse, aux mains de la maison de Boulogne. Dès 1099-1100, beaucoup de croisés sont repartis en Occident, estimant leur vœu accompli. Mais ceux qui restent, ou de nouveaux venus, prennent le contrôle des terres, diffusent le régime seigneurial et les liens féodaux, érigent des châteaux inspirés des constructions musulmanes (qui inspireront à leur tour l'art de la fortification en Occident), accordent des privilèges commerciaux aux marchands italiens qui les avaient transportés et ravitaillés à de nombreuses reprises. Des évêchés et des monastères catholiques sont fondés : une Église latine se met en place. En dépit de la faiblesse numérique des « Francs », que ne compensent pas les nouvelles expéditions de 1100-1101, 1107-1108, 1120-1124 et 1129, une véritable colonisation se développe ainsi peu à peu.

Malgré les querelles et les divisions qui déchirent régulièrement leur camp, les croisés sont clairement perçus par les Byzantins et par les musulmans comme formant un groupe cohérent, qui n'est pas d'abord défini par la religion – les Grecs et toutes les minorités non orthodoxes du Proche-Orient sont aussi chrétiens – mais par son identité « franque ». Le choix de ce terme place les croisés dans la postérité des Francs de l'époque carolingienne, les inscrit dans la catholicité romaine et les renvoie à la langue et à la région d'origine de la majorité d'entre eux : le royaume de France, en particulier sa moitié septentrionale, et le français d'oïl. Certes, bien des différences et des tensions demeurent entre Français du Nord, Provençaux (un terme qui désigne en fait l'ensemble des Méridionaux), Italiens (des Ligures et des Lombards surtout), Normands (d'Italie ou de France), Allemands... Mais, dans le creuset oriental, cette identité commune « franque », qui leur est assignée par les indigènes, chrétiens ou musulmans, tend à recouvrir les affiliations régionales ou dynastiques occidentales. Elle finit également par structurer tout un imaginaire qui fait des croisés les dignes héritiers des héros (Charlemagne, Roland, Olivier...) dont les chansons de geste célèbrent alors, en langue française, les exploits contre les « Sarrasins » ou les « Maures » d'Espagne. Cet imaginaire nourrissait aussi un idéal de chevalerie chrétienne que l'Église tenta de catalyser à son profit, en accentuant, par exemple, la christianisation du rituel de l'adoubement ou en soutenant la création de nouveaux ordres religieux militaires. Fondés à Jérusalem et placés sous l'égide du pape, le Temple et l'Hôpital de Saint-Jean-de-Jérusalem devaient assurer la protection des pèlerins et la sécurité des États francs. Ils jouèrent un rôle croissant dans la défense de la Terre sainte, tandis que leur recrutement, essentiellement français de nouveau, tissa tout au long des XIIe et XIIIe siècles des liens étroits entre Orient et Occident.

Dans ce contexte, on ne saurait s'étonner que la deuxième croisade, suscitée par la chute d'Édesse en 1144, fût elle aussi lancée en France et que sa prédication fût confiée par le pape Eugène III à Bernard de Clairvaux, abbé de Cîteaux, personnalité la plus célèbre de son temps. Bernard prêcha pour la première fois lors des fêtes de Pâques 1146, à l'abbaye de Vézelay, qui abritait les reliques de Marie-Madeleine, censée avoir quitté la Terre sainte pour terminer sa vie dans l'ancienne Gaule. Cette fois-ci, le roi de France Louis VII décida d'y participer. À travers la croisade, la France commençait ainsi à s'affirmer comme la fille aînée de l'Église, au plus grand bénéfice de ses rois.

—

FLORIAN MAZEL

RÉFÉRENCES
—

Michel BALARD, *Les Latins en Orient (XIe-XVe siècle)*, Paris, PUF, 2006.
Concile de Clermont de 1095 et l'appel à la croisade [Le], actes du colloque de Clermont-Ferrand (23-28 juin 1995), Rome, École française de Rome, 1997.
Alain DEMURGER, *Moines et guerriers. Les ordres religieux-militaires au Moyen Âge*, Paris, Seuil, 2010.
Jean FLORI, *La Première Croisade. L'Occident chrétien contre l'Islam*, Paris, Complexe, 1992.
Jonathan RILEY-SMITH, *The First Crusaders (1095-1131)*, Cambridge, Cambridge University Press, 1997.

RENVOIS
—

177, 1143, 1202, 1270, 1572, 1685, 1863, 1962

1105

Troyes, capitale du Talmud

Au début du XIIᵉ siècle, la ville de Troyes en Champagne abritait la figure exceptionnelle de Rachi, rabbin et commentateur de la Bible et du Talmud, dont le travail innerva la tradition juive à travers le monde mais également l'exégèse chrétienne. Il fournit aussi un irremplaçable témoignage sur les débuts de la langue française.

Le 13 juillet 1105, *Rabbénu* (notre maître) *Chélomo* (Salomon) ben *Itshak* (fils d'Isaac), mondialement connu sous l'acronyme postérieur de Rachi, mourait à l'âge de soixante-cinq ans environ, à Troyes, dans sa ville natale, où il avait passé la quasi-totalité de sa vie. Considéré depuis plus de neuf cents ans comme le plus grand commentateur juif du Talmud et de la Bible de tous les temps, ses textes et ses idées ne connurent aucune frontière, ni géographique ni confessionnelle : ils circulèrent immédiatement au-delà du réseau des écoles juives (*yeshivot*) et de leur berceau champenois, et nourrirent le travail des plus grands savants chrétiens,

contemporains et postérieurs. Ainsi, dès 1109, l'abbé de Cîteaux Étienne Harding offrait une version chrétienne plus sûre des Écritures grâce à sa collaboration avec des rabbins de France – dont peut-être, mais sans certitude, Rachi lui-même –, selon une méthode de travail appelée à se développer à partir du XIIᵉ siècle dans les cercles des théologiens chrétiens. Tandis que dans le nord de la France se créaient des écoles rabbiniques autour d'un maître plus ou moins réputé, à l'instar du centre d'études que Rachi fondait à Troyes, les écoles cathédrales se structuraient, dans un même mouvement de récapitulation des savoirs, destiné à servir de base à un enseignement renouvelé, appelé à se renforcer dans le cadre des premières universités au siècle suivant.

La nouvelle version de la Bible chrétienne réalisée en 1109 n'est que le premier témoignage du rayonnement de l'œuvre immense du « maître d'Israël », comme il est aussi surnommé en hébreu. Immense par l'ampleur du travail sur le Talmud qu'il mena tout au long de sa vie : non seulement Rachi soumit les traités talmudiques à une étude critique, mais il fit de même avec son propre texte, dont il ne réalisa pas moins de trois versions, la dernière restant inachevée. Cas unique dans l'histoire des idées, les commentaires de Rachi ont été intégrés dès le Moyen Âge au Talmud de Babylone, dont l'autorité s'est largement imposée en monde juif.

Immense aussi par son approche résolument pédagogique de la Torah : pendant des siècles et jusqu'à ce jour, dans les centres de Talmud-Torah et dans les synagogues du monde entier, des grandes villes américaines aux hameaux du Yémen, du Birobijian à Canberra, en passant par Johannesburg ou les mellahs du Maroc, les juifs ne lisent pas la Torah sans se demander comment le *Moré Morénou* ou « Maître des Maîtres » avait compris le passage. Pour Rachi, la Bible est anthropocentriste : elle enseigne la connaissance et l'amour pratique de l'homme que Dieu a fait libre.

Immense enfin par son influence : les gendres de Rachi, époux de ses trois filles, et ses petits-fils, appelés tossafistes, ajoutèrent des gloses à celles du maître et le Moyen Âge offrit des surcommentaires

postérieurs. Les manuscrits de Rachi se multiplièrent dans les bibliothèques juives médiévales de tout l'Occident, y compris en Europe méditerranéenne. Des chrétiens hébraïsants y recoururent directement, tel Herbert de Bosham, secrétaire de l'archevêque de Cantorbéry Thomas Becket, qui s'exila avec ce dernier en Champagne en 1164. Le grand penseur franciscain de la première moitié du XIVe siècle Nicolas de Lyre, parfois surnommé « l'imitateur de Rachi », le citait en latin à de nombreuses reprises. Plus tard, les réformés et les premiers traducteurs modernes de la Bible, à l'instar de Martin Luther, n'omirent pas d'utiliser ses gloses. Au tournant du Moyen Âge, la diffusion des idées du maître connaissait une nouvelle impulsion : son grand commentaire de la Torah reste le premier ouvrage en hébreu dont on connaît la date d'impression (1475).

Bien qu'entièrement rédigées en hébreu, langue de la liturgie et des lettrés juifs, ses gloses recèlent des milliers de mots puisés dans la langue française, que Rachi appelait « notre langue ». Grâce aux propriétés quasi phonétiques des caractères hébraïques, elles permettent non seulement de mettre au jour un répertoire composite presque totalement oublié, mais aussi de saisir la manière dont les mots étaient réellement prononcés en Champagne dans la seconde moitié du XIe siècle. Soucieux d'exprimer les réalités de la Bible et du Talmud dans la langue parlée de son temps afin de les rendre pratiques par-delà les âges, Rachi peut être considéré comme l'un des premiers grands auteurs français, antérieur à Chrétien de Troyes. Aucune œuvre contemporaine du XIe siècle – *Chanson de Roland, Vies de saint Léger et de saint Alexis*, ou encore *Chanson d'Alexandre* – ne fournit un tel lexique de termes français (*le'azim* en hébreu) dans les domaines de la vie quotidienne et des techniques (activités et objets domestiques, parties de vêtements, meubles, noms d'animaux et de plantes, aliments, maladies, tissage, viticulture, tannerie, batellerie, chasse, pêche, noms d'armes…). Les grands dictionnaires actuels de la langue française, *Robert* et *Larousse*, font d'ailleurs de nombreuses références aux gloses de Rachi comme première occurrence connue de tel mot, voire de telle onomatopée. Rachi avait, en outre, une réelle curiosité pour des langues qu'il ne connaissait pas, comme l'arabe et les langues slaves.

S'il peut être considéré comme l'un des premiers grands auteurs français, c'est aussi parce qu'il vécut quasiment toute sa vie en Champagne. On ignore presque tout de sa biographie. Né vers 1040, il ne quitta sa ville natale que pour partir étudier dans les plus grands centres talmudiques de son temps, ceux de la vallée du Rhin, à Worms et à Mayence. Il revint vers 1067. Il fut peut-être viticulteur, mais il se consacra surtout à l'enseignement dans son école, qui devint rapidement célèbre dans tout l'Occident. Il reste aussi connu pour avoir importé de Rhénanie l'institution du rabbinat, existant dès l'époque talmudique mais qui avait manifestement disparu dans la première moitié du Moyen Âge. Seule la légende alimentée par les traditions populaires lui prête de lointains voyages. En réalité, il ne fit qu'un autre séjour de travail à Worms, au début des années

1170. Contemporain des massacres perpétrés en mai et juin 1096 dans la vallée du Rhin (à Metz, Spire, Worms, Mayence…) et jusqu'en Bohême par des bandes de croisés partis pour la Terre sainte à l'appel d'Urbain II, sa plume ne fit étonnamment pas le moindre écho de ces terribles épisodes consécutifs à la croisade, traditionnellement considérés à l'origine de la détérioration de l'existence des juifs en Occident.

Rachi était aussi un responsable communautaire qui veillait, par le biais de ses *responsa* (*techouvot* en hébreu) ou actes de jurisprudence rabbinique, à l'application de « la loi du royaume ». « La loi du royaume » ou celle du roi capétien d'abord, non transcendante, qui se heurtait aux aires de puissance des grands laïcs et ecclésiastiques. Au temps de Rachi, le royaume des Capétiens connaissait une présence juive certes non linéaire mais ancienne. Bien qu'impossibles à identifier de manière sûre et exhaustive, les implantations juives y étaient nombreuses, dans les villes et les villages du domaine royal et des principautés qui composaient le *regnum* : ainsi à Paris, Saint-Denis, Lyon, Mâcon, Nîmes… Ce ne fut que dans le courant du XIIe siècle que la prépotence du prince tenta de s'imposer, du moins en théorie, par le biais d'ordonnances à portée générale. Or, la première en la matière, promulguée en 1144 par Louis VII, ordonna précisément l'expulsion de tout le royaume des juifs relaps – convertis au christianisme puis revenus au judaïsme. L'ordre resta sans suite et pour longtemps encore les privilèges et franchises des juifs furent régulièrement négociés avec les pouvoirs locaux.

« La loi du royaume » était donc aussi et surtout celle du comte. Parmi les grands du royaume qui tenaient à « fixer » les juifs de leur principauté face aux incursions juridictionnelles des Capétiens, figurait le comte de Champagne, dont la politique se perçoit au travers des *responsa* du maître savant et décisionnaire. Comme dans tout l'Occident latin, les juifs s'épanouissaient à Troyes dans le cadre de la communauté, dont les responsables veillaient notamment à ce que chacun s'acquittât de l'impôt dû au comte.

Les *responsa* de Rachi livrent enfin de précieuses informations sur la vie des juifs à Troyes et sur leurs relations avec les chrétiens. Ainsi, « selon l'usage de France », un chrétien avait envoyé à Rachi des œufs et des gâteaux pendant la Pâque juive (*Pessah*). Les juifs de Troyes se consacraient à des activités économiques diverses, tels l'agriculture, le commerce et le prêt à intérêt. Ils possédaient maisons, vignes, champs et outils de travail. Ils pouvaient vivre selon les commandements du judaïsme et disposaient d'une synagogue.

Il ne reste rien aujourd'hui de la synagogue dans laquelle Rachi lisait et priait. Mais en consacrant une pièce-musée à sa vie et à son œuvre dans la synagogue du XVIᵉ siècle récemment rénovée, le Centre culturel Rachi affirme tout ce que le judaïsme mondial lui doit, ainsi que tout ce que ses écrits ont également apporté au monde chrétien occidental. Le legs de Rachi et des tossafistes constitue une composante sur laquelle la ville de Troyes fonde aujourd'hui son développement touristique et culturel. Ainsi, la création de

l'Institut universitaire Rachi en 1989, centre européen d'études supérieures et de recherche hébraïques, participe assurément du rayonnement intellectuel et universitaire de la ville et de la région. Et au-delà des enjeux patrimoniaux locaux et régionaux, l'année 1105 s'inscrit régulièrement au nombre des commémorations nationales.

—
Juliette Sibon

RÉFÉRENCES
—

Moshé Catane, *La Vie en France au XIᵉ siècle d'après les écrits de Rachi*, Jérusalem, Gallia, 1994.
Arsène Darmesteter, *Les Gloses françaises de Raschi dans la Bible*, Paris, Durlacher, 1909.
Harold Louis Ginsberg (dir.), *Rashi Anniversary Volume: Texts and Studies*, vol. 1, New York, American Academy for Jewish Research, 1941.
Simon Schwarzfuchs, *Rachi de Troyes*, Paris, Albin Michel, 1991, rééd. 2005.
René-Samuel Sirat (dir.), *Héritages de Rachi*, Paris / Tel-Aviv, Éd. de l'Éclat, 2006.

RENVOIS
—

842, 1539, 1882, 1894, 1933

1137

Le Capétien franchit la Loire

Le mariage de Louis VII avec Aliénor d'Aquitaine, en 1137, faillit pour la première fois permettre au Capétien d'étendre son pouvoir au sud de la Loire. Mais les déboires conjugaux du couple royal et l'habile politique d'Henri II Plantagenêt, prince français tout autant que roi d'Angleterre, transformèrent l'expérience en un piteux échec qu'on se hâta d'oublier.

En ce 25 juillet 1137, Geoffroy de Loroux, l'archevêque de Bordeaux, s'apprête à célébrer l'un des événements les plus importants du moment : le mariage de la duchesse d'Aquitaine avec le fils du roi de France. À une date où le jeu des alliances dynastiques avait le pouvoir de faire advenir de nouveaux espaces politiques, quoi de plus stratégique que le mariage de rejetons des plus grandes lignées européennes ? À l'ombre du nouveau porche, sous les voussures sculptées aux couleurs éclatantes du portail de la cathédrale Saint-André, il reçoit le consentement mutuel des époux et bénit l'union, à travers leurs jeunes

progénitures, du royaume de France et du duché d'Aquitaine. Quelques semaines plus tôt, à Paris, l'annonce de la mort de Guillaume X d'Aquitaine, le 9 avril, sur les chemins de Compostelle bouscula tous les plans du vieux roi, Louis VI le Gros. Il dépêcha une escorte composée de centaines de clercs et de chevaliers menés par son cher Suger, abbé de Saint-Denis, le comte palatin Thibaud de Champagne et son parent, le comte Raoul de Vermandois, pour accompagner son fils, le jeune Louis, âgé de dix-sept ans, prendre pour épouse la belle et jeune héritière du duché, qui n'a alors que treize ans.

Avant de rendre son dernier soupir, Guillaume X rappela le vœu qu'il avait fait avant de prendre la route, de recommander sa fille au roi de France, le chargeant d'assurer le mariage d'Aliénor, devenue, en quelques jours, l'héritière la plus convoitée d'Europe. Cette demande était non seulement une aubaine pour le Capétien, qui ne trouva pas meilleur parti que son propre fils, mais également une victoire venant couronner ses efforts pour imposer l'idéologie de la suzeraineté royale et le principe de ligesse, aux grands barons du royaume. En le choisissant comme tuteur pour sa fille, Guillaume d'Aquitaine accordait en effet au Capétien ce que le roi d'Angleterre possédait déjà en droit sur ses vassaux : la garde des mineurs et des héritières des grands fiefs du royaume, qui constituait un puissant levier du pouvoir féodal. En l'occurrence, il permit à Louis VI de réaliser ce vieux rêve de la réunification du *regnum Francorum* et du *regnum Aquitanorum*, qui formaient initialement, avec la Bourgogne, le cœur de l'héritage carolingien ; ce rêve qui revenait comme un souvenir plus présent encore grâce à la célébration de l'ascendance carolingienne d'Aliénor. Lui-même avait été nommé à la mode mérovingienne (Louis / Clovis), pour incarner les aspirations de son père, Philippe Ier, à la gloire des premiers rois des Francs. Cette union était ainsi en tout propice à conforter ses entreprises de légitimation dynastique et impériale, alors que depuis plus d'un siècle l'essor des principautés territoriales avait considérablement affaibli la puissance politique des rois de France. Ces derniers se voyaient régulièrement humiliés militairement et en particulier par les ducs de Normandie qui étaient parvenus en 1066 à s'emparer du trône d'Angleterre. Leur couronnement à Westminster, qui leur conférait le statut de roi sacré, les plaçait sur un plan d'égalité avec les rois de France et, à ce titre, ils ne cessèrent de contester les revendications suzeraines des Capétiens, développant leur propre idéologie impériale et souveraine et manœuvrant pour laisser le statut féodal de la Normandie dans l'ambiguïté. Cependant, depuis la mort d'Henri Beauclerc en 1135, le pouvoir du nouveau roi d'Angleterre Étienne de Blois était contesté par Mathilde, la fille et unique héritière du roi défunt, qui réclamait le trône pour son fils Henri Plantagenêt. La faille creusée par la guerre civile qui opposa les deux camps jusqu'en 1153 ouvrit un espace facilitant le renouveau capétien. Moins bruyante que l'écho du choc des cuirasses, la petite musique capétienne passa avant tout par le crissement des stylets sur les parchemins et par des pratiques de chancellerie impérialistes. L'espace couvert par les chartes royales donnait une nouvelle réalité à la suprématie capétienne, qui ne tarda pas à se doter d'un nouveau concept pour penser cette expansion : la mouvance de la couronne.

Dans le palais de l'Ombrière, adossé à l'angle sud-est de l'enceinte romaine de Bordeaux, le banquet nuptial est animé. Le vin de la vallée de la Garonne, qui connaît déjà un succès commercial, coule à flots. Pour le servir, Aliénor a sorti du trésor de son grand-père un magnifique vase en cristal de roche oriental, entièrement gravé en nid d'abeille à la manière sassanide, qu'elle tient à offrir à son nouvel époux. Celui-ci l'offrira à son tour quelques années plus tard à l'abbé Suger qui le fera parer d'une monture d'or et d'argent filigranée et y fera graver son origine épique en ces quelques vers : « Ce vase, Aanor son épouse l'offrit au roi Louis, Mitadolus à son aïeul, le roi à moi et Suger aux Saints. » Guillaume IX l'avait en effet reçu en 1120, d'Imad al-Dwala Abdelmalik, roi de la taïfa de Saragosse, connu sous le nom latin de Mitadolus, lorsqu'il était venu lui prêter main-forte aux côtés d'Alphonse d'Aragon, face aux Almoravides. Ce don d'Orient, symbole de la richesse culturelle d'une Aquitaine plurielle – elle se compose d'une marqueterie de seigneuries allant du Berry aux Pyrénées et de l'Aunis au Massif central – au contact des sociétés méridionales, constitue, de bien des façons, l'emblème de la dot immatérielle d'Aliénor : l'apport de la culture vivante et dynamique de la langue d'oc, traversée par de multiples influences et chantée par les troubadours, à la culture austère des gens de langue d'oïl. De fait, Aliénor détonna lorsqu'elle arriva à la cour de France par ses manières libres et sa joie de vivre.

Rappelés rapidement à la réalité politique par la mort de Louis VI, le 1er août 1137, les jeunes époux durent se hâter de quitter l'Aquitaine pour regagner Paris, afin, pensaient-ils, « d'éviter les désordres qui éclatent d'ordinaire à la mort des rois ». Sur le chemin du retour, les solennités pour le couronnement ducal eurent néanmoins lieu à Poitiers, le 8 août. On ne pouvait ainsi manquer l'occasion de mettre en rite l'avènement du nouveau roi, bien qu'il ait été couronné, six ans auparavant, du vivant de son père – à l'instar de tous ses prédécesseurs depuis Hugues Capet. Cette fois-ci, il s'agissait certes de réitérer le cérémonial de couronnement, mais en présence des nouveaux sujets aquitains, et dans un lieu où aucun roi de France n'avait pénétré depuis près de trois siècles. Le corps du roi devenait tout à coup visible pour l'ensemble de ses sujets. Par la suite, les multiples voyages que Louis VII accomplit au cours de son règne, du Nord au Sud et jusqu'en Aragon, transformèrent en profondeur la réalité de cette mouvance royale, contrastant avec le règne de son père dont l'obésité avait rendu toute excursion hippique hypothétique ou extrêmement limitée, y compris au sein du domaine royal. Les années qui suivirent l'union de 1137 posèrent ainsi les bases d'un nouveau mode de gouvernement tourné vers un horizon d'expansion territoriale. Mais cet horizon n'advint pas exactement comme l'union de 1137 le laissait envisager.

Du point de vue des Capétiens, cet événement aurait pu constituer un tournant dans l'histoire de la dynastie s'il ne s'était soldé par un divorce en 1151, confirmé par le concile de Beaugency. Mais la « répudiation » de la reine s'avéra une erreur politique colossale pour le roi Louis qu'on appelait désormais le Pieux. Aliénor ne resta pas longtemps seule. Dans les semaines qui suivirent son départ de Paris, elle trouva refuge auprès du jeune duc de Normandie et comte d'Anjou, Henri Plantagenêt, prétendant au trône d'Angleterre, qu'elle épousa sur-le-champ. Ce retournement explique le faible écho qu'eut cette première union de l'Aquitaine à la France dans les chroniques écrites dans la seconde moitié du XIIe siècle. Il s'agit presque d'un non-événement chez les auteurs occidentaux et *a fortiori* chez les historiens grecs et arabes décrivant, dans une perspective universelle, les hauts faits des Francs avec lesquels ils étaient en contact par les croisades. De fait, les traces de cette union malheureuse du roi de France sont restées très discrètes. Les historiens travaillant pour la cour de France tentèrent de justifier la folie politique de Louis VII en mettant en cause Aliénor : au mieux en soulignant l'incompatibilité entre les valeurs puritaines du Capétien et l'exubérance émancipée de sa femme, au pire en l'accusant d'adultère incestueux. Mais ce qui apparaissait déjà pour les contemporains comme une « fable déshonorante » ne parvint pas à compenser l'impuissance politique à laquelle elle relégua les Capétiens et ce, jusqu'à ce que Philippe II ne réalise, autrement, cette union Nord-Sud du royaume des Francs depuis si longtemps convoitée. C'est en effet parce qu'il sut augmenter son royaume, comme César sut agrandir la *res publica*, que son biographe le surnomma Auguste. Mais rien ne se fit, en réalité, avant 1202. La mort d'Aliénor à Fontevraud semble avoir été l'ultime verrou, autant psychologique que politique, qui retenait l'expansion capétienne : deux ans plus tard, Philippe Auguste conquiert la Normandie et, en 1206, l'Anjou. La conquête du Languedoc entre 1209 et 1216 lui ouvre les portes du bassin méditerranéen et lui donne accès à la plus vaste zone d'échanges de son temps. Enfin, il peut goûter sa revanche après avoir écrasé la coalition anglo-impériale à la bataille de Bouvines en 1214. Mais l'Aquitaine reste insaisissable pour les Français pendant encore plus de deux siècles. Alors qu'elle aurait pu appartenir au domaine royal depuis 1137, il faut attendre la reprise de Bordeaux par les armées de Charles VII en 1453, à la fin de la guerre de Cent Ans, pour que son sort soit finalement scellé à celui de la France. En 1137, la réunion du royaume des Francs, du Nord au Sud, fut trop éphémère pour marquer une charnière historique, mais elle constitue un précédent qui hanta les derniers siècles du Moyen Âge. Si l'Aquitaine fut peut-être « française » avant d'être « anglaise », elle n'en fut pas moins un espace essentiel qui attacha les Anglais à un empire continental. Ils ne l'abandonneront, au cours du XVIe siècle, qu'au profit d'horizons archipélagiques, plus à même de compenser mais aussi d'accentuer leur isolement européen.

—

FANNY MADELINE

RÉFÉRENCES

Elizabeth A.R. BROWN, « *Franks, Burgundians and Aquitanians* » *and the Royal Coronation Ceremony in France*, Philadelphie, American Philosophical Society, 1992.

Jean DUNBABIN, *France in the Making (843-1180)*, Oxford, Oxford University Press, 2000, 2ᵉ éd.

Michael R. EVANS, *Inventing Eleanor: The Medieval and Post-Medieval Image of Eleanor of Aquitaine*, Londres, Bloomsbury, 2014.

Jean FLORI, *Aliénor, la reine insoumise*, Paris, Payot, 2004.

Yves SASSIER, *Louis VII*, Paris, Fayard, 1991.

RENVOIS

397, 987, 1051, 1159, 1420, 1949

1143

« L'exécrable Mahomet »

*À l'occasion de son voyage en Espagne,
l'abbé de Cluny Pierre le Vénérable fit réaliser, en 1143,
la première traduction latine du Coran : nulle curiosité éclairée
n'était à l'œuvre ici, mais une volonté de connaître
tout en déformant pour mieux combattre et dénigrer.
C'est que l'identité de la Chrétienté latine se construisait
alors dans la confrontation avec l'Islam.*

Au printemps 1142, Pierre de Montboissier entreprend le voyage d'Espagne. Ce fils de famille aristocratique bourguignonne ne marche pas vers Compostelle, au finistère de l'Occident, pour honorer saint Jacques comme le font des milliers de pèlerins depuis les environs de l'an mil. Celui que la tradition qualifiera bientôt de « Vénérable » est l'abbé d'une grande Église monastique, Cluny, dont le réseau s'étend alors aux quatre coins de la Chrétienté : de l'Espagne jusqu'en Palestine, et de l'Italie méridionale jusqu'en Angleterre. Ce sont les besoins de l'administration de son ordre qui poussent Pierre à visiter ses frères sur l'un des fronts pionniers de la lutte contre l'islam, sur une terre d'ancienne tradition gothique que la papauté romaine, avec l'aide des souverains navarrais, asturo-léonais et castillans, essaie d'amarrer aux usages communs de l'Église latine.

Tête d'une église monastique fille de Rome, Pierre voyage en héraut de la Chrétienté, cette entité géopolitique qui, depuis la seconde moitié du IXe siècle, se constitue en miroir de l'islam dans la confrontation des prosélytismes chrétien et musulman. Alors que les envoyés des papes Nicolas Ier (858-867) et Hadrien II (867-872) œuvrent sur le front de l'est (spécialement en Pannonie et en Bulgarie) pour gagner des parts de marché face à Byzance – cet autre versant du christianisme dont Rome s'éloigne alors lentement mais inexorablement –, le monde latin doit se défendre face à la poussée de l'Islam en Méditerranée occidentale. C'est à l'occasion de cette confrontation que la Latinité s'invente comme Chrétienté au sens territorial du terme. Au point de départ, vers le IVe siècle, *christianitas* désigne tout ce qui est propre à la communauté des disciples du Christ (rites, dogmes, et tous caractères d'appartenance). Au point d'arrivée – qu'on peut fixer grossièrement au pontificat d'Innocent III (1198-1216) –, la Chrétienté (avec une majuscule) est une totalité organique coiffant un ensemble de royaumes chrétiens, dont le siège apostolique se revendique la tête aussi bien dans la «plénitude spirituelle» que dans la «latitude temporelle». Deux tournants d'importance inégale ont contribué à l'évolution du terme : le IXe siècle, puis la politique monarchique des papes réformateurs à partir des années 1050. Le moment quelque peu dramatique du tournant – marqué par le passage de la minuscule à la majuscule (chrétienté / Chrétienté) – peut être fixé de façon assez précise sous le pontificat de Jean VIII (872-882). Comme ses prédécesseurs, le pape doit défendre Rome et la République de saint Pierre face aux pirates sarrasins. Érection de murs, construction d'une flotte, appels répétés à l'aide : la lecture des lettres de Jean VIII ne laisse aucun doute sur l'urgence dans laquelle le pape est contraint d'agir sur fond de désagrégation de l'Empire carolingien. Pour lui, la chrétienté est un devoir ; c'est la tâche de tout chrétien appelé à défendre la communauté des disciples du Christ face à la menace que fait peser l'Islam. La «défense de toute la Chrétienté» est assimilée à celle de la «terre de saint Pierre», comme si l'une valait pour l'autre, en une manière de territoire d'essence chrétienne – un territoire qui depuis le centre romain a vocation à s'étendre aux dimensions de toute la Terre dans une unité à laquelle l'esprit de croisade va, deux siècles plus tard, donner le sens d'une mission.

L'action de Pierre le Vénérable sur les avant-postes chrétiens dans la péninsule Ibérique s'inscrit au plus vif de la mission chrétienne. Son voyage ne précède d'ailleurs que de quelques années l'appel à la deuxième croisade lancé par son *alter ego*, le cistercien Bernard de Clairvaux, en 1146. Mais la croisade de Pierre est une lutte de mots qui tuent. Arrivé sur les rives du Duero, à Tarazona ou à Tudèle, il commandite à l'astronome Robert Ketton et à son équipe de collaborateurs la première traduction connue en latin du Coran et de textes divers relatifs à Mahomet et à sa doctrine. Pierre entend ainsi pourvoir le monde chrétien d'un instrument propre à contrer l'Islam sous la forme d'un *armarium*, c'est-à-dire d'une «armoire» ou d'un «arsenal» permettant de mener une guerre sur le terrain des idées.

Cette collection à l'usage des polémistes chrétiens est introduite par deux écrits de Pierre le Vénérable lui-même : une lettre et la *Summa haeresis Sarracenorum* (*Somme de l'hérésie des Sarrasins*), qui a pour objet de résumer le contenu de l'*armarium* et de fournir un argumentaire de base dans la lutte contre l'Islam : les principaux éléments de la «vie détestable» de Mahomet, homme de basse extraction et manipulateur d'Arabes ignares ; la fausseté de son enseignement à propos de la Trinité, des vérités relatives au Christ (spécialement son refus de l'Incarnation) et de sa conception du Paradis, monde d'une luxure sans fin. Au total, ce petit livret du combat chrétien entend montrer que l'Islam représente la somme de toutes les hérésies connues jusque-là, tout en posant la question paradoxale de savoir si les musulmans sont vraiment des hérétiques ou bien de simples païens puisqu'ils ne sacrifient pas comme les chrétiens. Une pareille introduction donne le ton et suggère à quel point l'entreprise d'ensemble est biaisée. La traduction fournie du Coran est tendancieuse : elle ne pèche pas simplement par des approximations dans les traductions terme à terme ; c'est l'économie même du texte dans la structure des divisions en sourates qui est modifiée avec l'introduction de titres originaux en latin.

Sur la base de sa collection, Pierre entend fournir les armes nécessaires pour s'attaquer aux fondements de l'islam alors que les chevaliers chrétiens s'apprêtent à partir pour une deuxième croisade. La correspondance de l'abbé de Cluny avec Bernard de Clairvaux nous apprend que Pierre attendait une initiative en ce sens des cisterciens. Mais faute de compétiteur dans le camp chrétien, Pierre est lui-même monté au front dans ce qui constitue son dernier traité : le *Contra sectam Sarracenorum* (*Contre la secte des Sarrasins*). Ce texte représente la première dispute d'un chrétien occidental contre l'islam sur la base d'un *corpus* d'autorités. Le livre I entend justement établir le cadre de la dispute en nommant les autorités de l'adversaire et en présentant les bases scripturaires communes aux chrétiens

et aux musulmans. Pour autant, Pierre tente d'enfermer ses contradicteurs dans une logique du tout ou rien en contraignant les Sarrasins à accepter tous les livres qui figurent aux canons juifs et chrétiens. Dans cette logique – la logique du tout ou rien –, l'islam ne peut choisir librement dans le legs des deux religions du Livre antérieures mais se doit de tout recevoir en bloc.

Du coup, Pierre place le débat sur le terrain de ses propres autorités de polémiste chrétien qu'il confronte aux autorités nouvelles rassemblées dans la collection traduite en Espagne. C'est sur cette base que le livre II du *Contra sectam Sarracenorum* s'attaque aux deux questions de fond qui agitent les chrétiens à l'âge des croisades : qu'est-ce que la prophétie ? Mahomet est-il vraiment prophète, pis le sceau des prophètes, transmetteur de la Révélation et messager du Seigneur ? Pierre donne une définition large de la notion de prophétie qui fait une large part aux manifestations extraordinaires du divin : « Le prophète est celui qui manifeste aux mortels des réalités inconnues du passé, du présent ou du futur, non qu'il en soit instruit par connaissance humaine, mais parce qu'il est inspiré par l'Esprit de Dieu. » Suivant cette définition restrictive, Mahomet ne saurait passer pour prophète dans la mesure où le Coran ne révèle aucun miracle, aucun signe à proprement parler extraordinaire. Accroché à la continuité chrétienne entre miracles scripturaires et signes extraordinaires rapportés par la tradition hagiographique, l'abbé de Cluny n'arrive pas à concevoir que l'Islam puisse distinguer, d'un côté, le modèle prophétique muhammadien, qui réserve peu de place aux miracles, et, de l'autre, les modèles hagiographiques développés par les légendes de Mahomet.

Le débat annoncé tourne ainsi rapidement court. De fait, les conditions d'un réel échange sont loin d'être réunies. Le premier blocage est lié à la qualité médiocre voire tendancieuse des traductions fournies, par exemple la difficulté de rendre en latin le terme « musulman » et le recours à des circonlocutions tirées du verbe « croire », comme si les chrétiens ne pouvaient concevoir que, pour l'Islam, le « fidèle » « se rend », « se remet », « se soumet à Dieu ». Le second, plus profond, tient à l'impossibilité de sortir du système chrétien d'autorités pour se placer sur le terrain de la logique argumentative de l'adversaire. D'où un rejet global du musulman comme autre diabolique et la part belle faite aux stéréotypes alors que Pierre prétend vouloir débattre selon la raison, à la manière des disputes scolaires. Dès lors, la première apologétique de l'Occident médiéval contre l'islam fonctionne largement comme un leurre. Il ne s'agit pas tant de convaincre les musulmans de leurs erreurs que de conforter les chrétiens dans leur bon droit. Comme d'autres polémistes à venir, tel Thomas d'Aquin dans sa *Somme contre les gentils*, Pierre le Vénérable échoue à dialoguer réellement avec l'Islam. Il a beau se réclamer de la raison naturelle commune à tous les hommes, il se heurte à l'impossibilité d'aborder les questions divines sur une base raisonnable ou argumentative. Ne reste plus que le terrain de la preuve, qu'il s'agisse de miracles ou de phénomènes extraordinaires (*mirabilia*). Ce clerc, qui par profession est justement au centre du miracle sacramentel chrétien de l'Eucharistie, ne conçoit pas que les vérités divines puissent être autre chose qu'un objet de foi. Croire ou ne pas croire, telle est l'unique alternative.

Rien ne changera fondamentalement avec les deux autres traductions du Coran entreprises plus tard par Marc de Tolède (1210) et Juan de Segovia (1456) même si leurs textes en latin et en castillan (pour le second) gagnent en qualité par rapport à l'original. Le message écrit de l'islam résiste au système d'autorité chrétien, ce système s'ouvrirait-il, comme c'est le cas à partir du XIIIe siècle, à des auteurs de traditions non chrétiennes. Dans ces conditions, quelle place est-il possible de faire aux penseurs de l'Islam dont l'influence devient majeure dans le monde des universités de l'Occident latin ? La solution trouvée à ce problème majeur dans le développement de la philosophie consiste à faire de ces penseurs des chrétiens qui se sont ignorés ! L'Islam étant déclaré irrationnel, les philosophes libres penseurs qu'ont été Avicenne ou Averroès n'ont pu que rejeter les « fables » de Mahomet ; ce sont peut-être même des crypto-chrétiens que Dante, dans sa *Divine Comédie*, place d'ailleurs dans le tout premier cercle de l'Enfer, tandis que Mahomet se trouve, lui, au huitième.

—

DOMINIQUE IOGNA-PRAT

RÉFÉRENCES

Tim GEELHAAR, *Christianitas. Eine Wortgeschichte von der Spätantike bis zum Mittelalter*, Göttingen, Vandenhoeck & Ruprecht, 2015.
Dominique IOGNA-PRAT, *Ordonner et exclure. Cluny et la société chrétienne face à l'hérésie, au judaïsme et à l'islam (1000-1150)*, Paris, Aubier, 1998.
José MARTÍNEZ GÁZQUEZ, « Trois traductions médiévales latines du Coran : Pierre le Vénérable-Robert de Ketton, Marc de Tolède et Jean de Segobia », *Revue des études latines*, vol. 80, 2003, p. 223-236.

RENVOIS

—

1095, 1105, 1270, 1380, 1712, 1798, 1863

1159

La guerre pour Toulouse

La rivalité entre le comte de Toulouse et le souverain Plantagenêt, venu mettre le siège devant la ville en 1159, ainsi que les déboires du comte face à ses propres vassaux favorisèrent la focalisation sur le Languedoc de la lutte contre l'hérésie. Prélude à la « croisade des albigeois », cette guerre mit fin aux ambitions aragonaises au nord des Pyrénées et établit la domination capétienne sur le Midi.

1159 est une date méconnue de l'histoire de France, un tournant silencieux qui a pourtant marqué le destin du Languedoc et où s'exprime le réveil de l'intérêt de la royauté pour les régions méridionales. Cette année-là, Toulouse fut en effet assiégée par une formidable coalition et ne fut sauvée que par l'intervention royale, le comte Raimond V n'ayant eu d'autre recours que d'appeler Louis VII à l'aide. Mettre au jour les forces en jeu dans ce conflit est capital afin de comprendre pourquoi la lutte antihérétique s'est focalisée sur le Languedoc, pourquoi une croisade inédite à l'intérieur de la Chrétienté a été menée une cinquantaine d'années plus tard et finalement comment le roi de France est parvenu à

profiter de l'élimination des dynasties régionales pour réintégrer le Midi sous sa domination.

Au milieu du XIIe siècle, le pouvoir du comte de Toulouse s'exerce de fait sur une vaste principauté qui s'étend de la Garonne au Rhône. Celle-ci a toujours fait partie intégrante du royaume, mais l'autorité royale y est inexistante depuis deux siècles et aucun roi capétien ne s'est aventuré en ces contrées, sauf peut-être Robert le Pieux, dans les années 1020, pour un pèlerinage mal documenté. Bien que par commodité la dynastie raimondine soit désignée comme « comtes de Toulouse », elle détient de fait le titre comtal dans bien d'autres comtés languedociens, avec le titre honorifique de duc de Narbonne (Cahors, Albi, Narbonne, Béziers, Agde, Lodève, Nîmes, Uzès). Mais elle a aussi acquis au xıᵉ siècle par mariage des droits sur la Provence, au-delà du Rhône, dans l'Empire, reconnus par un traité de paix avec le comte de Barcelone en 1125 : le Toulousain détient dès lors les territoires au nord de la Durance avec le titre de marquis de Provence.

Cette immense domination est cependant en trompe-l'œil, le comte de Toulouse étant en butte partout à des concurrents de niveau vicomtal qui exercent bien souvent la réalité du pouvoir : les territoires où sa domination s'exerce de façon immédiate se résument au Toulousain, au Rouergue occidental et au Bas-Quercy, avec les points forts de Moissac et de Montauban créée en 1144, au sud du comté de Nîmes avec Beaucaire, Saint-Gilles et la terre d'Argence, et au marquisat de Provence, autour d'Avignon. Ailleurs, ce sont des vicomtes qui se sont imposés dans les cités, comme à Narbonne, ou à Albi, Carcassonne, Razès, Béziers, Agde et Nîmes, sous la domination de la famille vicomtale qu'il est d'usage d'appeler les Trencavel. La principauté des comtes de Toulouse manque donc de cohésion et de centralité, écartelée entre domaines occidentaux et orientaux.

En ce milieu de xııᵉ siècle, deux événements dynastiques qui pourraient paraître étrangers à son histoire scellent l'évolution des rapports de force en Languedoc : Raimond Bérenger IV, comte de Barcelone, prend possession du royaume d'Aragon par son mariage

avec l'héritière Pétronille en 1137, et Aliénor d'Aquitaine, après son divorce avec Louis VII, épouse en 1152 Henri II Plantagenêt qui devient roi d'Angleterre en 1154. Les conflits qui avaient agité la région depuis le début du xııᵉ siècle mettent désormais en scène deux rois. C'est sans doute pour se prémunir contre ces nouvelles forces que, de son côté, le comte de Toulouse Raimond V épouse en 1154 Constance, fille de Louis VI et sœur de Louis VII, rois de France. Tous, à des titres divers, revendiquaient des droits sur le Languedoc, et Toulouse et Barcelone avaient été en guerre, ouverte ou larvée, pendant toute la première partie du xııᵉ siècle pour la détention de la Provence et la domination du Languedoc, tandis que les barons locaux faisaient alliance avec l'un ou l'autre camp. Mais, pour Toulouse, le danger le plus menaçant venait d'ailleurs. Depuis la fin du xıᵉ siècle, Guillaume IX, duc d'Aquitaine, avait renouvelé la revendication à une grande Aquitaine, incluant Toulouse, grâce à son mariage avec la fille unique de Guilhem IV, comte de Toulouse, mort en 1093 et dépossédé par son frère Raimond IV « de Saint-Gilles ». Guillaume IX et Philippa avaient ainsi pris possession de la cité à deux reprises, en 1097-1099, après le départ de Raimond IV pour la première croisade, puis vers 1108-1119. Les revendications dynastiques étaient sérieuses : la succession dans la dynastie toulousaine de Guilhem IV à son frère Raimond IV et l'éviction de Philippa, fille du premier, étaient sans doute contestables. Lorsque Aliénor, petite-fille et héritière de Guillaume IX, avait épousé Louis VII, celui-ci avait tenté de se prévaloir de ces droits, en 1141, mais ce fut surtout Henri II Plantagenêt qui s'employa à faire valoir ces prétentions au nom de sa femme. Henri II forma donc en 1158 une vaste coalition pour s'emparer de Toulouse. Elle reposait sur une alliance objective de tous ceux qui s'opposaient aux Raimondins : le roi d'Angleterre avait obtenu le soutien du comte de Barcelone et prince d'Aragon, du comte de Foix, des vicomtes Trencavel de Carcassonne et de Nîmes, de la vicomtesse de Narbonne, des seigneurs de Montpellier. C'est ainsi que furent conquis le Quercy et le nord du Toulousain, et que Toulouse fut assiégée de juillet à septembre 1159 et sauvée par l'intervention de Louis VII, beau-frère de Raimond V. Comme l'a résumé Charles Higounet, cet appel à l'aide a « montré le chemin du Languedoc à la royauté française ». La guerre devint alors permanente, pendant toute la seconde moitié du XIIe siècle jusqu'en 1198, marquée par des revirements d'alliance et de courtes trêves.

Mais l'affaire s'aggrava bien au-delà de querelles de succession. Depuis les années 1120 en effet, des prédicateurs sillonnaient le Midi et inquiétaient l'Église : les plus connus, Henri de Lausanne et Pierre de Bruys, prêchaient un christianisme évangélique radical, en rupture avec l'institution ecclésiastique et la société féodale. Les clunisiens, par la voix de leur abbé Pierre le Vénérable, et surtout les cisterciens réagirent immédiatement par des traités dénonçant ce qu'ils qualifiaient d'hérésie. Bernard, abbé de Clairvaux, vint en personne en 1145 mener une mission de prédication pour défendre l'orthodoxie. Le comte Alfonse Jourdain, directement visé, fut sans doute à l'origine d'un détournement lourd de conséquences : il désigna alors l'Albigeois des Trencavel comme foyer hérétique, et l'on sait que le mauvais accueil que saint Bernard y reçut, à Lavaur, Verfeil, Albi, eut un écho durable dans les milieux cisterciens, à l'origine du nom d'« albigeois » pour désigner ces dissidents.

Après une première mention au IIe concile du Latran (1139), c'est au concile de Tours (1163) que fut décrite et dénoncée l'hérésie. Ce concile convoqué sur les terres des Plantagenêts manifesta la convergence d'intérêts entre le pape en exil, Alexandre III, et le roi Henri II : le 4e canon désigna clairement le Toulousain comme la région la plus touchée. On voit bien, après l'échec de la tentative d'invasion en 1159, les nouvelles voies empruntées par Henri II dans ses menées contre la principauté toulousaine. On observe en effet en Languedoc, comme dans d'autres régions d'Occident, la naissance au XIIe siècle de groupes dissidents qui prônent à la fois un retour à l'évangile (humilité, pauvreté, itinérance) et un refus des nouvelles formes d'institutionnalisation de l'Église grégorienne (refus de la médiation des clercs, de la hiérarchie ecclésiastique, des sacrements). Ceux qui se nomment les « bonshommes » étaient particulièrement actifs dans deux milieux : les élites urbaines qui ne trouvaient pas dans la liturgie catholique des pratiques de piété adaptées à leurs exigences, et la petite noblesse castrale, en voie d'affaiblissement, particulièrement touchée par les conséquences pratiques de la réforme grégorienne (elle se voyait privée de ses revenus ecclésiastiques). Cette dissidence n'est donc pas une religion populaire, mais élitiste et minoritaire au XIIe siècle. Les hérétiques n'étaient sans doute pas plus nombreux en Languedoc qu'ailleurs, l'offensive de l'Église s'est focalisée sur la région sous l'action des cisterciens, dans le contexte du regain d'attention pour ces régions de la part de Louis VII, mais aussi des intérêts d'Henri II.

Le comte de Toulouse Raimond V, conscient de ces enjeux, écrivit en 1177 au chapitre général de Cîteaux pour dénoncer l'hérésie qui sévissait sur ses terres, mais surtout sur celles de ses principaux vassaux, et pour en appeler à l'aide du roi. Le comte désignait en effet implicitement les Trencavel qu'il n'arrivait pas à réduire à la fidélité par les armes ; cependant, la dénonciation était dangereuse en ce qu'elle accréditait l'idée d'une hérésie omniprésente en Languedoc. Une nouvelle mission ecclésiastique fut envoyée en 1178, composée de cisterciens et de prélats de l'entourage anglo-normand. Fidèle à sa ligne de défense, Raimond V détourna les membres de la mission vers l'Albigeois, mais aussi désigna l'oligarchie toulousaine comme coupable d'hérésie (condamnation de Pierre Maurand, 1178). L'affaire fut au cœur des discussions du IIIe concile du Latran réuni en 1179, qui condamna par l'anathème les hérétiques et leurs soutiens : le canon 27 contient un appel à prendre les armes et promet déjà aux défenseurs de l'orthodoxie la rémission de tous leurs péchés, un véritable privilège de croisade.

L'hérésie méridionale disparut ensuite de l'actualité dans les vingt dernières années du XIIe siècle, jusqu'à l'élection d'Innocent III au pontificat, à l'échec de la quatrième croisade et à l'assassinat du légat Pierre de Castelnau. L'enchaînement de ces circonstances est mieux connu, jusqu'à la bulle de croisade de 1208, au sac de Béziers à l'été 1209 et à l'élimination du dernier vicomte Trencavel. Les ressorts de l'engrenage qui mènent à la croisade contre les «albigeois» étaient cependant en place dès les années 1160-1180 : l'identification du Languedoc comme terre hérétique, la dénonciation de l'impuissance ou de la complaisance des princes et des prélats régionaux, le rôle des cisterciens dans la construction de l'hérésie. La «conquête» capétienne du Midi fut finalement la conséquence des luttes pour la formation des premiers États nationaux et de la prise en tenaille de la principauté toulousaine entre de trop puissants voisins, de la construction d'une théocratie pontificale qui connut un tournant décisif sous Innocent III, mais aussi des conflits incessants entre les princes régionaux au XIIe siècle et de l'absence de cohésion de la grande principauté des comtes de Toulouse. Le siège de Toulouse de 1159 constitue le tournant de la «guerre de Cent Ans du XIIe siècle», qui vit s'affronter sur le terrain languedocien les grands princes européens, et marque le surgissement de motivations qui ne se limitent plus à des litiges territoriaux, mais qui commencent à impliquer de graves accusations d'hérésie, à l'origine des bouleversements politiques du XIIIe siècle.

—

HÉLÈNE DÉBAX

RÉFÉRENCES

—

Jacques BERLIOZ (dir.), *Le Pays cathare. Les religions médiévales et leurs expressions méridionales*, Paris, Points Seuil, 2000.
Jean-Louis BIGET, *Hérésie et inquisition dans le midi de la France*, Paris, Picard, 2007.
Pierre BONNASSIE, « L'Occitanie, un État manqué ? », *L'Histoire*, n° 14, juillet-août 1979, p. 31-40.
Hélène DÉBAX, *La Féodalité languedocienne (XIe-XIIe siècle). Serments, hommages et fiefs dans le Languedoc des Trencavel*, Toulouse, Presses universitaires du Mirail, 2003.
Gérard PRADALIÉ, « Les comtes de Toulouse et l'Aquitaine (IXe-XIIe siècle) », *Annales du Midi*, vol. 117, n° 249, 2005, p. 5-23.

RENVOIS

—

987, 1137, 1214, 1308, 1685

PAGE SUIVANTE

Vue aérienne de l'étang de Montady
(Hérault) asséché depuis 1247
(photo : © Bertrand Rieger / hemis.fr)

CROISSANCE DE LA FRANCE

Le long XIIIe siècle ou le temps d'une première hégémonie française. Profitant de la confrontation mortelle entre le Saint Empire et la papauté, d'une part, du repli insulaire des Plantagenêts, d'autre part, les Capétiens parviennent alors à s'imposer comme les premiers rois d'Occident. Une définition plus ambitieuse de leur souveraineté les pose en « empereurs en leur royaume ». Au sein de celui-ci, le domaine royal s'étend de manière considérable, agrégeant de larges pans de l'ouest et du sud du pays, offrant aux Capétiens leur premier débouché sur la Méditerranée, contrecarrant les visées sur le Midi de leurs voisins aragonais ou celles du roi d'Angleterre sur la façade atlantique.

Mais c'est surtout à l'extérieur du royaume que leur rayonnement prend un tour spectaculaire. À Bouvines (1214), Philippe Auguste défait un empereur, un roi et deux comtes, fournissant la matrice d'un premier mythe national. Louis IX mène les dernières croisades, dont les objectifs, qui semblent révéler une meilleure connaissance du monde musulman, offrent un contexte propice à la sanctification du souverain, laquelle est appelée à servir durablement le rayonnement de la France outre-mer. Son frère Charles d'Anjou entreprend, avec l'aide de la papauté, la conquête d'un vaste empire méditerranéen s'étendant de la Provence à Constantinople en passant par le Piémont, l'Italie du Sud et la Sicile, l'Albanie et la côte africaine. Cet empire, pour éphémère qu'il fût, pose les premiers jalons du tropisme italien de la monarchie française. Philippe le Bel, enfin, se confronte avec la papauté et facilite son installation sur les bords du Rhône, en Avignon, tout en effritant les marges occidentales du Saint Empire par l'annexion de Lyon.

Ce sont plusieurs croissances que la France connaît alors. Le dynamisme démographique et économique se prolonge jusqu'au retournement de conjoncture de la fin du siècle, tout en prenant nouvelle figure. Les dernières friches sont mises en culture, les dernières zones humides asséchées, par l'effet d'une ingéniosité technique qui, comme à Montady, pouvait plonger ses racines jusque dans l'Antiquité grâce au relais arabe. Surtout, la croissance agraire se double d'une révolution commerciale que nourrissent l'essor urbain, le goût des textiles de luxe et des produits exotiques, le succès des foires enfin, à commencer par celles de Champagne, devenues la plaque tournante des échanges matériels et monétaires entre l'Italie et la Flandre, l'Orient et l'Occident.

Rayonnement international et ouverture au monde se combinent également dans les domaines intellectuel et artistique. Le succès de l'université de Paris tient en grande partie à son cosmopolitisme assumé. L'influence de la langue et de la littérature françaises repose sur un genre romanesque qui sait s'approprier les imaginaires carolingien et arthurien tout en leur conférant une dimension courtoise et universelle. La diffusion de l'art gothique, parfois perçu comme «l'art français» par excellence (*opus francigenum*) quand bien même se mâtine-t-il toujours d'usages locaux, découle à la fois des réseaux étudiants parisiens, de l'excellence technique reconnue aux artisans franciliens et du prestige exceptionnel d'un monument phare : la cathédrale Notre-Dame, élevée au cœur de Paris, la capitale du royaume, devenue, au tournant des XIIIᵉ et XIVᵉ siècles, la plus grande ville d'Occident.

1202

Quatre Vénitiens aux foires de Champagne

Pour financer leur expédition outre-mer, les croisés recouraient fréquemment aux services des marchands-banquiers italiens. Une opération conclue à Venise en 1202 met également en lumière le rôle des foires de Champagne, alors foyer du grand commerce européen, dans les circuits monétaires impliquant l'Orient et l'Occident.

L'îlot de Sant'Erasmo, dans la lagune de Venise, fut durant l'année 1202 un lieu prestigieux et cosmopolite. Quelques-uns des princes les plus puissants de l'aristocratie européenne y étaient réunis pour la croisade. Celle-ci ne connut pas le succès espéré, on le sait, puisqu'elle s'acheva par la prise et le sac de Constantinople et l'excommunication de tous les croisés. Piètre opération d'un point de vue religieux, elle fut un moment d'innovation financière, liée à la nécessité de payer le service de transport assuré par

la république de Venise. Les sommes en jeu semblent avoir été colossales : on parle d'une demande vénitienne de 87 000 marcs d'argent, soit de 15 à 20 tonnes de métal, dont les croisés parvinrent à rassembler 50 000. Une telle somme était probablement impossible à verser en espèces, sauf à déséquilibrer gravement le marché monétaire vénitien. Il fallut donc utiliser les instruments financiers innovants qui se mettaient alors en place. Selon un document conservé aux archives de Venise, l'un des chefs de l'armée,

Baudoin, comte de Flandre et de Hainaut, recourut pour sa part à l'un des plus récents : une obligation à terme payable sur les foires de Champagne. Dans un contrat passé devant notaire en présence de témoins exceptionnels comme le doge de Venise Enrico Dandolo et le maréchal de Champagne, Louis, comte de Blois et de Clermont, il s'engagea à faire verser à quatre nobles vénitiens, Marchesino Soranzo, Piero Zulian, Marino Gradenigo et Luca Ardizon, ou à leur envoyé, une somme de 118 marcs et 3 onces d'argent (un peu moins de 30 kilogrammes d'argent monnayé ou en lingot), correspondant sans doute au change d'une somme en monnaie vénitienne non spécifiée. Le paiement était fixé à la prochaine foire de Lagny, c'est-à-dire au mois de janvier 1203.

Rarement évoqué par les historiens, cet acte met en relation l'un des événements majeurs de l'histoire de l'Europe et du monde méditerranéen, la croisade, avec l'une des institutions essentielles de l'économie européenne. Depuis le milieu du XIIe siècle, les six foires établies dans le comté de Champagne et de Brie, deux à Provins et Troyes et une à Bar-sur-Aube et Lagny, s'étaient constituées en un cycle annuel. Se succédaient à partir de janvier les foires de Lagny et Bar-sur-Aube puis, à partir du mois de mai, la foire Saint-Quiriace à Provins, la foire « chaude » Saint-Jean de Troyes, la foire Saint-Ayoul de Provins, et enfin, en novembre, la foire « froide » Saint-Remi de Troyes. Établie en limite de la banlieue de Paris, la foire de Lagny, lieu prévu pour le versement de la somme, rassemblait au début du mois de janvier les marchands et

changeurs parisiens et formait à son tour un petit cycle local avec la foire du Lendit, dans la plaine Saint-Denis, l'autre grand rassemblement commercial parisien, qui se tenait en juin. Inhabituel par la qualité des parties, le contrat vénitien se distingue aussi par la précision de sa rédaction. La somme devait être versée en argent « esterlin » (*sterling* pour les Anglais), c'est-à-dire à 92,5 % de métal fin, à 13 sous et 4 deniers, c'est-à-dire à 160 deniers le marc, poids légal. La mention d'argent esterlin est fréquente pour les transactions monétaires sur les foires de Champagne, avant que celles-ci ne se dotent d'une monnaie commune, le denier provinois (de Provins). Elle traduit en premier lieu la construction progressive d'un marché européen des marchandises et des valeurs, appuyé sur un monométallisme argent de mieux en mieux articulé, permettant des pratiques de change rigoureuses entre les places de commerce du continent. Elle renvoie aussi à la fonction des foires dans la circulation du métal précieux venu des régions minières germaniques, qui constituait de fait l'un des produits essentiels vendus sur les foires. Le contrat conclu avec le comte de Flandre permettait ainsi à ses partenaires vénitiens de disposer d'une somme importante à dépenser dans l'un des lieux centraux du commerce européen ou à rapatrier vers Venise. En garantie du contrat, le comte Baudoin mettait en gage « autant de biens des hommes de ses terres qu'il en faut pour rembourser ladite somme ». D'aspect clairement féodal, puisque le comte de Flandre se prévaut d'un droit sur ses vassaux, ces mots constituent une mention particulièrement ancienne d'un principe constitutif du système des foires : la solidarité des membres de la même nation à l'égard des dettes contractées par chacun de ses membres. Dans cette perspective, la dette du comte, qui est considéré comme l'un des marchands flamands actifs sur la foire, serait remboursée en cas de défaut par une saisie effectuée sur les avoirs des autres marchands flamands présents à Lagny.

Beaucoup a été écrit depuis le XIXe siècle sur les foires de Champagne, présentées à la fois comme l'un des instruments de la croissance économique de l'Europe et comme le lieu de naissance du capitalisme européen. Comme souvent, le retour aux sources incite à nuancer une vision qui relève plus d'une légende dorée européo-centrée que de l'histoire économique. Replacé dans son contexte, le succès des foires apparaît comme le résultat de causes multiples, où le projet politique du comte de Champagne Henri le Libéral (1127-1181) tient une grande place. L'une des figures majeures de l'aristocratie européenne, seigneur de Reims, ville du sacre des rois de France, mais aussi de fiefs touchant au Saint Empire, Henri renforça sa princi-pauté en menant une politique complexe, liant fidélité au souverain capétien et diplomatie européenne, dont les foires furent à la fois l'instrument et le résultat. Deux institutions assurèrent leur succès et en firent, un siècle durant, le centre des affaires européennes. Le *conduit*, négocié par le comte avec la plupart des princes et gouvernants européens, assurait la protection de la puissance publique locale à tous les marchands allant aux foires ou en revenant, et à leurs valeurs et marchandises. Fondé sur des accords entre seigneurs, ce système institua le premier espace de circulation économique mis en place à l'échelle continentale depuis la fin de l'Empire romain. Le deuxième élément fondamental était la garantie accordée par le comte aux transactions conclues lors des foires et inscrites dans leurs registres. Elle reposait sur le principe simple et efficace de la solidarité des membres des divers groupes de marchands, tenus, sous peine d'exclusion des foires pour tout le groupe, d'acquitter les dettes de leurs membres. Cette menace, qui pesait sur la prospérité commune du groupe, faisait des obligations payables dans les foires de véritables instruments monétaires, dont l'abondance évitait à l'économie des foires de dépendre des flux de monnaies métalliques, par nature irréguliers et peu prévisibles. Elle était aussi un puissant instrument de mise en discipline des marchands.

Il y a dans le succès des foires de Champagne quelque chose d'énig-matique, qui a depuis plus d'un siècle excité l'intérêt des historiens et des économistes. Ces lieux centraux du continent n'ont laissé que peu de traces dans l'espace : Provins est un beau bourg médiéval endormi depuis le XIVe siècle ; rien ne marque la place des foires à Lagny ou Bar-sur-Aube, et Troyes, capitale de la toile, du papier et du vêtement, a depuis longtemps abandonné toute fonction financière. Le comté de Champagne lui-même s'est fondu en 1284 dans le domaine royal. On a, avec de bonnes raisons, lié le succès des foires à la crois-sance des industries textiles, flamandes en particulier. De fait, les foires étaient à la fois un lieu d'approvisionnement en laines et matières tinctoriales et le lieu où les marchands italiens achetaient ou échangeaient les draps, pour les revendre sur les marchés méditerranéens. Les sources disent surtout la grande diversité de l'économie des foires, lieux de vente de toutes sortes de produits, textiles, métallurgie, épices, vins, mais aussi rassemblements à intervalles réguliers de milliers d'individus à haut niveau de vie, dont la consommation stimulait l'économie locale, en particulier l'hôtellerie et la production alimentaire. Nous devons imaginer les villes de foires comme des caravansérails, dont la prospérité dépendait du nombre et de la qualité des voyageurs, plutôt que comme de véritables capitales économiques.

Ces descriptions laissent dans l'obscurité ce qui fit le succès économique des foires. L'économiste et Prix Nobel Douglass North a mis en théorie l'efficience du système, insistant en particulier sur la capacité des gardes des foires, un groupe de quelques individus, à faire appliquer dans toute l'Europe les contrats recopiés dans leurs registres, sans recourir à l'aide d'une administration d'État ou d'un tribunal. L'attention mise par les souverains capétiens à ne pas étendre la souveraineté royale sur les foires, se contentant de confirmer les règles édictées par les comtes de Champagne, illustre ce paradoxe : si le prestige des comtes et leurs alliances européennes expliquent en bonne partie la construction du réseau des sauf-conduits, c'est la capacité des marchands à faire appliquer entre eux une discipline des affaires qui fut la contribution majeure des foires à l'essor économique de la Chrétienté. Nous ignorons comment fut appliqué l'accord vénitien de 1202 et, d'une façon plus générale, nous savons peu de chose de l'implication des marchands vénitiens dans le commerce des foires. Il est peu probable, cependant, que le comte de Flandre ait pris le risque de faire défaut à une obligation passée en présence de témoins prestigieux. La seule existence de ce contrat montre que dès cette période la légitimité des foires de Champagne comme instance de régulation financière était suffisante pour servir de base à des accords relevant de la politique internationale, comme ceux qui accompagnaient la croisade.

—

MATHIEU ARNOUX

RÉFÉRENCES

—

Robert-Henri BAUTIER, « Les foires de Champagne. Recherches sur une évolution historique », in Robert-Henri BAUTIER, *Les Foires de Champagne. Recherches sur une évolution historique*, Bruxelles, Éd. de la Librairie encyclopédique, coll. « Recueils de la Société Jean Bodin », n° 5, 1953, p. 97-148.
Raimondo MOROZZO DELLA ROCCA et Antonino LOMBARDO, *Documenti del commercio veneziano nei secoli XI-XIII*, Turin, t. 1, n° 462, 1940, p. 452 [source du document].
Douglass NORTH et Robert THOMAS, *L'Essor du monde occidental*, Paris, Flammarion, 1992.
Henri PIRENNE, *Histoire économique de l'Occident médiéval*, Bruges, Desclée de Brouwer, 1951.
Véronique TERRASSE, *Provins. Une commune du comté de Champagne et de Brie (1152-1355)*, Paris, L'Harmattan, 2005.

RENVOIS

—

1066, 1282, 1456, 1720, 1860, 1973

1214

Les deux Europe et la France de Bouvines

Derrière l'éclatante victoire de Philippe Auguste à Bouvines, ardemment célébrée par la mémoire nationale, se dessinent les contours de deux Europe : celle, à l'est, des équilibres délicats entre princes et souverains, et celle, à l'ouest, des monarchies mieux affermies, au premier rang desquelles la France se posait, à l'aube du XIIIe siècle, en chef de file.

« L'année 1214, le 27 juillet tombait un dimanche », écrit Georges Duby en ouverture de son *Dimanche de Bouvines* (1973). Comme l'on sait, les premières phrases de tout livre fixent l'horizon, donnent le ton et se jouent, ou non, de la sempiternelle concordance des temps, des lieux et des acteurs. Ici, dans ce qui devint aussitôt un best-seller et peu après un grand classique de l'historiographie française, la première page pose le décor : une bataille, des rois, l'affrontement d'armées, l'assaut de rituels guerriers et de codes d'honneur, le jeu des trahisons et de la vengeance, le mythe d'une victoire, le début d'un grand récit national, la mémoire sur la longue durée des chroniqueurs puis des manuels scolaires. Bref, l'une de ces journées « qui ont fait la France » selon le nom de la collection dans laquelle le récit de Duby paraît.

« Faire la France », « récit national », les expressions sont là et participent bien de la construction de l'événement. Aussi, que vient faire ce 27 juillet dans une histoire « mondiale » de la France, ce jour où Philippe II dit « Auguste » (1165-1223) défait dans les plaines de Flandre, au contact entre royaume de France et terres d'Empire, entre Lille, Douai et Tournai, une coalition formée par le César du Saint Empire Otton IV (1175-1218), par le roi Plantagenêt d'Angleterre et duc d'Aquitaine Jean sans Terre (1166-1216) et par leurs alliés de l'heure, les comtes de Flandre Ferrand (1187-1233) et de Boulogne Renaud (1165-1227) ? À cette question de l'extensibilité et de la solubilité d'un événement aussi nationalisé dans une approche de grand large, plusieurs réponses.

Celle de l'action ou du déroulement d'abord. Ce combat, en premier lieu, est une bataille, un fracas bref de quelques heures, d'abord indécis, moins sanglant qu'on ne l'a dit, en un temps où la mêlée est de corps à corps, où l'objectif est de faire des prisonniers de haut rang gages de grasses rançons, où la stratégie ne se décide pas à la jumelle ou depuis les postes de transmission de l'arrière : tout est jeté pêle-mêle et l'issue vouée à un sort incertain. Tout au plus se reconnaît-on, alliés ou ennemis, aux armes, boucliers, drapeaux et autres écussons qui soudent les cohortes. Mais, défaite ou victoire, tout est souvent surprise et c'est aux chroniqueurs postérieurs qu'il reviendra d'y mettre bon ordre et de confirmer que la conclusion était écrite d'avance. Cette histoire de l'incertitude militaire est de longue durée en Europe : il faudra une révolution des armes, de la communication, de l'art militaire, de la composition technique et humaine des escadrons, peut-être à compter du XVIIIᵉ siècle, pour rendre un résultat sinon acquis, du moins prévisible. En cela, et Georges Duby l'avait parfaitement compris, qui centre l'analyse sur une sociologie de la guerre médiévale par Bouvines interposée, le 27 juillet 1214 n'est pas « français » mais parle pour une longue prémodernité de la belligérance.

Cette bataille ensuite, qui comme tout combat au Moyen Âge (ordalie, tournoi, faide, chevauchée, duel, croisade...) prend Dieu à témoin pour forcer son jugement, met aux prises des contingents hétéroclites. On est loin des armées « nationales », des troupes levées, enrégimentées et payées par un seul souverain ou un seul État. Les combattants de Bouvines, les spécialistes l'ont bien montré, voient s'affronter, côte à côte, des princes, des barons, des fidèles et familiers des rois engagés, des féodaux, des chevaliers cherchant la gloire et l'aventure, des gens de pied, des sergents, des bourgeois de communes, des mercenaires. En somme, ces bataillons reflètent bien la diversité des états, des ordres et des loyautés ou déloyautés de toute la société du XIIIᵉ siècle, celle du royaume de France comme des autres principautés, territoires et cités d'Occident.

En troisième lieu, les rois et princes qui se querellent et se défient portent avec eux des réseaux, des connexions territoriales et dynastiques qui interdisent de lire l'événement au ras du sol national. Jean sans Terre (qui n'était pas présent à Bouvines mais en avait forgé l'esprit), était frère de Richard Cœur de Lion (lui-même duc de Normandie, duc d'Aquitaine, comte de Poitiers, comte du Maine et comte d'Anjou) et l'héritier des Plantagenêts, amasseurs d'un véritable « empire » de terres entre France et Angleterre, entre Pyrénées et Irlande. Otton IV, l'autre artisan de la coalition, lui-même neveu de Jean sans Terre et élevé pour partie à la cour des Plantagenêts, était le descendant de la puissante famille des Guelfes. Comte de Poitou, duc de

Souabe et de Saxe, son Saint Empire s'étendait en qualité de roi des Romains puis d'empereur sur la Germanie, le royaume d'Italie, le royaume d'Arles, et il finit par s'unir avec une princesse de Brabant. L'une de ses filles épousera Frédéric II, le grand empereur Staufen qui, en 1214, était le compétiteur et « anti-roi » d'Otton. Quant à Philippe Auguste, un Capétien « pure souche » si l'on ose dire, l'une de ses épouses était une fille du roi du Danemark. La même chose vaut pour les deux autres protagonistes de la bataille, les alliés malheureux d'Otton puis prisonniers du roi de France : Ferrand de Flandre, infant de Portugal, et Renaud de Boulogne, qui mariera l'une de ses filles avec un roi de Portugal. Bref, hormis l'Espagne et les royaumes de ce que l'on n'appelle pas encore l'Europe centrale, les grandes dynasties de tout l'Occident chrétien, nouant Écosse, Irlande, Angleterre, Flandre, France, Empire germanique, Italie et Portugal... sans omettre la papauté, toujours attentive à l'équilibre des forces en présence, se « retrouvent » à Bouvines par acteurs interposés. Tout a été dit sur les conséquences à court et moyen termes de cette bataille pour chaque protagoniste. D'abord, un renforcement indéniable de la construction royale autour du Capétien Philippe, désormais appelé *Rex Francie* et non plus *Rex Francorum*, au profit d'une administration, d'une capitale, d'une armée, d'une agrégation territoriale, d'une symbolique et d'une dignité royales qui certes demeurent encore féodales en principe mais annoncent la « grant monarchie de France » et une pratique étatique qui fait à terme de son royaume le plus puissant du continent. Ensuite, du côté cette fois des « indignes perdants », le sort de Bouvines scelle des évolutions déjà en cours : un recul de l'emprise territoriale anglaise en France avec l'affaiblissement du Plantagenêt Jean (qui ne survécut que deux ans à Bouvines), et le contrôle du pouvoir royal par ses vassaux au cours d'une longue période qui va de la Grande Charte de 1215 aux guerres successives des barons en Angleterre ; une rivalité accrue entre la dynastie guelfe de l'empereur Otton et celle, gibeline, de leurs concurrents Staufen avec son successeur Frédéric II, l'un et l'autre ne parvenant cependant pas à freiner l'essor des grandes principautés dans l'Empire. Ce que dévoile Bouvines, au fond, c'est le tracé de « deux Europe » ou plutôt d'une « Europe » à plusieurs vitesses, dont les contours territoriaux et politiques varient au gré de la puissance des grands féodaux face aux rois : d'un côté, des constructions déjà mieux corsetées par des rois appliquant, en fait comme en droit, une polarisation des structures et des fidélités ; de l'autre, un jeu perpétuel d'équilibre entre princes et rois selon un modèle plus horizontal et réparti. 1214 a donc valeur de symbole, car ces évolutions contrastées au sein même d'un Occident chrétien tenu en théorie par les deux pouvoirs universels du pape et de l'empereur dessinent la carte d'un petit monde où les densités souveraines obéiront pour des siècles à des rythmes différents.

En quatrième lieu, une dimension intimement liée au point précédent car, finalement, les contemporains ont bien senti qu'il se passait quelque chose de plus grand en ce dimanche ; la mémoire, le légendaire de Bouvines confèrent à l'événement une plus large et plus longue vie. La bataille eut le bonheur de compter un grand chroniqueur, Guillaume le Breton (1165-1226) qui, dans ses *Gesta* du roi Philippe et sa *Philippide*, compose à chaud le grand roman « national » qui dura jusqu'au XXe siècle, au moins jusqu'à son funeste et mortifère 700e anniversaire, en 1914, quand son souvenir fut de nouveau mobilisé pour « bouter hors » les Allemands. Après Guillaume, dix-huit narrations s'étageant des pays scandinaves jusqu'en Sicile reprennent en écho tout au long du siècle l'événement, frappé ensuite dans le marbre des *Grandes Chroniques de France*, achevant de ciseler pour des siècles la figure d'un roi « Auguste », d'un roi de guerre (qu'il ne fut finalement pas, car 1214 fut la dernière bataille de Philippe II) dont les traits purent inspirer un Louis XIV et un Napoléon, autres « Européens » à leur manière.

En cinquième lieu, Bouvines symbolise un « moment » ou plutôt une configuration charnière. Peut-être s'agit-il là de sa plus ultime et efficace « vérité » mondiale, un instant où se laisse deviner, par le seul sort d'une bataille, la structure profondément à l'œuvre de changements d'envergure ? Deux ans avant le 27 juillet 1214, à la bataille de Las Navas de Tolosa, le 16 juillet 1212, les royautés ibériques mettent en déroute les armées almohades et signalent ainsi leur capacité à mettre progressivement fin à la présence de l'Islam en Espagne. Un an avant Bouvines, à Muret, près de Toulouse, le 23 septembre 1213, les alliés de Philippe II défont Pierre II d'Aragon, stoppent en quelque sorte l'expansion catalane au nord des Pyrénées et placent le Toulousain, le Bas-Languedoc et la Provence dans l'orbite du royaume capétien. Enfin, de l'autre côté du globe, en mai 1215, les cavaliers de Gengis Khan s'emparent de Pékin, en chassent la dynastie Jin et incluent la Chine du Nord dans l'Empire mongol. D'ouest en est, au cœur des trois grandes constellations du monde connu, entre Occident chrétien, Islam et Asie, un affrontement guerrier non point décidé de tout mais agit tel un « révélateur ».

Sixième et dernière considération enfin : il est au fond savoureux de penser que les grandes figures de l'école des *Annales*, tenants d'une nouvelle histoire ouverte aux apports d'une internationalisation, d'une comparaison de grand champ et d'une interdisciplinarité qui légitiment aujourd'hui le projet d'une histoire « mondiale » de la France, aient accompli ce saut qualitatif à partir du terreau capétien le plus classique qui soit, que l'on songe à Marc Bloch avec ses *Rois thaumaturges* (1924), à Georges Duby avec *Bouvines* (1973) et à Jacques Le Goff avec sa biographie de *Saint Louis* (1996). La leçon, cependant, est là : ce n'est pas le matériau qui décide de l'interprétation et de son ampleur, mais la question de l'historien. Qui ne voit pas que ces interrogations demeurent : que peut un pouvoir souverain ? comment s'impose-t-il ou persuade-t-il de sa légitimité ? pourquoi choisir la guerre ? comment créer le lien social au cœur d'un processus agrégeant une dynastie (ou un régime), un territoire, une population ? En somme, l'actualité brûlante du Moyen Âge.

—

PIERRE MONNET

RÉFÉRENCES

—

John BALDWIN et Walter SIMONS, « Bouvines, un tournant européen (1214-1314) », *Revue historique*, n° 671, 2014 / 3, p. 499-526.

« Bouvines 1214 : la plus belle bataille du Moyen Âge », cahier spécial de la revue *L'Histoire*, n° 399, mai 2014.

Georges DUBY, *Le Dimanche de Bouvines*, Paris, Gallimard, 1973.

Pierre MONNET (dir.), *Bouvines 1214-2014. Histoire et mémoire d'une bataille. Eine Schlacht zwischen Geschichte und Erinnerung*, Bochum, Winkler, 2016.

Klaus OSCHEMA, « 27 juillet 1214 : la bataille de Bouvines », *in* Jean-Noël JEANNENEY et Jeanne GUÉROUT (dir.), *Histoire de la France vue d'ailleurs*, Paris, Les Arènes, 2016.

RENVOIS

—

987, 1137, 1159, 1815, 1914, 1992

1215

Universitas : le « modèle français »

Entre 1200 et 1231, l'université de Paris devient une institution singulière et autonome. Avec son organisation en « nations » composites, son cosmopolitisme intellectuel, l'indépendance de ses maîtres par-delà controverses et censures, elle façonne aussi le modèle d'une capitale du savoir, Paris, nouvelle Athènes de l'Europe et creuset d'identités multiples.

1215. L'université de Paris a quinze ans, quand le cardinal Robert de Courçon, légat du pape Innocent III, la dote des statuts qui vont faire de l'*universitas magistrorum et scholarium Parisiensis* la première institution de chrétienté. On est à mi-parcours. Le 15 janvier 1200, le roi Philippe Auguste a accordé aux *scholares* parisiens le « *privilegium fori* » – privilège de for ou de clergie –, ce privilège de juridiction qui, les retirant des griffes des tribunaux séculiers, scelle leur nouvelle condition de « clercs ». Le 13 avril 1231, la bulle *Parens scientiarum* de Grégoire IX les libère de la tutelle du chancelier, chanoine de Notre-Dame, et de l'évêque de Paris : les voilà autonomes. Ou presque. Maîtres, étudiants, officiers, notaires, appariteurs, stationnaires, les personnels ont leur statut : ils sont « suppôts » de l'université – le premier nom des fonctionnaires. L'institution a sa structure, son organisation, ses modes de fonctionnement, ses codes et ses rituels. Tout y est réglé, de la location des chambres à la gestion des sépultures. Elle a le monopole de la collation des grades, recrute comme elle veut, admet qui elle veut, se met en grève (parfois jusqu'à trois ans, comme en 1229-1231). Université de maîtres qui s'autogouvernent, ce n'est pas une simple « multitude », c'est une « communauté jurée », tenue par l'affect et l'usage, où, chaque année, on prête serment d'obéissance aux statuts et aux officiers, et s'oblige à un acte de présence continu, scandé par un calendrier doublant l'année liturgique. On est entre soi. Entre intellectuels. *Intellectuel* est à l'époque un métier juré. Est-il pour autant libre comme nous l'entendons ? *Pleinement* autonome ?

Il faut distinguer l'organisation de l'enseignement et la définition des contenus. L'autorité pontificale garantit l'existence de l'institution universitaire, des jurandes, face à l'évêque, au roi, aux diverses structures ecclésiales et civiles. Elle ne défend pas pour autant le *studium* contre le *sacerdotium* et le *regnum* : elle est partie intégrante du pouvoir sacerdotal, elle en est la tête, et cette tête pense, ce qui veut dire qu'elle veille au grain des programmes. Elle n'est pas la seule. Chacun à intervalles réguliers s'y essaie. À peine créée, l'université est dans l'œil du censeur. Dès 1210, le synode provincial de Sens, réuni à Paris par l'archevêque de Sens, Pierre de Corbeille, en présence de l'évêque de Paris, Pierre de Nemours, « et d'autres évêques », interdit « sous peine d'excommunication l'enseignement (*lectura*) en public ou en privé des livres de philosophie naturelle d'Aristote et de leurs commentaires » (*Chartularium Universitatis Parisiensis*, nº 11). De 1210 à 1277, les interdictions et censures diverses pleuvent : en 1215, Robert de Courçon inscrit dans ses statuts les décisions de « l'évêque de Paris », prescrivant aux maîtres de « ne pas lire les livres d'Aristote sur la métaphysique et la philosophie

naturelle, ni les sommes tirées de ces livres, ni les doctrines de maître David de Dinant, d'Amauri l'hérétique ou de Maurice d'Espagne » (*CUP*, nº 20). En 1231, *Parens scientiarum* confirme les interdictions de 1210, « jusqu'à ce qu'une commission ait examiné » les livres naturels d'Aristote et les ait « purgés de tout soupçon d'erreur » (*CUP*, nº 79). Ils ne le seront jamais, faute de missionnés. Le 10 décembre 1270, l'évêque de Paris, Étienne Tempier, « condamne et excommunie » treize erreurs « ainsi que ceux qui les auront enseignées sciemment ou affirmées ». Le 7 mars 1277, de son propre chef, sur la base d'informations fournies par de « grands et puissants personnages », ou en réponse à une lettre du 18 janvier dans laquelle le pape Jean XXI lui enjoignait de « procéder à une enquête » sur l'origine de « certaines erreurs » récemment propagées à Paris, le même Étienne, fort de l'expertise d'une commission de seize maîtres en théologie, porte à deux cent dix-neuf la liste des thèses interdites d'enseignement. Le geste est d'importance, qui marque la place réelle qu'occupe l'université de Paris dans l'histoire européenne : le *Syllabus* de Tempier sera encore utilisé à la fin du XVᵉ siècle contre Jean Pic de La Mirandole, au début du XVIIᵉ contre Copernic et Galilée, au début du XVIIIᵉ contre la « nouvelle philosophie » de Descartes.

La réitération des interdictions est l'hommage que la censure rend à la liberté : la marque de son impuissance. Dans sa structure et son organisation facultaires, dans son fonctionnement agonistique, ses procédures de contrôle, de censure et d'autocensure, mais aussi ses transgressions répétées, ses aménagements et ses détours, l'université de Paris intériorise institutionnellement la confrontation entre foi et raison. C'est par un conflit des facultés structurant que le monde latin se distingue des mondes byzantin et musulman. L'universitaire n'est pas un savant de cour, soumis au bon vouloir du Prince, qui assure ou non sa protection. Il ne peut connaître ni disgrâce ni bannissement. Philosophes et théologiens sont des pairs. Le censuré d'aujourd'hui est le censeur de demain. Ils appartiennent à la même *communitas*. La plupart ont d'ailleurs, au fil des années, changé de rôle. On ne peut devenir maître en théologie qu'après dix ans d'études ès arts et quinze ans d'études de théologie biblique et sententiaire. On n'accède à la science théologique – la lecture des *Sententiae* de Pierre Lombard – qu'après avoir acquis les sciences philosophiques – en lisant Aristote –, comme les philosophes néoplatoniciens des écoles d'Athènes et d'Alexandrie des ve et vi^e siècles n'accédaient aux « Grands Mystères » du platonisme, les *Dialogues* de Platon, qu'après avoir séjourné dans l'étude des « Petits Mystères », les écrits logiques et naturels aristotéliciens. Dès 1255, les statuts prescrivent la lecture de tous les textes d'Aristote interdits en 1210 : la prescription succède à la proscription. Laquelle n'avait jamais rien empêché.

Avec la répartition des maîtres et étudiants en « nations », l'université de Paris est le premier centre attracteur du monde intellectuel médiéval. À la « nation française », les Français du Centre et du Sud, les Italiens, la péninsule Ibérique ; à la normande, les Normands ; à l'anglaise, les Britanniques, les Scandinaves, les Germaniques ; à la picarde, les Picards, l'est et le nord de la France, l'actuelle Belgique et les Pays-Bas. Par son université, la France est à l'heure de l'Europe, avant même que ces deux entités aient commencé d'exister. Un tiers des maîtres enseignant à Paris entre 1200 et 1231 sont anglais. Les Anglais constituent à eux seuls plus du tiers des artiens : vingt-quatre maîtres sur une soixantaine recensés. Robert de Courçon, qui enseigne la théologie à Paris jusqu'à son élévation au cardinalat en 1212, est un Anglais du Derbyshire, proche de la famille royale anglaise. C'est à Paris, dans l'école de Pierre, chantre de Notre-Dame, qu'il a connu Lotario dei Conti de Segni, le futur pape Innocent III, qui dès 1213 le renverra en France pour y préparer les esprits au concile de Latran IV (1215). De 1200 à 1400, Paris est la destination par excellence de la *peregrinatio academica*. C'est là que viennent s'illustrer Albert le Grand et Thomas d'Aquin, Jean Duns Scot et Marsile de Padoue, Jean Buridan et *Meister* Eckhart. C'est là que dans les années 1270 naît « l'averroïsme latin ». C'est de là que, au xive siècle, le conflit entre *via Antiqua* et *via Moderna* essaime vers l'est, à mesure que l'Europe orientale et les pays d'Empire se dotent d'une université : de Prague (1347) – première université « allemande » – à Leipzig (1409). Il y a au Moyen Âge un « modèle français » qui réussit : l'*universitas magistrorum et scholarium Parisiensis*.

Par l'université, la France construit aussi pour elle-même son propre mythe.

En 1180, l'inventeur du terme « nihiliste » (*nihilianista*), Gauthier, chanoine de l'abbaye parisienne de Saint-Victor, écrivait un *Contra quatuor labyrinthos Franciae*, où il dénonçait Pierre Lombard, Pierre Abélard, Gilbert de la Porrée et Pierre de Poitiers, les quatre « labyrinthes » de France, et à travers eux le monde des « petites écoles » de la rive gauche, férues de dialectique. Dans les années 1200, l'université ayant absorbé les écoles de la montagne Sainte-Geneviève, de la rue du Fouarre et du Petit-Pont, les quatre facultés parisiennes, arts, théologie, droit canonique (décret) et médecine, sont devenues les quatre branches du fleuve irriguant le jardin du Paradis terrestre où le livre de la Genèse (II, 9) avait placé l'arbre de la Sagesse. Grâce à Latran IV Lombard est au programme. Le Paradis a chassé le Labyrinthe. La France s'installe au terme de tous les récits de légitimation culturelle et politique bâtis depuis l'époque carolingienne pour justifier le transfert du pouvoir (*translatio imperii*) d'Orient en Occident : la « caroline », l'« impériale » ou « ottonienne », la « dionysienne ». Avec l'université de Paris, « fontaine de doctrine et de sapience », s'achève la *translatio studii*, le transfert des arts et des études, d'Athènes à Paris, *via* Rome, dont Denys l'Aréopagite, « saint Denis », est considéré, dans un formidable saut à travers les siècles, comme le principal artisan. Dans le sermon *Vivat rex* de 1405, le chancelier Gerson va plus loin encore : remonté à Adam, il pousse jusqu'à Paris la version judéo-hellénistique de la translation du savoir, tissée par Flavius Josèphe dans ses *Antiquités judaïques*, et célèbre « l'Université de Paris première et principale des estudes inspiree au premier homme de l'encommencement du monde en paradiz terrestre, descendue par succession aux Hebreux par Abraham en Egipte, comme dit Josephus, puys de Egipte a Athenes, puis de Athenes a Romme, puis de Romme a Paris ».

Il n'y a, en rigueur des termes, pas de « grand » philosophe « français » au Moyen Âge. Il y a plus : l'université, lieu géométrique de tous les acteurs du savoir. À partir du XIIIe siècle, Paris avec ses « nations » est bien, comme elle se rêve parfois encore, au centre de l'Europe. Retenons l'image que cette *universitas* suggère : celle d'un vaste creuset où, prélude inattendu de la France moderne, se sont un temps agrégées, affrontées et *intellectuellement* fondues les origines et les identités.

—

ALAIN DE LIBERA

RÉFÉRENCES

—

Luca BIANCHI, *Censure et liberté intellectuelle à l'université de Paris (XIIIe-XIVe siècle)*, Paris, Les Belles Lettres, 1999.
Nathalie GOROCHOV, *Naissance de l'Université. Les écoles de Paris, d'Innocent III à Thomas d'Aquin (v. 1200-v. 1245)*, Paris, Honoré Champion, 2016.
Alain de LIBERA, *La Philosophie médiévale*, Paris, PUF, coll. « Quadrige Manuels », 2014.
Serge LUSIGNAN, *« Vérité garde le Roy ». La construction d'une identité universitaire en France (XIIIe-XVe siècle)*, Paris, Publications de la Sorbonne, 1999.
Jacques VERGER, *Les Universités françaises au Moyen Âge*, Leyde, E.J. Brill, 1995.

RENVOIS

—

511, 1287, 1380, 1682, 1751, 1793, 1968

1247

Une histoire d'eau

*L'assèchement de l'étang de Montady et son parcellaire
exceptionnel témoignent de la vigueur de la croissance agraire
du XIIIᵉ siècle. Mais derrière la science hydraulique
et cadastrale des habitants de la plaine bas-languedocienne
se dessine également une longue tradition de maîtrise de l'eau
remontant à l'Antiquité, relayée par les Arabes d'al-Andalus.*

Une histoire locale et globale : l'assèchement de l'étang languedocien de Montady au XIIIᵉ siècle apparaît comme la résultante d'une technique bimillénaire, celle des *qanats*, d'origine orientale et qui s'est propagée à travers les mondes romain et arabe. Site classé depuis 1974, l'ancien étang de Montady, entre Béziers et Narbonne, à quelques kilomètres de la Méditerranée, force l'admiration devant la géométrie parfaite des champs, puisque aujourd'hui la plupart de ces terres sont cultivées en céréales. Considérée à juste titre comme un paysage rural exceptionnel, la cuvette de Montady est en effet divisée en parcelles triangulaires effilées dont les pointes convergent au centre et dessinent une roue quasi circulaire. L'ensemble est remarquable par son ampleur, près de 425 hectares, certains tracés rectilignes mesurant jusqu'à 1,5 kilomètre. Quelle est l'origine de ce paysage ?

Ce découpage rationnel est avant tout de nature hydraulique : il résulte d'une entreprise d'assèchement. En effet, là comme ailleurs dans les plaines littorales languedocienne et roussillonnaise, des cuvettes, formées probablement par le vent tourbillonnant, ont piégé l'eau de pluie et des versants, sont devenues des petits lacs, puis des marécages. Ces sites humides ont toujours été fréquentés, recherchés, car situés dans un contexte climatique plutôt sec où l'eau est un bien précieux. Ils permettent aux troupeaux de paître, aux populations de pêcher et de chasser, de ramasser des roseaux et des herbes aux multiples usages. Témoignent de ce tropisme l'*oppidum*

175

préromain d'Ensérune qui dominait l'étang de Montady, puis les domaines agricoles de la période romaine, enfin les villages en bordure de rive (Colombiers, Montady, Tersan, ce dernier aujourd'hui disparu). L'étang marécageux a laissé la place à une étendue fortement artificialisée. Des fossés bordent les grandes parcelles triangulaires pour conduire l'eau dans un fossé circulaire, le *redondel*, au centre de la cuvette, et trois grands canaux drainent les ruisseaux du bassin de l'étang. Fossés et canaux se déversent dans le canal principal, la *grande maïre*, qui évacue l'eau hors de l'étang. Autre prouesse : ce canal quitte l'étang par une galerie souterraine de 1360 mètres sous la colline de l'ancien *oppidum* d'Ensérune avant de rejoindre les étangs de Poilhes et de Capestang, après un parcours de plus de 4 kilomètres, et de là jusqu'à l'Aude et la Méditerranée.

De quand date cette entreprise, impressionnante et originale, dont le paysage est mieux connu que l'histoire ? Elle est à mettre en relation avec une charte de l'archevêque de Narbonne qui autorise en février 1247 les « comparsonniers » de l'étang, autrement dit les copropriétaires, à construire un aqueduc souterrain pour assécher l'étang. En effet, le tracé prévu de cette galerie se situe au niveau des terroirs de Nissan, village dont il est le seigneur. La mise en route des travaux, leur terminaison, ne sont pas bien datées, mais tout est achevé en 1268. L'assèchement de l'étang de Montady s'intègre par conséquent dans les dernières décennies de l'expansion agraire du Moyen Âge central qui caractérise toute l'Europe occidentale.

En Languedoc, l'extension des espaces cultivés est marquée par la conquête des zones humides, rives des cours d'eau et terrains marécageux. Les terres ainsi gagnées deviennent des champs céréaliers pour répondre aux besoins alimentaires d'une population croissante ; elles sont aussi le support d'investissements pour les notables des campagnes et des villes qui réalisent ces aménagements avec l'accord des seigneurs locaux. Les nouvelles terres sont ensuite concédées à des paysans pour exploitation.

Plusieurs dizaines d'opérations de drainage de ce type sont réalisées au XIIIe siècle, du Roussillon jusqu'en Provence. Montady en est le cas le plus emblématique et l'un des mieux documentés. Pour autant, les choses ne sont pas si simples : l'assèchement du grand étang de Marseillette (2 000 hectares) est un échec, tandis que l'archevêque de Narbonne préfère garder en eau son étang de Capestang où il récolte du sel. À Montady, c'est la galerie d'écoulement des eaux qui va retenir notre attention, car elle tisse un lien invisible avec des aires culturelles et géographiques lointaines. La charte de 1247 prévoit que les travaux de creusement et d'entretien sont à la charge de plusieurs bourgeois de Béziers qui ont acquis les nouvelles terres : « À travers ces terres, les concessionnaires pourront librement, sans opposition, réaliser eux-mêmes ou par d'autres des galeries, des puits, des canaux et des fossés en autant de quantités et d'endroits qu'ils souhaiteront, et faire tout ce qu'il faudra pour l'assèchement et l'ouvrage de l'étang [...] »

Le vocabulaire du texte latin mérite de s'y arrêter. Il paraît directement emprunté aux installations minières. Sur tout le pourtour méridional du Massif central, des mines sont alors ouvertes et en plein essor, à quelques dizaines de kilomètres des étangs languedociens. Les termes de la charte évoquent deux éléments principaux : le puits (*crosum*, latinisation de l'occitan *cros*) qui donne accès à la galerie (*balma*). Quelle technique est donc utilisée ? En fait, la galerie avec puits n'est pas une spécificité des mines, elle semble tout aussi répandue pour les aqueducs souterrains médiévaux. Avec ses seize puits verticaux (un tous les 85 mètres, en moyenne), la galerie de Montady est un ouvrage d'art important, mais pas unique. D'autres étangs sont drainés par des aqueducs similaires, comme à Fleury-d'Aude ou Saint-Gilles-du-Gard, en Languedoc, et à Canohès, en Roussillon. Par contre, ils deviennent très rares au-delà du pourtour méditerranéen.

En fait, ces aménagements hydrauliques s'inspirent et se rattachent directement à une pratique très ancienne et répandue, celle des *qanats*. Justifiées lorsque le milieu naturel est particulièrement sec et aride, ces canalisations souterraines ont été réalisées pour capter les nappes phréatiques afin de conduire l'eau vers les zones d'habitat et de culture qu'elles irriguent. Elles peuvent être profondes et parcourir de très longues distances, jusqu'à plusieurs dizaines de kilomètres. Leur existence est déjà très répandue pendant l'Antiquité, d'abord en Mésopotamie, sur les plateaux iraniens de la Perse des Achéménides, ou encore en Égypte, régions pour lesquelles la mise en place des réseaux d'irrigation est indispensable pour développer l'agriculture. L'archéologie et les textes ont mis au jour des opérations inverses, consistant à drainer l'eau, là où elle est surabondante. Le procédé est le même que pour les *qanats* : il est possible de le repérer aux quatre coins de la Méditerranée antique, dans les espaces marécageux et lacustres, comme au Fayoum, en Égypte, ou encore en Grèce, au lac Copaïs et dans l'étang de Ptéchai. Les Étrusques, puis les Romains, ont à leur tour repris ce procédé, tout particulièrement aux lacs italiens d'Albano et de Fucino (galerie de plus de 5 kilomètres). En Gaule méridionale, la dépression de Clausonne, près de Nîmes, sur le parcours de l'aqueduc approvisionnant cette ville, marqué par le célèbre pont du Gard, est drainée selon les mêmes modalités (Ier siècle après J.-C.). Pour ce qui est des étangs et des lacs, l'assèchement total ou partiel suit un protocole qui se répète avec peu de variantes. Les eaux sont canalisées par des fossés entourant la zone humide et / ou la traversant, avec une forme en éventail caractéristique dans les cuvettes, puis sont évacuées par un exutoire, un fossé, qui peut être à l'air libre si les rebords de la dépression sont de faible hauteur, mais qui se transforme en aqueduc souterrain si la configuration du relief s'élève. À intervalles réguliers, des puits verticaux sont forés pour faciliter le creusement de la galerie, son entretien et son aération, selon un procédé identique aux *qanats*, même s'il s'agit de drainage et non d'irrigation, d'évacuer l'eau et non de l'apporter.

Par conséquent, cette technique fondamentale du drainage d'une dépression fermée (lac, étang, marécage) est reprise à l'identique plus tard, au Moyen Âge, en particulier lorsqu'il a été nécessaire de gagner de nouvelles terres à cultiver. Les témoignages, en relation avec cette période de croissance, apparaissent en Europe occidentale au xiie siècle. Un cas remarquable est celui du lac volcanique de Laach, dans le massif allemand de l'Eifel, mais l'essentiel des aqueducs souterrains médiévaux restent proches de la Méditerranée, comme celui de Montady. Ce dernier ouvrage est par conséquent le produit d'une histoire bimillénaire, qui trouve sa source au Moyen et au Proche-Orient et se diffuse vers l'est, en Afghanistan, et vers l'ouest, comme les *foggaras* du Maghreb. L'islamisation et l'arabisation de l'ensemble des régions ont favorisé la généralisation de ce système d'irrigation et de drainage, bien attesté dans la péninsule Ibérique, jusqu'aux Baléares, dans l'al-Andalus médiévale, au voisinage du Roussillon et du Languedoc par conséquent. *Qanats* et *foggaras* restent encore aujourd'hui le mode traditionnel de captage et de distribution de l'eau des nappes au sud de la Méditerranée et en Orient.

L'ancien étang de Montady raconte une histoire locale et globale. Héritage romain et hydraulique arabe se conjuguent pour apparaître comme les vecteurs les plus solides de la diffusion jusque dans la France méridionale du xiiie siècle, voire au-delà, de la technique des *qanats* orientaux. Une France méridionale qui fait par conséquent le grand écart entre une attraction capétienne renforcée,

consécutive à la croisade contre les « albigeois », et le monde méditerranéen, où les frontières politiques et religieuses n'entravent pas les échanges culturels et techniques, comme l'hydraulique en donne l'exemple. Les méthodes de drainage du xiiie siècle témoignent d'une maîtrise de l'hydraulique qui plonge ses racines au sud de la Méditerranée.

—

JEAN-LOUP ABBÉ

RÉFÉRENCES

—

Jean-Loup ABBÉ, *À la conquête des étangs. L'aménagement de l'espace dans le Languedoc méditerranéen (xiie-xve siècle)*, Toulouse, Presses universitaires du Mirail, 2006.

Pierre BRIANT (dir.), *Irrigation et drainage dans l'Antiquité, qanats et canalisations souterraines en Iran, en Égypte et en Grèce*, Paris, Collège de France / Thotm, 2001.

Pierre CARRIÈRE, « Le dessèchement et l'aménagement hydraulique de l'étang de Montady (Hérault) », *Bulletin de la Société languedocienne de géographie*, t. 14, nos 2-3, avril-septembre 1980, p. 199-229.

Henri GOBLOT, *Les Qanats : une technique d'acquisition de l'eau*, Paris-La Haye-New York, Mouton / Paris, Éd. de l'École des hautes études en sciences sociales, 1979.

Klaus GREWE, *Licht am Ende des Tunnels. Planung und Trassierung im antiken Tunnelbau*, Mayence, Philip von Zabern Verlag, 1998.

RENVOIS

—

5800, 212, 719, 1159, 1287

1270

Saint Louis naît à Carthage

Avec le règne de Louis IX, la France, en tant qu'État, entre dans l'histoire et sort du mythe, tout en restant dans l'un et l'autre. En 1270, la mort que le roi est venu chercher à Carthage fournit enfin un saint à la lignée capétienne et offre un nom et un protecteur à la présence française à travers le monde.

La fièvre qui emporte Louis IX, roi de France, le 25 août 1270, au flanc de la colline de Carthage, marque le départ de la carrière d'un nouveau saint de l'Église catholique. À distance des nombreux saints rois évangélisateurs et confesseurs de peuples du haut Moyen Âge, Louis est-il un laïc sanctifié ou l'incarnation d'un programme de sacralisation de la fonction royale portée par les Capétiens ? Saint dynastique en premier lieu, irriguant la thaumaturgie du sang royal, il est bientôt un saint « national », à la faveur des constructions idéologiques qui, à partir des années 1300, entraînent les États d'Europe vers la fabrique imaginaire d'identités cellulaires, car territoriales.

Disqualifiant à double titre un saint Charlemagne germanique *et* romain, dont la canonisation en 1165 restera à jamais officieuse, « Saint Louis » constitue bien plus qu'un lieu de mémoire : par sa mort hors du territoire, il offre un nom pour désigner la présence française à travers le monde.

Dès la fin du XVIᵉ siècle, l'Europe se couvre de paroisses « Saint-Louis-des-Français » : à Lisbonne dès 1572, à Istanbul en 1581, à Rome, de loin la plus célèbre, en 1589, puis à Madrid (1613) et Séville (1730), et jusqu'à Moscou en 1788. Au XVIIᵉ siècle, « Saint-Louis » devient un toponyme mondialisé, par le fait de la conquête coloniale et du réinvestissement du culte par une monarchie résolument « ludovicienne » – hasard aidant, « Louis » est bien le seul nom de roi en France de 1610 à 1792, voire 1824. Dès 1600, le Potosí se dote, avec les chercheurs d'or, d'une ville « San Luis ». Avant Champlain à Québec en 1646, Charles des Vaux fonde São Luis do Maranhão en 1612, base d'une France « équinoxiale », antécédent brésilien de la Guyane. De l'embouchure du Sénégal (1659) aux rives du Missouri (1764), de la Guadeloupe (1648) à Saint-Louis-du-Sud en Haïti (1677), de Pondichéry (1704) à l'île Maurice (1735), qu'il s'agisse de villes, de comptoirs, de simples églises ou de places fortes, les « Saint-Louis » se propagent sur plusieurs continents, au gré du déploiement de l'universalisme colonial et missionnaire français. Les jésuites, dont le siège parisien est bien sûr dédié à Saint Louis dès 1627, sont les vecteurs d'une mission à la fois universelle et nationale, associant à la conversion catholique les intérêts commerciaux de la France de par le monde. Par l'église des Invalides (1670) enfin, patronne du « diocèse aux armées », le saint « Louis » est bien le protecteur des Français hors frontières.

Dans quelle mesure « l'aventure de mort », comme dit Joinville, reconduite par deux croisades à vingt ans d'intervalle par Louis IX, peut-elle former l'assise mythique, sinon l'arrière-monde de ce patronage colonial ? D'autant que ce n'est que du bout des lèvres que les historiens, depuis Paul Alphandéry et Alphonse Dupront, accordent aux deux « passages » outre-mer du Capétien un label de « croisade » fort disputé, « septième » (1248-1254) puis « huitième » et dernière « croisade » (1270).

Assimilée à une captivité éternelle par son premier hagiographe, la mort de Saint Louis est comme la transfiguration d'une conception détournée de la croisade, qui avance en reculant : après la tentative sur l'Égypte et la cuisante défaite de la Mansurah en 1250, il s'agit, avec la Tunisie, de parer au plus proche rivage musulman. La défense de la Terre sainte n'est plus qu'un prétexte et elle s'efface en partie au profit d'une stratégie diplomatique bien plus vaste, au point de s'étendre aux confins de l'Asie centrale mongole. Intriquées l'une à l'autre par les récits hagiographiques, les deux « croisades » de Saint Louis sont un laboratoire où la confrontation politique et culturelle mêle au désir irrépressible de conversion un échange bien réel avec les « infidèles », par la captivité et la négociation. Et il se trouve en effet que *Sanluwis ibn Luwis* est aussi un personnage de la mémoire historiographique « orientale », chrétienne ou musulmane : Ibn Khaldun et de très nombreux chroniqueurs arabes avant lui en dressent un portrait ambigu, où l'ignorance du croisé se confond avec la perfidie du conquérant.

Pourquoi Louis IX prend-il à nouveau la croix en 1267 ? Et pourquoi viser Carthage, cible restée secrète jusqu'au dernier moment ? Les historiens en discutent encore, avec toutefois la sourde conviction que la géopolitique cède le pas à un projet idéologique nouveau porté par les ordres mendiants depuis un demi-siècle : chercher la conversion de l'émir hafside al-Mustancir, qui venait de se proclamer calife à la faveur de la chute des Abbassides, terrassés par les Mongols à Bagdad en 1258, est comme l'adoption de l'ambition missionnaire de François d'Assise, allant au-devant du sultan al-Kamil en 1219. Au minimum, il s'agissait d'appuyer la prédication locale des dominicains qui avaient fondé un *studium arabicum* en 1250 à Tunis, brutalement fermé en 1267 précisément. Le roi se sait par ailleurs malade et il lui faut racheter son échec en Égypte : mourir en terre infidèle ouvrirait la voie au martyr.

La mort du roi est d'abord une nouvelle naissance, d'autant plus troublante qu'elle coïncide avec le jour où, vingt-deux ans plus tôt, Louis IX quittait Aigues-Mortes et la France pour une première « croisade » achevée le 24 avril 1254, le jour anniversaire de sa naissance. Transfigurée en une croisade perpétuelle, la mort en terre non chrétienne est rigoureusement mise en scène par des gestes (le lit de cendres) et des paroles d'imitation christique. Jacques Le Goff a souligné combien la dernière parole du roi – « Père, je remets mon âme entre tes mains » –, rapportée dès 1272 par le confesseur Geoffroy de Beaulieu, achevait le programme d'identification messianique du souverain français, amorcé en 1238 par l'acquisition de la couronne d'épines du Christ et la construction consécutive de la Sainte-Chapelle. En 1239, le pape désigne Louis IX comme « *Dei filius* », alors qu'il condamne à la déposition l'empereur Frédéric II, assimilé à l'Antéchrist. En marge du Saint Empire, la royauté française élabore sa propre mission universelle : transposée dans un projet dynastique, et bientôt national, la royauté de Jérusalem est désormais réalisable ici et maintenant, dans un morceau d'Extrême-Occident ouvert sur les mers. Le « passage » de 1270 voit

d'ailleurs la mise en œuvre d'une première flotte autonome, avec la construction de vaisseaux permanents et la création d'une charge d'« amiral » de France, bel exemple de transfert linguistique de « l'émir » arabe dans la langue française. Fondation mythique, certes, mais qui sera remobilisée lors de la mise en œuvre d'une véritable Marine royale – tous les ports français se couvriront d'églises « Saint-Louis », de Rochefort (1686) à Toulon (1707), de Brest (1702) à La Rochelle (1741), avant la création d'un Port-Saint-Louis-du-Rhône (1737) ou d'une église Saint-Louis à La Roche-sur-Yon napoléonienne (1808).

L'anomalie de la « croisade » tunisienne invite à revenir sur le sens politique du très long séjour de Louis IX en Orient, exil temporaire du gouvernement royal durant six années, entre 1248 et 1254. Au-delà de la volonté de « coloniser » l'Égypte par l'apport à Damiette d'« instruments aratoires », c'est en premier lieu le signe manifeste du fonctionnement autonome d'un État, bientôt « moderne », qui peut se passer de son monarque : malgré la mort de la régente Blanche de Castille en 1252, Louis IX, à l'inverse de son grand-père en 1190, achève les négociations avec les sultans d'Alep et du Caire, au cours desquelles la possession de la Jérusalem terrestre passe au second plan, au profit d'une politique de fortification d'une Terre sainte élargie de Gaza à Sidon. Malgré lui sans doute, et pour racheter sa captivité malheureuse (avril-mai 1250), Louis IX s'orientalise : témoin oculaire du coup d'État des Mamelouks au moment de sa libération, le roi se voit offrir le sultanat du Caire par un infidèle et apprend, peut-être, à envisager le monde comme moins binaire. Il comprend combien les « infidèles » sont divisés et que la rumeur de la terreur mongole est sans doute autre chose qu'un signe divin de la venue de Gog et Magog : dès 1248, depuis Chypre, avant Guillaume de Rubrouck en 1252 depuis Acre, il envoie des ambassadeurs chargés de présents auprès du khan mongol. Rêve de conversion du « fils du Ciel », pour prendre à revers les puissances islamiques ? Peut-être – mais aussi volonté de comprendre et d'explorer un Extrême-Orient en rendant l'Orient plus proche. Jusqu'en 1269, le roi entretient un fondé de pouvoir en Terre sainte, Geoffroy de Sergines. Et les ambassades portent quelques fruits : jusqu'en 1289, le roi de France reçoit des lettres des confins de la Chine. Le rendez-vous est manqué, bien entendu, mais le contact est établi et le monde se rapproche. Et il n'est pas impossible que Louis IX ait aussi prolongé son séjour pour attendre le retour de Rubrouck, qu'il manque à quelques mois près.

L'absence du roi « outre-mer » est au total une expérience inédite de la communication politique, ainsi qu'en témoigne cette lettre écrite à tous « ses » sujets en août 1250 pour justifier le fait de rester en Orient : la possibilité même d'un rapport à l'autre est apparue ; en 1272, Geoffroy de Beaulieu ne craindra pas d'affirmer que si Louis IX, à son retour, a fondé une bibliothèque dans la sacristie de la Sainte-Chapelle, c'est bien à l'imitation du sultan du Caire et de ses officiers, dont il avait pu partager la vie quotidienne durant sa captivité. Étrange « transfert culturel » qui confère un gage certain à

la vision d'un islam des « Lumières », au cœur d'un Occident qui reconnaît par là son ignorance.

Dès les années 1280, malgré les échecs militaires et diplomatiques, la double aventure orientale du roi lui vaut une renommée singulière, sinon mondiale : s'individualisant des autres « bédouins francs », il est pour Ibn Wasil, avant Ibn Khaldun, le *ridâfrans*. Voilà le nom de « France », encore balbutiant dans les titulatures officielles, consacré par la langue arabe. Malgré le verrouillage des sources hagiographiques postérieures, les aventures de la captivité et du martyre ont pour finir ménagé des brèches dans la figure et la mémoire d'un roi missionnaire. À l'exception de Jean II, otage volontaire à Londres en 1364, Louis IX est le seul monarque français à mourir en dehors du territoire, et le seul en terre non chrétienne. Cette extraterritorialité commande la dispersion de son corps de part et d'autre de la Méditerranée : ses viscères sont des reliques à Palerme dès 1271, avant que le cardinal Lavigerie en obtienne un fragment, six cents ans plus tard, pour fonder sa cathédrale éponyme, primatiale d'Afrique, au sommet de la colline de Carthage, base arrière des « missions » des Pères blancs à travers le continent. À l'instar de ces restes exportés, la légende de Saint Louis est susceptible d'appropriations inattendues : aux prémices de la conquête par la France de l'Afrique du Nord fleurit le récit d'une histoire inversée. À partir des années 1830, on raconte près de Carthage que Louis IX n'est pas mort en 1270 mais s'est converti à l'islam, pour devenir le marabout connu sous le nom de Sidi Bou Saïd. Double canonisation tardive et stupéfiante d'un Saint Louis résolument africain, mais susceptible tour à tour de servir et desservir la conquête, toute coloniale, des imaginaires, sinon des corps.

—

YANN POTIN

RÉFÉRENCES

—

Anne-Marie EDDÉ, « Saint Louis et la septième croisade vus par les auteurs arabes », *Cahiers de recherches médiévales*, 1996, p. 65-92.
Xavier HÉLARY, *La Dernière Croisade*, Paris, Perrin, 2016.
Jacques LE GOFF, *Saint Louis*, Paris, Gallimard, 1996.
Afrodesia E. MCCANNON, « The King's Two Lives : The Tunisian Legend of Saint Louis », *Journal of Folklore Research*, vol. 43, n° 1, 2006, p. 53-74.
Yann POTIN, « Saint-Louis l'Africain. Histoire d'une mémoire inversée », *Afrique et histoire*, vol. 1, 2003, p. 23-74.

RENVOIS

—

800, 1095, 1662, 1763, 1798, 1931, 2003

1282

« Mort aux Français ! »

La révolte des Vêpres siciliennes, en 1282, marque la fin de la domination française sur l'île italienne, imposée par le pape et par les armes vingt ans auparavant. Mais l'événement renverse également les équilibres politiques en Méditerranée, bouleverse l'Italie, déstabilise la papauté et cristallise passions politiques et identités nationales jusqu'au XIXe siècle.

Le lundi de Pâques 1282, ou bien le lendemain, en fin de journée, lors d'une fête du printemps qui réunissait chaque année les habitants de Palerme à l'occasion d'un pèlerinage à l'église San Spirito, une rixe éclata entre des officiers français au service de Charles d'Anjou et des jeunes gens de la noblesse locale. L'échauffourée dégénéra et tourna au massacre de tous les Français et Provençaux résidant dans la ville, aux cris de « Mort aux Français ! ». Le massacre fit plusieurs centaines de victimes. On n'épargna ni les femmes, ni les enfants, tandis que les cadavres étaient abandonnés sans sépulture aux chiens et aux vautours. Le soulèvement palermitain s'étendit à l'arrière-pays, gagnant d'abord la ville de Corleone, puis peu à peu l'ensemble des cités et communautés

de Sicile. Messine fut la dernière à tomber, le 28 avril, quelques troupes françaises parvenant à se replier en Calabre. Le 7 mai, le pape promulga une bulle interdisant de prêter une aide quelconque aux rebelles et les sommant de se soumettre à leur souverain, Charles d'Anjou, qui était roi de Sicile en vertu de l'investiture pontificale. Les Siciliens refusèrent d'obéir et se tournèrent vers le roi d'Aragon et comte de Barcelone, Pierre III, considéré comme l'héritier légitime des anciens rois en raison de son mariage avec Constance de Hohenstaufen. Après une escale en Tunisie, Pierre III débarqua à Trapani le 30 août et fut proclamé roi à Palerme le 4 septembre. La révolte des Vêpres siciliennes – la formule apparut à la Renaissance – mettait ainsi un terme sanglant à l'aventure hors du commun engagée près de vingt ans plus tôt, par laquelle le dernier frère de Saint Louis avait tenté de bâtir un empire méditerranéen aussi démesuré qu'éphémère.

En 1265, en effet, la papauté avait choisi un prince capétien, Charles, comte apanagé d'Anjou et du Maine, et comte de Provence et Forcalquier du chef de son épouse, comme champion contre les successeurs de l'empereur Frédéric II de Hohenstaufen, lequel avait également hérité de sa mère le royaume normand de Sicile, qui réunissait l'île et le sud de la péninsule sous la suzeraineté du pape. Au cours de deux campagnes militaires, érigées par le pape au rang de croisades, Charles d'Anjou avait successivement éliminé Manfred, tué sur le champ de bataille de Bénévent en 1266, et Conradin, capturé à la bataille de Tagliacozzo et exécuté à Naples en 1268. Le Capétien mettait ainsi fin à la lignée des Hohenstaufen, cette « race de vipères », selon la formule d'Innocent IV, qui s'opposait à la papauté depuis le XIIe siècle. Une fois couronné et bénéficiant de l'appui de la royauté française et de l'Église romaine, il se lança dans une vaste politique expansionniste. Il commença par établir son hégémonie sur l'Italie, acquérant le Piémont, soutenant la domination du parti pontifical dans les cités d'Italie du Nord et du Centre, satellisant la Sardaigne. Il soumit ensuite le sultan de Tunis, acquit des droits en Terre sainte et obtint le titre de roi de Jérusalem. Il s'empara encore de la principauté franque d'Achaïe (le Péloponnèse) et de la couronne d'Albanie. L'accession au trône de Pierre d'un Français dévoué à la cause angevine

en la personne de Martin IV, en 1281, ainsi qu'une alliance maritime et commerciale avec Venise, lui permettaient d'envisager une ultime entreprise, de nouveau opportunément érigée en croisade : la conquête de Constantinople et des derniers vestiges de l'Empire byzantin. En incendiant la flotte française rassemblée à Messine et en ébranlant le cœur de la domination angevine, la révolte des Vêpres brisa net cet élan.

Les facteurs du soulèvement sont multiples. En dépit du soutien de la papauté, la légitimité de Charles d'Anjou demeurait peu assurée. L'exécution publique de Conradin, peu conforme aux mœurs politiques du temps, avait en partie ruiné sa réputation de prince chevalier. Surtout, la conquête de la Sicile avait été particulièrement brutale, d'autant qu'à la suite de la révolte de 1268-1269, menée à l'instigation de nobles réfugiés à Tunis, une sévère répression s'était abattue sur la société insulaire. La domination angevine prit une véritable dimension coloniale – la « mala signoria » dénoncée par les chroniqueurs –, combinant une épuration de l'aristocratie locale, souvent remplacée par des nobles français ou provençaux, la mise en place d'une administration centralisée rigoureuse, l'accroissement de la pression fiscale – d'autant plus durement ressentie que la collecte de l'impôt fut confiée à des Italiens du continent –, enfin, le transfert de la capitale du royaume de Palerme à Naples. Les historiens discutent encore du rôle joué par la diplomatie aragonaise. Dès la fin des années 1280, une chronique de la rébellion rédigée à Messine, qui constitue le plus ancien texte en langue sicilienne et qui fut largement reprise par Pétrarque, puis par Voltaire, érigeait en héros Giovanni da Procida, un noble campanien exilé devenu le chancelier du roi d'Aragon, dont elle faisait le maître d'œuvre d'un véritable complot politique. Il est assuré que la cour aragonaise avait noué une alliance avec le nouvel empereur germanique, Rodolphe de Habsbourg, ainsi qu'avec l'empereur de Byzance, Michel Paléologue. On sait qu'elle entretenait une correspondance secrète avec certains membres de l'aristocratie sicilienne. Mais il reste impossible de lui attribuer un rôle moteur dans le soulèvement. Si complot il y eut, il fut d'origine insulaire. D'ailleurs, les insurgés adoptèrent d'abord la forme d'organisation politique qui avait cours dans les villes d'Italie centro-septentrionale, à savoir la commune dirigée par des magistratures collégiales, et s'unirent dans une ligue de cités, à l'image de nouveau de la Ligue lombarde. Ce n'est que confrontés à l'opposition du pape qu'ils se résolurent à remettre la couronne au roi d'Aragon.

La portée de l'événement fut considérable. Plus que l'échec de Saint Louis devant Tunis en 1270, les Vêpres donnèrent un véritable coup d'arrêt à l'hégémonie française en Méditerranée. La brève « croisade d'Aragon », par laquelle le roi de France Philippe III tenta d'aider son oncle en 1284-1285, tourna rapidement court. Commence alors une longue lutte entre Angevins et Aragonais, qui constitue une sorte de deuxième guerre de Cent Ans sur le terrain méditerranéen, à peine interrompue entre 1302 et 1321 et qui ne s'achève qu'avec l'entrée d'Alphonse V d'Aragon dans Naples en

1442. En Italie même, le paysage politique fut bouleversé par les Vêpres. L'ancien royaume de Sicile était désormais divisé en deux, de part et d'autre du détroit de Messine. Dans les villes du nord et du centre de l'Italie, le parti franco-pontifical recula partout face aux partisans du Habsbourg ou des Aragonais. Les luttes de faction déchirèrent l'État pontifical au point de pousser le pape à quitter l'Italie pour la France, Clément V finissant par s'établir à Avignon en 1309, où il fut bientôt rejoint par la curie.

Les Vêpres témoignent par ailleurs de l'essor, au sein des élites aristocratiques et urbaines insulaires, de ce que l'on peut appeler un « sentiment national ». L'ensemble des sources soulignent en effet la dimension violemment antifrançaise du soulèvement. Le fait est d'autant plus remarquable que la Sicile avait sédimenté de nombreux peuples depuis le Xe siècle (Arabes, Grecs, Normands, Lombards, Allemands...), qu'elle faisait cohabiter tant bien que mal des religions et des confessions diverses (christianismes latin et grec, islam, judaïsme), qu'elle avait en outre l'habitude d'être gouvernée par des souverains étrangers (Arabes, Grecs, Normands ou Souabes). La révolte des Vêpres cristallise donc la fin d'une époque et l'émergence d'un sentiment nouveau de « sicilianité » qui renvoie globalement les Angevins et leurs partisans à une identité exogène, définie comme française sur des critères à la fois politiques (l'allégeance à la maison de France), linguistiques (la maîtrise imparfaite de la langue locale) et culturels (la brutalité de la chevalerie), alors même que le parti angevin regroupait des individus d'origines variées : des «Français» d'Île-de-France, de Champagne et de Picardie, des Angevins et des Manceaux, des Provençaux et même quelques Lombards et Amalfitains.

La mémoire de l'événement fit des Vêpres, dans la longue durée, le creuset de mythologies politiques aussi variées qu'il y avait eu d'acteurs. Espagnols et Français en eurent, de manière attendue, un usage opposé. Les droits de Charles d'Anjou constituèrent l'une des motivations de Charles VIII lorsqu'il entreprit la première guerre d'Italie en 1494, tandis que le soulèvement sicilien fournissait une légitimité «populaire» à la domination ibérique sur le sud de l'Italie. Cette rivalité perdura jusqu'au XVIIᵉ siècle, comme en témoigne le célèbre échange rapporté par le jésuite Baltasar Gracián en 1648, au cours duquel le roi Henri IV aurait prétendu qu'il pourrait conquérir la péninsule en un jour : «J'irai entendre la messe à Milan, déjeuner à Rome et dîner à Naples», et se vit répondre par l'ambassadeur d'Espagne : «Sire, votre majesté, allant de ce pas, pourrait bien le même jour aller à vêpres en Sicile.» Mais c'est surtout en Italie que les Vêpres furent l'objet de multiples appropriations. Dès la fin du XIIIᵉ siècle, sous la plume de Dante, le soulèvement était érigé en modèle de ce qu'il advient à un pouvoir tyrannique asservissant le peuple. Ce discours, souvent mâtiné de nationalisme, fut repris et amplifié au XIXᵉ siècle aux dépens des Bourbons d'Espagne ou de la monarchie autrichienne. Alors que les idées libérales ou jacobines françaises inspiraient les promoteurs du Risorgimento, il connut son versant savant avec

La guerra del Vespro Siciliano (1842), rédigée par Michele Amari lors de son exil à Paris au tournant des années 1830-1840, ainsi que son versant populaire, à travers l'opéra de Giuseppe Verdi, *I Vespri siciliani*, joué pour la première fois à Turin le 26 décembre 1855. L'ultime avatar de ces réappropriations figure dans l'origine fantaisiste attribuée au terme «Mafia» dans les années 1860, où, dans un contexte marqué par l'hostilité envers la politique italienne de Napoléon III, on voulut y voir les initiales des paroles attribuées aux révoltés de Palerme : «*Morte alla Francia Italia anella*» (l'Italie aspire à la mort de la France). D'une époque à l'autre, la mémoire des Vêpres continuait ainsi de peindre en miroir les identités nationales et de tisser les liens ambivalents entre la France et l'Italie.

—

FLORIAN MAZEL

RÉFÉRENCES

——

Alessandro Barbero, *Il mito angioino nella cultura italiana e provenzale fra Duecento e Trecento*, Turin, Deputazione subalpina di storia patria, 1983.

Henri Bresc, « La *mala signoria* ou l'hypothèque sicilienne », in *L'État angevin. Pouvoir, culture et société entre XIIIᵉ et XIVᵉ siècle*, actes du colloque de Rome-Naples (7-11 novembre 1995), Rome, École française de Rome, 1998, p. 577-599.

Henri Bresc et Laura Sciascia, « Mort aux Angevins ! », *in* Henri Bresc et Geneviève Bresc-Bautier (dir.), *Palerme 1070-1492. Mosaïque de peuples, nation rebelle : la naissance violente de l'identité sicilienne*, Paris, Autrement, 1993, p. 120-135.

Jean Dunbabin, *Charles I of Anjou : Power, Kingship and State-Making in the Thirteenth-Century Europe*, Londres / New York, Longman, 1998.

Steven Runciman, *The Sicilian Vespers : A History of the Mediterranean World in the Later 13th Century*, Cambridge, Cambridge University Press, 1958 (trad. fr. *Les Vêpres siciliennes. Une histoire du monde méditerranéen à la fin du XIIIᵉ siècle*, Paris, Les Belles Lettres, 2008).

RENVOIS

——

1066, 1095, 1494, 1515, 1683, 1871

1287

L'art gothique au péril de la mer

Le voyage en Suède du tailleur de pierre Étienne de Bonneuil, appelé à reprendre la maîtrise d'œuvre de la cathédrale d'Uppsala en 1287, dit le rayonnement de l'art gothique parisien, derrière lequel se profilent autant l'emprise culturelle de la capitale française et de son monument phare, la cathédrale Notre-Dame, que l'excellence technique reconnue à ses artisans.

La Suède : un horizon inaccessible, sinon hostile, pour un sujet du Roi Très-Chrétien Philippe le Bel ? Assurément pas. Vue de France d'où s'embarquent depuis deux siècles des vagues de pèlerins et conquérants, la Scandinavie est une destination plutôt sûre, à défaut d'être aussi fascinante que l'Orient des Lieux saints. Si le monopole de la Hanse interdit aux marchands d'y faire fortune, pour les clercs au contraire qui sont venus en parfaire la christianisation après 1100, et pour ceux dont ils sont les meilleurs agents, les artistes, ce monde nordique en voie de sédentarisation offre un formidable débouché à ce que les hommes du Sud ont à offrir de plus convoité : la science de bâtir une Église et des églises défiant le temps.

À Paris en cette fin d'été 1287, les grands chantiers religieux s'essoufflent et tardent à être relayés par les entreprises royales. Les perspectives d'embauche deviennent plus incertaines pour les spécialistes de l'architecture de prestige que les commandes de Saint Louis ont fait affluer sur le marché du travail. Aussi le 30 août, devant Guillaume Saint-Martin, l'un des soixante clercs que Louis IX a institués en 1270 pour dresser les actes de la juridiction gracieuse du prévôt, se présente le tailleur de pierre Étienne de Bonneuil. Celui-ci reconnaît être débiteur envers deux écoliers de la somme de 40 livres parisis (l'équivalent d'un an de salaire d'un ouvrier qualifié) qu'il vient de recevoir pour avance des frais d'une mission très particulière : aller diriger la construction de la cathédrale d'Uppsala en emmenant avec lui autant de collaborateurs qu'il jugerait bon pour l'aider dans sa tâche. Étienne s'engage à rembourser ses créanciers à son arrivée, à supposer que lui et ses associés parviennent à destination et ne soient « perits en la mer ».

La mission d'Étienne a-t-elle réussi ? Tout porte à le croire : la conservation d'une copie authentique de ce document de gestion sans valeur diplomatique éminente dans le fonds d'archives de la cathédrale d'Uppsala, la mention d'un « maître Étienne » dans un acte local quatre ans plus tard et surtout les dispositions léguées par les campagnes du XIIIe siècle à la cathédrale suédoise, le plus grand édifice élevé en style gothique dans le monde scandinave.

Il faut souligner combien les vingt-deux lignes du petit parchemin de 1287 en disent long sur les ressorts humains de l'entreprise. La proximité qu'inspire aujourd'hui sa lecture vient d'abord de sa langue. Au lieu du latin attendu en pareille circonstance, l'obligation est rédigée dans un français limpide qui suppose de la part de ses bénéficiaires suédois une réelle familiarité avec le parler usuel des écoles parisiennes. La mobilité des parties en présence ne laisse d'étonner. Les deux créanciers, « sire » Olivier et « sire » Charles (*alias* Olaf et Carl), sont à la fois chanoines d'Uppsala et étudiants à Paris où ils engagent un professionnel qui se fait fort de recruter toute une équipe et de la lancer sur les routes et les mers pour un voyage de deux mois au bas mot, qui passe immanquablement par le port de Bruges.

Cette liberté de circuler de la part d'artisans, les historiens ont mis longtemps à l'admettre, préférant penser qu'une mission de cette nature avait forcément reçu l'aval du roi de France. Peut-être fut-ce le cas, mais rien ne le dit. Pour autant, les lois du royaume ont guidé la main du copiste dont les mots sont en phase avec les statuts des métiers du bâtiment mis par écrit vingt ans plus tôt, sur ordre de Saint Louis, par le prévôt Étienne Boileau. Du coup, cet acte précise aussi les contours incertains de l'architecte comme sujet dans le Paris où triomphe le gothique rayonnant. Étienne est « tailleur de pierre », la catégorie la plus élevée des acteurs de la maçonnerie, et il s'entoure d'ouvriers expérimentés, qu'ils soient indépendants (les « compagnons ») ou affectés à la surveillance du métier (les « bacheliers »). Mais c'est parce qu'il a été choisi pour être « maistre de faire l'eglise », en l'occurrence celle d'Uppsala, qu'il mérite à nos yeux le titre d'architecte – le mot mettra encore deux siècles en France pour retrouver son acception classique –, qu'il s'agisse pour lui de concevoir ou d'exécuter, puisqu'il s'avère, à cet égard, qu'il est impossible de trancher.

D'où vient à ces Normands cette familiarité avec Paris, ses clercs et ses artistes ? Dès ses débuts, l'université de Paris a été la principale pourvoyeuse en gradués du clergé scandinave. Au moment précis où Étienne rallie Uppsala, siège depuis le xiie siècle de l'archidiocèse de la péninsule, la cité devient la première de la région à disposer à Paris d'une filiale de son école cathédrale. En 1286, Andreas And, prévôt du chapitre d'Uppsala qui a obtenu sa maîtrise à Paris, a en effet acquis rue Serpente une maison pour loger les écoliers de son diocèse, qu'il donnera à son église en 1291. La coïncidence entre la fondation de ce collège, dont les statuts s'inspirent de ceux de la Sorbonne, et le nouvel élan donné par des Parisiens au chantier de la cathédrale suédoise est tout sauf fortuite puisque les sponsors de la mission d'Étienne appartiennent à cette communauté. La greffe de l'art gothique parisien n'aurait donc pas été si profonde en Suède sans la soif de culture savante et la mobilité imposée aux intellectuels par l'absence de centre universitaire régional.

Mais quelle greffe? Des générations d'archéologues ont débattu de la part respective d'Étienne et des autres maîtres d'œuvre anonymes dans les dispositions de la cathédrale suédoise telles qu'on peut les restituer en dépit des incendies de 1572 et 1702 et des énergiques restaurations des années 1885. Le texte de 1287 est clair quant à ce qui est attendu d'Étienne: il doit conduire l'œuvre. La nouvelle cathédrale, pourtant, est en chantier depuis 1271 et son chevet est partiellement fonctionnel avant 1281. La mission d'Étienne consiste donc à relayer une direction défaillante ou dispersée au gré des soubresauts politiques et économiques. Étienne doit à la fois relancer et coordonner une entreprise où opèrent des praticiens locaux de la construction en brique, base ici

du gros œuvre par nécessité mais défi technique pour un Parisien, et diriger la petite équipe de tailleurs de pierre qu'il amène avec lui. Le rôle de cette dernière est crucial: scénariser les accès du transept en leur conférant le caractère iconique des portails de type parisien par leur parement lithique et leurs lignes géométriques. La paternité du programme du chevet conçu quinze ans plus tôt revient à un prédécesseur déjà familier des grandes églises françaises du milieu du xiiie siècle et combinant le savoir-faire parisien avec les veines provinciales françaises, voire germaniques.

Par ses références multiples, la cathédrale d'Uppsala s'affranchit des modèles français qu'elle revendique, bien davantage que, plus tard, les grandes églises gothiques des royaumes de Naples et de Chypre par exemple. Paris n'en est pas moins l'horizon d'attente de ses commanditaires, à en juger par un texte contemporain de l'arrivée d'Étienne, selon lequel «quelques seigneurs, l'électeur de Cologne et l'abbé de Corvey ont été les garants de ce que ledit architecte français bâtirait l'église selon la même forme qu'à Notre-Dame de Paris». Ces intentions imitatrices, dont il est malaisé aujourd'hui de comprendre les motivations et de saisir les éléments les plus signifiants pour les commanditaires, font écho à la chronique de Wimpfen rédigée vers 1300. Elle rapporte l'intervention, vers 1269, d'un «maçon nouvellement venu de Paris en France pour construire l'église à la manière française, en pierre de taille». Marc Schurr a montré que la fameuse formule « *opus francigenum* » invoquée ici était une origine apocryphe, imaginée par le chroniqueur ou revendiquée abusivement par l'architecte, dont les références sont davantage en Lorraine et Alsace.

Car la dynamique architecturale qui anime les années 1270-1280 en Bade-Wurtemberg comme en Suède et dans les autres périphéries de l'Europe et de la France elle-même, c'est moins une identité géographique précise, française en l'occurrence, que l'excellence technique dans le traitement de la pierre qui allie stéréotomie et raffinement d'un décor architectural combinant rigueur géométrique du trait et délicatesse ornementale. Or, depuis la construction de la Sainte-Chapelle et, surtout, la métamorphose de Notre-Dame, cette excellence est de toute part reconnue comme la marque des praticiens franciliens. Dans ce sens, le document de 1287 est plus explicite sur les ingrédients de la renommée d'un architecte dans la seconde moitié du XIIIe siècle que ne l'était le titre de « *doctor lathomorum* » donné pompeusement à Pierre de Montreuil par son épitaphe de 1267 à Saint-Germain-des-Prés. Les archéologues n'ont pas toujours bien mesuré cette rigueur lexicale et ont fait d'Étienne de Bonneuil un sculpteur s'étant principalement consacré aux images du portail sud d'Uppsala. Pourtant, dans cette cathédrale, c'est bien un geste architectural, la grande rose de la façade nord, qui fait le plus explicitement le lien avec Notre-Dame, dont elle reproduit en l'ajustant le dessin de la rose du bras sud conçue vers 1260 par Pierre de Montreuil. Étienne de Bonneuil, dont on ne sait rien sinon qu'il devait être natif d'une des paroisses franciliennes portant ce nom, a donc non seulement apporté avec lui des modèles dessinés de monuments de son pays, mais sans doute travaillé personnellement sur les chantiers de Notre-Dame. Leur ralentissement après 1270 ne pouvait qu'inciter les ouvriers de la loge à chercher fortune ailleurs.

Motivé par de multiples facteurs, le départ d'Étienne de Bonneuil pour Uppsala à l'été 1287 ne saurait servir d'acte de naissance à cette internationale gothique dans laquelle la France a durablement servi de repère. Dès 1271, Uppsala avait accueilli un architecte pétri de références continentales et, un siècle auparavant, tandis que son premier archevêque Stephan recevait à Sens la consécration du pape et que l'abbaye suédoise d'Alvastra adoptait les formes sévères de Fontenay grâce aux moines envoyés par saint Bernard, à Canterbury en Angleterre l'architecte Guillaume de Sens assurait à la nouvelle architecture francilienne un ascendant irréversible sur les chantiers archiépiscopaux européens. C'est à cette source gothique insulaire que, de leur côté, les bâtisseurs de la cathédrale norvégienne de Trondheim vont alors directement puiser. La petite charte conservée à Stockholm illustre néanmoins une étape clé de cette assimilation de la France à la patrie de la nouvelle esthétique gothique, celle qui voit, dans le dernier quart du XIIIe siècle, Notre-Dame de Paris devenir pour un demi-siècle la métonymie de l'architecture à la française. Enfin elle mérite nos égards, s'agissant de l'un des plus anciens documents de première main et en langue vulgaire à nous révéler objectivement – si tant est qu'un acte notarié puisse le faire – à la fois l'intensité des transferts artistiques au sein du réseau des cathédrales d'Occident, l'importance du rôle des clercs dans l'animation de ces échanges qui se jouent des frontières politiques et l'affirmation d'un nouveau type d'homme dans la société occidentale, l'architecte désiré, libre et audacieux.

—

ÉTIENNE HAMON

RÉFÉRENCES

—

Marcel AUBERT, « Les cathédrales de Paris et d'Uppsala », *Konsthistoriska Sällskapets Publikation*, 1923, p. 5-17.

Christian LOVÉN, « La neige, les briques et l'architecte français. La cathédrale d'Uppsala 1272- », *in* Olle FERM et Per FÖRNEGÅRD, en collab. avec Hugues ENGEL, *Regards sur la France du Moyen Âge : mélanges offerts à Gunnel Engwall à l'occasion de son départ à la retraite*, Stockholm, Runica et Mediaevalia, 2009, p. 20-51.

Victor MORTET et Paul DESCHAMPS (dir.), *Recueil de textes relatifs à l'histoire de l'architecture et à la condition des architectes en France au Moyen Âge (XIᵉ-XIIIᵉ siècle)*, Paris, 1929 ; rééd. par Léon Pressouyre et Olivier Guyotjeannin, Paris, Comité des travaux historiques et scientifiques, 1995, p. 940-941.

Marc SCHURR, « L'*opus francigenum* de Wimpfen im Tal : transfert technologique ou artistique ? », *in* Jacques DUBOIS, Jean-Marie GUILLOUËT et Benoît VAN DEN BOSSCHE (dir.), *Les Transferts artistiques dans l'Europe gothique*, Paris, Picard, 2014, p. 45-56.

RENVOIS

—

1215, 1456, 1682, 1913

1308

À l'égal du pape et de l'empereur : le roi de France à Lyon

Dans les premières années du XIVe siècle, Philippe le Bel établit son hégémonie sur Lyon, cité relevant jusque-là du Saint Empire. Se joue ici bien plus qu'une simple annexion territoriale : l'affirmation sans précédent de la puissance souveraine du roi de France face au pape et à l'empereur.

Le 17 septembre 1915, une équipe d'ouvriers travaillant à la réfection des voûtes du bas-côté de la cathédrale Saint-Jean de Lyon mettait au jour au milieu de gravats plusieurs coffres contenant divers registres et inventaires, ainsi qu'une série de documents originaux remontant au Xe siècle : bulles pontificales, bulles d'or de l'empereur Frédéric Ier Barberousse, chartes et privilèges des rois de France. Il s'agissait là des archives les plus précieuses du chapitre métropolitain, mises en lieu sûr par son archiviste au début de la Révolution française. Empereur, papes, rois… On voit assez par cette énumération qu'au Moyen Âge le destin de la ville de Lyon, plus exactement de son église, avait intéressé les plus grandes puissances du temps.

Parmi ces documents figurait une charte connue sous le nom de « Grande Philippine » chez les érudits. Par cet acte fleuve daté de septembre 1307, le roi de France Philippe le Bel établissait solennellement son autorité sur la cité de Lyon, alors située en terre d'Empire : dans cette ville, précisait cet acte, la juridiction temporelle – autrement dit le pouvoir public – de l'archevêque et du chapitre, seigneurs historiques du lieu, s'exercerait désormais sous la souveraineté – *superioritas* – du roi de France. Cinq ans plus tard, en avril 1312, après de nombreuses péripéties et notamment, en 1310, une révolte de l'archevêque et l'envoi contre lui de l'armée royale, le même roi procédait à la confiscation de la juridiction du prélat, décision s'apparentant à une annexion pure et simple de Lyon au royaume ; la ville devenait le siège d'une sénéchaussée. Cette intense séquence politique s'insérait au sein d'un cycle événementiel plus large, et tout aussi riche : à une extrémité, en 1271, Philippe III le Hardi prenait sous sa garde les citoyens lyonnais en lutte pour leur émancipation contre leur seigneur d'Église, puis obtenait de l'archevêque qu'il lui prête hommage ; à l'autre, en 1320, Philippe V restituait au prélat sa juridiction temporelle, non sans conserver l'acquis politique essentiel de la période, l'intégration de la cité au royaume.

Lyon autour de 1300 n'était pas encore la ville riche de ses foires et de ses banques qu'elle deviendrait à la fin du Moyen Âge et à la Renaissance. Pesant d'un poids démographique encore modeste, restée longtemps à l'écart des grands courants d'échanges, Lyon était avant tout, à la période qui nous intéresse, un centre ecclésiastique. En 1079, le pape Grégoire VII avait accordé à l'archevêque, eu égard à l'antiquité de son siège, la dignité de primat des Gaules, qui lui conférait une prééminence sur les métropolitains de Rouen, de Sens et de Tours. Campée de part et d'autre de la Saône pour de longs siècles encore – la cité archiépiscopale en rive droite, du côté « français » donc, et sur la Presqu'île, le bourg –, Lyon relevait historiquement, et politiquement, de l'Empire : si la frontière séparant celui-ci du royaume, censée suivre depuis le traité de Verdun le tracé des limites diocésaines, avait fini par se confondre approximativement, dans l'esprit des contemporains, avec la Saône et le Rhône, la cité lyonnaise faisait, elle, exception.

Cité d'Empire, c'est toutefois à la papauté que Lyon eut de plus en plus partie liée. Que ce fût pour s'y exiler ou à des fins diplomatiques – rechercher l'appui de tel empereur ou souverain contre tel ou tel autre –, les pontifes s'y transportèrent fréquemment aux XIIe et XIIIe siècles. C'est ainsi à Lyon que furent organisés deux des trois conciles universels du XIIIe siècle ; le premier à s'y dérouler, en 1244-1251, fut le cadre de la déposition de l'empereur Frédéric II par le pape Innocent IV, au nom de la souveraineté absolue des pontifes romains, au temporel, sur les princes terrestres. Comblant la ville et ses églises de ses faveurs, la papauté fut logiquement amenée à prendre une part croissante dans les tentatives de règlement du conflit opposant de plus en plus durement les bourgeois, soutenus en sous-main par le roi de France, à l'archevêque et au chapitre. En 1301, Boniface VIII, ancien chanoine lyonnais, dénonçait ainsi, dans sa bulle *Ausculta filii* adressée à Philippe le Bel, les graves dommages causés par la politique royale à cette Église, « pourtant située hors du royaume ». Première Église des Gaules, « seconde Rome » selon les mots du biographe d'Innocent IV, théâtre de la lutte du Sacerdoce et de l'Empire – au moins en son dénouement –, la métropole lyonnaise représentait, en ce début du XIVe siècle où Philippe le Bel s'affrontait à Boniface VIII, dernier pape théocratique du Moyen Âge, un symbole politique majeur.

La Grande Philippine fut établie quatre ans après l'« attentat » d'Anagni et la mort de Boniface (1303), sous le pontificat d'un pape désormais sous influence française, en la personne de Clément V. La date de cet acte n'est pas indifférente : septembre 1307 correspond en effet au mois où fut décidée l'arrestation des templiers par les agents du roi de France. Les autres dates du dossier lyonnais sont elles aussi étroitement liées à l'affaire du Temple et plus largement à la conjoncture franco-pontificale (« états généraux » de Tours en mai 1308, concile de Vienne en avril 1312). C'est qu'il s'agissait pour le roi et ses conseillers, au premier rang desquels le légiste Guillaume de Nogaret, d'arracher des décisions majeures au souverain pontife – juger, puis condamner l'ordre du Temple, ouvrir un procès posthume contre Boniface VIII. Tout affaibli qu'il fût, Clément n'entendait cependant pas brader les intérêts et prérogatives du Saint-Siège. Lyon, dans ces conditions, demeurait un enjeu de premier ordre.

Les archevêques de Lyon vendirent chèrement le ralliement de leur Église à l'« accord » que le pouvoir royal voulait leur imposer, et obtinrent en 1307 de Philippe le Bel de larges concessions… que celui-ci n'entendait, dès le départ, aucunement respecter : notamment l'octroi d'un pouvoir temporel exclusif dans la ville de Lyon et son arrière-pays,

au détriment donc des alliés historiques du Capétien dans la région, bourgeois et petite noblesse. C'est d'avoir compris ce jeu de dupes et refusé d'y souscrire qui valut à l'archevêque Pierre de Savoie de se voir encerclé et défait par l'armée royale en 1310, puis, en 1312, privé pour huit ans de sa juridiction. Cela, très certainement à contrecœur pour les conseillers royaux, dont le grand dessein était d'offrir au pape le spectacle exemplaire d'une soumission consentie par le prélat lyonnais, et désirée bien au-delà de sa personne. La promulgation de la version finale de la Grande Philippine en mai 1308 fut en effet précédée, dans la province, d'une vaste campagne d'opinion – qui n'a jusqu'à récemment guère retenu l'attention des historiens : Philippe le Bel, imploré de toutes parts, et comparé au « lys parmi les ronces entre tous les rois et princes chrétiens » pour sa « constance dans la pureté et l'orthodoxie de la foi », s'y voyait célébré en protecteur des églises et garant du salut de son peuple, seul à même par son intervention de rétablir la paix et la prospérité dans la région.

L'incorporation de Lyon au royaume ne suscita aucune opposition dans la région ni dans la cité. Seule réaction, l'empereur nouvellement couronné Henri VII de Luxembourg – le premier depuis Frédéric II en 1220 –, qui avait repris à son compte l'ambition de monarchie universelle de ses prédécesseurs Staufen, s'était adressé en 1312 aux Lyonnais en les appelant ses « fidèles sujets » – et avait par ailleurs écrit à Philippe le Bel pour lui rappeler sa soumission au titulaire de la dignité impériale. Ce qui lui valut une cinglante réponse du Capétien : Lyon avait toujours été et serait toujours dans le royaume ; le roi de France n'avait jamais connu aucun supérieur au temporel en vertu de la dilection particulière du Christ pour le royaume, « fondement stable de la foi chrétienne », qui était à ce titre exempté de toute sujétion à quelque prince ou seigneur que ce soit.

L'épisode lyonnais des années 1307-1312 a longtemps été considéré par l'historiographie traditionnelle comme relevant d'une volonté expansionniste tout entière tendue vers la construction de l'espace français. La dimension territoriale est certes présente dans le dossier lyonnais : la Grande Philippine établissait ainsi la souveraineté royale dans le Lyonnais « en deçà de la Saône et du Rhône », non sans inclure ces derniers, conformément au droit romain pour qui le souverain était le maître des eaux courantes. Philippe le Bel suivait en cela les assertions de ses « gens », rapportées dans l'acte ; il s'agissait sans doute des plus fervents de ses officiers locaux, auteurs des empiètements juridictionnels que dénonçaient régulièrement les seigneurs laïcs et surtout ecclésiastiques du royaume. D'annexion, ou plutôt de volonté d'annexion définitive, il n'y eut cependant pas en 1312 : il s'agissait alors de punir *ad vitam* le prélat lyonnais pour sa rébellion, indique un mémoire des archives royales. L'affaire lyonnaise ne saurait donc relever d'une seule logique territoriale. Ville-frontière dont le seigneur archevêque, primat des Gaules, avait autorité symbolique sur une trentaine de diocèses « français », ville que sa centralité géographique dans l'Occident chrétien avait associée de longue date aux entreprises théocratiques de la papauté, Lyon ne pouvait, à l'heure où les légistes royaux affirmaient avec force l'autorité du monarque sur l'Église de son royaume, demeurer aux portes de ce dernier, sous une domination étrangère même intermittente – car d'empereur il n'y eut pas entre 1250 et 1312. Lyon constituait ainsi un pôle de sacralité politico-religieuse – pensons également au sang des martyrs du IIᵉ siècle – qui ne pouvait, aux yeux des légistes de l'entourage de Philippe le Bel, échapper au roi de France.

La mainmise capétienne sur Lyon ne revient pas au seul Philippe le Bel : le processus d'intégration de la ville au royaume dura, on l'a vu, pas moins d'un demi-siècle (1270-1320). Le fait majeur et tournant décisif en la matière, œuvre des conseillers de Philippe IV, réside toutefois bien dans l'apposition, réclamée par tout un peuple, de la souveraineté royale sur la cité en 1307-1308, qui revenait à consacrer en droit la domination française sur Lyon. Cet acte fondateur et ses suites permettaient de camper la figure d'un roi protecteur et bienfaiteur, mais également, si besoin, justicier des églises de son royaume ; d'un roi investi par son élection divine – encore renforcée par la récente canonisation de Saint Louis – d'une mission au service de la défense de la foi. Vicaire de Dieu et du Christ sur terre à l'imitation des papes et des empereurs avant lui, il n'aurait su être soumis à l'emprise de ces deux pouvoirs universels, auxquels le sort de la cité lyonnaise avait été lié au cours des siècles précédents. L'épisode de l'incorporation de Lyon au royaume, objet comme les procès politico-religieux du règne de Philippe le Bel d'une abondante production diplomatique et discursive qui fut ensuite léguée en héritage à la postérité, s'avère au total un moment essentiel de la construction de la souveraineté royale française.

—

SÉBASTIEN NADIRAS

RÉFÉRENCES

—

Jean-Marie CARBASSE, « Le roi de France et l'empereur romain. Un état de la question à la veille de la mort de Nogaret (été 1312) », *in* Bernard MOREAU et Julien THÉRY-ASTRUC (dir.), *La Royauté capétienne et le Midi au temps de Guillaume de Nogaret*, actes du colloque de Montpellier-Nîmes (29-30 novembre 2013), Nîmes, Éd. de la Fenestrelle, 2015.

Alexis CHARANSONNET, Jean-Louis GAULIN, Pascale MOUNIER et Susanne RAU, *Lyon, entre Empire et royaume (843-1601). Textes et documents*, Paris, Classiques Garnier, 2015.

Bruno GALLAND, *Deux archevêchés entre la France et l'Empire. Les archevêques de Lyon et les archevêques de Vienne, du milieu du XIIe siècle au milieu du XIVe siècle*, Rome, École française de Rome, 1994.

Georg JOSTKLEIGREWE, « Entre pratique locale et théorie politique. Consolidation du pouvoir, annexion et déplacement des frontières en France (début XIVe siècle). Le cas du Lyonnais et des frontières méditerranéennes », *in* Stéphane PÉQUIGNOT et Pierre SAVY (DIR.), *Annexer ? Les déplacements de frontières à la fin du Moyen Âge*, Rennes, Presses universitaires de Rennes, 2016, p. 75-96.

Julien THÉRY, « 1312 : Lyon devient française », *L'Histoire*, no 379, septembre 2012, p. 68-73.

RENVOIS

—

177, 800, 1336, 1804

1336

Le pape d'Avignon n'est pas en France

En 1336, la papauté reconnaît que son installation à Avignon pourrait être pérenne, donnant corps à l'idée, fort polémique, qu'elle était devenue « française ». L'emprise française fut en réalité bien moindre qu'on ne le croit, mais le séjour des papes fit de la ville en lisière du royaume un foyer de culture européenne et le laboratoire de nouvelles formes de gouvernement.

Dans la revue *L'Artiste*, en 1895, on lit sous la plume du directeur, Jean Alboize : « On sait que le palais des Papes, à Avignon, dont les murailles massives dominent la ville et la contrée de leur imposante silhouette, fut – à une époque où les souvenirs historiques et l'intérêt archéologique des anciens monuments ne tenaient guère de place dans les préoccupations administratives – transformé en caserne et qu'il sert encore aujourd'hui à cet usage. [...] À l'unanimité, l'assemblée [du conseil municipal] a approuvé le projet de M. Pourquery de Boisserin et donné mandat à ce dernier d'en préparer

la réalisation. Ce projet consiste en la restauration du palais et en la transformation de l'immense vaisseau, qui fut le siège de la papauté française, en un musée de la chrétienté. »

Si cette transformation eut bien lieu dix ans plus tard, dans quelle mesure le palais des Papes pouvait être légitimement qualifié, à la fin du XIXe siècle, de « siège de la papauté française » ? Pour le comprendre, il faut revenir à une date pourtant rarement mentionnée, le 27 juin 1336. Ce jour-là, dans la ville d'Avignon, se déroula un rituel par lequel le pape Benoît XII donna à l'évêque de la cité un nouveau palais, situé près du pont, sur l'emplacement de l'actuel Petit Palais. En échange, l'évêque céda officiellement au pape son palais épiscopal, dans lequel la cour était en fait déjà installée depuis vingt ans. L'acte comportait une précision de grande importance : « que cet hôtel, qu'on avait l'habitude de nommer "épiscopal", soit pour toujours appelé "Palais Apostolique" ». Ce faisant, le pape donnait une signification nouvelle à l'installation de la papauté sur les bords du Rhône, marquant sa possible pérennité.

En effet, la présence des papes à Avignon semblait jusque-là provisoire, même si elle était moins le résultat du hasard que d'une longue histoire. La papauté des XIIᵉ et XIIIᵉ siècles pratiquait volontiers l'itinérance. Durant ces deux siècles, les papes ne passèrent que la moitié de leur temps à Rome, une ville en proie aux luttes entre les grandes familles nobles, dont la maîtrise leur échappait. Se déplaçant le plus souvent entre leurs palais des États de l'Église, en Italie centrale, ils séjournèrent parfois longuement hors de la péninsule, comme Innocent IV puis Grégoire X à Lyon, où se réunirent deux importants conciles, en 1245 et en 1274. C'est également à Lyon, en 1305, que se fit couronner Clément V, considéré comme le premier des « papes d'Avignon ». Archevêque de Bordeaux, il monta sur le trône de Pierre deux ans après la fin de l'affrontement entre le roi de France Philippe le Bel et le pape Boniface VIII. Alors que Rome, de même qu'une partie de l'Italie du Nord, était hostile à la papauté, le nouveau pape choisit de rester dans le voisinage immédiat du royaume de France, sans pour autant s'y installer. C'est ainsi qu'en 1309 il se fixa au couvent dominicain d'Avignon. La ville appartenait alors aux comtes de Provence, qui étaient aussi rois de Naples, mais la région qui l'environnait, le Comtat Venaissin, était une possession pontificale depuis 1274. La présence de Clément V s'inscrivait donc dans une logique qui était autant seigneuriale qu'apostolique. Après la mort de Clément V et l'élection de Jean XXII, originaire de Cahors, en 1316, un nouveau pas fut franchi, puisque le pape s'installa dans le palais de l'évêque. En 1336, Benoît XII procéda à la transformation du lieu en palais apostolique, tant juridiquement que matériellement, puisqu'il débuta le chantier qui correspondit à la construction de l'actuelle moitié nord du palais des Papes, le « Palais-Vieux ». Alors qu'il avait envisagé le retour en Italie, en pensant s'installer dans un premier temps à Bologne, Benoît opta donc pour une sédentarisation à Avignon. Cette entreprise fut poursuivie par son successeur Clément VI (p. 1342-1352), originaire du diocèse de Limoges, qui paracheva la construction du palais avec le Palais-Neuf et fit en 1348 l'acquisition de la ville d'Avignon auprès de la reine Jeanne de Naples. En quelques décennies, les papes avaient également constitué une véritable petite principauté territoriale sur la rive gauche du Rhône.

Cette évolution suscita de vives critiques chez les contemporains. Au moment même où Clément VI achetait la ville d'Avignon, le poète Pétrarque écrivait des lettres fustigeant la papauté et faisant de son séjour avignonnais une nouvelle « captivité de Babylone », marquée par le luxe et la corruption des mœurs. De grandes figures spirituelles du XIVe siècle, comme Brigitte de Suède ou Catherine de Sienne, lui firent écho, dénonçant l'abandon de Rome, seul siège légitime pour le successeur de l'apôtre Pierre. Cette polémique fut à l'origine de la légende noire d'une papauté avignonnaise trop « française », qui explique la place paradoxale des papes d'Avignon dans la mémoire collective. Car si, dans l'histoire de la papauté, qu'on se place du point de vue de l'Italie catholique ou de l'Allemagne protestante, Avignon est considéré comme un moment de crise, l'épisode ne fut pas non plus valorisé par l'historiographie française du XIXe siècle, faute de trouver une place dans le roman national. Michelet écrivait ainsi dans son *Histoire de France* : « Rome prêta son pape à Avignon ; les richesses et les scandales abondèrent. La religion était bien malade dans ces contrées, surtout depuis les Albigeois. Elle fut tuée par la présence des papes. » Dans l'*Histoire de France* dirigée par Ernest Lavisse au début du XXe siècle, le tableau reste sombre : « Enfin, la dignité de la Papauté souffrait de plus en plus de la Captivité de Babylone. Les papes français, entourés de cardinaux français, d'une cour française, semblaient encore plus assujettis à la France qu'ils ne l'étaient en réalité. On les accusait d'en oublier les intérêts de l'Église. » Seuls les goûts artistiques des papes d'Avignon, exprimés en particulier dans ce palais qui, à la même époque, était transformé en musée, sauvaient aux yeux de la postérité l'héritage du séjour pontifical en Provence.

C'est que cette « papauté française » l'a d'abord été dans les regards portés sur Avignon depuis les différents territoires de la Chrétienté, et non du point de vue du royaume capétien. Ce dernier se limite, au XIVe siècle, à la rive droite du Rhône. La Provence comme le Comtat Venaissin sont, en théorie, terres d'Empire. Bertrand de Got, le pape Clément V, est gascon, c'est-à-dire sujet du roi de France, certes, mais aussi soumis à l'autorité du duc d'Aquitaine, qui est aussi le roi d'Angleterre. Ses successeurs viennent principalement du Limousin et du Quercy et la langue natale de ces hommes et de leur entourage était souvent le parler d'oc, alors que « français » désignait principalement, en ce temps, le nord de la France où, entre l'Île-de-France et l'Orléanais, se trouvait le cœur du domaine capétien. Certes, la sociologie du personnel administratif et ecclésiastique à la cour d'Avignon était marquée par une présence forte de clercs originaires du royaume de France, et c'est sans doute en ce sens qu'il faut comprendre la dimension « française » de la papauté. Cependant, la politique pontificale fut principalement gouvernée par le souci d'assurer l'équilibre des pouvoirs entre les grands princes d'Occident, de manière à tenter de restaurer la position d'arbitre du souverain pontife, voire sa prédominance théocratique. C'est ainsi qu'en 1344 le pape Clément VI, qui avait servi la monarchie française, tenta d'organiser une rencontre diplomatique pour mettre fin au conflit qui opposait les rois de France et d'Angleterre, sans succès. De la même manière, les papes tentèrent à la fois de reprendre pied en Italie et d'intervenir dans les affaires successorales de l'Espagne et de l'Empire.

Au moment où la papauté décida de faire du palais d'Avignon un palais apostolique, on voit que son action se déployait à des échelles très différentes. À l'échelle locale, il s'agissait de s'appuyer sur une principauté territoriale pensée sur le modèle des États monarchiques en cours de construction, en France et en Angleterre. À l'échelle régionale, la papauté entretenait des liens privilégiés avec le Midi, en particulier du point de vue de son personnel administratif et ecclésiastique, ainsi qu'avec la France du Nord, en particulier le monde parisien de la cour et de l'université. Mais c'était aussi le cas avec l'Italie, qui demeurait son horizon de référence d'un point de vue politique mais aussi culturel, ce dont témoigne la présence à Avignon d'hommes de lettres comme Pétrarque ou de peintres comme Simone Martini ou Matteo Giovannetti. La cour avignonnaise fut l'un des lieux d'élaboration d'une nouvelle culture dont la caractéristique, qu'il s'agît du gothique international ou de l'humanisme débutant, était la dimension européenne. C'est ensuite à l'échelle de l'ensemble de la Chrétienté que se développa l'administration ecclésiastique, dans le domaine spirituel comme fiscal. Enfin, bien au-delà, l'ambition universelle de la papauté la conduit à reprendre à son compte des projets de croisade vers la Terre sainte, mais aussi à nouer des liens avec le monde byzantin, grec et arménien, à lancer des missions vers l'Asie ou à s'intéresser à l'exploration de l'Atlantique par les monarchies ibériques.

Le séjour avignonnais eut bien une influence sur l'histoire du royaume de France, tant par ses conséquences immédiates – des échanges culturels à la proximité diplomatique – que par ses effets à long terme, comme le déclenchement du Grand Schisme (1378), l'émergence du gallicanisme ou encore la constitution d'une enclave pontificale en Provence pour plus de cinq siècles. Mais c'est pour la papauté que l'expérience avignonnaise eut le plus d'importance. La stabilisation de l'institution, le développement de son administration et de sa fiscalité ainsi que l'élaboration de nouvelles formes de gouvernement appuyées sur la domination territoriale, sont autant de traits décisifs pour l'histoire de l'Église à partir du XVe siècle. L'assignation de la papauté avignonnaise à ce terme équivoque, la « France », en réalité la *Gallia* des sources latines, est cependant significative. Cette papauté fut paradoxalement française sans l'être. Elle ne l'a évidemment jamais revendiqué ; plus encore, son histoire témoigne tout d'abord de la prééminence, dans l'esprit des hommes du XIVe siècle, de l'identité culturelle sur l'identité politique et territoriale – nationale, dirions-nous. Mais alors que la guerre de Cent Ans contribuait au renforcement de la conscience collective du royaume, cette dénonciation révèle aussi, dans le regard des diplomates anglais ou des humanistes italiens, le début d'un imaginaire nouveau, dans lequel se mêlent pratiques culturelles, perception géographique de l'espace et sujétion politique. Le rattachement d'Avignon et du Comtat à la France révolutionnaire, voté par la population en 1791, fut en ce sens le lointain épilogue d'une longue histoire, celle de la confrontation de deux modèles. L'État d'Ancien

Régime, tel que la France l'avait progressivement incarné, y compris dans ses ambitions religieuses, manifestées par le gallicanisme, achevait de se substituer territorialement à l'Église universelle placée sous l'autorité du pape, vicaire du Christ.

—

ÉTIENNE ANHEIM

RÉFÉRENCES

—

Aux origines de l'État moderne. Le fonctionnement administratif de la papauté d'Avignon, Actes de la table ronde d'Avignon (23-24 janvier 1988), Rome, École française de Rome, 1990.
Jean FAVIER, *Les Papes d'Avignon*, Paris, Fayard, 2006.
Bernard GUILLEMAIN, *La Cour pontificale d'Avignon (1309-1376)*, Paris, De Boccard, 1962.
Valérie THEIS, *Le Gouvernement pontifical du Comtat Venaissin (v. 1270-v. 1350)*, Rome, École française de Rome, 2012.
Dominique VINGTAIN (dir.), *Monument de l'histoire. Construire, reconstruire le palais des Papes (XIVe-XXe siècle)*, Avignon, RMG, 2002.

RENVOIS

—

1282, 1308, 1494, 1582

PAGE SUIVANTE

Atlas nautique dit *Atlas catalan*, planche III, « France », côte atlantique et Méditerranée occidentale, Librairie du Louvre, 1375 (photo : © BNF)

LA
GRANDE
MONARCHIE
D'OCCIDENT

On la reconnaît, elle se découpe, elle est bien là. Sur l'*Atlas catalan* que le roi Charles V conservait en 1380 dans sa bibliothèque, la France se détache à l'occident du monde avec cette netteté des liserés côtiers que recoupent les listes de noms de ses villes portuaires. À l'est se discerne plus vaguement une frontière orientale formée de quatre rivières (Escaut, Meuse, Saône et Rhône) qui s'impose à la fin du XIVᵉ siècle en faisant jouer la mémoire du partage de Verdun (843). La France, pourtant, n'est pas nommée. Sur elle flottent des bannières : elle se donne à voir comme le territoire borné où s'applique le pouvoir limité d'un roi empereur en son royaume. Elle n'est rien d'autre, en somme, que la construction politique de l'État royal.

L'affirmation de cette monarchie administrative et sacrée est sans conteste la grande affaire de la période qui s'étire de la seconde moitié du XIVᵉ au début du XVIIᵉ siècle. L'État se construit dans la crise, en réponse à la crise : le cycle des « malheurs des temps » qu'ouvre la pandémie pesteuse de 1347, aggravant un contexte démographique déjà déprimé par un retournement de conjoncture à l'échelle européenne, et peut-être même par une crise systémique de l'économie féodale, recoupe les effets de la guerre que l'on n'appelle pas encore « de Cent Ans », mais qui dure de fait jusqu'au tournant du XVᵉ siècle. Les historiens y reconnaissent désormais, au-delà du conflit dynastique entre Capétiens et Plantagenêts, mais sans y voir pour autant l'affirmation des identités nationales, la forme d'une guerre civile plus ou moins larvée.

C'est bien ce spectre qui hante encore l'Europe au XVIᵉ siècle, avec l'exacerbation des conflits de religion : culminant en

1572 avec la nuit de la Saint-Barthélemy qui clôt la grande période des massacres, ce cycle s'achève avec l'assassinat politique du roi Henri IV en 1610. Conjurer le spectre de la guerre civile oblige les princes à s'affirmer en même temps comme rois de justice et rois de guerre. La guerre, financée par l'impôt que justifient les assemblées représentatives, est bien le principal moteur de l'invention de la modernité politique européenne.

Lorsque l'archevêque de Turin Claude de Seyssel écrit en 1519 *La Grant Monarchie de France,* c'est pour prendre la mesure de cette hyperpuissance qu'est devenu le royaume de Louis XII et de François Ier. C'est aussi pour défendre le système politique d'une monarchie mixte, modérée par l'équilibre des pouvoirs. Mais cette royauté est soulevée par une ambition impériale, qui ne se laisse pas borner par ce « royaume des quatre rivières » dans lequel les historiens ont longtemps voulu voir la forme achevée de son destin historique. Sans doute est-il encore attiré par son tropisme méditerranéen : le vaste monde commence en Italie, Naples est un tremplin pour Jérusalem, et l'esprit de croisade se relance par l'espoir de nouveaux Eldorados – avant que d'autres, bientôt, ne surgissent au-delà de l'Atlantique.

1347

La peste atteint la France

*Vient-elle d'Asie centrale, du Kurdistan ou de la Volga ?
Les routes de la peste parcourent en tout cas
un Ancien Monde démographiquement plein
et intensément connecté. Remontant la vallée du Rhône,
la pandémie révèle les lignes de force de l'urbanisation
du territoire français. Mais aussi son intégration
dans une communauté de terreurs et de dangers.*

Hong Kong, 1894 : le médecin franco-suisse Alexandre Yersin, missionné par l'Institut Pasteur et le gouvernement français pour étudier l'épidémie de peste originaire de Mongolie qui sévit dans le sud de la Chine, identifie le bacille de la peste, devançant son homologue japonais Kitasato ; d'abord nommée *Pasteurella pestis* par Kitasato en hommage à Louis Pasteur (1822-1895), la bactérie est rebaptisée *Yersinia pestis*. Quatre ans plus tard, à Karachi, le médecin français Paul-Louis Simond identifie le rôle de la puce du rat dans la transmission de la maladie. Si l'on débat encore du rôle respectif de la puce de l'homme et de la puce du rat dans la transmission de la peste au Moyen Âge, les progrès de la paléomicrobiologie ne laissent plus de place au doute : les prélèvements effectués dans des tombes collectives, dans le cimetière Saints-Côme-et-Damien à Montpellier comme dans celui du village de Saint-Laurent-de-la-Cabrerisse (Aude), ont démontré que *Yersinia pestis* était l'agent infectieux responsable de la grande pandémie qui a frappé la France en même temps que la plus large part de l'Ancien Monde au milieu du XIVe siècle. Entre 1347 et 1352, la maladie, qui sévissait sous ses deux formes, bubonique au printemps et en été surtout, pulmonaire (et systématiquement mortelle) en hiver, emporta sans doute un tiers de la population et jusqu'à la moitié des habitants des villes : c'est cette grande *mortalitas*, pour reprendre un mot du temps, que depuis le XVIe siècle on a pris l'habitude d'appeler la Mort noire ou la Peste noire.

La Peste noire n'est ni la première ni la dernière apparition de *Yersinia pestis* dans l'espace français. Au milieu du VIᵉ siècle, la peste dite de Justinien avait ravagé le bassin méditerranéen : attestée à Constantinople en 542, elle est mentionnée à Arles par Grégoire de Tours à l'année 549 de son *Historia Francorum*. En 1720, elle accoste une dernière fois à Marseille dans les balles de coton chargées par *Le Grand Saint-Antoine*, navire de retour du Levant, s'étend aux villes alentour, Arles encore et Avignon, où elle s'éteint en 1722. Mais la France et le monde de 1348 ne ressemblent plus au monde de l'empereur Justinien ni au pays des Francs de l'évêque de Tours ; bien davantage au monde et à la France du XVIIIᵉ siècle – et seuls les progrès de la prophylaxie, hérités de la lutte contre la Peste noire, comme le recours à la quarantaine et la création de lazarets (le premier à Venise en 1423, celui de Marseille en 1526), ont permis alors d'en limiter la progression à la Provence. Les ravages de la pandémie dans la France du milieu du XIVᵉ siècle sont indissociables d'une conjoncture mondiale et plus encore d'un état du monde sur lesquels il faut revenir si l'on veut comprendre comment celui-ci fut réduit, en l'espace de trois années, à l'état d'« un tapis qu'on aurait roulé avec tout ce qui se trouvait dessus », pour reprendre les mots d'Ibn Khaldun, témoin de la peste à Tunis en 1348.

Le monde de la Peste noire, ou plutôt l'Ancien Monde – c'est-à-dire le monde sans l'Amérique, ni l'Océanie, ni peu ou prou l'intérieur de l'Afrique au sud du Sahel, à cette époque encore isolés du reste du monde –, était en nombre de ses provinces un monde plein, à la retombée d'un optimum climatique et d'un maximum démographique entamé déjà depuis plusieurs décennies par la dégradation du climat, les crises frumentaires et le retour de la guerre. Mais c'était aussi un monde plus interconnecté qu'il ne l'avait jamais été, dans lequel comptait à nouveau la Chine.

Il est peu vraisemblable que la Chine fût le foyer de la pandémie, comme le pensait le médecin andalou Ibn Khatima – les spécialistes débattant toujours entre trois foyers possibles : l'Asie centrale (où l'on situe l'apparition de *Yersinia pestis* il y a 20 000 ans), les montagnes du Kurdistan ou la basse vallée de la Volga. Mais la Chine pourrait bien avoir été dès 1331 le premier bassin sédentaire touché par le remuement du bacille, débusqué de sa niche écologique par le mouvement des armées mongoles. Mise à sac par Gengis Khan en 1215, Pékin devient en effet en 1271 la capitale de la dynastie mongole des Yuan dont la domination s'étend en 1279 à la Chine du Sud. La révolte des Turbans rouges à partir de 1351, dont le soulèvement devait s'avérer fatal aux Yuan en 1368, n'est sans doute pas sans lien avec les dévastations de la peste.

Or l'établissement de la *Pax mongolica* du Pacifique jusqu'à la Volga avait favorisé le déplacement des hommes et des marchandises sur les pistes caravanières qui traversaient l'Eurasie, pour le plus grand bénéfice des nations marchandes. Négociants persans, arabes, juifs, grecs et, de plus en plus souvent, vénitiens et génois, se relayaient aux différentes étapes de ce commerce, en vertu de contrats passés avec les khans mongols de la Horde d'Or qui contrôlaient la steppe depuis la Sibérie occidentale jusqu'à ses débouchés en mer Caspienne et en mer Noire. Au-delà, en Méditerranée, la plus grande partie du négoce était aux mains des cités italiennes, seulement concurrencées par les marchands catalans et languedociens.

Yersinia pestis s'abat ainsi sur un monde où la steppe eurasiatique établit un continuum sans précédent de la Chine à l'Europe orientale et où les réseaux du commerce italien connectent les ports de la mer Noire et ceux du Levant à l'ensemble du bassin de la Méditerranée occidentale. À l'interface des deux espaces, les armées mongoles qui traversaient l'Eurasie en tous sens font un coupable idéal au moment où le bacille sévit à nouveau en Asie centrale, comme le suggère la surmortalité constatée à la fin des années 1330 dans la communauté nestorienne de l'oasis de l'Issik Kul au sud du lac Balkhach. Que le récit de la transmission de la peste aux Génois assiégés à Caffa, en Crimée, par l'armée de la Horde d'Or, catapultant les cadavres de ses soldats morts par-dessus les remparts, fût sans doute une légende, importe peu. La maladie, qui avait déjà ravagé Saray et Astrakhan, les grandes villes de la Horde, en 1345, atteint Caffa en 1346 puis Péra, comptoir génois en face de Constantinople, l'année suivante. 1347 voit le fléau remonter l'ensemble du réseau génois en Méditerranée : signalé à Messine au début de l'automne, au moment même où il gagne Alexandrie, il atteint Marseille en novembre 1347, porte d'entrée de la Provence, du Languedoc et de la vallée du Rhône.

Entre novembre 1347 et novembre 1348, la peste atteint l'ensemble du territoire actuel de la France, avec un paroxysme au printemps et à l'été, n'épargnant que de rares régions isolées comme les montagnes du Béarn. Or, la progression de la pandémie révèle les dynamiques territoriales, politiques et sociales de la France du XIVe siècle. Après Marseille, Arles et Avignon sont touchées en second. Cette dernière est depuis 1309 le siège de la papauté, dont le pouvoir d'attraction a sans doute accéléré la contagion ; la curie paie d'ailleurs un lourd tribut à la maladie avec une centaine de morts dont six cardinaux ; d'Avignon, la peste remonte la vallée du Rhône. Mais c'est sur les routes et dans les ports du Languedoc qu'elle progresse le plus rapidement, en direction de Barcelone et de Valence. De Bordeaux, touchée en juin 1348, elle gagne directement l'Angleterre par voie maritime puis retraverse la Manche pour frapper Calais : les possessions de la couronne d'Angleterre sur le continent ont été augmentées deux ans plus tôt du Calaisis, à la suite de la défaite de Philippe VI à Crécy ; la guerre, que l'on dira plus tard de Cent Ans, commencée en 1337, s'interrompt cependant en 1349 sous l'effet de la peste. La pandémie atteint Rouen en juin, puis Paris, la capitale du royaume et la plus grande ville du pays, au mois d'août 1348.

Plus de deux siècles d'essor urbain avaient donné un poids sans précédent aux villes. Ce sont elles les premières touchées. Les couvents des ordres mendiants, établis en ville au plus près des populations urbaines au cœur de leur prédication, sont bien souvent vidés par la peste, comme à Marseille et à Montpellier.

La France des villes paie le prix fort à la maladie, bien que les estimations de mortalité soient hypothétiques et que la documentation – registres fiscaux, testaments, témoignages des clercs – y éclaire le désastre bien davantage qu'elle ne le fait dans les campagnes. Le registre paroissial de la petite ville de Givry, en Bourgogne, offre sans doute l'image la plus précise des ravages de la peste. Au lieu de quatre ou cinq décès par mois en temps ordinaire, le vicaire de Givry en dénombre cent dix en août 1348, trois cent deux en septembre et cent soixante-huit en octobre quand le fléau commence à décliner. Aucun mariage n'est célébré en 1348, mais quatre-vingt-six le sont en 1349, dont la moitié au cours des deux premiers mois de l'année, quand sont légitimées des unions contractées sans doute au plus fort de la pandémie.

À Paris, dont on estime sans certitude la population entre 80 000 et 210 000 habitants avant la peste, il est impossible de prendre la mesure du désastre. Les autorités tentent pourtant de réagir. Répondant à la demande du roi Philippe VI, les maîtres médecins de l'université de Paris rendent en octobre 1348 un avis, le *Compendium de epidemia*, sur les causes proches et lointaines de la maladie et sur les remèdes à lui apporter. La méconnaissance des mécanismes de transmission de la peste les empêche de s'affranchir de la théorie aériste qui domine alors la réflexion médicale et rend la corruption de l'air responsable de la « pestilence ». Qu'ils aient identifié, dans la conjonction des planètes Jupiter, Saturne et Mars dans le signe du Verseau trois ans plus tôt, la cause lointaine de l'épidémie, entre ainsi dans un cadre de pensée rationnelle : planètes chaudes, Jupiter et Mars ont soulevé des vapeurs nocives et provoqué un hiver trop chaud, entraînant la corruption de l'air. Le *Compendium* circula dans l'ensemble du royaume et, au-delà, dans toute l'Europe atteinte par la peste, jusqu'en Pologne.

On le sait, la raison scolastique fut cependant impuissante à convaincre de la prévalence des astres dans la causalité de la peste. En France comme ailleurs en Europe, on tint les juifs coupables d'avoir empoisonné les puits, au même titre que les mendiants ou les lépreux. Le bûcher du 14 février 1349, où périt la moitié des 2 000 membres de la communauté juive de Strasbourg, ville d'Empire, en fut l'illustration la plus meurtrière. *Yersinia pestis* ne disparut pas pour autant : la maladie devint endémique et opéra des retours réguliers – celui de 1360-1362 fut dévastateur – qui s'espacèrent progressivement au XVe siècle et ne disparurent qu'au XVIIe siècle. La peste de l'antijudaïsme, en revanche, si elle avait déjà connu avant la pandémie son paroxysme dans le royaume de France, devait emprunter d'autres motifs et d'autres accusations et culminer ailleurs en Europe occidentale à l'extrême fin du Moyen Âge.

—

JULIEN LOISEAU

RÉFÉRENCES

——

Frédérique AUDOIN-ROUZEAU, *Les Chemins de la peste : le rat, la puce et l'homme*, Rennes, Presses universitaires de Rennes, 2003.

Jean-Noël BIRABEN, *Les Hommes et la peste en France et dans les pays européens et méditerranéens*, t. 1 : *La Peste dans l'histoire* ; t. 2 : *Les Hommes face à la peste*, Paris / La Haye, Mouton, 1975.

Joseph P. BYRNE, *Encyclopedia of the Black Death*, Santa Barbara, ABC-CLIO, 2012.

Marie FAVEREAU, *La Horde d'Or. Les héritiers de Gengis Khan*, Lascelles, Éd. de la Flandonnière, 2014.

Nicolas WEILL-PAROT, « La rationalité médicale à l'épreuve de la peste : médecine, astrologie et magie (1348-1500) », *Médiévales*, n° 46, printemps 2014, p. 73-88.

RENVOIS

——

1832, 1891, 1894

1357

Paris et l'Europe en révolution

Un monde nouveau émergera-t-il après la peste ?
Partout en Europe grondent les contestations politiques.
À la suite de la révolte parisienne d'Étienne Marcel,
l'ordonnance royale du 3 mars 1357 pose la question cruciale
du rôle des états généraux dans l'équilibre des pouvoirs.
La réforme de l'État devient le principal argument
de sa légitimation.

En 1357, la France est en crise. Dévastée par la guerre qui l'oppose à l'Angleterre depuis vingt ans, saignée par la Peste noire, elle subit encore les conséquences de la crise successorale née de la mort sans héritiers mâles des trois fils de Philippe le Bel. La crise politique née de l'extinction des Capétiens directs et de l'accession au trône des Valois n'en finit pas de rebondir, car les prétendants ne manquent pas, qu'il s'agisse du Français Charles d'Évreux-Navarre, ou de l'Anglais Édouard III. S'y ajoute une crise financière, les rois de France n'ayant plus les moyens de financer la guerre avec leurs seuls revenus seigneuriaux. Il faut mettre en place une fiscalité moderne, avec impôts directs et indirects – comme l'ont fait les Anglais depuis plus d'un demi-siècle –, et pour cela il faut négocier avec les états généraux, où siègent les principaux vassaux du roi, laïcs et ecclésiastiques, ainsi que les représentants des bonnes villes. Ces derniers opposent une forte résistance aux sollicitations du roi. Les bourgeois de Paris mènent la fronde, sous la direction du prévôt des marchands Étienne Marcel. Non qu'ils refusent de verser leur contribution. La défense du royaume est une obligation sacrée, qui justifie la levée de lourdes impositions. Les bourgeois de

Paris exigent cependant d'importantes contreparties. Celles-ci se rattachent d'abord à la tradition capétienne de réformation des institutions royales, dont la Grande Ordonnance promulguée par Saint Louis en 1254 constitue aux yeux des contemporains un modèle indépassable. Par ailleurs, les Parisiens portent des aspirations politiques plus spécifiquement urbaines. Comme les villes de Flandre, Paris est une ville très attachée à son autonomie, qui cherche à défendre ses privilèges et à resserrer son emprise sur les petites villes et les campagnes du Bassin parisien.

Lors des sessions des états généraux qui se réunissent au moins une fois par an entre 1355 et 1358, les opposants aux Valois font entendre leurs voix. C'est que Philippe VI (r. 1328-1350) puis Jean II le Bon (r. 1350-1364) alignent les défaites face à l'Angleterre. Les Français perdent la maîtrise de la Manche à la bataille de L'Écluse (1340) ; ils sont écrasés à Crécy en 1346. L'année suivante, avec la prise de Calais, les Anglais s'assurent pour plus de deux siècles une tête de pont sur le continent. Enfin, en 1356, à la bataille de Poitiers, Jean le Bon lui-même est capturé.

Chacun de ces désastres affaiblit un peu plus la monarchie, qui doit faire des concessions. En décembre 1355, les états généraux accordent au roi un nouvel impôt, mais ils exigent et obtiennent d'en assurer eux-mêmes la collecte. Après la capture du roi à Poitiers, le dauphin Charles doit céder à toutes les revendications des adversaires les plus virulents de la monarchie autoritaire, brouillonne et impopulaire de Jean le Bon. L'ordonnance du 3 mars 1357, largement inspirée par Étienne Marcel et ses partisans, pose les bases d'un gouvernement à l'anglaise, où la souveraineté est partagée entre le monarque et les états, formant ensemble le corps mystique du royaume. L'ordonnance conforte le monopole fiscal de l'assemblée. Une commission est chargée de l'épuration des institutions monarchiques, tandis que des représentants des états font leur entrée au Conseil royal.

La mise en œuvre du programme politique des réformateurs se heurte à d'insurmontables obstacles. Les contribuables n'avaient pas plus envie de payer les percepteurs des états généraux que ceux du roi. Des révoltes antifiscales éclatent partout, encouragées par Jean le Bon, qui craint que les mesures prises en son absence ne retardent les négociations avec les Anglais et donc sa libération. Étienne Marcel et ses partisans se radicalisent. Le prévôt des marchands s'allie à Charles de Navarre. Lorsque la Grande Jacquerie éclate en Champagne et en Valois, en juin 1358, il adopte une attitude ambiguë vis-à-vis de ces foules paysannes peu structurées, poussées à l'insurrection par les violences des gens de guerre et, sans doute, les exigences accrues d'une noblesse très appauvrie et discréditée par ses défaites militaires. Étienne Marcel connaît finalement le même destin que Jacques Van Artevelde, ce bourgeois de Gand qui voulait être prince. Il est assassiné par des Parisiens exaspérés par sa politique le 31 juillet 1358, tandis qu'une effroyable répression s'abat sur les Jacques. Le dauphin Charles peut alors rentrer à Paris en vainqueur, devant les cadavres de Marcel et de ses amis.

La très riche séquence politique de 1355-1358, aujourd'hui totalement évacuée de la culture historique nationale, a exercé une longue fascination sur les historiens du XIXᵉ siècle. Jules Michelet voyait dans l'ordonnance du 3 mars 1357 « le premier acte de la France ». Pour la première fois, le peuple de France manifestait son désir de s'émanciper de la tutelle monarchique. Depuis, les historiens ont ramené ces événements à de plus justes proportions. Les états généraux ne représentaient que l'élite politique et économique du royaume. Il ne faut pas non plus chercher de conscience de classe chez ces bourgeois des bonnes villes, pour la plupart affiliés à des factions aristocratiques qui dominaient l'ensemble du jeu politique. Aujourd'hui, on n'étudie plus les états généraux en tant qu'institution organique, douée d'une vie propre. On s'attache à mettre au jour les différents réseaux de pouvoir qui se disputaient les places au Conseil du roi, les grands offices de la couronne et les partisans aux sessions des états généraux.

On analyse également le dialogue institutionnel entre le prince et ses sujets dans une perspective d'anthropologie historique. Ce dialogue s'exerce en effet selon des modalités subtiles, sur fond d'unanimisme, où toute divergence d'opinion est niée, et où tout conflit entre gouvernants et gouvernés est, au sens propre du terme, impensable. Les assemblées représentatives médiévales – qu'il s'agît du Parlement anglais, des Cortès des royaumes ibériques, des diètes germaniques ou des états généraux français – étaient l'un des lieux privilégiés où se manifestait l'union de la communauté du royaume. Il n'existe qu'une seule issue à ces consultations : tandis que les sujets accèdent spontanément aux demandes, en général fiscales, de leur prince, celui-ci leur accorde en contrepartie, libéralement, privilèges ou concessions politiques. Culture de l'apparence ? Non, car tous les acteurs du jeu politique étaient sincèrement convaincus qu'il ne pouvait y avoir de bon gouvernement sans consensus politique.

Il serait pourtant réducteur de limiter les événements de 1355-1358 à de simples conflits entre partis aristocratiques, ou à un rituel politique stéréotypé où tout aurait été joué d'avance. Les luttes de personnes empêchent-elles les débats d'idées ? Les intellectuels les plus brillants de leur temps y participèrent, et leur réflexion sur le rôle du souverain, les limites de son pouvoir, le bien public, les droits de la communauté ou la légitimité de l'impôt nous frappe par son extraordinaire modernité. La science politique acquiert alors sa pleine autonomie, fécondée par les leçons tirées d'une crise à l'échelle d'un continent.

Ces événements doivent en effet être replacés dans une perspective européenne. Une grande partie de la Chrétienté latine est en effet en proie au même moment à des convulsions politiques et sociales. Dès le début du XIVᵉ siècle, les villes de Flandre, frappées par le déclin de l'industrie drapière, connaissent une vague de soulèvements dirigés contre les élites marchandes au pouvoir. Des gouvernements insurrectionnels se mettent en place, vite instrumentalisés par le roi d'Angleterre dans sa guerre contre les Valois. Le soulèvement de la Flandre maritime à peine écrasé en 1328, Jacques Van Artevelde s'empare du pouvoir à Gand en 1338 et s'allie au roi d'Angleterre. Il est assassiné en 1345, mais son fils Philippe prend la relève en 1382.

Entre-temps, l'Europe a connu l'apocalypse. La Grande Peste de 1347-1349, en fauchant un quart ou un tiers de la population du continent, bouleverse l'ordre économique européen. La terre est à nouveau abondante et les bras manquent. Les salaires explosent alors, atteignant au tournant du XIVe et du XVe siècle un niveau qui ne sera retrouvé que quatre ou cinq siècles plus tard. Un peu partout en Europe, les pouvoirs en place multiplient les ordonnances bloquant les prix et les salaires. Peine perdue ! Malgré cet environnement favorable aux plus pauvres, rien ne semble arrêter la propagation des révoltes dans toute l'Europe. Comment profiter de salaires plus élevés, lorsque la guerre sévit et que les cadres économiques anciens volent en éclats ?

Après la peste, un monde nouveau semble pouvoir émerger. Les opportunités sont alors multiples pour ceux qui savent en profiter. Les *Contes de Canterbury*, de Chaucer, déplorent la disparition d'un monde ancien – évidemment idéalisé – dominé par des laboureurs durs à la peine et des chevaliers austères, conscients de leur rôle social et politique. Ils dénoncent l'ascension de propriétaires terriens sans scrupule, qui valorisent leurs biens et chassent les laboureurs pour élever des troupeaux de moutons dont la laine est ensuite exportée. Les moutons se mettent à manger les hommes, dit-on alors. « Lorsque Ève filait et qu'Adam bêchait, où était le gentilhomme ? » clament dans les campagnes anglaises des rebelles menés par des prédicateurs itinérants, qu'on appelle les *Lollards*. Ils marchent sur Londres en 1381. Le roi Richard II les écrase, après avoir un temps composé avec eux. Au même moment, à Florence, les *Ciompi* – pauvres compagnons de l'industrie textile – prennent le pouvoir.

Dans les années 1380, l'agitation retombe, et la vague révolutionnaire est passée. Celle-ci a-t-elle d'ailleurs seulement existé ? Lorsque dominait dans l'Université française le matérialisme historique, on a pu voir dans cette suite de soulèvements d'ampleur inédite des révoltes connectées, trouvant leur cause dans la dépression économique et les inégalités sociales. Tout cela a bien existé, et contester l'importance primordiale du facteur économique et social relèverait d'un révisionnisme visant à bannir de la discipline historique toute théorie d'ensemble. Pour autant, si le mouvement parisien fut influencé dans une assez large mesure par les révoltes urbaines flamandes, on ne saurait évidemment parler de mouvement politique cohérent à l'échelle européenne, porté par une idéologie commune.

Finalement, de cette crise totale, démographique, économique, sociale, politique et spirituelle, ont surgi des hommes nouveaux, mais non un monde nouveau. À Florence et dans d'autres républiques urbaines italiennes, une élite nouvelle a chassé l'ancienne. Après quelques décennies d'une ouverture politique toute relative, les portes des Conseils de gouvernement se referment pour plus d'un demi-millénaire. Les monarchies européennes sortent toutes renforcées de l'épreuve. Le roi de France parvient même à arracher à ses sujets le droit de consentir à l'impôt. Les états généraux ne seront bons qu'à servir la propagande royale et à relégitimer le pouvoir en temps de crise. La France, dont on disait par un jeu de mots facile qu'elle était par excellence le pays des hommes francs, c'est-à-dire des hommes libres, était devenue un pays de serfs, taillables à la merci de leur souverain.

—

AMABLE SABLON DU CORAIL

RÉFÉRENCES

—

Mathieu ARNOUX, *Le Temps des laboureurs. Travail, ordre social et croissance en Europe (XIᵉ-XIVᵉ siècle)*, Paris, Albin Michel, 2012.

Françoise AUTRAND, *Charles V le Sage*, Paris, Fayard, 2000.

Raymond CAZELLES, *La Société politique et la crise de la royauté sous Philippe de Valois*, Paris, Librairie d'Argences, 1958.

Michel HÉBERT, *Parlementer. Assemblées représentatives et échange politique en Europe occidentale à la fin du Moyen Âge*, Paris, De Boccard, 2014.

Michel MOLLAT DU JOURDIN et Philippe WOLFF, *Ongles bleus, Jacques et Ciompi. Les révolutions populaires en Europe aux XIVᵉ et XVᵉ siècles*, Paris, Calmann-Lévy, 1970.

RENVOIS

—

1347, 1789, 1848, 1871, 1968

1369

Une première guerre d'Espagne

Le 23 mars 1369, le roi de Castille est assassiné par son demi-frère prétendant à la couronne. En quoi cet événement concerne-t-il l'histoire de France ? Au-delà du rôle qu'y a joué l'un de ses héros, Bertrand Du Guesclin, il permet de comprendre que ce que les historiens appelleront plus tard « guerre de Cent Ans » n'est compréhensible que dans un cadre européen.

Auprès de la tombe de Charles V furent inhumés trois de ses officiers. Le premier élu de cette exceptionnelle promotion funéraire fut Bertrand Du Guesclin, du vivant même du roi, en 1380. Neuf ans plus tard, les Marmousets firent au connétable des funérailles solennelles. Au travers de sa canonisation civile, ce qu'ils célébraient, c'était leur propre sens de l'État. Mais, devant la tombe du capitaine breton fait saint patron, auquel Cuvelier venait de consacrer une longue *vita*, aucun d'eux ne fut gêné par le relent régicide du personnage.

C'est qu'avant son trépas il avait

accompli un beau miracle : la reconquête du royaume, que le traité de Brétigny-Calais (1360) avait amputé d'une grosse principauté d'Aquitaine au profit des Anglais. Avant cette geste, Du Guesclin avait fait une main un peu laide cependant. En 1369, en contrebas d'un château en Espagne, à Montiel, il s'était mêlé du combat singulier entre Pierre Ier de Castille et son bâtard de frère, Henri de Trastamare, replaçant ce dernier au-dessus du premier. Et Henri avait tué Pierre.

La rumeur de sa tyrannie agitait certes l'Europe depuis longtemps. Mais un roi était mort, et Du Guesclin était impliqué. À tel point que les chroniques castillanes lui prêteront une maxime, que reprendra Sancho Pança, pour se justifier devant Don Quichotte de l'avoir tapé pendant son sommeil afin de lui faire passer sa Dulcinée : *Je ne fais ni ne défais de roi, mais j'aide mon seigneur.* De quel seigneur parlait-il ? D'Henri, auquel il prêtait main-forte depuis trois ans déjà ? De Charles V ? Car, en Espagne, Du Guesclin avait agi sur ordre, et le donneur n'était autre que le troisième des Valois, cette dynastie dont la légitimité avait été contestée par l'Anglais mais aussi, plus dangereusement, par Charles d'Évreux-Navarre. Par Du Guesclin le régicide de Montiel rejaillissait ainsi sur la fraîche royauté des Valois.

Les *Grandes Chroniques de France* oublieront le fratricide et la main de Du Guesclin. Montiel se transformait en exécution publique, un tyrannicide judiciarisé, partant légitime. La leçon que donnait en images le roman aux rois, sur la caducité du coup de main comme procédure de prise de pouvoir ou de changement dynastique, restait donc valable. Les Valois ouvraient un temps neuf, et non ! Charles V n'avait en rien favorisé un coup d'État en Castille au travers de Du Guesclin. Tous deux pouvaient donc bien entrer dans la légende des siècles, le miroir au prince pour l'un et la galerie des preux pour l'autre. Leur destin semblait si lié que Christine de Pisan, se souvenant comment la mort du cheval Bucéphale avait précédé celle d'Alexandre, écrira que celle du connétable loyal avait annoncé celle du prince sage.

Dans la trajectoire du Dogue de Brocéliande se joue, il est vrai, l'histoire d'un dressage réussi. Le *coach* décisif est d'origine espagnole : Charles d'Espagne, arrière-arrière-petit-fils d'Alphonse X, mais de Saint Louis aussi, dont le grand-père avait été écarté du trône de Castille. Jean II de France avait fait de son lointain cousin espagnol et capétien son connétable en 1351, et il avait lancé sa créature contre leur cousin Charles de Navarre. À L'Aigle, le 8 janvier 1354, le gentil Charles avait été poignardé sur ordre du mauvais Charles. Entre-temps, Charles d'Espagne avait cependant épousé une fille de Charles de Blois, le candidat français au duché de Bretagne, au service duquel se trouvait déjà Du Guesclin. La mort de Charles d'Espagne laissait ses capitaines sur le devant de la scène, tant en Bretagne que contre les Évreux-Navarre.

Sur ce large front ouest, Du Guesclin allait connaître la fortune puis son revers dix ans plus tard. Si sa victoire à Cocherel (16 mai 1364) permet à Charles V de se faire sacrer à Reims (le 19 mai) nimbé du triomphe contre le parti navarrais – au fond, Du Guesclin est à Charles V ce que sera Jeanne d'Arc à Charles VII –, sa défaite à Auray (29 septembre) donne le duché de Bretagne au candidat soutenu par l'Angleterre, Jean de Montfort. Sur le front de la renommée, la défaite de Du Guesclin n'est pas telle, car il donne un fort prix à sa valeur en fixant lui-même sa rançon à 40 000 francs, soit 150 kilogrammes d'or !

La trêve avec l'Angleterre, la déconfiture de Charles de Navarre puis la fin de la guerre en Bretagne laissent toute une soldatesque sans envie de reconversion professionnelle. La guerre est devenue un métier, et ces hommes habitués à servir qui les paient, ces mercenaires donc, organisés en compagnies et en routes, commencent à vivre du pays. Les exactions de ces soudards deviennent un problème d'ordre public auquel un roi tout juste sacré doit trouver urgemment une solution.

L'idée espagnole fait vite son chemin. Aux Valois et à la France, Pierre Ier avait fait un terrible affront. En 1352, il avait épousé la belle-sœur de Charles V, Blanche de Bourbon, mais il n'en avait jamais fait sa femme, et la princesse était morte dans sa prison en 1361. Les papes n'avaient pas ménagé leurs efforts pour ramener Pierre à plus d'obéissance. Mais que pouvaient-ils attendre de ce fils en Dieu dont certains pensaient à Avignon qu'il tyrannisait l'Église de son royaume et qu'il était un nouveau Néron ? Victimes de ses violences ou les redoutant, des nobles castillans avaient pris le chemin de l'exil. C'était le cas de son demi-frère bâtard Henri, passé par la France et l'Aragon. Dans ce royaume, à partir de 1363, son leadership s'imposa définitivement aux exilés y ayant trouvé refuge. Désireux de relancer la guerre qui l'opposait à Pierre Ier depuis 1356, Pierre IV poussait ce parti à envahir la Castille. Toutes les pièces du puzzle s'ajustaient désormais.

Charles V donna l'argent qui manquait pour libérer Du Guesclin. Celui-ci prendrait la tête de ses frères d'armes des grandes compagnies. Sur le pont d'Avignon, il ferait cracher le pape au bassinet et en obtiendrait la bénédiction d'une croisade qui pouvait afficher l'objectif de Grenade la musulmane. En passant, la troupe aiderait Henri à ravir le trône à son méchant frère. Reconnaissant, celui-ci ne manquerait pas de mettre à disposition de la France toute la force de la marine castillane. Sur l'échiquier européen de la guerre de Cent Ans, cette guerre civile ibérique est un laboratoire de realpolitik !

À Calahorra, par où cette troupe entre en Castille, Henri se proclame roi le 16 mars 1366. Pierre abandonne Burgos et se replie à Tolède. Burgos se donne à Henri et, dans le monastère de Las Huelgas, il se fait couronner un dimanche de Pâques. Les ralliements grossissent les rangs et les premières récompenses tombent : Du Guesclin devient comte de Trastamare. La suite tient du *paseo*, cette promenade qu'affectionnent toujours les Espagnols quand le soleil décline. Tolède tombe le 11 mai. On s'en prend beaucoup aux juifs accusés d'être les suppôts du tyran. À la fin du mois, Pierre se résigne à quitter son alcazar de Séville qu'il transformait en palais d'État. Par mer, il rejoint la Galice, toujours fidèle, puis décide d'aller à Bayonne y demander l'aide anglaise au Prince Noir.

Les Anglais sont légitimistes sans être pétristes, et ils monnaient cher leurs services. Ils refusent en outre de compromettre leur trêve avec la France. Ils iront au combat, mais tel un corps stipendié de mercenaires eux aussi. Le contrat est passé à Libourne le 23 septembre, puis on laisse passer l'hiver. Le 1er avril 1367, le gros du contingent anglo-castillan pénètre en Castille. Entre Nájera et Navarrete, le 3 avril, il rencontre l'armée franco-castillane. Pierre gagne la bataille, mais Henri parvient à fuir. Négociants en rançons, les Anglais refusent à Pierre l'exécution des prisonniers, et Du Guesclin fixe la sienne à un prix qui paraît tripler celui d'Auray. Le 7 avril, Pierre Ier est de retour à Burgos, mais il lui faut passer à la caisse ! Non content d'avoir déjà obtenu le gros rubis – un spinelle en réalité – qui orne aujourd'hui la couronne que porte Élisabeth II lors du *State Opening Parliament*, le Prince Noir lui impose en mai un serment pour dettes et accorde un nouveau délai. Rien ne vient cependant. Le Prince s'impatiente, envisage un temps un partage de la Castille, puis lâche l'affaire.

Revenu ruiné en Gascogne, il réclame un fouage en janvier 1368. Les seigneurs gascons rechignent puis font appel au roi de France. Celui-ci tient là son prétexte pour reprendre ouvertement les hostilités avec l'Angleterre. On reprend langue avec Henri de Trastamare et le duc d'Anjou s'accorde avec lui le 13 août. On paie la rançon de l'entrepreneur de guerre qu'est Du Guesclin et on remonte une armée. Le 8 septembre, Charles V s'adresse au Prince Noir tel à un vassal et le cite à comparaître. Le 28 septembre, Henri est à nouveau à Calahorra et, près de l'Èbre, il joue César passant le Rubicon. Dans son avancée, il bute cependant sur Tolède. Le siège s'enlise et les Français sont pressés de profiter de l'arsenal de Séville. Devant Tolède, fin novembre, ils imposent de nouvelles conditions à Henri. Faisant alliance avec Mohammed VI de Grenade, qu'il avait replacé sur son trône, Pierre passe pour un renégat, mais résiste assez bien cette fois.

Au début de 1369, rien n'est réglé et les rois sont en quête de la bataille finale. Tolède tient bon et Pierre entend lui porter secours. Le 14 mars, la rencontre a lieu et Pierre n'a d'autre échappatoire que de s'enfermer dans Montiel. Assiégé, Pierre sait l'appétit financier des troupes mercenaires d'Henri. On prend langue et on se fait des promesses. Convaincu que Du Guesclin le laissera partir, Pierre Ier sort de son réduit dans la nuit du 22 au 23 mars, mais il est arrêté et mis en présence d'Henri. Le duel commence. La main de Du Guesclin. La mort de Pierre. La guerre est terminée. Charles V rappelle Du Guesclin et en fait son connétable (1370). Deux ans plus tard, la marine castillane était à La Rochelle, les Anglais perdaient leur maîtrise maritime et la France pouvait finir de reprendre ce qu'elle leur avait cédé en 1360.

—

FRANÇOIS FORONDA

RÉFÉRENCES

—

François FORONDA, « Une image de la violence d'État française : la mort de Pierre Ier de Castille », *in* François FORONDA, Christine BARRALIS et Bénédicte SÈRE (dir.), *Violences souveraines au Moyen Âge. Travaux d'une école historique*, Paris, PUF, 2010, p. 249-259 et cahier iconographique hors-texte.
Bernard GUENÉE, *Du Guesclin et Froissart. La fabrication de la renommée*, Paris, Tallandier, 2008.
Georges MINOIS, *Du Guesclin*, Paris, Fayard, 1993.
Laurence MOAL, *Du Guesclin. Images et histoire*, Rennes, Presses universitaires de Rennes, 2015.
Julio VALDEÓN, *Pedro I el Cruel y Enrique de Trastámara. ¿ La primera guerra civil española ?*, Madrid, Aguilar, 2002.

RENVOIS

—

1420, 1635, 1808, 1936, 1979

1380

L'image du monde dans une bibliothèque

L'année de la mort de Charles V, l'Atlas catalan entre dans les collections de la Librairie du Louvre, dans laquelle on a voulu reconnaître l'origine du projet universaliste de la Bibliothèque nationale. Cette carte nautique dessine la France, non pas comme un être géographique, mais comme le domaine des rois.

Comment, au XIVe siècle, un roi de France pouvait-il se représenter son royaume ? Élargie à la perception du globe, sinon du monde, la question fatale posée par les historiens de l'espace politique se heurte à l'émergence fort tardive de la cartographie comme instrument de gouvernement. Alors que la puissance royale s'inscrit dès le XIIIe siècle dans la continuité d'un État qui peu à peu fixe son territoire et bientôt ses frontières, il faut attendre les années 1380 pour avoir la certitude qu'un roi de France dispose d'un « atlas », ou plutôt d'une « mappemonde » donc d'une « image du monde ».

Longtemps, l'image du monde reste en effet soumise à la volonté d'articuler les représentations du temps à celles de l'espace : cette entité est un cosmos théologique, un texte à déchiffrer bien davantage qu'un espace à découvrir. La géographie, en tant que savoir positif, destiné à faire la guerre ou à échanger des biens, est soumise à un carcan imaginaire. Aucune carte ne se résout à renfermer tout à fait les termes de l'équation qui confond et rapproche sans cesse le monde comme espace et comme temporalité. Avec le XIVe siècle, une réelle disjonction du temps et de l'espace s'établit peu à peu : le temps des États, incarné par les horloges dont la plus ancienne attestée en France est contemporaine du règne de Charles V (r. 1364-1380), se disjoint de celui du monde. En parallèle, et selon une logique contradictoire, ces mêmes États, en tant que territoires aux frontières encore largement mouvantes, tendent à s'inclure dans un espace « monde » résolument élargi par les « explorateurs », de Marco Polo (entre 1271 et 1295) à Jean de Mandeville (entre 1322 et 1356). Un siècle avant le bouclement du globe accompli par Vasco de Gama, une dilatation indiscutable est en marche – les temps se plissent alors que les cartes se déploient. Au rebord de cette faille nouvelle, et peut-être fertile, comment rendre compte de ce qui se donne simultanément comme « France » et comme « monde » ?

Un document exceptionnel, précisément daté de 1375, connu sous le nom d'*Atlas catalan*, a été conservé dans les collections royales du château du Louvre, entre 1381 et 1411. Il s'est donc trouvé sous les yeux du roi, sinon de ses conseillers. Pour quel usage ? Aucun autre que l'agrément et la contemplation n'est établi, dans la mesure où cet objet graphique est un *unicum* dans la bibliothèque. Texte et images y sont savamment tressés et se déploient en un polyptyque de douze feuilles de vélin sur sept panneaux de bois : un écran, autant qu'une table, et qui tente, par son double sens de lecture, de matérialiser la rotondité de la terre, en lui superposant l'image des origines et de la fin du monde, c'est-à-dire des temps. Il s'agit donc de tourner autour d'un monde bordé par les mers, à mi-chemin entre le genre de la mappemonde des encyclopédies de l'âge scolastique et des portulans dont l'usage concret se développe en Méditerranée depuis la fin du XIIIe siècle. Sorti des

ateliers majorquins du cosmographe juif Abraham Cresque, cette « quarte de mer » rédigée en catalan contient le précipité des savoirs sur les espaces connus, mais aussi sur l'ordre voulu par Dieu, depuis la création jusqu'à l'Apocalypse et la venue de Gog et Magog, enfermés par les soins d'Alexandre le Grand, qui figure sur l'atlas aux pieds du Christ sauveur.

L'Extrême-Occident, par le biais d'un océan cruellement vide mais garni d'une des premières roses des vents représentées, rejoint le Paradis terrestre qui figure à l'autre extrémité du polyptyque. À cette pointe du monde des origines s'avancent le promontoire des îles Canaries et le *Rio de Oro* africain, précisément exploré par le marin majorquin Jaume Ferrer en 1346. Jérusalem se situe bien au centre de l'*orbis terrarum*, mais le monde n'a plus la forme de sa propre anagramme. Pour l'*Atlas catalan*, le cœur battant des peuples, des royaumes et des richesses du monde demeure l'espace des empires islamiques. Si l'Europe occidentale occupe deux volets, le « Moyen-Orient » au sens large, de la mer Égée jusqu'à la péninsule indienne, se déploie sur trois panneaux, les deux derniers étant réservés à l'Extrême-Orient asiatique. À l'autre bout du monde, la fin des temps est continentale, enfermée dans les montagnes situées au nord-ouest du « Cathay » – notre Chine, lointain souvenir des Mongols du siècle précédent, mais prêt à donner corps aux frayeurs provoquées par la rumeur des troupes de Tamerlan, au pouvoir depuis 1369 à Samarcande.

Le monde de l'*Atlas catalan* est d'abord un univers de marins : les îles bénéficient d'un traitement singulier et l'on identifie parfaitement le profil de la Méditerranée, de la mer Noire, de la Caspienne et de la mer du Nord ; si le golfe Persique se dessine, l'océan Indien demeure un « horizon onirique » (Jacques Le Goff), absent et non connecté à la mer Rouge. Ceci explique pourquoi l'Afrique reste aplatie sur elle-même, l'Éthiopie rejoignant le Mali vers l'ouest. Car l'Atlas représente avant tout des entités géographiques, qui font l'objet en majuscules rouges et bleues, de véritables légendes : pour l'Europe, se dessinent Angleterre, Castille, Lombardie, Pologne, Suède, Allemagne, Bavière, Hongrie, etc. Mais nulle part le mot « France » n'apparaît. On reconnaît bien ce fameux « royaume des quatre rivières », délimité à l'est par le Rhône, la Saône, la Meuse et l'Escaut, qui figurent sur la carte, mais cet espace reste désespérément innommé. Il faut donc bien admettre, avec l'*Atlas catalan*, qu'au regard du monde, la France n'existe pas encore tout à fait en cette fin de XIVe siècle. Elle n'est pas un être géographique – et demeure le domaine d'un prince dont les prétentions à incarner la souveraineté se développent au gré des rapports de force avec ses voisins immédiats.

Un détail graphique signale justement une sourde logique de distinction, ou de compétition : là où les royaumes africains et les sultanats orientaux sont figurés par des personnages plus ou moins allégoriques, les territoires de ce bout du monde qu'est l'Europe occidentale sont désincarnés. Ils ne sont identifiés que par les bannières qui flottent sur ce qui se fixe peu à peu comme capitales de puissances étatiques, qui commencent cependant à

peine à se disjoindre de leur souverain. Les signes héraldiques eux-mêmes semblent labiles : si les fleurs de lis flottent sur la représentation de Paris, elles ornent aussi le sceptre de l'« empereur » du Mali, Mansa Mussa. Une part conséquente des réseaux de signification portés par l'Atlas nous demeure donc étrangère – l'étaient-ils pour leur propriétaire ? La « quarte » n'est donc pas un instrument de pouvoir, et demeure une encyclopédie en images – un programme politique et eschatologique, bien davantage qu'une radioscopie du monde.

L'*Atlas catalan* est d'abord un bien précieux, un objet de collection offert par un allié, le roi d'Aragon, qui, avant le Portugal, préfigure un genre d'empire maritime au XIVe siècle. Cet allié est un parent : la cousine du jeune roi Charles VI, Violante de Bar, épouse de l'infant Jean Ier, a fait parvenir cet objet unique à l'occasion de l'avènement du nouveau roi. Il est possible cependant que la commande soit plus ancienne et soit le fait de Charles V lui-même, en vue de nourrir le « trésor de sapience » dont il a hérité et qu'il a complété par une véritable politique de la traduction et de la compilation des savoirs, à l'imitation d'Alexandre. Attestée par la conservation de quatre inventaires, la « librairie du Louvre » est un ensemble de plus de 900 volumes manuscrits, rassemblant l'équivalent de plus de 1700 textes ou œuvres originales. Avec plus de deux tiers d'ouvrages en français, cette bibliothèque accompagne l'exhaussement universel d'un parler vernaculaire, qui de langue littéraire devient langue de gouvernement et de savoir pratique. À l'instar du pape, le roi de France a l'ambition de dominer l'universalité du savoir, à défaut de celle du pouvoir. La traduction de la Bible et celle des œuvres politiques d'Aristote, précepteur d'Alexandre, sont garantes de l'apparition en français de tout un vocabulaire abstrait et théorique – incluant précisément les mots de « politique » et de « gouvernement », mais aussi celui de « spéculation » ou d'« autonomie ». Au-delà, *Le Livre du ciel et du monde* d'Aristote, traduit par Nicole Oresme, confère au français le moyen de rivaliser avec le grec et le latin pour décrire tout entier le monde, en tant que réalité et en tant que représentation. Avec le mot « infini » apparaît simultanément celui de « différence » : la « sapience » s'inscrit au fronton du gouvernement d'un État qui fixe peu à peu des frontières à son territoire, au moment même où celles du monde ne semblent pas en avoir. À l'issue de son rachat en 1424 par le régent de France et d'Angleterre, Jean de Bedford, le fonds du Louvre sera néanmoins irrémédiablement dispersé. Bien personnel des souverains, la bibliothèque n'est pas encore celle d'un État-nation, qu'elle a cependant contribué à imaginer et à concevoir.

Miroir du monde plutôt qu'instrument de son exploration, où « la » France n'existe que par défaut, l'*Atlas catalan* prenait donc place sur les rayonnages d'un trésor encyclopédique, où le prince se persuadait de conquérir tous les savoirs du monde dans un cabinet. Avec le XVIᵉ siècle, l'humanisme détermine un nouveau dispositif de transfert et de contrôle de la langue. Sept ans après la création du collège des lecteurs royaux et deux ans avant l'édit de Villers-Cotterêts,

l'ordonnance de Montpellier du 28 décembre 1537 institue en effet un véritable gouvernement du savoir et une police des livres, par l'obligation du dépôt légal de tout « imprimé », cartes comprises, au sein de la Bibliothèque du roi. C'est un lecteur du roi, Oronce Fine, qui donne alors la plus ancienne « carte de France » conservée, en 1553. La mémoire de la librairie de Charles V est dès lors révérée, jusqu'à la récupération d'une partie de ses monuments : François Iᵉʳ appose son ex-libris sur l'inventaire retrouvé de 1380 alors que l'*Atlas catalan* venait de resurgir dans les collections personnelles de Louis XII. Il est depuis lors conservé sans interruption dans ce qui, sous le nom de Bibliothèque nationale avec la Révolution, est devenu l'écrin d'une certaine prétention française à l'universalité. Enrichie par la confiscation et la nationalisation des biens ecclésiastiques après 1790, cette institution a forgé son propre mythe de fondation en convoquant le précédent du XIVᵉ siècle, en vue de s'inscrire dans une filiation directe avec la bibliothèque d'Alexandrie. En 1995, François Mitterrand inaugurait le dernier avatar architectural de la bibliothèque universelle avec une pierre de fondation d'une tour du Louvre, étrange confusion où le culte de la mémoire nationale prétend contenir le savoir du monde.

—

YANN POTIN

RÉFÉRENCES

——

Simone Balayé, *Histoire de la Bibliothèque nationale, des origines à 1800*, Genève, Droz, 1988.

Olivier Bertrand (dir.), *Sciences et savoirs sous Charles V*, Paris, Honoré Champion, 2014.

Léonard Dauphant, *Le Royaume des quatre rivières. L'espace politique français (1380-1515)*, Paris, Champ Vallon, 2012.

Patrick Gautier-Dalché, « Un problème d'histoire culturelle : perception et représentation de l'espace au Moyen Âge », *Médiévales*, vol. 9, n° 18, 1990, p. 5-15.

Yann Potin, « Des inventaires pour catalogues ? Les archives d'une bibliothèque médiévale : la librairie royale du Louvre (1368-1429) », *in* Hans Erich Bödeker et Anne Saada (dir.), *Bibliothek als Archiv*, actes du colloque de Göttingen (20-22 mars 2003), Göttingen, Vandenhoeck & Ruprecht, 2007, p. 119-139.

RENVOIS

——

1270, 1357, 1539, 1769, 1875

1420

La France aux Anglais ?

« L'infâme traité de Troyes » du 21 mai 1420,
sanctionnant la défaite d'Azincourt cinq ans auparavant,
est l'un des stigmates de la Passion nationale.
Il aurait livré, avant que Jeanne d'Arc ne la sauve, la France
à une puissance étrangère. À moins que ce ne soit
plus banalement l'une de ces tentatives, courantes en Europe,
de construire la paix perpétuelle par l'union des couronnes.

France-Angleterre, printemps 2016 : une fois encore, l'équipe de France de rugby dut s'incliner en mars devant son frère ennemi préféré lors du Tournoi des six nations, parmi lesquelles cinq sont riveraines de la Manche et de ses abords. La confusion des symboles le dispute à la manipulation des mémoires. Avec la menace du « Brexit » britannique, en concordance avec le sentiment ambiant de déclin, cette défaite si banale prend une couleur sombre ; certes, ce n'est pas la France, mais bien l'Union européenne que le Royaume-Uni entend sous peu quitter. Émue par un désamour que l'on veut bien transformer en francophobie, la presse française a beau jeu de mentionner que la France et l'Angleterre sont unies par des liens presque sacrés.

Ombre portée d'un mariage d'autant plus symbolique en effet que depuis février la famille de Villiers et celles de l'extrême droite nationaliste revendiquent à l'unisson l'honneur d'avoir racheté l'anneau intime de Jeanne d'Arc à un collectionneur anglais, grâce au prétendu soutien personnel de la reine Élisabeth II. À titre de mention conjuratoire, *Le Nouvel Observateur*, le 22 avril 2016, rappelle que, « par trois fois dans l'histoire, on songea à fondre la France et l'Angleterre en un même pays » : soit, en remontant le temps, en septembre 1956, à la veille de la crise de Suez ; en juin 1940, à la suggestion de Jean Monnet, face à l'effondrement et au *Blitzkrieg* nazi ; et surtout en mai 1420, à la faveur du traité de Troyes, qui consacrait l'union perpétuelle des couronnes de France et d'Angleterre. Le projet d'*Anglo-French Unity*, soumis par le général de Gaulle à Paul Reynaud le 16 juin 1940, affirmait ainsi qu'« à l'heure de péril où se décide la destinée du monde moderne, les gouvernements de la République française et du Royaume-Uni font cette déclaration d'union indissoluble [...]. Les deux gouvernements déclarent que la France et la Grande-Bretagne ne sont plus désormais deux nations, mais une Union franco-britannique ». Tout se passe comme si la peur de voir l'Angleterre divorcer de la France et de l'Europe remettait en question le fondement même d'une certaine identité nationale. Contradiction journalistique ou paradoxe historique ?

Une fois le « Brexit » consommé en juin, plus personne ne s'est risqué à mentionner le 60e anniversaire d'une union manquée entre Guy Mollet et Anthony Eden, visant à défendre le rayonnement des vieilles puissances au Moyen-Orient face aux deux blocs. En revanche, un mois plus tôt et dans un contexte exacerbé d'exhibition des signes extérieurs des « nationalités » de part et d'autre de la Manche, le défilé traditionnel de l'Action française royaliste, dédié à « Jeanne d'Arc, symbole de la France aux Français », épargné pour la première fois depuis 1979 de son parasitage politique par le Front national, n'hésitait pas à hurler d'autres slogans : « On veut Jeanne la Pucelle, pas l'Europe de Bruxelles. » Des bannières rappelaient alors que le « honteux traité de Troyes » était bien à l'origine de la geste de leur héroïne nationale, quoique tardivement canonisée

par la papauté, le 16 mai 1920, à quelques jours du 500e anniversaire du sinistre traité. En représailles, et afin de ne pas tout à fait abandonner Jeanne d'Arc aux catholiques, le Parlement français avait institué, par une loi du 10 juillet 1920, le 8 mai comme fête patriotique nationale. En bonne sainte laïque *et* catholique, la Pucelle de Domrémy bénéficie donc d'une double fête – la levée du siège d'Orléans, le 8 mai 1429 – et sa fin sur le bûcher des hérétiques, deux ans plus tard à Rouen le 30 mai 1431. Ainsi donc son aventure fut consacrée sur le tard, et au lendemain de la Première Guerre mondiale, par la concurrence des entreprises de mémoire. Marial autant que marital, le mois de mai apparaît bien comme un étrange terreau pour le trafic des mémoires. La confusion et la manipulation commémorative atteignent plus tard d'ailleurs une discrète apothéose, puisque le hasard, ou la diplomatie gaullienne, était parvenu en 1945 à faire coïncider cette même date johannique du 8 mai avec la capitulation finale de l'Allemagne nazie face aux Alliés, mettant ainsi un terme à la Seconde Guerre mondiale par une (em)prise de date éminemment française. Pour mieux faire oublier sans doute, en un même mouvement, et la défaite de la France collaboratrice de Vichy, et la longue dépendance et soumission de la France libre au Royaume-Uni.

L'archéologie des constructions identitaires nationales forgées par un long XIXe siècle ne doit donc pas manquer le rôle éminemment ambigu, sinon presque réversible, de la mémoire emboîtée de la geste de Jeanne d'Arc et du traité signé à Troyes le 21 mai 1420. Il y va ainsi d'une étroite dépendance, à valeur mytho-graphique, quasi religieuse quoique pleinement schizophrénique, entre la nécessité de la défaite et la certitude de l'identité. Un certain culte de l'union fantasmatique entre la France et l'Angleterre semble pourtant bien indissociable de la religion providentialiste de la Pucelle.

« Et afin que concorde, paix et tranquillité entre les royaumes de France et d'Angleterre, soient pour le temps avenir perpétuellement observées [...], que de l'avis et consentement des trois états des dits royaumes, [...] soit ordonné et pourvu que du temps que notre dit fils sera venu à la couronne de France, ou aucun de ses hoirs, les deux couronnes de France et d'Angleterre à toujours mais perpétuellement, demeureront ensemble, et seront en une même personne [...] qui sera pour le temps roi et seigneur souverain de l'un et l'autre royaume, comme dit est, en gardant toutefois en toutes autres choses à l'un et à l'autre royaume, ses droits, libertés ou coutumes, usages et lois. »

L'utopie pacifique portée par le traité, en son article 24, est simple : en vue de rétablir la paix universelle, le roi de France, Charles VI, atteint de démence depuis près de trente ans, accorde la main de sa fille Catherine au roi d'Angleterre Henri V, qui devient par là son fils adoptif, selon le principe de l'union des chairs. Devenant ainsi roi de France et d'Angleterre, il se porte garant du respect des « us et coutumes » des deux royaumes, unis pour l'éternité dans leurs différences. Pour ce faire, il avait fallu une autre ruse de l'histoire, parfaitement résumée par Jules Michelet : « Le roi d'Angleterre avait

mis trois ans à conquérir la Normandie ; la mort de Jean sans Peur sembla lui donner la France en un jour. » Depuis 1407 en effet, et l'assassinat du duc d'Orléans par le duc de Bourgogne Jean sans Peur, le royaume des Valois était déchiré entre le parti des Armagnacs et celui des Bourguignons. La guerre civile avait permis de rouvrir le champ des vieilles prétentions anglaises à la couronne de France. La terrible défaite d'Azincourt le 25 octobre 1415, nouvelle ordalie divine, consacrait l'illégitimité du dernier dauphin Charles (futur Charles VII). Après la disparition successive de pas moins de trois de ses frères aînés – Charles en 1401, Louis en 1415 et Jean en 1417 –, ce dernier, suspecté d'être un bâtard de Louis d'Orléans, prince débile d'une lignée épuisée, n'avait pas su résister au désir de vendetta de ses cousins d'Orléans et d'Armagnac : en assassinant son autre cousin Jean sans Peur sur le pont de Montereau en septembre 1419, il commettait un acte de lèse-majesté reconnu par les états de la ville de Paris comme le disqualifiant à toute couronne.

« De l'avis et consentement des trois états des dits royaumes... » : à l'heure où la mémoire des « trois états » constitutifs de l'État tend à réunir, sinon à réconcilier, au cours du XIXe siècle, les monarchistes parlementaires aux républicains en un commun culte de la souveraineté collective, sinon démocratique, il ne fallait surtout pas insister sur la mention de leur consentement, préalable conférant une belle légitimité au traité. Au contraire, c'est à personnaliser le drame que l'on s'acharne alors, en donnant libre cours à toutes les xénophobies, pour décréter l'« infâme » trahison d'un « honteux traité » (Victor Duruy) instrumenté par une reine d'origine germanique, Isabeau de Bavière, et un cousin de Bourgogne imbu de son indépendance lotharingienne – nouvel ennemi héréditaire oblige. Et cependant le traité de Troyes est tout sauf un coup de théâtre historique, dans la mesure où il marque à plus d'un titre le triomphe quasi performatif des représentations collectives par la percolation des croyances dans les actes les plus événementiels en apparence. Depuis longtemps, les historiens soulignent la dimension structurale de l'aventure de Jeanne d'Arc : la propagande du dauphin s'est emparée en 1429 d'une vieille prophétie, attribuée à Merlin et indiquant que la France serait sauvée par une vierge, pour galvaniser, un temps, ses troupes. Jeanne d'Arc y trouvera la raison de sa brève existence, à défaut d'une consistance politique. Il est clair que cette fable devenue réelle est l'écho d'une bataille médiatique : le traité de Troyes, en prétendant provoquer une « paix finale » par l'adoption de l'Angleterre par la France, s'appuyait sur une prophétie de Brigitte de Suède, propagée en 1348 depuis les confins du nord de l'Europe. Sur le plan juridique, le traité était cependant fort réaliste, en s'inscrivant dans une véritable mode diplomatique en Occident des unions de couronne aux XIVe et XVe siècles : depuis l'union de Krewo entre Pologne et grand-duché de Lituanie en 1385 ou celle des royaumes scandinaves à Kalmar en 1397, avant les unions personnelles de Pologne, Bohême et Hongrie au cours du siècle et celle de la Castille et de l'Aragon après 1479, sans même évoquer, bien sûr, le modèle impérial ou encore le précédent bien réel d'union des couronnes de France et de Navarre entre 1284 et 1328. Par le biais des alliances contractées par les deux couronnes, la concorde était, selon l'article 26 du traité, extensible dans les « huit mois » à l'ensemble d'une Chrétienté déchirée par le schisme depuis 1378.

En revisitant le réalisme du traité de 1420, Jean-Marie Moeglin a proposé d'envisager de « récrire » la guerre de Cent Ans à partir de cet horizon récurrent sous-jacent : depuis la fin du XIIIe siècle et jusqu'au mariage célébré à Troyes, au mépris de l'inceste canonique, l'obsession du mariage entre les familles régnantes de France et d'Angleterre est autant l'effet que la cause du conflit. En ce sens, le traité de Troyes répond à une croyance fondamentale des sociétés médiévales, à mille lieues de toute construction étanche des « nations », où l'unité est synonyme d'universalité. Force est de constater que le principal épisode de l'histoire politique médiévale que le roman national a cherché à magnifier, au point de faire de Jeanne d'Arc une figure providentielle, autant républicaine que royaliste, autant laïque que catholique, a pu être fondé sur un événement aux prétentions globales, car tout aussi utopiques que prophétiques, bien que « familiales ». Et le culte républicain de Jeanne d'Arc est fondé dès 1839 par le travail d'érudition et de narration concertées de deux Jules, Quicherat et Michelet, face au risque de voir l'historien catholique allemand Görres éditer pour la première fois le procès de Jeanne... Dialectique sublime d'engendrement de Soi par l'Autre, qui guide plus tard les premiers pas d'un

« fondateur » d'Europe comme Jean Monnet, invoquant le traité d'union de 1420 comme caution suprême pour tenter l'impossible en juin 1940.

—

Yann Potin

RÉFÉRENCES

—

Paul Bonenfant, *Du meurtre de Montereau au traité de Troyes*, Bruxelles, Palais des Académies, 1958.
Boris Bove, *La Guerre de Cent Ans*, Paris, Belin, 2015.
Jean-Pierre Guichard, *Paul Reynaud, un homme d'État dans la tourmente (septembre 1939-juin 1940)*, Paris, L'Harmattan, 2008.
Jean-Marie Moeglin, « Récrire l'histoire de la guerre de Cent Ans. Une relecture historique et historiographique du traité de Troyes (21 mai 1420) », *Revue historique*, nº 664, 2012, p. 887-919.
Yann Potin, « 1420, traité de Troyes. Le rêve oublié d'une paix perpétuelle », *in* Patrick Boucheron (dir.), *Histoire du monde au xvᵉ siècle*, Paris, Fayard, 2009, p. 320-324.

RENVOIS

—

1051, 1137, 1369, 1662, 1790, 1858, 1913, 1940

1446

Un esclave noir à Pamiers

Contrairement aux serfs soumis aux duretés d'une dépendance juridique, les esclaves n'étaient au Moyen Âge rien d'autre que des biens meubles. Ils alimentaient un intense trafic, de la mer Noire à la Méditerranée. Un procès à Pamiers révèle la condition de cet esclavage domestique caractéristique des villes méridionales et des cours princières.

À Pamiers, dans le comté de Foix, eut lieu en 1446 un procès retentissant impliquant Antoine Simon, un esclave noir de Barcelone, qui s'était enfui et mis au service de Pierre Toc, lieutenant du juge comtal. À la requête de Pons Ferrer, le marchand barcelonais à qui il appartenait, le prévôt du comte de Foix s'était saisi de l'esclave et l'avait enfermé au château. Pierre Toc se défendit en arguant des coutumes de Pamiers de 1228 qui assuraient la liberté à tous les habitants et ajouta qu'autrement il aurait laissé l'esclave poursuivre sa route jusqu'à Toulouse. L'affaire prit une grande ampleur, les auditions durèrent trois jours au cours desquels de nombreux bourgeois de Pamiers vinrent témoigner. Un marchand exposa que, lorsque son père était consul, un esclave grec enfui, nommé Georges, fut libéré et accueilli en tant qu'habitant de la ville, de même qu'un autre Grec, appelé Nicolas, qui appartenait au commandeur de l'hôpital du Tor. Le bachelier en décrets qui dirigeait l'instance, Jean de Belaybre, avoua qu'il était lui-même né d'une esclave mariée et libérée à son arrivée à Pamiers. Il argumenta que cette liberté était un privilège car elle établissait une exception au droit de propriété. Le marchand barcelonais soutenait en effet qu'il avait acheté Antoine fort cher (100 florins d'Aragon) et que ce dernier avait commis un vol, celui de sa propre personne. Pons Ferrer était le chef d'une puissante famille de marchands et de navigateurs barcelonais qui avait lancé des opérations sur les côtes d'Afrique ; il n'entendait pas qu'un modeste conseil de ville vînt porter atteinte à son droit. Après trois jours d'audience, le 31 octobre 1446, Antoine Simon fut libéré et déclaré nouveau citoyen de Pamiers selon les formalités habituelles.

Parmi les diverses catégories de dépendance, l'esclavage n'est pas couramment associé au Moyen Âge. La figure de l'esclave renvoie plus sûrement aux civilisations anciennes de la Grèce et de Rome ou aux formes modernes de traite coloniale. Pourtant, pendant tout le haut Moyen Âge, l'esclavage de tradition antique perdura dans les royaumes barbares. Les attestations en sont claires jusqu'au milieu du XIe siècle sur le continent, jusqu'au début du XIIe siècle dans les îles Britanniques. En contexte latin, il est difficile cependant de distinguer l'esclave du serf car un même mot les désigne, *servus*. En vieil anglais en revanche, on peut suivre plus aisément les occurrences et la disparition du mot *theow* qui désigne l'esclave. Les attestations de réductions massives en captivité, de vente et de traite s'éteignent à la fin de la période carolingienne. La forme d'assujettissement désignée sous le nom de « servage », considérée comme caractéristique de l'époque médiévale, se distingue en effet de l'esclavage en ce qu'elle désigne un statut d'infériorité sociale vécue dans le cadre d'une seigneurie. Même si des serfs peuvent être cédés en même temps qu'une terre, il n'existe pas de marché, ni de marchands, comme cela avait pu être le cas à Verdun aux IXe-Xe siècles. Le serf est né dans le pays, « naturel » du lieu, alors que l'esclavage implique

un déracinement, un arrachement à la région d'origine et une implantation dans un contexte social et culturel étranger. La seconde partie du Moyen Âge a désigné cet assujettissement radical d'un nouveau mot « esclave », apparu avec son sens moderne dans les sources d'Italie méridionale sous domination normande et de culture byzantine. Il fut adopté dans les langues romanes parlées et dans la littérature, à partir du XIIe siècle, avant de remplacer *servus* dans les chartes et les actes notariés.

Après la disparition de l'esclavage sur le continent, l'enlèvement de personnes et leur mise sur le marché continuent à être attestés dans le bassin méditerranéen. Ainsi se dessine une géographie différenciée : l'esclavage, inconnu dans l'ensemble du royaume de France et dans le nord de l'Europe, subsiste et connaît même un vif essor dans toutes les régions méditerranéennes. En effet, dans toutes les zones de contact entre chrétiens et musulmans, des hommes sont capturés de part et d'autre et emmenés en captivité, victimes de la guerre, de la course et de la piraterie, dans le contexte du conflit multiséculaire entre Chrétienté et Islam. Trois temps forts marquent l'histoire de l'esclavage médiéval sur les rives occidentales et chrétiennes de la Méditerranée. Jusqu'au milieu du XIIIe siècle, la captivité ne concerne que des « Maures » ou des « Sarrasins », c'est-à-dire des musulmans d'Espagne, d'Afrique du Nord ou des îles méditerranéennes ; elle est contemporaine des grandes avancées de la *Reconquista* ibérique et des conquêtes franques en Italie et en Sicile. À partir de la fin du XIIIe siècle, les ports de la

Méditerranée occidentale connaissent un afflux d'esclaves orientaux grâce aux routes commerciales ouvertes par l'installation des Génois sur la mer Noire, dans le comptoir de Caffa en Crimée en 1261. Sont alors vendus des Russes, des Tatares, des Turcs, des Bulgares, mais aussi des Grecs ou des Albanais, qui font la fortune de marchands italiens ou catalans. Le troisième moment est marqué, à partir du xve siècle, par l'arrivée massive de Noirs, conséquence des expéditions portugaises sur la côte atlantique qui, à partir de 1415, supplantent les itinéraires caravaniers transsahariens remontant vers la Libye : le comptoir d'Arguin en Mauritanie devient le lieu de transit de dizaines de milliers d'hommes, dans une traite à une échelle jusque-là inédite.

Le royaume de France reste en dehors de ce trafic. Les esclaves catalans enfuis n'ont de cesse que de se réfugier dans une de ces villes qui assurait leur liberté, comme Pamiers et Toulouse, où les capitouls firent strictement respecter la coutume de la ville qui stipulait que toute personne qui avait mis le pied dans la banlieue ou gardiage de la cité était réputée libre. Quelques villes de la côte languedocienne, comme Montpellier ou Narbonne, ont abrité des esclaves dans le premier temps du phénomène : à Narbonne, le tarif de péage de 1153 fixe le montant de la taxe à payer – 5 sous pour la vente, 3 sous pour le passage d'un Sarrasin ou d'une Sarrasine. Si l'on rencontre ensuite des marchands montpelliérains ou des patrons de navires narbonnais comme acteurs du trafic, à Marseille ou à Barcelone, l'esclavage ne paraît plus présent dans ces villes à partir du xive siècle, ou seulement de façon sporadique. Mais l'esclavage reste tout à fait courant sur les terres d'Empire de Provence et dans le Roussillon dépendant du royaume d'Aragon. Des ventes d'esclaves sont attestées à Marseille dès les premiers actes notariés conservés au milieu du xiiie siècle. De nombreux esclaves se rencontrent dans toutes les villes, Marseille et Perpignan au premier chef, mais aussi dans tous les ports de la côte, Toulon, Fréjus, jusqu'à Nice, et dans l'intérieur à Avignon, Tarascon, Arles ou Aix. Les limites géographiques coïncident avec celles du comté de Provence et celles du comté de Roussillon. Le phénomène est inconnu plus au nord dans la vallée du Rhône, à Valence ou à Lyon. Ces esclaves résidaient majoritairement en ville ou dans de plus petites bourgades, mais certains habitaient à la campagne : en Roussillon, en 1271, est vendu un manse « avec jardin, dépendances, âne et Sarrasin ». Le plus grand nombre d'entre eux étaient employés à des tâches domestiques, même s'il est souvent difficile de préciser leur condition car les sources – essentiellement des actes notariés – sont peu prolixes. Une Tatare nommée Christine est vendue à Marseille en 1367, de sorte que l'acheteur puisse « l'avoir, la tenir, la donner, la vendre, l'échanger, et en faire tout ce qui lui plaira ». Aux xive et xve siècles, les Orientales, souvent Russes ou Caucasiennes, ont pu faire office de nourrices et être louées par leur propriétaire au gré des besoins, d'autres ont été prostituées. Certains esclaves furent placés en apprentissage, en particulier ceux qui appartenaient à des artisans : à Perpignan, ils pouvaient travailler comme pareurs, teinturiers, peaussiers, ou sur les chantiers de construction navale. En effet, là où il était pratiqué, en Provence et en Roussillon, l'esclavage avait pénétré profondément le tissu social : au-delà de l'aristocratie laïque ou ecclésiastique, on rencontre des esclaves chez des meuniers, des bouchers, des tailleurs, des pêcheurs, et chez de très nombreux marchands. L'esclavage bas-médiéval est donc essentiellement une réalité urbaine et domestique, mais aussi un phénomène lié aux cours princières. Annonçant une mode qui marqua la période moderne, l'esclave devint un objet de luxe et d'ostentation, symbole de prestige social, bien au-delà des régions méditerranéennes, à la cour de Bourgogne, par exemple, à la cour royale ou dans celles des ducs de Berry et d'Orléans.

Contrairement au serf qui jouit d'une personnalité juridique, même si elle est déprimée, l'esclave est un bien meuble et ressortit au droit de la propriété, ainsi que le proclamait Pons Ferrer à Pamiers. Les procès se plaidaient donc devant des juridictions commerciales, comme le Consulat de mer à Perpignan ; les esclaves possédés par des clercs dépendaient du for ecclésiastique. Les esclaves étaient couramment légués dans les testaments, mais certains d'entre eux, après une longue vie de cohabitation, pouvaient bénéficier d'un affranchissement, présenté comme une œuvre pieuse. Une certaine Lucie fut libérée par son maître marseillais dans son testament, en 1381 ; il faut dire qu'elle avait vécu treize ans avec lui et en avait eu plusieurs enfants. La libération pouvait être gratuite et immédiate, ou bien à terme, après un certain nombre de paiements et un temps plus ou moins long. Ainsi Christine, une Tatare possédée par un riche marchand marseillais, avait eu un enfant du fils de ce marchand : elle bénéficia d'une libération en 1376, en contrepartie de 28 florins d'or à payer en sept ans, à raison de 4 florins à chaque Saint-Michel. La condition de ces hommes et femmes, qui se trouvaient à la merci de leur possesseur, était généralement très dure. Ainsi, en 1377, une Marseillaise a pu vendre à un épicier montpelliérain Anthonia, une esclave blanche et baptisée, tout en gardant pour elle Antoine, son petit garçon âgé d'un an seulement. En 1465, Pascal de Galdis, un noble, patron de navire marseillais, acheta une esclave noire enceinte et son fils de quatre ans ; trois ans plus tard, il revendit le garçonnet à un marchand aixois. Les esclaves catalans devaient porter des vêtements distinctifs, une coupe de cheveux réglementée, mais aussi des fers.

À côté d'un servage rural et seigneurial, l'époque médiévale a donc connu le phénomène de l'esclavage, où des hommes sont considérés comme des marchandises ou du bétail, objets de trafic et exposés en place publique. Ce grand commerce méditerranéen a brassé des populations et a généré un négoce très lucratif. Il peut être considéré comme un stade préliminaire qui a rendu acceptable la condition servile, matrice de la traite négrière atlantique.

—

HÉLÈNE DÉBAX

RÉFÉRENCES

—

Mathieu ARNOUX, « Effacement ou abolition ?
Réflexion sur la disparition de l'esclavage dans
l'Europe non méditerranéenne (XIᵉ-XIVᵉ siècle) »,
in Stefan HANSS et Juliane SCHIEL (dir.),
Mediterranean Slavery Revisited (500-1800), Zurich,
Chronos Verlag, 2014, p. 49-74.
Fabienne GUILLÉN et Salah TRABELSI (dir.), *Les
Esclavages en Méditerranée. Espaces et dynamiques
économiques*, Madrid, Casa de Velázquez, 2012.
Jacques HEERS, *Esclaves et domestiques au Moyen
Âge dans le monde méditerranéen*, Paris, Fayard,
1981 ; rééd. Paris, Hachette, coll. « Pluriel », 2006.
Jules de LAHONDÈS, « Un procès d'esclave au
XVᵉ siècle », *Mémoires de la Société archéologique
du Midi de la France*, t. XIII, 1883-1885, p. 334-342
(en ligne sur Gallica).
Charles VERLINDEN, *L'Esclavage dans l'Europe
médiévale*, t. 1 : *Péninsule Ibérique, France*, Bruges,
De Tempel, 1955 ; t. 2 : *Italie, colonies italiennes du
Levant, Levant latin, Empire byzantin*, Bruges-Gand,
De Tempel, 1977.

RENVOIS

—

600 av. J.-C., 719, 1484, 1998

1456

Jacques Cœur meurt à Chios

Si le procès intenté à Jacques Cœur permet de documenter les activités de ce grand marchand, il témoigne aussi du malheur français de « l'esprit d'entreprise » soumis à l'autorité de l'État. Tel est du moins le souvenir qu'on a du grand argentier confondant ses affaires avec celles du royaume. C'est oublier qu'il fut aussi soulevé par l'idéal de croisade et l'espoir de reconquérir Constantinople.

En 1456, de retour sur les traces de ses anciens voyages vers l'Orient, Jacques Cœur participe à une tentative, vaine, de reconquête de l'ancienne capitale de l'Empire romain d'Orient désormais nommée Istanbul. Le pape Nicolas V, avec lequel il entretenait de très bonnes relations, avait lancé son appel à la croisade. Mort entre-temps, c'est son successeur Calixte III, Alonso Borgia, qui redemande aux princes chrétiens de combattre et prend la direction des opérations. Durant le voyage, Jacques Cœur termine sa vie sur l'île de Chios, encore tenue par les Génois pour une centaine d'années.

Les controverses que sa mort a provoquées quelques années plus tard, les interrogations sur son véritable rôle dans l'administration de la croisade mettent en évidence la place singulière occupée par un des hommes les plus connus de son temps et les ambivalences de l'historiographie face à un tel parcours. Deux images différentes se dessinent : d'un côté le héros national au parcours rocambolesque, de l'autre l'inventaire méticuleux des innombrables affaires menées par Jacques Cœur qui fut pendant treize années l'argentier du roi. La flamboyance du personnage ressort aussi bien du roman historique dont il est le brillant héros que de l'observation, à hauteur d'homme, du portrait des deux époux permise par le moulage conservé dans la Cité de l'architecture et du patrimoine : le mari et la femme sont ici figés pour la postérité, se regardant avec amour. Sans oublier la majestueuse demeure bâtie à Bourges par l'homme parvenu à accumuler une richesse considérable. Or, pour connaître les affaires de celui-ci, les historiens bénéficient d'une source riche, minutieuse et austère, les comptes dressés par le procureur général Dauvet à la suite de son procès (1451-1453).

Ce sont ses déboires judiciaires en France qui ont conduit Jacques Cœur sur les galées (bâtiments de mer), construites et mises en service par la papauté, et à sa mort en Orient, bien loin de sa ville natale, Bourges, et de son pays, la France. Condamné à mort pour crime contre le roi, une peine commuée à la prison à vie et à la confiscation de ses biens, en 1453, il réussit à s'enfuir en 1454 pour rejoindre la péninsule italienne et la capitale de la Chrétienté, où, grâce à des relations tissées anciennement, il est accueilli par la papauté à bras ouverts et avec les honneurs dus à un homme puissant. En effet, il avait auparavant été en affaires avec les grandes compagnies italiennes, notamment florentines, et avec la cour du pape, et avait même participé au financement d'un atelier de fabrication de soieries dans la capitale toscane. Outre-Alpes, ses partenaires transalpins le connaissaient sous le nom de *Giacchetto Cuore*.

L'histoire a retenu l'ascension irrésistible du fils d'un « modeste » artisan – bien que son père fût en réalité le fournisseur de la maison du duc Jean de Berry et du dauphin en tant que fourreur ou pelletier, dans une ville qui disposait d'une chambre des comptes depuis 1379 – dans une France qui, finalement, n'aime pas l'argent et les réussites individuelles. En somme, le pays de Charles VII serait un pays de traditions tiraillé par un rapport compliqué à l'argent. S'est ainsi construite la légende d'un homme seul contre tous, seul capable d'avoir compris les mécanismes d'enrichissement par le grand commerce à l'image de nombreuses familles des cités-États italiennes. Il aurait été en butte à une caste aristocratique et administrative incapable de savoir reconnaître son génie, un personnage arrivé trop précocement sur le territoire national. Cette idée selon laquelle la France n'aime pas les réussites individuelles et s'avère incapable de reconnaître la valeur des gens est déclamée précocement par les poètes et autres chroniqueurs aux XVe et XVIe siècles.

La trajectoire et la réussite de Jacques Cœur illustrent pourtant un tournant important pour le royaume de France après les ravages des guerres contre l'Angleterre et les guerres civiles. Le nombre de galées étrangères prises par la flotte française dans ses habits de corsaires prouve la connaissance des routes, des marchandises et tout simplement de l'importance du grand commerce international par les milieux politiques, économiques et militaires français : les Français étaient capables, eux aussi, d'en capter les bénéfices. Et Jacques Cœur fait partie de ces hommes qui ont convenablement ancré la France « dans le monde » de l'époque, en particulier en tissant des liens étroits avec l'Orient et ses produits, avec les puissances du temps, rois, papes, grands marchands et seigneurs des cités-États de la péninsule italienne, en faisant preuve d'un grand dynamisme et d'une réussite certaine. Le cas de Jacques Cœur démontre également une capacité à trouver des relais dans la population pour assurer la bonne fluidité des affaires et de la circulation monétaire. Jacques Cœur, même s'il n'était pas à la tête d'une compagnie aussi importante que celles des marchands et banquiers toscans de la même époque, avait à son service de nombreux facteurs sur les routes de France et d'Europe ou en poste dans les places importantes. Il était présent sur les façades maritimes principales, de la Méditerranée à la mer du Nord. Cela révèle l'« esprit d'entreprise » qui pouvait aussi régner dans le royaume de France, où de nombreuses personnes étaient capables de mener et de prendre part à une multitude d'affaires financières et commerciales. La France était dans le monde. Il suffit pour s'en convaincre de constater que, parmi les plus ardents détracteurs de Jacques Cœur lors de son procès, figuraient de nombreuses personnes originaires de la péninsule italienne et notamment de Florence.

La construction de la résidence de Jacques Cœur, sa *grant'maison*, située en plein cœur des lieux de pouvoir de la ville de Bourges, révèle les possibilités d'accumulation relativement rapides de la richesse dans un royaume de France où les guerres étaient plus rares qu'auparavant et le climat plus propice aux affaires. Les travaux commencent en 1443 et se terminent en 1451, et sa conservation en fait encore aujourd'hui un symbole de l'architecture gothique pour le patrimoine mondial. Pour ceux qui, comme Jacques Cœur, avaient l'« esprit d'entreprise », le royaume était la source de possibilités innombrables. Nommé argentier du roi en 1438, il avait accumulé les fonctions lui permettant de conserver la haute main sur de nombreux trafics, comme celui du sel. Par ses alliances et ses positionnements politiques, par ses activités économiques et ses partenariats, ses affaires bénéficiaient d'un ancrage dans un environnement international favorable. Son palais est apparu comme le symbole, outrageant pour certains, de la réussite économique mais aussi sociale d'un parvenu. Sans doute son succès parut-il trop rapide pour ses concurrents et trop risqué finalement : les puissants à qui l'on fait crédit permettent de faire carrière, mais les trop grosses sommes ne les engagent pas et ils peuvent aussi, à leur guise, défaire les carrières. En Angleterre aussi les grands créanciers avaient connu de graves déconvenues : au XIVe siècle, les compagnies florentines avaient subi la banqueroute du roi menant à leur faillite retentissante. Le fait que Jacques Cœur disposa de créances trop importantes fut peut-être, pour ses nombreux rivaux et autres envieux, une raison suffisante pour l'éliminer. Avait-il prêté trop d'argent au roi ? Avait-il gagné trop d'argent, trop vite, dans une petite société de cour traversée par de multiples conflits internes ?

La carrière de Jacques Cœur fournit en tout cas une parfaite illustration de l'entremêlement des affaires d'État et des affaires d'argent, à l'image de nombreuses réalités européennes de l'époque. Il est réputé pour avoir avec ses galées amarré la France au sud et à l'est du bassin méditerranéen, pour avoir fait directement commerce avec l'Orient ; un Orient qu'il connaît depuis longtemps et qui va lui servir, en quelque sorte, de sépulture. Certes, les galées françaises ne pouvaient rivaliser avec les systèmes mis en place par les Génois, les Vénitiens et les Florentins, mais elles eurent le mérite de permettre un meilleur approvisionnement en produits très demandés comme les soieries ou les épices. Si d'autres Français, notamment originaires du Sud, faisaient déjà le commerce avec l'Orient, il en avait obtenu le monopole grâce à ses positions avantageuses auprès du roi Charles VII. Il se hissa ainsi au rang de tous ces marchands-banquiers européens qui étaient en contact avec les principales puissances, notamment la papauté, et qui participaient au dynamisme économique.

Le « moment Jacques Cœur » apparaît ainsi comme un moment de l'histoire commerciale de la France et, dans le même temps, un moment où la France s'affirme comme un « Grand État ».

—

MATTHIEU SCHERMAN

RÉFÉRENCES

—

Les Affaires de Jacques Cœur. Journal du procureur Dauvet, procès-verbaux de séquestre et d'adjudication, éd. par Michel Mollat, Paris, Armand Colin, 1952-1953, 2 vol.
Jacques HEERS, *Jacques Cœur (1400-1456)*, Paris, Perrin, 1997.
Michel MOLLAT, *Jacques Cœur ou l'Esprit d'entreprise au xve siècle*, Paris, Aubier, 1985.

RENVOIS

—

1202, 1270, 1664, 1720, 1860, 2011

241

1484

Un prince turc en Auvergne

*Son nom était Djem, mais à Bourganeuf on l'appelait Zizime.
Et c'est ainsi qu'on désignait en 1484 la tour
où il était maintenu prisonnier. Le fils du conquérant
de Constantinople Mehmed II était alors une des pièces
d'un jeu diplomatique entre le roi de Hongrie,
le sultan mamelouk, le pape Innocent VIII, la cour de France,
les hospitaliers, pour contenir la puissance ottomane.*

Bourganeuf, chef-lieu de canton de la Creuse, était en 1484 le chef-lieu de la « langue d'Auvergne » de l'ordre des Hospitaliers de Saint-Jean-de-Jérusalem. Ce bourg marchand protégé par une enceinte aux portes fortifiées abritait une commanderie de l'ordre, elle-même entourée de remparts et défendue sur un côté par un escarpement naturel et un étang. Cet ensemble, dont l'unique accès donnait sur la place centrale de la ville, était comparable à d'autres châteaux de la région, dans sa conception comme dans sa robuste beauté. Mais, en 1484, on entreprit d'ajouter à sa tour maîtresse, dite « de Lastic », une seconde

« Grosse Tour », ou « tour de Zizime », du nom déformé du prince ottoman Djem, son premier hôte, pour qui elle avait été bâtie à grands frais. La présence incongrue de ce personnage dans cette région reculée fut le fruit du hasard et de la nécessité.

À sa mort en 1481, Mehmed II le Conquérant laissait deux fils. Le système de succession leur donnait un droit égal au trône, qui revenait à celui qui y monterait le premier. Ce fut Bayezid II. Djem continua la lutte, mais perdit la guerre civile. Après un exil en Égypte mamelouke, puis une seconde tentative malheureuse, pressé par les troupes de son frère, il trouva refuge dans la place étrangère la plus proche : Rhodes, possession des chevaliers de Saint-Jean qui le reçurent avec honneur, mais furent dès lors maîtres de son sort.

Aux mains des mécréants, Djem était pour son frère une sérieuse menace. Il pouvait être utilisé par l'ennemi pour déstabiliser l'équilibre politique ottoman, favorisant ainsi des projets de croisade. En effet, il souhaitait rejoindre le roi de Hongrie pour retenter sa chance. Cependant, convaincus qu'une ligue anti-ottomane ne se ferait pas, le grand maître Pierre d'Aubusson et le conseil de l'ordre tirèrent un autre parti de leur hôte. Avant de régler avec le sultan le sort de son frère, l'ordre exigea la conclusion d'un traité avantageux. On négocia ensuite sur Djem : celui-ci demeurerait sous la garde des chevaliers de Rhodes, auxquels Bayezid II verserait une pension de 40 000 ducats vénitiens. C'était financièrement avantageux. Surtout, c'était assimilable à un tribut : titre de gloire qui pouvait compenser, vis-à-vis de l'opinion publique occidentale, un arrangement peu glorieux.

Plus d'un prétendant ottoman avait déjà trouvé refuge auprès des Byzantins. Mais, pour la première fois, une puissance latine d'Occident tenait un prince. Car si l'ordre était souverain en Méditerranée orientale, il dépendait du pape et était implanté dans toute l'Europe catholique, où se trouvaient les commanderies dont les revenus le finançaient. Aussi s'était-on hâté d'expédier Djem vers l'ouest, sous couleur de lui permettre de gagner la Hongrie en toute sécurité, en fait pour négocier en position de force et ôter au

sultan la possibilité de faire un mauvais sort à son frère.

Accompagné de trente compagnons et vingt esclaves turcs, Djem débarqua le 16 octobre 1482 à Villefranche, dans le duché de Savoie. Louis XI, à l'approche de la mort, refusait qu'un musulman souillât son territoire. Djem séjourna d'abord à Nice puis, fuyant la peste, aux Échelles, près de Chambéry (février 1483). En Italie et en Savoie grouillaient les espions de son frère. Une tentative d'évasion favorisée par les ducs de Savoie et de Lorraine amena un transfert au Poët-Laval, près de Montélimar (juin 1483). Inquiets, ses gardes renforcèrent la surveillance de l'otage, renvoyèrent à Rhodes vingt-neuf Turcs de son entourage, le déplacèrent dans diverses places de l'ordre. En mars 1484 – Louis XI était mort le 30 août –, avec une petite vingtaine de Turcs et quelques chevaliers de Saint-Jean, Djem prit la direction de Bourganeuf, où il séjourna une vingtaine de jours en mars-avril. La place ne dut pas paraître assez sûre, puisqu'on décida de construire la Grosse Tour. En attendant, le petit groupe passa deux mois à Monteil-au-Vicomte, deux autres dans la commanderie de Morterolles, deux ans enfin à Boislamy, puis s'installa pour deux ans dans la Grosse Tour de Bourganeuf (août 1486-novembre 1488). C'étaient des sites isolés, ce qui devait protéger des tentatives d'assassinat ou d'enlèvement. Une autre considération joua un rôle : le grand maître Pierre d'Aubusson était né à Monteil ; Boislamy était à Antoine, frère du prieur d'Auvergne et futur grand maître Gui de Blanchefort. Non seulement la région était sûre, mais le grand maître et ses proches y disposaient d'un réseau de parents et de clients à qui ils savaient pouvoir remettre en toute confiance le précieux otage.

Tandis que Djem, dans le centre de la France, était tenu à l'écart du monde, celui-ci ne l'oubliait pas. Certains souverains, tels le roi de Hongrie ou le sultan mamelouk du Caire, souhaitaient en disposer pour combattre les Ottomans. Le pape Innocent VIII rêvait lui aussi de croisade. Les Vénitiens jugeaient préférable d'utiliser l'otage pour éviter des agressions ottomanes, option guère différente au total de celle de l'ordre. Le duc de Lorraine fit une nouvelle tentative d'enlèvement, une évasion fut également préparée. De grandes manœuvres diplomatiques se déroulaient. Bayezid II, tout en s'efforçant sans trop y croire de faire revenir son frère à Rhodes, fit des offres tentantes à la cour de France pour qu'il fût maintenu sur son territoire. Une ambassade hongroise chercha au contraire à en obtenir la livraison. Ce sont les nonces pontificaux qui l'emportèrent, l'ordre conservant un droit de regard sur le sort du prince, la charge de le garder et le quart de la pension. Parti de Bourganeuf le 10 novembre 1488, Djem arriva à Rome le 13 mars 1489. Une certaine hâte avait présidé à son embarquement, les dernières propositions ottomanes ayant amené la cour de France à reconsidérer son accord. Les projets pontificaux de croisade firent long feu, mais Djem n'en avait fini ni avec la croisade, ni avec la France : en janvier 1495, à l'occasion de sa campagne d'Italie, Charles VIII le prit avec lui lors de son passage à Rome. Il affichait l'intention de débarquer en territoire ottoman.

Mais Djem mourut à Naples, le 24 février 1495.

Son biographe ottoman évoque la joyeuse vie de Djem à Nice et, selon Paolo da Colle, informateur génois du sultan, les chevaliers lui fournissaient, en Savoie, les plaisirs de la chasse, des femmes et de la table. Il y reçut de nombreux visiteurs. L'inquiétude de ses gardes croissant, sa liberté fut de plus en plus restreinte. L'aménagement de la « tour de Zizime » est d'ailleurs caractéristique. Certes, plus spacieuse que les tours résidentielles de la région, elle offrait un certain confort : un cellier était aménagé au premier niveau, les cuisines installées au deuxième, la suite de Djem logée au troisième, lui-même disposant du quatrième, tandis que ses gardes occupaient le sixième, le grenier étant réservé à des artisans chrétiens. Mais ce logement était coupé du monde : on y accédait depuis le bourg, passés les murs de la commanderie, par le premier étage de la tour de Lastic, puis par une galerie à 10 mètres de haut qui franchissait le vide pour atteindre l'étage de la Grosse Tour. Un envoyé secret de Bayezid II aperçut Djem sur la place de Bourganeuf. Il conservait des contacts avec l'extérieur, ne fût-ce qu'à travers ses compagnons. Une tentative d'évasion, ourdie par l'un d'eux avec l'aide du duc de Bourbon, justifia un régime de surveillance quasi carcéral.

Les contacts de Djem avec la société locale furent donc restreints, largement limités sans doute à ses gardiens hospitaliers. C'est probablement auprès d'eux qu'il apprit la langue « franque », ainsi que le dit son biographe ottoman : le français ou plutôt une forme d'italien. Un ou deux de ses compagnons demeurèrent sur place et, convertis, se fondirent dans la société sans laisser de trace. Si les historiens connaissaient Djem, personnage qui avait défrayé la chronique diplomatique en son temps, il ne devint que tardivement un sujet de littérature. Il est aujourd'hui un souvenir chéri à Bourganeuf, où vit une communauté turque, mais la seule trace matérielle de son séjour est la tour de Zizime. Pour les Ottomans, il resta un personnage historique important. Son aventure exceptionnelle suscita peut-être de la curiosité. Mais elle était moralement contestable, tout séjour chez les mécréants étant suspect. C'est sans doute à cette réticence que nous devons les *Vâḳı'ât-ı Sulṭân Cem*, biographie du prince par un de ses compagnons (qui lui-même devait se justifier d'avoir été de sa suite en pays chrétien). On y trouve des descriptions vivantes et bien informées : ainsi des prairies artificielles ou de la pisciculture en lacs artificiels, mais aussi de la Grosse Tour, des foires de Lyon ou de l'élection des papes… Quoiqu'il n'en subsiste que deux manuscrits, on sait que ce texte circula. Pour autant, si certains lecteurs purent être sensibles à cet exotisme, la société ottomane n'y attachait guère d'importance. Les indications fournies, d'ailleurs véridiques, visaient à donner aux aventures d'un prince malheureux, mais sulfureux, une aura de merveilleux : elles participaient au récit de l'aventure extraordinaire d'un être d'exception.

Ce séjour d'un Turc en Auvergne est pourtant plus qu'un épisode anecdotique : les aventures de Djem sont à la fois la cause et le révélateur d'une mutation. L'Empire ottoman participait désormais au concert diplomatique. Les États divisés d'Italie n'hésitaient plus, à la fin du xvᵉ siècle, à faire de la Porte un élément de leur politique. La présence en Occident du frère du sultan accéléra ce mouvement, multipliant les échanges et envois de représentants ottomans. En outre, la Porte découvrit à cette occasion l'émergence de la France, qui se trouva maîtresse du sort de Djem, donc du sultan, parce que le grand maître de Rhodes était alors auvergnat. Bayezid II fit au roi de France des ouvertures diplomatiques allant bien au-delà du seul cas de son frère. Tentative manquée, mais le rapprochement allait se faire sous François Iᵉʳ. Djem prit place dans une mémoire partagée : lors de la campagne navale commune de 1543-1544, le représentant du roi rappelait à l'amiral ottoman que Djem avait autrefois séjourné à Nice.

—

Nicolas Vatin

RÉFÉRENCES

—

Didier DELHOUME, *Le Turc et le chevalier. Djem Sultan, un prince ottoman entre Rhodes et Bourganeuf au xvᵉ siècle*, Limoges, Culture et patrimoine en Limousin, 2004.

Louis THUASNE, *Djem Sultan. Étude sur la question d'Orient à la fin du xvᵉ siècle*, Paris, Ernest Leroux, 1892.

Nicolas VATIN, *L'Ordre de Saint-Jean-de-Jérusalem, l'Empire ottoman et la Méditerranée orientale entre les deux sièges de Rhodes (1480-1522)*, Paris / Louvain, Peeters, 1994.

Nicolas VATIN, *Sultan Djem, un prince ottoman dans l'Europe du xvᵉ siècle d'après deux sources contemporaines*: Vâḳı'ât-ı Sulṭân Cem, Œuvres de Guillaume Caoursin, Ankara, Société turque d'histoire, 1997.

Nicolas VATIN, *Les Ottomans et l'Occident (xvᵉ-xvⁱᵉ siècle)*, Istanbul, Isis, 2001.

RENVOIS

—

1446, 1456, 1715, 1771, 1923

1494

Charles VIII descend en Italie et rate le monde

*Pendant qu'à Tordesillas les puissances ibériques
se partagent le monde, le jeune roi de France Charles VIII
s'enivre à Naples des charmes de l'Italie. L'expédition
n'est-elle qu'une regrettable diversion dans le récit
de la construction de l'État royal ? Au contraire,
répond Michelet, l'événement est « immense et décisif »,
car il donne le coup d'envoi à la Renaissance.*

Il est passé par le col du Mont-Cenis, le chemin ordinaire des pèlerins de Rome. Comme tous les conquérants impétueux qui « sautent le mur de l'Italie », écrit Michelet, de Charlemagne à Napoléon. Là, le vieux Vauban se faufila péniblement dans sa basterne tirée par des mulets, lorsqu'il s'agissait en 1692 de dresser les plans des fortifications alpines formant le système défensif de Briançon. Car la frontière passe ici désormais, sur ces lignes de crête entourant le col, où André Maginot enterra à partir de 1932 la retombée méditerranéenne de sa « ceinture de fer ».

Mais pour l'heure voici un roi « jeune et plein de son vouloir », écrit dans ses *Mémoires* Philippe de Commynes, un roi qu'escorte une armée puissante. Il a quitté Grenoble le 28 juillet 1494, le 5 septembre il est acclamé à Turin. Il regarde vers Naples et, au-delà, Jérusalem. Charles VIII est persuadé qu'il va bousculer le destin du monde, précipiter le retour du Christ sur terre. Il a vingt-quatre ans. Dans moins de quatre ans, le 7 avril 1498, il sera mort, d'avoir heurté de la tête, un peu sottement, un linteau de pierre de son château d'Amboise, tandis qu'il se rendait au jeu de paume. Il était pourtant « bien petit », écrit Commynes, « comme un pygmée », précise méchamment l'humaniste et diplomate italien Pietro Martire d'Anghiera qui, depuis la cour d'Espagne, fait à l'Europe tout entière le récit épistolaire des découvertes de Christophe Colomb.

Car c'est bien cette simultanéité qui finira par être embarrassante pour la postérité du jeune roi Charles VIII, malgré ses victoires en Italie. 1494 est l'année du traité de Tordesillas (7 juin), par lequel les royautés ibériques se partageaient le monde découvert et à découvrir de part et d'autre d'un méridien passant au large des îles du Cap-Vert, 370 lieues à l'ouest. Un hémisphère au royaume de Portugal, l'autre aux couronnes de Castille et d'Aragon. La papauté était à la manœuvre, depuis 1493, défendant par son arbitrage l'aspiration universaliste au *dominium mundi*. Or il faut bien s'y résoudre : ainsi que l'écrira brutalement le grand historien de l'Afrique du Nord Charles-André Julien en 1948 : « La part de la France dans les découvertes maritimes est pratiquement nulle. »

Ce n'est pas faute d'avoir tenté de fouiller les archives à la recherche d'hypothétiques précurseurs : dans sa relation de voyage sur les côtes de Guinée parue en 1669, Villault de Bellefond prétendait que des marchands normands avaient fondé en 1364, au sud du cap Vert, une colonie (« le Petit-Dieppe ») antérieurement aux Portugais. Et c'est également de Dieppe qu'aurait embarqué le Normand Jean Cousin en 1488, accompagné de Martín Alonso Pinzón, futur pilote de Colomb, pour découvrir le Brésil avant l'arrivée de la flotte portugaise de Pedro Álvares Cabral en 1500. De telles fables encombrèrent longtemps l'historiographie française, au point que Claude Lévi-Strauss semble encore leur prêter foi dans *Tristes Tropiques* (1955). Elles sont nées d'une intense frustration historique, rendue plus aiguë encore à partir du moment où, au temps de Villault de Bellefond et de Vauban, la France de Louis XIV aspirait à une domination coloniale sur le monde, « à l'espagnole ».

C'est donc depuis le XVIIe siècle que l'historiographie française reproche au roi Charles VIII d'avoir, en 1494, manqué le coche de l'histoire en ratant d'un même geste l'occasion de conquérir le monde et de parachever la France. Qu'allait-il faire à Naples ? C'était, répètent à l'envi les historiens, jusqu'à aujourd'hui encore, « lâcher la proie pour l'ombre ». Après quelques moments difficiles, son règne personnel n'avait pourtant pas si mal commencé. Lorsqu'il accède au trône en 1483, à la mort de son père Louis XI, Charles n'a que treize ans et est placé sous la tutelle de sa sœur Anne de Beaujeu. Louis d'Orléans, son beau-frère (qui sera son successeur sous le nom de Louis XII), prend la tête d'une rébellion des princes qu'on appela la « Guerre folle ».

Mais une fois l'ordre rétabli, Charles VIII s'attache à faire tout ce que les manuels d'histoire de la Troisième République attendaient d'un roi de France : il met fin à la guerre de Succession de Bretagne et, par son mariage à Langeais le 6 décembre 1491 avec Anne de Bretagne, l'héritière du duché, il assure son rattachement à la couronne de France, achevant le dessein de Louis XI. Neuf mois plus tard, le 11 octobre 1492, un héritier mâle lui naît. Tout est parfait, et jusqu'au prénom de l'enfant, Charles-Orland, à moins que cette francisation de l'italien *Orlando* (qui traduit lui-même le Roland de la chanson de geste carolingienne) ne trahisse une inquiétante fascination pour l'aventure chevaleresque telle qu'on l'a fantasmée en Italie.

C'est sans doute pour s'y lancer à corps perdu que le roi établit la paix aux frontières. Le 3 novembre 1492, il signe le traité d'Étaples avec Henri VII d'Angleterre, le 19 janvier 1493 le traité de Barcelone avec Ferdinand II d'Aragon et le 23 mai le traité de Senlis avec l'empereur Maximilien d'Autriche. À Ferdinand Charles VIII cède la Cerdagne et le Roussillon et à Maximilien (mécontent, il est vrai, d'avoir vu lui échapper sa fiancée Anne de Bretagne) l'Artois, la Franche-Comté et le Charolais. N'est-ce pas beaucoup ? Ne vaudrait-il pas mieux, pour accomplir les promesses politiques et territoriales de ses sages prédécesseurs, que Charles VIII entreprenne les réformes exigées par les états généraux de Tours en 1484 ? Ces questions ne sont pas seulement celles, rétrospectives, des historiens modernes irrités que « l'exutoire péninsulaire », selon l'expression d'Emmanuel Le Roy Ladurie, ne vienne divertir Charles VIII de la longue patience capétienne à construire le territoire et l'État français. Elles sont celles de l'entourage du roi qui, dans son Conseil comme dans les assemblées de ville, exprime franchement son hostilité à ce que les sources du temps appellent

l'*emprise* (de l'italien *impresa*) : l'entreprise d'Italie.

Celle-ci semble donc être le vœu solitaire et obstiné d'un jeune roi que l'historiographie s'attache à décrire comme fantasque, fragile et rêveur. On lui aura échauffé la tête de prophéties et de romans de chevalerie, et voilà tout. Commynes a décrit la manière dont les ambassadeurs milanais agitent devant le roi des rêves de grandeur, lui offrent *L'Arbre des batailles* que le libraire parisien Antoine Vérard vient de publier en 1493, tentent de l'attirer par les vapeurs grisantes « des fumées et gloires d'Italie ». Car c'est le duc de Milan Ludovic le More qui, poursuivant ses intérêts propres, attira le roi de France dans le jeu politique italien, le persuadant qu'il était temps pour lui de faire valoir les anciens droits dynastiques de la maison d'Anjou – dont Charles VIII est l'héritier – sur le royaume de Naples.

En réalité, on ne doit pas s'exagérer les habiletés diplomatiques italiennes. D'abord parce que la péninsule était devenue, depuis les années 1470 au moins, l'un des lieux principaux de la lutte pour l'hégémonie européenne, ensuite parce que, lorsque celle-ci se déclenche, elle emporte tout sur son passage : c'est tout un système politique qui est balayé par les « guerres d'Italie » et par le déchaînement de forces qu'elles entraînent. En 1494, écrira plus tard Guichardin, « est entrée en Italie une flamme, une peste, qui non seulement changea les États, mais aussi les façons de les gouverner et les façons de faire la guerre ». Près de 30 000 hommes forment l'armée de Charles VIII, une artillerie sans égale et une flotte permanente qu'aucun État n'avait réussi à mobiliser, sinon l'Empire ottoman.

Car ce dernier est bien, à n'en pas douter, la cible principale de Charles VIII qui, dès le 13 mars 1494, s'est proclamé roi de Naples et de Jérusalem. L'expédition ottomane d'Otrante en 1480 et les massacres qui s'ensuivirent n'ont fait qu'exacerber en Europe la peur des Turcs et l'espoir de lever contre eux une croisade. Or le pape Pie II n'avait-il pas affirmé à son père Louis XI que seul le roi de France était désigné pour libérer le Saint-Sépulcre ? Les temps sont mûrs, tous les prophètes le disent, depuis François de Paule à Plessis-lès-Tours jusqu'à Savonarole à Florence. Ce climat de fièvre eschatologique est mondial : en 1494 commence le dixième siècle de l'Hégire, précipitant au Maghreb, en Anatolie, en Iran et jusqu'en Inde l'espoir du *mujaddid* qui viendra réorganiser le monde connu. Et les historiens savent bien aujourd'hui que les expéditions de Christophe Colomb comme les navigations portugaises du règne de Manuel Ier demeureraient incompréhensibles si on ne les intégrait pas dans cet horizon messianique.

Telle est la dimension proprement mondiale de l'entreprise d'Italie de Charles VIII en 1494. Peu importent alors les détails de son déroulement. Le roi de France reçoit un accueil triomphal en Lombardie, chasse les Médicis de Florence, impose à Rome un accord avec le pape et entre à Naples en février 1495 en libérateur, sans livrer bataille. Cette parade souveraine laisse les témoins subjugués : « D'un seul signe de tête il a ébranlé le monde », écrit un peu pompeusement Marsile Ficin. La désillusion sera à la mesure de l'espérance : les libelles et les chansons satiriques se multiplient, et contre les « barbares » – dont on commence à raconter les turpitudes et les cruautés – se constitue bien vite la conscience de cette identité blessée qu'est l'*italianità*. Venise prend la tête d'une sainte ligue pour la « consolation de l'Italie » qui livre bataille aux armées françaises sur le chemin du retour. C'était à Fornoue, le 6 juillet 1495. Le combat est brutal et meurtrier, le sort des armes indécis : les Français prétendent l'avoir emporté car on ne leur a pas coupé la retraite ; les Vénitiens célèbrent leur victoire car ils se sont emparés du trésor royal, ramené à la basilique Saint-Marc comme un trophée. De retour en France, Charles VIII assiste impuissant à la désagrégation de son royaume méridional.

Que reste-t-il alors de l'entreprise d'Italie, outre les séquelles de la syphilis qu'y contractèrent quelques soldats de la grande armée du roi de France, ce « mal napolitain » qui allait se répandre en Europe et qui, venant d'Amérique, était la première conséquence bactériologique de la mondialisation ? En 1855, plaçant en tête du tome VIII de son *Histoire de France* la descente de Charles VIII en 1494 (alors que le précédent tome s'achevait par la convocation des états généraux de 1484), Michelet répond : *La Renaissance.* C'est le titre qu'il donne à son livre, c'est le sens qu'il invente à l'épisode – et cette invention, qu'on le veuille ou non, dure jusqu'à aujourd'hui.

Voici ce qui permet à Michelet d'affirmer hardiment que « la découverte de l'Italie eut infiniment plus d'effet sur le seizième siècle que celle de l'Amérique ». Milan, Rome, Naples : Charles VIII aura accompli « ce *crescendo* des merveilles » qui l'obligera à imiter en Val de Loire un peu de ces beautés accumulées et, avec elles, les modèles politiques qu'elles exprimaient. « Cette barbarie étourdiment heurte un matin cette haute civilisation ; c'est le choc de deux mondes, mais bien plus, de deux âges qui semblaient si loin l'un de l'autre ; le choc et l'étincelle ; et de cette étincelle, la colonne de feu qu'on appela la Renaissance. » Ainsi étaient sauvés, par sa barbarie même, la grandeur historique de la France et son rôle dans l'histoire du monde.

—

PATRICK BOUCHERON

RÉFÉRENCES
—

David ABULAFIA (dir.), *The French Descent into Renaissance Italy (1494-1495) : Antecedents and Effects*, Aldershot, Ashgate, 1995.
Patrick BOUCHERON (dir.), *Histoire du monde au xve siècle*, Paris, Fayard, 2009 (notamment les articles « Le laboratoire italien », « Le traité de Tordesillas » de Jean-Frédéric Schaub, et « L'armée de Charles VIII franchit les Alpes » de Patrick Gilli).
Henri-François DELABORDE, *L'Expédition de Charles VIII en Italie. Histoire diplomatique et militaire*, Paris, Firmin-Didot, 1888.
Charles-André JULIEN, *Les Voyages de découverte et les premiers établissements (xve-xvie siècle)*, Paris, PUF, 1948.

RENVOIS
—

1282, 1515, 1534, 1683, 1900, 1962

1515

Mais qu'allait-il donc faire à Marignan ?

La date est célèbre, mais l'événement obscur.
Les historiens ont longtemps peiné à décrire les intentions
véritables de François Ier en Italie. Entre idéal chevaleresque
et rêve de monarchie universelle, la bataille de Marignan
révèle surtout la puissance fiscale de la monarchie française
et celle, militaire, des Ligues helvétiques.

Le rêve italien des rois de France est comme un manifeste de l'antimodernité. Charles VIII le croisé, en partant à la conquête du lointain royaume de Naples, voulait s'assurer une base de départ pour la libération des Lieux saints. Louis XII le grand féodal, en s'acharnant à relever les droits de sa grand-mère Valentine Visconti, fit de la conquête du duché de Milan l'obsession de toute une vie. François Ier, en reprenant à son compte les revendications de ses prédécesseurs, aspirait à rien de moins qu'à la monarchie universelle, ce vieil idéal médiéval. La possession de Naples et de Milan devait assurer son hégémonie sur la péninsule, cœur spirituel,

culturel et économique de l'Europe d'alors.

On est loin du réalisme cynique de Charles VII et de Louis XI, patients bâtisseurs d'un État homogène et continu, pour qui le respect des particularismes locaux n'était que prudence politique, préparant l'assimilation la plus complète possible ! Deux générations plus tard, renaissance des lettres classiques et *revival* de l'idéal chevaleresque font bon ménage. L'*Amadis de Gaule*, roman de chevalerie qui n'oublie aucun des codes du genre, aussi bien que les œuvres de Polybe, César et Frontin sont des références communes à toute l'aristocratie du continent. L'Europe renaissante a soif d'exploit et d'aventure ; c'est elle qui va conduire Christophe Colomb à Cuba et Hernán Cortés à Mexico, tout autant que la boussole, le gouvernail d'étambot, l'acier de Tolède et l'arquebuse. C'est elle qui va conduire François Ier aux portes de Milan, puis à se présenter à l'élection impériale en 1519.

Les folles ambitions du roi de France étaient-elles à sa portée ? En 1515, assurément ! Son futur ennemi capital, Charles de Habsbourg, ne régnait alors que sur les Pays-Bas, hérités de son arrière-grand-père Charles le Téméraire. L'Espagne lui est promise, mais son grand-père Ferdinand d'Aragon la gouverne encore d'une main de fer. Son autre grand-père, l'empereur Maximilien, rumine l'échec de la réforme des institutions impériales, et ne s'est pas encore soucié d'assurer sa succession au trône du Saint Empire en faisant élire Charles roi des Romains.

Passion chevaleresque et puissance nouvelle de l'État moderne vont ébranler le monde. Puissance nouvelle, pour l'heure réservée à la France, monarchie la plus peuplée et la plus absolue, unique Léviathan du continent. « Les populations de la France sont humbles et fort soumises ; elles tiennent leur roi en grande vénération », disait Machiavel. Peuple de moutons, lui répond Maximilien, peuple de lâches, fait chorus John Fortescue, éminent juriste anglais... Il est vrai que seul le roi de France peut alors lever des impôts sans l'autorisation préalable d'une assemblée représentative telle que le Parlement anglais, les Cortès espagnols ou les diètes germaniques.

Aucune puissance en Europe ne peut rivaliser avec ses ressources financières, cinq à dix fois plus importantes que celles de ses concurrents espagnol, anglais, autrichien ou milanais. À l'été 1515, François Ier mobilise 45 000 hommes pour mener à bien son entreprise de conquête. Parmi eux, seul un combattant sur cinq parle français. Toute l'infanterie est composée de mercenaires allemands – les redoutables lansquenets – et gascons. L'aristocratie du royaume peuple quant à elle la cavalerie lourde des compagnies d'ordonnance et assure la direction de l'artillerie, fleurons de l'armée royale.

Face à cette armée cosmopolite, une coalition hétéroclite et divisée tente de lui barrer l'accès des cols alpins. La colonne vertébrale en sont les Suisses et le pape, qui exercent une tutelle tyrannique autant qu'intéressée sur le jeune duc de Milan, Massimiliano Sforza. L'alliance du pape et des cantons suisses, œuvre de Jules II et du cardinal de Sion, Matthäus Schiner, sert un autre projet politique grandiose, à savoir la restauration de la puissance temporelle de l'Église sur le monde chrétien. Pour chasser les barbares français, allemands et espagnols d'Italie, puis pour plier la péninsule à ses volontés, Jules II a fait de la Confédération suisse son bras armé.

La Suisse est alors au faîte de sa puissance, depuis qu'elle a fait mordre la poussière au grand-duc d'Occident, Charles le Téméraire, en 1477, vaincu Maximilien en 1499 et humilié Louis XII en 1513. Beaucoup la craignent et la haïssent, mais tous la courtisent. Après avoir chassé les Français d'Italie en 1512, les confédérés ont fait du Milanais un protectorat, dont les impôts servent à entretenir des garnisons suisses dans toutes les grandes villes. Face à l'immense armée rassemblée par le roi, la coalition antifrançaise se fissure. Les villes milanaises, accablées d'impôts, sont au bord de la révolte, et ni le pape, l'indécis Léon X, ni les Espagnols ne veulent régler la facture colossale que représentent les soldes de l'armée suisse.

L'expédition française est le fruit d'une préparation minutieuse. Mû par un puissant désir de chevalerie, François Ier ne dirige pas son armée en roi-chevalier, mais en capitaine, en diplomate et à l'occasion en comptable. Il n'entend pas laisser de place à la glorieuse incertitude de la guerre. À d'autres le souverain détachement à l'égard de la victoire qui caractérise la morale chevaleresque. Bayard peut bien dire que « c'est l'heur de la guerre, une fois perdre, une fois gagner » ; François Ier mettra toutes les chances de son côté.

Après avoir trompé les Suisses et réussi une surprise stratégique majeure en franchissant les Alpes par le col de Larche, alors que leurs adversaires les attendaient beaucoup plus au nord, au Mont-Cenis ou au Montgenèvre, les Français s'engouffrent en Piémont, et entament une marche triomphale que rythment les défections des ennemis d'hier et les capitulations des villes. Gênes puis la Savoie se rangent à leurs côtés. Les Suisses, harcelés par la cavalerie française, abandonnés par leurs alliés, affamés, se prennent à douter. La Confédération, ligue de treize cantons, qui sont autant de micro-États souverains, aux régimes politiques et aux intérêts divergents, est travaillée par de profondes lignes de fracture. Les cités patriciennes du plateau occidental, Berne, Fribourg et Soleure, regardent vers la France, et cherchent à s'étendre du côté de la Savoie, lorsque les communautés de vallées de l'intérieur, Schwyz et Uri en tête, ne songent qu'à consolider leur mainmise sur la vallée du Tessin et le Milanais. Les diplomates français vont s'employer à aviver ces tensions au moyen de recettes éprouvées. Depuis Louis XI, l'or français remplit le trésor public des cantons, les coffres privés des bourgeois et des nobles qui dominent les conseils de gouvernement, et la bourse des milliers de jeunes hommes qui rêvent de servir dans les armées royales.

Depuis que les Suisses ont embrassé le parti des ennemis du roi, en 1510, les eaux du Pactole se sont détournées d'eux pour le plus grand profit de leurs concurrents directs sur le marché du mercenariat, les lansquenets de Gueldre, de Souabe et du Tyrol. L'argent français a vite fait d'éroder la volonté de la plus grande partie des cantons. Le conseil des capitaines suisses décide d'ouvrir des pourparlers avec les Français. Le 8 septembre, moins d'un mois après le franchissement des Alpes par François Ier, le traité de Gallarate est signé. Au prix d'un million d'écus d'or, onze cantons sur treize acceptent d'abandonner leurs alliés, de reconnaître la souveraineté française sur le duché de Milan, de rétrocéder au roi les districts alpins annexés en 1512, et de lui fournir autant de mercenaires qu'il en demanderait. La victoire du roi était totale.

Pourtant, cinq jours plus tard, dans l'après-midi du 13 septembre, 25 000 Suisses sortaient de Milan, pour attaquer les Français qui campaient à Marignan à une douzaine de kilomètres de là. Une armée de renfort venue de Suisse et l'intervention énergique du cardinal Schiner étaient parvenues à retourner une nouvelle fois l'opinion des soldats suisses. Alors qu'au cours d'un conseil de guerre houleux les capitaines étaient prêts à en venir aux mains, l'irruption d'un partisan du cardinal Schiner, annonçant que des escarmouches avaient commencé avec les Français, décide les hésitants à tenter la fortune des armes, qui avait jusque-là toujours été favorable aux « chers et pieux confédérés ».

Fidèles à leur culture de guerre, caractérisée par le mépris du danger et de l'adversaire, les fantassins suisses se ruent à l'assaut des lignes françaises, pieds nus et nu-tête, armés de piques et de hallebardes. Seize heures et 12 000 morts plus tard, les Suisses sont vaincus. Après une mêlée acharnée, un déluge de feu, et plusieurs dizaines de charges de cavalerie livrées dans la poussière, par une chaleur de plomb, puis dans le froid et l'humidité de la nuit, les Confédérés se retirent à Milan au milieu de la matinée du 14 septembre, à peine poursuivis par les Français qui préparent déjà la suite. Quelques jours plus tard, François Ier fait son entrée à Milan. Un peu plus d'un an plus tard, le 29 novembre 1516, un traité de paix et d'amitié, entré dans l'histoire sous le nom de « paix perpétuelle », est signé à Fribourg entre le roi de France et la Confédération suisse. Cinq ans plus tard, en 1521, il laisse la place à une alliance en bonne et due forme, faisant de la plupart des cantons des États clients de la monarchie française.

Entre-temps, la roue de Fortune avait tourné. Tout l'or de France n'avait pas suffi à acheter les princes électeurs allemands, et François Ier avait perdu l'élection impériale. L'archiduc Charles était devenu Charles Quint, empereur romain, roi des Espagnes, régnant sur les Pays-Bas, les États héréditaires autrichiens et le premier empire colonial sur lequel le soleil ne se couche jamais. En 1521, le Milanais se soulevait contre les Français. L'année suivante, les mercenaires suisses au service du roi de France essuyaient une sanglante défaite contre les Impériaux ; en 1524, une armée française était mise en déroute sans même avoir combattu, et Bayard était tué alors qu'il tentait vainement de protéger sa retraite. Le 24 février 1525, dans la boue et la brume de Pavie, le rêve italien de François Ier allait se transformer en cauchemar. Pour sauver la face, le monarque devra troquer la gloire du nouveau César, « subjugateur des Helvètes », contre l'honneur du chevalier malheureux, mais fidèle à sa parole. Quand la communication politique tient lieu de bilan…

—

AMABLE SABLON DU CORAIL

RÉFÉRENCES
—

Benjamin DERUELLE, *De papier, de fer et de sang. Chevaliers et chevalerie à l'épreuve de la modernité (ca. 1460-ca. 1620)*, Paris, Presses de la Sorbonne, 2015.

Antoine LEDUC, Sylvie LELUC et Olivier RENAUDEAU (dir.), *D'Azincourt à Marignan. Chevaliers et bombardes (1415-1515)*, Paris, Gallimard / Musée de l'armée, 2015.

Didier LE FUR, *Marignan, 13-14 septembre 1515*, Paris, Perrin, 2003.

Jean-Marie LE GALL, *L'Honneur perdu de François Ier : Pavie, 1525*, Paris, Payot, 2015.

Cédric MICHON, *François Ier. Les femmes, le pouvoir et la guerre*, Paris, Belin, 2015.

Amable SABLON DU CORAIL, *1515, Marignan*, Paris, Tallandier, 2015.

RENVOIS
—

1214, 1308, 1357, 1539, 1683

1534

Le vœu de Montmartre

Le 15 août 1534, dans l'église parisienne Saint-Pierre de Montmartre, les compagnons d'Ignace de Loyola font vœu de pauvreté, de chasteté et d'obéissance. Est-ce là l'origine de la Compagnie de Jésus ? Et pourquoi cet ordre missionnaire qui prétend évangéliser le monde cherche-t-il à ancrer sa légende de fondation dans l'histoire sainte du royaume de France ?

« Le jour de Sainte Marie d'août, en cette même année [1534], déjà unis par une même détermination (*in eadem eramus determinatione*) et formés aux Exercices (sauf Maître François [Xavier], qui ne les avait pas encore faits, bien qu'il partageât notre projet (*determinatione*)), nous allâmes à Notre Dame de Montmartre, près de Paris, y faire chacun le vœu (*votum*) de partir pour Jérusalem à la date qui nous serait indiquée, et de nous placer au retour sous l'autorité du Pontife Romain [...] Nous retournâmes tous au même endroit, les deux années suivantes, en ce même jour de Notre-Dame d'août, afin de nous confirmer dans ces résolutions (*eam determinationem*) [...] » (Pierre Favre, *Mémorial*, trad. de Michel de Certeau, Paris, Desclée de Brouwer,

1959, p. 117 – le texte latin original est dans MHSI [collection des « Monumenta Historica Societatis Iesu »], *Fabrii Monumenta*, Rome, 1914, p. 496).

Outre le fait qu'Ignace de Loyola ne fait état ni du jour ni du lieu de ce « vœu » dans le *Récit* qu'il dicte à la fin de sa vie, pour ne retenir que ses décisions (« aller à Venise et à Jérusalem [...] si la permission ne leur était pas donnée de rester à Jérusalem, retourner à Rome », etc., Ignace de Loyola, *Écrits*, Paris, Desclée de Brouwer, 1991, p. 1062), l'événement n'est attesté par aucun document contemporain : non seulement il ne donne lui-même lieu à aucun texte – par exemple à un engagement écrit auquel les participants de la cérémonie auraient souscrit – mais il n'est confirmé par aucune chronique immédiate, ou proche. On n'en trouve la trace que beaucoup plus tard, lorsqu'une partie au moins des amis d'Ignace convoquent ce souvenir. Certes celui-ci apparaît comme une préfiguration de la fondation, six ans plus tard, de la Compagnie de Jésus, mais cette préfiguration est rétrospective. Il va de soi que toute préfiguration relève, pour reprendre les concepts de Paul Ricœur, de la « mise en intrigue » d'une série d'événements donnés, mais il va moins de soi que ce processus ne tient pas seulement de l'interprétation, mais de l'élaboration d'un épisode, dont aucun élément constituant ne peut être, en toute rigueur, retenu, tout au moins à un certain stade, en amont du travail de l'interprétation.

De plus, il s'agit d'une scène dont les acteurs sont définitivement les seuls témoins (sur le modèle d'une autre préfiguration chrétienne, l'annonce faite à Marie), ou pour le dire autrement et doublement, dont les seuls témoins sont aussi les acteurs et dont les acteurs ne sont que les témoins, en devant irrésistiblement confier à ce mot la signification forte d'un dévoilement, d'un aveu, d'un *martyre*. Le vœu de Montmartre – mont des Martyrs – est une cérémonie secrète, mais ce secret est aussi un dévoilement à soi de sa propre foi devant Dieu, et non pas seulement exemple de foi devant les hommes.

On pourrait ajouter à l'hypothèse de cette lecture « évangélique » une preuve par la contradiction : comme l'a souligné Enrique García Hernán, il existe bien une trace indirecte du « vœu de Montmartre », connue au XVIIe siècle sous la forme d'une liste de noms – en 1635, le jésuite Denis Petau écrit avoir vu ce document (voir MHSI, *Fontes documentales*, Rome, 1977, p. 384 et 389-392) –, celle d'une réunion des compagnons d'Ignace dans l'abbaye des chanoines réguliers augustins de Sainte-Geneviève, sous la présidence de l'abbé Jacques Aimery, chancelier de la faculté des arts et qui avait décerné leur diplôme à Pierre Favre, François Xavier, Ignace de Loyola, Claude Jay, Simão Rodríguez, Jean Codure, Paschase Broët et Martín de Olave. Or cette autre scène n'apparaît jamais dans les multiples récits de la journée du 15 août 1534.

C'est que le flou de l'événement a par ailleurs une vertu ou une force considérables : il réussit l'exploit de *rouvrir* des possibles (et chacun des récits, approché selon son contexte, nous révélerait les enjeux institutionnels, dans leur lieu et dans leur moment, d'une telle réouverture), de déployer la boîte de Pandore des multiples formes de lien qui, finalement, s'enveloppèrent pour chacun de ces jeunes hommes sous le nom de vœu de religion. Rappelons-nous le récit de Pierre Favre : selon ces lignes, la cérémonie du 15 août 1534 a confirmé un projet (celui d'« aller à Venise et à Jérusalem ») qui est aussi un sacrifice (« dépenser leur vie pour être utile aux âmes »), sacrifice soutenu par la célébration actuelle, ce 15 août, comme nous l'apprenons par d'autres témoignages, d'une messe ; la cérémonie confirme également un premier serment, celui de se tenir au projet tracé pendant l'espace d'un an passé à Venise, et la promesse conditionnelle d'un second serment, celui de se rendre auprès du pape ; entre ces deux serments se trouve introduite une sorte de contrat, celui de ne se trouver engagé par le projet de Jérusalem que sous la condition qu'avant un an il soit possible de passer au Levant. L'acte d'un « vœu » n'est évoqué que pour ce qui concerne Jérusalem, et pour en retenir le caractère temporaire. On a donc curieusement affaire à la combinaison d'une série de formes, entre chacun des individus et leur fidélité à eux-mêmes, et entre ces individus et leur fidélité réciproque, une combinaison qui les compose sans les réduire, c'est-à-dire sans en produire la synthèse sous la forme d'un vœu de religion – projet, sacrifice, promesse, serment et contrat, ramassés ensemble parce que subsumés sous un principe d'autorité, et selon un vœu d'obéissance qui est ici le chaînon, ou la chaîne manquante.

Mais l'horizon spécifique de cette brève étude, une « histoire mondiale de la France », me conduit à insister sur une détermination supplémentaire du « vœu de Montmartre » dans l'historiographie de la Compagnie de Jésus, qui nous permettra de comprendre pourquoi le jésuite Étienne Binet consacre dès 1622 – l'année de la canonisation d'Ignace – une page à l'épisode dans son *Abrégé de la vie éminente de S. Ignace de Loyola, fondateur de la religion de la Compagnie de Jésus*. L'ouvrage est d'ailleurs également composé d'un *Abrégé de la vie admirable de Saint François Xavier*, canonisé la même année, et d'une *Vie du Bienheureux Louis de Gonzague*, béatifié en 1604, signés eux aussi d'Étienne Binet. Or, assez curieusement, l'imprimeur des trois livres, Sébastien Chappelet,

fait précéder l'ensemble d'une « Épître au lecteur », dans laquelle il ne fait état que de « deux vies raccourcies de deux grands serviteurs de Dieu [...] Ces deux belles lumières sont sorties de Paris et y retournent volontiers pour achever le giron de leur belle vie [...] La ville de Paris sera bien aise de voir ces deux belles plantes que jadis elle avait plantées et arrosées [...] et s'éjouira de voir les bons et beaux fruits qu'elles ont portés aux quatre coins du monde. Autrefois on a vu au Ciel deux soleils se lever au même instant [...] ces deux saints canonisés ensemble paraissent maintenant comme deux beaux soleils sur la France [...] le cœur me dit que Dieu veut redoubler ses faveurs sur ce noble royaume [...] ». François Xavier est bien l'un des compagnons de Montmartre, alors que Louis de Gonzague, dans sa courte vie, n'a pas connu la « ville de Paris » ; en revanche, l'« apôtre des Indes » n'est pas né en 1491 comme le fondateur de la Compagnie, et c'est donc bien leur naissance parisienne, le 15 août 1534, qui est ici évoquée. La petite incohérence de l'Épître, qui en toute rigueur aurait dû faire sa place au jeune saint romain, dit quelque chose de la portée de l'épisode dans l'historiographie jésuite, pour laquelle le « vœu de Montmartre » donne à la Compagnie de Jésus une fondation française, de plusieurs années antérieure à l'approbation romaine de 1540. Étienne Binet évoque ainsi « le jour de l'Assumption [*sic*] de nostre Dame s'étant confessez & communiez à Montmartre » où « ils firent vœu de quitter à certain jour déterminé tout ce qu'ils avoient et de s'employer tous au service spirituel de leurs prochains », etc. (Étienne Binet,

Abrégé de la vie éminente de S. Ignace de Loyola, fondateur de la religion de la Compagnie de Jésus, Paris, Chappelet, 1622, p. 63).

En 1679, Dominique Bouhours, dans une *Vie de saint Ignace* qui sera rééditée en 1825 après un nouveau retour de la Compagnie de Jésus en France au lendemain de son rétablissement à Rome en 1814, précise qu'Ignace « choisit Montmartre pour le lieu de cette cérémonie. C'est un monastère proche de Paris, sur une montagne consacrée par le sang des martyrs [...] Pierre Le Fèvre [...] leur dit la messe [...] dans une chapelle de souterraine où l'on croit que l'apôtre de la France saint Denis fut décapité » (Dominique Bouhours, *Vie de saint Ignace fondateur de la Compagnie de Jésus*, 1825 [1679], p. 131).

Mais nous pouvons repérer dès le tournant du XVIᵉ siècle, avant même le premier retour de la Compagnie de Jésus en France en 1603, une première trace de la construction hagiographique du vœu de Montmartre. Dans les réponses qu'il fait, vers 1597-1600, aux questions posées par Nicolao Lancitio sur le sujet de la vie d'Ignace de Loyola, Oliverius Manareus, alors provincial de Belgique, mais qui avait séjourné à la maison professe de Rome du vivant d'Ignace, distribue la cérémonie du vœu de Montmartre sur deux lieux, dont le second n'est pas celui que je signalais plus haut : les compagnons auraient prononcé leurs vœux de pauvreté et de chasteté dans la chapelle de Montmartre, puis se seraient engagés au voyage de Jérusalem et à l'obéissance du pape, dans l'église de Notre-Dame-des-Champs (MHSI, *Fontes Narrativi*, III, Rome, 1960, p. 438). Or Manareus établit implicitement une continuité entre les deux lieux par saint Denis, capturé à Notre-Dame-des-Champs et martyrisé à Montmartre. Étienne Binet publiera une *Vie apostolique de saint Denis* en 1629, où il évoque le vœu des futurs premiers jésuites, « és mains de la Vierge et de saint Denis », comme l'a bien remarqué Jean-Marie Le Gall dans *Le Mythe de saint Denis entre Renaissance et Révolution* (Seyssens, Champ Vallon, 2007). Le Gall repère, dès les années 1570, un glissement de la localisation du « vœu de Montmartre » de la chapelle Notre-Dame vers la crypte du Martyrium de saint Denis.

Ainsi la Compagnie de Jésus plonge-t-elle ses racines dans la longue histoire sainte du royaume de France, non sans un double bénéfice puisque Denis est malgré tout un immigré, qui serait venu depuis l'Italie actuelle vers 250 (selon Grégoire de Tours, au VIᵉ siècle, dans son *Histoire des Francs*), comme les jésuites lorsqu'ils reviendront en 1603 (Binet entre autres) sous la condition d'une allégeance à l'autorité royale dont les difficultés les poursuivront cependant jusqu'à leur nouvelle expulsion en 1767. Le « faisceau de possibles » du vœu de Montmartre est aussi le possible d'une Compagnie française, non pas ou non plus immigrée dans ce pays, mais riche de « bons et beaux fruits » portés aux quatre coins du monde.

———

PIERRE ANTOINE FABRE

RÉFÉRENCES

——

Pierre-Antoine FABRE, « La Compagnie de Jésus et le souvenir du vœu de Montmartre (1534) », *Cahiers du Centre de recherches historiques*, n° 24, 2000, p. 2-15.
Enrique GARCÍA HERNÁN, *Ignace de Loyola. Biographie*, trad. fr. par Pierre-Antoine Fabre, Paris, Seuil, 2016.
Pedro de LETURIA, *Estudios ignacianos*, Rome, Institutum Historicum Societatis Iesu, 1957, t. 1 : *Estudios biográficos*, p. 181-200 et 201-223 ; t. 2 : *Estudios espirituales*, p. 405-411.

RENVOIS

——

(Jésuites) : 397, 511, 910, 1763, 1773, 1858

1534

Jacques Cartier et les terres neuves

Lui aussi allait chercher à l'ouest une route commerciale vers les richesses et les merveilles de l'Asie. En 1534, le navigateur malouin Jacques Cartier fait récit au roi François Ier de son premier voyage vers les « terres neuves » de l'Atlantique nord, rapportant une histoire recueillie auprès des princes iroquoiens. La conquête est affaire de mots tout autant que de gestes.

Au pied du donjon du XIVe siècle construit par le duc de Bretagne afin de contrôler l'embouchure de la Rance, une croix de bois rappelle aux Malouins et aux visiteurs de la *Cité corsaire* celle dressée, en juillet 1534, par l'un de leurs lointains ancêtres, Jacques Cartier, à des milliers de kilomètres de là, à Gaspé, à l'est du Québec, dans ce qui n'était encore ni la Nouvelle-France ni le Canada. Dans l'estuaire du fleuve, la modestie des poutres de bois contraste avec la solennelle grandiloquence de l'inscription placée en son centre : « Vive le Roi de France. » Une déclaration qu'il faut entendre résonner singulièrement

aussi bien pour les Bretons rattachés au royaume des rois français, depuis 1532 seulement, qu'auprès des deux cent cinquante Amérindiens devant lesquels la croix avait été érigée et la proclamation faite. Le *vivat rex* coutumier des cérémonies royales résonne alors étrangement en effet dans cet autre bout du monde que constitue l'Amérique. Il fait s'articuler des mondes qui ne sont pas encore enfermés dans des catégories imperméables et comme réduites à leurs farouches singularités. Car le monde, pour les Français du début des années 1530, c'est d'abord le duché de Bretagne qui n'est alors que réuni personnellement au roi de France avant que les états de la province, rassemblés à Vannes, ne demandent l'union réelle de celui-ci à la couronne. Le monde pour les Français, c'est encore Naples ; c'est Florence, Milan ; c'est Rome. C'est aussi l'Égypte et Constantinople, pays de croisade et horizons d'un empire auquel prétendent les souverains valois depuis Charles VIII et où se mêlent des rêves messianiques et de féroces appétits mondains, des espoirs salvifiques et la satisfaction de désirs plus profanes. Ce sont les terres de Marco Polo et les mondes de Jean de Mandeville. Les terres orientales de l'or et des épices. Ce sont aussi ces « isles » qui, loin à l'ouest des côtes de Bretagne et du Labourd, attirent leurs marins.

Quand le premier voyage de Jacques Cartier est organisé vers les « terres neuves » de l'Atlantique nord, les Espagnols, au sud du continent américain, viennent non seulement de conquérir le pays du Grand Inca Atahualpa (1531-1533) après avoir soumis, depuis une dizaine d'années, l'Empire aztèque de Moctezuma (1519-1521), mais aussi d'effacer la cartographie française donnée par Giovanni da Verrazano, en 1524, aux terres américaines s'étendant de la Caroline du Nord à Terre-Neuve, grâce à la reconnaissance de ces mêmes côtes par le Portugais Esteban Gómez d'abord puis par Vázquez de Ayllón en 1525-1526. Le capitaine espagnol fonde alors une colonie, au nord de la Floride, afin de montrer que les puissances ibériques ne veulent rien céder de l'arbitrage pontifical de 1493 et du traité de Tordesillas de 1494 qui leur réservent le monopole des routes maritimes et le privilège des découvertes

des Nouveaux Mondes. Celui que Christophe Colomb a rencontré en 1492, plein, croit-il, de sujets du Grand Khan, les cannibales antillais, comme celui que découvre Pedro Álvares Cabral, en 1500, riche de ce bois rouge – *pau-brasil* – cher aux teinturiers européens.

Le voyage de Jacques Cartier, milieu marchand breton oblige – il s'agit en effet pour les Bretons de réagir à l'armement de l'expédition de Verrazano par l'association des négociants normands et des banquiers italiens installés à Lyon –, est d'abord la recherche d'un passage vers les richesses des « Indes du Cathay » et de « Cipango » (la Chine et le Japon) : une route commerciale vers l'Asie et ses merveilles (or, gemmes et épices) dont l'accès a été rendu plus difficile depuis la chute de Constantinople en 1453 et que les dimensions de l'Afrique, doublée seulement en 1488, semblent rendre plus lointain et hasardeux que par la voie occidentale : la route maritime du ponant qu'autoriserait la rotondité de la Terre. À l'occasion de trois voyages – en 1534, 1535-1536 et 1541-1542 – ordonnés par François Ier qui avait projeté, suite à ses déboires italiens, vers les terres neuves de l'ouest l'empire et les richesses qui, en 1519 et en 1525, se refusaient à lui en Europe, Cartier reconnaît l'embouchure du Saint-Laurent et, remontant le fleuve jusqu'au bourg iroquoien d'Hochelaga (le futur site de Montréal) après celui de Stadaconé (le futur site de Québec), il offre au souverain français la part d'Amérique de ce fameux « partage d'Adam » aux bénéfices desquels François Ier avait voulu participer en forçant la porte du « club des puissances coloniales » et en obtenant, en 1533, du pape Clément VII, qu'il interprète favorablement à son endroit les clauses de la bulle exclusive d'Alexandre VI.

Ces trois voyages n'égrènent pas une chronologie réduite à l'accumulation de découvertes toujours plus nombreuses et à une succession d'informations cartographiques chaque année plus précises; ils ne constituent pas les simples maillons d'une généalogie coloniale ni ne s'épuisent dans la reconnaissance et la délimitation d'un espace américain dans lequel les intérêts français vont prospérer et la découverte initiale nourrir une volonté de colonisation pérenne que traduisent, près de Stadaconé, à proximité de la rivière Saint-Charles, l'habitation de «Charlesbourg-Royal», fondée par Cartier en août 1541, et le fort de «France-Roy», établi sur les ruines de celle-ci par Jean-François de La Roque, seigneur de Roberval, à l'été suivant. Derrière ce que d'aucuns peuvent nommer la geste coloniale française des *Grandes Découvertes*, il faut dépasser l'énumération spectaculaire et fascinante des «premières fois» héroïques et des occasions inaugurales susceptibles de faire résonner quelques péans orgueilleux, afin de saisir plutôt ce qu'a été, également, l'aventure atlantique française: une affaire de mots tout autant que de gestes. Des mots en effet pour convaincre, persuader, séduire, ruser et pour tromper. Des mots faibles et insuffisants; des mots incompréhensibles qu'il faut interpréter; des mots pour échanger et pour, finalement, ne peut-être pas s'entendre au bénéfice de tous. Car l'aventure ultramarine, avant de se *faire*, est d'abord une affaire de paroles.

L'éloquence impuissante de Bartolomé Colomb ne rallie pas la régente Anne de Beaujeu au financement, en 1490, de l'expédition de son frère, Christophe, qui aurait pu traverser l'Atlantique au nom du Roi Très-Chrétien: nul besoin, en effet, pour la fille de Louis XI de rechercher, à l'aventure, les richesses des Indes quand la Bretagne, soumise deux ans plus tôt par la puissance de ses armées, est un nouveau monde prospère rallié à la couronne de son frère. Jacques Cartier est généralement appréhendé aujourd'hui au travers d'une figure de type vernienne, celle des «Grands voyages et des grands voyageurs» de la série publiée par l'écrivain dans les années 1870; la postérité ne nous donnant plus à voir, en effet, du capitaine malouin que le navigateur énergique, figé par le sculpteur la main sur le timon de son bateau (à Saint-Malo en 1905 comme à Québec en 1926) ou fièrement campé, la main gauche sur le pommeau de son épée, celle de droite levée devant lui comme pour héler le monde à se rallier à la modernité qui le découvre (à Montréal en 1893). Deux tableaux moins connus que ces statues du grand homme ont saisi cependant ce qu'a été d'abord l'aventure française de ces années 1534-1543: une histoire. Ou plutôt l'enchevêtrement de récits et de légendes; une tessiture de déclarations solennelles, de mirages et d'énigmes. Une narration discontinue dans laquelle le sujet est moins Cartier ou François Ier que les rois et les princes iroquoiens. Davantage peut-être encore un personnage rabelaisien du *Cinquiesme Livre*: «Ouy-dire».

Frank Craig, vers 1910-1911, peint

l'explorateur français à son retour du premier voyage de 1534. Le marin, dans les jardins de Fontainebleau, fait, à genoux, le récit de ses découvertes au roi qui, monté sur un cheval, à l'ombre d'un dais, écoute le récit des merveilles et de l'exploration des « terres neuves » : le récit d'une découverte valant moins pour l'échec qu'elle a été, de fait – le passage vers la Chine n'a pas été trouvé et aucune richesse, si ce n'est de médiocres pelleteries, n'a été rapportée –, que par l'imaginaire qu'elle excite. De noir vêtu, Cartier contraste avec les courtisans entourant le roi et avec le public d'éphèbes et de jeunes femmes couverts de peaux de léopard et de lumineuses robes blanches. Aux nymphes et aux faunes de la Grèce, aux merveilles de l'Antiquité et aux grandeurs de Rome que les humanistes et les artistes renouvellent dans les palais du roi, Cartier ajoute à cette gloire le récit d'un monde plein de délices et de promesses. Le royaume de Saguenay – transposition septentrionale de l'Eldorado de l'Amérique ibérique – est à portée de la main avec ses hommes blancs et leurs draps de laine, son or et ses rubis. Français, encore un effort pour plonger dans un nouveau Pactole ! Le récit des richesses du Saguenay a été fait à Cartier par le roi iroquoien Donnacona qui prétend l'avoir visité. Les deux princes amérindiens (ses fils ou ses neveux) – Domagaya et Taignoagny –, que le Malouin ramène en France en 1534, renouvellent le conte de ces trésors et, au retour du second voyage de l'explorateur, c'est le seigneur de Stadaconé lui-même que Cartier a conduit en 1536 auprès de François Iᵉʳ qui le répète, à son tour, au souverain français conquis et charmé.

Cette terre si précieuse et si consolatrice, merveille encore non abordée mais placée à l'horizon du désir comme un phare pour guider l'aventure ultramarine française, cette terre, comme la promesse d'un autre monde enchanté, ne pouvait que figurer en bonne place dans le titre donné par Cartier au récit, publié à Paris en 1545, de son second voyage quand s'est terminée piteusement, trois ans plus tôt, son ultime traversée de l'Atlantique. Le second tableau, une œuvre de Lawrence Robb Batchelor, peinte vers 1933, représente Jacques Cartier dans le bourg iroquoien d'Hochelaga, faisant entendre à son « seigneur » et à ses habitants tout le bien que leur apporteront le commerce, l'alliance et la bonne entente avec les Français...

Paroles doublement trompeuses. Le royaume de Saguenay dissipera ses charmes illusoires, aussi faux que les fameux « diamants du Canada », et l'alliance, injuriée par les rapts et les maladresses de Cartier, s'abîmera dans une colonie éphémère que les Français abandonnent précipitamment à l'été 1543 en quittant les eaux de ce Nouveau Monde américain pour ne les retrouver qu'une cinquantaine d'années plus tard. Des « terres neuves » qui se révèlent n'être qu'un lieu de désirs. Ce n'est peut-être déjà pas si mal pour un territoire qu'un navigateur espagnol, Juan de Agramonte, aurait désigné, vers 1511-1512, dans son rapport à la reine Jeanne de Castille comme une terre visiblement insignifiante et vide : « *aca nada* ».

—

YANN LIGNEREUX

RÉFÉRENCES

—

Jacques CARTIER, *Voyages au Canada*, suivis du *Voyage de Roberval*, éd. par Marie-Hélène Fraïssé, Montréal, Lux Éditeur, 2002.

Gilles HAVARD et Cécile VIDAL, *Histoire de l'Amérique française*, Paris, Flammarion, 2006.

Claude LA CHARITÉ, « Jacques Cartier élève d'Ouy-dire dans le *Quart Livre* de Rabelais », *Méthode! Revue de littératures*, n° 20, 2012, p. 79-88.

Marie-Christine PIOFFET (dir.), « Nouvelle-France : fictions et rêves compensateurs », *Tangence*, n° 90, 2009.

Marcel TRUDEL, *Histoire de la Nouvelle-France*, t. 1 : *Les Vaines Tentatives (1524-1603)*, Montréal, Fides, 1963.

RENVOIS

—

(Cartier) : 1494, 1664, 1763, 1769

1536

De Cauvin à Calvin

*S'il existe une « internationale calviniste »
par laquelle se diffusent les idées réformées,
celle-ci se reconnaît dans la lecture d'un livre :
L'Institution de la religion chrétienne, paru à Francfort
en 1536, rédigé en latin avant d'être traduit en maintes
langues. Avec lui, son auteur, l'humaniste Jean Cauvin,
qui a quitté Paris deux ans plus tôt, devient Calvinus.*

Hiver 1534, Jean Cauvin doit fuir Paris. Quitter Babylone sans se retourner. En France, depuis l'affaire des Placards (octobre 1534), on persécute les « amateurs de Jésus-Christ », ces fidèles à l'âme rongée d'idées nouvelles, venues d'Allemagne ou d'ailleurs. Ceux qui pensent que Dieu seul sauve ; pour qui ni le pape, ni l'Église, ni la messe, ni les saints, ni les miracles, ni même les œuvres humaines ne contribuent au Salut. On les appellera bientôt des protestants. Cauvin, *Calvinus* de son nom latinisé, est l'un d'entre eux. Il n'est pas très connu encore, c'est un humaniste, un juriste formé comme tant d'autres à Orléans. Un autodidacte en théologie, nouvellement conquis par le message de Martin Luther (1483-1546), le moine allemand par qui, en 1517, tout

a commencé. Ou, peut-être, tout s'est achevé car c'est bien de la fin d'un monde, la Chrétienté, dont on va parler. Calvin a vingt-six ans, il ne reviendra plus, enfin, si peu. Il restera un éternel réfugié, regardant la France de l'extérieur, d'un œil décentré. C'est de l'étranger, sentinelle en lisière du royaume, qu'il lance ses idées à la conquête de l'Europe.

Des idées conquérant le monde ? Un livre plutôt. Calvin se réfugie en Suisse, à Bâle, dès janvier 1535, chez l'imprimeur Conrad Resch, l'un des premiers à avoir répandu les livres luthériens en France. La ville, où le célèbre Érasme s'est retiré, a adopté la Réforme sous l'impulsion du réformateur allemand Œcolampade (1482-1531). C'est là qu'au printemps 1536, pour la foire de Francfort, Cauvin devient Jean Calvin (1509-1564) en publiant l'œuvre qui le rendra célèbre et poussera partout le « calvinisme ». D'abord écrite en latin, langue internationale, l'*Institution de la religion chrétienne* est un petit livre de 500 pages, facile à transporter, facile à cacher, un cri d'alarme qui, en présentant une synthèse des nouvelles idées religieuses, espère convaincre le roi François Ier (r. 1515-1547) d'éteindre les bûchers qui partout s'embrasent contre les réformés. Une apologie avec des airs de catéchisme. Six chapitres en tout. Les quatre premiers : la loi (explication du Décalogue) ; la foi (le Credo) ; la prière (l'oraison dominicale) ; les sacrements (baptême et cène). Puis deux chapitres, l'un sur les « faux sacrements » (pénitence, confirmation, extrême-onction, ordre, mariage) ; l'autre sur la liberté chrétienne, l'Église et l'État.

En un an, l'ouvrage est épuisé. On compte plus de vingt rééditions latines tout au long du XVIe siècle. Le succès étonne jusqu'à l'auteur. D'autant que, dans le fond, il n'y a là rien de pleinement neuf. On y retrouve des lectures d'humaniste bien sûr – Sénèque, dont Calvin a publié un commentaire en 1532 – mais surtout les thèses les plus hardies de l'Europe « protestante », que Calvin a lues avec passion et qu'il présente ici dans un assemblage inédit. Il n'a jamais caché son admiration pour Luther. Il reprend le plan et nombre d'idées du *Catéchisme* de ce dernier, paru en 1529, ainsi que ses grands classiques : la *Captivité babylonienne*, la *Liberté du chrétien* (1520). Le succès de l'ouvrage vaut à Calvin d'être invité à Genève par Guillaume Farel

(1489-1565), qui vient d'y faire adopter la Réforme. Entre 1536 et 1538, Calvin y acquiert une première expérience pastorale, qu'il consolide, après avoir été expulsé de Genève, à Strasbourg auprès du théologien alsacien Martin Bucer (1491-1551). Bâle, Genève, Strasbourg, la frontière toujours. La marge. Calvin reste un pasteur du bord du monde.

À Strasbourg, de 1538 à 1541, Calvin est le pasteur des Français réfugiés, qui ont fui les persécutions : il y donne de nombreux sermons, enrichit ses connaissances en matière de discipline et d'organisation de l'Église. Il ne lâche pas son *Institution*, à laquelle il travaille jusqu'à l'édition de 1559, définitive. En 1539, il adopte un nouveau plan, influencé par les *Loci communes* (1521) de Philip Melanchthon (1497-1560), le plus proche disciple de Luther. Calvin se nourrit aussi des travaux des réformateurs suisses Ulrich Zwingli (1484-1531) et Henri Bullinger (1504-1575). Progressivement, les concepts se font plus personnels. Calvin essaie de réconcilier les théologiens protestants sur la messe – qu'il appelle la cène (de *cena*, le dîner) – en refusant que celle-ci soit un sacrifice mais aussi qu'elle ne soit qu'un « souvenir » de celui de Jésus (position de Zwingli). Pour Calvin, il y a bien dans la cène une « présence réelle » du Christ, mais « en esprit » : le pain reste du pain tout en convoyant, par l'intermédiaire du Saint-Esprit, le corps du Christ. Surtout, dans l'*Institution* de 1536, Calvin développe le thème, calviniste par excellence, de la « double prédestination » : Dieu a distingué de toute éternité les élus et les réprouvés, destinant les premiers au salut, les autres à la damnation. Terrifiante pour certains, la prédestination est aussi « désangoissante » (Denis Crouzet) : la créature humaine, pécheresse et aveugle depuis la chute, ne peut en rien, par ses actions, contribuer à son propre salut. Il lui suffit d'avoir la foi et de s'en remettre à Dieu, juste et tout-puissant. La prédestination soulage des gestes, des prières, des processions de la religion traditionnelle et, ce faisant, des angoisses accablantes qui étreignaient le fidèle. L'homme, ainsi délivré des impossibles supputations quant au Jugement dernier, peut paisiblement vivre sa vie terrestre, sans plus se torturer sur l'Au-Delà.

Très vite, Calvin sent qu'il doit traduire son *Institution*. Pour que le bourgeois, le tanneur ou la mère de famille reçoivent la Parole, encore faut-il s'adresser à eux dans leur langue. Comment, sinon délivrer le message divin sans médiation ? Calvin traduit lui-même son livre dans sa langue natale. Pour la première fois avec tant d'ambition, le français est utilisé dans une somme théologique, jugé capable de déployer clairement des arguments abstraits. Il est hissé par Calvin au rang des langues de raisonnement, d'exposition philosophique. Tous font de l'*Institution* le « premier monument de l'éloquence française » : la phrase linéaire, la successivité des arguments s'inventent ici et disent la contribution de Calvin à l'invention de la « langue classique ». Soulignons la thèse : l'impulsion décisive à la naissance du français moderne a été donnée de l'étranger, par un banni, du dehors des « frontières nationales ». À Strasbourg d'abord, puis à Genève où Calvin réside définitivement à partir de 1541 et publie cette première édition française. L'ouvrage est aussitôt interdit par le parlement de Paris et mis à l'Index par la Sorbonne. Peu importe, il pénètre en France par la voie des contrebandiers, souterrain, à la recherche des âmes inquiètes, clandestines, cherchant des certitudes.

Pourquoi s'arrêter en si bon chemin ? Le texte est traduit en espagnol dès 1540 par Francisco de Enzinas, de Burgos, un ami de Melanchthon, protégé de l'archevêque de Canterbury Thomas Cranmer (1489-1556) ; en italien en 1557 par Giulio Cesare Pascali, un jeune poète réfugié à Genève ; en néerlandais en 1560 par Jean Dyrkinus, un juriste originaire de Gand et émigré à Emden ; en anglais en 1561 par Thomas Norton ; en basque en 1571, en allemand en 1572, en polonais par extraits en 1599. Ajoutons une traduction tchèque en 1617 par Jirik Strejc, hongroise en 1624 par Albert Molnár… En même temps qu'il crée l'Académie de Genève (1559) pour former les pasteurs de l'Europe entière, qu'il envoie cette diaspora prédicante par mille chemins porter le message réformé, Calvin la dote de cet indispensable manuel de la vie chrétienne qu'est l'*Institution*.

Dans une boutade fameuse, l'historien Robert Kingdon a soufflé le terme de « Calvintern » – construit sur « Komintern » – pour évoquer l'internationale calviniste, essaimage souterrain d'hommes et d'idées destinés, à partir du QG genevois, à miner le monde catholique. Ce prosélytisme est payant : de nombreuses Églises réformées se dressent, dotées de « confessions » nées de l'*Institution*. La Hongrie, dès 1557, avec la *Confessio Hungarica* ; la France en 1559 (*Confession de La Rochelle*). L'Écossais

John Knox (1514-1572) et le Wallon Guy de Brès, tous deux passés par Genève, importent chez eux la *Confessio Scotica* (1560) et la *Confessio Belgica* (1561). Le calvinisme pénètre également en Allemagne, malgré l'empire du luthéranisme. En 1563, l'Électeur palatin Frédéric III se convertit à la Réforme et préface le *Catéchisme de Heidelberg*, qui rencontre un grand succès en Pologne, en Hongrie, en Bohême et aux Pays-Bas. Adopter Calvin, c'est aussi rejeter les Habsbourg.

Paradoxalement, les persécutions jouent un rôle majeur dans l'essor du calvinisme international : les politiques répressives menées en Espagne, en Italie, en France ou en Angleterre ont non seulement suscité des martyrs mais aussi lancé sur les routes d'Europe des milliers de dissidents calvinistes. Dès les années 1540, des « évangéliques » quittent l'Italie du Nord pour Zurich et Genève, des Wallons s'en vont à Wesel, des Flamands, Brabants ou Hollandais fuient à Londres ou à Emden. Quelque 5 000 protestants anglais partent pour Genève sous le règne de Marie Tudor (r. 1553-1558). En France, tandis que les huguenots sont 10 % du royaume, les guerres de Religion (1562-1598) poussent des milliers d'entre eux à se réfugier en Angleterre ou en Allemagne. Dès le début du XVIIᵉ siècle, les chemins de l'exil se mondialisent. L'*Institution* est embarquée, avec les Pères pèlerins, à bord du *Mayflower* (1620) et touche l'Amérique, où le premier livre imprimé, le *Bay Psalm Book* de 1640, n'est autre qu'un psautier calviniste. Avec la révocation de l'édit de Nantes, en 1685, 180 000 calvinistes français fuient le royaume et s'éparpillent en Europe, vont jusqu'en Amérique, en Afrique du Sud ou en Russie.

On arrêtera là l'histoire de cette diaspora, à l'aube de la mondialisation. Aujourd'hui, quelque 75 millions de fidèles à travers le monde se réclament du message de l'*Institution*, de la Corée du Sud au Nigeria en passant par le Massachusetts, l'Indonésie, l'Ouganda ou le Brésil. Si d'innombrables facteurs expliquent ce succès mondial, Calvin n'y est pas étranger. Le calvinisme est la « réformation des réfugiés » (Heiko Oberman). L'exil lui est consubstantiel. Calvin se considère à Genève comme un soldat en cantonnement, pasteur d'une armée dont la paroisse est mondiale (Patrick Cabanel). Inlassable, il appelle les élus à quitter leur ville, laisser leur pays, à devenir des voyageurs pour se retrouver dans des congrégations, prêts à prendre le pouvoir ou à vivre clandestinement, cellules dormantes de l'Évangile. La prédestination est aussi le réconfort des réfugiés : elle donne au croyant la certitude du salut « à partir du moment où il est sûr d'appartenir à l'aristocratie du salut formée du petit nombre des élus » (Max Weber). Composé d'élus, l'empire du calvinisme ne peut être d'un bloc ; il est fait d'archipels, prêts à l'immersion comme à l'insurrection. C'est aussi cette identité déracinée qui explique le succès mondial des idées de Jean Calvin, né à Noyon, en Picardie, en 1509 : « Car si le ciel est notre pays, qu'est-ce autre chose de la terre qu'un passage en terre étrangère ? » (Calvin, *Institution de la religion chrétienne*).

—

JÉRÉMIE FOA

RÉFÉRENCES

—

Patrick CABANEL, *Histoire des protestants en France (XVIᵉ-XXIᵉ siècle)*, Paris, Fayard, 2012.
Jean CALVIN, *Institution de la religion chrétienne (1541)*, éd. critique par Olivier Millet, Genève, Droz, 2009, 2 vol.
Bernard COTTRET, *Calvin. Biographie*, Paris, Jean-Claude Lattès, 1995.
Denis CROUZET, *Jean Calvin. Vies parallèles*, Paris, Fayard, 2000.
Bruce GORDON, *John Calvin's « Institutes of the Christian Religion » : A Biography*, Princeton, Princeton University Press, 2016.
Heiko OBERMAN, *John Calvin and the Reformation of the Refugees*, Genève, Droz, 2009.

RENVOIS

—

1572, 1685, 1751, 1840, 1920, 1949

1539

L'empire du français

Plus vieille disposition législative encore en vigueur dans le droit français, l'ordonnance de Villers-Cotterêts prône l'usage de la langue du roi pour dire la norme. Le fait-elle contre la diversité des langues régionales ou contre l'obscurité du latin ? Elle porte en tout cas une conception plus impériale que nationale de l'expansion linguistique.

Villers-Cotterêts, Aisne, 10 000 habitants. Son château Renaissance, sa municipalité Front national. Lorsque son maire nouvellement élu en mars 2014 déclara qu'il refusait de participer aux cérémonies de commémoration de l'abolition de l'esclavage, la ville natale d'Alexandre Dumas passa furtivement sous les feux des projecteurs de la presse nationale. On ne manqua pas de rappeler que s'y était déjà jouée, voici bien longtemps, l'idée que la France se faisait de son identité. Car c'est, dit-on, par la grâce du roi François Ier de passage dans son château tout nouvellement construit au cœur de la forêt giboyeuse de Retz, que fut édictée, entre le 10 et le 25 août 1539, l'ordonnance qui dotait le royaume d'une langue nationale. Et d'ajouter,

pour faire bonne mesure : l'ordonnance de Villers-Cotterêts est la plus ancienne disposition encore applicable dans le droit français.

Est-ce si sûr ? C'est au chancelier Guillaume Poyet, l'un des plus illustres orateurs du barreau, que l'on doit cette loi de procédure, dite pour cela *Guillemine*. Elle poursuit l'intense activité législative engagée depuis l'ordonnance de Blois de 1498 en rassemblant, dans un ensemble majestueux de cent quatre-vingt-douze articles, différentes règles de procédure civile et criminelle (selon une distinction qui ne sera établie qu'en 1670). Il s'agit, affirme son préambule, de « pourvoir au bien de notre justice, abréviation des procès et soulagement de nos sujets », et ce, d'abord en garantissant ce que l'on pourrait appeler la disponibilité de la norme – son intelligibilité et sa conservation. Ainsi pour l'enregistrement notarial : l'article 51 généralise la tenue du registre des baptêmes et leur dépôt au greffe du bailliage ou de la sénéchaussée ; l'article 175 fait obligation aux notaires de tenir registres et protocoles des testaments et contrats qu'ils passeront et recevront.

Rendre visible le droit, pour accroître le domaine du contrôlable : telle est donc l'exigence de clarté que pose l'article 110 : « Et afin qu'il n'y ait cause de douter sur l'intelligence desdits arrêts nous voulons et ordonnons qu'ils soient faits et écrits si clairement qu'il n'y ait ni puisse avoir aucune ambiguïté ou incertitude ni lieu à demander interprétation. » L'article 111 lui est logiquement subordonné. Il affirme que ces arrêts doivent être rédigés en « langage maternel français et non autrement ». Or, par un paradoxe des plus savoureux, ce passage qui semble ordonner l'usage administratif de la langue française pour satisfaire un besoin de clarté est, en français, tout sauf clair. Et c'est cette ambiguïté qui explique sans doute l'exceptionnelle longévité de son usage juridique.

L'ordonnance proscrit l'usage du latin, c'est entendu, mais exclut-elle les langues provinciales ? Le premier juriste à commenter les ordonnances royales, l'illustre Pierre Rebuffe, le conteste dès 1580 : le français du roi n'est pas, loin s'en faut, la langue maternelle de tous les habitants du royaume, et puisque tous les Français parlent une langue qui leur est maternelle, celle de leur province, et que ces provinces sont françaises, chaque dialecte est un « langage maternel français ». Telle est la seule interprétation possible pour sauver le vœu de clarté : « car s'il en était autrement, si les actes des Occitans devaient être écrits en français, l'obscurité serait trop grande ».

Cette interprétation prévaudra globalement, jusque dans la littérature jurisprudentielle du XIXe siècle : lorsque les juges y évoquent l'ordonnance de 1539, ce n'est pas pour arrimer leur décision à un principe solennel et majestueux, mais afin de l'adapter souplement à l'attachement de leurs justiciables pour les « petites patries ». Tout le contraire, en somme, de l'interprétation répressive et jacobine qu'impose l'ardent républicain Ferdinand Brunot dans son *Histoire de la langue française*. Au deuxième tome de ce monument d'érudition engagée qui compte plus de 10 000 pages, tome paru en 1906, le « citoyen-linguiste » exalte cette « monarchie linguistique [qui] se constituera au-dessus des dialectes vaincus et déchus », comme si la Troisième République réussissait la synthèse entre l'Ancien Régime éclairé de François Ier et la Révolution de la langue française de l'abbé Grégoire. Il fallait l'énergie d'un Lucien Febvre pour contester ce récit entraînant dans un article de la *Revue de synthèse historique* paru en 1924 sous le titre : « Politique royale ou civilisation française ? » Démontrant la lente pénétration de l'usage du français dans le Midi depuis le Moyen Âge, il écrit : « Le monde méridional n'a pas obéi au cri d'un héraut lisant, après trois appels de trompette, devant les populations prosternées, l'ordonnance de Villers-Cotterêts. »

Et de fait : si l'ordonnance *Guillemine* a des effets immédiats sur la rédaction des actes des parlements, elle ne fait que sanctionner un mouvement général de promotion du vernaculaire comme langue d'administration, promotion dont Serge Lusignan s'est fait l'historien. À Arras, Saint-Omer ou Douai, les actes en français apparaissent dans les années 1230 ; quarante ans plus tard, ils percent largement dans le Sud-Ouest et ne font qu'effleurer le cœur du pays français, entre Loire et Seine : c'est que le français du roi n'est pas une langue provinciale, mais une invention des villes, qui a gagné la France par les périphéries du pays d'oïl. Quant à la pénétration du français dans les pays de langue d'oc, elle est également très précoce : les scribes des états du Dauphiné adoptent le français et le franco-provençal à la place du latin dès le XIIIe siècle, bien avant son rattachement au royaume de France en 1343.

Car l'ordonnance de Villers-Cotterêts visait d'abord le latin judiciaire, cette langue d'initiés qui protégeait l'emprise des juristes sur la fonction royale. Briser la diglossie propre au gouvernement médiéval n'allait pas sans rencontrer de résistance. La francisation des usages linguistiques à la chancellerie avait connu une histoire heurtée au XIVe siècle : en 1330, 80 % des chartes étaient rédigées en français, l'avènement du roi Jean le Bon marquant en 1350 un retour en force du latin jusqu'au règne de Charles V, promoteur du français comme langue savante. Ces à-coups d'une politique hésitante ont laissé des traces dans la langue elle-même : au fur et à mesure qu'ils abandonnaient le latin pour le français, les notaires en latinisaient l'orthographe, comme s'ils voulaient conférer à la langue du roi la dignité inhérente à la langue de la majesté et de la sacralité qu'ils avaient apprise. De là, par exemple, la multiplication des consonnes quiescentes qui expliquent une bonne part des étrangetés orthographiques du français moderne dont s'enorgueillissent les puristes. Ainsi le *tens* (c'est ainsi qu'on orthographiait le mot en ancien français) devient-il le *temps*, par introduction du *p* de *tempus*.

En 1539, il ne s'agissait donc pas seulement de traquer les ténèbres de la langue judiciaire pour éclaircir la justice du roi et faciliter sa communication avec les sujets, mais de faire entendre une nouvelle langue de l'autorité, un discours solennel d'apparat. Cette même année 1539 paraissait le *Dictionnaire françois-latin* d'Estienne, le premier dictionnaire partant du français pour aller au latin, et non l'inverse : ainsi s'achevait une décennie décisive pour la fixation grammaticale de la langue. Les poètes, on le sait, prendront le relais : dix ans plus tard, en 1549, Joachim du Bellay publie sa *Défense et illustration de la langue française* qui passe pour le manifeste de la Pléiade. Car si l'idée d'une unité linguistique du royaume était tout sauf claire pour les humanistes, ceux-ci défendaient une conception plus impériale que nationale de l'expansion linguistique du français.

Car tous ont lu les humanistes italiens qui, depuis Lorenzo Valla, exaltent un empire du latin qui déborde et excède l'empire des Romains. N'est-ce pas aussi le cas de cette langue impériale qu'est l'arabe, s'interrogera plus tard Jean Bodin dans les *Six Livres de la République* (1583)? En renonçant à ce fantôme de la puissance, François Ier énonce l'espérance grammaticale d'un projet impérial. Et ce, dans un contexte européen hautement concurrentiel : le 17 avril 1536, à Rome, c'était en espagnol que Charles Quint avait lancé à son rival son défi l'invitant à conclure une paix ou à se battre en duel. Répondant aux protestations des deux ambassadeurs français prétendant qu'ils n'entendaient pas l'espagnol, l'empereur avait fait résumer son discours en italien.

François Ier fut l'ami des poètes français, mais il s'est aussi voulu protecteur des études latines, grecques et hébraïques. Sa bibliothèque, écrit Guillaume Postel, est remarquable en ceci qu'elle rassemble différents ouvrages « tant en latin, qu'en grec, en hébreu, en français et en italien ». L'enseignement du grec et de l'hébreu est à la base de la fondation en 1530 et de l'installation des lecteurs royaux du *Parisiis trilingue Collegium* (« Collège trilingue à Paris »), poursuivant un rêve humaniste européen commencé à Alcalá, Louvain, Oxford, Rome et Milan. En faire l'ancêtre du Collège de France, c'est admettre que la langue française porte en elle l'ambition impériale de l'universalisme.

Est-ce cela que l'on appelle depuis lors le « génie de la langue française », exaltant une clarté d'expression d'autant plus singulière qu'elle demeure obscure au reste du monde ? Le 6 juin 1782, l'Académie de Berlin proposa au concours la question suivante : « Qu'est-ce qui fait la langue française la plus universelle de l'Europe ? Par où mérite-t-elle cette prérogative ? Peut-on présumer qu'elle la conserve ? » L'interrogation pouvait sembler pertinente, au moment où Casanova traversait l'Europe avec le français pour seul bagage linguistique et où la chancellerie ottomane l'adoptait comme langue diplomatique. C'est un protégé de Voltaire, François Rivarol, qui emporta le concours avec un essai qui suscita plus d'enthousiasme en Allemagne (chez les Grimm notamment) qu'en France. On en retint pourtant quelques formules : « Les livres de la France composent la bibliothèque du genre humain » ou « Le temps semble être venu de dire *le monde français* comme autrefois *le monde romain* ». Douze ans plus tard, en juin 1794, le rapport qu'adresse l'abbé Grégoire à la Convention constate que cette langue universelle est bien mal parlée par les Français eux-mêmes.

Lorsque la ratification du traité de Maastricht obligea les pays européens à déclarer leur langue officielle, les juristes durent bien admettre que l'ordonnance de Villers-Cotterêts n'était pas aussi explicite qu'on le prétendait. On modifia donc la Constitution française de 1958 pour y ajouter, le 23 juin 1992, un alinéa à l'article 2 : « La langue de la République est le français. » Cela n'empêche nullement aujourd'hui encore les thuriféraires du monolinguisme militant des élites françaises d'évoquer le principe intangible de 1539 pour refuser la ratification de la Charte européenne des langues régionales ou minoritaires, adoptée par le Conseil de l'Europe cette même année 1992, signée par la France en 1999, jamais ratifiée depuis. Car, par un étrange contresens de l'histoire, la mémoire nationale a fait de l'ordonnance de Villers-Cotterêts un souvenir davantage national qu'impérial, et plus défensif qu'expansif.

—

PATRICK BOUCHERON

RÉFÉRENCES

—

Gilles BOULARD, « L'ordonnance de Villers-Cotterêts : le temps de la clarté et la stratégie du temps (1539-1992) », *Revue historique*, vol. 301, n° 1, 1999, p. 45-100.

Marc FUMAROLI, « Le génie de la langue française », *in* Pierre NORA (dir.), *Les Lieux de mémoire*, t. 3 : *Les France*, vol. 3 : *De l'archive à l'emblème*, Paris, Gallimard, 1992, p. 911-973.

Robert J. KNECHT, *Un prince de la Renaissance. François Ier et son royaume* [1994], trad. fr., Paris, Fayard, 1998.

Serge LUSIGNAN, *La Langue des rois au Moyen Âge. Le français en France et en Angleterre*, Paris, PUF, 2004.

Hélène MERLIN-KAJMAN, « L'étrange histoire de l'ordonnance de Villers-Cotterêts. Force du passé, force des signes », *Histoire Épistémologie Langage*, vol. 33, n° 2, 2011, p. 79-101.

RENVOIS

—

842, 1105, 1380, 1515, 1683, 1804, 1883, 1992

1550

Les Normands jouent aux Indiens

Le 1er octobre 1550, la joyeuse entrée du roi Henri II dans sa bonne ville de Rouen s'accompagne d'une fête brésilienne qui a frappé les esprits. Les Indiens Tupinambas y jouent leurs propres rôles, bons sauvages et partenaires commerciaux. La scène donne à voir un rêve d'alliance entre les peuples : le temps n'est pas encore venu de l'assignation raciale et des zoos humains.

C'est la fête. Ils sont deux cent cinquante : essentiellement des hommes. La plupart sont nus ; plus chastement vêtus sont les autres, une ceinture de feuilles couvrant leur sexe. Ils semblent féroces ; des plumes sont dressées sur la tête de quelques-uns ; ils tiennent de grands arcs, des boucliers ovales et de longs casse-tête en bois. Certains arborent peut-être des tatouages sur leur peau rouge. Ce sont les Normands. À Rouen, le 1er octobre 1550, devant le nouveau roi de France, Henri II, venu visiter, après Paris et Lyon, sa bonne ville de Normandie en compagnie de sa cour,

des matelots se sont déguisés en sauvages tupinambas de la côte brésilienne. Avec cinquante véritables Amérindiens arrivés peut-être des rivages de la côte située entre Pernambuco et São Salvador, sur la côte nord-est du Brésil, ils se promènent entre des arbres peints en rouge, grimpent sur les palmiers et poursuivent des singes. Ils dansent, transportent des troncs d'arbres, font la cuisine, chassent des oiseaux, s'embrassent ou se reposent dans des hamacs. D'autres se battent contre des sauvages également nus et des huttes ou des cabanes sont enflammées dans l'ardeur du combat. Si la fête brésilienne est un tableau parmi d'autres de la cérémonie de l'Entrée royale, partageant l'instruction et le plaisir du monarque avec des chars antiques, des arcs de triomphe, des figures mythologiques, des compositions allégoriques et les autres figures habituelles désormais d'un rituel urbain et royal renouvelé par les apports de la Renaissance italienne, elle imprime cependant à l'événement rouennais son exceptionnelle originalité dans cette compétition festive et politique que se disputent, à distance, les bonnes villes du royaume tout aussi soucieuses à cette occasion de montrer leur honneur et leur richesse au souverain que de recueillir ses bonnes grâces et ses faveurs.

Depuis la chaussée des Emmurées, entre la ville et la Seine, le roi, ses courtisans et les ambassadeurs dépêchés auprès du monarque peuvent contempler la reconstitution de plusieurs villages tupis et la vie qui les anime. Sur une partie de la rive gauche du fleuve, transformée pour l'heure en une forêt brésilienne pleine de perroquets, de singes et de fruits, Henri II et Catherine de Médicis admirent les merveilles et s'étonnent des extravagances d'un monde étrange avec lequel les Normands entretiennent une familiarité grandissante depuis le début du XVIe siècle et grâce auquel prospère le commerce de leur ville comme le rappelle un « comptoir » installé sur les rives de ce Brésil normand (un « port des Français », à l'embouchure du fleuve São Francisco, est bien indiqué sur une carte portugaise, quand bien même depuis 1494 cette partie du continent sud-américain serait dans l'espace réservé aux intérêts

lusitaniens). Les trois narrations de l'Entrée qui furent imprimées entre l'automne 1550 et 1557 permettent de reconstituer l'articulation des différentes séquences qu'une gravure de 1551 présente comme simultanées. Les Tupinambas, après avoir troqué avec les Français (animaux et « bois de braise » contre haches et serpes de fer), doivent combattre un groupe d'ennemis. Ayant repoussé l'attaque, les Tupinambas brûlent les villages de leurs assaillants. À cette victoire des alliés des Français succède un autre combat non moins favorable aux intérêts du royaume d'Henri II puisqu'une naumachie représente, quelque temps après le succès des Tupinambas, l'attaque d'une caravelle portugaise par un navire français permettant d'identifier par ces antagonismes symétriques les assaillants des Tupinambas comme des Tupiniquims, les alliés des Portugais au Brésil.

La fête américaine de Rouen met en scène donc une alliance que couronne le succès des armes. Elle dit un rapport à l'indigène qui n'est pas celui des Espagnols, des Portugais ou des Anglais. La célèbre formule de Francis Parkman, un grand historien américain du XIXe siècle – « La civilisation espagnole a écrasé l'Indien ; la civilisation anglaise l'a méprisé et négligé ; la civilisation française l'a étreint et chéri » –, est certainement fausse et injuste : la guerre impitoyable des Français contre les Natchez et les Renards le démontre cruellement. Toutefois, force est de constater que quelque chose de singulier se noue dans ces rapports entre Français et Tupinambas. La reconstitution de Rouen n'est pas l'ancêtre des diaporamas infâmes des zoos humains et des reconstitutions indigènes tels que la France va les voir se multiplier à partir de la fin des années 1870, au Jardin d'acclimatation de la capitale d'abord, avant que ces exhibitions se professionnalisent, durant une cinquantaine d'années, à Paris et en province, avec les expositions coloniales et universelles, les « villages noirs » ou « sénégalais » itinérants et les foires ethnologiques mettant en scène une altérité humaine racialisée, fondamentalement subalterne par essence et soumise au milieu des curiosités d'une faune et d'une flore exotiques. Le spectacle de 1550 n'est pas l'assignation d'une subordination aux uns et la célébration de la supériorité des autres ; il ne dramatise pas une prétendue hiérarchie des races. Il ne représente pas les seigneurs du monde d'un côté et ceux qui le peuplent seulement ; il n'excite pas la passion coloniale considérant l'autochtone comme un enfant qu'il faut corriger et éduquer, voire comme un animal qu'il faut dompter et apprivoiser. Il ne fait pas de l'indigène un cannibale abominable. Il fait d'abord voir des sauvages imberbes et fait reconnaître dans ces Amérindiens des partenaires commerciaux indispensables et des alliés efficaces et précieux. Et peut-être même davantage. La facilité, racontent les chroniqueurs, avec laquelle les marins normands reproduisent « nayfvement » les gestes et les paroles des Tupinambas, « comme s'ilz fussent natifz du mesmes pays », constitue l'indice d'une identité des uns et des autres à décliner, de part et d'autre de l'Atlantique, moins depuis la définition d'une irréductible différence qu'à travers la porosité des situations et un *continuum* que n'interrompent ni l'altérité religieuse ni la frontière culturelle. Cette proximité est le fait d'abord des conditions matérielles de l'échange commercial : les Normands venant négocier le bois doivent demeurer de longues semaines parmi leurs hôtes en attendant que ces derniers leur amènent les troncs recherchés et, même si les haches européennes accélèrent ce travail, le temps nécessaire à l'acheminement des arbres est propice à des familiarisations réciproques au sein des villages tupis et par lesquelles s'expliquent, comme le propose Beatriz Perrone-Moisés, que les saynètes interprétées par les marins normands jouant les Tupinambas soient également la représentation de leurs propres expériences en terre brésilienne. Une proximité qu'entretient et densifie la présence permanente de Normands parmi les Tupinambas avec lesquels ils vivent et se mêlent et qui, apprenant la langue de leurs hôtes, favorisent l'alliance militaire et les échanges commerciaux. Cette association fructueuse et aux bénéfices réciproques trouve son origine dans un geste inaugural qui, tout en s'inscrivant dans le vocabulaire symbolique des premières rencontres entre les Européens et les habitants des terres neuves de l'Atlantique, établit la singularité d'un rapport moins fondé sur une prise de possession – qu'elle soit faite au nom d'un souverain ou du Dieu des chrétiens – que sur l'alliance, dans son sens étymologique, de deux peuples. Un certain capitaine d'Honfleur, Binot Paulmier dit Gonneville, aurait eu le malheur de rencontrer des vents contraires et son navire, parti pour les Indes en descendant le long de l'Afrique, aurait été drossé sur la côte brésilienne au début de janvier 1504. Échangeant avec les indigènes, le Normand aurait fait dresser, le jour de Pâques, une grande croix pour porter témoignage par cette « merche » que des chrétiens avaient débarqué sur cette terre. Élevée avec l'aide des autochtones, elle aurait porté d'un côté les noms du pape, du roi de France, de l'amiral du royaume et ceux du capitaine, des « bourgeois et compagnons d'empuis le grand jusques au plus petit ». De l'autre, l'inscription suivante : HIC SACRA PAIMARIUS POSUIT GONIVILLA BINOTUS ; GREX SOCIUS PARITER, NEUSTRAQUE PROGENIES. Soit : *Ici Paulmier de Gonneville éleva ce monument sacré, en associant intimement les peuplades et la lignée normande.* Une alliance qui établit une relation fondée non pas tant sur la sujétion à un État ou sur la fidélité à une Église que sur la foi civile d'une république maîtresse de ses limites et de ses logiques d'agrégation.

Le Nouveau Monde des Français ne constitue pas à l'aube de la modernité une terre à soumettre et des peuples à dominer. Les droits du pape et du roi ne sont certes pas oubliés, mais à l'absolutisme de l'un et de l'autre est préférée l'intimité d'une alliance entre des peuples, une association à l'image de ce que pouvait être la *polité* du royaume de France avant le virage étatique du siècle suivant : soit un empire de nations au sein d'une république française comme en témoigne l'ordonnance de Villers-Cotterêts de 1539 dans laquelle il faut moins lire l'impérialisme du français, substitué au latin dans les actes des chancelleries du royaume, qu'un usage impérial de la langue du roi.

Pour conclure, il faut revenir sur l'exactitude incomplète de la reconstitution normande des Tupinambas : le spectacle de la guerre et de la victoire des alliés français demeure inachevé et une ellipse traverse le tableau de leur vaillance militaire pour détourner énergiquement le regard des rives de la forêt brésilienne et fixer l'attention sur la naumachie jouée sur la Seine. Ce déplacement emporte avec lui la visibilité du sacrifice rituel des vaincus et leur dévoration anthropophagique qui ne sont donc pas montrés. Les Tupinambas sont des cannibales ; le fait est connu et les narrations ne le cachent pas. Mais les mangeurs d'hommes ne sont pas regardés en train de découper leurs victimes et de boucaner leurs chairs. Ce déplacement et cette incomplétude aménagent fondamentalement une identité buissonnière des Indiens ; une identité qui ne serait pas fixée dans une essence immuable et singulière.

C'est de cette liberté d'être que se rappellera peut-être en 1580 Montaigne qui, spectateur d'une autre entrée et d'une autre rencontre avec des Brésiliens, celle de Charles IX à Bordeaux en 1565, osera voir dans ses contemporains des barbares pires que les sauvages des Indes occidentales, et leurs conquérants, des hommes plus affreux encore que leurs victimes cannibales.

———

YANN LIGNEREUX

RÉFÉRENCES

—

Jean-Claude ARNOULD et Emmanuel FAYE
(dir.), *Rouen 1562. Montaigne et les Cannibales*,
Publications numériques du CÉRÉdI, Actes
de colloque nº 8, 2013, < http://ceredi.labos.
univ-rouen.fr/public/?rouen-1562-montaigne-
et-les.html >

Philippe BONNICHON, « Image et connaissance
du Brésil : diffusion en France, de Louis XII à
Louis XIII », *in* Kátia de QUEIRÓS MATTOSO *et al.*
(dir.), *Naissance du Brésil moderne (1500-1808).
XXᵉ Colloque de l'Institut de recherches sur les
civilisations de l'Occident moderne (4-5 mars 1997)*,
Paris, Presses de l'université de Paris-Sorbonne,
1998, p. 9-31.

Olive P. DICKASON, *Le Mythe du sauvage*, Québec,
Septentrion, 1993.

Beatriz PERRONE-MOISÉS, « L'alliance
normando-tupi au XVIᵉ siècle : la célébration de
Rouen », *Journal de la Société des américanistes*,
vol. 94, nº 1, 2008, p. 45-64.

Michael WINTROUB, « Civilizing the Savage and
Making a King : The Royal Entry Festival of Henri II
(Rouen, 1550) », *The Sixteenth Century Journal*, vol.
29, nº 2, 1998, p. 465-494.

RENVOIS

—

1494, 1840, 1664, 1889

1572

La saison des Saint-Barthélemy

À Paris, puis dans une dizaine de villes du royaume, on massacre des protestants. L'onde de choc parcourt bientôt l'Europe. Quel est le rôle du roi Charles IX dans le déchaînement des violences ? La guerre civile en France peut-elle s'internationaliser ? Incapable d'imposer son récit des événements, la monarchie doit subir les effets d'un intense débat politique.

24 août 1572 à l'aube. Dans une capitale officiellement en paix, mais où le climat s'est tendu depuis peu, le tocsin résonne. Pour beaucoup de Parisiens catholiques, c'est le signe qu'une agression protestante est en cours. La réaction est d'une grande violence : membres de la milice bourgeoise et simples particuliers se jettent sur les huguenots, pensant que le roi soutient leur action. Juste après la mise à mort de l'amiral Coligny, le plus important chef calviniste, le duc de Guise, qui a supervisé l'exécution, ne s'est-il pas écrié : « Le Roy le commande » ? Désormais l'heure est au massacre.

Moins d'une semaine plus tôt, Paris était en fête. Le 18 août, devant Notre-Dame, la sœur du roi Charles IX épouse Henri de Bourbon, roi de Navarre, le premier des princes protestants. Cette union est supposée couronner le processus d'apaisement des tensions religieuses entamé à la fin de la troisième guerre de Religion, en août 1570, avec la paix de Saint-Germain. Le roi et sa mère Catherine de Médicis tentent de rassurer à la fois les catholiques, dont beaucoup vivent très mal le statut reconnu aux hérétiques, et les protestants, trop minoritaires pour se sentir sûrs d'eux. La paix suppose un oubli des conflits antérieurs. Mais on a bien du mal à oublier, quand Coligny siège au Conseil du roi, que quelques années plus tôt il était à Paris même brûlé en effigie pour lèse-majesté. Dans la capitale, fer de lance de la défense du catholicisme, alors que montent la chaleur et le prix du blé, le climat est donc loin d'être serein.

Les autres puissances européennes s'interrogent aussi sur le devenir de la France, qui a fait le choix exceptionnel de reconnaître deux confessions dans un même espace politique. Dans l'Empire, le compromis de 1555 faisait de celle du Prince la religion officielle de ses sujets. Un peu partout, les conflits confessionnels mettent les royaumes à l'épreuve, de la révolte catholique qui secoue l'Angleterre en 1569 à la guerre en cours entre le roi d'Espagne Philippe II et ses sujets protestants des Pays-Bas. Et s'il n'est pas pour l'heure question que la France, catholique à plus de 90 %, devienne une puissance protestante, du moins s'interroge-t-on sur le rôle qu'elle peut jouer pour soutenir les révoltés néerlandais. Coligny pousse le roi à agir. Mais le Conseil refuse une intervention officielle. Alors l'amiral s'est engagé à titre personnel à secourir ses coreligionnaires à la tête d'une armée. Son départ est fixé au 25 août, après les festivités.

Mais le 22 août, il est victime d'un attentat en sortant du Louvre. Certains indices laissent penser que les Guise peuvent être impliqués, dans le cadre d'une vendetta familiale : ils jugent Coligny responsable de l'assassinat de François de Guise en 1563. Les esprits s'échauffent parmi les grands seigneurs protestants présents à la cour pour le mariage. La journée du 23 août est décisive. Convaincus qu'une vengeance huguenote est imminente, le roi et son Conseil décident, pour l'empêcher, l'exécution des chefs du parti. L'opération est lancée à l'aube du 24, jour de la fête de saint Barthélemy. Mais alors que tombent les premières victimes, dont Coligny poignardé dans son lit, Parisiens et soldats se jettent sur l'ensemble des huguenots, femmes et enfants compris, parmi lesquels ils vont faire plusieurs milliers de victimes.

Si certains les visent comme hérétiques, beaucoup voient surtout en eux une menace très concrète pour la sécurité de la cité. Et d'autres ne se privent pas d'assouvir des vengeances personnelles ou de tuer pour piller. Cependant, une majorité de catholiques se tient à l'écart du massacre et de nombreux huguenots devront leur salut à leur aide, désintéressée ou non, ou au moins à leur indifférence. Parmi les survivants, certains vont abjurer sous la contrainte, dont Henri de Navarre. C'est la seule fois au cours des guerres de Religion qu'une tuerie est à l'initiative royale. Mais il faut bien distinguer deux « massacres » : celui des « huguenots de guerre », souhaité par la monarchie, et celui accompli par la « populace », que Charles IX n'approuvera jamais. Dans une dizaine d'autres villes, des massacres ont également lieu jusqu'au début octobre ; à Paris même, les meurtres s'étalent sur un mois : « La Saint-Barthélemy n'est pas une journée, c'est une saison » (Michelet), signe que l'autorité royale a vraiment du mal à s'imposer. Charles IX, après avoir d'abord présenté le massacre comme une conséquence de la vendetta des Guise, fait très vite le choix d'assumer l'exécution des chefs en la présentant comme une mesure politique nécessaire pour éviter la reprise des troubles civils, voire une guerre extérieure contre l'Espagne. Mais les autres mises à mort sont jugées dommageables, d'autant que le roi entend maintenir le pays sous le régime de la paix de Saint-Germain.

L'onde de choc est considérable, diffusée à travers l'Europe par les récits des ambassadeurs et des témoins, par le flot de réfugiés qui fuient le royaume et bientôt par des gravures qui s'attardent en priorité sur le sort de Coligny. Les réactions sont logiquement contrastées. En France, certains y voient un miracle, et d'autres, un châtiment. À Rome, le pape fait célébrer un *Te Deum* et frapper une médaille. Le roi Philippe II félicite le « Très-Chrétien » pour son action. En revanche, les pays protestants sont effrayés. Les diplomates tentent de justifier la politique française, ce qui les met parfois en fâcheuse posture, ainsi ceux qui répandent d'abord l'explication par la vendetta, avant de devoir faire marche arrière, ou ceux qui négocient en Pologne – pays multiconfessionnel – la candidature au trône du frère cadet de Charles IX.

Sur les « vrais responsables » des diverses phases des massacres, le débat fait rage dès l'instant et il continue dans l'historiographie. Les théories du complot font fureur dès le départ : d'ailleurs, n'est-ce pas à une menace de complot protestant que le roi croit et affirme réagir ?

Beaucoup ont cependant voulu voir dans le massacre la main de puissances étrangères, et en particulier l'Espagne, supposée prête à tout pour éliminer Coligny, fauteur de guerre hérétique. Elle aurait monté son propre complot en s'appuyant sur les Guise ou sur des conseillers du roi. La lecture des ouvrages sur le sujet, même les meilleurs, ne permet guère, aujourd'hui encore, d'avoir des certitudes. Dans les nombreuses sources disponibles, la quête de sens des divers auteurs pousse à multiplier les hypothèses et à rapporter la moindre rumeur. Ainsi la complexité du cycle événementiel, le grand nombre des décideurs, réels ou potentiels, et la gravité des faits nourrissent-ils dès le départ une âpre lutte de persuasion. Nombreux sont ceux qui croient à une forme de préméditation : ainsi, qu'il faille y voir un excellent calcul ou une scandaleuse vilenie, la conviction que le mariage était un piège pour attirer les chefs huguenots à Paris est très répandue. De même s'impose largement l'idée que c'est l'ensemble des massacres qui découlent d'ordres du roi. Or le plus probable reste au contraire un imprévisible emballement événementiel, qu'on cherche *a posteriori* à inscrire dans une action raisonnée et planifiée.

De telles prises de position témoignent aussi de l'incapacité de la monarchie à imposer son récit des événements, ce qui va de pair avec le fait que le massacre est un échec pour elle, puisqu'il ne permet pas de sauver la paix et au contraire relance la guerre civile en France. Cependant, celle-ci ne déborde pas hors du royaume : sur le plan international, ses effets restent donc finalement limités.

La Saint-Barthélemy suscite enfin une intense réflexion politique. La monarchie prétend avoir exercé une justice d'exception pour répondre à une situation d'exception. Dans les débats fiévreux du Conseil le 23 août, une certaine idée de la raison d'État émerge, malgré ensuite l'incapacité à empêcher les débordements et à sauver la paix.

Mais pour les penseurs protestants qu'on appellera bientôt les monarchomaques, le massacre relève de la tyrannie du Prince, et pas seulement de l'action de mauvais conseillers : se pose alors la question de la résistance. L'abus de pouvoir suppose en outre que les droits des sujets soient mieux garantis, si nécessaire par un contrat. C'est d'ailleurs plutôt un pis-aller qu'un progrès, car c'est la conséquence d'un traumatisme : la perte de confiance et la rupture de la relation d'amour avec le souverain. Un ouvrage propose dès 1573 une commémoration de cette « journée de la trahison » et l'accusation de rébellion est dénoncée comme un prétexte.

Pour les catholiques, le traumatisme sera autre : malgré l'hécatombe des huguenots, due aux morts et plus encore aux abjurations, l'hérésie n'est en rien éradiquée. La Saint-Barthélemy cependant marque un tournant, car elle clôt en France le cycle des massacres. Le désenchantement des catholiques qui en découle semble les conduire à voir dans leur propre péché la raison de cette impossible purification. Mais, de leur côté aussi, la Saint-Barthélemy peut nourrir des désirs de réforme politique.

Catherine de Médicis, considérée comme inspiratrice du massacre, incarne pour beaucoup un contre-modèle, celui d'un pouvoir antifrançais, à la fois étranger et féminin, et finalement machiavélien. Par un étonnant paradoxe, l'ultracatholicisme se serait ici inspiré des conseils d'un penseur dont les œuvres sont à l'Index. Le rôle de la reine florentine noircit encore l'image des Italiens, alors accusés d'envahir le Conseil du roi et ses finances.

Rapidement prend forme l'expression de « massacre fait [en] la journée de Saint-Barthélemy », ici en 1574 dans une déclaration d'Henri de Montmorency qui justifie une prise d'armes. Mais ce qu'il dénonce, c'est avant tout le massacre de la noblesse. Or la mémoire de l'événement se focalise de plus en plus sur la dimension de fanatisme confessionnel, qu'il s'agisse du roi pris de « frénésie mystique » (Marat) ou de « bourgeois de Paris qui coururent assassiner [...] leurs concitoyens qui n'allaient pas à la messe » (Voltaire). Cette vision s'impose en particulier comme arme de la polémique anticléricale, facilitée par l'alliance durable du trône et de l'autel.

—

PHILIPPE HAMON

RÉFÉRENCES
—

Jean-Louis BOURGEON, *Charles IX devant la Saint-Barthélemy*, Genève, Droz, 1995.

Denis CROUZET, *La Nuit de la Saint-Barthélemy. Un rêve perdu de la Renaissance*, Paris, Fayard, 1994.

Barbara B. DIEFENDORF, *Beneath the Cross: Catholics and Huguenots in Sixteenth-Century Paris*, Oxford / New York, Oxford University Press, 1991.

Arlette JOUANNA, *La Saint-Barthélemy. Les mystères d'un crime d'État (24 août 1572)*, Paris, Gallimard, 2007.

Philippe JOUTARD, Janine ESTÈBE, Élisabeth LABROUSSE et Jean LECUIR, *La Saint-Barthélemy ou les Résonances d'un massacre*, Neuchâtel, Delachaux & Niestlé, 1976.

Nicola Mary SUTHERLAND, *The Massacre of St. Bartholomew and the European Conflict (1559-1572)*, Londres, Macmillan, 1973.

RENVOIS
—

177, 1095, 1683, 1794, 1942

1582

La France à l'heure pontificale

L'année a été courte. Car le lendemain du dimanche 9 décembre 1582 fut un lundi 20 décembre. Le passage au calendrier dit grégorien était une manière de rattraper le retard pris sur l'année astronomique. Mais les préconisations romaines des savants réunis par le pape Grégoire XIII ne furent pas appliquées partout de la même manière. La France marqua sa différence.

En 46 avant notre ère, Jules César, *pontifex maximus*, stabilisait le calendrier officiel de Rome, réglé sur la durée d'une révolution de la Terre autour du Soleil, pour empêcher les manipulations dont il avait été l'objet. Le nouveau calendrier (julien) reposait sur une mesure simple : à trois années communes de 365 jours devait succéder une année bissextile, longue d'un jour de plus (un « deuxième » six des calendes de février, inséré avant le 25 février). Politique et religion se trouvaient étroitement impliquées dans une décision autoritaire, qui suscita quelques débats et plusieurs gloses chez les juristes taraudés par la question de l'exécution des contrats passés avant la réforme, et qui subit quelques contresens sur le terrain – un terrain élargi au « monde » romain, où le calendrier public était déjà l'un des marqueurs forts de la romanité.

Tout sembla se rejouer à l'identique, humanistes aidant, quand en 1582 le souverain pontife Grégoire XIII (1502-1585, élu en 1572) promulgua un nouveau calendrier. Juriste de formation, lié de près aux travaux du concile de Trente, qu'il se fit donner mandat d'achever après la dispersion des pères conciliaires, esprit de haute culture, le pape était attaché au grand œuvre de l'unification juridique comme liturgique, sous la houlette romaine : en témoignent l'édition du *Corpus juris canonici*, le lancement d'un nouveau martyrologe romain et d'un nouveau bréviaire romain. C'est à ce dernier titre que le pape intervint dans le débat séculaire sur la réforme du calendrier julien.

Ce dernier reposait, on l'a vu, sur une évaluation grossière de la durée d'une révolution terrestre, ramenée, au terme de quatre années, à une moyenne de 365,25 jours. De peu de conséquence une vie durant, cette approximation introduisait au terme de quelques siècles un dérangement sensible : un peu trop longue par rapport à une année astronomique de 365,2422 jours, l'approximation julienne faisait remonter dans l'année les événements astronomiques. Pivot du calcul de la fête chrétienne de Pâques, l'équinoxe de printemps était observé le 25 mars à l'époque de Jules César, le 21 mars en 325 (année du concile de Nicée, abusivement considéré plus tard comme promoteur du mode de calcul des fêtes pascales), le 11 mars en 1582 : à quand la périlleuse collision de Pâques et de Noël, quand on devait déjà affronter en certaines années néfastes celle de Pâques et de l'Annonciation ?

Le problème fut parfaitement identifié et mesuré dès le XIIIᵉ siècle par l'internationale des grands maîtres universitaires frottés de comput et d'astronomie, tels Roger Bacon (qui évalua l'année astronomique à un peu moins de $1/130^e$ de jour par rapport à l'année julienne, soit 365,2423 jours), Johannes de Sacro Bosco (*alias* « de Hollywood »), Robert Grosseteste ; suivis par des mathématiciens du XIVᵉ siècle, Jean de Murs, Firmin Belleval ; relayés au XVᵉ siècle par des clercs influents, soumettant le problème aux grands conciles, Pierre d'Ailly à Constance, Nicolas de Cues à Bâle... Le constat était ferme, la nécessité d'une intervention, reconnue, mais l'autorité pour promulguer la réforme dans l'ensemble de la Chrétienté, insuffisante : les universités concurrentes, les royaumes en perpétuelle émulation devaient être convaincus, et seule la papauté, ressaisissant son pouvoir après l'entracte conciliaire, disposait de l'autorité suffisante pour conseiller et presser les pouvoirs de se rallier à une réforme périlleuse ; il lui faudra pourtant encore un siècle pour l'imposer, des timides tentatives de Sixte IV (p. 1471-1484) au coup de force de Grégoire XIII.

Appuyé sur une commission formée d'irréprochables savants (dont le jésuite Clavius) et de quelques curialistes, panachant les nations et les ordres, indisposé par deux vaines consultations de lettrés et d'astronomes, puis d'universités et de princes (1575-1577), le pape opta en effet pour la méthode forte. Le 24 février 1582, la bulle *Inter gravissimas* (une appellation, on le sait, qui reprend l'incipit du préambule, évocation, chère aux défenseurs de la théocratie pontificale, des très lourds soucis de la fonction qui n'empêchent pas une administration diligente) enjoignait la Chrétienté d'appliquer d'ici à la fin de l'année les propositions de la commission : pour faire bref, passage d'une année julienne de 365,25 jours à une année (que l'on dira plus tard

« grégorienne ») de 365,2425 jours, assorti de deux mesures, l'une pour l'avenir, et d'une grande élégance (suppression tous les quatre siècles de trois bissextiles prévues par le calendrier julien, soit, parmi les années séculaires, celles sont les deux premiers chiffres ne forment pas un nombre multiple de 4, par exemple les années 1700, 1800, 1900, à la différence de 1600, qui demeurerait bissextile), l'autre pour se mettre en phase avec le concile de Nicée (équinoxe de printemps le 21 mars), par le passage brutal du jeudi 4 octobre 1582 au vendredi 15 octobre. Cette dernière mesure permettait de ne pas toucher au fil de la semaine, mais écrasait certaines fêtes, menaçait d'engloutir des paiements et des contrats (que l'on sauva, comme sous Jules César, en déportant les termes de paiement), et surtout disqualifiait les vieux dictons météorologiques comme les anciens calendriers et les outils du comput mis au point depuis le Xe siècle au moins. Des parades furent vite imaginées, à commencer par de nouveaux calendriers, dont la diffusion toujours augmentée offrit aux imprimeurs entreprenants de belles opportunités, conjointes à celles du marché des prédictions astrologiques. Plus rapidement oubliées, encore, les récriminations instinctives contre un système qui faisait perdre 10 jours de vie à un peuple chrétien qui savait depuis plusieurs siècles manier un calendrier clérical complexe et bigarré.

Comme de juste, les véritables difficultés surgirent là où l'on ne les attendait pas : le pape, tout à sa vision unitaire d'une Chrétienté qui avait même passé mers et océans, offrit un terrain imprévu d'expression puis d'observation des multiples fractures spirituelles et surtout politiques qui travaillaient et sapaient l'idéologie unanimiste des siècles médiévaux. Car l'opposition prévisible des principautés et savants réformés fut loin d'être la seule à combattre vigoureusement le calendrier « papal », vu comme un cheval de Troie prêt à inonder les terres protestantes de bréviaires et d'usages liturgiques romains : le mathématicien Viète répandit un calendrier factice, l'astronome Kepler assura (dit la légende) qu'il préférait être en désaccord avec le Soleil plutôt que d'accord avec le pape. De ces réactions, le royaume du Très-Chrétien roi de France offre l'une des plus belles manifestations.

Seuls en effet quelques terres ou royaumes particulièrement proches du pape appliquèrent à la lettre les décisions romaines : l'Italie, l'Espagne et le Portugal qu'elle venait de soumettre, ainsi que la plupart de leurs colonies, la Pologne se conformèrent strictement à la bulle. Le roi de France marqua sa différence et sa déférence à la fois, en optant pour un passage du dimanche 9 décembre au lundi 20 décembre de la même année 1582 – soit deux gros mois après l'échéancier pontifical ; comme en d'autres occasions, la Lorraine suivit le roi au jour près ; la Savoie opta pour un passage du 21 décembre au 1er janvier – perdant au passage la célébration de Noël ; même option dans les Pays-Bas catholiques. On attendit février-mars 1583 en Hollande, mars 1583 au Pérou, janvier 1584 dans les cantons suisses catholiques, en Bohême et en Moravie, 1587 en Hongrie. L'Empire confirma son morcellement entre principautés et villes de toute taille : Augsbourg passa au calendrier grégorien en février 1583, une partie de l'Autriche et la Bavière en octobre (soit un an après le terme fixé par *Inter gravissimas*), Wurtzbourg, Munster et Mayence en novembre, le reste de l'Autriche en décembre. Les terres réformées ne cédèrent qu'au long du XVIIIe siècle (l'Angleterre, par exemple, en 1752). Les besoins du commerce et de la politique prévalurent ici pour faire cesser des discordances intra-européennes gênantes.

De façon quelque peu paradoxale, la position du royaume de France n'a été originale que par la hâte, une fois le premier terme passé, d'appliquer au plus vite l'esprit de la bulle. Car le roi, soucieux qu'il était, à ce moment, de donner des gages au parti catholique, a simplement temporisé ; il a apparemment omis de donner des arguments et non pas de simples bonnes paroles au pape, *via* un ambassadeur éludant les précisions et les engagements ; ou alors faisant endosser le retard à des imprimeurs cupides, jaloux du monopole d'impression du nouveau calendrier, dans les bréviaires, accordé par le pape à un Italien. On a pu poser par hypothèse que la curie s'était peu souciée de voir sauter pour un an des fêtes importantes du royaume, à commencer par la Saint-Denis (9 octobre) ; l'argument est fragile, mais plausible, car l'échéancier royal devait lui aussi écraser d'autres fêtes, celle surtout de sainte Lucie (13 décembre). Il faut donc poursuivre l'examen et constater, en premier lieu, que l'épiscopat français se montra concerné et inventif pour ménager les célébrations de la période d'Avent ; en second lieu, que l'intransigeance du pape, imposant le 7 novembre 1582 (28 octobre pour le roi) une nouvelle échéance (passage du 11 au 20 février 1583, qui permettrait d'éviter « la desbauche qui se fait auprés de Caresme prenant »), compliquait le jeu du roi. Le souverain savait en effet que le parlement de Paris renâclerait, car il avait déjà été échaudé par la longue guérilla (1564-1567) menée par la cour contre le passage au style du 1er janvier pour le début de l'année, un style qui se diffusait alors rapidement dans toute l'Europe. L'affaire se colorait, et se corsait, en 1582 : les parlementaires voyaient dans l'affaire une atteinte au gallicanisme dont ils s'estimaient les garants. Jérôme Delatour a accumulé les indices prouvant que le calendrier prescrit par le roi le 3 novembre procédait avant tout d'une manœuvre pour prendre de vitesse les cours souveraines du royaume, à commencer par le parlement de Paris, en vacances jusqu'au 11 novembre et affaibli par le décès de Christophe de Thou, son premier président, le 1er novembre. Où la politique rattrapait la religion.

—

OLIVIER GUYOTJEANNIN

RÉFÉRENCES

—

George V. COYNE, Michael Anthony HOSKIN et Olaf PEDERSEN (dir.), *Gregorian Reform of the Calendar, Proceedings of the Vatican Conference to Commemorate Its 400th Anniversary (1582-1982)*, Rome, 1983.

Jérôme DELATOUR, « Noël le 15 décembre : la réception du calendrier grégorien en France (1582) », *in* Marie-Clotilde HUBERT (dir.), « Construire le temps. Normes et usages chronologiques à l'époque moderne et contemporaine », numéro spécial de la *Bibliothèque de l'École des chartes*, vol. 157, n° 2, juillet-décembre 1999, p. 369-416.

RENVOIS

—

1282, 1308, 1336, 1804, 1875

1610

Le climat politique de la France baroque

Le 14 mai 1610 à 16 heures, l'assassinat du roi Henri IV donne le signal d'une course de vitesse pour le contrôle de l'information. Celle-ci parcourt bientôt le monde, jusqu'au Mexique. Mais personne ne sait alors qu'au-delà de la brusquerie de l'événement, une évolution de plus grande ampleur s'inaugure en ces années-là : le réchauffement climatique de la Terre.

La chose est entendue, mais on le sait depuis peu. 1610 serait la date de commencement d'un réchauffement climatique sans égal dû à la déforestation d'une partie de l'Amérique dans le sillage des vastes mouvements de population, d'animaux domestiques, de maladies, inaugurés par la découverte du Nouveau Monde. On doit cette interprétation à deux chercheurs britanniques, Simon Lewis et Mark Maslin, qui ont démontré qu'une légère baisse de concentration de CO_2 atmosphérique est observable pour la période qui va de 1570 à 1620. Les causes de cette diminution seraient multiples : chute des essartages en Amérique du Nord, destruction des neuf dixièmes de la population autochtone du Sud par les maladies infectieuses. Les conséquences de cette catastrophe démographique auraient été la régénération de la couverture végétale rendant possible une augmentation de la séquestration de carbone par la végétation. Pour Lewis et Maslin, 1610 incarnerait bien les débuts de l'Anthropocène, période de transformation globale du système Terre par l'action humaine. Dans les hautes terres de Nouvelle-Guinée, on conserverait la mémoire de la crise écologique et des famines occasionnées par cet abaissement de la température.

Si l'on traverse l'Atlantique, c'est pourtant un autre événement qui trouble la vie publique et retient l'attention des chroniqueurs européens : le roi Henri IV est assassiné, poignardé par un catholique charentais, François Ravaillac, le 14 mai 1610. L'historiographie associe généralement l'épisode à la marche vers l'absolutisme ou au symbole du fanatisme religieux. On reviendra moins ici sur les conditions du régicide que sur ses effets. L'historien Michel Cassan a su les déchiffrer en s'appuyant sur la présence de l'événement dans les archives urbaines de deux cent quarante villes de France. L'assassinat du roi s'inscrit dans une longue série d'assassinats politiques depuis la fin du Moyen Âge, dont l'un des plus retentissants fut celui du roi Henri III le 2 août 1589. La gestion de l'information qui avait suivi avait révélé la réappropriation politique de l'acte par les ligueurs qui s'étaient chargés d'interpréter l'événement en le colportant.

L'assassinat d'Henri IV rejoue cet épisode traumatique et invite les autorités à produire au plus vite une version officielle. Paul Phélypeaux de Pontchartrain, Nicolas Potier de Blancmesnil et Antoine de Loménie, puis Marie de Médicis s'attellent à la rédaction de missives officielles. Dans ce cas, il n'est pas qu'anecdotique de préciser que l'attentat a eu lieu à 16 heures rue de la Ferronnerie et que, dès 19 heures, le parlement de Paris, assemblé au couvent des Augustins sur ordre du chancelier, déclare la reine Marie de Médicis régente du royaume. Le duc d'Épernon accélère les choses, et le lendemain 15 juin on organise à la hâte une séance exceptionnelle du parlement, dite « lit de justice », expression solennelle de la justice du roi. Le jeune roi Louis XIII, âgé de huit ans, la préside. Or il n'était pas d'usage, pour un roi de France, d'apparaître en public entre la mort et les funérailles de son prédécesseur. Cette rupture rituelle importante « entraîne une reformulation de l'idéologie constitutionnelle » (Sarah Hanley) qui choque les contemporains, tel Sully dans ses *Mémoires* se plaignant d'une telle intronisation ôtant au sacre sa valeur instituante.

Délibérations municipales, correspondances urbaines, livres de raison disent les réactions d'une partie stratégique des élites du royaume alors que l'autorité monarchique avait repris en main les pouvoirs urbains depuis les guerres de Religion et la Ligue. Cent cinquante-trois localités évoquent l'événement, notamment dans la France méridionale. L'enjeu étant d'éviter les rumeurs qui déclencheraient une peur panique et des émotions populaires, la célérité est cruciale. La circulation large de l'information est rendue possible par le réseau postal mis en place par Sully qui montre que les villes situées le long des routes reçoivent l'information le jour même ; le 21 mai, toutes les villes sont atteintes. À ce premier vecteur s'ajoutent les correspondances des gouverneurs qui encadrent et contrôlent la diffusion de la nouvelle. L'autre enjeu est la possible remise en cause de la politique royale à l'égard des protestants. La publication de l'information par les villes est ainsi l'occasion de réaffirmer les garanties de l'édit de Nantes afin de neutraliser les violences politiques.

L'événement n'est pourtant pas enfermé dans les limites du royaume, et son interprétation fait écho aux tensions diplomatiques avec les Habsbourg. La peur de l'Espagne est réactivée et se traduit par des actes d'hostilité à l'égard de représentants espagnols. Si l'on retraverse l'Atlantique, l'information parvient en Nouvelle-Espagne en septembre après avoir transité par Madrid et Séville : « Le mercredi 8 septembre 1610, la nouvelle est arrivée d'Espagne à Mexico, on a su qu'ils avaient assassiné le roi de France, don Henri IV, et celui qui l'a assassiné était un vassal, c'était un de ses serviteurs et de ses pages ; ce n'était pas un chevalier, pas un noble, mais un homme du peuple. On a su qu'il l'a égorgé en [pleine] rue alors que le roi allait dans son coche en compagnie de l'évêque-nonce. Pour l'égorger, [le serviteur] lui a remis une lettre dans son coche afin que le roi se penchât pour la regarder. C'est alors qu'il l'a égorgé sans qu'on sache pourquoi. Le roi circulait dans la ville, il parcourait une rue afin de voir si elle était convenablement décorée pour les célébrations données en l'honneur de son épouse qu'on allait couronner reine de France. »

Ce passage de la chronique d'un Aztèque, Domingo Francisco de San Antón Muñón Chimalpahin Cuauhtlehuanitzin, est magistralement commenté par Serge Gruzinski en ouverture de ses *Quatre Parties du monde*. L'historien voit dans les détails fournis par le chroniqueur plusieurs traits révélateurs d'un décentrement du regard : d'abord le portrait de Ravaillac en homme du peuple retient l'attention ; ensuite la lecture de la lettre qui précède le régicide ; enfin la présence du nonce répond sans doute à une vision espagnole et catholique de l'événement. Or, cette vision cléricale est très présente dans le journal du noble chaca qui consigne un peu avant cette nouvelle, la cérémonie de béatification du jésuite Ignace de Loyola. L'épisode dit aussi les doutes sur la conversion au catholicisme d'Henri IV dans le monde ibérique, d'autant plus forts que le roi de France entendait reprendre les hostilités avec l'Empire et l'Espagne. La consignation d'un tel événement dans cette chronique mexicaine souligne une période d'incertitudes politiques à l'échelle européenne mais aussi à l'échelle du globe car l'événement n'est pas seulement discuté à Mexico, il est aussi présent indirectement au Japon où des peintres japonais représentent le roi de France aux côtés d'autres souverains du monde comme le Grand Turc et le roi d'Éthiopie. Comme l'affirme Serge Gruzinski : « Son *Journal* est peut-être emblématique d'une autre "modernité" qui ne se confondrait pas avec la marche irrésistible vers l'absolutisme, et moins encore avec la rationalisation de la pensée moderne – Montaigne relayé par Descartes. Elle ferait affleurer un état d'esprit, une sensibilité, un savoir sur le monde nés de la confrontation d'une domination à visée planétaire avec d'autres sociétés et d'autres civilisations. »

Ce jeu vertigineux d'échelles qui mène des provinces françaises à Mexico ou Nagasaki, autorise d'abord à donner une densité temporelle inédite à l'événement dont l'histoire doit intégrer ces chaînes complexes de réception et décentrer l'interprétation ritualiste de l'assassinat. La circulation n'est plus vue comme l'enregistrement (ou la confirmation) d'une information politique mais la construction d'un ordre politique de l'information qui se globalise et où chaque détail rappelle la force et l'incertitude des situations locales. Ce décentrement appelle des prolongements. On peut par exemple explorer plus avant le retentissement du crime dans les colonies et possessions françaises qui commencent à se développer avec Sully en Amérique, et ainsi suivre, au-delà de l'Europe, la mobilisation générale des autorités du royaume et suivre les multiples lieux de conflictualité dans les villes du Nouveau Monde où les protestants français se sont installés.

Faut-il conclure que crise environnementale et meurtre politique semblent irrémédiablement disjoints ? Où situer le point de tangence ? On peut se demander comment l'événement intervient dans ce contexte colonial pour garantir une nouvelle étape dans l'administration française de la nature au début du XVIIe siècle. Étrange coïncidence si l'on songe que l'assassinat d'Henri IV a été interprété comme l'acte fondateur préfigurant le cartésianisme où l'homme est perçu comme maître et possesseur de la nature. À la manière dont l'historiographie anglophone a tenté d'articuler l'histoire de l'Empire anglais, l'œuvre de Bacon et la crise environnementale, l'analogie et le télescopage des chronologies pourraient être un exercice fécond. Pour l'heure, l'effort de désenclavement historiographique porté par ces déplacements géographique et thématique vise moins à mesurer le « rayonnement » mondial du roi béarnais ou la puissance universelle de l'État royal français qu'à s'interroger sur un répertoire politique où la stabilité des dynasties, le principe monarchique garantissent la stabilité d'un cosmos contre les guerres et les violences politiques, répertoire qui pèse aussi sur une vision du globe et de la nature à l'orée du XVIIe siècle.

—

STÉPHANE VAN DAMME

RÉFÉRENCES
—

Michel CASSAN, *La Grande Peur de 1610. Les Français et l'assassinat d'Henri IV*, Seyssel, Champ Vallon, 2010.

Serge GRUZINSKI, *Les Quatre Parties du monde. Histoire d'une mondialisation*, Paris, Points Seuil, 2006.

Sarah HANLEY, « L'idéologie constitutionnelle en France : le lit de justice », *Annales ESC*, vol. 1, n° 1, 1982, p. 32-63.

Simon L. LEWIS et Mark A. MASLIN, « A Transparent Framework for Defining the Anthropocene Epoch », *The Anthropocene Review*, 2015, vol. 2, n° 2, p. 128-146.

RENVOIS
—

12 000, 1347, 1572, 1685, 1816

PAGE SUIVANTE

Globe terrestre de Coronelli, fuseau 12, mer du Canada et chasse à la baleine, 1681-1683, Paris, BNF (photo : © BNF)

LA
PUISSANCE
ABSOLUE

Un roi « souverain en son État, ne tenant sa couronne que de Dieu seul » : telle est la revendication des délégués du tiers-état lors des états généraux de 1614, les derniers à se réunir avant 1789. Encore traumatisés par l'assassinat d'Henri IV, ils réclament donc un pouvoir absolu, c'est-à-dire délié de la base contractuelle qui fondait l'État moderne depuis la fin du XIIIᵉ siècle. De l'entrée de Richelieu au Conseil en 1624 jusqu'à la mort de Mazarin en 1661, la France connaît donc ses années cardinales. Le règne de Louis XIII est marqué par un alourdissement de la monarchie administrative, celle des intendants et du système fisco-financier, avant que le mercantilisme de Colbert n'ajoute à l'arsenal d'État les inspecteurs des manufactures. Contre les émeutes fiscales, contre le parti huguenot, contre les frondes aristocratiques, le Roi Très-Chrétien se fait roi de guerre.

Car c'est la guerre qui justifie cet état d'exception. C'est elle qui est représentée dans la galerie des Glaces de Versailles, dont les peintures de Charles Le Brun « révoltèrent les nations », affirme Saint-Simon. Elles figurent en effet l'apothéose d'un souverain qui, exaltant sa prise de pouvoir de 1661 comme une révolution mondiale, n'a même plus besoin de se comparer à Alexandre le Grand pour faire plier le « faste des puissances voisines ». Les missionnaires jésuites n'affirment-ils pas que les seigneurs hurons de Nouvelle France prennent « le Roy de France pour le Maistre de toute la terre » ? Après un siècle de violences religieuses, la paix des Pyrénées (1659) permet au royaume de France de disputer à l'Espagne l'hégémonie européenne. Mais il ne s'agit pas seulement de dominer : rayonner semble être la grande affaire du Roi-Soleil, mobilisant les artisans de la gloire au service de sa propre image, de celle de la France et de celle de son État puisque, ainsi que l'affirme Boileau, « tout l'État est en lui ».

Il est difficile aux historiens de dissiper les charmes de puissance que leur inspire si souvent le Grand Siècle. Comment le pourraient-ils, quand les thèmes du « rayonnement de la France » demeurent si prégnants dans le débat public, ou quand chaque ambition de puissance est, depuis Voltaire, mesurée à l'aune louis-quatorzienne ?

C'est bien la notion d'État classique qui impose cette identification entre le génie français et la puissance, les « idées claires et distinctes » de Descartes et la symétrie souveraine de Versailles. Car le temps qui s'ouvre dans les années 1630 est aussi celui de la révolution scientifique et de la république des savants, de l'écriture mathématique du monde et de la souveraineté qui, ainsi que l'affirmait Cardin Le Bret en 1632, n'est « non plus divisible que le point en la géométrie ». Suffit-il de rappeler qu'en ce « siècle des saints » Pascal fut aussi le philosophe du Dieu caché des jansénistes ? Pour troubler l'ivresse des miroirs, on ne peut se contenter d'attendre le crépuscule du Roi-Soleil dans les dernières années de son règne, lorsqu'une France ceinturée par la « frontière de fer » de Vauban se découvre exsangue à force d'avoir été pressée fiscalement pour payer des guerres dont l'atrocité provoque dans toute l'Europe une profonde crise de conscience. N'est-ce pas le cas aussi en Angleterre, où le roi taxe davantage encore sa population, avec le consentement de son Parlement ? L'absolutisme n'est donc pas le dernier mot de l'histoire de France. Mieux vaut la prendre au large et en restituer d'emblée la dimension impériale que lui promettent les navires sillonnant les mers figurés sur les globes de Vincenzo Coronelli.

1633

Descartes, c'est le monde !

La condamnation de Galilée en juin 1633 ébranle l'Europe savante. Descartes y réagit depuis Amsterdam, au cœur d'un réseau épistolaire qu'agitent les bruits du monde. Une longue tradition fait du cartésianisme une sorte de génie français ? Pourtant, René Descartes fut d'abord un philosophe itinérant.

Descartes fut longtemps considéré comme l'incarnation du « génie » français et la décennie des années 1630-1640 comme le moment inaugural d'une « révolution philosophique » symbolisée par le *Discours de la méthode* (1637). Dès le XIXᵉ siècle, les usages politiques de Descartes mettent au jour contradictions et tensions autour de la question nationale : condamné par l'Action française au nom de son rationalisme, Descartes se verra récupérer après guerre par le Parti communiste comme philosophe de la liberté. Mais la référence est loin de circuler uniquement dans les limites hexagonales. La mondialisation de la référence cartésienne est nette durant

les années 1950 dans le sillage de la décolonisation, mais aussi en Amérique du Nord comme en Asie identifiant Descartes à la culture technocratique française. Cette représentation patiemment construite sur plusieurs siècles dit cependant peu de l'*excentricité* cartésienne entendue comme une expérience risquée et une position décentrée dans le monde intellectuel et savant du XVIIᵉ siècle. L'association présente de Descartes à un universalisme à la française dissimule mal ainsi le statut hautement problématique de sa situation de savant exilé aux Pays-Bas. Sans tomber dans la célébration d'un nomadisme intellectuel qui sied mal à l'Ancien Régime philosophique, on peut néanmoins se dépendre de la généalogie d'une passion française (François Azouvi) pour explorer une perspective qui prend au sérieux la mobilité, les espaces, la multiplicité des points de vue. Aborder la philosophie sous l'angle de la circulation permet d'éviter le fétichisme du roman national et autorise à comprendre les échelles larges de la problématisation. Descartes aurait-il été Descartes sans cette mobilité ? Sans parler de république des lettres, Descartes par ses voyages, son installation dans les Provinces-Unies, voit les grands problèmes intellectuels de son temps à partir d'une grille de lecture qui construit l'enquête philosophique par comparaison avec d'autres espaces.

Après s'être engagé dans l'armée du protestant Maurice de Nassau, stathouder de Hollande (1618), Descartes effectue entre 1619 et 1628 plusieurs voyages qui le conduisent du Danemark en Italie, en passant par l'Allemagne et par Paris où il séjourne de 1625 à 1627, fréquentant les cercles mondains et savants autour de Guez de Balzac et du père Marin Mersenne. À partir de 1628, il s'installe définitivement aux Provinces-Unies où il entreprend la constitution d'une philosophie complète abordant l'ensemble des domaines de savoirs, de la géométrie à la musique, des traités de physique jusqu'aux réflexions métaphysiques et morales, en passant par la mécanique ou les questions relevant de la médecine ; seule la politique échappe en apparence à sa réflexion. Attaqué aux Provinces-Unies et en France dans les années 1640, il entre en correspondance avec la princesse Élisabeth de Bohême à partir de 1645. Enfin, à l'invitation de la reine Christine,

Descartes est accueilli à la cour de Suède en 1649, et y mourra le 11 février 1650 d'une pneumonie. Le savant itinérant développe ainsi une autre vision du monde social, une compétence tirée de sa mobilité et de son absence d'attaches. En sortant d'une vision hexagonale ou d'une célébration anachronique de la gloire française, on donne ainsi à voir la force et les contraintes exercées par cette circulation internationale des idées au milieu du XVIIe siècle. Une première incertitude vient de la culture de la mobilité elle-même à l'époque moderne qui commande, selon D. Roche, « de rompre avec une stabilité fondamentale qui exige des uns et des autres d'avoir feu et lieu, de pouvoir être avoué, de se ranger dans les cadres d'une société, classé selon les apparences et les conditions admises ». Rupture avec le temps ordinaire, la mobilité se présente aussi comme un dérèglement moral, comme une mise en tension entre le voyage et l'enracinement. Descartes est ainsi tiraillé entre son désir de communication à distance par la lettre et son goût pour la sociabilité et l'entretien direct, le rituel de la visite, comme il l'exprime dans une lettre à Chanut du 6 mars 1646 : « Je me plains de ce que le monde est trop grand, à raison du peu d'honnestes gens qui s'y trouvent : je voudrois bien qu'ils fussent tous assemblez en une ville, et alors je serois bien aise de quitter mon hermitage, pour aller vivre avec eux, s'ils me vouloient recevoir en leur compagnie. Car encore que je fuie la multitude, à cause de la quantité des impertinens et des importuns qu'on y rencontre, je ne laisse pas de penser que le plus grand bien de la vie est de jouir de la conversation des personnes qu'on estime. » Cette représentation cartésienne de l'échange savant est très importante puisqu'elle modifie le *topos* habituel d'une accélération de la communication internationale au sein de la république des lettres. Arrivé aux Pays-Bas, Descartes écrira : « Quel autre lieu pourrait-on choisir au reste du monde, où toutes les commodités de la vie, et toutes les curiosités qui peuvent être souhaitées, soient si faciles à trouver qu'en celui-ci ? » La mobilité est une mobilité qui demeure sous contraintes et dangereuses dans une Europe déchirée par la guerre de Trente Ans alors que le lieu, en l'occurrence la ville hollandaise, reste propice à la liberté de philosopher.

Or, les Provinces-Unies ne sont pas un lieu ordinaire. Amsterdam correspond bien à ce « magasin de l'univers » où sont publiés tous les livres, ou à cet « entrepôt du monde » (Harold Cook) ouvert sur les espaces lointains de l'Amérique du Sud aux mondes insulindiens. Magasin de l'univers, certainement si l'on songe à la prospérité de l'économie de l'imprimé dans les Provinces-Unies à cette époque. Descartes n'aura de cesse de travailler avec imprimeurs, graveurs et libraires hollandais. Entrepôt du monde, car de New Amsterdam (créée en 1626) à Batavia, la Compagnie hollandaise des Indes a soin d'élargir les horizons hollandais. Déjà, en 1587 à l'université de Leyde, avant 1610 à Amsterdam, à Utrecht, les savants puisent dans les richesses rapportées d'Indonésie par la Compagnie des Indes orientales à partir de 1602. Souvent minorées, ignorées ou réduites à un lieu de controverse par l'histoire de la philosophie, les Provinces-Unies ne sont donc pas un cadre

inerte, un décor à l'arrière-plan duquel le philosophe français tisse son œuvre. L'ouverture précoce au monde, le goût pour l'exotisme sont encore plus affirmés dans les cabinets des Provinces-Unies qu'en France. Les liens entre Provinces-Unies et Espagne passent par les correspondances épistolaires attestées autour de Carolus Clusius. Krzysztof Pomian y voit même une des caractéristiques des Provinces-Unies par rapport à l'Italie que d'attirer l'attention sur des *naturalia* exotiques des zones tropicales. Là où le naturaliste italien cherche avant tout à comparer ses observations avec un savoir livresque tiré des autorités de l'Antiquité, le savant hollandais est confronté à un savoir inconnu, à la nouveauté. Le séjour de Descartes se situe dans ce contexte d'agrandissement du monde qui fait des Provinces-Unies un point de passage obligé et qui questionne la certitude d'un savoir appris dans le collège jésuite de La Flèche.

La dernière incertitude qui pèse sur cette aventure intellectuelle consiste dans la perception d'une prise de risque, d'un contrôle de la mobilité intellectuelle. La position excentrée du point de vue français se traduit par une interrogation qui décentre l'universalité catholique ravivée par la Contre-Réforme. L'universalité catholique a été dès le XVIe siècle mise en porte à faux par rapport aux normes du monde protestant ou aux dynamismes des diasporas juives très actives à Amsterdam. Contre la multiplication des censures royales ou religieuses, la « révolution » cartésienne se fonde sur un principe de précaution. La condamnation de Galilée en juin 1633 pour son

Dialogue sur les deux grands systèmes du monde, où il fait l'apologie de l'héliocentrisme et fustige l'aristotélisme, a eu un retentissement très vif dans toute l'Europe savante. L'affaire Galilée allait durablement marquer les esprits, au point d'être à l'origine d'un infléchissement notable dans les pratiques d'écriture et de publication du philosophe français. Écoutons-le commenter l'événement auprès de son ami, le père Mersenne : « Je m'étais proposé de vous envoyer mon *Monde* pour ces étrennes, et il n'y a pas plus de quinze jours que j'étais encore tout résolu de vous en envoyer au moins une partie, si tout ne pouvait être transcrit en ce temps-là ; mais je vous dirai, que m'étant fait enquérir ces jours à Leyde et à Amsterdam, si le *Système du Monde* de Galilée n'y était point, à cause qu'il me semblait avoir appris qu'il avait été imprimé en Italie l'année passée, on m'a mandé qu'il était vrai qu'il avait été imprimé, mais que tous les exemplaires en avaient été brûlés à Rome au même temps, et lui condamné à quelque amende : ce qui m'a si fort étonné, que je me suis quasi résolu de brûler tous mes papiers, ou du moins de ne les laisser voir à personne. [...] Car je ne me suis pu imaginer, que lui qui est Italien, et même bien voulu du Pape, ainsi que j'entends, ait pu être criminalisé pour autre chose, sinon qu'il aura sans doute voulu établir le mouvement de la Terre, lequel je sais bien avoir été autrefois censuré par quelques cardinaux, mais je pensais avoir ouï dire, que depuis on ne laissait pas de l'enseigner publiquement, même dans Rome ; et je confesse que s'il est faux, tous les fondements de ma philosophie le sont aussi, car il se démontre par eux évidemment. [...] »

Mais comme je ne voudrais pour rien du monde qu'il sortît de moi un discours, où il se trouvât le moindre mot qui fût désapprouvé de l'Église, aussi aimé-je mieux le supprimer, que de le faire paraître estropié. »

À de nombreuses reprises à la suite de cet épisode, il s'inquiétera de la réaction des jésuites ou des théologiens protestants. En 1642, au philosophe Constantin Huygens, il déclare encore : « Peut-être que ces guerres scolastiques seront cause que mon *Monde* se fera bientôt voir au monde. » La pression de la censure exprimée à plusieurs reprises, la multiplication des controverses, constituent bien l'horizon d'attente d'une pratique philosophique cartésienne qui n'est pas adossée à une *institution*. Descartes est, comme les mystiques de son temps, un philosophe en prise avec la logique des lieux où s'exerce une police des savoirs. Cette inquiétude est à la fois omniprésente et fondatrice d'une nouvelle économie des savoirs en tout point contraire aux dogmatismes des scolastiques. Dissémination et inscription sont les deux faces d'un même processus qui permet à la philosophie cartésienne d'être reconnue, mais qui reste aussi fragile et incertain. Comme l'avait pressenti André Glucksmann en 1987, dans son *Descartes c'est la France*, l'histoire de la « révolution » cartésienne n'est donc pas celle d'une défense et illustration de la philosophie française. Descartes est le témoin et l'acteur d'une Europe en recomposition et ouverte sur le monde. Moins maître de vérité que voyageur du doute.

—

Stéphane Van Damme

RÉFÉRENCES

François Azouvi, *Descartes et la France. Histoire d'une passion nationale*, Paris, Hachette Littératures, 2006.

Harold Cook, « Amsterdam, entrepôt des savoirs au xviie siècle », *Revue d'histoire moderne et contemporaine*, vol. 55, n° 2, 2008, p. 19-42.

Jean-Louis Fabiani, *Qu'est-ce qu'un philosophe français ?*, Paris, Éd. de l'École des hautes études en sciences sociales, 2010.

Delphine Kolesnik-Antoine (dir.), *Qu'est-ce qu'être cartésien ?*, Lyon, Éd. de l'École normale supérieure, 2013.

Stéphane Van Damme, *Descartes. Essai d'histoire culturelle d'une grandeur philosophique (xviie-xxe siècle)*, Paris, Presses de Science Po, 2002.

RENVOIS

1215, 1751, 1875, 1903, 1961, 1965, 1984

1635

Tout contre l'Espagne, des Flandres aux Antilles

L'année de la fondation de l'Académie française par Richelieu est aussi celle de l'entrée en guerre du royaume de Louis XIII contre l'Espagne. Mais la lutte contre la monarchie universelle des Habsbourg passe également par la contestation de leur monopole atlantique. D'où la création de la Compagnie des îles d'Amérique, qui permet à des seigneurs normands de prendre pied en Martinique et en Guadeloupe.

La grande affaire de 1635 demeure l'entrée en guerre du royaume de France contre la monarchie hispanique. Sous le régime du favori ou du *valido*, ce tournant a pu être compris comme le duel de deux grands ministres, Richelieu pour la France, Olivares pour l'Espagne. En 1635, Louis XIII jette ses forces dans le conflit général déclenché en 1620, la guerre de Trente Ans. L'Espagne impériale est alors une puissance encore capable de déplacer et de conduire des armées en Italie, en Flandre comme à ses propres frontières, et bien entendu aux Indes occidentales. La France, quant à elle, bien qu'elle n'en

ait pas fini tout à fait avec ses guerres de Religion, présente le visage d'une monarchie restaurée. L'année même où le principal ministre de Louis XIII lance une attaque de revers contre une Espagne toute bandée contre les rebelles des Provinces-Unies, il négocie avec des navigateurs normands et quelques associés la création d'une nouvelle Compagnie des îles d'Amérique.

Le 19 mai 1635, le roi de France dépêche le héraut d'armes Jean Gratiolet, dit d'Alençon, à Bruxelles auprès du gouverneur des Pays-Bas espagnols,

Fernando de Austria, connu sous le titre de « cardinal-infant », frère cadet de Philippe IV d'Espagne. Sans avoir été reçu, le héraut déclame, à grand son de tambours, une déclaration de guerre en forme de défi, suivant un cérémonial empreint de modalités médiévales. Le 12 février de la même année, au palais Richelieu, le favori du roi avait apposé sa signature devant Messieurs Gabriel Guerreau et Pierre Parque, notaires au Châtelet et gardes-notes du roi, au bas d'un contrat pour le « rétablissement de la compagnie des îles d'Amérique ». Après l'extinction d'une première compagnie de l'île de Saint-Christophe, où négociants français et anglais cohabitaient depuis 1626, une nouvelle compagnie marchande était confiée à des entrepreneurs spécialisés dans le négoce vers l'outre-mer. L'écart entre les deux instruments, la déclaration de guerre et le contrat, en termes de solennité, donne la mesure du poids respectif de ces affaires.

Les deux processus engagés, l'entrée en guerre contre l'Espagne sur le théâtre européen, et la confirmation d'une ambition colonisatrice en direction de la Caraïbe, ne sont pas d'importance comparable, pendant cette première moitié de l'année 1635. Mais cette disproportion ne signifie pas que ces affaires royales soient sans relation. En effet, pour la doctrine juridique et providentielle espagnole, les traités d'Alcáçovas (1479) et surtout de Tordesillas (1494), portant sur la répartition des conquêtes maritimes entre Portugais et Castillans, sous l'autorité des papes, avaient réservé à ces deux monarchies catholiques, au détriment de toute autre, le droit exclusif de conquête sur les terres d'expansion. En dépit de ce monopole auto-attribué, des navigateurs français partis de Normandie et de Bretagne avaient investi de longue date les pêches de Terre-Neuve et commercé avec les populations américaines de la Caraïbe au Río de La Plata. La présence française dans l'hémisphère occidental constituait, par elle-même, un défi à la puissance impériale de l'Espagne.

On se souvient de la création de la Compagnie des îles d'Amérique de 1635, parce que c'est sur la base de ce contrat que, dès l'automne 1635, deux seigneurs normands, Pierre Belain d'Esnambuc et Urbain du Roissey, prennent pied en Martinique et inaugurent un lien entre les Antilles et la France, qui demeure d'actualité. De même, le Dieppois Jean du Plessis d'Ossonville et Charles Liénard de L'Olive s'établissent alors à la Guadeloupe. Ces installations, dont nous savons qu'elles ont été durables, s'inscrivaient dans une histoire déjà longue. D'une part, la présence de négociants et de flibustiers français dans les archipels de la Caraïbe, et sur ses littoraux continentaux, est constante depuis le milieu du siècle précédent. D'autre part, la formation de colonies de peuplement stables à la Martinique et à la Guadeloupe prend la suite d'une série d'échecs. Nicolas Durand de Villegagnon avait fondé Fort-Coligny sur une île de la baie de Guanabara (Rio de Janeiro) en 1556. Mais cette « France antarctique » n'avait guère perduré, puisque l'établissement fut évacué en 1560, sous la pression des Portugais. Aussitôt après, en 1562 l'expédition confiée à Jean Ribault et René de Goulaine de Laudonnière, en vue de la création d'une colonie française en Floride, se solde par un premier échec en 1563, puis par une tragédie en 1565, avec le massacre des Français de Fort-Caroline par le commandant espagnol Pedro Menéndez de Avilés.

Sous le règne de Louis XIII enfin, le projet d'installation d'une « France équinoxiale » dans la région amazonienne du Maragnan, ne dure que trois années (1612-1615) car, là encore, les Portugais, alors unis aux Espagnols, n'étaient pas disposés à laisser s'établir d'autres puissances sur le continent. Marie de Médicis n'avait pas balancé entre le maintien d'une présence française sur le flanc de l'Amérique luso-castillane, et le bénéfice qu'elle attendait des mariages franco-espagnols de 1615. L'intérêt manifesté par Richelieu pour les établissements de Nouvelle-France sur le Saint-Laurent, puis pour la création de colonies dans les Antilles, renoue avec cette histoire. Car, dans le contrat de formation de la Compagnie des îles de l'Amérique, c'est bien de colonisation qu'il est question. On y trouve tous les ingrédients : l'affirmation sur un territoire conquis d'une nouvelle autorité politique, l'établissement de colons si possible sur les terres les plus fertiles au détriment des aborigènes et, enfin, un programme idéologique destiné à légitimer ces opérations, à commencer par la diffusion de la foi catholique. Or, jusqu'au milieu du XVIIᵉ siècle, toute présence non ibérique aux Amériques était réputée illégitime par les monarchies espagnole et portugaise.

En Europe, Louis XIII prend part aux guerres contre les Habsbourg de Madrid et de Vienne, après que l'armée suédoise a été défaite par les Impériaux à la bataille de Nördlingen, en août 1634. Débarrassées de la pression exercée par les armées protestantes, les troupes espagnoles pouvaient concentrer toutes leurs forces contre les Provinces-Unies. Après quinze années d'une guerre sans issue, le monarque espagnol n'était pas parvenu à reconquérir les provinces perdues dans le nord « des Flandres ». Richelieu, prince de l'Église, avait démontré autant de dureté en 1628 à l'égard des protestants rochelais, qu'il avait manifesté de souplesse en s'alliant aux princes et républiques protestants contre la puissance hispanique. Le souvenir de la présence d'une garnison espagnole à Paris au temps de la Ligue pesait plus encore que l'attachement à l'orthodoxie romaine.

Attaquer les *tercios* du roi d'Espagne par le sud des Pays-Bas, alors qu'ils menaient la guerre contre les Provinces-Unies, était un plan stratégique raisonnable. Mais les premiers engagements éveillèrent les souvenirs des calamités du siècle antérieur. Au printemps 1636, le cardinal-infant accomplit des percées depuis la Flandre et l'Artois. Les Espagnols semblèrent invincibles, parvenant jusqu'à Corbie, menaçant Paris. C'était l'année du *Cid* de Pierre Corneille, une des manifestations les plus éclatantes de l'impression que l'Espagne produisait alors dans l'esprit des sujets du roi de France. Cette guerre offrit également à de grands capitaines français l'occasion de se faire connaître de toute l'Europe. Ainsi, le jeune duc d'Enghien, Louis de Bourbon, plus tard connu sous le nom de

Grand Condé, écrase les *tercios* conduits par Francisco de Melo à Rocroi en 1643. Cette défaite des armes espagnoles fut un tournant dans la guerre. Elle avait été précédée, dans la péninsule Ibérique même, par deux désastres. En juin 1640, la Catalogne était entrée en révolte contre son roi et demandait que Louis XIII acceptât d'en devenir suzerain. Puis, en décembre 1640, le royaume de Portugal se soulevait et acclamait un nouveau monarque, issu de la famille de Bragance.

Au tournant de la décennie de 1640, rien pourtant ne semblait décidé. Sans doute la monarchie hispanique était-elle affaiblie : le renvoi du *valido* de Philippe IV Olivares en 1643 trahissait le sentiment de défaite qui s'installait alors. Mais Richelieu s'est éteint en 1642, suivi par Louis XIII en 1643. S'ouvrait alors une période de minorité, pour un roi d'à peine cinq ans. Sur le théâtre européen, à l'aube d'une régence en France et d'un changement de ministère en Espagne, tout demeurait ouvert.

À des mois de navigation de là, les conquêtes françaises dans l'outre-mer se déployaient désormais sans guère s'inquiéter de la volonté espagnole de ne laisser aucune puissance prendre pied aux Amériques. C'est à l'échelle locale que les entrepreneurs de colonies conduisaient leurs projets. Ils se heurtèrent à des obstacles redoutables de leur point de vue et à leur mesure. Les sociétés des aborigènes caraïbes de la Martinique et de la Guadeloupe ont d'abord accepté des contacts commerciaux ponctuels, puis subi l'installation de colons dépendant pour leur survie d'échanges avec eux et, pour finir, des répartitions territoriales, des affrontements armés, des massacres et le début d'un processus d'extermination. Dès les premiers temps, la culture du tabac – le petun – à la Martinique avait requis l'apport d'une main-d'œuvre d'engagés, puis d'esclaves africains. Ces nouvelles possessions coloniales présentent très tôt les caractères sociaux qui furent les leurs pendant des siècles.

Le *Testament* de Richelieu, traité posthume (Amsterdam, 1688), livre le témoignage de l'importance que le cardinal avait accordée, au soir de sa vie, aux entreprises engagées en 1635. De la guerre contre l'Espagnol il conclut : « Ainsi soixante millions de dépense par chacune de ces cinq années, cent cinquante mille hommes de pied, tant pour les Armées que pour les Garnisons de vos Places, & plus de trente mille chevaux, seront à la Postérité un argument immortel de la puissance de cette Couronne » (p. 55). Quant à la première étape de la colonisation dans les Antilles, elle appelait un commentaire dont la brièveté et l'indigence frappent : « Les petites Isles de Saint Christophe & autre situées à la teste des Indes, peuvent rapporter quelque Tabac, quelques Pelleteries, & autres choses de peu de consequence » (p. 367).

En 1642, toutes les affaires ne se valaient pas. La capacité du royaume de France à ruiner l'aspiration supposée de l'Espagne à la monarchie universelle se mesurait d'abord sur le sol européen. Mais il est vrai que ce qui fut entamé cette année-là dans les Petites Antilles durerait bien plus que la rivalité franco-espagnole.

—

JEAN-FRÉDÉRIC SCHAUB

RÉFÉRENCES
—

Paul Butel, *Histoire des Antilles françaises (XVIIe-XXe siècle)*, Paris, Perrin, 2002.

John H. ELLIOTT, *Richelieu et Olivares*, Paris, PUF, 1991.

Alain HUGON, *Philippe IV. Le siècle de Vélasquez*, Paris, Payot, 2014.

Jean-Pierre MOREAU, *Les Petites Antilles de Christophe Colomb à Richelieu (1493-1635)*, Paris, Karthala, 1992.

Geoffrey PARKER, *La Guerre de Trente Ans*, Paris, Aubier, 1987.

RENVOIS
—

600 av. J.-C., 1066, 1456, 1659, 1664

1659

L'Espagne cède à la France l'hégémonie et le cacao

Signé le 7 novembre 1659, le traité des Pyrénées permettait à la France de desserrer l'étau espagnol en entérinant ses conquêtes aux Pays-Bas. La paix est scellée par le mariage de Louis XIV et de l'infante Marie-Thérèse d'Autriche. La France de Mazarin triomphe de sa vieille rivale ; reste à relever son ambition coloniale.

1659 est la date la plus importante pour l'histoire du chocolat en France. Un certain David Chaillou, appartenant à la maison d'Eugène-Maurice de Savoie-Carignan comte de Soissons, époux d'Olympe Mancini nièce de Mazarin, avait voyagé en Espagne, en dépit de l'état de guerre entre les deux monarchies, et appris les méthodes de préparation de la précieuse boisson. Il devint le premier chocolatier de France : « Il a été accordé par Lettres Patentes du 28 novembre 1659, la permission pour 29 ans à David Chaillou de composer & vendre le Chocolat en Liqueur ou Pastille, Boëtes, ou autre maniere qu'il lui plairoit. » Mais les bureaux du chancelier

Séguier ayant tardé à sceller ces lettres pour en rendre l'exécution effective, le secrétaire d'État Loménie de Brienne dut écrire au garde des Sceaux pour lui rappeler l'urgence de l'affaire. À cette date, 5 juin 1660, la cour au grand complet se trouvait entre Ciboure et Saint-Jean-de-Luz pour assister aux noces de Louis XIV et de l'infante María Teresa de Austria, célébrées quatre jours plus tard. Une fois son privilège enregistré, Chaillou ouvrait le premier débit de chocolat rue de l'Arbre-Sec, à mi-chemin entre le palais du Louvre et le quartier des Halles, entre trône et boutique.

Le chocolat, disait-on, était l'un des péchés mignons de la nouvelle reine de France. Fille de Felipe IV et d'Élisabeth de Bourbon, María Teresa était donc doublement cousine de Louis XIV. Élevée à la cour du roi d'Espagne, elle en avait acquis les manières et les goûts, à commencer par la passion pour certains produits venus des Amériques. Le mariage des deux cousins sur la frontière des deux monarchies scellait la fin de la guerre. En 1659, les plénipotentiaires désignés par Mazarin et par don Luis de Haro, favori du roi d'Espagne, avaient négocié les articles d'une paix depuis longtemps attendue. Les conversations avaient débuté trois ans plus tôt. Les Français, satisfaits par la prise de plusieurs villes et places fortes en Hainaut, Flandre, Artois et Luxembourg, pensaient que le temps était venu de consolider leurs gains. L'Espagne s'était résignée en 1648 à signer la paix avec les Provinces-Unies protestantes, et elle espérait encore pouvoir reconquérir le Portugal séparé de la monarchie hispanique depuis 1640. La fin des hostilités avec la France signifiait que l'Espagne concentrerait désormais ses efforts politiques et militaires sur la péninsule Ibérique et les possessions italiennes, tout en renforçant la sécurité en Méditerranée et dans les Amériques.

Le traité des Pyrénées de 1659 entérinait les conquêtes françaises aux Pays-Bas. La France s'engageait à ne plus prétendre à la suzeraineté sur le comté de Barcelone, ni sur les terres de Bourgogne et Franche-Comté. Mais en Catalogne, les territoires situés au nord et à l'est des crêtes pyrénéennes, soit la Cerdagne orientale et le Roussillon, entraient pour toujours dans le royaume de France. Selon le texte du traité : « Les Monts Pyrénées, qui avoient anciennement divisé les Gaules des Espagnes, seront aussi dorenavant la division des deux mesmes royaumes [...] Et pour convenir de la division, seront presentement deputez des Commissiares de part & d'autre, lesquels ensemble de bonne foy declareront quels sont les Monts Pyrénées qui doivent diviser à l'avenir les deux Royaumes, & signaleront les limites qu'ils doivent avoir. » La méthode consistant à confier le bornage des limites à des commissions bipartites d'experts ouvrait la voie à des pratiques qui n'ont fait que s'amplifier et se préciser, jusqu'à nos jours.

Le mariage de la princesse espagnole amatrice de chocolat et du jeune roi Bourbon répétait le double mariage de 1615 de Louis XIII avec l'infante Ana de Austria, d'un côté, et de l'infant Felipe (futur IV) avec la princesse Isabelle de Bourbon, de l'autre. En 1659 comme en 1615, les pourparlers s'étaient tenus sur l'île aux Faisans (nom espagnol), ou île de l'Hospital (nom français), située sur la rivière Bidassoa. Les capitulations matrimoniales prévoyaient le versement par Felipe IV à sa fille d'une dot de 500 000 ducats. Les pénuries financières empêchèrent la monarchie hispanique de respecter cet article. En 1667, deux ans après la mort de Felipe IV, Louis XIV prenait prétexte de ce manquement pour revendiquer, au nom de la défense des intérêts de son épouse, les sommes que l'Espagne n'avait jamais versées. Le Roi-Soleil déclenchait alors la guerre dite de Dévolution, au terme de laquelle il annexait quelques villes et places supplémentaires dans les Pays-

Bas du Sud, comme paiement de la dot oubliée.

La France triomphait de la rivale qui l'avait dominée depuis la captivité de François Ier au temps de Charles Quint. Cette revanche prenait un tour particulier : Louis XIV l'emportait sur l'Espagne tout en aspirant à occuper sa place. Le Roi Très-Chrétien, effaçant progressivement toute trace de protestantisme chez lui, voulait devenir de surcroît Roi Catholique, au détriment de son cousin de Madrid. La France n'était plus enserrée entre les terres du Habsbourg ; l'Espagne désormais subissait les conquêtes françaises. Desserrer l'étau espagnol en Europe avait son pendant : déployer la présence française dans les domaines coloniaux, et en particulier dans les territoires et les circuits de l'Atlantique. Depuis le XVe siècle, l'Espagne et le Portugal prétendaient bénéficier d'un monopole aux Amériques comme sur les côtes de l'Afrique. Toute entreprise engagée par une puissance rivale, et tard venue dans l'expansion maritime, était comprise comme une intolérable intrusion. Pourtant, les deux monarchies ibériques étaient incapables de contrôler les immensités territoriales sur lesquelles elles prétendaient jouir de l'exclusivité.

Depuis 1654, après que le royaume de Portugal eut reconquis les territoires du Pernambouc tenus par les Hollandais, les îles françaises, en particulier la Martinique, reçurent quelques familles juives qui fuyaient le rétablissement de l'Inquisition au Brésil. Parmi ces exilés, le négociant portugais Benjamin da Costa de Andrade joua un rôle important dans la conversion des cultures locales à la canne à sucre. On lui attribue également la responsabilité d'avoir fait planter à la Martinique la première cacaoyère française, vers 1660, soit au moment exact où David Chaillou ouvrait boutique à l'Arbre-Sec. La mise en valeur des Antilles françaises reposait sur les contrats d'engagement, forme de travail non libre mais à durée négociée et limitée, ainsi que sur la traite négrière en provenance d'Afrique.

Entre 1655 et 1660 s'opère le basculement vers l'économie sucrière. À partir de 1660, en effet, l'imposition est payée en sucre – et non plus en tabac – à la Martinique. La population esclave augmente de façon spectaculaire, d'abord à la Guadeloupe mais également à la Martinique et à Saint-Christophe. Pour la traite négrière, il était indispensable de s'affranchir de la dépendance par rapport aux négociants ibériques. Il fallait donc, comme avaient commencé de le faire les marchands anglais et hollandais, que des Français court-circuitent les comptoirs portugais sur les côtes de l'Afrique occidentale et dans le golfe de Guinée. Sur ce front, 1659 est également une date très importante. Cette année-là, Colbert a relancé une Compagnie du Cap-Vert et du Sénégal. Aussitôt est édifié le fort qui constitue le noyau de la ville de Saint-Louis, sur l'île de Ndar, à l'embouchure du fleuve Sénégal. Cette création résultait de négociations conduites auprès du *brack* de Waalo, souverain du royaume wolof des maremmes de l'estuaire.

C'était l'aboutissement, encore incertain, d'un long processus entamé plus de quarante ans auparavant. En 1612 déjà, des entrepreneurs rouennais avaient tenté sans succès de s'installer en Gambie, là où des négociants anglais et hollandais détournaient les anciens circuits marchands portugais. Bien plus tard, en 1638, deux Dieppois, le capitaine Thomas Lambert et Claude Jannequin de Rochefort, mandatés par la Compagnie normande d'Emmery de Caen, avaient construit un bâtiment, entre magasin et fortin, sur la pointe de Brieur à l'embouchure du fleuve Sénégal. Cinq années plus tard, ce premier fort Saint-Louis fut emporté par un raz-de-marée. De même, en 1658 Louis Caullier, dépêché par la Compagnie du Cap-Vert et du Sénégal, voyait s'effondrer un bâtiment dont il avait conduit la construction sur l'île de Bokos. Après l'établissement du nouveau fort Saint-Louis sur l'île de Ndar, la Compagnie des Indes occidentales prit le relais, à partir de 1664. Les Français imitaient les Portugais qui avaient préféré s'installer sur des îles à proximité des littoraux africains, plutôt que de s'implanter sur le continent. Comme eux, ils ont commercé l'or du Soudan, l'ivoire, un peu plus tard la gomme arabique et, surtout, les esclaves à destination des plantations antillaises.

Comme les Espagnols et les Portugais avant eux, les colons français d'Afrique occidentale organisaient un commerce triangulaire pour satisfaire la demande de main-d'œuvre servile dans l'économie de plantation caribéenne. Comme leurs prédécesseurs ibériques, ils affrontèrent des environnements auxquels ils n'étaient guère préparés, ni sur le plan culturel ni sur le plan physiologique. La hantise de l'ensauvagement, la peur de s'écarter des standards de conduite jugés convenables en France, habitaient ces pionniers, bien qu'accompagnés de gens d'Église. « Je crûs voir des gens qui venaient je jouër a la paulme, estant tous en caleçons et en chemises, ce que je trouvay ridicule », notait Michel Jojolet de La Courbe dans le *Premier voyage fait à la coste de l'Afrique*, pour décrire les résidents français de Saint-Louis en 1685. La dégradation ne concernait pas seulement la tenue vestimentaire. D'autres témoignages contemporains constataient, avec répulsion, la promiscuité sexuelle des colons européens avec les femmes africaines et l'apparition indésirable d'un peuple de métis. Ce n'était pas la propension à brutaliser les Africains pour en faire des marchandises qui marquait la chute dans la barbarie, mais bien la faculté de s'approcher d'eux.

La France, à l'image de l'Espagne sa rivale de toujours, devenait à son tour coloniale.

—

JEAN-FRÉDÉRIC SCHAUB

RÉFÉRENCES

—

Boubacar BARRY, *La Sénégambie du xve au xixe siècle. Traite négrière, Islam et conquête coloniale*, Paris, L'Harmattan, 1991.

Alain HUGON, *Philippe IV. Le siècle de Vélasquez*, Paris, Payot, 2014.

Daniel NORDMAN, *Frontières de France. De l'espace au territoire (xvie-xixe siècle)*, Paris, Gallimard, 1998.

Marcus REDIKER, *À bord du négrier. Une histoire atlantique de la traite*, Paris, Seuil, 2013.

Jean-Frédéric SCHAUB, *La France espagnole. Les racines hispaniques de l'absolutisme français*, Paris, Seuil, 2003.

RENVOIS

—

1369, 1572, 1808, 1919, 1920

1662

Dunkerque, nid d'espions

Un royaume de France qui rentre dans ses frontières naturelles et accomplit sa vocation maritime par le contrôle de sa façade littorale : tel est le récit qu'on a longtemps donné du règne de Louis XIV. Mais lorsqu'il met la main sur Dunkerque, ce nid de corsaires que les Hollandais surnommaient « l'Alger du Nord », c'est d'un port cosmopolite qu'il s'empare.

Guerres de succession, mariages et traités de paix ont permis, à partir de l'annexion de la Normandie en 1203, l'ajout d'une frange littorale à un État jusqu'alors exclusivement terrien. La propagande monarchique puis républicaine a décrit ces gains territoriaux comme l'entrée de la France dans ses frontières « naturelles ». Un tel récit masque cependant à quel point la construction du territoire français sur ses marges maritimes fut contingente. Si ces conquêtes se sont parfois faites par le fer et le feu, nombre de territoires ont été acquis par la négociation.

Le 27 octobre 1662, Dunkerque est achetée à l'Angleterre par Louis XIV, pour 5 millions de livres. La ville, sa citadelle, ses forts et ses redoutes, ses canons et munitions, repassent sous l'égide française – pour la dernière fois. Mais, en devenant française, Dunkerque ne cesse jamais d'être une ville-monde. La ville conserve, sur la longue durée, des spécificités « flamandes », au plan linguistique, religieux ou économique, et cultive des liens étroits avec l'Espagne, les Pays-Bas et l'Angleterre. Au cours des siècles, le port des Flandres a été baladé au gré des rivalités entre les puissances européennes. Un événement symbolise le destin à part de « l'église dans les dunes » (« *Duinkerk* » en flamand). Le 14 juin 1658, après la « bataille des Dunes », la ville alors espagnole se rend à l'armée franco-anglaise de Turenne et Lockhart. Quelques heures plus tard, elle est offerte à Cromwell par Mazarin, fruit de l'alliance négociée avec l'Angleterre contre l'Espagne. C'est la « folle journée », au cours de laquelle, selon la formule du premier historien de Dunkerque, Pierre Faulconnier, Dunkerque fut « espagnole le matin, française à midi, anglaise le soir ». Dunkerque est un carrefour de l'histoire de la France en Europe.

Presque immédiatement, on regrette d'avoir remis cette place maritime à l'Angleterre, mais les circonstances vont favoriser son retour dans l'escarcelle de Louis XIV. L'entretien de la garnison et de la forteresse est trop coûteux aux yeux de Charles II, revenu aux affaires en 1660, qui décide de vendre la ville au plus offrant : c'est donc la France, plutôt que l'Espagne ou les Provinces-Unies, qui hérite du port des Flandres. On rejoue en 1662 la même scène que quatre ans plus tôt, mais les acteurs ont échangé leurs rôles. Alors qu'en 1658 Louis XIV avait remis les clés de la ville à l'Angleterre, le 2 décembre 1662 il franchit triomphalement la porte de Bergues, à cheval, après le départ de la garnison anglaise. Outre-Manche, on déplore la cession honteuse de la dernière possession britannique en France. Le duc de Clarendon, qui a négocié la vente, est soupçonné de s'être personnellement enrichi : son palace londonien est même surnommé « *Dunkirk's House* ». En France, la propagande royale s'empresse de célébrer le retour dans le giron catholique d'une ville opprimée par l'hérésie anglicane depuis quatre ans.

L'absorption de Dunkerque illustre le rôle accru qu'occupe la mer dans la stratégie et l'économie françaises à partir de cette période. À la jonction de la Manche et de la mer du Nord, c'est aussi une borne extrême du royaume de France. En l'annexant, Louis XIV est parvenu à « reculer » la frontière septentrionale de son royaume. Dunkerque protège la France du côté de la route des Flandres, celle des invasions. Sitôt achetée, la ville devient un maillon clé dans la ceinture défensive conçue par l'ingénieur militaire Vauban aux frontières du royaume. Entourée de remparts de tous côtés, facilement isolée de son arrière-pays par l'inondation des plaines environnantes, elle devient aussi l'un des fers de lance de la politique maritime de Colbert. Des travaux titanesques sont engagés pour transformer un port ensablé, qui ne laissait entrer que les navires d'un faible tirant d'eau, en port de guerre et de commerce de premier plan. Entre 1670 et 1680, 30 000 soldats percent canaux et bassins, tracent un chenal pour limiter l'ensablement du port, et érigent une citadelle imprenable, selon un plan que Vauban décrit comme « le plus beau et le plus grand dessein de fortifications du monde ». Témoignant de l'importance du projet pour la monarchie, le Roi-Soleil vient superviser les travaux en personne à plusieurs reprises. Louis XIV fera d'ailleurs, au cours de son règne, plus de séjours à Dunkerque (six) que dans n'importe quel autre port du royaume. Lors de son ultime visite, en 1680, il écrit à Colbert : « Dunkerque sera le plus beau lieu du monde. » C'est un port modèle, une vitrine que l'on exhibe fièrement aux ambassadeurs du Siam en 1685. Il est vrai que les ingénieurs ont surmonté d'immenses difficultés techniques, érigeant par exemple le fort Risban sur un banc de sable mouvant.

La question des fortifications de Dunkerque ne cessera d'empoisonner les relations avec la Grande-Bretagne. Le philosophe et théologien irlandais John Toland s'alarme ainsi : « Autant laisser les Français fortifier Douvres, que laisser en l'état les fortifications de Dunkerque. » Le traité d'Utrecht de 1713 oblige la France à raser les murailles, faire sauter les forts et bastions, combler le port et détruire les écluses et jetées de Dunkerque, et à ne jamais les reconstruire. Au fil des guerres, les fortifications et le port seront rebâtis, détruits, puis érigés à nouveau.

Nid de corsaires, Dunkerque est déjà surnommée « l'Alger du Nord » par les Hollandais au XVIe siècle, par analogie avec les pirates barbaresques et en raison des ravages que leur infligent ses corsaires, alors au service de la couronne espagnole. La monarchie française ne met pas fin à cette activité, qu'elle encourage au contraire, comme à Saint-Malo ou Bayonne. Avec Vauban, une politique de course de grande envergure est entreprise, qui se substitue au combat d'escadre dit « en ligne » à la fin du XVIIe siècle. Cette économie mixte mobilise la marine de commerce au profit de l'effort de guerre royal. Roturier né à Dunkerque de parents hollandais, Jean Bart (1650-1702) est le plus connu de ces marins. Il gravit rapidement l'échelle de la renommée et de la reconnaissance monarchique. Lors de la guerre contre les Provinces-Unies (1672-1678), ses vaisseaux légers, faciles à manier dans des eaux peu profondes, capturent quatorze navires de guerre et quatre-vingt-un vaisseaux marchands. Vauban devient son protecteur, et le fait entrer dans la *Royale*, au rang de lieutenant de vaisseau. Pendant les vingt années qui suivent, de Bergen en Norvège à Lagos au Portugal, Bart mène le combat, attaquant les pirates de Salé, rançonnant harenguiers et rouliers des mers hollandais, et coulant bas des dizaines de vaisseaux ennemis. À la bataille du Texel, en 1694, il reprend au contre-amiral de Frise un convoi de cent vingt navires chargés de blé. Il est anobli par le roi. Dès 1789, le corsaire est célébré comme un héros français, humble fils de marchand ayant servi le despotisme presque à son corps défendant, exemple pour la patrie émancipée de sa noblesse. Une statue à la gloire du grand homme est érigée au cœur de la ville en 1845, et ses exploits sont célébrés dans les histoires de France écrites au XIXe siècle. Pourtant, Jean Bart, de son nom de naissance Jan Baert, s'exprime en flamand, qui reste la langue parlée par les Dunkerquois sous la Révolution.

La définition même du « national » et de l'« étranger », dans ces périphéries maritimes, est complexe. Pour s'assurer de la fidélité de populations dont les familles sont écartelées entre plusieurs États, privilèges économiques, fiscaux ou religieux leur sont concédés par la monarchie. Les marins, français ou étrangers, échappent au recrutement dans la marine royale, la ville est exemptée de la taille et de la gabelle, tandis que le clergé, « réputé étranger », n'y perçoit pas la dîme. Vins de Bordeaux, sel de La Rochelle, étoffes du Levant ou toiles des Flandres s'empilent bientôt dans les entrepôts dunkerquois, et la population de la ville fait plus que doubler entre 1662 et 1685. Le commerce prospère en effet grâce à la franchise concédée par Louis XIV dès novembre 1662, seulement abolie sous la Révolution. Comme Marseille et Lorient, Dunkerque est un « pays étranger effectif ». Ses marchands peuvent commercer avec l'étranger *duty free*, tandis qu'une frontière douanière sépare la ville du territoire français. Ce statut stimule tout au long du XVIIIe siècle une contrebande considérable.

Les formes sociales que prend cette activité à Dunkerque sont originales. Localement connue sous le nom de « smogglage » (traduction française de l'anglais *smuggling* et du flamand *smokkelen*), la contrebande mobilise des marchands de toutes origines établis dans le port, ainsi que des milliers de fraudeurs anglais et irlandais, appelés « smoggleurs ». Entre 1765 et 1785, ce sont ainsi neuf cents navires smoggleurs par an en moyenne qui entrent à Dunkerque, et mille deux cent quatre-vingt-cinq à la veille de la Révolution. Par ce biais, thé de Chine ou des Indes, café de Saint-Domingue, cognac ou eau-de-vie sont achetés en France et réexportés frauduleusement de l'autre côté de la Manche. Selon le colbertisme qui imprègne la pensée économique française de l'époque, le commerce est le nerf de la guerre : tandis que les guinées d'or anglaises coulent à flots en France, les douanes britanniques sont privées de millions de livres de droits de douane.

Loin d'être rejetées comme ennemies, ces communautés étrangères sont protégées par la municipalité et les puissants intérêts marchands de la ville, organisés dans la première chambre de commerce créée en France, en 1700. La marine de guerre française les défend contre les corsaires dunkerquois, au nom de l'intérêt national. Un temps interrompu par la Révolution française, cette activité repart de plus belle sous l'Empire. Napoléon autorise ainsi à partir de 1810 les smoggleurs à entrer à Dunkerque et Gravelines en échappant aux dispositions du Blocus continental. Tout au long du XVIIIe siècle, les États européens rivalisent pour attirer les marchands étrangers, leur offrant subventions, droits de bourgeoisie et privilèges fiscaux. Ces situations d'extraterritorialité compliquent les appartenances nationales. Se jouant des frontières étatiques, les réseaux marchands se redéploient d'un port à l'autre.

Les heures glorieuses de l'épopée de la France sur mer doivent beaucoup à des hommes nés hors de ses frontières. Le refrain nostalgique sur la « vocation maritime de la France » passe trop souvent sous silence la contribution de milliers d'étrangers, pêcheurs, corsaires ou contrebandiers, à la prospérité de sa façade littorale.

———

RENAUD MORIEUX

RÉFÉRENCES
—

Alain CABANTOUS, *Dix mille marins face à l'Océan*,
Paris, Publisud, 1991.
Pierre FAULCONNIER, *Description historique
de Dunkerque, ville maritime & port de mer
très-fameux dans la Flandre Occidentale*, Bruges,
1730.
Clyde L. GROSE, « England and Dunkirk », *The
American Historical Review*, vol. 39, n° 1, 1933, p. 1-27.
Louis LEMAIRE, *Histoire de Dunkerque, des origines à
1900*, [1927], rééd. Dunkerque, Westhoek-Éditions,
1980.
Renaud MORIEUX, *Une mer pour deux royaumes. La
Manche, frontière franco-anglaise*, XVIIe-XVIIIe *siècles*,
Rennes, Presses universitaires de Rennes.

RENVOIS
—

1066, 1270, 1420, 1494, 1763, 1860

1664

Colbert et compagnies

*Création de la Compagnie des Indes occidentales
au Havre et de la Compagnie des Indes orientales à Lorient :
inspiré par la doctrine du mercantilisme, Colbert est décidé
à évincer les Hollandais du commerce des Antilles françaises.
C'est aussi le moment où il fait le choix de l'exploitation
esclavagiste de la manufacture de sucre.*

En 1664, les Provinces-Unies, dont la principale province est la Hollande, dominent le commerce maritime mondial. Colbert, en charge des affaires maritimes du royaume de France, observe que, sur les 20 000 navires européens qui commercent sur les mers du monde, 15 000 à 16 000 sont hollandais, 3 000 à 4 000 anglais et 500 à 600 français. L'essentiel de l'argent en circulation en Europe est produit dans les colonies espagnoles du Pérou et du Mexique. Un dixième à un tiers de cette production sert à acheter des textiles et des épices en Asie. Pour Colbert, c'est la quantité d'argent accumulée par un État qui assure sa puissance. Et c'est l'argent du Pérou et du Mexique qui permet à l'Espagne de financer sa puissance militaire. Si le royaume de France perd de l'argent, c'est que les denrées (sucre,

tabac, indigo) produites dans les colonies françaises sont transportées essentiellement sur des navires hollandais. « Tous les sucres des Îles allaient en Hollande pour y être raffinés, et que nous n'avions de sucres raffinés que par la Hollande, l'Angleterre et le Portugal. » Alors que les Français sont implantés dans quatorze îles des Antilles, ce sont les Hollandais qui en tirent profit. Ils exportent vers les Antilles françaises des esclaves d'Afrique, de la viande salée de Moscou et d'Irlande, des produits manufacturés de Hollande, des vivres d'Allemagne qu'ils y échangent contre des denrées coloniales brutes qu'ils transforment et réexportent vers toute l'Europe et notamment vers le royaume de France.

C'est pour évincer les Hollandais du commerce des Antilles françaises que

Colbert décide de créer, en mai 1664, la Compagnie des Indes occidentales, dont le siège est établi au Havre. La même année est fondée la Compagnie des Indes orientales (son siège est à Lorient), pour concurrencer les Anglais et les Hollandais dans le commerce asiatique des cotonnades et des épices. Le roi est le principal actionnaire de la Compagnie, dont le modèle est la Compagnie des Indes orientales hollandaises. Avec un capital de 15 millions de livres tournois, la Compagnie des Indes orientales devient la première entreprise commerciale du royaume de France. Elle reçoit le monopole de la navigation du cap de Bonne-Espérance au détroit de Magellan, la concession de Madagascar et des îles voisines ainsi que des terres et îles qu'elle pourra conquérir. Depuis 1642, les Français sont établis à Fort-Dauphin au sud de Madagascar ; depuis 1663, à la Réunion. Colbert veut faire de Fort-Dauphin la plaque tournante du commerce français en Asie : « La multiplication presque à l'infini des vaisseaux multipliera de même la grandeur et la puissance de l'État. »

Dans un premier temps, la Compagnie des Indes occidentales doit racheter les Antilles françaises à leurs seigneurs propriétaires. En effet, depuis le début des années 1620, des Français s'y sont installés. Des marins aventuriers ont commencé à s'implanter à Saint-Christophe (actuelle île de Saint-Kitts) à leur compte et de manière complètement indépendante du pouvoir royal. En 1626, une première Compagnie a été formée dont le principal actionnaire est Richelieu. Les autres associés sont des proches du cardinal appartenant à la haute administration des finances et de la marine. La Compagnie est chargée de la mise en valeur de Saint-Christophe et des îles à proximité. Elle rachète aux quatre-vingts Français qui s'y sont installés leurs plantations ainsi que quarante esclaves qui les exploitent.

L'île de Saint-Christophe développe une économie de plantation qui repose sur la production de tabac. Jusqu'au milieu du XVIIe siècle, la main-d'œuvre y était composée majoritairement d'engagés français et de quelques esclaves. Les Amérindiens ont été peu à peu chassés des îles colonisées. Les engagés, issus de milieux sociaux modestes, signent un contrat d'engagement avec un maître installé aux îles, qui leur paie la traversée de l'Atlantique en échange de trois années de leur travail. Ils peuvent être vendus d'un maître à l'autre pendant la durée de leur contrat. À l'issue de ce temps, ils reçoivent une somme leur permettant de repartir en Europe ou de s'installer à leur compte dans les îles. La mortalité est effroyable parmi ces hommes, du fait des maladies tropicales et de terribles conditions de vie (disettes, mauvais traitements). Les engagés sont à plus de 95 % de sexe masculin. Dans les premiers temps de la colonisation, il n'est pas rare de voir un colon épouser une femme africaine ou amérindienne. L'esclavage est pratiqué aux Antilles depuis la fin du XVe siècle par les Espagnols. Bien que non autorisé dans le royaume de France, il se développe dans les colonies françaises des Antilles. Des esclaves sont achetés par les maîtres aux Anglais ou Hollandais ou saisis sur des navires capturés par les Français ou lors de raids sur les colonies des autres puissances.

En 1635, la Compagnie, qui prend le nom de Compagnie des îles d'Amérique, devient propriétaire de nouvelles îles comme la Guadeloupe et la Martinique, et y encourage la colonisation. Elle a le monopole de l'approvisionnement des colonies et de l'achat des denrées produites. Après la mort de Richelieu, la médiocrité des rentrées fiscales, la contrebande, la concurrence des navires étrangers, les conflits avec les habitants et les administrateurs fragilisent l'autorité de la Compagnie et sa conduite des affaires des îles. Les associés se décident à vendre les îles. La Guadeloupe est rachetée par l'un d'entre eux, qui est aussi gouverneur de la colonie, le 4 septembre 1649. Le 27 septembre 1650, Du Parquet, gouverneur de la Martinique, acquiert cette colonie, mais aussi les îles de Sainte-Lucie, de la Grenade et des Grenadines. L'ordre de Malte achète Saint-Christophe, le 24 mai 1651. Les seigneurs propriétaires poursuivent la mise en valeur des Antilles françaises et y développent la production de sucre grâce à l'expertise technique de Hollandais chassés du Brésil par les Portugais, en 1654. Ils permettent l'essor d'une production de sucre à grande échelle et insèrent les Antilles françaises dans leurs réseaux de commercialisation du sucre et de traite négrière. Les propriétaires des plantations de canne à sucre préfèrent désormais l'esclave d'origine africaine à l'engagé européen. Si l'esclave coûte trois fois plus cher que l'engagé, il est dans un statut de servitude à vie. Bien qu'effroyable, la mortalité des Africains est inférieure à celle des Européens, en raison d'une certaine immunité naturelle contre les maladies tropicales. Dans les années 1660, le nombre d'esclaves d'origine africaine dépasse celui des personnes d'origine européenne dans les Antilles françaises.

L'édit qui crée la Compagnie des Indes occidentales critique les seigneurs propriétaires qui ont laissé prospérer les marchands hollandais et anglais dans les Antilles françaises. Un arrêt du Conseil d'État du 17 avril 1664 les oblige à vendre leurs îles. La population des Antilles françaises est alors d'environ 20 000 habitants, dont la moitié sont des esclaves d'origine africaine. La Compagnie des Indes occidentales rachète Saint-Christophe, la Guadeloupe, la Martinique, la Grenade et leurs dépendances. Le 28 septembre 1664, elle rachète aussi la Compagnie du Cap-Vert et du Sénégal. Elle reçoit en toute propriété les territoires occupés ou à conquérir en Afrique et en Amérique, de l'Amazone au nord du Canada.

Aucun navire en dehors de ceux de la Compagnie ne peut sous peine de confiscation commercer avec les colonies. L'État subventionne la Compagnie à hauteur de 30 livres pour chaque tonneau de marchandises expédié aux colonies et 40 pour chaque tonneau importé des colonies en France. Les denrées importées dans le royaume de France et réexportées à l'étranger sont exemptées de droits de douane. Pour attirer les investissements, les nobles peuvent être actionnaires sans déroger ; toutefois, ce sont surtout les milieux financiers et négociants dépendant de Colbert qui répondent à ses sollicitations. La Compagnie reste sous-capitalisée et le rachat des îles a durement grevé ses finances. En 1664, il est interdit aux habitants des Antilles françaises de commercer avec les Hollandais. La nouvelle Compagnie se trouve dans l'impossibilité d'approvisionner correctement les îles en vivres, produits manufacturés et esclaves. En octobre 1666, Colbert décide d'autoriser tous les navires à trafiquer aux îles contre une redevance à la Compagnie (2,5 % de la valeur de la cargaison pour les Français et 5 % pour les étrangers). En 1670, le commerce des îles est réservé aux seuls navires français.

En 1664, Colbert fait aussi le choix d'un développement des Antilles par l'esclavage. La Compagnie des Indes occidentales reçoit le monopole de la traite négrière du Cap-Vert jusqu'au cap de Bonne-Espérance. Les esclaves africains sont échangés sur les côtes africaines contre du textile, de la quincaillerie, des armes, de la poudre, de l'alcool, des épices, des bijoux, du papier à écrire, des coquillages servant de monnaie. En valeur de marchandises, l'esclave est acheté à un prix élevé sur les côtes africaines. Les marchandises de traite viennent alors de l'ensemble du monde connu des Européens, de l'Asie (textiles en coton d'Inde, coquillages, épices), d'Europe (textiles, armes, quincaillerie, vins) et d'Amérique (tabac, alcool, coquillages). Ce commerce profite aux élites négociantes de quatre continents. La traite négrière devient un rouage essentiel dans l'approvisionnement en main-d'œuvre des colonies.

Le 19 juin 1664, Prouville de Tracy, lieutenant général du roi pour assurer le commandement de toute l'Amérique française du Canada aux Antilles, prend une ordonnance qui définit les droits et les devoirs des propriétaires d'esclaves et des maîtres d'engagés. Les maîtres doivent soigner leurs esclaves et leurs engagés. Il est interdit de battre et d'excéder de travail l'engagé ; dans le cas contraire, il deviendra libre. L'esclave est considéré comme une propriété. Celui convaincu de vol de sucre ou de tabac sera condamné à trente coups de fouet. Il doit disposer d'une autorisation écrite de son maître pour vendre sur les marchés. Le baptême des esclaves devient obligatoire. En effet, la Compagnie des Indes occidentales reçoit aussi pour mission le développement de la religion catholique, apostolique et romaine.

En mars 1685, la monarchie légifère sur l'esclavage : les dispositions de l'ordonnance de Tracy sont précisées dans un édit préparé par Colbert (mort deux ans plus tôt), que nous nommons aujourd'hui le « Code noir » – du nom dont l'a rebaptisé un éditeur parisien en 1718.

—

FRÉDÉRIC RÉGENT

RÉFÉRENCES

—

Bernard GAINOT, *L'Empire colonial français, de Richelieu à Napoléon*, Paris, Armand Colin, 2015.

Philippe HAUDRÈRE, *Les Compagnies des Indes orientales*, Paris, Desjonquères, 2006.

Jean-François NIORT, *Le Code noir. Idées reçues sur un texte symbolique*, Paris, Le Cavalier bleu, 2015.

Frédéric RÉGENT, *La France et ses esclaves, de la colonisation aux abolitions (1620-1848)*, Paris, Grasset, 2007.

Éric ROULET, *La Compagnie des îles de l'Amérique et la colonisation des Petites Antilles (1635-1651)*, Rennes, Presses universitaires de Rennes, 2016.

RENVOIS

—

1446, 1534, 1683, 1763, 1791, 1848, 1948

1682

À Versailles, l'Europe française se trouve une capitale ?

*Tandis que le peintre Charles Le Brun poursuit
la décoration de la galerie des Glaces,
la cour s'installe définitivement au château de Versailles
en mai 1682. Le palais, son décor, ses jardins et sa ville
nouvelle s'offrent à l'admiration de l'Europe,
comme une conjonction entre génie français et civilisation.*

Attirant chaque année des millions de visiteurs venus du monde entier, le château de Versailles s'est imposé dans l'imaginaire collectif comme le « palais d'État » par excellence, tendant à éclipser la diversité des résidences princières européennes et le goût des souverains français pour la chasse qui les amena à pérégriner jusqu'à la fin de l'Ancien Régime. C'est à cette demeure choisie en 1682 comme siège de la cour et du gouvernement qu'est associée la volonté de Louis XIV de fixer tous les regards sur le roi de France, incarnant en sa personne la grandeur de toute une nation appelée à rayonner dans l'Europe entière par les armes, la langue et les arts.

Les mécanismes actuels de l'économie touristique semblent ainsi valider le discours politique dont Versailles était le support. Si le symbolisme solaire cultivé par Louis XIV est même devenu le logo du Musée national, c'est cependant sous ses propres traits que le souverain est représenté dans les peintures ornant la voûte de la galerie des Glaces. Dans ce programme iconographique novateur, justement défini au moment où se prépare l'élection de Versailles comme capitale, point de prisme mythologique pour raconter l'histoire du roi de guerre dirigeant lui-même ses troupes et triomphant de l'Europe coalisée lors de la guerre de Hollande (1672-1678). C'est ainsi un ordre européen différent de l'ordre traditionnel (où l'empereur Habsbourg est au sommet de la hiérarchie des princes) qui est proclamé à la face du monde. La « Grande Galerie » était en effet l'axe central non seulement de la réception des visiteurs d'exception – comme les ambassadeurs venus en mission extraordinaire, parfois depuis les mondes extra-européens –, mais aussi de la circulation des nombreux visiteurs ordinaires, y compris étrangers. Comme Louis XIV le rappelait à son fils, « s'il y a quelque caractère singulier dans cette monarchie [française], c'est l'accès libre et facile des sujets au prince », et les étrangers se saisissaient de cette étonnante possibilité pour déambuler dans le Grand Appartement, encore en compagnie de près d'un millier de personnes les dimanches de la fin de l'Ancien Régime.

Expression du génie français parce que chef-d'œuvre du roi, Versailles était censé susciter une attraction universelle, permettant d'autant mieux de poursuivre la guerre, par d'autres moyens, que les touristes étrangers drainaient avec eux les métaux précieux circulant en Europe et qu'une politique économique mercantiliste visait à capitaliser à l'intérieur du royaume. En 1756, l'intendant des Menus Plaisirs du roi défendait toujours ses dépenses en arguant que « Colbert [...] pensait [...] qu'il fallait à la Cour des spectacles capables d'exciter la curiosité des étrangers et d'occasionner par là une circulation et une consommation avantageuse à l'État ». De ses bâtiments à ses divertissements, la cour faisait donc de sa mise en scène un spectacle dont la valeur politique dépendait aussi de la participation des étrangers. Ces visiteurs étaient donc la cible de la propagande royale dont le discours matériel et visuel se prolongeait dans la mise à disposition de descriptions du château – Louis XIV lui-même a rédigé six versions de sa *Manière de montrer les jardins de Versailles* entre 1689 et 1705. En 1720, le *Versailles immortalisé* de Jean-Baptiste Monnicart se présente par exemple comme un « livre [qui] sera recherché des Étrangers comme des François, il immortalise le plus magnifique et le plus renommé des monuments et des merveilles qui [aient] jamais paru au monde, dont la dépense a monté, jusqu'à la fin du règne de Louis XIV, à plus de trois cents millions, et dont l'entretien est toujours continué avec une dépense royale sous le présent règne. Les étrangers qui auront déjà vu Versailles croiront s'y promener encore dans la lecture enjouée et intelligible de cet ouvrage ; et les personnes qui n'y sont pas encore venues sauront d'avance des récits que leur feront les merveilles parlantes de ce séjour superbe et sans pareil ». Au XVIIIe siècle, l'éclosion d'une aspiration à une paix durable en Europe, le développement des échanges et la réflexion autour de l'idée de « civilisation européenne » contribuent cependant à infléchir le discours que les guides touristiques – dont le genre est en plein essor – peuvent porter sur Versailles. Ils proposent une autre lecture du château, auquel ses décors d'inspiration mythologique et ses qualités esthétiques confèrent une grandeur moins agressive que le programme iconographique de la galerie des Glaces – de plus en plus passé sous silence. Si cette vision culturelle s'écarte des objectifs de Louis XIV, elle n'en garde pas moins une portée politique. Bien que certains diplomates ou un philosophe comme Voltaire se désolent que la monarchie ne fasse pas mieux valoir son *soft power*, en participant activement à la dissémination de sa langue et de son théâtre, l'inscription du château de Versailles parmi les plus significatives des curiosités humaines participe en effet de l'élaboration, encouragée par les Académies que patronne le pouvoir royal, d'un imaginaire assimilant génie français et civilisation.

Les réactions d'une voyageuse allemande comme Sophie von La Roche rendent en revanche manifeste l'hybridité européenne d'un château à la croisée de diverses formes et usages. Elle écrivait ainsi en 1785, après avoir visité Marly sur le domaine de Versailles : « Le décor intérieur date encore de Louis XIV. [Il est] somptueux, mais ses formes sont si éloignées du goût actuel qu'un visiteur français, qui trouverait ce décor dans un palais allemand, s'exclamerait : "Voilà une preuve du manque de goût des Allemands !" » Si c'est pour Sophie von La Roche le passage du temps qui change le goût et rend caduques les catégorisations nationales, Versailles n'était d'ores et déjà pas qu'innovation « française » en 1682. Que sa filiation avec l'Escurial – précédent exemple d'une disjonction entre résidence royale et capitale – soit très discutée n'empêche pas que le château ait résulté dès l'origine de multiples emprunts. Côté italien, songeons à la façade donnant sur les jardins (elle était même initialement pourvue d'une terrasse qui fut ensuite couverte pour aménager la galerie des Glaces) ou aux avenues disposées en patte d'oie rappelant le *trivium* romain. Quant à la hiérarchisation des pièces permettant d'accéder à la chambre du prince, elle avait été adoptée bien plus précocement par les monarchies espagnole et anglaise. Et Versailles a suscité en retour de multiples modalités d'intérêt et d'appropriation, à rebours d'un splendide isolement – même si la construction *ex nihilo* d'une résidence suburbaine de si grande envergure et durablement élevée au rang de capitale reste exceptionnelle –, d'une adhésion systématique ou d'imitations serviles.

Si Versailles participe d'un puissant discours d'exaltation du monarque, il constitue aussi très tôt un terrain pour dénoncer et tourner en dérision les ambitions hégémoniques de la France. Dès 1679, la duchesse Sophie de Hanovre, en visite chez sa nièce, belle-sœur de Louis XIV, feint d'applaudir dans ses lettres, qu'elle sait ouvertes par le cabinet noir, à la grandeur du système de représentation curiale mais s'attache à en formuler une vigoureuse condamnation morale dans les *Mémoires* qu'elle rédige sous le regard bienveillant de son protégé, le philosophe et mathématicien Leibniz. Relations d'ambassadeurs et de voyageurs, gravures, gazettes et pamphlets feront ensuite de la cour de France en général et du château de Versailles en particulier des lieux communs de l'image noire de Louis XIV dont les Provinces-Unies, l'Angleterre et la Prusse seront les plus actifs foyers de production.

Quant aux voyageurs envoyés en mission pour rendre compte de l'efficacité esthétique et politique du château, ils témoignent de la fascination exercée par Versailles mais procèdent de manière rien moins que systématique. Christoph Pitzler, architecte qui visita le château, entre autres sites européens, sur l'ordre du duc de Weissenfels, établit en 1686 une description très personnelle, véritable patchwork où il mêle par l'écriture et le dessin des descriptions officielles et des observations personnelles, marquant plus d'intérêt pour des détails techniques ou des agencements décoratifs que pour la signification allégorique du programme iconographique. Il n'y a d'ailleurs pas d'imitation globale et littérale de Versailles dans l'Europe des Lumières : le seul exemple en sera Herrenchiemsee, né du désir de Louis II de Bavière au XIXe siècle. Comme Pitzler, chaque souverain qui « imite » Versailles se l'approprie en piochant dans ses ressources : avant tout les jardins (les émules de Le Nôtre œuvrant de La Granja à Drottningholm), mais aussi des éléments architecturaux, comme l'escalier des Ambassadeurs réinterprété à Het Loo pour Guillaume d'Orange, ou iconographiques (Frédéric Ier se fit représenter en train de gouverner au château royal de Berlin). Au-delà de la construction de nombreuses résidences suburbaines, c'est le dispositif spatial du palais mis en scène par une ville nouvelle qui essaima le plus nettement – dans les principautés du Saint Empire, où l'exemple le plus frappant est à Karlsruhe, mais aussi à

Saint-Pétersbourg ou à Washington. De même que les pièces du répertoire du théâtre français étaient transformées pour être jouées dans les cours européennes, le château fut démonté pour être détourné à d'autres usages.

En écho à la diversité de ces appropriations au XVIIIe siècle, les voyageurs des Lumières qui font concrètement l'expérience de Versailles s'avèrent partagés entre le désenchantement – de Casanova constatant en 1750 que « Fontainebl[eau] [...] était beaucoup plus brillant que Versailles » à Sophie von La Roche racontant que ses compagnons et elle « [avaient] beaucoup ri, parce [qu'ils avaient] du mal à croire que c'était ça le château de Versailles. D'après les estampes et les tableaux, il nous semblait qu'il aurait dû être bien plus somptueux » – et une durable fascination. Si Versailles n'est pas la plus obligée des étapes de ce Grand Tour que l'on accomplissait pour parfaire sa formation, l'élite éclairée manque rarement de s'y rendre lors d'un séjour en France. C'est toujours le lieu où les voyageurs issus de la noblesse et du monde des lettres ou des arts cherchent secours et protection. Le philosophe écossais David Hume ne se réjouit-il pas ainsi en 1763 d'avoir été si bien complimenté par les petits-fils de Louis XV ? Il relate l'épisode comme si Versailles pouvait être un espace de réception du philosophe roi, n'hésitant pas à affirmer « combien on honore davantage les Lettres en France qu'en Angleterre ». Quant à l'économiste Alessandro Verri, il s'émerveille devant les « jardins sublimes » qui délassent des querelles du monde parisien. À côté de l'indifférence, du scepticisme envers la ritualisation de la vie de cour ou de la critique de son train de vie, ces deux témoignages révèlent ainsi Versailles comme terrain d'exploration des connexions entre monarchie absolue à la française et Lumières européennes.

—

PAULINE LEMAIGRE-GAFFIER

RÉFÉRENCES
—

Marie-France AUZÉPY et Joël CORNETTE (dir.), *Palais et pouvoir. De Constantinople à Versailles*, Saint-Denis, Presses universitaires de Vincennes, 2003.
Mathieu DA VINHA, *Le Versailles de Louis XIV. Le fonctionnement d'une résidence royale au XVIIe siècle*, Paris, Perrin, 2009.
Rahul MARKOVITS, *Civiliser l'Europe. Politiques du théâtre français au XVIIIe siècle*, Paris, Fayard, 2014.
Gérard SABATIER et Margarita TORRIONE (dir.), *Louis XIV espagnol ? Madrid et Versailles, images et modèles*, Paris / Versailles, Maison des sciences de l'homme / Centre de recherche du château de Versailles, 2009.
Caroline ZUM KOLK, Jean BOUTIER, Bernd KLESMANN et François MOUREAU (dir.), *Voyageurs étrangers à la cour de France (1589-1789)*, Rennes / Versailles, Presses universitaires de Rennes / Centre de recherche du château de Versailles, 2014.

RENVOIS
—

800, 1336, 1380, 1686, 1715, 1871, 1921

1683

Un 1492 français ?

*Le bombardement d'Alger envisagé comme
une croisade contre l'Islam en Méditerranée,
la publication d'un édit royal sur la traite et l'esclavage
de masse qu'on appellera plus tard Code noir
et l'affirmation d'un idéal de purification religieuse
participent d'un même contexte : la royauté absolue
assume désormais sa dimension impériale.*

Le 26 juillet 1683, le dey d'Alger Mezzomorto fit attacher le missionnaire lazariste Jean Le Vacher à la bouche d'un canon. Le gouverneur ottoman défiait ainsi la flotte française qui, depuis la rade, bombardait la ville. « Aussitôt que le coup fut tiré l'on vit sortir de l'eau où tombèrent les parties du corps de M. Le Vacher une colonne de feu qui s'éleva dans les airs, Dieu le permettant ainsi pour glorifier son serviteur. » La présence divine se manifestait à tout instant dans cette bataille. Aucun soldat turc et aucun juif algérois n'avait accepté d'allumer la mèche. C'est un renégat qui commit l'irréparable. Des témoins rapportent qu'il y perdit le bras et que le canon fut endommagé à jamais. La marine de Louis XIV se trouvait engagée dans une guerre sainte contre le Turc en Méditerranée occidentale. Le Roi-Soleil prenait le relais de ce qu'avait été la mission de l'Espagne depuis la lutte de son aïeul Charles Quint contre Soliman le Magnifique. Le bombardement d'Alger de 1683 se devait d'être d'autant plus spectaculaire que, la même année, Louis XIV ne portait pas secours à son rival Habsbourg assiégé dans Vienne par l'armée ottomane.

En 1683, comme en 1682, les opérations navales contre Alger furent conduites par l'amiral dieppois Abraham Duquesne. Alors au soir d'une carrière brillante, ce grand marin septuagénaire refusait d'abjurer sa foi protestante avec constance et fermeté, bien que la pression du régime louis-quatorzien se fît de plus en plus insistante. Le 18 octobre 1685, le roi signait l'édit de Fontainebleau qui révoquait les dispositions de l'édit de Nantes de 1598. La mesure la plus radicale se trouvait à l'article 4, c'est-à-dire l'expulsion des pasteurs protestants qui éteignait de fait la possibilité du culte : « Enjoignons à tous Ministres de ladite R.P.R. [religion prétendue réformée] qui ne voudront pas se convertir & embrasser la Religion Catholique, Apostolique, & Romaine, de sortir de nostre Royaume & Terres de nostre obeïssance, quinze jours après la publication de nostre present Edit, sans y pouvoir sejourner au delà, ny pendant ledit temps de quinzaine de faire aucun Presche, Exhortation ny autre fonction, à peine de Galeres. » Duquesne n'émigra pas, contrairement à l'immense majorité des huguenots. Le roi dut l'autoriser à demeurer sur le territoire du royaume de France, à la condition qu'il ne ferait pas publiquement état de sa fidélité au protestantisme.

Tout comme l'Espagne du XVᵉ siècle avec les juifs, la France du XVIIᵉ siècle a été le théâtre d'un processus en deux temps : d'abord une politique de pression en faveur de la conversion, ensuite une décision d'expulsion des officiants. De même que le roi de Portugal Manuel le Fortuné, en 1497, ne voulait plus de juifs chez lui, mais voulait garder ses juifs convertis, de même Louis XIV souhaitait garder ses protestants pourvu qu'ils cessassent de l'être. Depuis le début des années 1680, les dragonnades avaient poussé des dizaines de milliers de huguenots à épouser le culte romain pour échapper aux exactions et aux persécutions voulues par Versailles. 1685 est le moment pivot qui voit le passage de la première phase à la tragédie finale. Dans une lettre datée du 16 juillet, adressée par Louvois à Nicolas-Joseph Foucault, intendant du Béarn, le mode d'action politique contre les protestants est clairement exposé : « Sa Majesté vous ordonne d'obliger les gentilshommes de la province du Béarn de vous rapporter leurs titres pour être par vous vérifiés, afin qu'il n'y ait plus que ceux qui sont véritablement gentilshommes qui puissent jouir des priviléges attribués à ladite noblesse. Et comme Sa Majesté n'a d'autre vue que de porter ces gentilshommes à se convertir, elle trouvera bon que vous ne fassiez cette recherche que contre ceux qui s'opiniâtrent à ne se point faire instruire. » Ce passage montre assez à quel point la distinction entre politique et religion n'a guère de sens lorsqu'on essaie de comprendre ce que fut la France du Grand Siècle.

Tandis que le roi et ses ministres purifient la France au-dedans, ils encouragent son expansion au-dehors. En janvier 1685 est créée la Compagnie de Guinée pour une durée de vingt ans. Son champ d'action se situe entre la rivière Sierra Leone et Le Cap. Le roi lui assigne la tâche de conduire la traite négrière, à raison de 1 000 esclaves par an à destination des Antilles. Au mois de mars est publié un édit royal qui portera, lors de sa première édition imprimée en 1718, le titre de *Code noir*. Il s'agit d'un ensemble de soixante articles, fruit de compromis et de la convergence d'intérêts des magistrats du roi en Martinique et des propriétaires de plantations et d'esclaves (sucre et indigo). Sur la base d'un texte de référence rédigé en 1685, l'édit connaît des variantes importantes en fonction des territoires qui l'enregistrent, depuis la Guadeloupe en 1685 jusqu'à la Louisiane en 1724. Il s'agit de fixer les règles juridiques d'organisation de la vie sociale dans des systèmes esclavagistes. Autrement dit, par cet acte de droit positif la monarchie française se conçoit comme une organisation politique dont la traite et l'esclavage de masse sont des caractères essentiels.

Sans que cela puisse surprendre les historiens spécialistes du XVIIe siècle, il importe de souligner que les huit premiers articles de l'édit portent tous sur des questions religieuses. Plus remarquable encore, le premier article stipule : « Enjoignons a tous nos Officiers de chasser hors de nos Isles tous les Juifs qui y ont établi leur résidence, ausquels […] nous commandons d'en sortir dans trois mois, à compter du jour de la publication des Présentes, à peine de confiscation de corps & de biens. » Qui étaient ces juifs antillais ? Les descendants des familles d'origine portugaise et espagnole qui avaient résidé dans la colonie hollandaise du Pernambouc au Brésil. Elles s'étaient dispersées après la reconquête de cette région par les Portugais en 1654, échappant ainsi à la conversion forcée et aux enquêtes de l'Inquisition. L'édit de mars 1685 renoue avec la longue histoire de la persécution des juifs ibériques, en préambule au règlement de la vie des esclaves africains dans les îles françaises. Les articles portent sur le statut des esclaves, tenus pour des biens meubles, sur celui des enfants d'esclaves, propriété des maîtres de leur mère, sur toutes sortes d'interdictions, à commencer par celle

de s'assembler. D'autres articles relèvent du droit pénal, particulièrement sévère pour les esclaves ; certains, du droit des affaires, puisqu'il s'agit de réglementer la vie économique. L'article 57 établit qu'un esclave, lorsqu'il est affranchi, est tenu pour un sujet du roi de France comme un autre, sans besoin de lettre de naturalité (naturalisation), fût-il né en Afrique. L'ensemble de ces dispositions affirme qu'une société organisée autour de l'économie esclavagiste n'est ni exorbitante pour le droit ni aberrante pour la religion.

La royauté française assume sans hésitation sa dimension impériale et coloniale, voire son aspiration à la monarchie universelle. À titre de symptôme, c'est aussi le moment où François Bernier, disciple de Gassendi, grand voyageur qui avait exercé la médecine sur les terres du Grand Moghol, publie dans le *Journal des sçavans* (24 avril 1684) « Nouvelle division de la Terre par les différentes espèces ou races d'homme qui l'habitent ». Ce texte distingue l'humanité en quatre races. La première embrasse toute l'Europe, moins les Tatars de Moscovie, ce que nous appelons aujourd'hui le monde arabe, ainsi que l'Asie centrale de l'Empire ottoman à celui des Moghols de Delhi ; les Amérindiens se rattachent également à cette première race. La deuxième est celle des Noirs d'Afrique dans leur diversité ; ils sont décrits en termes péjoratifs. La troisième réunit les types asiatiques de l'Asie centrale à la Chine et au Japon, en passant par les archipels d'Insulinde. La quatrième est formée par les Lapons décrits comme « de vilains animaux ». Bernier rompt avec la tradition selon laquelle les climats expliquent la diversité des physiologies et des physionomies : seule la génération commande la différence visible. Dans sa « division », il existe une unité raciale dans des populations qui présentent des caractères physiques distincts. Au sein de la première race, les couleurs de peau du Scandinave à l'Égyptien diffèrent. Mais ces variations sont relatives. D'une part, là où la majorité des individus, c'est-à-dire les paysans, ont une peau foncée, les élites peuvent l'avoir claire. D'autre part, le teint « basanez » des Espagnols indique que la peau d'un peuple voisin de la France peut être aussi sombre que celle des habitants de contrées lointaines.

La première race est composée de toutes les populations qui n'ont ni la peau noire et les cheveux laineux des Africains, ni les yeux bridés des Asiatiques. Dans la seconde partie de l'article, Bernier décrit la beauté physique des femmes issues de différentes régions. Il dit en avoir vu en Afrique qui « effaçoient à mon avis la Venus du Palais Farnese de Rome ». Sa connaissance intime de l'Asie centrale et de l'Inde lui permet de distinguer les charmes des femmes de ces régions, la palme de la plus grande beauté revenant aux Géorgiennes et Circassiennes vues dans les marchés aux esclaves. Ce texte témoigne de l'ampleur géographique d'un regard sur le monde. Il tranche sur les explications de la diversité des types humains qui prévalaient jusque-là, car elles mêlaient considérations climatiques, religieuses, culturelles et généalogiques. On ne peut pas attribuer à Bernier la volonté de hiérarchiser les races au profit des Européens. Mais, dans son article, la transmission naturelle des caractères par voie de génération l'emporte sur tout autre facteur explicatif. En proposant une réduction des causalités, il inaugure un tournant dans l'histoire de la définition raciale des populations.

Croisade contre l'Islam en Méditerranée, purification religieuse, conversions et expulsions, ambition coloniale, organisation d'un esclavage de masse, idéologie suprématiste : tels ont été les ingrédients d'un 1492 à la française. Cette ambition fut conçue à Versailles. À la mi-temps de son règne personnel, Louis XIV déployait un programme religieux fondé sur un catholicisme de plus en plus intransigeant et de moins en moins gallican. Il ne concevait pas de limite dans sa course à l'hégémonie géopolitique en Europe comme dans les outre-mer, bravant les idées du temps sur l'équilibre des forces. Le Roi-Soleil aurait pu faire sienne la devise de Charles Quint, « *Plus Oultre* », qui avait dessiné un horizon de puissance sans borne.

Ernest Lavisse était bien avisé de juger que Louis XIV avait tout d'un roi « espagnol ».

—

JEAN-FRÉDÉRIC SCHAUB

RÉFÉRENCES
—

Pierre-Henri BOULLE, *Race et esclavage dans la France de l'Ancien Régime*, Paris, Perrin, 2007.

Élisabeth LABROUSSE, *La Révocation de l'édit de Nantes. Une foi, une loi, un roi ?*, Paris, Payot, 1990.

Jean-François NIORT, *Le Code noir. Idées reçues sur un texte symbolique*, Paris, Le Cavalier bleu, 2015.

Jean PETER, *Les Barbaresques sous Louis XIV. Le duel entre Alger et la Marine du roi (1681-1698)*, Paris, Economica, 1997.

Jean-Frédéric SCHAUB, *La France espagnole. Les racines hispaniques de l'absolutisme français*, Paris, Seuil, 2003.

RENVOIS
—

1494, 1664, 1791, 1804, 1894, 1958

1685

La révocation de l'édit de Nantes, événement européen

En mettant fin aux dispositions par lesquelles son prédécesseur Henri IV avait octroyé aux protestants une certaine liberté de culte, Louis XIV rompt avec l'esprit des paix de religion pour imposer un catholicisme intransigeant. La persécution et l'exode massif des huguenots français suscitent l'indignation en Europe et, au total, l'affaiblissement de la France.

S'il existe une date qui articule histoire mondiale de la France et histoire franco-française, c'est bien l'édit de Fontainebleau des 17-18 octobre 1685 qui révoque l'édit de Nantes d'avril-mai 1598. Celui-ci, mettant fin aux guerres de Religion, avait instauré un compromis reflétant bien l'état des forces en présence. Le catholicisme était conforté comme religion d'État, celle du roi, et était rétabli dans tout le royaume. Le protestantisme était toléré partout où il existait avec temples et pasteurs, sans pouvoir progresser, ses fidèles avaient libre accès à toutes les fonctions. En outre, des places de sûreté et l'entretien de troupes offraient des garanties militaires, ce qui faisait de la communauté protestante autant un parti qu'une Église.

Cet équilibre fragile a duré une soixantaine d'années. Richelieu et Louis XIII, à la suite de plusieurs conflits militaires, réussirent à supprimer ces garanties militaires, mettant fin au parti protestant, mais non aux Églises :

la grâce d'Alais (1629), qui actait cette disparition, confirmait entièrement la dimension religieuse de l'édit de Nantes. Richelieu n'a pas profité de sa victoire militaire pour supprimer le protestantisme, comme le souhaitaient les dévots. Il est vrai qu'à l'extérieur la guerre de Trente Ans conduisait la monarchie française à soutenir les princes protestants contre les Habsbourg. En contrepartie, les huguenots firent preuve d'une loyauté sans faille pendant la Fronde et même justifiaient l'absolutisme royal avec une conviction qui n'avait rien à envier aux théoriciens catholiques. On peut même parler d'un « âge d'or relatif » dans les décennies 1630-1650, y compris quantitativement.

Tout change en 1661; Louis XIV, seul maître du pouvoir, interprète l'édit avec plus de rigueur et aggrave même les contraintes qui pesaient sur les réformés comme s'il voulait peu à peu étouffer le protestantisme. Curieusement, cependant, la pression s'arrête en 1669, pour être remplacée par une « caisse de conversion » achetant les abjurations. Le Grand Roi vient de s'attaquer aux Provinces-Unies calvinistes et ne veut pas donner à l'Europe le sentiment d'une croisade antiprotestante pour conserver l'alliance des princes protestants allemands. Dès la guerre finie, le harcèlement reprend. Mesure symbolique en 1681: un enfant de sept ans peut se convertir au catholicisme. La même année, comprenant les objectifs royaux, l'intendant du Poitou, Marillac, prend l'initiative d'utiliser les logements de troupes chez l'habitant pour « convertir » les protestants alors

que ce traitement était habituellement réservé aux récalcitrants qui ne payaient pas leurs impôts. Ce sont les dragonnades. Les autorités savaient augmenter le nombre des soldats logés tant que l'abjuration n'était pas obtenue en laissant toute latitude aux garnisaires sur leurs logeurs, la mort exceptée : les résultats sont spectaculaires et les conversions se multiplient. Non seulement l'inventeur n'est pas désavoué, mais sa méthode est reprise tout au long de l'année 1685 par ses collègues dans le Béarn, le Languedoc occidental et enfin, en septembre et début octobre, dans les bastions huguenots du Bas-Languedoc oriental et les Cévennes. Ici, le récit colporté des exactions dans les régions voisines est tellement effrayant que la seule approche des troupes conduit les réformés à se précipiter vers les registres d'abjuration. Les rapports de victoire se multiplient. Persuadé que le calvinisme français est agonisant, le roi décide, sans plus attendre, de révoquer l'édit de Nantes. Ce qui est acté dans le Conseil du roi du 17 octobre, l'édit étant scellé le 18.

Le texte est très court, un préambule et douze articles. Le préambule justifie la décision royale. Le roi ne ferait que respecter le souhait de son grand-père et de son père, que ceux-ci n'ont pas pu réaliser, le premier à cause de sa mort prématurée et le second, de la guerre. La paix revenue et la conversion des « prétendus réformés » permettent donc la réunification religieuse. Le culte protestant est interdit et les temples détruits, les pasteurs ont le choix entre la conversion et l'exil immédiat avec leur épouse et seulement leurs enfants de moins de sept ans. L'exil n'est pas autorisé pour les simples fidèles, contrairement aux règles internationales alors en vigueur, où la possibilité de l'émigration était la contrepartie du droit du Prince à imposer sa religion. Pour compenser cette mise en cause du droit à l'émigration, le dernier article, en contradiction avec le reste du texte, permettait aux derniers « religionnaires » de rester dans le royaume à condition de ne pas pratiquer leur culte. Sur place, avec l'accord de Versailles, les autorités locales ne respectent même pas cet article et envoient les dragons chez tous ceux qui ne se sont pas présentés à l'église. Pire, certaines d'entre elles, en Languedoc en particulier, imposent, sous peine de dragonnades, la confession et la communion forcées lors des Pâques 1686.

On a longuement discuté sur les origines de cette décision si lourde de conséquences. Pour atténuer la responsabilité royale, on a évoqué l'influence pernicieuse du confesseur du roi, le père La Chaize, et de son épouse morganatique, Mᵐᵉ de Maintenon, en privilégiant la dimension religieuse. Tout confirme une volonté politique claire de Louis XIV, liée à sa conception du pouvoir qui s'étend à la direction des consciences.

Le contexte international a doublement sa place dans la prise de décision. Celle-ci se situe dans un temps d'apogée européen. Non seulement le Grand Roi vient de remporter une grande victoire, mais il a signé en août 1684, à Ratisbonne, une trêve de vingt ans avec l'Espagne, tandis qu'en février 1685 le catholique Jacques II monte sur le trône anglais, ce qui lui assure une neutralité bienveillante.

Une autre raison intervient : deux ans plus tôt, en 1683, les Ottomans assiégeaient Vienne. L'empereur et le pape appelèrent à l'aide. Louis XIV se garda bien de répondre positivement, au risque de ne pas faire preuve de solidarité catholique. Quoi de mieux que de faire preuve du contraire en éradiquant « l'hérésie » sans évoquer le conflit avec la papauté.

Les conséquences internationales de la révocation sont encore plus importantes. L'image du Grand Roi est durablement ternie et son réseau d'alliances avec les princes protestants allemands compromis. La répercussion la plus grave se situe outre-Manche. La présence d'un souverain catholique était déjà mal supportée, mais sa fille Marie protestante, épouse du stathouder des Provinces-Unies, Guillaume d'Orange, devait lui succéder. Or, en février 1688, Jacques II a un héritier catholique qui prend normalement la place de Marie. Nul doute que les récits des persécutions qui ont précédé et suivi la révocation, comme le témoignage des rescapés réfugiés, ont joué un rôle important dans la peur de l'installation d'une dynastie catholique, d'où l'appel à Marie et à son époux et la propagande orangiste. D'ailleurs, quelques mois plus tard, Guillaume d'Orange était accompagné dans son débarquement principalement par des gentilshommes huguenots réfugiés et son armée était commandée par l'un des plus illustres généraux de Louis XIV, Schomberg, qui avait préféré l'émigration à la conversion.

Ici intervient l'émigration huguenote, phénomène de plus longue durée et qui d'ailleurs n'a pas commencé sous

Louis XIV. Dès la Saint-Barthélemy au siècle précédent arrivent les premiers émigrés, puis après le siège de La Rochelle. On trouvait déjà des huguenots dans les cantons helvétiques, les Provinces-Unies et les îles Britanniques. Mais malgré les interdictions et la répression, le départ clandestin des protestants fut beaucoup plus massif, entre 150 000 et 200 000, surtout dans les provinces du Nord et la façade atlantique.

Plus que la quantité, c'est la qualité, le type d'émigrants et les lieux d'accueil qui en font l'importance. C'est, d'ailleurs, la raison pour laquelle son ampleur numérique a été surestimée, comme son impact sur l'économie française. Ses conséquences se manifestent hors du royaume. Pour la qualité des émigrants, présentons deux illustrations, les officiers déjà signalés à propos de la Révolution anglaise, et les journalistes qui donnent une ampleur et un rayonnement sans pareils à la presse hollandaise. Paradoxalement, ces intellectuels renforcent l'influence de la langue française dans l'Europe des Lumières en voie de constitution.

Quant aux lieux, l'exemple le plus spectaculaire est celui de la Prusse. Avec beaucoup d'habileté, le Grand Électeur, Frédéric de Brandebourg, accordant de multiples avantages aux émigrés huguenots par l'édit de Potsdam (28 octobre 1685), en attire au moins 15 000. Ceux-ci jouent un rôle décisif dans le décollage de son État, aussi bien dans le domaine économique que culturel, sans parler de la constitution de son armée.

Contrairement aux espérances du Grand Roi, la révocation a contribué à l'affaiblissement de la domination française dans le monde et à l'émergence de la puissance anglo-saxonne.

Pendant une grande partie du XVIIIᵉ siècle, les communautés du Refuge conservèrent leur identité. Certains de leurs membres donnèrent leur appui aux protestants restés en France et qui très vite refuseront la révocation, et chercheront à maintenir leur culte, malgré l'absence des pasteurs. Ils donnèrent la plus grande publicité dans toute l'Europe à cette résistance, en particulier au temps de la guerre des Camisards (1702-1704), rendant célèbres des lieux jusqu'alors bien ignorés, comme les Cévennes.

La révocation ne fut en effet jamais abolie, même après la mort de Louis XIV et au temps des Lumières, créant toute une population sans état civil, car refusant d'être baptisée ou mariée dans les églises catholiques. Moins forte, mais réelle, la persécution se prolongea jusqu'au milieu des années 1760 (dernière exécution en 1762 et condamnation aux galères en 1765).

Ce siècle de persécutions et de résistance a forgé une forte mémoire chez les huguenots. Ils adhérèrent avec enthousiasme à la Révolution et plus tard furent des fermes soutiens de la Troisième République et de son école laïque. C'est aussi la mémoire de ce passé qui a conduit les bastions huguenots à être particulièrement actifs dans l'accueil des juifs pendant la Seconde Guerre mondiale.

———

PHILIPPE JOUTARD

RÉFÉRENCES

—

Philip BENEDICT, Hugues DAUSSY et Pierre-Olivier LÉCHOT (dir.), *L'Identité huguenote. Faire mémoire et écrire l'histoire (XVIe-XXIe siècle)*, Genève, Droz, 2014.
Patrick CABANEL, *Histoire des protestants en France (XVIe-XXIe siècle)*, Paris, Fayard, 2012.
Janine GARRISSON, *L'Édit de Nantes et sa révocation, histoire d'une intolérance*, Paris, Seuil, 1985.
Élisabeth LABROUSSE, *« Une foi, une loi, un roi ? »* *Essai sur la révocation de l'édit de Nantes*, Genève, Labor et Fides / Paris, Payot, 1985.
Michelle MAGDELAINE et Rudolf von THADDEN (dir.), *Le Refuge huguenot*, Paris, Armand Colin, 1985.

RENVOIS

—

177, 1534, 1536, 1572, 1858, 1942

1686

Rendez-vous manqué avec le Siam

Si les ambassadeurs du roi du Siam sont reçus luxueusement à Versailles, c'est parce que les Français cherchent à disputer aux Néerlandais ses comptoirs asiatiques. Une révolution de palais à Ayutthaya contrecarre ces plans, provoquant un retrait durable de la scène asiatique.

Le 1ᵉʳ septembre 1686, Louis XIV reçoit à Versailles une ambassade du roi du Siam, *Phra* Naraï (Ramathibodi III, r. 1656-1688). Bien qu'affligé d'une fistule qui lui fait souffrir mille morts, le souverain français accueille en personne, dans la galerie des Glaces, les trois émissaires venus d'Ayutthaya. Un « premier ambassadeur (*ratchathut*) », l'*okphra* Wisut Sunthorn – aussi nommé Kosa Pan –, commande la délégation. Celle-ci comprend, par ordre de prestige décroissant, un « second ambassadeur (*uppathut*) » (l'*okluang* Kanlaya Ratcha-maitri), un « troisième ambassadeur (*trithut*) » (l'*okkhun* Siwisan Wacha), huit représentants de la noblesse titrée

(*khunnang*), quelques mandarins de second rang (*khunmun*), douze jeunes garçons venus s'instruire dans les arts français, et une foule de serviteurs. Les trois ambassadeurs convoient précautionneusement jusqu'au pied du trône du Roi-Soleil, à genoux et tête baissée, un coffret ouvragé contenant une lettre de leur souverain.

Ce cérémonial ne laisse pas d'intriguer Simon de La Loubère, que le roi dépêche au Siam en 1687 et qui note, dans son *Du royaume de Siam* publié en 1691 : « Un ambassadeur par tout l'Orient n'est autre chose qu'un messager de Roy : on l'honore peu à comparaison des respects qu'on rend à la lettre de créances dont il est porteur.» C'est qu'en Asie du Sud-Est, à l'époque moderne, les courriers des souverains, richement enluminés, sont d'authentiques *regalia* imprégnés de l'aura de majesté de ceux qui les émettent. On leur doit les mêmes égards rituels que ceux qui entoureraient le *raja* si celui-ci venait à faire en personne le déplacement. L'une des principales chroniques de royauté malaises, la *Sejarah Melayu* («Histoire des Malais»), composée en 1612 à Johore, consacre ainsi près d'un chapitre à la description des subtils protocoles qui régissent la rédaction, le transport et la remise à son destinataire d'une lettre adressée par le sultan de Malacca, Muzaffar Syah, au roi du Siam: «La lettre fut lue au sultan, qui l'agréa de bout en bout. Elle fut alors convoyée à dos d'éléphant jusqu'au pavillon d'audience. Un chevalier la portait, tandis qu'un héraut conduisait le pachyderme et qu'un ministre les escortait. La procession bénéficiait de deux parasols cérémoniels de couleur blanche et de la musique des tambours, des fifres et des trompettes d'État.» Rien d'étonnant, donc, à ce que Kosa Pan ait manié avec une infinie délicatesse la missive de son souverain.

Louis XIV n'a d'ailleurs pas lésiné sur les fastes: le mobilier d'argent – trône, torchères et girandoles – a été déployé sur l'estrade royale. 1500 personnes assistent à l'audience, dont le *Mercure galant* rend compte comme d'un immense succès. Kosa Pan et ses compatriotes sont conviés à tout admirer des merveilles de Versailles, de la machine hydraulique de Marly aux cages de la ménagerie en passant par le cabinet des Estampes. Les intentions diplomatiques des Français

sont on ne peut plus évidentes. Même si la paix a été signée avec les Provinces-Unies en 1678, à l'issue de six années d'un rude conflit, il s'agit de disputer pied à pied ses comptoirs asiatiques à la Compagnie hollandaise unie des Indes orientales – la Vereenigde Oost-Indische Compagnie (VOC) –, qui régente un vaste réseau de factoreries courant du Cap à Hirado. Or, bien qu'elle ait été dirigée à ses débuts par François Caron – un transfuge de la VOC qui a servi à Ceylan et au Japon –, la Compagnie française des Indes, créée à l'initiative de Colbert en août 1664, n'a jamais réussi à s'implanter au-delà du détroit de Malacca. Les Français estiment toutefois qu'une place est à prendre au Siam, où les Hollandais ne disposent depuis 1608 que d'une petite loge de négoce. Un premier émissaire – un certain André-François Boureau-Deslandes – se rend de Surat à Ayutthaya en 1680. L'année suivante, trois ambassadeurs siamois embarquent à Banten, au nord de Java, sur le fleuron de la flotte de la Compagnie française des Indes: le *Soleil d'Orient*, un trois-mâts de soixante canons et 1000 tonneaux – lequel sombre corps et biens au large de Madagascar le 1er novembre 1681. Le naufrage est peut-être dû à l'agitation intempestive de deux éléphants attachés dans la cale du vaisseau – de modestes présents que *Phra* Naraï destine à l'amusement des petits-fils de Louis XIV, les ducs de Bourgogne et d'Anjou. Il s'instaure d'ailleurs une étrange diplomatie animalière entre les deux nations, puisque tandis que le gouverneur de Pondichéry offre en 1684 un lion de Surat à *Phra* Naraï, ce dernier fait parvenir, en 1686, deux éléphanteaux et un rhinocéros à Louis XIV.

En janvier 1684, *Phra* Naraï dépêche en France deux autres émissaires sur le conseil de son tout nouveau surintendant du Commerce extérieur (*Phra Klang*), le Grec Kōnstantinos Fólkon (Constantin Phaulkon, le sieur Constance). Né dans une famille patricienne d'origine chypriote repliée à Céphalonie, marié à une Luso-Japonaise convertie au catholicisme, Fólkon, qui a gagné le Siam en 1678 sur un navire britannique, s'est imposé en quelques années – grâce à sa maîtrise du portugais, du thaï et du malais – comme un intermédiaire incontournable du grand négoce à Ayutthaya. Soucieux de contrebalancer l'influence croissante des Hollandais, il milite auprès de *Phra* Naraï pour un rapprochement avec la France. Ainsi fait-il nommer en 1682 au poste de gouverneur du port de Phuket, avec titre et rang d'*okphra*, un laïc des Missions étrangères, frère René Charbonneau. Ainsi également supervise-t-il, en 1685, la signature d'un accord autorisant les Français à stationner des troupes – près de six cent cinquante hommes – dans deux places commerciales fortifiées, Mergui et Bangkok. Les Français prennent en l'espèce la suite des nombreux étrangers – Bengalis, Persans, Turcs et Portugais – ayant servi à divers titres, civils et militaires, les dynastes d'Ayutthaya depuis le début du XVIIᵉ siècle.

L'étroite alliance nouée entre Fólkon et les Français se donne enfin à voir de façon éclatante à l'occasion de la « conspiration des Makassar » de 1686. En 1664, un prince du royaume de Makassar (îles Célèbes), *Daéng* Mangallé, s'établit à Ayutthaya en compagnie de deux cent cinquante personnes de sa suite. S'étant opposé à la politique du sultan Hasanuddin, qu'il jugeait par trop favorable aux Hollandais, *Daéng* Mangallé n'a eu d'autre choix que de fuir pour échapper à la vengeance de son souverain. Parce qu'ils sont musulmans, les exilés sont logés dans le *kampung* (quartier) des Malais, aux portes de la cité royale. Mais la disgrâce du ministre persan Aqa Muhammad Astarabadi, en 1677, et l'ascension subséquente de Fólkon, font craindre aux musulmans réfugiés au Siam – Malais de la péninsule et de Sumatra, Chams du Viêtnam – l'adoption de mesures discriminatoires à leur encontre. *Daéng* Mangallé s'associe au plan des conjurés, qui envisagent de mettre à sac le palais royal. Le complot ayant été éventé, le prince makassar est sommé de se rendre au palais pour implorer le pardon de *Phra* Naraï. Il s'y refuse, et se retranche dans le *kampung* des Malais. Fólkon ordonne au comte de Forbin, commandant de la garnison de Bangkok, de couper toute retraite par voie fluviale aux fuyards. Puis, ayant pris la tête d'une petite troupe de Français et de Britanniques, il donne l'assaut. *Daéng* Mangallé meurt dans les combats, mais deux de ses fils sont capturés, que Fólkon livre aux Français afin que ces derniers les expédient outre-mer. Les deux garçonnets arrivent à Paris en septembre 1687. Ils sont confiés aux jésuites, qui les baptisent en grande pompe en 1688, puis les inscrivent à l'École des gardes-marines de Brest. Dans toute cette affaire, les Français se sont comportés comme de dociles alliés de Fólkon, au grand dam des négociants musulmans d'Ayutthaya.

L'ambassade de 1686 équivaut donc à une forme de consécration de la diplomatie profrançaise de Fólkon. Et de fait, les émissaires siamois goûtent grandement l'hospitalité de Louis XIV. Nous savons, par un fragment du journal de voyage de Kosa Pan conservé aux archives des Missions étrangères de Paris, que le port de Brest et les châteaux de la Loire le convainquent de la puissance de la France.

Las, une révolution de palais brise tous les projets d'union durable entre les deux pays. À Ayutthaya, l'entregent grandissant de Fólkon indispose une fraction de l'aristocratie des *khunnang*, pour qui sa politique en faveur des Européens tient de l'aventurisme. Le clergé bouddhiste de la *sangha* redoute également l'ascendant que prennent sur la cour les jésuites, qui y font étalage de leur savoir astronomique. En mars 1688, *Phra* Naraï tombe gravement malade, victime d'une crise d'hydropisie, et annonce son intention d'abdiquer en faveur de sa fille, Kromluang Yothathep, à condition toutefois que celle-ci épouse, soit son fils adoptif Mom Pi, soit le commandant de la Garde royale des éléphants, *Phra* Phetracha. Ce dernier – dont la mère avait été la nourrice de *Phra* Naraï, et qui se prévaut donc d'un lien quasi fraternel avec le roi – refuse le second rôle qui lui est proposé. Il fait arrêter *Phra* Naraï le 17 mai et décapiter Fólkon à la mi-juin, à la suite de quoi il procède à l'exécution de la quasi-totalité des membres de la famille royale. *Phra* Naraï décède en prison à la mi-juillet. *Phra* Phetracha se fait triomphalement couronner le 1er août et choisit aussitôt pour ministre des Affaires étrangères l'un de ses plus fervents partisans : Kosa Pan, le chef de l'ambassade de 1686.

Le revirement antifrançais de Kosa Pan est spectaculaire. Devant la menace d'un assaut sans quartier, le chevalier de Beauregard doit évacuer la forteresse de Mergui le 24 juin. La place de Bangkok, commandée par le général Desfarges, est assiégée pendant quatre mois par une armée de 40 000 hommes. Pour finir, les Français acceptent de signer un acte de reddition qui leur enjoint de quitter le pays sur-le-champ. Ils regagnent Pondichéry à bord de l'*Oriflamme* en novembre 1688. À l'issue de l'expulsion des Français, la politique commerciale du Siam se recentre, deux siècles durant, sur les anciens réseaux malais et sino-thaïs. Pour la monarchie française, l'échec de l'entreprise du Siam se traduit par un retrait durable de la scène asiatique. En dépit de l'obtention, par la force ou par voie de concession, de plusieurs comptoirs supplémentaires en Inde – à Chandernagor (1688), Mahé (1721), Yanaon (1731) et Karikal (1739) –, les Compagnies françaises des Indes successives se replient au sud de l'océan Indien, dans les Mascareignes, et notamment à l'île Bourbon (la Réunion). Tandis que les Néerlandais étendent leur emprise en Indonésie et que les Britanniques progressent sur la péninsule malaise et en Birmanie, il faut attendre la prise de la cité impériale vietnamienne de Hué, en juillet 1885, pour que la France fasse sa réapparition en Asie du Sud-Est.

—

ROMAIN BERTRAND

RÉFÉRENCES

—

Diary of Kosa Pan, Thai Ambassador to France (June-July 1686) [*The*], traduit en anglais par Visudh Busayakul, introduit et annoté par Dirk Van der Cruysse et édité par Michael Smithies, Chiang Mai, Silkworm Books, 2002.

Michel JACQ-HERGOUALC'H, « La France et le Siam de 1680 à 1685. Histoire d'un échec », *Revue française d'histoire d'outre-mer*, 1995, vol. 82, n° 308, p. 257-275.

Chea Boon KHENG, *Sejarah Melayu (MS Raffles n° 18)*, Kuala Lumpur, Malaysian Branch of the Royal Asiatic Society, 1998.

Christian PELRAS, « La conspiration des Makassar à Ayuthia en 1686 : ses dessous, son échec, son leader malchanceux. Témoignages européens et asiatiques », *Archipel*, 1998, vol. 56, n° 1, p. 163-198.

Michael SMITHIES, « Le lion de Lopburi », *Aséanie*, 1999, vol. 4, n° 1, p. 87-92, et « Les gouverneurs français de Phuket, Bangkok et Mergui au XVIIᵉ siècle », *Aséanie*, 2001, vol. 7, n° 1, p. 59-78.

Dirk VAN DER CRUYSSE, *Louis XIV et le Siam*, Paris, Fayard, 1991.

RENVOIS

—

1534, 1550, 1715, 1863, 2003

1712

Les Mille et Une Nuits, ou la forgerie d'Antoine Galland

Dépassé par le succès de ses traductions de contes orientaux, pressé d'en rédiger un nouveau volume, Antoine Galland ajoute au corpus des Mille et Une Nuits des histoires que lui raconte un voyageur arabe venu d'Alep. L'aventure d'Aladin est-elle une invention française ? En tout cas, l'éminent savant du Collège royal n'agit pas différemment d'un compilateur arabe.

Il n'est guère de texte plus représentatif de la littérature arabe aux yeux du public français que *Les Mille et Une Nuits*, ces contes que Schéhérazade interrompait à point nommé, chaque matin à l'aube, pour obtenir du sultan Schahriar, époux bafoué transformé en exterminateur de la gent féminine, qu'il sursoie un jour de plus à son exécution. Pourtant, le texte qui introduisit les *Nuits* en Europe au début du XVIIIe siècle, et fit leur popularité, n'est en rien la traduction fidèle d'un original arabe, mais une œuvre métissée qui doit beaucoup à l'initiative d'Antoine Galland (1646-1715), l'un des plus éminents « savants en langues orientales » de son temps.

En 1704, il publie le premier volume de ses *Mille et Une Nuits* qu'il fait suivre de sept autres jusqu'en 1709. Intervient alors une longue interruption, durant laquelle, dit-on, des noctambules venaient sous ses fenêtres lui réclamer de nouvelles histoires. Ce n'est qu'en 1712 que parurent les deux tomes suivants, qui renferment l'« Histoire d'Aladin », immensément célèbre aujourd'hui, et « Les aventures du calife Haroun al-Rachid », un personnage emblématique du recueil. Comme les précédents, ces récits furent placés dans la bouche de la conteuse Schéhérazade et rien ne permettait de soupçonner qu'ils ne fussent pas de la même veine.

Tel n'était pourtant pas le cas, et la vérité ne fut que tardivement établie. C'est à la fin du XIXe siècle que Hermann Zotenberg découvrit, dans le « Journal » de Galland conservé à la Bibliothèque nationale, que l'origine des contes figurant dans les quatre derniers tomes de ses *Nuits* – à l'exception de l'« Histoire du dormeur éveillé » – était différente de celle des huit précédents, tirés de plusieurs manuscrits arabes. Il s'agissait d'histoires que l'auteur avait entendu raconter par le maronite alépin Hanna Dyâb de passage à Paris en 1709, et dont il avait consigné, entre le 6 mai et le 2 juin, le résumé dans son « Journal », sans jamais les qualifier de contes des *Mille et Une Nuits*. De l'« Histoire d'Aladin », il ne mentionne que le titre, mais indique qu'il en reçut une copie en langue arabe de Hanna Dyâb. Il obtint aussi de lui une version écrite des « Aventures du calife Haroun al-Rachid » et peut-être de l'« Histoire d'Ali Baba ». Aucune de ces copies ne nous est parvenue, et seuls subsistent les résumés de Galland. Des manuscrits en langue arabe de l'« Histoire d'Aladin » et de l'« Histoire d'Ali Baba » furent découverts à la fin du XIXe siècle et au début du XXe en France et en Angleterre ; cependant, ils n'attestent nullement de l'appartenance de ces contes à une tradition écrite antérieure à Galland, car il s'agit de forgeries, dérivées de la propre version de l'orientaliste. En définitive, les deux premiers tiers de l'œuvre de Galland sont tirés de contes appartenant à la tradition écrite des *Mille et Une Nuits*, tandis que le dernier emprunte, comme l'ont montré des chercheurs contemporains, à des traditions orales multiples – orientales, mais peut-être aussi européennes – véhiculées par un Alépin au début du XVIIIe siècle.

L'initiative prise par Antoine Galland d'introduire dans sa « traduction » des contes étrangers au corpus des *Nuits* tient au fait que très rapidement il ne parvint plus à faire venir du Levant des manuscrits plus étendus que ceux qu'il avait déjà traduits – seul le premier, qui compte deux cent quatre-vingt-deux nuits, et qu'il reçut d'Alep en décembre 1701, est aujourd'hui conservé (BnF, ms. ar. 3609-3611). Déjà dans le tome VIII de l'ouvrage de Galland, la maison Barbin avait introduit à son insu deux contes traduits d'un recueil turc par François Pétis de La Croix, secrétaire-interprète du roi pour l'arabe. Changeant d'éditeur et publiant alors chez Delaulne, Galland fit insérer en tête du neuvième volume : « Les deux contes par où finit le huitième tome ne sont pas de l'ouvrage des *Mille et Une Nuits* [...]. On aura soin, dans la seconde édition, de retrancher ces deux contes comme étrangers. » Aussi fondée que fût cette déclaration, elle ne pouvait manquer de faire accroire que les contes des volumes postérieurs au huitième appartenaient bien aux *Mille et Une Nuits*.

Pourquoi Galland, aucunement accoutumé d'agir de la sorte, s'est-il livré à une pareille supercherie ? Quand il publie ses « contes arabes », il est déjà âgé, et malgré son admission en 1706 à l'Académie des inscriptions et sa nomination à une chaire d'arabe au Collège royal (futur Collège de France) en 1709, ses grands travaux de numismatique et ses savantes traductions de l'arabe, du persan et du turc restent à l'état de manuscrits ; seuls des ouvrages de vulgarisation comme *De l'origine et du progrez du café* (1699) ou *Les Paroles remarquables, les bons mots et les maximes des Orientaux* (1694) sont publiés. Avec *Les Mille et Une Nuits*, il accède soudainement à la célébrité, et c'est sans doute en ravalant l'amertume du savant qui aurait espéré une autre reconnaissance qu'il se décide en 1712 à publier un nouveau volume des *Nuits*, fût-ce au prix d'une mystification. Il en entame d'ailleurs la rédaction dès novembre 1710, aiguillonné peut-être par l'apparition d'émules comme Pétis de La Croix dont *Les Mille et Un Jours* recueillaient alors un large succès. Galland fut-il néanmoins pris de scrupules ? Si les tomes IX et X paraissent en 1712, ce n'est qu'en 1717, deux ans après sa disparition, que sont publiés les deux derniers tomes, clos par un dénouement dans lequel, au bout de mille et une nuits, le sultan accorde enfin sa grâce à Schéhérazade.

Tout autre est la question de savoir comment, dix-huit mois après les avoir entendu narrer par Hanna Dyâb, Galland entreprend, à partir de simples résumés et de quelques copies, l'écriture de contes que le lecteur ne distingue en rien des précédents tirés de manuscrits des *Nuits*. Son travail n'est plus alors celui d'un traducteur, mais bien celui d'un créateur, susceptible, à partir de scénarios dont il respecte d'ailleurs les péripéties, de composer des histoires d'un format bien supérieur : ainsi, un résumé de l'« Histoire du prince Ahmed et de la fée Pari-Banou » occupant sept pages dans son « Journal », à la date du 22 mai 1709, devient un récit de près de deux cents pages dans le tome XII de ses *Nuits*, en 1717. Galland compose ses textes en mobilisant un savoir acquis grâce à son travail d'orientaliste : ainsi, l'évocation d'un temple hindou dans l'« Histoire du prince Ahmed » est calquée sur celle qu'en donne 'Abd ar-Razzâq as-Sarmarqandî (1413-1482) dans une histoire des Timourides (*Matl'a as-sa'dayn*) traduite du persan par lui quelques années plus tôt ; la description de la vallée de la Sodge que l'on trouve dans le même conte est tirée de la *Bibliothèque orientale* (1697), une somme de la connaissance sur l'Orient due à Barthélemy d'Herbelot (1625-1695), achevée et préfacée par Galland. Dans ce travail d'écrivain, l'orientaliste s'appuie aussi sur son expérience du Levant, où il séjourna près de quinze ans entre 1670 et 1688. On retrouve dans ses *Nuits* des notations qui figurent déjà dans son « Journal » de Constantinople (1672-1673) : la magnificence des cortèges dans son histoire d'« Aladin » fait écho à la pompe déployée par « le Grand Seigneur » partant en campagne, telle qu'il l'avait observée à Andrinople, et certains motifs sont repris jusque dans leur formulation première, comme l'orchestre d'harmonie, « concert de trompettes, de timbales, de tambours, de fifres et de hautbois » qui accompagne l'armée du sultan au combat, mais agrémente dans les contes des manifestations plus festives.

Cependant, il ne suffit pas à Galland d'enrichir la matière fournie par Hanna Dyâb, il lui faut encore assurer une unité d'ensemble à ses *Nuits*. Il y parvient dans une large mesure par l'observation dans la seconde partie de son recueil des mêmes conventions littéraires que dans la première, où il adapte les contes de ses manuscrits arabes. À l'ère des «belles infidèles», la traduction exige autant que la création que l'on se soumette à la règle de la bienséance, qui n'admet guère la peinture du monde matériel. Ainsi, des descriptions de palais et des portraits de jeunes princesses quelque peu détaillés deviennent sous sa plume des évocations abstraites, ou sont au mieux stylisés : des «dames d'une beauté sans pareille» paraissent dans des salons aux «dômes peints à l'arabesque» et meublés de «sofas». Une traduction fidèle des sources arabes aurait été jugée illisible, et si Galland a profondément modifié l'habillage des contes, il s'est gardé d'une francisation outrancière comme la pratiquaient alors certains traducteurs du grec qui montraient Énée sous l'habit d'un cavalier français. Galland voulait plaire, mais il voulait aussi instruire, et comme l'esthétique classique ne s'opposait pas à l'évocation des mœurs, des coutumes et des pratiques religieuses, il n'a pas manqué de les représenter, en les expliquant au besoin.

L'écriture de Galland se calque en outre dans les derniers tomes de ses *Nuits* sur celle des précédents, où une expression conçue pour se réaliser pleinement dans la performance orale du conteur se trouve métamorphosée en élégante prose classique française. La marque de l'auteur réside aussi dans la manière dont il développe une narration initiale sommaire, parfois elliptique : il communique une épaisseur psychologique aux personnages, amplifie adroitement les dialogues, cultive l'art de la transition pour faire accepter le mélange des genres, considéré comme grossier par ses contemporains. On mesure à quel point Galland, qui s'est fait le passeur de contes arabes d'une remarquable richesse, nous les a transmis dans une forme toute personnelle.

L'ouvrage de Galland n'est certes qu'une version parmi les multiples versions des *Mille et Une Nuits*, dont certaines ont tenu la gageure de prendre le titre à la lettre, comme cette épaisse recension égyptienne de la fin du XVIIIe siècle que firent passer dans les langues européennes des traducteurs aussi célèbres que Richard Burton. Mais aucune plus que celle d'Antoine Galland, qui d'une certaine manière n'a pas agi différemment des compilateurs arabes qui étoffaient le recueil en y introduisant des contes exogènes, n'a davantage contribué à la diffusion à l'échelle mondiale des histoires de Schéhérazade. Avec un corpus spécifique, la version de Galland a aussi imposé une œuvre homogène, marquée du sceau de l'écrit.

—

Sylvette Larzul

RÉFÉRENCES

—

Mohamed ABDEL-HALIM, *Antoine Galland : sa vie et son œuvre*, Paris, A.G. Nizet, 1964.

Journal d'Antoine Galland pendant son séjour à Constantinople (1672-1673), éd. par Charles Schefer, Paris, Leroux, 1881 ; rééd. Paris, Maisonneuve & Larose, 2002. – *Le Journal d'Antoine Galland (1646-1715 : la période parisienne)*, éd. par Frédéric Bauden et Richard Waller, Louvain, Peeters, vol. 1, 2011.

Sylvette LARZUL, *Les Traductions françaises des « Mille et Une Nuits ». Étude des versions Galland, Trébutien et Mardrus*, Paris, L'Harmattan, 1996.

Georges MAY, *« Les Mille et Une Nuits » d'Antoine Galland ou le Chef-d'Œuvre invisible*, Paris, PUF, 1986.

Mille et Une Nuits [Les], ouvrage publié à l'occasion de l'exposition « Les Mille et Une Nuits » à l'Institut du monde arabe (27 novembre 2012-28 avril 2013), Paris, Hazan, 2012.

RENVOIS

—

1143, 1539, 1771, 1751, 1842

1715

Les Persans à la cour de Louis XIV

*Cherchant une alliance de revers contre l'Empire ottoman
et les autres puissances sunnites qui leur étaient hostiles,
les princes séfévides de Perse découvrent à Versailles
le crépuscule du Roi-Soleil. Saint-Simon en fera le récit
et Montesquieu, plus tard, une fable politique.*

C'est une des belles scènes du règne finissant de Louis le Grand. Au bout de la Grande Galerie de Versailles, au milieu de la cour de France assemblée, les ambassadeurs de Perse s'inclinent devant l'estrade aménagée pour accueillir le trône. Devant les Persans, voici le vieux roi, amaigri, les traits tirés, flottant dans son habit brodé de diamants, assis dans son fauteuil de bois doré. L'étiquette a placé deux princes aux côtés du trône : à droite, le dauphin Louis, âgé de cinq ans, enfant aussi joli qu'inexpressif ; à gauche, le duc d'Orléans, neveu du roi et futur régent. Le duc de Saint-Simon, présent à cette audience du 26 février 1715, rapporte que l'académicien Gros de Boze et le peintre Coypel étaient au pied du trône, l'un pour établir la relation de la cérémonie, l'autre pour en peindre le tableau.

Pour accueillir l'ambassadeur Mohammed Reza Beg et sa suite, la monarchie française a déployé tous ses fastes. Débarqué à Marseille le 23 octobre 1714, l'ambassadeur a fait dans la cité phocéenne une entrée solennelle, donné et reçu des collations et entendu les opéras de Lully *Amadis* et *Bellérophon*. Le lent voyage de Marseille à Paris a été ponctué de réceptions dans chaque ville, de harangues de notables et de cadeaux – nougat à Montélimar, confitures à Valence, bougies et fruits exotiques à Nevers. À Paris, où ils entrent en grande pompe le 7 février 1715, les Persans logent à l'hôtel des Ambassadeurs extraordinaires, rue de Tournon.

L'audience du 19 février renouvelle le cérémonial adopté pour la réception du doge de Gênes en 1685 et celle des ambassadeurs de Siam en 1686. Le cortège de Mohammed Reza est accueilli dans l'avant-cour du château de Versailles, où se tiennent 2 000 hommes des gardes-françaises et des gardes-suisses, leurs chapeaux ornés de cocardes et de plumets, dont les tambours battent en son honneur. Dans la cour royale, le Persan trouve les gardes de la Porte et ceux de la prévôté de l'Hôtel. Il gravit l'escalier des Ambassadeurs, traverse le Grand Appartement et la Grande Galerie avant de parvenir, en se frayant un chemin à grand-peine, jusqu'à Louis XIV, à qui il remet une lettre du chah de Perse Hossein. Mais l'ambassadeur embarrasse le roi en entrant en conversation avec lui au lieu de lui adresser la harangue accoutumée dans ce genre de cérémonie. Durant toute l'audience, les princes restent découverts, même si Mohammed Reza Beg, en bon musulman, ne saurait enlever son turban. L'audience de congé, dont le rituel est plus simple, a lieu le 13 août suivant, trois semaines avant la mort de Louis XIV, et c'est sa dernière action publique.

Saint-Simon aidant, l'ambassade des Persans demeure associée à la mort du roi. Tenue pour insignifiante en elle-même, elle est comme le prélude de cette mort, le « commencement de la fin », dans la composition du mémorialiste. Le duc n'est d'ailleurs pas seul à présenter l'événement sous un jour peu flatteur. Le bruit courut en 1715 que l'ambassadeur Mohammed Reza Beg était un imposteur, que les présents qu'il apportait à Louis XIV étaient dépourvus de valeur et que toute l'opération avait été montée par l'entourage du monarque déclinant pour le distraire. Le roi aurait été victime d'une mystification similaire à la cérémonie turque qui termine *Le Bourgeois gentilhomme*. Le séjour de l'ambassadeur à Paris, riche en épisodes drolatiques, donna également à douter du sérieux de la mission. Les badauds parisiens venaient admirer l'ambassadeur buvant son café ou son thé, dégustant ses sorbets, fumant sa pipe, prenant son bain, s'exerçant au lancer de javelot sur le rempart. Mohammed Reza eut une cour d'admiratrices et séduisit une demoiselle de bonne famille. Ainsi comprise, la mission persane de 1715 serait un non-événement annonçant un autre non-événement : le décès d'un prince qui n'est plus depuis longtemps le Roi-Soleil.

Le tableau crépusculaire brossé par Saint-Simon et quelques autres contemporains mérite tout de même des retouches. Sans doute le Louis XIV qui meurt le 1er septembre 1715 a-t-il dû rabattre de sa superbe depuis les décennies triomphantes 1670 et 1680. En 1697, par le traité de Ryswick, il a dû renoncer à plusieurs de ses conquêtes des belles années, mais la France est demeurée invaincue sur terre. En 1713 et 1714, aux traités d'Utrecht et de Rastadt, après des défaites militaires sans précédent, il a encore cédé du terrain mais a conservé la couronne d'Espagne à son petit-fils Philippe V. La France de 1715 n'est plus prépondérante, mais elle reste le pays le plus peuplé et la première puissance de l'Europe. Louis est usé – il s'endort parfois durant les Conseils –, mais non sénile, et il travaille désormais à préserver par la diplomatie ce qui fut jadis obtenu par la guerre. En mettant en scène une dernière fois les fastes de Versailles, en particulier ceux de sa Maison militaire, pour les ambassadeurs persans, le roi a entendu montrer à l'opinion française et européenne que la France n'était pas déchue de sa grandeur passée. Prudence et négociation, plutôt qu'aventure et politique de force : ce sera aussi le mot d'ordre de son neveu mal-aimé, Philippe d'Orléans, qui va assumer la régence après le trépas de son oncle.

Surtout, en dépit des revers récents, les milieux d'affaires et l'administration royale abondent en projets d'expansion commerciale et coloniale. Même si la flotte de guerre française est sortie bien diminuée de la guerre de Succession d'Espagne, les bureaux de la Marine et des Affaires étrangères lorgnent en direction de l'Amérique espagnole comme de l'océan Indien. Les milieux dirigeants français cherchent à tirer les leçons de la guerre, pendant laquelle la puissance financière anglaise et hollandaise a pesé lourd dans la balance. Le temps n'est pas loin de l'ascension de John Law et des visions mirifiques du Système.

L'initiative de l'ambassade revint pourtant aux Persans eux-mêmes. Officiellement, il s'agissait de conclure un traité d'amitié et de commerce, qui était en négociation depuis une quinzaine d'années. En fait, il semble bien que l'objet de la mission ait d'abord été politique et militaire. La Perse séfévide, dont le chiisme était la religion officielle, était entourée de puissances sunnites hostiles, avec qui la paix était fragile : Empire

ottoman, Empire moghol, khanat de Boukhara, imamat d'Oman. Dans le golfe Persique, la piraterie omanaise s'attaquait au commerce de la Perse, voire à certaines de ses villes côtières. Les Persans projetaient de nouer une alliance avec les Français contre ces pirates omanais. En échange d'avantages commerciaux, la flotte française aurait eu la charge de conquérir le port de Mascate, place disputée depuis le début du XVIᵉ siècle entre les Portugais, les Ottomans, les Persans et les imams d'Oman. Établie dans ce port, la flotte française aurait assuré la police maritime dans le Golfe.

L'ambassade persane de 1715 prend place dans une série de missions expédiées par des souverains musulmans en Europe au tournant des XVIIᵉ et XVIIIᵉ siècles (ambassade ottomane de 1669, ambassade marocaine de 1699, ambassade ottomane de 1721). Cette activité s'inscrit d'abord dans la diplomatie traditionnelle des « alliances de revers ». Elle tient aussi à un début de prise de conscience, dans le monde musulman, de la supériorité technique que sont en train d'acquérir les Occidentaux, en particulier dans le domaine de l'art militaire. Les potentats de l'Orient cherchent à se renseigner sur les innovations en cours en Europe et songent à faire venir des experts chrétiens dans leurs États. Les voyages de Pierre le Grand en Europe de 1697-1698 et 1716-1718 relèvent d'un constat analogue.

Mais l'initiative persane vint trop tard. Les négociations, fort difficiles à conclure en raison de la lenteur des communications et du renouvellement du personnel politique dans chaque pays, traînèrent jusqu'en 1722. À cette date, les Afghans, révoltés contre le pouvoir central séfévide, lancèrent un grand raid sur Ispahan, la capitale de l'Empire. Ils écrasèrent l'armée impériale, pourtant supérieure en nombre et dotée d'une artillerie dont le commandant adjoint était un Français, et, après un long siège, se rendirent maîtres de la métropole. La Perse allait sombrer dans le chaos et disparaître pour près d'un siècle des préoccupations des puissances européennes.

Du côté français, les résultats de l'ambassade de 1715 ne furent ni diplomatiques, ni militaires, ni commerciaux, mais philosophiques et littéraires. Après la lecture des *Voyages* de Tavernier et de Chardin, l'observation des mœurs de l'ambassade persane administra aux sujets de Louis XIV une leçon très directe de relativisme. Découvrant Mohammed Reza Beg assis en tailleur près de sa cheminée, le baron de Breteuil, introducteur des ambassadeurs, lui trouva d'abord l'air d'« un gros singe qui était couché auprès du feu ». « Je ne doute pas, ajoute le courtisan, que la première fois que les Persans voient un Européen assis sur une chaise, ils ne trouvent la posture aussi ridicule que celle de l'ambassadeur me l'a semblé dans cette première apparition. » La curiosité suscitée par le séjour de l'émissaire du chah à Paris allait bientôt engendrer un des monuments du premier âge des Lumières : les *Lettres persanes* de Montesquieu, parues en 1721, où le procédé de l'œil neuf permet moins à l'Occident de réfléchir sur l'Orient que de méditer sur lui-même.

THIERRY SARMANT

RÉFÉRENCES

—

Maurice HERBETTE, *Une ambassade persane sous Louis XIV, d'après des documents inédits*, Paris, Perrin, 1907.
Rudi MATTHEE, *Persia in Crisis: Safavid Decline and the Fall of Isfahan*, Londres / New York, Tauris, 2012.
Thierry SARMANT, *1715 : la France et le monde*, Paris, Perrin, 2014.
Anne-Marie TOUZARD, *Le Drogman Padery, émissaire de France en Perse (1719-1725)*, Paris, Geuthner, 2005.

RENVOIS

—

1550, 1682, 1685, 1771

1720

Une douche écossaise

*Comment liquider la dette laissée par Louis XIV ?
Philippe d'Orléans se laisse convaincre par les idées
audacieuses de l'Écossais John Law : créer une banque
générale qui émet des titres boursiers. Cette première
expérience d'un marché financier se solde par
une banqueroute, rendant l'État méfiant vis-à-vis
de toute réforme et les créanciers méfiants vis-à-vis de l'État.*

Le Système de John Law (1671-1729) fut une expérience financière radicale tentée dans la France de la Régence. Situons rapidement le personnage : fils d'un orfèvre d'Édimbourg, une jeunesse dissipée à Londres interrompue par un duel pour lequel il fut condamné à mort, une évasion facilitée, puis vingt années à parcourir l'Europe, s'initier aux marchés financiers, et proposer à diverses cours des projets de banque. À l'époque, toute entreprise dépassant le cadre étroit d'une société nécessitait l'octroi d'un privilège, et Law ne voulait pas être simple banquier d'affaires en son nom propre. Il voulait dupliquer le succès de la Banque d'Angleterre (fondée en 1694) en adaptant le modèle aux circonstances locales. Il n'était certes ni le seul ni le premier

faiseur de projets, mais son originalité fut de présenter sa banque non comme un expédient financier mais comme un outil de politique économique fondé sur des raisonnements théoriques fort avancés, un demi-siècle avant les écrits de son compatriote écossais Adam Smith. Pour Law, une monnaie fondée non sur un métal précieux mais sur un crédit bien régulé serait plus fiable et stimulerait l'activité économique en fournissant des liquidités et en abaissant le taux d'intérêt.

Lorsqu'il arriva en France à la fin de 1713, le royaume sortait de la guerre de Succession d'Espagne. Ce conflit avait touché l'Europe entière ; il se soldait par un demi-succès pour la France mais avait épuisé les finances et nécessité une banqueroute partielle et des impôts très lourds. Ce que Law proposait à Louis XIV, puis (après sa mort) au Régent le duc d'Orléans, ne manquait pas d'attrait, mais ne dispensait pas des mesures sévères prises entre 1715 et 1718 : réduction des intérêts sur la dette publique, consolidation de la dette flottante en billets de l'État de valeur douteuse, manipulations monétaires, et augmentations d'impôts. Cependant, le Régent, séduit par l'intelligence et les vues de Law, parvint à convaincre son gouvernement de donner une chance à l'Écossais.

Le Système de Law se développa en trois étapes. D'abord, une banque fut établie en mai 1716, en offrant aux détenteurs de billets de l'État la possibilité de les échanger contre des actions dans la banque, ce qui revenait à échanger des créances sur l'État contre des parts dans une entreprise potentiellement lucrative. La banque émettait des billets au porteur, convertibles sur demande en espèces de poids fixe, et achetait des dettes commerciales. Les billets n'avaient pas cours forcé, mais furent rapidement acceptés en paiement d'impôts et rendus convertibles auprès des receveurs des impôts. La banque, bien gérée, s'avéra profitable et la protection donnée aux billets contre la mutation monétaire de mai 1718 accrut leur faveur. Pendant ce temps, en 1717, Law lançait la deuxième étape en créant une compagnie de commerce, ici encore par échange de billets de l'État contre des actions au porteur. La Compagnie dite d'Occident avait pour but d'exploiter la colonie de la Louisiane, c'est-à-dire tout le bassin du Mississippi, vaste territoire acquis trente ans auparavant mais resté en friche. Les affaires languirent au début mais la Compagnie s'engagea dans une série d'acquisitions d'autres activités commerciales, puis fiscales. Le cours des actions monta et la Compagnie put financer ses acquisitions par l'émission de nouveaux titres. En 1719, elle absorba la Compagnie des Indes et en prit le nom, détenant ainsi l'essentiel du commerce d'outre-mer.

La troisième étape eut lieu à l'été 1719, quand la Compagnie exécuta simultanément deux grandes opérations. D'une part, elle emporta les baux pour la collecte des impôts indirects (les fermes générales), grâce à quoi elle devait au roi une somme fixe pour la valeur des impôts perçus et gardait pour elle les pertes ou profits. Par ailleurs, elle offrit au roi de lui prêter de quoi rembourser toute la dette publique à un taux avantageux. Elle finança ce prêt pour une gigantesque émission de titres, pour lesquels elle acceptait les titres de dette existants. L'opération revenait donc à convertir la dette publique à taux d'intérêt fixe en actions d'une compagnie qui percevait, outre les profits de ses monopoles sur le commerce extérieur, le surplus des revenus (variables) de l'État sur ses dépenses fixes. L'État se finançait non par des emprunts à taux fixe qui risquaient la banqueroute dans les pires circonstances, mais par des actions à dividende variable qui faisaient partager bonne ou mauvaise fortune. Law offrait à la France un système financier d'une modernité audacieuse, et la perspective de pouvoir lever les ressources nécessaires dans de futurs conflits. La brève guerre contre l'Espagne en 1718 n'avait-elle pas réussi sans le moindre remous financier ? Law vit son ascendant sur le Régent grandir, au point de devenir contrôleur général des Finances en janvier 1720. La banque, nationalisée en décembre 1718 et baptisée Banque royale, fut confiée à la Compagnie en février 1720. Le triomphe de Law paraissait si complet que la Grande-Bretagne, pour une fois dans son histoire, crut bon d'imiter la France. En cette même année 1720, la Compagnie des mers du Sud (*South Sea Company*) persuada le Parlement de convertir toute la dette publique en actions, et la même fièvre spéculatrice s'empara de Londres. On verra aussi une bulle financière la même année à Amsterdam.

Mais le projet échoua. Le prix auquel les vieux emprunts furent convertis en actions était fixé, mais Law crut nécessaire de faire monter l'action encore plus haut pour encourager les créanciers à convertir. Les revenus qu'il prévoyait pour sa compagnie n'étaient pas déraisonnables mais il justifiait sa cible élevée par la baisse des taux d'intérêt que l'abondance monétaire devait, selon lui, entraîner. Pour soutenir le prix des actions, il employa les billets de la banque, d'abord en sous-main puis ouvertement. Pour soutenir le cours des billets, il leur donna cours forcé et fit varier, puis démonétisa les espèces d'or et d'argent. Mais la création monétaire désormais incontrôlée fit fléchir les changes et naître l'inflation. Pour faire marche arrière, Law réduisit le cours des actions et la valeur faciale des billets et porta un coup fatal à la confiance (21 mai 1720). L'émotion fut telle que Law fut provisoirement écarté et la mesure annulée ; Law fut remis en place à la Compagnie pour tenter de sauver l'édifice. Les cours de l'action et du billet contre l'or étaient en chute libre. Law tenta par divers moyens de résorber la masse de billets ; il rétablit la dette publique, émit de nouveaux titres, créa des comptes en banque sur le modèle de la Banque d'Amsterdam, rien n'y fit. On se résigna à programmer la démonétisation progressive des billets. Pendant ce temps, les revenus de l'État s'effondraient et la Compagnie ne pouvait faire face à ses paiements. Law fut congédié et secrètement escorté à la frontière (décembre 1720).

Les finances publiques n'étaient pas les seules en désordre. La folle spéculation sur les actions et autres titres, le remboursement inachevé de la dette publique, et surtout le cours forcé donné aux billets, aubaine pour les débiteurs, avaient bouleversé les fortunes. Le soin de réparer le désastre fut confié aux frères Paris, financiers de longue expérience, qui conçurent le « Visa », un projet pour sauver la Compagnie des Indes, liquider la Banque, et solder les dettes du Système en limitant dans la mesure du possible les injustices et les profits indus. Plus d'un demi-million de soumissions furent traitées et liquidées, c'est-à-dire diminuées selon l'origine des avoirs et converties en nouveaux titres de dette publique.

Que resta-t-il de cette expérience ? D'abord, la Compagnie des Indes, recentrée sur le commerce avec l'Orient après avoir rétrocédé le monopole du tabac et la Louisiane en 1731, rivalisa pendant un temps avec ses homologues néerlandaise et britannique et approvisionna la France en produits de luxe d'Inde et de Chine. Quoique compagnie privée, elle était surveillée de près par le gouvernement qui avait son succès à cœur, mais qui n'avait pas les ressources nécessaires pour l'épauler dans les conflits militaires. Après la défaite de la guerre de Sept Ans, la Compagnie fut liquidée et son commerce ouvert à la concurrence.

Il resta aussi un marché financier organisé. Le pittoresque agiotage de la rue Quincampoix, tantôt encouragé tantôt réprimé, fut doté en 1724 d'un lieu et d'une structure officiels. Le titre phare en était justement l'action de la Compagnie des Indes dont la cote, publiée dans les journaux européens, était le baromètre financier de la France, mais on y échangeait aussi les obligations au porteur émises par l'État. Ainsi se développa un marché des capitaux, dont cependant l'État ne sut pas tirer parti. Interrompue par la Révolution, la Bourse réapparut sous le Directoire et se développa tout au long du XIXᵉ siècle.

Mais l'expérience laissa des cicatrices. D'abord, la capacité de l'État à emprunter, particulièrement en temps de guerre quand les dépenses devenaient rapidement énormes, resta limitée par le souvenir des mauvais traitements subis par ses créanciers ; encore peut-on penser que le Visa atténua le coup. Les manquements à la parole donnée continueront longtemps : suspensions de paiements (1759, 1788), réductions forcées de la dette (1771, 1797). L'échec de la Banque royale priva la France d'une ressource qu'avaient ses rivaux néerlandais et britanniques, et il fallut attendre un demi-siècle avant la fondation de la Caisse d'escompte (1776),

ancêtre de la Banque de France (1800). Ce fut aussi un tournant manqué : l'Ancien Régime, brièvement ouvert aux idées nouvelles et aux possibilités de réformes en profondeur, se retrancha dans un certain immobilisme et une peur des nouveautés que semblait justifier le désastre de 1720. On ne peut qu'imaginer comment l'absolutisme royal aurait évolué face à un État (d'actionnaires) dans l'État comme le Système de Law.

—

FRANÇOIS VELDE

RÉFÉRENCES

—

Edgar FAURE, *La Banqueroute de Law*, Paris, Gallimard, 1977.
Claude-Frédéric LÉVY, *Capitalistes et pouvoir au siècle des Lumières*, Paris, Mouton, 1980, 3 vol.
Antoin E. MURPHY, *John Law : Economic Theorist and Policy-Maker*, Oxford, Clarendon Press, 1997.
Larry NEAL, *The Rise of Financial Capitalism : International Capital Markets in the Age of Reason*, Cambridge, Cambridge University Press, 1990.
François R. VELDE, « Was John Law's System a Bubble ? The Mississippi Bubble Revisited », in Jeremy ATACK et Larry NEAL (dir.), *The Origins and Development of Financial Markets and Institutions*, Cambridge, Cambridge University Press, 2008, p. 99-120.

RENVOIS

—

1357, 1456, 1860, 1973, 2011

PAGE SUIVANTE

Nicolas André Monsiau,
*L'Abolition de l'esclavage
proclamée à la Convention,* fin du XVIIIe siècle
Paris, musée Carnavalet
(photo : © RMN-Grand Palais / Agence Bulloz)

LA NATION DES LUMIÈRES

Le demi-siècle qui court de la propagation de l'*Encyclo-pédie* à la survie provisoire d'une République ensan-glantée par sa propre « dévoration », de Diderot à la chute de Robespierre, est celui de toutes les révolu-tions du globe, au sens propre comme au sens figuré. Acte de fondation qui sacralise la politique et désacralise la religion, la Révolution française ne tombe pas du ciel. Elle résulte bien d'une extraordinaire aspiration polymorphe et contradictoire à une mutation sociale qui se pense par son mot même comme « globale », car en résonance avec le mouvement de l'univers, sinon de l'humanité : par volonté de symbole autant que par effet de croyance, la jeune Assemblée nationale se donne le 20 juin 1789 au Jeu de Paume un astronome pour président, Jean-Sylvain Bailly. Au détriment temporaire du rayonnement des États, les lumières ont changé de source et se propagent sur la surface du globe. En 1794, l'esclavage est déclaré « crime de lèse-humanité ».

La circulation des livres, des journaux et des savoirs détermine dès les années 1750 la mise en œuvre d'un nouvel ordre immatériel qui traverse les frontières : information et opinion publique dédoublent les sphères du social et perturbent les ressorts traditionnels de la domination des États. L'institution du secret, de la franc-maçonnerie aux manœuvres diplomatiques, est le revers solidaire d'une illumination des esprits et des corps. Si la lumière a changé de source, c'est qu'elle se propose de mettre en accord la raison et la sensibilité. De Rousseau à Sade, ce dessein irrigue les textes, et bientôt les actes. Les arts dramatiques constituent la matrice d'une nouvelle alliance qui vise à faire de l'homme une totalité morale, transfigurée par la découverte des groupes humains dispersés sur une Terre qui se parcourt désormais aisément. L'humanité naît donc comme principe politique et comme entité démographique, destinée à se confondre avec le globe.

Avec la maîtrise des mers, le monde n'est plus l'alibi d'une aventure mystique : il peut devenir l'objet de projections rationnelles et les voyages autour de la Terre, de Cook à Bougainville, achèvent de faire croire à l'Europe qu'elle a pour vocation de dominer le monde.

À ce jeu, la France a perdu, dès 1763, avec la guerre de Sept Ans, la première place, face à un Empire britannique qui s'affirme désormais et pour un siècle et demi comme la première puissance mondiale. La nostalgie d'une domination universelle se convertit peu à peu en colonialisme économique intensif et spéculateur. L'asservissement des hommes, rendu bientôt intolérable en métropole, se déploie aux Antilles, jusqu'à contrarier l'aspiration à l'égalité des droits de l'homme. La libération des corps doit donc s'accompagner d'une régénération des esprits : le surgissement religieux de la Révolution, inspiré par la Constitution américaine, entend accomplir cette révélation par la grâce de la loi, la vertu de l'éducation et l'exercice de la fraternité. Paris est ainsi le théâtre rêvé d'une réconciliation entre l'ordre politique et celui de la nature, rassemblés dans un Éden terrestre, le Muséum d'histoire naturelle.

Mais comment faire une guerre pour imposer au monde la paix perpétuelle ? L'Europe monarchique ne s'y trompe pas et renvoie la France aux ressorts ambivalents de l'universalité incarnée en une nation, substitut possible d'une puissance économique fragile. Les fils des Lumières ont sans doute tour à tour fait et défait les révolutions, mais ils ne les ont pas détournées seuls de leur cours.

1751

Tous les savoirs du monde

Le lancement en 1751 de l'Encyclopédie de Diderot et d'Alembert marque la vocation universelle de la culture savante de langue française. Fondée sur une puissance économique encore indiscutable, favorisée par l'urbanisation de la société, l'emprise des « Lumières » semble se confondre alors avec un rayonnement d'abord politique, et bientôt symbolique.

Le 4 mai 1751, la Faculté de théologie de Paris autorise la publication des premiers volumes de l'*Histoire naturelle, générale et particulière* de Georges-Louis Leclerc, comte de Buffon, une vaste entreprise qui se poursuit tout au long du siècle. Dans cet ouvrage, il présente les diverses variétés qui composent l'espèce humaine : selon lui, ces variétés renvoient aux différences naturelles qui composent les milieux dans lesquels vivent les populations de la Terre. Suivant une vision très européocentriste qui reprend les préjugés du moment, les conditions naturelles de l'Europe constituent l'environnement le plus favorable au perfectionnement des individus et des sociétés, argument qui justifie que les Européens se placent au sommet de l'échelle des civilisations. Parmi ses

contemporains, ils sont nombreux à affirmer qu'en Europe, c'est la France, ou plutôt Paris, qui constitue le siège de la civilisation universelle, la capitale de la Raison et de la civilité, le passage obligé pour tous les voyageurs. La publication, à partir de 1751 encore, des premiers volumes de cette ambitieuse entreprise intellectuelle et commerciale qu'est l'*Encyclopédie*, produite conjointement par le libraire parisien Joachim Le Breton et par deux membres de la république des Lettres, Diderot et d'Alembert, témoigne encore de cette prétention française à vouloir éclairer l'univers : il s'agit en effet de proposer à un public de lecteurs choisis dans toute l'Europe la somme de toutes les connaissances. Par le rayonnement de ces institutions scientifiques et de sa langue qui s'est imposée – aux dépens du latin – comme la langue de toutes les élites, Paris semble alors dominer le monde et incarner cet idéal de progrès qui constitue le cœur du mouvement des Lumières européennes.

Après les « malheurs » des dernières années du long règne de Louis XIV, le royaume connaît un nouveau souffle. Entre 1700 et 1750, la population urbaine française passe de 2,7 à 3,1 millions d'habitants (sur un total de près de 24 millions en 1725), croissance qui témoigne d'une réelle vitalité tant en matière démographique qu'économique, culturelle et militaire. En 1737, Louis XV n'hésite pas à envoyer ses troupes pour rétablir l'ordre à Genève, affirmant ainsi son rôle de gendarme de l'Europe. Métropole d'un vaste empire qui ne cesse de s'étendre en Afrique, en Asie et en Amérique du Nord, Paris, qui passe, grâce à une immigration continue, de 400 000 à environ 450 000 habitants entre 1700 et 1750, voit converger vers elle les élites européennes, francophones et francophiles, à la recherche des curiosités et des plaisirs offerts par les nombreux espaces de rencontre, de discussion et de sociabilité qui se partagent désormais entre la cour et la ville. Incarnées par des figures dont la réputation dépasse largement les frontières hexagonales (Voltaire ou Buffon), comme l'illustrent les très vastes réseaux de correspondances formés autour d'elles, les Lumières françaises (même si le terme est anachronique) constituent un espace d'échanges qui rend compte de la vitalité de la république des lettres et de l'émergence d'une opinion publique à l'échelle européenne.

Cette vocation universelle de la culture française s'appuie sur de solides bases économiques et matérielles, symbolisées par la croissance commerciale des ports de l'Atlantique : Bordeaux, Nantes et La Rochelle se tournent vers le commerce négrier, dit triangulaire, avec les « Isles sous le vent » (en particulier Saint-Domingue) dont les bénéfices importants rendent possible l'ascension d'une bourgeoisie dynamique qui, soucieuse de se conformer aux modalités de la distinction nobiliaire, investit dans les terres (permettant ainsi le développement du vignoble bordelais destiné à l'exportation) et entreprend, avec l'aide des serviteurs de l'État (comme l'intendant Tourny à Bordeaux) de grands travaux pour faire de la ville un espace fonctionnel quitte à entrer en conflit avec les élites traditionnelles de la municipalité ou l'Église. Le grand commerce maritime constitue alors une véritable locomotive qui entraîne le développement plus général des circulations et des flux des hommes, des produits et des idées, justifiant l'attention de plus en plus grande portée par l'État à l'aménagement des routes (grâce au système du travail gratuit – la corvée royale – généralisé en 1738) et des canaux, confié au corps des ingénieurs des Ponts et Chaussées réorganisé en 1716 (une école sera créée en 1747). Conjugué avec un dynamisme urbain général, cet essor entraîne des transformations profondes dans les habitudes vestimentaires ou les pratiques alimentaires qui constituent cette culture des apparences à travers laquelle se dessinent les hiérarchies sociales : les indiennes, ces cotonnades peintes ou imprimées, rapportées d'Inde avant d'être fabriquées en Europe, deviennent les symboles de la mode française.

Certes, de tels changements ne concernent pas l'ensemble des sujets du roi et les bénéfices de ce dynamisme général ne profitent en effet qu'à un petit nombre. Face aux membres de la noblesse et à une minorité qui compose l'élite du tiers état, la très grande majorité de la population du royaume, composée avant tout de paysans, reste à l'écart de ces transformations que ces derniers contribuent pourtant, par leur travail, à rendre possibles. Si les grands fléaux (guerre, famine et peste) semblent désormais écartés (la dernière grande peste touche Marseille en 1720), les populations rurales et urbaines, soumises à la domination sociale et culturelle d'une minorité, continuent de vivre dans des conditions difficiles. C'est néanmoins grâce aux membres de cette élite désormais largement urbaine, choisie et restreinte, que peuvent se développer les activités culturelles et les pratiques intellectuelles qui constituent les vitrines de la civilisation française. Installée à Versailles, la cour reste un foyer de la vie artistique et intellectuelle. Mme de Pompadour, qui réunit autour d'elle une clientèle nombreuse, continue de développer le mécénat royal et joue un rôle important dans le développement des arts. Parallèlement, les académies royales restent non seulement des lieux de consécration mais encore des espaces d'impulsion des activités artistiques et intellectuelles. À partir des années 1730, les membres de l'Académie royale des sciences, sous la direction de Maupertuis, deviennent de puissants relais à l'introduction des théories newtoniennes en France qui étaient en butte, jusqu'alors, à l'hostilité des savants français. À l'initiative de plusieurs grandes expéditions maritimes (au Pérou en 1735 sous le commandement de La Condamine et en 1736, en Laponie, sous celui de Maupertuis lui-même) destinées à valider les théories sur la forme du globe terrestre, ces académiciens (en particulier Clairaut dont les travaux valident ceux de Newton et les calculs de Halley) contribuent au rayonnement de la science française. Plus généralement, l'essor des voyages, dont les finalités sont toujours plurielles (entre intérêts savants, économiques, diplomatiques et coloniaux), est favorisé par l'impulsion conjuguée de l'administration royale et des institutions savantes (en particulier le Jardin du roi dont Buffon, académicien des sciences, est nommé intendant en 1739) qui composent une véritable « machine coloniale ». Du côté des arts, l'Académie royale de peinture joue un rôle majeur dans la mise en place d'un nouvel espace de publicisation et de critique des productions artistiques en organisant, à partir de 1737, des Salons dont le succès est immédiat puisqu'en 1750 près de 15 000 personnes se pressent au Louvre durant les quatre ou cinq semaines que durent ces expositions gratuites et bisannuelles.

Aux côtés de ces institutions royales et académiques se multiplient les lieux de sociabilité dont la variété et l'effervescence participent à la mutation de cette culture urbaine qui favorise l'émergence d'un véritable espace public. La reconstitution, sous la régence du duc d'Orléans (1715-1723), des lieux de sociabilité parisiens réservés aux membres de la noblesse et de l'élite bourgeoise participe directement à la valorisation de la civilité mondaine sur laquelle repose cette notion de civilisation (utilisée en 1756 par Mirabeau père). Dans le premier tiers du siècle, le salon de la marquise de Lambert à l'hôtel de Nevers s'oppose à la « cour » de Sceaux qui perpétue l'étiquette ancienne autour de la duchesse du Maine ; après 1764, c'est le salon de Mlle de Lespinasse, rue Saint-Dominique, qui dispute à celui de Mme du Deffand, sa tante et ancienne protectrice, les hommes de lettres et artistes les plus en vue. Si les femmes y jouent un rôle important, certains de ces salons peuvent être tenus par des hommes, riches collectionneurs ou « amateurs ». Alors que la conversation, la politesse et les bonnes manières promues dans ces grands salons parisiens s'imposent progressivement comme des modèles en Europe, il n'en demeure pas moins que cette sociabilité mondaine constitue un système de codes, souvent très complexes, qui servent autant de signes de reconnaissance et de valorisation aux membres de la bonne société (c'est désormais dans ces lieux que se forgent les réputations littéraires, scientifiques ou artistiques) qu'à exclure tous ceux qui ne sont pas jugés dignes d'en faire partie. Aux côtés de ces lieux réservés, d'autres espaces de sociabilité jouent un rôle central dans les mutations de la vie culturelle et intellectuelle : les cafés où sont aménagés des cabinets ou chambres de lecture susceptibles d'offrir aux membres de la petite et moyenne bourgeoisie l'accès aux périodiques ou aux livres, les loges maçonniques (qui s'implantent en France entre 1715

et 1720 et connaissent une véritable explosion quantitative à partir de 1730) où ces mêmes catégories sociales peuvent venir rechercher autant des réponses spirituelles que de nouvelles pratiques de culture et de divertissement contribuent, en offrant l'accès à des ressources et supports culturels plus nombreux et divers, à bouleverser en profondeur les comportements et les habitudes de populations qui, certes, restent avant tout urbaines, mais qui gagnent progressivement les populations rurales par le biais de médiateurs culturels comme les curés ou les colporteurs.

Ces transformations culturelles et intellectuelles suscitent des inquiétudes, voire des oppositions. Dès les années 1730, des membres du clergé partent en guerre contre ces nouvelles pratiques culturelles qui semblent mettre en cause l'autorité morale de l'Église. Cette offensive ne fera que s'amplifier à mesure du développement du marché du livre et de la progression de la lecture aux effets prétendument pervers (particulièrement chez les femmes ou les domestiques !) qui cristallisent progressivement le combat mené contre les Lumières et les philosophes, accusés de vouloir détruire l'ordre politique et social. Si l'*Encyclopédie* de Diderot et d'Alembert devient la cible de cette offensive (l'ouvrage est condamné en 1759 par le Conseil du roi, le parlement de Paris et le pape, et ne sera continué que de manière clandestine avec la complicité du directeur de la Librairie, Malesherbes), les cent cinquante collaborateurs sont pour la plupart membres de l'administration et favorables au pouvoir monarchique : dans leur grande majorité, ces encyclopédistes et les philosophes souhaitent lutter contre les «excès», les «abus» (en matière religieuse, fiscale ou judiciaire) qui tendent à affaiblir le pouvoir du Prince et à empêcher le bonheur du plus grand nombre.

Si ces conflits, qui dépassent largement ses frontières, participent à son rayonnement au sein d'une Europe dans laquelle la France apparaît comme la grande puissance civilisatrice, on peut se demander si la décennie qui débute en 1750 n'est pas celle d'un apogée. Au cours des années 1750, le royaume subit une série de crises qui, des mises en cause particulièrement violentes de l'autorité royale (autant par les élites nobiliaires qui utilisent les parlements pour empêcher toutes les réformes fiscales ou judiciaires que par les «mauvaises paroles» populaires saisies par les «mouches» de la police parisienne que l'exécution de Damiens en 1757 ne fait qu'exacerber) aux divisions profondes de l'Église catholique autour de la question janséniste, aboutit à fragiliser les fondements d'une civilisation française de plus en plus concurrencée par d'autres modèles, anglais ou prussien. Les défaites militaires et reculs diplomatiques subis au sortir de la guerre de Sept Ans en 1763 mettront au jour les limites des aspirations universelles de la France.

—

JEAN-LUC CHAPPEY

RÉFÉRENCES
—

Jeremy L. CARADONNA, «Prendre part au siècle des Lumières. Le concours académique et la culture intellectuelle au XVIIIe siècle», *Annales. Histoire, sciences sociales*, 2009 / 3, 64e année, p. 633-662.
Jean-Luc CHAPPEY, *Ordres et désordres biographiques. Dictionnaires, listes de noms et réputation, des Lumières à Wikipédia*, Seyssel, Champ Vallon, 2013.
Christophe CHARLE (dir.), *Le Temps des capitales culturelles (XVIIIe-XXe siècle)*, Seyssel, Champ Vallon, 2009.
Robert DARNTON, *L'Aventure de l'«Encyclopédie» (1775-1800), un best-seller au siècle des Lumières* [1982], Paris, Seuil, coll. «Points-Histoire», 2013.
Antoine LILTI, *Le Monde des salons. Sociabilité et mondanité à Paris au XVIIIe siècle*, Paris, Fayard, 2005.
François REGOURD et James MCCLELLAN III, *The Colonial Machine : French Science and Overseas Expansion in the Old Regime*, Turnhout, Brepols, 2011.

RENVOIS
—

1380, 1536, 1633, 1712, 1795, 1875, 1900

1763

Un royaume pour un empire

Le traité de Paris en 1763 consacre l'émergence de l'Empire britannique et met un terme aux prétentions de la France à la domination impériale universelle. L'expulsion l'année suivante des jésuites complète une mutation « nationale » des élites qui entendent réduire à la colonisation économique la puissance mondiale de la France.

Voltaire est dans son château de Ferney. Le philosophe à qui la royauté a interdit de séjourner à Paris et que Genève refuse d'accueillir chez elle reçoit dans sa demeure voisine de sa seigneurie de Tournay, aux frontières de la Suisse, l'Europe tout entière venue trouver là une sorte d'univers en réduction, tant ce bout du pays de Gex commence à attirer, tel un aimant, les nouvelles du monde. Celui-ci est alors troublé par une forme de première guerre mondiale, commencée en 1754, l'année même de l'ostracisme de Voltaire, par un coup de tomahawk contre un officier de Louis XV assassiné dans l'Ohio : la rivalité, en Europe, des Français et des Anglais, exporte en Amérique, en Afrique et en Asie le fracas de leurs armées et la concurrence de leurs prétentions à l'hégémonie. Dans le château où il a appris par un courrier du duc de Choiseul la nouvelle défaite des troupes du roi au Canada, Voltaire réunit, au mois d'octobre 1760, des amis pour fêter alors moins la victoire des Anglais à Montréal, après leur succès à Québec un an auparavant, que la défaite de Français incapables de conserver « quelques arpents de neige » dans une guerre où ces deux pays dépensaient « beaucoup plus que tout le Canada ne va[lai]t », comme il l'avait écrit, amoureux de la paix, dans *Candide* deux ans plus tôt.

Cette fête, il ne le sait probablement

pas encore, est contemporaine des difficultés d'un jésuite, supérieur depuis 1754 des Missions des îles d'Amérique, qui avait acheté en Martinique une plantation sucrière adossée à une société de négoce afin de favoriser le développement de son activité apostolique souffrant jusqu'alors de moyens insuffisants. La suprématie maritime de l'Angleterre, engagée contre la France dans ce conflit nommé la « guerre de Sept Ans » à sa conclusion en 1763 lors de la signature du traité de Paris, conduit à la faillite de l'entreprise du père La Valette en interrompant, par le blocus et l'occupation d'une partie des Antilles françaises, la régularité des fructueuses circulations transatlantiques. Aux aléas de la guerre s'ajouta une épidémie décimant sur sa plantation ses ouvriers et ses esclaves et précipitant la ruine de ses activités commerciales. Deux associés du prêtre affairiste, les négociants provençaux Gouffre et Lionci, portèrent l'affaire au tribunal de commerce de Marseille pour obtenir de la Compagnie de Jésus le recouvrement de leurs créances.

L'ordre jésuite, ne s'estimant pas tenu d'être garant des dettes d'une entreprise banqueroutière qu'il n'aurait pas approuvée, fait déplacer le procès auprès du parlement d'Aix-en-Provence. Le jugement, défavorable à leurs intérêts, oblige les jésuites à se pourvoir en appel au parlement de Paris. Davantage qu'un épisode supplémentaire de sa déroute judiciaire, la conclusion du procès parisien prélude au catastrophique « naufrage » de la Compagnie de Jésus selon les termes de l'un de ses pères, le prédicateur Charles Frey de Neuville. Après son expulsion du Portugal en 1759, la Compagnie est, en effet, condamnée, en août 1762, par les juges parisiens comme étant « inadmissible par nature dans tout État policé ». Elle est supprimée par un édit royal de novembre 1764 et, en mai 1767, les jésuites sont bannis du royaume.

Voltaire pouvait dans son toast d'octobre 1760 fêter une double victoire : celle, contemporaine, sur l'illusion coloniale du Canada et l'aveuglement belliciste ; celle, alors en marche, contre un ordre de clercs qui, lié pour l'hôte de Ferney au despotisme de Louis XV, incarnait, à ses yeux, le fer de lance de l'offensive hostile aux Lumières et ayant triomphé, l'année précédente, avec la mise à l'Index de l'*Encyclopédie* de Diderot et de *De l'esprit* d'Helvétius. Sa lutte contre « l'Infâme » pouvait commencer. D'ailleurs n'avait-elle pas déjà débuté, ces mêmes années 1759-1760, à travers le combat qu'il mène contre les jésuites d'Ornex, ses tout proches voisins ? Défendant le patrimoine de six orphelins contre l'avidité et l'influence maligne des pères de la Compagnie, ne les traite-t-il pas, en dépit du respectueux attachement qu'il conserve pour l'enseignement de ses maîtres, de « renards » et de « bêtes puantes » ? Cet entrelacs de lieux – l'Ohio, Québec, la Martinique, Paris, Marseille, le pays de Gex... – dit alors quelque chose de l'histoire du royaume. Le toast provocateur de l'anglophile Voltaire fêtant la défaite des troupes françaises, exact contemporain des prémices de la débâcle juridico-politique des jésuites, attire dès lors l'attention sur les articulations particulières qui se défont, au milieu du XVIIIᵉ siècle, qu'il s'agisse des relations de la France au monde ou de la métaphore du corps comme organisation politique du royaume.

Le traité de Paris de 1763 solde une guerre désastreuse pour la France : elle abandonne aux Anglais toutes ses possessions continentales américaines, y préservant seulement quelques droits de pêche et de simples abris portuaires pour ses navires. La loi des armes lui fait renoncer à ce qu'elle était en train de consolider en Afrique et en Inde pour conserver, tout anachronisme bu, quelques « confettis d'empire ». Le mot est là. Qu'est-ce qui se joue, en effet, dans cette négociation, si ce n'est la conversion coloniale de la politique mondiale de la France ? C'est-à-dire le choix fait, dans cette géographie des outre-mer français – le Canada est donné aux Anglais afin qu'ils acceptent de laisser à leurs vaincus la conservation de leurs îles antillaises –, entre ce qui pouvait être un empire et ce qui était déjà un système colonial. Il y a là bien plus qu'un arbitrage diplomatique entre des terres qu'on se dispute et qu'on s'échange quand le sifflet des négociations internationales marque la fin de la partie : une façon d'être dans le monde et de choisir, avec les habitations sucrières esclavagistes des Antilles, la « plantocratie » des colons contre une forme de gouvernance impériale aménageant – osera-t-on l'écrire ? – une expérience de la rencontre avec l'autre qui ne serait pas réduite à l'antagonisme, au mépris, à l'indifférence ou à l'incompréhension éprouvée par et face à l'altérité. Certes, il ne faut pas verser dans l'angélisme et on sait combien la forte racialisation des rapports politiques, sociaux

et culturels, à l'articulation des XVIIe et XVIIIe siècles, a profondément altéré les termes de l'alliance initiale entre les Français et les Amérindiens de cette large Nouvelle-France. On sait aussi qu'il y avait des esclaves au Canada et que le *Code noir*, adopté en Louisiane en 1724 par le Conseil supérieur de La Nouvelle-Orléans, durcit encore davantage, par rapport à sa version de 1685, les conditions d'exploitation des esclaves. Ces années 1759 (chute de Québec) - 1767 (expulsion des jésuites), avec pour épicentre le traité de Paris, voient donc se dessiner le visage d'une nouvelle France.

Pierre-Yves Beaurepaire l'a rappelé. Choiseul cherche à s'attirer les bonnes grâces des parlements afin d'obtenir l'enregistrement des édits fiscaux nécessaires au rétablissement du Trésor royal après la conclusion de la guerre de Sept Ans. En *donnant* les jésuites aux magistrats gallicans qui menaient contre eux un combat vieux de deux siècles, le ministre veut par ailleurs affaiblir le parti dévot qui s'oppose à ses projets politiques. Ces manœuvres font davantage que cela. Il faut revenir au texte de l'arrêt du parlement de Paris du 6 août 1762 : la Compagnie de Jésus est condamnée comme étant un « institut inadmissible par sa nature dans tout État policé [...] tendant à introduire dans l'Église et dans les États [...] un corps politique, dont l'essence consiste dans une activité continuelle pour parvenir par toutes sortes de voies directes ou indirectes, sourdes ou publiques, d'abord à une indépendance absolue, et successivement à l'usurpation de toute autorité ». Ne fallait-il pas défendre le pouvoir monarchique si ouvertement menacé ? C'est-à-dire, d'abord, le corps d'un homme, le roi, le père de la nation que le canif de Damiens a blessé, en janvier 1757, ce qui a ravivé dans les esprits l'association faite depuis 1610 entre la Compagnie et les régicides – une proximité fantasmée que l'attentat, deux ans plus tard, contre le roi portugais n'a pas peu contribué à faire resurgir. C'est-à-dire, ensuite, protéger les prétentions de ces parlementaires parisiens à oser seuls parler au roi au nom de la Nation car ils mènent depuis plusieurs années déjà un combat dont l'enjeu est éclairé par Louis XV dans la cinglante réponse donnée, en mars 1766, à ses magistrats pour tâcher de mettre un terme au défi lancé à son autorité. Le roi ne peut souffrir en effet « qu'il se forme dans [son] royaume une association qui ferait dégénérer en une confédération de résistance le lien naturel des mêmes devoirs et des obligations communes ; ni qu'il s'introduise dans une monarchie un corps imaginaire, qui ne pourrait qu'en troubler l'harmonie ». Il rappelle, dans ce discours dit de la *Flagellation*, que « les droits et intérêts de la nation, dont on ose faire un corps séparé du monarque, sont nécessairement unis avec les [siens] ».

En expulsant, en 1767, les jésuites, corps étranger inféodé à Rome et à l'universalisme catholique, en ramenant, en 1766, à leur subordination judiciaire et à leur relativité politique les magistrats des cours souveraines contre l'idée qu'ils se faisaient de représenter le royaume en s'émancipant du corps unique du roi, en abandonnant, en 1763, l'idée impériale pour choisir de préserver le système colonial des plantations esclavagistes,

la France de Louis XV, en ce milieu du XVIIIe siècle, est comme traversée par l'obsession – qu'il faut entendre aussi dans son sens militaire – d'un régime d'identités politiques et culturelles qui se délite et qu'il faut, comme un corps blessé se contractant sur sa vulnérabilité afin d'en assourdir la douleur, rappeler à l'ordre. Un ordre, justement, ramené à des frontières imperméables et au simple corps du souverain ; un ordre national, Elsa Dorlin l'a bien montré, qui procède d'une puissante matrice coloniale et sexuelle. Un ordre des pères et des maîtres blancs que les fils et les frères insoumis de la Révolution de 1789 comme les esclaves révoltés de Saint-Domingue de 1791 jetteront à bas pour rêver de lendemains meilleurs sur un air connu, composé en 1785 : « [...] c'est la faute à Rousseau [...] ; c'est la faute à Voltaire. » Un air fredonné par un autre jeune révolté, sur cette autre frontière du peuple et de la nation, la dernière barricade, rue de la Chanverie, de l'insurrection parisienne de juin 1832. Un refrain, comme un cri de ralliement, que Victor Hugo rendra immortel quand bien même une balle mettra fin au chant de l'enfant.

———

YANN LIGNEREUX

RÉFÉRENCES
—

Pierre-Yves BEAUREPAIRE, *La France des Lumières (1715-1789)*, Paris, Belin, 2011.

Saliha BELMESSOUS, « Assimilation and Racialism in Seventeenth and Eighteenth-Century French Colonial Policy », *The American Historical Review*, vol. 110, n° 2, 2005, p. 322-349.

Elsa DORLIN, *La Matrice de la race. Généalogie sexuelle et coloniale de la nation française*, Paris, La Découverte, 2009.

Gilles HAVARD, « *Les forcer à devenir Citoyens*. État, sauvages et citoyenneté en Nouvelle-France (XVIIe-XVIIIe siècle) », *Annales. Histoire, sciences sociales*, 2009/5, 64e année, p. 985-1018.

Cécile VIDAL (dir.), *Français ? La nation en débat entre colonies et métropole (XVIe-XIXe siècle)*, Paris, Éd. de l'École des hautes études en sciences sociales, 2014.

RENVOIS
—

1270, 1494, 1534, 1664, 1804, 1811, 1913, 1931, 1960

1769

Le monde est une conversation

Le retour en métropole de Bougainville en 1769 après un voyage autour du monde déçoit les savants de l'Europe autant qu'il séduit les élites mondaines et littéraires en France. Fantôme d'une puissance maritime déchue, il ne semble déboucher, avec Tahiti, que sur la seule idéalisation du paradis perdu.

Le 13 mars 1769, la frégate *La Boudeuse*, commandée par Louis-Antoine de Bougainville, entrait dans le port de Saint-Malo, bientôt suivie par le second navire de l'expédition, la flûte *L'Étoile*. Elle revenait d'un fabuleux périple, qui avait duré plus de deux ans et avait mené l'équipage de Rio de Janeiro à Tahiti, des Moluques à l'île de France. À son bord, une dizaine d'officiers supérieurs, deux cents marins, et un jeune Tahitien, que Bougainville avait accepté d'embarquer, Ahutoru. L'intérêt suscité fut immédiat. C'était la première fois que des vaisseaux affrétés par la monarchie française accomplissaient le tour du monde. Reçu à Versailles par Louis XV, Bougainville fut fêté dans les cercles et salons parisiens où il put raconter à loisir ses aventures. Encouragé par le succès, il rédigea le récit de son voyage, qu'il publia en 1771, et qui connut un succès de librairie immédiat.

Aux yeux des historiens, Bougainville inaugure une nouvelle ère des grandes navigations outre-mer. Après les voyages des marchands, des conquérants et des missionnaires, qui ont sillonné les océans de la première modernité et élargi l'horizon européen à l'échelle du monde, voici venu le temps des explorateurs savants et des observateurs philosophes que Rousseau, quelques années plus tôt, appelait de ses vœux. Homme des Lumières, frotté de mathématiques, frère d'un éminent académicien, Bougainville est d'ailleurs accompagné d'un naturaliste, Philibert Commerson. Il ne cesse de rappeler que son but est de découvrir et connaître le monde, non de l'asservir. Quelques années plus tard, La Pérouse reprendra le flambeau, avant de disparaître tragiquement sur les rochers de Vanikoro. Puis ce seront les grands explorateurs du début du XIXe siècle, mais ceux-ci sont davantage suspects : n'étaient-ils pas les auxiliaires empressés de l'expansion coloniale ?

Telle est l'histoire, ou plutôt la légende. En réalité, si le *Voyage autour du monde* fut un succès éditorial et littéraire, il suscita assez peu l'intérêt du monde savant qui se passionnait en revanche pour les découvertes de l'Anglais James Cook. Sur le plan du progrès des connaissances, l'expédition de Bougainville faisait pâle figure au regard des trois voyages de son contemporain. Tandis que celui-ci avait exploré l'Australie, la Nouvelle-Zélande, Hawaï, les rives américaines du Pacifique et avait rapporté de précieux échantillons et des cartes précises, Bougainville semblait avoir traversé le Pacifique comme un voyageur pressé, n'en rapportant que des notations pittoresques mais vagues et des impressions empreintes de rêverie utopique. Tout oppose les deux navigateurs, même leur fin : Bougainville mourra dans son lit, quarante ans plus tard, sénateur et comte d'Empire, en notable de l'Empire plus qu'en héros de la science, tandis que la mort de Cook à Hawaï, en 1779, reste un des épisodes les plus célèbres, et les plus discutés, des premiers contacts entre les Européens et les peuples polynésiens.

Le contraste relèverait-il de la psychologie nationale, de cette géographie des tempéraments qui connaît un si grand succès à la fin du XVIIIe siècle ? Bougainville, aux yeux de Diderot, est « un véritable Français », entendons un homme du monde, gai et spirituel, qui aime « les femmes, les spectacles, les repas délicats », mais aussi philosophe, c'est-à-dire enclin à l'observation subtile et à la généralisation hardie. Ce mélange d'aimable dilettantisme et d'ambition intellectuelle fait son charme et sa faiblesse. Il signe l'homme de son temps et de son milieu, le digne échantillon d'une élite mondaine qui se partage entre les querelles littéraires et les campagnes militaires, mais sans l'abnégation ni le sérieux qui sont nécessaires pour les entreprises au long cours. Aussi, le *Voyage autour du monde* déçoit les savants européens pour les mêmes raisons qu'il séduit les gens du monde et les écrivains : malgré les réelles qualités d'observation et d'empathie de Bougainville, la précision et la rigueur cèdent toujours au pittoresque et à l'exotique. La saisie du globe est réduite aux dimensions d'une aimable conversation.

Juger Bougainville au regard des acquis scientifiques de son voyage, toutefois, n'est-ce pas faire fausse route ? Voir en lui un précurseur des explorateurs scientifiques est un geste à la fois idéaliste et anachronique. Le voyage de Bougainville s'inscrit dans un contexte, diplomatique et militaire, bien spécifique : en 1763, le traité de Paris a mis fin à la guerre de Sept Ans, que l'on a parfois qualifiée de première véritable guerre mondiale, et qui s'est soldée, pour la France, par une terrible désillusion impériale. Elle marque un déclin de la présence française en Amérique du Nord et en Inde, au profit de l'Angleterre. Bougainville avait fait lui-même l'amère expérience de la défaite, servant comme aide de camp de Montcalm, au Canada, de 1756 à 1760, et assistant impuissant à la chute de Québec.

Son voyage autour du monde ne se comprend qu'au regard de la rivalité commerciale et coloniale avec l'Angleterre. Dès la paix signée, Bougainville avait commencé à harceler son protecteur Choiseul, ministre des Affaires étrangères, pour le convaincre d'autoriser l'installation d'un établissement français aux îles Malouines. L'objectif était de devancer les Anglais et de procurer à la France une escale stratégique sur la route des Indes. Bougainville prit possession de l'archipel, au nom du roi, en avril 1764, mais, ce faisant, il suscita de vives protestations espagnoles. Le voyage autour du monde s'inscrivit doublement dans la continuité de ce projet. Bougainville devait d'abord restituer les Malouines à l'Espagne, avec l'espoir d'obtenir en échange un comptoir aux Philippines. La suite du voyage visait à découvrir les terres australes inexplorées, sur la route de la Chine, de façon à prendre possession, au nom de la France, de celles qui sembleraient « utiles à son commerce et à sa navigation », selon les termes des instructions remises au navigateur. Celles-ci sont d'ailleurs explicites : « Sa Majesté recommande au s. de Bougainville de reconnaître s'il le peut quelque isle à portée de la côte de Chine qui puisse servir d'entrepôt à la Compagnie des Indes pour un commerce avec la Chine. » Derrière la science

cosmopolite des Lumières se cachent, à peine, les ambitions commerciales et stratégiques de la France. La rivalité avec l'Angleterre est toujours aussi vive, mais elle s'est déplacée : le Canada et l'Inde perdus, c'est dans le Pacifique, et à l'horizon du lucratif commerce chinois, qu'elle s'engage.

Ici encore, le voyage est une déception. Bougainville a bien pris possession de quelques îlots, ici ou là, dans l'immensité du Pacifique, mais il n'a découvert aucun continent austral et n'a même pas atteint la Chine ni les Philippines. Pire, il est souvent passé après l'Anglais Samuel Wallis, comme à Tahiti, et a été suivi de près par Cook. Dans l'immédiat, ses découvertes n'auront aucune conséquence commerciale ou politique.

Finalement, la portée de son tour du monde tient en une escale. Une petite dizaine de jours passés sur l'île de Tahiti sur les huit cents qu'a duré le périple. Non que la « découverte » de Tahiti ait eu des conséquences immédiates, comme l'espérait le navigateur, mais parce que les échos enthousiastes que Bougainville en rapporte à Paris inscrivent sur la carte mentale de l'Europe une figure nouvelle : l'île paradisiaque. À l'île utopique imaginée par Thomas More deux siècles plus tôt succède une île bien réelle, peuplée d'habitants hospitaliers et heureusement pourvue d'une nature généreuse.

Commerson est le premier à construire le mythe de Tahiti, dans une description enchantée de la Nouvelle-Cythère que le *Mercure de France* publie dès novembre 1769 et qui frappe les esprits :

« Ce n'est point ici une horde de sauvages grossiers et stupides ; tout chez ce peuple est marqué au coin de la plus parfaite intelligence […] Nés sous le plus beau ciel, nourris du fruit d'une terre qui est féconde sans culture, régis par des pères de famille plutôt que par des rois, ils ne reconnaissent d'autre Dieu que l'amour. » Les insulaires du bout du monde ne sont pas des sauvages, mais des sages, vivant en harmonie avec la nature. Il ne s'agit plus de les évangéliser et de les civiliser, mais d'admirer leur innocence et d'envier leur bonheur.

Bougainville apportera des nuances, surtout après ses discussions avec Ahutoru qui lui laissent entrevoir la violence qui traverse la société tahitienne, l'existence de hiérarchies et la pratique des sacrifices humains. Mais peu importe : pour les philosophes français, qui disputent depuis un demi-siècle des bienfaits du progrès et de la civilisation et de la spécificité historique de l'Europe, le mythe tahitien semble apporter de l'eau au moulin rousseauiste. Il oblige à s'interroger sur l'ambivalence de la civilisation et sur les dangers de la colonisation. De cette véritable crise de la conscience européenne, Diderot est évidemment la voix la plus marquante. Son *Supplément au Voyage de Bougainville*, devenu aujourd'hui un classique scolaire, continue à prendre son lecteur au piège des jeux de miroirs ironiques que déploient les dialogues enchâssés et l'ironie du philosophe. L'idéalisation de Tahiti est-elle une critique sincère des excès de la civilisation ou un jeu littéraire, une manière d'exorciser les inquiétudes du présent ?

Ni Diderot ni les autres philosophes n'ont véritablement accordé du crédit au mythe tahitien. Leur méfiance à l'égard des récits des voyageurs comme leur attachement aux acquis du progrès matériel et culturel de l'Europe les prémunissaient contre une croyance naïve au thème du bon sauvage. Il n'empêche : Tahiti introduisait une pointe dialogique et réflexive, elle favorisait une forme d'autocritique. Ce n'était pas la première fois. Montaigne déjà, devant les Indiens Tupis, avait ironisé sur la barbarie présumée des cannibales. Mais la situation était désormais différente. Au moment même où les philosophes prenaient conscience que l'expansion européenne avait engendré « une révolution dans le commerce, dans la puissance des nations, dans les mœurs, l'industrie et le gouvernement de tous les peuples », comme l'écrivait l'abbé Raynal, Tahiti favorisait une forme d'autocritique, d'examen de conscience de la modernité.

Cette voix nouvelle, qui était celle de la mauvaise conscience, restait néanmoins une création européenne. L'imprécation anticolonialiste du vieux Tahitien était d'autant plus éloquente qu'on y reconnaissait, comme Diderot le signalait avec humour, « des idées et des tournures européennes ». Le philosophe avait pourtant rencontré à Paris un véritable Tahitien. Mais celui-ci, qui ne réussit jamais à s'exprimer en français, lui avait semblé infiniment moins intéressant que les fictions que lui inspirait le récit du navigateur. Le temps de l'ethnographie n'était pas encore venu.

—

ANTOINE LILTI

378

RÉFÉRENCES

—

Louis-Antoine de BOUGAINVILLE, *Voyage autour du monde* [1771], éd. par Michel Bideaux et Sonia Faessel, Paris, Presses de l'université Paris-Sorbonne, 2001.

Paul CHENEY, *Revolutionary Commerce: Globalization and the French Monarchy*, Cambridge (MA), Harvard University Press, 2010.

Denis DIDEROT, *Supplément au Voyage de Bougainville*, éd. par Michel Delon, Paris, Gallimard, coll. « Folio classique », 2002.

John GASCOIGNE, *Encountering the Pacific in the Age of the Enlightenment*, Cambridge (MA), Cambridge University Press, 2014.

Harry LIEBERSOHN, *The Traveler's World: Europe to the Pacific*, Cambridge (MA), Harvard University Press, 2008.

Étienne TAILLEMITE, *Bougainville et ses compagnons autour du monde (1766-1769)*, Paris, Imprimerie nationale, 1977.

RENVOIS

—

1380, 1550, 1793, 1869, 1907, 1931

1771

La Belle et la Bête, scène fantastique à la cour de France

*À l'occasion des fiançailles de l'héritier de la couronne
en 1771, la représentation de Zémire et Azor
célèbre la justesse des sentiments chère aux Lumières
et entérine la promotion sociale de l'opéra-comique,
dont la postérité assure une diffusion
mondiale au récit publié en 1740
par Gabrielle-Suzanne Barbot de Villeneuve.*

« La scène est en Perse ». Venu du golfe d'Ormuz, un négociant cueille une rose dans le jardin du monstrueux Azor. Pour expier cette faute, le marchand doit sacrifier l'une de ses trois filles, Zémire. La belle rejoint la bête en son palais... Si l'intrigue nous est aujourd'hui familière, elle n'était pas nouvelle non plus pour la cour du roi Louis XV, lorsque cette dernière découvrit le 9 novembre 1771, au château de Fontainebleau, *Zémire et Azor*, le spectacle imaginé par le librettiste et essayiste Jean-François Marmontel et le

compositeur André Grétry. Cette œuvre qui célèbre la justesse des sentiments chère aux Lumières entérine la promotion de l'opéra-comique, non seulement en France mais en Europe. Sa postérité contribue à terme à la diffusion d'un modèle narratif archétypal à l'échelle mondiale.

Puisant dans le répertoire antique des *Métamorphoses* d'Apulée et notamment son *Âne d'or*, deux ouvrages à succès parus au milieu du XVIIIe siècle ont fait connaître le conte. En 1740, Gabrielle-

Suzanne Barbot de Villeneuve a publié un petit récit féerique intitulé *La Belle et la Bête* dans son recueil *La Jeune Américaine et les contes marins* : une jeune créole éduquée en France métropolitaine retourne à Saint-Domingue chez ses riches parents planteurs ; son long périple transatlantique est animé par les histoires, « les contes marins », que livrent tour à tour les passagers et le capitaine pour la distraire. Proposé par la femme de chambre de la jeune héroïne, *La Belle et la Bête* ouvre la série des contes. Nivelle de La Chaussée s'en inspire pour sa pièce *Amour pour amour* programmée en 1742 à la Comédie-Française. Jeanne-Marie Leprince de Beaumont en donne une version abrégée retentissante, mais édulcorée et moralisante, dans son ouvrage pédagogique *Le Magasin des enfants*, qu'elle fait paraître à Londres en 1757. C'est cette variante que reprennent Marmontel et Grétry pour mettre en scène et en musique ce récit initiatique teinté de féerie.

Au début des années 1770, le choix d'un tel livret pour un spectacle musical n'est pas en soi surprenant. Le merveilleux a souvent été exploité aussi bien par la tragédie lyrique française proposée sur les scènes exclusives de l'Académie royale de musique, que par le théâtre de foire, qui y trouvaient des ressorts dramaturgiques et allégoriques inépuisables. Les résonances orientales de l'histoire ne pouvaient par ailleurs que charmer un public lettré, déjà largement conquis par les mirages du *Livre des Mille et Une Nuits* qu'Antoine Galland avait traduit au début du siècle.

En revanche, en novembre 1771, il est assurément audacieux de proposer à la cour un genre musical encore rattaché, symboliquement, à la foire, en l'occurrence un opéra-comique caractérisé par l'alternance de parties dansées et chantées, et de le faire entièrement interpréter par la troupe de la Comédie-Italienne. L'effronterie peut paraître d'autant plus grande que le spectacle est donné à Fontainebleau dans le cadre des cérémonies princières célébrant les fiançailles du dauphin, le futur Louis XVI, et de Marie-Antoinette, née archiduchesse d'Autriche. Certes les ambitieux tableaux chorégraphiques qui scandent la pièce et la richesse des costumes et des décors conçus pour sa création masquent les origines peu aristocratiques du spectacle, certes la première édition imprimée du livret évoque sobrement une « comédie-ballet », s'insérant ainsi dans la tradition du ballet français et dans l'héritage du théâtre moliéresque. Mais le *Zémire et Azor* de Marmontel et Grétry fait définitivement entrer l'opéra-comique dans le plus prestigieux des espaces culturels. Car les temps changent pour la vie musicale française telle qu'elle est polarisée et structurée dans et autour de la capitale.

En effet, la hiérarchie des genres théâtraux et musicaux que le système de privilèges entérinait depuis le règne de Louis XIV vacille. Le théâtre français dont la Comédie-Française est la scène attitrée, et la tragédie lyrique française telle qu'elle avait été conçue par le Florentin Giovanni Battista Lulli à la tête de l'Académie royale de musique, et dont les opéras de Jean-Philippe Rameau étaient devenus emblématiques, ne font plus l'unanimité. Des genres plus légers, souvent inspirés par la comédie et les opéras-bouffes italiens, remportent un succès de plus en plus vif. Cela n'est pas qu'une affaire de goût ; il s'agit aussi d'une question éminemment politique qui interroge la construction discursive d'une certaine identité française. Ravivant dans le champ musical la polémique entre les Anciens et les Modernes, la querelle des Bouffons qui a éclaté après la représentation de *La Serva Padrona* de Pergolèse par une troupe italienne à l'Académie royale de musique, et non sur une scène secondaire, a ainsi opposé entre 1752 et 1754 les partisans de la musique française et ceux de l'opéra italien. Rousseau, subjugué par l'allégresse de la partition de Pergolèse, assure dans ses *Confessions* que la confrontation entre l'opéra-bouffe italien et la tragédie lyrique française « déboucha les oreilles françaises ». La controverse dépassait le débat sur la répartition symbolique et hiérarchique des genres de spectacle entre les scènes à privilège parisiennes : à travers le débat sur la supériorité culturelle de la musique et de la prosodie françaises, elle interrogeait l'identité même de la France, son « génie national ». Fallait-il vraiment placer l'identité française du côté de la raison, de la noblesse virile, censément illustrée par son art dramatique donnant la primauté au verbe et à la prosodie, en opposition au caractère exubérant et désordonné attribué à la « nation italienne » telle qu'elle s'exprimerait à travers sa langue et sa musique ?

Or, depuis la création à la foire Saint-Germain le 3 février 1715 du *Télémaque* de Lesage et Fuzelier qui parodiait la tragédie lyrique de Destouches, alors programmée par l'Académie royale, l'opéra-comique déjouait ces filiations nationales, comme il détournait les assignations dramatiques traditionnelles en intégrant des morceaux chantés dans les parties parlées, et inversement. Les opéras de Charles-Simon Favart qui parodient à leur tour les opéras français des années 1730 et 1740 puis ceux d'Antoine Dauvergne, notamment ses *Troqueurs* donnés le 30 juillet 1753 à la foire Saint-Laurent, sur un livret de Jean-Joseph Vadé, entérinent le succès public. Grétry, formé dans une manécanterie de Liège mais qui a perfectionné pendant plusieurs années son talent à Rome, s'insère parfaitement dans cette généalogie de musiciens qui ont su mêler les influences musicales et exploiter les opportunités de la capitale française.

Dans la géographie musicale européenne encore marquée par la suprématie des théâtres d'opéra italien, Paris est certes un pôle secondaire mais attractif, comme en témoignent les deux séjours de Wolfgang Amadeus Mozart, l'un enfant (1763-1764), l'autre au début de sa carrière (1778). La ville est animée par le dynamisme de l'édition musicale, la multiplication des lieux de consommation musicale et par la vitalité des débats intellectuels autour de la musique. Grétry est arrivé à Paris en 1767, suivant en cela les conseils de Voltaire qui le reçut à Ferney : « C'est là que l'on vole à l'immortalité. » Dès 1768, Grétry s'associe avec Marmontel : membre de l'Académie française, encyclopédiste, auteur reconnu des *Contes moraux*, ce dernier est déjà une figure de la vie littéraire. Le premier opéra-comique né de leur collaboration,

Le Huron, monté par la Comédie-Italienne en 1768, est un succès public. Le jeune compositeur signe « un coup d'essai [...], le chef-d'œuvre d'un maître qui élève l'auteur sans contradiction au premier rang », relève la *Correspondance littéraire* de septembre 1768, insistant sur son style « purement italien ». D'autres triomphes suivent, avec Marmontel encore, puis avec Michel-Jean Sedaine à qui Grétry doit notamment le livret d'un opéra-comique « historique », *Richard Cœur de Lion* (1784). Par ses œuvres mais aussi par ses propres écrits sur sa carrière et la musique en général, par ses échanges fréquents avec les encyclopédistes, dont son ami Denis Diderot, qui considéraient la musique comme un objet philosophique et politique, Grétry a contribué à la légitimation de l'opéra-comique.

Cette promotion culturelle a été attestée et parallèlement consolidée par l'institutionnalisation progressive du genre. En 1715, la troupe de forains de Catherine Baron et Gauthier de Saint-Edme avait été la première à obtenir un privilège pour présenter un « opéra-comique » et prendre un nom de compagnie éponyme ; en 1762, l'attribution du statut de « théâtre royal » accélère le mouvement d'accréditation culturelle, à l'occasion de la fusion de la Comédie-Italienne avec la troupe de l'Opéra-Comique des foires, et de leur installation conjointe à l'hôtel de Bourgogne. C'est justement sur la scène de l'hôtel de Bourgogne qu'est programmée la seconde représentation de *Zémire et Azor* le 16 novembre 1771, une semaine après la première à la cour.

Dans le sillage de ce succès parisien, l'opéra connaît une large et rapide diffusion européenne, accompagnant souvent les traductions du livret de Marmontel. Alors qu'il sillonne l'Europe pour en dresser l'inventaire des pratiques musicales, Charles Burney assiste le 15 juillet 1772, lors d'un séjour à Bruxelles, à une représentation proposée en français. Le 6 août suivant, il entend à nouveau l'opéra-comique à Mannheim, mais cette fois-ci en allemand. En 1774, *Zémire et Azor* est présenté à la cour de Saint-Pétersbourg. Le 22 juillet 1778, l'opéra est donné pour la première fois en suédois au palais de Drottningholm devant la famille royale. L'année suivante, le public du King's Theater découvre à son tour le spectacle.

Régulièrement reprise jusqu'aux années 1860 sur les scènes françaises, l'œuvre de Marmontel et Grétry n'a été ensuite plus que rarement produite. Au XXe siècle, c'est plutôt le cinéma qui met sa technique et sa puissance visuelle au service du merveilleux et du conte imaginé par Mme de Villeneuve. Dès 1899, les frères Charles et Émile Pathé présentent un court-métrage inspiré du récit fantastique. Avec une audience internationale nettement plus considérable, Jean Cocteau réalise en 1946 *La Belle et la Bête* avec Josette Day et Jean Marais dans les rôles-titres. Le film, qui reçut le prix Louis-Delluc, impose durablement dans l'imaginaire du public occidental la crinière léonine et l'excessive pilosité d'Azor comme marqueurs de sa monstruosité. Ce modèle iconique a inspiré toutes les adaptations ultérieures mondialisées, qu'elles soient destinées au public enfantin de Walt Disney (1991) ou aux spectateurs plus âgés, amateurs d'un fantastique mêlé d'érotisme, récemment servis par le réalisateur Christophe Gans (2014) et qui attendent déjà la production de Bill Condon annoncée en 2017 avec Emma Watson et Dan Stevens. Mais c'est sans doute encore un opéra qui demeure le plus fidèle à la vision de Cocteau, créé en 1994 par le compositeur américain Philip Glass et qui a conçu une partition directement inspirée des images du film. Circulant à travers les âges et entre les genres, voyageant de la cour de France aux studios hollywoodiens, les amours de Zémire et Azor continuent de célébrer la sincérité des sentiments, que les encyclopédistes prisaient tant.

—

MÉLANIE TRAVERSIER

RÉFÉRENCES
—

David CHARLTON, *Grétry and the Growth of Opéra-Comique*, Cambridge, Cambridge University Press, 1986.

Bruno DEMOULIN et Françoise TILKIN (dir.), «Grétry, un musicien international dans l'Europe des Lumières», dossier thématique de la revue *Art & Facts*, n° 32, 2013.

«La Belle et la Bête». Quatre métamorphoses (1742-1779), textes établis et annotés par Sophie Allera et Denis Reynaud, Saint-Étienne, Publications de l'université de Saint-Étienne, 2004.

Mélanie TRAVERSIER, «Musique virile et airs futiles. Génie national et genre musical au miroir de la rivalité entre deux capitales lyriques, Paris et Naples (vers 1750-vers 1815)», *in* Olivier FORLIN (dir.), *Anticléricalisme, minorités religieuses et échanges culturels entre la France et l'Italie. De l'Antiquité au xxe siècle*, Paris, L'Harmattan, 2006, p. 219-249.

Philippe VENDRIX (dir.), *Grétry et l'Europe de l'opéra-comique*, Liège, Mardaga, 1992.

RENVOIS
—

1635, 1712, 1715, 1946

1773

Le Grand Orient révolutionne la maçonnerie

Entre 1771 et 1773, alors que la réforme des parlements entraîne une crise politique décisive, la Grande Loge de France accomplit une révolution démocratique en son sein : désormais, les francs-maçons français militent pour une conception progressiste, au profit de l'engagement dans la cité et non plus d'une seule philanthropie aristocratique.

En 2017, la franc-maçonnerie célèbre à travers le monde le 300ᵉ anniversaire de la fondation de la Grande Loge de Londres. Édimbourg conteste cependant toujours les prétentions anglaises à la « maternité maçonnique universelle », estimant que dès le XVIᵉ siècle les prémices d'une maçonnerie dite spéculative, avec son recrutement extérieur aux seuls tailleurs de pierre, ses rituels de réception et son corpus de symboles, donnent l'antériorité à l'Écosse. En France, les premières loges sont attestées dans les années 1720. Un

demi-siècle plus tard, l'ordre qui a connu une croissance rapide est à la croisée des chemins.

Le 16 juin 1771, le comte de Clermont, grand maître de la Grande Loge des maîtres de Paris, dite « de France », meurt. Huit jours plus tard, un autre prince du sang, le duc de Chartres, futur duc d'Orléans, lui succède. La transition semble s'effectuer sans heurt dans cette maçonnerie des princes caractéristique du XVIIIᵉ siècle. Pourtant, il s'agit bien d'une révolution, dont les enjeux sont à la fois français, européens et globaux, puisqu'ils sont à l'origine d'une fracture dans l'ordre entre francs-maçons autoproclamés réguliers et francs-maçons dits libéraux, qui ne s'est jamais réduite depuis lors.

À Paris, la Grande Loge est en crise depuis le milieu des années 1760. Son noyau dirigeant se déchire, et de nombreuses loges provinciales en profitent pour échapper à tout contrôle. En 1765, le frère Pierre de Guénet, l'un des acteurs de la révolution de 1773, interpellait déjà vivement la Grande Loge depuis Strasbourg : « Toute l'Allemagne, la Russie, l'Italie, rejettent de son sein par une réforme générale ces prétendus frères, qui les uns par leur état, les autres par leurs mœurs ne doivent point être membres de cette Grande République ; il n'y a plus d'anarchie qu'en France [...] Serons-nous les derniers à ramener la maçonnerie à sa première institution, ce n'est qu'en la suivant qu'on peut parvenir à son but ? » C'est donc à la fois dans une perspective française et dans une perspective globale qu'il faut relire les événements de 1771-1773. En effet, au-delà du cosmopolitisme professé, les francs-maçons ont jeté au XVIIIe siècle les bases d'une république universelle, avec ses réseaux de correspondance, ses traités d'amitié qui régissent les relations des obédiences entre elles, ses certificats qui permettent à leurs porteurs d'être accueillis à travers tout le continent européen et le monde colonial, dans plusieurs milliers de temples et par quelque 200 000 frères, dispositif sans équivalent dans la sphère de la sociabilité volontaire.

À l'échelle du royaume, la crise maçonnique interfère avec une crise politique et institutionnelle majeure, celle du « coup de majesté » du chancelier Maupeou, que certains opposants qualifient précisément de « révolution ». Le duc de Chartres est exilé en raison de son soutien aux parlements. Il faut donc attendre 1773 et son retour en grâce pour que son installation se fasse en deux temps : l'élection de 1771 comme grand maître de la Grande Loge est confirmée les 8 et 9 mars 1773, et le 22 octobre 1773 il est solennellement installé grand maître du « Grand Orient de France ». Or, il s'agit bien d'une révolution institutionnelle, préparée entre 1771 et 1773 par le duc de Montmorency-Luxembourg, substitut général puis administrateur général de l'ordre maçonnique en France. Celui qui se fait appeler jusque dans les textes maçonniques premier baron chrétien du royaume entend rétablir l'autorité au sein de la Grande Loge. Il promulgue dès 1771 de nouveaux *Statuts et règlements* qui doivent fixer les relations entre l'obédience – le terme est significatif – et les loges. Pour être reconnue « régulière », une loge doit faire renouveler ses constitutions. Montmorency-Luxembourg veut ainsi contraindre l'ensemble des ateliers à reconnaître la légitimité du nouveau corps maçonnique. L'article 5 stipule que tous les mandats des officiers de l'ordre sont désormais de trois ans renouvelables. Quant à l'article 15, il est directement à l'origine de la révolution de 1773. Laconique, il fixe que « chaque loge procédera tous les ans, par la voie du scrutin, à l'élection de ses officiers, qui seront amovibles ». C'en est fini du vénéralat à vie des maîtres de loge. Pour les contemporains, le parallèle avec les réformes du chancelier de France destinées à briser les oppositions des parlementaires a la force de l'évidence.

Pendant l'exil sur ses terres du grand maître élu, son administrateur général convie les ateliers du royaume à participer aux travaux d'une « Grande Loge nationale ». La *Circulaire concernant la syndicalisation des loges* justifie cette reprise en main comme une heureuse révolution : « Le Grand Orient de France, sans cesse occupé à chercher les moyens qui doivent assurer la stabilité de l'Ordre, et lui rendre sa première splendeur, vous propose le plan qui lui paraît le plus convenable pour anéantir les abus et rétablir l'harmonie entre toutes les Loges de la Nation ; il en résultera l'uniformité dans le gouvernement, la facilité dans la correspondance, la diminution des frais, la prompte expédition dans les affaires, le soulagement de l'administration qui sera partagée, et pour laquelle chaque Loge particulière concourra. »

Bien évidemment, les vénérables à vie n'abandonnent pas la partie sans combattre. Beaucoup crient au despotisme et refusent obstinément de faire « reconstituer » leurs ateliers par un Grand Orient auquel ils dénient toute légitimité. Les Lyonnais dénoncent avec véhémence une funeste révolution : « Bientôt le Despotisme du Grand Orient de France s'effaroucha de l'autorité qu'il avait reconnue et maintenue à notre Grande Loge [...] il prétendit la supprimer ; et avec elle, toutes les loges Mères de Province qu'il avait reconnues sur le modèle de la nôtre. [...] Le Sublime Orient, qui cherche à se relever de sa chute, [...] emploie tous

les moyens possibles pour aspirer à un despotisme qui menace notre ordre d'une ruine totale. » Pour étouffer la contagion frondeuse, la nouvelle direction décide de faire un exemple. C'est ici que l'échelle nationale rencontre l'échelle européenne, la politique de reprise en main du Grand Orient se développant à ces deux niveaux. L'une des plus anciennes loges du royaume, *L'Anglaise* de Bordeaux, est notamment visée. Paris la bannit du corps maçonnique national et menace de la même sanction toute loge qui correspondrait avec elle. De fondation étrangère, *L'Anglaise* n'a pas été choisie au hasard. Le Grand Orient entend bien en effet être souverain dans le ressort du royaume et interdire toute fondation étrangère à l'intérieur de frontières identifiées à celles des États, donc profanes. Pour ce faire, il doit imposer à la Grande Loge de Londres sa conception révolutionnaire d'une Europe maçonnique organisée en obédiences « nationales ». La tâche est rude, car Londres entend maintenir le principe de son autorité éminente sur l'ordre maçonnique. Elle ne considère comme régulières que les Grandes Loges qui reconnaissent sa « maternité universelle » et les constitue alors en Grandes Loges provinciales, appellation qui rappelle l'infériorité de leur rang et leur sujétion.

Le Grand Orient tente donc de rouvrir les négociations menées avec Londres du temps de la Grande Loge et d'obtenir un « traité d'union » qui stipule que « le Grand Orient de France aura une juridiction première entière et exécutive dans son territoire ». Londres refuse bien évidemment cette exigence de parité et cette conception de l'espace maçonnique : « L'égalité base du 1er article ne peut avoir lieu surtout après que l'Allemagne, la Suède, la Hollande ont unanimement reconnu leur Mère dans la Grande Loge de Londres qui a les preuves d'avoir établi le premier Grand Maître National en France […] Il ne conçoit pas comment le 2e article veut resserrer la Grande Loge établie à Londres dans l'étendue du gouvernement Britannique, lorsque ses branches ou ses rameaux sont déjà dans toutes les parties de l'Europe. » L'obédience anglaise s'affiche à la fois en conservatoire de la régularité et de la tradition contre la dangereuse nouveauté et en porte-étendard d'une conception cosmopolite de l'ordre, hostile à toute intrusion d'une conception politique et même géopolitique de la république universelle des francs-maçons. Or, les thèses anglaises rencontrent évidemment les intérêts de métropoles maçonniques régionales comme Lyon, Marseille ou Strasbourg, qui voient d'un très mauvais œil l'affirmation d'un centre parisien, qui se revendique « centre de l'union » et entend se réserver l'exclusivité des correspondances avec l'étranger.

À Strasbourg, Pierre de Guénet, qui préside aux destinées de la loge *La Candeur*, rappelle son engagement auprès des premiers grands maîtres, d'origine britannique, de la Grande Loge de Paris, pour solliciter de Londres des patentes : « Poussés à bout par les prétentions chimériques et intéressées de la prétendue Grande Loge qui a repris ses fonctions, nous avons cru Nécessaire pour le Bien de l'Ordre de recourir à l'Angleterre où la Maçonnerie s'est conservée dans toute sa simplicité et pureté, nous en avons obtenu des constitutions. » Dans le même temps, il prend contact avec les émissaires de la Stricte Observance, qui portent depuis la Saxe un projet de refondation de l'ordre maçonnique, d'essence chevaleresque et chrétienne, très éloigné du modèle maçonnique anglais, mais qui a alors le vent en poupe : « Détournant Nos Regards du spectacle pénible que Nous offre aujourd'hui le schisme qui divise la Maçonnerie française […] nous avons fixé Notre attention et fondé notre espoir sur les opérations du Nord de l'Allemagne. »

Tout en prêtant allégeance au conservatoire de la régularité maçonnique, de Guénet parvient ainsi à faire « rectifier » la loge strasbourgeoise, qui relaie ensuite la réforme maçonnique avec succès à Lyon et à Bordeaux. La révolution de 1773 est donc non seulement institutionnelle et politique, mais un séisme européen du point de vue des relations inter-obédientielles. En effet, tout au long des XIXe et XXe siècles, le Grand Orient ne se contente pas de contester les prétentions de Londres à s'ériger en gardien de la « régularité », cette orthodoxie maçonnique. Il milite pour une conception progressiste de l'ordre, dont les membres doivent s'engager dans le champ de la cité et ne pas se contenter d'être de généreux bienfaiteurs.

———

PIERRE-YVES BEAUREPAIRE

RÉFÉRENCES

—

Pierre-Yves Beaurepaire (dir.), *Dictionnaire de la franc-maçonnerie*, Paris, Armand Colin, 2014.

Ran Halévi, *Les Loges maçonniques dans la France d'Ancien Régime. Aux origines de la sociabilité démocratique*, Paris, Armand Colin, 1984.

Daniel Kerjan, *Dictionnaire du Grand Orient de France au xviiie siècle*, Rennes, Presses universitaires de Rennes, 2012.

Daniel Kerjan, *Les Débuts de la franc-maçonnerie française, de la Grande Loge au Grand Orient (1688-1793)*, Paris, Dervy, 2014.

Alain Le Bihan, *Francs-maçons parisiens du Grand Orient de France (fin du xviiie siècle)*, Paris, Commission d'histoire économique et sociale de la Révolution française, « Mémoires et documents », n° 19, 1966.

RENVOIS

—

1534, 1751, 1789, 1848

1784

Sade embastillé et universel

Par lettre de cachet royal, à la demande de sa belle-mère, le comte de Sade entre à la Bastille en 1784. Il n'en sortira qu'avec la Révolution de 1789. Il y trouve la liberté d'écrire Justine ou les Infortunes de la vertu, prétexte et vecteur après sa mort de l'universalité du « sadisme », en passant par l'Angleterre et les obsessions romantiques.

Après l'affaire dite d'Arcueil en 1768, où le jeune comte de Sade (il avait alors vingt-huit ans et avait hérité du titre de comte à la mort de son père en 1767) défraya la chronique par ses blasphèmes (un jour de Pâques) et les mauvais traitements infligés à une jeune ouvrière, Rose Keller, prostituée occasionnelle, qui trouva là matière à frayeur et possibilité de se constituer une dot, c'est l'affaire dite de Marseille, en 1772, qui établit définitivement la réputation internationale de Sade libertin outré. En 1790, Jean-Paul Marat se plaindra d'avoir eu, en 1773-1774 probablement, « les oreilles rebattues à Londres » « de M. de Sade, qui a été impliqué dans tant d'affaires fâcheuses, qu'on disait traduit au Châtelet ».

Le 25 juillet 1772, les rédacteurs des *Mémoires secrets pour servir à l'histoire de la république des lettres en France ou Journal d'un observateur* ont eu visiblement connaissance d'un courrier de l'intendant de Provence, M. de Montyon, se faisant, trois jours plus tôt, l'écho du scandale provoqué par les prostituées de Marseille incommodées par les pastilles cantharidées que Sade, en compagnie de son valet Latour, les avait obligées à avaler en vue d'expérimenter les effets aphrodisiaques des mouches cantharides. Concomitante à l'événement, la réécriture – une affaire de mœurs scabreuses devient une orgie effroyable : « Tous ceux qui avaient mangé [des pastilles à la cantharide], brûlant d'une ardeur impudique, se sont livrés à tous les excès auxquels porte la fureur la plus amoureuse. Le bal a dégénéré en une de ces assemblées licencieuses renommées parmi les Romains [...]. » Les *Mémoires secrets* ne sont pas avares de fausses nouvelles, largement diffusées par et à partir de Londres où ils sont prétendument publiés.

Dès 1768, à propos de l'affaire d'Arcueil, Mme du Deffand avait alerté l'un des piliers de la scène politico-littéraire londonienne, Horace Walpole, sur les exécrables actions de Sade. « Le goût que cette nation a pour nos ouvrages, et surtout pour ceux où une partie de la nation maltraite l'autre et s'en moque » (*Mémoires secrets*, 20 septembre 1772), ne devait pas se démentir. La malédiction de Sade libertin serait ainsi d'avoir attiré et attisé l'attention de Londres, plaque tournante des échanges littéraires européens, au moins autant que celle des services de police de la lieutenance générale de Paris.

En 1778, Sade sort innocenté, ou à peu près, du procès de Marseille. Mais grâce à sa belle-mère, Mme de Montreuil, une lettre de cachet le retient prisonnier d'abord à Vincennes puis, à partir de 1784, à la Bastille. « Grâce » puisque, sans la Bastille, le comte de Sade fût-il jamais devenu l'écrivain *marquis de Sade* ?

C'est le surlendemain où Sade est, par décision de justice, dépossédé de la gestion de ses biens qu'il entreprend d'écrire le conte *Les Infortunes de la vertu*. La première version de *Justine ou les Malheurs de la vertu*. Publiée en 1791, premier roman clandestin de Sade rendu à la liberté par la Révolution, *Justine* atteste l'existence d'une liberté d'expression que Robespierre, en cette même année, refuse de voir limitée par le respect des bonnes mœurs. Les six ou sept éditions de l'ouvrage circuleront, sous le manteau, dans toute l'Europe. On les trace dans les inventaires après décès des bibliothèques. Le succès est prodigieux et ne se démentira pas, même après la parution, en « 1797 en Hollande » (la date et le lieu d'édition sont fictifs), de ce qu'il est convenu de considérer comme l'édition *in extenso* de *Justine* : *La Nouvelle Justine*, quatre volumes ornés « d'un frontispice et de quarante sujets gravés avec soin », suivis des six volumes de l'*Histoire de Juliette, sa sœur* illustrés de soixante gravures – la plus grande entreprise d'édition clandestine pornographique jamais conçue, selon Jean-Jacques Pauvert.

Justine dresse l'acte de baptême littéraire de Sade « auteur » : dès 1795, *La Philosophie dans le boudoir* est publiée non pas à « Londres », mais à Paris avec la mention « ouvrage posthume de l'auteur de *Justine* ».

Or Sade a toujours farouchement nié être l'auteur des *Justine*. C'est pourtant avec *Justine* qu'il entre, en tant qu'écrivain, dans le panthéon de l'Enfer du XIXe siècle. Le 30 novembre 1818, Thomas Moore note dans le *Journal* qu'il rédige en anglais : « Il existe actuellement une société des débauches à Paris fondées sur les principes exposés dans *Justine* [...] qu'on appelle Sadisme. » Dans un article appelé à un grand et durable retentissement publié dans la *Revue de Paris* en 1834 sous le titre « Le marquis de Sade », Jules Janin fait de *Justine* le livre qui rend épileptique et débile un malheureux jeune homme ayant eu l'audace d'emprunter dans la bibliothèque de son oncle curé ce « dépôt de la confession » sous cachet de cire. Le mot « sadisme » n'apparaît pas dans l'article de Janin.

Révisant la huitième édition, celle de 1836, du *Dictionnaire universel de la langue française* de Boiste, Charles Nodier, bibliothécaire à l'Arsenal et académicien de fraîche date, lui ajoute un nombre considérable de mots, dont *sadisme* suivi de cette définition : « Une aberration épouvantable de la débauche ; système monstrueux et antisocial qui révolte la nature. » Le *sadisme* a pour origine : « De Sade nom propre ».

La « néologie » est, selon Nodier, l'« art » de créer des mots nouveaux qui fixent « l'attention du lecteur en lui présentant des idées nouvelles, nouvellement exprimées par un mot qui les rend plus frappantes, plus *retenables* ». De fait, privée du texte d'une œuvre interdite de publication à la mort de Sade (1814), et ce, jusqu'en 1957 ; d'un visage et d'un corps dont les représentations picturales ne nous sont pas parvenues, la postérité retiendra Sade par le *sadisme*. Et peut-être surtout le *sadisme* de Sade, la perversion qui, selon Jean Paulhan, lui était la plus étrangère : « Je ne sais si Sade était sadique : les procès n'apportent pas là-dessus de grandes lumières ; dans l'affaire que

nous connaissons le mieux, le procès de Marseille, Sade se montre masochiste : c'est tout le contraire » (*Le Marquis de Sade et sa complice ou les Revanches de la pudeur*, 1946).

La première apparition du mot *sadisme* dans la langue française, en 1836 donc, est suivie de la mention « peu usité ». Le mot a vocation à ne pas l'être. Si la biographie de Sade figure dans le *Grand dictionnaire universel du xixe siècle* de Pierre Larousse (1864-1876), *sadisme*, lui, n'y apparaît pas. Mal exclusivement français, *sadisme* a vocation à le rester : le mot est ignoré de *Neologie, or the French of Our Times Being a Collection of More Than Eleven Hundred Words Either Entirely New or Modernised* (1854).

Pour se banaliser, le nom commun devra se faire adjectif, permettant de qualifier une manière d'être qui ne soit pas l'apanage du seul marquis de Sade. Autrement dit, c'est à *sadique* que *sadisme* doit son usage courant. Avant que la clinique ne s'approprie le mot – *Psychopathia Sexualis* de Krafft-Ebing paraît en 1866 –, un demi-siècle avant que la psychanalyse ne l'universalise en tant que perversion (Sigmund Freud, *Trois Essais sur la théorie de la sexualité*, 1905), la littérature, dès 1862, promeut et légitime la transformation de la trace la plus visible de Sade, son nom propre, en un adjectif. Un jeu de mots inspiré par un tissu de légendes a enfermé Sade dans un carcan d'infamie. De cette prison-là, Sade a-t-il jamais été libéré ?

Surgi dans une période de réaction, le mot *sadique* ne contribue peut-être pas tant aux progrès de la science qu'il ne sert une stratégie littéraire : la critique de la modernité. « J'oserai affirmer, sans crainte d'être démenti, que Byron et de Sade [...] ont peut-être été les deux plus grands inspirateurs de nos modernes, l'un affiché et visible ; l'autre clandestin, pas trop clandestin. En lisant certains de nos romanciers en vogue [...] ne perdez jamais cette dernière clef », écrit Sainte-Beuve dans la *Revue des Deux Mondes* (1er juillet 1843).

Vingt ans après, à la lecture de *Salammbô*, en 1862, Sainte-Beuve découvrira chez Gustave Flaubert une « pointe d'imagination sadique ». Mais plutôt que de lire Flaubert à la lumière de Sade, il renvoie aux *Martyrs* de Chateaubriand, tradition littéraire sinon plus noble, du moins plus avouable. Sadique ? L'auteur de *Madame Bovary*, au sortir de son procès pour outrage aux mœurs, se fût passé du compliment. Sadique *Salammbô* ? L'ouvrage ne se relèvera pas de la disqualification.

Dans *La Faustin* (1882), un personnage cette fois, George Selwyn, est expressément désigné comme « sadique ». Or Edmond de Goncourt ne fait pas mystère que George Selwyn est inspiré par un collectionneur anglais de livres érotiques, Hankey, et par le poète anglais Algernon Charles Swinburne (1837-1909). Les Goncourt ne s'intéressent à Swinburne que parce qu'ils détectent chez lui une influence sur la prose de Flaubert : « On admire chez Flaubert la poésie de l'Anglais Swinburne » (*Journal*, 28 février 1875).

Si l'œuvre de Swinburne, alors non traduite, est ignorée du grand public français, en revanche sa mauvaise réputation, grâce à Maupassant, court les salons parisiens. « L'Anglais d'Étretat » défraie la chronique littéraro-mondaine entre 1875 et 1882. Rapports sexuels avec un singe, visionnage de photographies pornographiques en suçant le doigt d'une main empaillée, consommation de jeunes domestiques anglais expédiés d'Angleterre : rien ne manquera à Villiers de L'Isle-Adam pour, dans une de ses *Histoires insolites* (1888), incarner en Algernon Charles Swinburne « le sadisme anglais ». Dénoncé et chanté comme son archétype, Swinburne ne parviendra toutefois pas à imposer le mot *sadism* en anglais. Ce n'est qu'en 1897, par le biais de la médecine légale, que les Anglais deviendront à leur tour victimes de cette maladie importée de France, le *sadisme*, qui les pousse à commettre des crimes jusqu'alors inconnus. Par exemple, et à l'exemple de Swinburne, se déclarer athée et républicain.

—

ANNE SIMONIN

RÉFÉRENCES

—

Julian BARNES, « An Unlikely Lunch : When Maupassant Met Swinburne », *The Public Domaine Review*, 2012, < https : //publicdomainreview. org / 2012/01 / 24 / an-unlikely-lunch-when-maupassant-met-swinburne >

Edmond et Jules de GONCOURT, *Journal. Mémoires de la vie littéraire*, Paris, Robert Laffont, coll. « Bouquins », 1989, 3 vol.

Jean-Jacques PAUVERT, *Nouveaux (et moins nouveaux) visages de la censure*, suivi de *L'Affaire Sade*, Paris, Les Belles Lettres, 1994.

Jean-Jacques PAUVERT, *Sade vivant*, édition intégrale revue et augmentée, Paris, Le Tripode, 2013.

SADE, *Les Infortunes de la vertu*, préface de Michel Delon, transcription et notes par Jean-Christophe Abramovici, Paris, CNRS Éditions, 1995.

RENVOIS

—

1633, 1842, 1852, 1933, 2011

1789

La Révolution globale

Le 14 juillet 1789, la prise de la Bastille change le cours de l'histoire de France, mais surtout de l'Europe et du monde. Modèle pour les uns, contre-modèle pour les autres, la Révolution française inspire les patriotes de l'Europe entière, en quête de liberté et d'égalité.

« On vit alors pour la première fois un grand peuple délivré de toutes ses chaînes, se donner paisiblement à lui-même la constitution et les lois qu'ils croyaient propres à son bonheur. » Condorcet n'évoque pas ici 1789, mais 1776-1783, quand les treize colonies d'Amérique du Nord s'émancipaient du joug britannique. L'impact de l'événement a été plus fort qu'on ne le pense de nos jours. En témoigne la correspondance de La Fayette. Il s'y félicite que les « idées de liberté se soient propagées rapidement depuis la révolution américaine ». Non seulement cette révolution prouvait aux peuples qu'il était possible de briser la tyrannie des princes ou des rois, mais la monarchie française semblait lui donner raison, puisqu'elle apporta son soutien aux insurgés. Elle fit mieux. En 1785, elle prit le parti des patriotes hollandais qui

eux aussi se révoltaient contre leur prince et elle les recueillit en 1787, quand les Prussiens envahirent les Provinces-Unies et restaurèrent Guillaume d'Orange. Au même moment, Louis XVI amorçait des réformes car, autre conséquence de la guerre d'Amérique, le trésor royal était vide. De là datent les projets en vue de renflouer les caisses de l'État et les conflits qui s'ensuivirent entre factions.

Avant de considérer 1789 dans sa dimension globale, force est donc de constater que son origine elle-même est transnationale. Elle l'est d'autant plus que les jeunes nobles qui se sont battus aux côtés de Washington sont revenus la tête pleine de rêves : Constitution écrite, droits naturels, sans oublier le credo américain « *No taxation without representation* ». Début 1788, c'est ni plus ni moins ce que souhaite La Fayette. Si 1776 perd peu à peu son aura sur le continent européen, c'est parce que la révolution qui suit, en France, est d'une tout autre envergure : 26 millions d'habitants ; une métropole de 600 000 habitants face à un jeune pays comptant une population de 2,5 millions, qui ne connaît ni féodalité, ni hérédité, ni intolérance religieuse. Condorcet le constatait dès 1794, avant de conclure que la Révolution française avait été « plus entière que celle de l'Amérique et par conséquent moins paisible dans l'intérieur ». Elle le fut également dans l'extérieur, et ce, durant de nombreuses années.

Les idéaux pour lesquels luttaient les révolutionnaires français étaient ceux-là mêmes auxquels aspiraient les peuples européens qui souffraient de leur gouvernement. La république de Genève avait ainsi vécu plusieurs révolutions inabouties ; celle de 1782 avait contraint des patriotes à l'exil ; les Pays-Bas autrichiens – soit la Belgique actuelle – se soulevèrent en automne 1789 et entreprirent de former des « États Belgiques Unis ». Et puis, il y avait les patriotes hollandais, qui concoctaient des « coups de main » dans l'atelier de Mirabeau. Pour ces révolutionnaires étrangers, la Révolution française laissait espérer un retour triomphal au pays ! Aussi l'adoptèrent-ils d'emblée et ne cessèrent-ils d'intriguer afin que la France déclare la guerre à leurs ci-devant oppresseurs. L'Assemblée constituante sut résister à ces appels bellicistes et déclara la paix au monde le 22 mai 1790. Elle succomba en revanche à la tentation de réunir au territoire national des enclaves étrangères, en Alsace et dans le Comtat Venaissin. Ces

initiatives n'étaient pas révolutionnaires en soi. La Prusse et l'Autriche venaient tout juste de redécouper la Pologne. Mais la Révolution française avait semblé annoncer autre chose : le respect du droit des peuples à leur souveraineté. Ce fut pour peu de temps. D'une réunion à l'autre, de 1790 à 1793, la République française prit l'habitude d'arrondir ses frontières, sous prétexte que les peuples impliqués souhaitaient devenir français, afin d'accéder à la liberté. La première campagne de Belgique de l'hiver 1792-1793 allait dans ce sens. Dès lors, le Brabant néerlandais lui aussi connut une première « libération », avec ses arbres de la Liberté et ses drapeaux tricolores. La libération fut de courte durée, tout comme la réunion de la Belgique à la France. En mars 1793, Dumouriez était battu à Neerwinden. Les patriotes belges et hollandais retournèrent dans le giron de leurs maîtres et « despotes ». La première phase d'émancipation des peuples européens se concluait par un échec. Mais cet échec n'empêcha pas idées et principes de se propager en Europe. Au grand dam des puissances qui tentaient de s'y opposer en discréditant un événement, qui les terrifiait. Ce sont eux les premiers qui ont créé le mythe d'une révolution sanguinaire. Parmi ces pourfendeurs, Edmund Burke et William Pitt figurent à la première place.

Sans doute la défaite de mars 1793 explique-t-elle pourquoi la Convention mit un frein à la politique de « libération ». Le 13 avril 1793, sur l'initiative de Danton, elle affirmait ne plus vouloir s'immiscer en aucune façon dans le gouvernement des puissances étrangères. Ainsi était freinée la politique d'émancipation des peuples opprimés – initiée par le décret du 19 novembre 1792, lequel proclamait fraternité et secours à tous les peuples qui voulaient recouvrer leur liberté. Ce décret avait provoqué la fureur des gouvernements européens, qui le jugeaient contraire au droit international. Les peuples par contre pouvaient être séduits par les promesses du 15 décembre suivant : les généraux français aboliraient la dîme, la féodalité, la noblesse et tous les privilèges, au nom de « la fraternité, de la liberté et de l'égalité ». Ces décrets successifs témoignent avant tout des tiraillements de la Révolution française entre la volonté d'émancipation des peuples et la tentation de repli sur soi. Comme le disait Danton au printemps 1793 : « Songez avant tout à la conservation de notre corps politique et fondez la grandeur française [...], la France, par ses lumières et son énergie, fera attraction sur tous les peuples. » Le repli ne dura pas. La politique émancipatrice reprit le dessus au cours de l'année suivante et les législateurs français persistèrent à l'envisager comme un soutien aux peuples, et non comme une simple volonté de conquête.

La France n'était pas toujours à l'origine des projets de libération. Les patriotes étrangers, réfugiés à Paris, ont fortement influé sur sa politique extérieure. L'entrée en guerre d'avril 1792 est en partie due à leurs incitations. Pour l'autre, elle était stimulée par le comité diplomatique, où s'entremêlaient messianisme révolutionnaire et stratégie politique. Les intrigues récurrentes des étrangers ont conforté les Français dans ce messianisme. Dans la période suivante, alors que les armées françaises remportent victoire sur victoire, que la Belgique a été réunie et la Hollande « libérée », vient l'heure des républiques alliées et amies. La République batave de janvier 1795 est la première d'entre elles. Suivent bientôt Italie et Suisse, qui essaient de persuader le Directoire de les aider à conquérir leur indépendance et font miroiter aux Français les avantages d'une alliance sincère. Ce n'est donc pas le Directoire seul qui dirige la politique étrangère, mais de nombreux individus en périphérie, pour la plupart des patriotes étrangers ou des généraux et diplomates sur place, qui sont influencés par leur entourage. Le cas le plus flagrant est celui de l'Italie. En ouvrant la campagne de 1796, les dirigeants français n'avaient aucunement l'intention de « révolutionner » les divers États italiens. Or Bonaparte se laissa convaincre de créer des républiques dans la péninsule – sans se soucier de ce qu'en pensait Paris. Il ouvrait ainsi la voie à une politique, non prévue à l'origine.

Séduits par les principes de la République française, les patriotes étrangers avaient malgré tout l'intention de « nationaliser » leur révolution et d'éviter les erreurs commises. Le Directoire lui-même avait appris sa leçon et défendait une politique de juste milieu dans les pays qui dépendaient de lui. En Hollande, les radicaux eurent ainsi du mal à s'imposer. En Italie, les gouvernements se succédèrent au rythme des changements de cap parisiens. Inversement, Hollande et Suisse réussirent à imposer leur Constitution et leur déclaration des droits. Il ne s'agissait donc pas d'une pâle imitation de celles de la France. En vérité, la République française était tant un modèle qu'un contre-modèle. Les patriotes étrangers cherchaient plus à le perfectionner qu'à l'imiter. Un véritable dialogue s'engageait entre les révolutions du continent européen. De là l'idée qu'avait été créée par la France une constellation de républiques sœurs. Les sœurs en question se voyaient pourtant plus comme des rivales et ne se qualifiaient pas de la sorte. La première occurrence du terme date certes de 1794 et est prononcée par le diplomate américain James Monroe, lors de son arrivée à Paris, mais c'est pour évoquer la relation privilégiée entre les États-Unis et la France. Tout autre était celle de la Grande Nation – ou république mère – avec les républiques nouvellement créées. Leur existence même dépendait des succès des armées françaises. Hollande, Italie et Suisse ne se sentirent proches qu'au moment des dangers et des défaites de 1799, quand les Français furent contraints de les abandonner. À partir de là, se fit jour une certaine solidarité entre les républiques sœurs. Pour bien peu de temps, car Napoléon allait modifier la géopolitique européenne et transformer en royaumes ces jeunes républiques. Dès les débuts, la « républicanisation » du continent avait évidemment été condamnée par les grandes puissances, mais c'est la politique napoléonienne qui lui porta le coup de grâce en « monarchisant » l'héritage révolutionnaire et en trahissant ses idéaux.

Un temps, les principes de liberté et d'égalité l'ont donc emporté en Europe. Ils demeurent un désir inassouvi et se réalisent tout d'abord outre-Atlantique, avant de rebondir sur le vieux continent dans les années 1820. Le dialogue se renoue, quand la Constitution antinapoléonienne de Cadix (1812) sert de canevas aux gouvernements révolutionnaires de Sicile, d'Espagne, du Portugal – et à celui des États sud-américains. Dès lors, ces idéaux ne cesseront plus d'être l'horizon d'attente des peuples. 1789 n'a pas été en vain !

—

ANNIE JOURDAN

RÉFÉRENCES

—

CONDORCET, *Esquisse d'un tableau historique des progrès de l'esprit humain*, Paris, Masson et fils, 1822.
Annie JOURDAN, *La Révolution batave entre la France et l'Amérique (1795-1806)*, Rennes, Presses universitaires de Rennes, 2008.
Annie JOURDAN, « Tumultuous Contexts and Radical Ideas (1783-1789) : The "Pre-Revolution" in a Transnational Perspective », *in* David ANDRESS (dir.), *The Oxford Handbook of the French Revolution*, Oxford, Oxford University Press, 2015, p. 92-108.
LA FAYETTE, *Mémoires, correspondance et manuscrits du général La Fayette*, Paris, Fournier, 1837, vol. 2.

RENVOIS

—

1357, 1773, 1808, 1848, 1871, 1948, 1968, 1989

1790

Déclarer la paix au monde

La Déclaration de paix que la France fait au monde en 1790 accompagne le temps suspendu d'une hospitalité inconditionnelle fondée sur la fraternité du genre humain. En 1793, la guerre totale européenne fait de chaque citoyen d'origine étrangère un suspect à la solde de la contre-révolution. Désormais, l'hospitalité doit être l'expression des seuls liens réciproques entre peuples ou citoyens amis.

En déclarant la paix au monde le 22 mai 1790, les constituants affirment que seule la guerre de défense est légitime. Désormais, le peuple français refuse tout rapport de domination à l'égard d'un autre peuple, tout rapport de conquête. La liberté réciproque entre individus composant chaque peuple souverain, la reconnaissance mutuelle entre peuples doivent faire advenir une nouvelle fraternité. Une « cosmopolitique », dira Emmanuel Kant en 1795 dans son *Projet de paix perpétuelle.* Chaque citoyen libre est devenu responsable de son gouvernement et chaque peuple libre de la paix dans le monde.

Le 14 juillet 1790, des étrangers sollicitent la possibilité de participer à la fête de la Fédération au nom du genre humain. Ce sont trente-six individus du « Comité des étrangers de toutes les nations », qui affirment appartenir à des peuples encore soumis à des tyrans. « Le bonnet de la liberté qu'ils élèveront avec transport sera le gage de la délivrance prochaine de leurs malheureux concitoyens », déclare « l'orateur du genre humain » qui n'est autre qu'Anacharsis Cloots, baron prussien qui s'est lui-même rebaptisé sur le modèle antique, accouru à Paris dès 1789 pour participer à l'événement révolutionnaire. Les Américains, libres depuis la guerre menée contre l'oppressive Grande-Bretagne, demandant à prêter serment d'amitié au peuple français, comme concitoyens et comme frères qui chérissent de concert la liberté et la paix. Quant aux Britanniques, ils se pensent libres mais ne renoncent pas à la domination. La fraternité, entendez l'alliance des peuples libres, est supposée assurer « l'ordre dans le monde ». Mais tous, libres et non libres, partisans d'une égalité exemplaire ou adeptes d'une domination sans véritable partage, sont admis à l'hospitalité de la fête.

La Fédération nationale devient ainsi annonciation de temps nouveaux pour le genre humain, et affirmation de l'hospitalité quasi inconditionnelle des Français à l'égard des étrangers, car « un peuple libre ne connaît d'ennemis que ceux des droits de l'homme ». « Hymen général du monde », « symbole prophétique », déclarera Michelet en 1847.

Cependant, le 3 août 1793, Garnier de Saintes, conventionnel, présente un projet de loi sur les étrangers. L'article 7 résonne dans l'enceinte de l'Assemblée désormais républicaine : « Les étrangers qui obtiendront un certificat d'hospitalité seront tenus de porter au bras gauche un ruban tricolore sur lequel sera marqué le mot *hospitalité* et le nom de la nation dans laquelle ils sont nés. » Ce désir de pouvoir reconnaître d'un seul regard l'hôte admis à l'hospitalité résonne entre les temps. L'étranger, éternel suspect, installé sur le seuil d'un temps immobile. Le ruban ici n'est pas honorifique. L'article 8 vient le confirmer. « Les étrangers ne pourront en aucun temps quitter cette marque indicative, ni marcher sans leur certificat d'hospitalité ; et dans le cas où ils auraient enfreint l'une ou l'autre de ces dispositions, ils seront déportés comme suspects. » La rédaction définitive du décret efface la proposition de ruban

tricolore et maintient la nécessité des certificats d'hospitalité. Ainsi l'étranger demeure-t-il *ipso facto* une figure de suspect.

Ces trois couleurs avaient déjà été accordées à des étrangers : « Les déserteurs seront accueillis avec amitié et fraternité et recevront d'abord comme signe d'adoption la cocarde tricolore [...]. » Accueillis dans les légions françaises, le 29 avril 1792, ces déserteurs des armées ennemies avaient ainsi été honorés moins de dix jours après la déclaration de guerre au roi de Bohême et de Hongrie, empereur d'Autriche. Les trois couleurs étaient offertes à tous ceux qui recherchaient en France asile et protection des lois, tous ceux qu'on pouvait déjà considérer comme des réfugiés d'une guerre entre révolutionnaires et contre-révolutionnaires. Le 1er mai 1792, le législateur Charles Duval avait affirmé que c'était au moment où « les peuples étaient tenus par les rois en état de révolte contre la liberté » qu'il fallait « leur prouver que nous sommes leurs amis et leurs frères, que partout chez eux et chez nous ils auront toujours de nous secours et consolation ». Charles Duval conçoit la loi nationale comme « garantie de l'affection fraternelle qui doit lier tous les peuples ». Si la loi française a pour visée l'humanisation des rapports sociaux et politiques par la reconnaissance d'une norme universelle du droit, valable partout et en tout temps, au moins comme devoir être, la loi nationale est aussi universelle. Et tant pis si ces déserteurs ne la connaissent pas encore, ils apprendront à l'aimer. Comment ne pas connaître et aimer la Déclaration des droits quand tous les enfants apprennent à lire en la déchiffrant ? Les trois couleurs sont donc le signe de cette fraternité universelle sous couvert de la Déclaration des droits de l'homme et du citoyen. L'hospitalité est une pratique conséquente de cette nouvelle fraternité.

Or la loi d'août-septembre 1793 semble bien y mettre un terme. Ce qui avait été emblématique de la position révolutionnaire depuis cette fameuse Déclaration de paix au monde et la fête de la Fédération de 1790 pourrait bien être aboli.

Six mois plus tôt, au moment où la déclaration de guerre à la Grande-Bretagne, le 1er février 1793, amplifie, selon David Bell, la guerre déclarée au roi de Bohême et de Hongrie depuis le 20 avril 1792, Barère avait affirmé avec d'autres qu'il fallait « conserver l'hospitalité ou la protection de nos lois non seulement à ceux des Anglais et Bataves qui sont en ce moment sur le territoire de la République, mais encore à tous ceux qui voudraient y venir profiter des avantages d'un gouvernement libre. Que vous différerez en cela, citoyens, de vos ennemis ! Comme elle sera sentie, cette différence de la conduite d'un peuple libre avec celle d'un gouvernement despotique, lorsqu'on vous verra généreux et hospitaliers au moment où vos ennemis se rendent, envers vos concitoyens, tyranniques et barbares ».

Mais cette question de l'hospitalité fraternelle est également au cœur des propositions de Saint-Just dans le débat constitutionnel d'avril 1793 : « Le peuple français se déclare l'ami de tous les peuples ; il respectera religieusement les traités et les pavillons ; il offre asile dans ses ports à tous les vaisseaux du monde ; il offre un asile aux grands hommes et aux vertus malheureuses de tous les pays ; ses vaisseaux protégeront en mer les vaisseaux étrangers contre les tempêtes. Les étrangers et leurs usages seront respectés dans son sein. Le Français établi en pays étranger, l'étranger établi en France peuvent hériter et acquérir mais ils ne peuvent point aliéner. » Certes, l'étranger ne doit pas se comporter en conquérant, ni transformer le pays étranger en place commerciale aux dépens de l'hôte accueillant. Mais, en dehors de cette limite, qui est une contrainte posée sur les pratiques de conquête et de colonisation, l'étranger a droit à la plus grande sollicitude. La relation d'hospitalité est désormais quasi inconditionnelle, elle relève d'un devoir être absolu car le genre humain constitue une entité politique et sociale reconnue comme telle où chaque être humain semblable a droit aux mêmes droits.

Dans le même débat constitutionnel, cela conduit Robespierre à des propositions d'articles sur les relations de peuple à peuple et de citoyen à citoyen à l'échelle du genre humain pour la déclaration des droits à venir : « Art. Ier. Les hommes de tous les pays sont frères, et les différents peuples doivent s'entraider selon leur pouvoir, comme les citoyens du même État. – II. Celui qui opprime une nation se déclare l'ennemi de toutes. – III. Ceux qui font la guerre à un peuple pour arrêter les progrès de la liberté et anéantir les droits de l'homme, doivent être poursuivis par tous, non comme des ennemis ordinaires, mais comme des assassins et des brigands rebelles. – IV. Les rois, les aristocrates, les tyrans, quels qu'ils soient, sont des esclaves révoltés contre le souverain de la terre, qui est le genre humain, et contre le législateur de l'univers qui est la nature. »

Mais, en septembre 1793, l'étranger n'allégorise plus l'universel de l'événement révolutionnaire et le risque de ressembler aux régimes despotiques ne semble plus un souci aussi prégnant. Qu'est-ce qui a bien pu venir mettre un terme à cette hospitalité limitée seulement par le refus des conquêtes, du colonialisme et le refus des rapports de domination ? D'abord, et de façon tout à fait banale, l'hostilité de la coalition contre-révolutionnaire de toute l'Europe. Ensuite, le sentiment que l'hospitalité et l'amitié données ont été trahies. Face à cette trahison, il s'agit de limiter la pratique de l'hospitalité sans renoncer à l'horizon d'attente d'une sorte de société des nations, alliées entre elles pour être capables d'agir avec les mêmes principes. C'est donc au nom du projet cosmopolitique fondé sur la réciprocité qu'il faut suspendre l'hospitalité inconditionnelle. Ceux qui ne sont pas d'un peuple libre et allié ne sont plus dignes de confiance, à moins d'être avoués par plusieurs « bons citoyens ».

Le risque de confusion entre les différents types d'étrangers est perçu. Commence alors à s'exprimer une volonté constante de distinguer entre les bons étrangers et les espions soudoyés par les rois. Garnier de Saintes lui-même, au moment de rapporter sur la loi d'août-septembre, déclare : « Le peuple français, généreux dans sa politique et juste dans la rigueur de ses mesures, ne confondra point l'homme égaré qui revient avec le conspirateur qui se masque, ou l'étranger paisible qui aime nos lois avec celui qui, intrigant et hypocrite, en parle avec respect pour les trahir avec succès. » Mais, de fait, la condition donnée pour être admis à l'hospitalité, être avoué par deux citoyens patriotes, déplace une hospitalité publique inconditionnelle et portée par la protection juridique vers une hospitalité civique conditionnelle portée par la vertu des patriotes. Chacun réaffirme alors le caractère hospitalier des citoyens patriotes. Ils sauront jouer leur rôle de membres d'un peuple libre et devenir garants des droits de l'humanité. Dans la sphère limitée qui sera de fait la leur, ils assureront ainsi la pérennité de l'idée de paix déclarée au monde, et le refus des guerres de conquête. Lourdes responsabilités.

Comme le dit Saint-Just dans ses *Fragments d'institutions républicaines* (1794) : « Il fut des peuples libres qui tombèrent de plus haut. » Nul ne sait quand nous en aurons fini avec cette chute-là.

—

SOPHIE WAHNICH

RÉFÉRENCES

—

Marc BELISSA, *Fraternité universelle et intérêt national (1713-1795). Les cosmopolitiques du droit des gens*, Paris, Kimé, 1998.

David A. BELL, *La Première Guerre totale. L'Europe de Napoléon et la naissance de la guerre moderne*, Seyssel, Champ Vallon, 2010 [éd. américaine 2007].

Antonino DE FRANCESCO, Judith MILLER et Pierre SERNA (dir.), *Republics at War (1776-1840) : Revolutions, Conflicts and Geopolitics in Europe and the Atlantic World*, Londres, Palgrave Macmillan, 2013.

Albert MATHIEZ, *La Révolution et les étrangers. Cosmopolitisme et défense nationale*, Paris, La Renaissance du livre, 1918.

Sophie WAHNICH, *L'Impossible Citoyen. L'étranger dans le discours de la Révolution française*, Paris, Albin Michel, 1997.

RENVOIS

—

1420, 1920, 1927, 1948, 1974, 2003

1791

Plantations en révolution

Dans la nuit du 22 au 23 août 1791, une révolte d'esclaves sans précédent embrase la colonie française de Saint-Domingue. Les droits de l'homme et du citoyen ne peuvent rester le privilège des colons blancs. De ce soulèvement naissent la première abolition de l'esclavage et l'indépendance d'Haïti.

Le 21 août 1791, des dizaines d'esclaves de Saint-Domingue s'assemblèrent dans la clairière du Bois-Caïman pour conclure un pacte de sang au terme d'une cérémonie vaudoue. Le sacrifice d'un porc, vraisemblablement inspiré d'un rituel dahoméen, marquait l'entrée solennelle des esclaves dans la Révolution. À cette occasion, les leaders noirs de la plaine du Nord, grande région sucrière, s'engagèrent à exécuter un plan ourdi le 14 août, sur la plantation Lenormand de Mezy, où ils s'étaient réunis afin de coordonner l'insurrection générale. L'objectif des conspirateurs restait mesuré : obtenir une troisième journée de repos hebdomadaire et mettre fin au châtiment du fouet. La méthode se révéla quant à elle plus radicale, car il s'agissait de détruire les plantations, de massacrer leurs propriétaires

et d'occuper Le Cap-Français, le plus grand port de l'île. Étonnamment, ce soulèvement spectaculaire se ferait en soutien de Louis XVI, menacé par les patriotes depuis Varennes, et sous les couleurs de la monarchie française, plus proche du modèle politique des royaumes africains. L'Assemblée nationale, sous l'influence des grands planteurs, n'avait au demeurant rien fait pour améliorer le sort des « Noirs de Saint-Domingue ». Reste que nombre d'esclaves brandirent en même temps la bannière de la Déclaration des droits de l'homme et du citoyen dont ils réclamaient instamment l'application. Le soulèvement qui eut lieu dans la nuit du 22 au 23 août 1791 s'avéra à la fois un tournant de la Révolution française, un épisode majeur de l'histoire africaine et de sa diaspora, une rupture dans l'histoire mondiale de la colonisation, et l'événement matriciel de la nation haïtienne.

L'importance de la révolte tenait d'abord au poids économique considérable de la colonie française de Saint-Domingue à la fin du XVIIIe siècle. Premier producteur de sucre et de café au monde, ce petit territoire occupant la marge occidentale de l'île d'Hispaniola représentait l'essentiel du commerce colonial de la France. La prospérité de Nantes, de Bordeaux, du Havre et même de Marseille devait beaucoup à l'expansion massive de la traite, qui connut un pic de 1789 à 1791. Plus de 500 000 esclaves, dont les deux tiers nés en Afrique, travaillaient à Saint-Domingue dans des conditions atroces, avec une espérance de vie dérisoire, pour assurer la puissance commerciale de la France, au risque d'aviver les rivalités impériales avec l'Espagne et la Grande-Bretagne.

Ce contexte économique avait contribué à créer un climat social et politique explosif. Bien avant les esclaves, les planteurs blancs, forts de leur réussite, avaient été les premiers à s'insurger. Réclamant l'autonomie politique et la création d'assemblées coloniales sur le modèle britannique, agitant l'épouvantail de l'indépendance américaine, exigeant le droit à commercer avec l'étranger, les colons chassèrent le représentant du roi, l'intendant, dès qu'ils eurent vent de la prise de la Bastille. Violemment patriotes, ces planteurs révoltés n'avaient pourtant rien d'abolitionnistes – bien au contraire. Leurs cibles privilégiées n'étaient autres que les « philanthropes » de métropole, qui formaient alors la Société des amis des Noirs : Brissot, l'abbé Grégoire et quelques autres qui militaient pour l'abolition graduelle de l'esclavage et l'interdiction internationale de la traite.

Mais ces colons « patriotes » étaient d'abord en conflit avec d'autres propriétaires d'esclaves, les libres de couleur, c'est-à-dire des affranchis ou descendants d'affranchis qui réclamaient l'égalité politique avec les Blancs. Remplissant pourtant les critères nécessaires à l'obtention de la citoyenneté active, ces gens de couleur se voyaient refuser l'accès aux assemblées révolutionnaires sur la base de leur « épiderme ». En octobre 1790, confronté à l'intransigeance des élites blanches, le métis Vincent Ogé prit la tête d'une petite armée pour imposer les droits des libres de couleur. Cette initiative, mal organisée, fit cependant long feu : Ogé et ses hommes durent battre en retraite, pour se réfugier dans la partie espagnole de l'île. Livrés par les autorités de Santo Domingo aux planteurs blancs, ces rebelles subirent le châtiment de la roue. Un climat de guerre civile s'était instauré alors que libres de couleur et colons levaient de part et d'autre des armées d'esclaves.

Les insurgés d'août 1791 changèrent toutefois radicalement la donne. Ils exigeaient la reconnaissance de droits humains et refusaient de se laisser instrumentaliser par les élites coloniales. S'il pouvait y avoir collaboration entre des acteurs relevant de catégories distinctes, les esclaves n'étaient en aucun cas à la remorque de colons manipulateurs. Les frontières entre les différents groupes socio-raciaux étaient d'ailleurs loin d'être aussi hermétiques que ne le suggéraient les discours politiques de l'époque. Des prêtres catholiques blancs, par exemple, combattirent aux côtés des esclaves, bien que l'Église ait contribué à justifier l'entreprise colonialiste. Toussaint Louverture, qui jouerait le premier rôle dans la Révolution quelques années plus tard, était quant à lui un affranchi, propriétaire d'esclaves. Les hommes et les femmes de 1791 présentaient une grande diversité de profils et de parcours : sous l'étiquette de « Congos », la majorité des insurgés, d'ascendance africaine, côtoyaient des créoles nés sur l'île et partageant une langue commune. Certains étaient d'anciens esclaves marrons, comme l'un des chefs, Jean-François Papillon ; d'autres venaient tout juste de débarquer d'Afrique. Ces classifications rendent d'ailleurs mal compte de l'hétérogénéité des origines, des dialectes et des occupations. Avec la contagion des révoltes, toute la colonie finit par s'embraser mais les alliances entre groupes socio-raciaux se faisaient à l'échelle de la province, voire de la paroisse, dans des configurations variées. C'est dire la complexité des stratégies et des enjeux.

Depuis la métropole, le soulèvement fut compris en des termes plus simples, se voyant comme effacé derrière la stigmatisation d'une masse brutale et sauvage. Il fallut attendre fin octobre 1791 pour que la nouvelle de la révolte parvienne à Paris, non sans engendrer mille rumeurs. Les événements y furent relus à la lumière des conflits politiques du moment : la fracture du club des Jacobins, provoquée par la tentative de fuite du roi et le massacre du Champ-de-Mars du 17 juillet 1791, avait en effet ses ramifications coloniales. Ce n'était pas un hasard si les Feuillants, qui espéraient « arrêter la Révolution », adoptèrent pour chef de file à l'Assemblée Viénot de Vaublanc, un grand planteur de Saint-Domingue. Ces « modérés », dont plusieurs avaient été exclus du club des Jacobins pour s'être opposés à toute concession aux libres de couleur, recyclèrent abondamment les comptes rendus déplorables diffusés par les colons. Une image en vint à occuper tous les esprits : celle d'un enfant blanc cruellement empalé par des esclaves rebelles. La férocité de la répression fut quant à elle occultée, alors que les têtes de révoltés, dont celle de leur chef, le prêtre vaudou Boukman, s'exposaient aux yeux de tous dans la ville du Cap-Français. Le traitement médiatique de la révolte, déséquilibré, associa l'africanité à la sauvagerie de façon beaucoup plus systématique qu'auparavant.

Loin d'acclamer l'insurrection, les Amis des Noirs, embarrassés, imputèrent ces troubles aux intrigues de contre-révolutionnaires royalistes : les protestations des esclaves révoltés en faveur de Louis XVI s'accommodaient facilement d'une telle dénonciation. Brissot, ténor jacobin de l'Assemblée, allégua que les esclaves s'étaient laissé berner par les « aristocrates ». Il suggéra que les brutalités d'août 1791 ne faisaient que répliquer celles dont les planteurs s'étaient rendus coupables. Brissot déclara cependant qu'il se « croirait un monstre s'il avait eu la cruauté d'inspirer la révolte d'un seul Noir ». À la suite de Condorcet et sur le modèle préconisé par les abolitionnistes états-uniens, les Amis des

Noirs restaient attachés au principe d'une émancipation graduelle, étalée sur plusieurs décennies et destinée à « préparer » les Africains à la liberté. Un tel procédé ménageait les intérêts des colons en leur laissant le temps d'adopter progressivement le salariat. À cette fin, les abolitionnistes étaient déterminés à mater le soulèvement en cours. Ils approuvèrent massivement la stratégie consistant à rassembler planteurs blancs et gens de couleur pour « rétablir l'ordre » à Saint-Domingue.

Le sens et les implications de l'insurrection variaient toutefois selon le lieu d'observation. Si l'on saisissait mal en métropole ce qui se produisait à plus de 7 000 kilomètres, les révoltes de Paris et de Dunkerque de janvier-février 1792 contre l'augmentation du prix du sucre signalèrent néanmoins les répercussions concrètes de l'événement dans la vie matérielle d'une population urbaine désormais habituée à consommer ces produits de demi-luxe. À l'échelle globale, les troubles de la « perle des Antilles » mettaient en péril l'équilibre fragile, sous tension, des sociétés esclavagistes environnantes – Jamaïque, Cuba, Venezuela et États-Unis. Le soulèvement y fit l'objet d'autres grilles de lecture, marquées par la crainte, l'espoir et toute une gamme d'émotions et d'intérêts – selon que l'on se plaçait du point de vue des planteurs, des esclaves, des libres de couleur ou des marchands.

Reste qu'à la fin de l'année 1791 rien n'était joué. Si les esclaves occupaient la plaine du Nord, ils n'étaient pas parvenus à prendre Le Cap. Les leaders de l'insurrection, Jean-François et Biassou, tentèrent de négocier une amnistie, mais durent renoncer face à l'intransigeance des colons et la radicalisation de leurs propres troupes, exigeant désormais la liberté générale. L'alignement de la Révolution française sur les revendications énoncées par les esclaves ne se produisit qu'au bout de deux ans : le principe de la citoyenneté universelle, établi le 16 pluviôse an II (4 février 1794), ne saurait donc être considéré comme la suite logique du 14 juillet 1789. Il fallut la pression des esclaves, l'avènement de la République, l'aggravation des conflits entre partis et les nécessités de la guerre mondiale contre la Grande-Bretagne, qui justifiait la levée en masse de soldats-citoyens d'origine africaine, pour que le « nouveau peuple de Saint-Domingue » accède aux droits nationaux. Le 17 pluviôse, la Convention inventait le crime de lèse-humanité contre les propriétaires d'esclaves et solennisait la reconnaissance d'une dignité commune à tous les hommes. Cette abolition, éphémère au sein de l'Empire français (1794-1802), se révéla être le pilier existentiel d'Haïti, qui devint en 1804 le deuxième État indépendant dans les Amériques. La révolte de 1791, pendant longtemps occultée en France parce qu'elle pointait les contradictions et les ambiguïtés de la période, devint un motif d'angoisse pour toutes les sociétés esclavagistes et un lieu de référence majeur au sein du monde atlantique noir.

—

Manuel Covo

RÉFÉRENCES

—

Marcel DORIGNY et Bernard GAINOT, *La Société des amis des Noirs (1788-1799). Contribution à l'histoire de l'abolition de l'esclavage*, Paris, Unesco, 1998.

Laurent DUBOIS, *Les Vengeurs du Nouveau Monde. Histoire de la révolution haïtienne*, Bécherel, Les Perséides, 2005.

Carolyn FICK, *Haïti : naissance d'une nation. La révolution de Saint-Domingue vue d'en bas*, Bécherel, Les Perséides, 2014.

David GEGGUS, *Haitian Revolutionary Studies*, Bloomington, Indiana University Press, 2002.

Pierre SERNA, « Que s'est-il dit à la Convention les 15, 16 et 17 pluviôse an II ? Ou lorsque la naissance de la citoyenneté universelle provoque l'invention du "crime de lèse-humanité" », *La Révolution française. Cahiers de l'Institut d'histoire de la Révolution française*, n° 7, 2014, en ligne.

RENVOIS

—

1446, 1635, 1683, 1848, 1919, 2008

1793

Paris, capitale du monde naturel

Le 10 juin 1793, la fondation du Muséum d'histoire naturelle à Paris, héritier du Jardin royal des plantes, s'inscrit dans le projet d'éducation morale et politique des Jacobins. Il assure le rayonnement de la France dans le champ des savoirs naturalistes pendant plusieurs décennies.

Comment faire de Paris la capitale universelle des savoirs naturalistes ? La création révolutionnaire du Muséum d'histoire naturelle, le 10 juin 1793, s'inscrit dans un paysage de recomposition des savoirs, tout en reprenant le message cosmopolite des Lumières. Les savoirs naturalistes, rassemblés et exposés au Muséum et dans son jardin, doivent signifier au monde l'importance de la France régénérée, et assurer son rayonnement.

Cette fondation s'inscrit dans une filiation, celle du Jardin royal des plantes, ou Jardin du roi, qui a acquis au cours du XVIIIᵉ siècle une stature internationale et suscite de nombreuses répliques en

Europe. Centre de collecte d'objets et de spécimens naturels, le Jardin est un symbole de l'universalisme des Lumières. Les voyageurs y rapportent des spécimens du monde entier. Georges-Louis Leclerc, comte de Buffon, intendant de 1739 à 1788, met en place un vaste réseau de correspondants européens. Comme il est d'usage de joindre aux lettres des sachets de semences, les échanges de plantes se multiplient. Plus encore, les projets d'acclimatation de plantes rares ou « exotiques » disent la volonté de faire du Jardin un microcosme rassemblant toutes les espèces vivantes du globe, en les classant, les étiquetant, les hiérarchisant. Dans cette logique, le Jardin du roi est aussi conçu comme outil de domination, manifestant la puissance du souverain sur les espaces lointains et leurs richesses.

Rien de tout cela n'est remis en question à la Révolution. Bien au contraire, la création du Muséum d'histoire naturelle poursuit l'entreprise, en la dédiant à l'utilité publique (l'accès au Jardin était auparavant réservé à quelques privilégiés). Pour les Jacobins, il s'agit de faire de la contemplation de la nature un projet d'éducation morale et politique. L'ambition est à mettre en parallèle avec la création du Muséum central des arts, au Louvre, quelques semaines plus tard, et avec l'ensemble des projets destinés à dispenser un savoir patriotique, œuvrant à la régénération de la France.

Doté d'une nouvelle organisation, de prérogatives plus étendues que celles de l'ancien Jardin royal, et d'une certaine autonomie, le Muséum devient une institution nationale, dans laquelle les cours sont ouverts au public. Les titulaires de chaires (qui passent de trois à douze) reçoivent des salaires égaux et vivent ensemble dans l'enceinte du jardin. Alliant les ressources des jardins botaniques et celles des anciens cabinets naturalistes, les savants de l'institution se consacrent aux trois règnes de la nature (minéral, végétal, animal). Grâce aux confiscations révolutionnaires, les collections s'enrichissent considérablement et la centralité du Muséum dans le monde des naturalistes devient manifeste. Les effets des confiscations sont aussi heuristiques. Georges Cuvier trouve ainsi dans la collection scientifique du stathouder de Hollande des crânes d'éléphants de

Ceylan et du Cap, qui lui permettent de confirmer qu'il y a deux espèces distinctes d'éléphants vivants. Grâce à l'observation de ces spécimens venus du bout du monde, et en complétant ces observations par des échanges de dessins avec des naturalistes étrangers, il publie une série de travaux décisifs pour l'anatomie des fossiles. Plus largement, le modèle du Muséum se diffuse aussi au-delà des frontières : le Musée de zoologie de Naples, créé sous le gouvernement français en 1813, est ouvert en réalité en 1845, grâce à un élève de Lamarck et de Cuvier, Giosuè Sangiovanni, avec deux galeries conçues exactement sur le même plan que la galerie des oiseaux du Muséum parisien. Les élèves étrangers sont d'ailleurs nombreux à assister aux cours, au moins jusqu'aux années 1830-1840. Sous la Restauration, les étudiants anglais et italiens sont parmi les plus nombreux. Le rayonnement international du Muséum se mesure aussi à la manière dont certaines théories, comme celle du transformisme enseignée par Lamarck, vont se diffuser partout en Europe.

À la fonction pédagogique, qui dépasse donc largement le cadre national, fait écho une fonction politique. Comme l'avait souligné Bernardin de Saint-Pierre dès 1792, dans son *Mémoire sur la nécessité de joindre une ménagerie au Jardin national des plantes de Paris* : « Nos relations politiques nécessitent l'existence d'une ménagerie. » En mai 1794, la création de la ménagerie du jardin répond donc au besoin d'avoir un lieu pour accueillir dignement les cadeaux des grands princes du monde. En 1827, une girafe offerte par le pacha d'Égypte à Charles X, premier spécimen de l'espèce à entrer en France, trouve refuge à la ménagerie, où elle vivra dix-huit ans, inspirant la mode, le design et quelques pamphlets politiques, avant d'être naturalisée au Muséum.

L'histoire naturelle est conçue aussi comme une science utile, permettant le développement de l'agronomie et le progrès de l'agriculture. André Thouin, nommé « professeur des cultures » en 1793, œuvre tout spécialement à l'introduction des plantes exotiques au Jardin et dans les jardins botaniques provinciaux, dans un souci d'économie rurale. Le Muséum se fait le réceptacle de plantes lointaines et les redistribue dans les jardins botaniques coloniaux. En 1798, le directeur du Jardin botanique de Cayenne, Joseph Martin, ancien élève du Jardin du roi, rapporte au Muséum des plants d'arbres à pain originaires de Tahiti, qu'il a réussi à acclimater dans les Caraïbes. Modèle de plante utile, censé assurer l'autonomie alimentaire des colonies, l'arbre à pain circule ainsi à travers le monde, de jardin botanique en jardin botanique, pour finalement trouver place au Muséum. C'est par la collecte et par les tentatives de naturalisation ou d'acclimatation d'espèces exotiques que le Muséum participe en effet d'une vaste entreprise de contrôle du monde, alors que, au moment où le premier empire colonial se délite, il devient urgent d'acclimater pour ne plus dépendre des liens coloniaux.

L'enthousiasme de la période révolutionnaire, le dynamisme d'un Thouin ou d'un Cuvier, l'enrichissement réel des collections permettent au Muséum de conserver une place de premier plan quelques décennies. La position centrale de l'institution dans le monde des savoirs naturalistes est cependant celle d'un moment, d'une génération. Les institutions étrangères ne se contentent pas d'envoyer des échantillons ou de recevoir les travaux des naturalistes parisiens : elles se les approprient, innovent. Ainsi, le Museum of Comparative Anatomy de Londres, dirigé par Richard Owen, doit beaucoup à Cuvier et au modèle de la galerie d'anatomie comparée. Lorsque le naturaliste américain Jeffries Wyman, professeur à Harvard, visite Paris en 1841, il trouve cependant les collections de Cuvier dans un état de quasi-abandon, et constate que le Muséum londonien est devenu le plus important d'Europe. Dans de nombreux domaines de l'histoire naturelle, les institutions anglaises et allemandes, à partir des années 1830, prennent le dessus.

Plus encore, à l'âge des empires, il semble bien que le Muséum, entièrement tourné vers la science, et bien moins vers le commerce, marque le pas. Individuellement, des professeurs du Muséum s'impliquent dans les affaires coloniales, par le biais de la Société de géographie dans laquelle Armand de Quatrefages joue un rôle important, ou de la Société d'acclimatation dont Isidore Geoffroy Saint-Hilaire est un membre fondateur. Des professeurs participent à des missions scientifiques, des représentants du Muséum siègent dans la Commission des voyages du ministère de l'Instruction publique, et assurent ainsi la continuité du système de patronage (garantissant l'enrichissement des collections par les explorateurs). En 1889, à l'occasion de l'Exposition universelle, la construction de la grande serre dans le jardin permet de mettre en scène la nature exotique et sa maîtrise. En 1895, une « Exposition zoologique, botanique et géologique de Madagascar » est organisée au Muséum, en soutien à Ía conquête. La France, comme les autres puissances impériales, multiplient les jardins d'essais dans les colonies : à Alger dès 1832, à Saigon en 1863, à Libreville en 1887, à Tunis en 1891 ou encore à Madagascar en 1897, pour ne donner que quelques exemples. Certains ont des liens étroits avec le Muséum, d'autres beaucoup plus lâches en réalité.

Le Muséum d'histoire naturelle suit le mouvement de l'expansion impériale au XIXe siècle, donc, mais avec une certaine retenue. Le magnifique jardin de Buitenzorg, création hollandaise dans la colonie de Java, accueille en résidence des savants du monde entier. On y trouve des laboratoires et une revue, d'ailleurs publiée en français, qui font référence. La Grande-Bretagne, surtout, avec son réseau exceptionnel de jardins botaniques autour de Kew Gardens, et du fait de son emprise impériale, concentre les atouts. Le plus riche herbier du monde, un musée de botanique appliquée et un réseau sans commune mesure permettent aux Britanniques d'imposer leurs normes taxinomiques, notamment.

Au Muséum, le tournant impérial ne semble pas avoir eu lieu. À la fin du siècle, avec la nomination de Maxime Cornu à la chaire des cultures (1884), un « Service des cultures coloniales » est bien mis en place, mais sans grand dynamisme. Le modèle de Kew, qui centralise et dirige tous les jardins coloniaux, en y nommant des directeurs formés en métropole, n'est pas réplicable dans le contexte français. Les savants du Muséum sont peu enclins à suivre les injonctions utilitaristes des groupes de pression coloniaux, et entre l'Instruction publique, dont dépend le Muséum, et le ministère des Colonies, la jonction est difficile. En 1899, la création d'un nouveau jardin colonial, à Nogent, sur des terrains appartenant au Muséum, mais financé par le budget des Colonies, en est une manifestation. La simple existence de ce nouveau lieu manifeste le décrochage entre le Muséum et le monde colonial. C'est à Nogent que vont désormais être formés les futurs directeurs des jardins d'essais des colonies, et que croissent dans des serres de multiplication des plantes destinées aux mondes tropicaux.

Entre 1793 et la fin de la Restauration, le Muséum d'histoire naturelle croit et fait croire au rôle moteur de la France dans les savoirs naturalistes. Il rayonne. Mais alors que le monde change, les rôles sont redistribués. Au cours du XIXe siècle, l'histoire naturelle perd de sa prestance, quand de nouveaux savoirs, comme la biologie, tendent à reconfigurer le champ des savoirs sur la nature, et à marginaliser quelque peu le modèle du Muséum d'histoire naturelle. D'autres institutions en Europe affirment leur prééminence, notamment en matière de botanique et d'acclimatation. Le dynamisme de Kew Gardens dans la seconde moitié du XIXe siècle signale les orientations nouvelles prises par les savoirs naturalistes (notamment l'importance de l'utilité économique des plantes à l'échelle impériale), et finalement la fugacité de la centralité des institutions savantes dans un monde qui change.

—

HÉLÈNE BLAIS

RÉFÉRENCES

—

Claude BLANCKAERT, Claudine COHEN, Pietro CORSI et Jean-Louis FISCHER (dir.), *Le Muséum au premier siècle de son histoire*, Paris, Éd. du Muséum national d'histoire naturelle, 1997.

Marie-Noëlle BOURGUET et Christophe BONNEUIL (dir.), « De l'inventaire du monde à la mise en valeur du globe. Botanique et colonisation (fin XVIIe siècle-début XXe siècle) », dossier thématique de la *Revue française d'histoire d'outre-mer*, vol. 86, nos 322-323, 1999.

Marie-Noëlle BOURGUET et Pierre-Yves LACOUR, « Les mondes naturalistes : Europe (1530-1802) », in Dominique PESTRE (dir.), *Histoire des sciences et des savoirs, de la Renaissance à nos jours*, t. 1 : *De la Renaissance aux Lumières* (Stéphane VAN DAMME, dir.), Paris, Seuil, 2015.

Pierre-Yves LACOUR, *La République naturaliste. Collections d'histoire naturelle et Révolution française (1789-1804)*, Paris, Éd. du Muséum national d'histoire naturelle, 2014.

Emma C. SPARY, *Le Jardin d'utopie. L'histoire naturelle en France, de l'Ancien Régime à la Révolution*, Paris, Éd. du Muséum national d'histoire naturelle, 2005.

RENVOIS

—

1215, 1380, 1751, 1769, 1795, 1815, 1900

1794

La Terreur en Europe

*Le coup d'État associé à la chute de Robespierre
le 27 juillet 1794 constitue un double écran quant
à la perception de la Révolution française en Europe.
Il permet aux coalisés de justifier leur combat contre la France
tout en réservant à cette dernière le monopole d'une politique
de répression, sinon de « Terreur », alors pratiquée
par de nombreux États depuis les années 1780.*

Peu de périodes aussi courtes ont autant attisé les passions que celle qui s'étend du printemps 1793 à l'été 1794. Son nom, car elle fait partie des rares portions du temps national à être distinguée par un chrononyme, délimite l'existence d'une séquence aussi noire qu'effrayante : la « Terreur » ou, en anglais, *« The Reign of Terror »*. Quatre ans après l'enthousiasme de la prise de la Bastille, la Révolution française aurait basculé dans un nouveau type de dictature totale, portée par l'idéologie jacobine et incarnée par Robespierre, plongeant le pays dans la violence générale, inaugurant, pour certains, le Goulag et les totalitarismes. La Terreur, une exception française ? Pour corriger cette idée reçue, il faut remonter le cours de cette légende, née au cœur de l'été 1794. Il faut plus précisément s'attarder sur les heures qui suivent le 27 juillet 1794 (9 thermidor an II), lorsque ceux qui viennent de faire exécuter Robespierre et ses complices défilent aux tribunes des diverses assemblées pour justifier leur magistral coup politique et inventer, collectivement, une des fictions les plus tenaces de l'histoire française et occidentale.

Cette histoire est assez simple. Dès le 29 juillet, Barère accuse Robespierre d'avoir gouverné la France par le moyen d'une « centralisation totale ». Le 28 août, Tallien lance l'expression « système de la terreur » et, le lendemain, Lecointre parle avec effroi d'un « système d'oppression et de terreur ». Préparé depuis plusieurs mois par de multiples attaques personnelles et plusieurs campagnes de déstabilisation, conforté par les rumeurs selon lesquelles Robespierre s'apprêtait à se faire couronner et à rétablir l'Ancien Régime, le récit fabriqué par ceux qui, malgré leur diversité, trouvent alors un nom commun (les «thermidoriens»), ne correspond pas à la réalité : personnage très populaire et influent comme l'avaient été Danton ou Marat avant lui, Robespierre ne disposait d'aucun pouvoir particulier et ne briguait ni la dictature personnelle, ni le trône. Pourtant, au cœur de l'été 1794, cette légende s'impose aussitôt en France comme à l'étranger car elle débloque une situation particulièrement compliquée.

Pour de nombreux États européens, il s'agit d'une aubaine : l'aveu, fait par les Français eux-mêmes, que la «Terreur» a bel et bien existé prouve l'existence du monstre qu'était devenue la Révolution française et justifie la guerre menée contre elle depuis 1792. En France, la fiction selon laquelle Robespierre devait nécessairement mourir pour sauver les principaux acquis de 1789 permet d'amorcer une sortie de crise en focalisant l'horreur des violences sur un homme et son clan – aussi inventé ce dernier soit-il – tout en préservant le régime républicain, désormais tourné contre l'idée même de radicalité et de révolution. Cette histoire accouchera d'un nouveau régime : le Directoire.

Pourtant, cette date que l'on appelle encore familièrement le «9 thermidor» n'est pas la rupture que l'on décrit souvent. Pendant de longs mois, les principales structures du régime d'exception, échafaudées depuis le printemps 1793 en raison de la guerre et de la guerre civile, celles-là mêmes que les thermidoriens montrent du doigt en visant Robespierre, sont pourtant laissées en place. Pendant de longs mois donc, et au-delà des mots, la répression politique continue de s'exercer contre celles et ceux qui s'opposent publiquement au régime : la loi de «grande police» présentée par Sieyès au printemps 1795 est au moins aussi répressive que celles qui avaient été votées pendant la période pourtant supposée close de la «Terreur». Alors que les tensions et les violences demeurent impossibles à juguler, ce ne sont donc que les apparences du «retour à l'ordre» qui permettent à la Convention d'assurer une autre transition politique. En théorie permise par le sacrifice des robespierristes et le rejet du passé immédiat, l'avènement de la paix et de la réconciliation n'est qu'illusoire, tant le nouveau régime directorial se fonde sur la répression de tous les radicaux et sur l'exclusion des classes populaires, qui composent l'essentiel de la nation.

Et pourtant, pour beaucoup, ce régime, aussi imparfait soit-il, vaut bien mieux que la «Terreur», dont la légende noire inspire un imaginaire morbide dans toute l'Europe des années 1790 et 1800, influençant le roman gothique et le romantisme. Si cette fiction politique franco-européenne s'impose aussi facilement, c'est qu'elle rencontre un imaginaire venu de bien plus loin, échafaudé dans l'Europe du siècle précédent.

Bien avant les années 1790, la «terreur» est un mot à la mode dans toute l'Europe. Évoquant depuis longtemps la crainte des châtiments de Dieu, le terme désigne aussi l'effet de sidération et de paralysie, supérieur à la peur, par lequel les gouvernements despotiques dominent les populations et les empêchent de se rebeller. De plus en plus employé en politique, en littérature, en sciences et en esthétique après les années 1750, le mot « terreur » contribue par ailleurs à élargir la palette de l'exploration des émotions humaines, qui passionnent de plus en plus les savants, mais aussi les théoriciens du gouvernement, qui cherchent à contrôler les corps comme les esprits.

Dans toute l'Europe, des juristes et des philosophes affirment par exemple que le gouvernement civilisé consiste à terroriser préventivement ceux qui menacent l'ordre public afin de les réduire à l'impuissance, plutôt que de les réprimer après coup. Dans ces laboratoires des Lumières que sont l'Angleterre, les Provinces-Unies, Naples, Genève ou les Pays-Bas autrichiens, la pédagogie politique de la peur extrême, assurée par une mise en spectacle quotidienne des peines, permet de dissuader le crime et d'éviter autant que possible l'usage de la force publique ou même de la violence directe : à Genève, les différentes réformes pénales visent ainsi à « terrifier le crime ». Ainsi, bien avant 1793, la « terreur » est devenue un outil de gouvernement controversé, tantôt stigmatisé comme une trace de barbarie, tantôt pratiqué comme une technique de domination et de maintien de l'ordre visant à économiser l'usage réel de la violence.

Cette polysémie explique que dès 1789, lorsque débute la Révolution en France,

le mot soit employé par les partisans de l'Ancien Régime, pour dénoncer les violences des patriotes ou pour souhaiter le rétablissement d'une forte autorité, susceptible de restaurer l'ordre. Dans le camp d'en face, la terreur est parfois revendiquée : la terreur, c'est aussi celle que les bons patriotes doivent savoir infliger aux ennemis de la nation afin d'assurer le salut public. Lorsqu'en 1793 la guerre civile éclate, il devient encore plus urgent de retourner la terreur contre les « terroristes » : la dictature de salut public et l'état d'exception graduellement mis en place visent autant à terroriser qu'à vraiment éliminer les contre-révolutionnaires, comme l'explique Danton dans une formule restée célèbre (« Soyons terribles pour dispenser au peuple de l'être », 10 mars 1793) ou Billaud-Varenne lorsqu'il théorise la « terreur-réplique ». Dans toutes les cours d'Europe, il semble alors évident que les Français ont joué avec le feu et cherchent à transformer l'émotion humaine la plus puissante en véritable système de gouvernement. Pourtant, cet échafaudage de mesures d'exception, cette sortie provisoire du temps politique ordinaire, ces dénonciateurs de la « Terreur » française le connaissent eux-mêmes souvent, pour le voir appliqué dans leurs propres pays en temps de crise.

Parce qu'elle débouche aussitôt sur une crise internationale qui risque de déstabiliser les équilibres en Europe mais aussi dans chaque pays, la Révolution française provoque une vague de répression générale ciblant violemment ceux qui semblent pouvoir se convertir aux idées radicales. Dans ce climat de suspicion généralisée, la terreur fait partie des outils de répression couramment utilisés par les États en guerre avec la France.

Vu par les patriotes européens comme le pays des libertés constitutionnelles, l'Angleterre n'échappe pas à ce tournant autoritaire, contemporain de la « Terreur » française. Dès 1792, une politique très répressive se déploie contre la possible propagation du « complot jacobin ». Un état d'exception se met en place : en juin 1792, le *Middlesex Justices Act* centralise la police et la place sous l'autorité du gouvernement. Violemment débattue au Parlement par ceux qui y voient une trahison des libertés fondamentales, la « clause D » autorise par exemple les magistrats de police et de justice à réaliser des arrestations préventives sur les personnes simplement « suspectées d'avoir de mauvaises intentions ». En mai 1794, l'*Habeas corpus* (1679) est suspendu, faisant de la « trahison » un crime exceptionnel, permettant aussi à la police de détenir plus longtemps un individu avant son jugement. Dans cette société aux équilibres précaires, des dizaines de milliers d'individus sont surveillés comme « suspects ». Répondant à une même situation de guerre et de crise internationale, les législations anglaise et française convergent en même temps vers une répression envers les étrangers, identifiés à des ennemis. Dans les espaces coloniaux, les pratiques de terreur semblent être plus courantes encore : alors que les populations rebelles des Antilles françaises font l'objet de violences extrêmes, la presque totalité de l'Irlande coloniale est placée sous

des lois d'exception entre 1796 et 1798, la répression militaire anglaise faisant plusieurs dizaines de milliers de victimes en quelques mois.

À peu près au même moment, en 1798, mais dans un contexte de paix, pour se protéger des migrations révolutionnaires venues d'Europe, le gouvernement fédéral américain institue quant à lui des lois extraordinaires remettant en cause les droits affirmés dans la Constitution. Les écrits séditieux et les étrangers sont réprimés (*Alien and Sedition Acts*) et les membres du Congrès sont surveillés. Au même moment, de l'autre côté de l'Atlantique, en Hollande, les radicaux et les modérés se combattent violemment, par l'intermédiaire d'une série de lois d'exception, dénoncées par chaque camp comme autant de mesures de « terreur ». Quant à lui, le gouvernement autrichien en termine avec les expérimentations libérales tentées depuis les années 1780 dans les périphéries belges. Ainsi, les guerres révolutionnaires provoquent bien un tournant autoritaire dans toute l'Europe.

Dans ce contexte global, la Dictature de Salut Public française ne se distingue qu'en partie. La Révolution qui a éclaté dans ce pays n'est que le dernier d'une série de mouvements qui ont secoué une partie de l'Europe dans les années 1780, mais, plus radical et déstabilisant que les autres, celui-ci libère des conflits d'une tout autre ampleur. Mises en place dans un contexte de guerre européenne et de guerre civile, les mesures d'exception françaises sont donc particulièrement radicales : en un an et demi, 35 000 à 45 000 individus sont exécutés pour crimes politiques. Toutefois, ça n'est pas par cette répression que l'état d'exception français se distingue réellement des autres. Dans ce pays plus qu'ailleurs, les classes populaires sont devenues des actrices majeures des événements. À partir de 1792, elles demandent des contreparties judiciaires et sociales en échange de leur mobilisation, sans laquelle le régime ne peut survivre. La politique de salut public menée en 1793 et 1794 se traduit donc aussi par des politiques de redistribution et de cohésion sociale inédites à cette échelle. Ainsi, derrière le cliché de la « Terreur » française, se profile une histoire un peu plus complexe, plus européenne aussi, des transitions ou sorties du temps ordinaire du contrat politique commun, lorsque celui-ci se trouve ébranlé par une crise exceptionnelle, dont les révolutions, les guerres et les guerres civiles font partie.

—

GUILLAUME MAZEAU

RÉFÉRENCES
—

Bronislaw BACZKO, *Comment sortir de la Terreur. Thermidor et la Révolution*, Paris, Gallimard, 1989.
Françoise BRUNEL, *Thermidor : la chute de Robespierre (1794)*, Bruxelles, Complexe, 1989.
Annie JOURDAN, « Les discours de la terreur à l'époque révolutionnaire (1776-1798). Étude comparative sur une notion ambiguë », *French Historical Studies*, vol. 36, n° 1, 2013, p. 51-82.
Jean-Clément MARTIN, *La Terreur, part maudite de la Révolution*, Paris, Gallimard, coll. « Découvertes », 2010.
Guillaume MAZEAU, « La "Terreur", laboratoire de la modernité », *in* Jean-Luc CHAPPEY, Bernard GAINOT, Guillaume MAZEAU, Frédéric RÉGENT et Pierre SERNA, *Pour quoi faire la Révolution*, Marseille, Agone, 2012.

RENVOIS
—

1610, 1789, 1871, 1958, 1989

PAGE SUIVANTE

Frédéric Sorrieu,
La République universelle, le pacte, 1848, Paris,
musée Carnavalet
(photo : © RMN-Grand Palais / Agence Bulloz)

UNE PATRIE POUR LA RÉVOLUTION UNIVERSELLE

L a France n'a certes pas le monopole de la révolution, mais elle en est à coup sûr l'un des lieux les plus emblématiques jusqu'au milieu du XIXe siècle, celle qui ouvre le cortège des nations en marche vers le progrès et la fraternité dans le tableau peint par Frédéric Sorrieu en 1848. L'effondrement de la République et l'ascension de Napoléon Bonaparte n'étouffent en rien l'aura des principes proclamés haut et fort en 1789, dont les peuples s'emparent autant pour imiter la France que pour contester sa domination impériale, depuis l'indépendance d'Haïti en 1804 jusqu'aux révoltes nationales contre l'occupation napoléonienne. C'est au nom de la science, des arts et du droit que la France prétend civiliser l'Europe et le reste du monde. Mais c'est par les armes et la conquête que s'étend son influence, de l'Égypte en 1798 à l'Algérie après 1830, en passant par le naufrage de Waterloo. Le « Grand Empire », en se désintégrant, laisse derrière lui plusieurs millions de morts, un territoire français occupé et rapetissé (la Louisiane a été vendue aux États-Unis en 1803), des peuples livrés à la volonté de contrôle et de restauration de l'Europe de la Sainte-Alliance. Et pourtant, la lumière révolutionnaire ne s'éteint pas, en dépit des profondes divisions politiques qui fracturent un pays encore très rural et bigarré. De l'autre côté de l'Atlantique, Simón Bolívar et d'autres entretiennent l'idéal républicain, dans une relation complexe d'inspiration et de répulsion vis-à-vis du précédent français. L'un des effets paradoxaux des guerres napoléoniennes est d'avoir soulevé, un peu partout, les aspirations libérales et nationales des peuples occupés, qui ne se résignent pas au silence que leur imposent les polices, les armées et les censeurs des régimes restaurés. S'affrontent alors deux visions de l'Europe et du monde, l'une fondée sur le respect du principe dynastique, de la religion et des anciennes élites, l'autre sur la conquête des libertés, de l'égalité et des indépendances nationales. Les Grecs en lutte contre l'Empire ottoman déclenchent une vague inédite de solidarité et d'élan humanitaire, tandis que les Polonais insurgés de 1830-1831 attendent en vain l'aide des Français, dont la révolution de juillet 1830 marque le début d'un soulèvement transnational, relayé par la presse et la circulation des militants.

Des réfugiés de l'Europe entière affluent à Paris dans les années 1830-1840, où s'installent Adam Mickiewicz, Heinrich Heine ou Karl Marx. Poètes, peintres et écrivains contribuent à la révolution romantique, une première forme de mondialisation culturelle. Les banquiers, industriels et commerçants, héros de la monarchie de Juillet, posent les jalons d'un nouveau capitalisme, qui n'élimine pas les crises de subsistance et les épidémies, et provoque de nouvelles inégalités. Les utopies d'inspiration scientifique, sociale et religieuse, portées par le culte du progrès et la recherche d'une organisation sociale plus harmonieuse, inventent d'autres mondes possibles et s'exportent au-delà des frontières. La barricade, expérimentée pour la première fois en France à la fin du XVIe siècle, devient en 1830 puis en 1848 le symbole universel des révolutions populaires : le spectre de la Révolution française continue de hanter la politique européenne.

1795

« La république des lettres enfantera des républiques »

Le 25 octobre 1795 est créé, à l'inspiration de Condorcet, un Institut national pour réunir tous les savants, gens de lettres et artistes du globe. Le rayonnement des sciences morales et politiques annoncera-t-il la paix universelle ou la domination impériale ?

« [T]andis que la végétation des diverses parties du globe s'acclimate dans chaque contrée malgré les résistances de la température du sol, les institutions les plus utiles à l'amélioration des corps politiques s'y naturalisent. » Présentant, le 7 germinal an IV (27 mars 1796), ses réflexions sur les moyens de perfectionner les sciences politiques, à l'occasion d'une séance publique de l'Institut, l'abbé Grégoire promettait l'acclimatation prochaine des principes de la Révolution française sur toute la planète. L'évêque de Blois, ancien député qui avait combattu pour l'émancipation des esclaves et l'universalisation de la langue française, désormais membre de la classe des sciences morales et politiques, ne cachait pas l'ampleur du travail à accomplir : « Les deux grands principes de la séparation des pouvoirs, et de la représentation, rappelait-il, n'ont encore pu se faire jour que dans quelques coins du globe ; ailleurs ils ne pénètrent que furtivement et comme des objets interlopes. » Mais, en cultivant la science des gouvernements, cette science que les despotes avaient volontairement négligée et dissimulée au profit des arts d'agrément, la morale finirait bien par rattraper les lumières.

Grégoire ne faisait que résumer les ambitions de l'Institut national créé quelques semaines plus tôt, en 1795, mais déjà annoncé dans la Constitution de l'an III. Le 3 brumaire an IV (25 octobre 1795), un décret inspiré par Condorcet, et rédigé par Daunou, avait tiré un trait sur l'académisme d'Ancien Régime en intégrant l'Institut à un projet radicalement neuf d'instruction publique. Les écoles primaires, centrales et spéciales y étaient reliées en un ensemble couronné par l'Institut et ponctué par des fêtes nationales. Au cœur de ce système se trouvait la classe des sciences morales et politiques, placée entre la classe des sciences mathématiques et physiques, et la classe de littérature et beaux-arts. Autour d'elle, l'Institut devait devenir le cœur battant d'un corps savant planétaire. Il faudrait pour cela réunir cette « famille éparse sur le globe » que constituaient les savants, les gens de lettres et les artistes, en organisant autour d'eux un « système combiné d'une vaste correspondance » qui permettrait « d'accélérer la circulation de la pensée et des découvertes » afin de préparer la fusion des langues. Ainsi, promettait Grégoire, « [l]a république des lettres enfantera[it] des républiques ».

Pour devenir véritablement universelle, et donc pour ne pas être mise au service des puissants, la nouvelle science de l'homme devait changer de contenu comme de forme. L'histoire ne serait plus un récit de conquêtes et de mariages princiers, elle parlerait du peuple et s'écrirait collectivement grâce au concours des correspondants locaux qui interrogeraient les anciens des villages. La métaphysique serait remplacée par une étude des sensations et des idées ancrée dans la physiologie et la méthode analytique. Le droit deviendrait science sociale et législation. La morale s'émanciperait de la théologie, et l'économie politique deviendrait économie publique en se républicanisant. Même la géographie, traditionnellement au service des conquérants, changerait son regard sur le monde. La description d'une île nouvelle, affirmait Buache le 22 floréal an IV, ne serait plus « un titre de propriété pour les puissances dont on y arbore le pavillon ». « Confédération inouïe dans l'histoire », l'Institut réorganiserait la république mondiale des lettres autour de Paris, mais Grégoire précisait que ceux qui prenaient cette initiative n'ambitionnaient aucune suprématie, la souveraineté littéraire et scientifique étant par nature partagée tout comme la souveraineté politique.

La réalité s'avéra plus délicate dans un contexte où la France entendait aussi défendre la République par les armes. Car c'est par la guerre que les sciences morales et politiques se diffusèrent d'abord. Caffarelli du Falga, général de l'armée républicaine et membre non résident de la section d'analyse des sensations et des idées, mourut le sabre à la main au siège de Saint-Jean-d'Acre en 1799. Avec d'autres membres de la deuxième classe, il avait contribué à organiser l'Institut d'Égypte, dont il fut aussi titulaire, occupant le premier siège de la section d'économie politique. Au sein des républiques sœurs du continent européen, qu'il avait fallu conquérir, introduire les sciences morales et politiques supposait de trouver des intermédiaires suffisamment dévoués à l'envahisseur. Tel était le cas, au sein de la République cisalpine, du traducteur de Locke Francesco Soave. Membre de la *classi di scienze morali e politiche* de l'Instituto Nazionale Italiano, décrété dès 1797 et fondé à Bologne en 1802, il y présenta en 1804 ses réflexions sur le projet d'Idéologie de Destutt de Tracy.

De tels intermédiaires n'étaient pas dénués de tout esprit critique. Imposer les sciences morales et politiques par la force contredisait de façon criante le projet de Grégoire pour qui tout devait découler de la communication scientifique. La seule diffusion des connaissances pouvait-elle d'ailleurs suffire à convertir les peuples ? Analysant l'échec de la révolution napolitaine, Vincenzo Cuoco opposait dès 1799 une école française trop universalisante et rationaliste, à *la scuola delle scienze morali e politiche italiana* de Machiavel, Gravina et Vico, plus attentive aux circonstances et aux émotions populaires. En 1808, la Società Reale di Napoli, fondée pour le nouveau royaume de Naples par Joseph Bonaparte, et présidée par le même Cuoco, comportait une troisième classe de *scienze morali, politiche, ed economiche*, fondée alors même que son équivalente française avait été dissoute en 1803.

Instruments de domination impériale, les sciences morales et politiques ne s'acclimataient loin de Paris qu'en se provincialisant. La Faculté des sciences morales et politiques, créée en 1803 au sein de la nouvelle université impériale de Vilnius, héritait d'une ancienne université polonaise, désormais sous domination russe et refondée par Alexandre Ier. À travers son intitulé, elle affirmait son souci d'ouverture occidentale, en invitant par exemple le Genevois Sismondi à y enseigner l'économie politique, ou en faisant la publicité de ses concours dans les périodiques français. Mais elle demeurait fort différente de la deuxième classe parisienne, puisqu'elle incluait la théologie.

Paradoxalement, la Grande-Bretagne, où Malthus écrivit son célèbre *Essai sur le principe de population* (1798) contre l'idée « française » de perfectibilité indéfinie, fut un lieu majeur d'élaboration et de diffusion de sciences morales alternatives au modèle parisien. Réagissant au projet éducatif de la Révolution, les universités d'Oxford et de Cambridge, proches des élites gouvernantes, s'empressèrent de restaurer l'étude des humanités classiques dès la fin des années 1790, ou plutôt de les réinventer au profit d'une théologie naturelle qui fit dès lors fonction de science morale anglicane. Au contraire, les philosophes radicaux comme Godwin ou Bentham faisaient écho au projet français d'une science de la perfectibilité humaine. En Écosse, la philosophie du sens commun de Thomas Reid et Dugald Stewart proposait quant à elle une *moral science* qui, tout en se rapprochant des idéaux de l'an III, servait les intérêts du parti *whig* et des promoteurs de l'expansion commerciale. En 1848, un Moral Science Tripos fut fondé à Cambridge, d'abord dans un cadre strictement anglican, mais pour s'ouvrir progressivement à ces différentes traditions après 1860.

Ce modèle institutionnel, qui s'inscrivait dans l'enseignement supérieur plutôt que dans la république des lettres, avait été expérimenté en Amérique avant de s'implanter en Angleterre. De l'autre côté de l'Atlantique, dès la fin du XVIIIe siècle, les collèges destinés à la formation des nouvelles élites républicaines avaient fabriqué un curriculum empruntant aux différentes traditions européennes. Quand Bernardino Rivadavia, alors ministre des Provinces-Unies du Río de La Plata, refonda le Collège royal de Buenos Aires pour en faire le *Colegio de Ciencias Morales* en 1823, c'était en s'inspirant à la fois des idées de Destutt de Tracy et de celles de Jeremy Bentham, tous deux ses amis. Ce collège devait devenir le foyer de la future « génération de 1837 » qui lutta pour s'émanciper de l'héritage culturel espagnol, suite logique de la révolution de 1810. Aux États-Unis, l'espoir d'une fraternité commerciale et philosophique avec la France avait été balayé dès l'élection du peu francophile John Adams en 1797. Aussi, dans les *colleges* de la côte Est, le cours de *moral science*, qui était professé en quatrième et dernière année des études, le plus souvent par le président du *college*, s'inspirait, selon l'orientation religieuse de ce dernier, de sources surtout anglaises et écossaises.

L'opposition entre ces deux grands modèles, académique et universitaire, se prolongea au cours du XIXe siècle. Guizot, alors ministre de l'Instruction publique, voulut revenir à l'esprit du 3 brumaire an IV en fondant en 1832 l'Académie des sciences morales et politiques, bientôt secondée par la loi d'instruction publique de 1833 et par la fondation du Comité des travaux historiques et scientifiques (CTHS) en 1834.

Il s'agissait moins de conquérir l'Europe que de civiliser la France. Les sciences morales et politiques privilégiaient désormais un objectif national, perdant une partie de leur ambition cosmopolite. Pourtant, le modèle académique français, fondé sur l'instauration d'une caste hiérarchisée de membres titulaires et de correspondants, fit l'objet de multiples imitations, connaissant une diffusion au moins égale à celle de la période révolutionnaire. Des académies ou des sections académiques consacrées aux sciences morales et politiques furent ainsi fondées à Bruxelles (1843), Genève (1853), Madrid (1857), Naples (1864) ou Rome (1874).

Dans le même temps, la version universitaire des sciences morales connaissait une diffusion maritime depuis la Grande-Bretagne où l'économie politique, la logique, la philosophie morale et le droit occupaient désormais une place centrale dans la formation de l'administration civile et coloniale. La *moral science* devint ainsi, dans la seconde moitié du XIXe siècle, un enjeu important des institutions d'enseignement supérieur destinées à la formation des élites indiennes. Dès les années 1830, des missionnaires écossais comme Alexander Duff en avaient fait un terrain de combat contre les « superstitions » de l'hindouisme et pour la régénération de l'Inde. En 1860, le manuel du médecin-philosophe écossais John Abercrombie fut introduit dans le curriculum de l'université de Calcutta. Les conceptions qu'il résumait sur les facultés intellectuelles du sujet occidental étaient déjà familières aux classes indiennes lettrées des grandes villes portuaires qui, depuis la fin du XVIIIe siècle, suivaient l'évolution de la pensée européenne et savaient la mobiliser pour mener leurs propres combats en faveur des libertés. S'ouvrait ici la possibilité de retourner les sciences morales contre leurs promoteurs européens. En 1898, Kishori Lal Sarkar, juge à la Haute Cour de Calcutta, écrivit un *Hindu System of Moral Science* dans lequel il proclamait l'existence non seulement d'une métaphysique, mais également d'une philosophie morale indépendante au sein de l'hindouisme.

Tout ne se passait certes pas à l'intérieur de la dynamique institutionnelle déclenchée en 1795. La réception d'auteurs tels que John Stuart Mill ou Auguste Comte, qui jouèrent un rôle central dans la constitution de ce champ savant, fit l'objet d'appropriations en dehors des institutions explicitement consacrées aux sciences morales. En Allemagne, la traduction du *Système de logique déductive et inductive* de Mill (1843) prépara le grand débat sur les *Geisteswissenschaften* de la fin du siècle. En Chine, lieu mythique d'invention des sciences morales pour Voltaire ou Quesnay, Mill et Comte furent traduits au début du XXe siècle, à une époque où l'on tentait d'intégrer l'héritage intellectuel chinois à un cadre institutionnel universitaire importé d'Occident. Mais jusqu'à la fin du XIXe siècle, époque où elle fut marginalisée par l'essor des « disciplines » adossées aux universités de recherche allemandes et américaines, la nébuleuse institutionnelle des sciences morales constitua, malgré son hétérogénéité, un espace majeur de circulation pour les sciences

de l'homme. Si la république mondiale des sciences morales exista, c'est d'avoir su oublier ses origines parisiennes.

—

JULIEN VINCENT

RÉFÉRENCES
—

Christopher A. BAYLY, *Recovering Liberties : Indian Thought in the Age of Liberalism and Empire*, Cambridge, Cambridge University Press, 2011.

Sophie-Anne LETERRIER, *L'Institution des sciences morales . L'Académie des sciences morales et politiques (1795-1850)*, Paris, L'Harmattan, 1995.

Mémoires de l'Institut national des sciences et arts, pour l'an IV de la République. Sciences morales et politiques, Paris, Baudouin imprimeur de l'Institut national, Thermidor an VI, t. 1.

Andrew SARTORI et Samuel MOYN (dir.), *Global Intellectual History*, New York, Columbia University Press, 2013.

Martin S. STAUM, *Minerva's Message : Stabilizing the French Revolution*, Montréal, McGill-Queen's University Press, 1996.

RENVOIS
—

1380, 1751, 1773, 1793, 1815, 1891, 1903

1798

Conquête(s) de l'Égypte

Le 19 mai 1798, une expédition de trois cent cinquante navires dirigée par Bonaparte quitte le port de Toulon en direction de l'Égypte. Si la conquête militaire fut éphémère, les Français y ont trouvé un formidable terrain d'expérimentation de la « modernité » politique et scientifique.

Le 1er thermidor an VII, soit le 29 juillet 1799, au Caire, lors de la 31e séance de l'Institut d'Égypte, est annoncée la découverte fortuite par un ingénieur polytechnicien d'une stèle trilingue lors de travaux de fortifications, dans les fondations d'un fort d'époque mamelouke près de la ville de Rashid (Rosette), à l'est de la baie d'Aboukir. Quatre jours plus tôt, l'armée française d'Orient venait de remporter la bataille d'Aboukir contre les troupes ottomanes débarquées par la flotte britannique, là même où cette dernière avait anéanti un an auparavant les navires qui avaient conduit Bonaparte et son armée en Égypte. Transportée au Caire, la stèle fait l'objet d'une première étude publiée en 1800 dans *La Décade égyptienne*, la revue de l'Institut imprimée sur les premières presses installées en Égypte par les Français. À l'été 1801, prête à s'embarquer à Alexandrie pour gagner la France avec les membres de la Commission des sciences et arts qui avaient accompagné Bonaparte en Égypte, la stèle est saisie avec d'autres monuments par les Anglais, après la capitulation du général Menou. On le sait, exposée depuis au British Museum de Londres, étudiée à la fois par des savants français et britanniques, la pierre de Rosette, avec son décret transcrit en hiéroglyphes, en démotique (l'écriture cursive de l'égyptien ancien) et en grec, devait permettre en 1822 à Jean-François Champollion dit le Jeune (ou al-Saghir, comme il aimait à se nommer en arabe) d'identifier dans certains hiéroglyphes des caractères phonétiques, ouvrant la voie au déchiffrement des inscriptions égyptiennes anciennes.

Les tribulations de la pierre de Rosette racontent à leur manière comment s'est nouée à la fin du XVIIIe siècle l'aventure à la fois militaire, technicienne et savante qui accoucha de la brève occupation de l'Égypte par les troupes françaises (1798-1801), de la publication au long cours de la *Description de l'Égypte* (1809-1818) et d'une relation particulière entre la France et l'Égypte dont la passion pour la civilisation des pharaons ne fut pas l'unique motif et qui n'a jamais cessé depuis.

La campagne d'Égypte, conduite par Bonaparte de mai 1798 jusqu'à son retour en France en octobre 1799, poursuivie par Kléber jusqu'à son assassinat au Caire en mai 1800, puis par Menou, noble tourangeau converti à l'islam, contraint de capituler à Alexandrie le 30 août 1801, n'aurait pu être qu'un épisode parmi d'autres de la guerre à éclipses que se livraient Anglais et Français sur les différentes mers du globe depuis le milieu du XVIIIe siècle. C'est en lieu et place d'une trop incertaine invasion de l'Angleterre qu'est préparée l'expédition qui quitte le port de Toulon le 19 mai 1798, forte de près de trois cents navires escortés par une cinquantaine de bâtiments de guerre ; c'est aux intérêts anglais que le Directoire entend s'attaquer en entreprenant la conquête d'une étape majeure de la route des Indes ; c'est avec la flotte de l'amiral Nelson qu'une course-poursuite s'engage, de Toulon à Malte, puis à Alexandrie, et s'achève en baie d'Aboukir avec la destruction de la flotte française ; c'est sur des navires britanniques que sont transportées les troupes

envoyées par Istanbul pour réintégrer l'Égypte dans le giron de l'Empire ottoman ; c'est sur des navires britanniques, encore, que l'armée française d'Orient regagne Toulon après sa capitulation. L'Égypte n'a pas fini d'être la proie de la rivalité franco-anglaise, qu'il s'agisse d'établir la primauté de Young ou de Champollion dans le déchiffrement des hiéroglyphes, ou, quelques décennies plus tard, de contrôler le canal de Suez.

Mais la campagne d'Égypte inaugure aussi les guerres que la France va porter en Orient pendant un siècle et demi, jusqu'au bombardement de Damas en mai 1945, dans les dernières heures du mandat français sur la Syrie. De la geste de Bonaparte en Égypte, l'épopée impériale retint la victoire sur les Mamelouks à la bataille des Pyramides, le 21 juillet 1798. L'instabilité politique, provoquée en Égypte depuis 1775 par l'affrontement des factions mameloukes rivales, faisait de ces hommes de guerre originaires de Géorgie et d'Arménie, importés en Égypte dans la vieille tradition de l'esclavage militaire et devenus *de facto* indépendants de la Sublime Porte, des maîtres détestés par la population égyptienne et la cible idéale d'une entreprise de « libération » du pays. Elle faisait un peu vite oublier la prospérité de leur gouvernement au milieu du XVIIIe siècle, qui avait favorisé l'entrée de l'Égypte dans l'ère du capitalisme moderne. Défaits par les Français, ils furent à la fois employés à son service par Bonaparte – un escadron de Mamelouks devait rejoindre les chasseurs à cheval de la Garde impériale – et mobilisés contre les troupes ottomanes envoyées reprendre le contrôle de l'Égypte. De l'expédition conduite en 1799 en Palestine, de Gaza à Acre, l'épopée impériale préféra ne retenir que la prise de Jaffa et la compassion de Bonaparte pour ses soldats atteints par la peste. Le massacre de la garnison de Jaffa, l'échec devant Acre défendu par Jazzar Pacha (le « Boucher »), l'abandon des blessés et des pestiférés, la terre brûlée sur la voie du retour vers l'Égypte n'épargnant que Gaza restée fidèle aux Français, appartiennent à la légende noire du futur empereur. Mais les heures les plus dures de la campagne d'Égypte eurent un autre théâtre et des victimes qui n'appartenaient pas à la catégorie des gens de guerre, qu'ils fussent mamelouks ou ottomans. À deux reprises, les 20 et 21 octobre 1798 puis du 20 mars au 22 avril 1800, la population du Caire se souleva contre les Français, au prix d'une répression féroce qui n'épargna aucune catégorie, pas même les oulémas réfugiés dans la grande mosquée-université al-Azhar, bombardée par l'occupant. Les oulémas, ces hommes de religion qui jouaient traditionnellement un rôle d'intermédiaires entre les sujets égyptiens, dont ils partageaient l'origine, et les maîtres étrangers du pays, dont ils étaient les obligés, avaient pourtant été associés au gouvernement de l'Égypte par les Français. La constitution d'un *Divan*, ou Conseil, où siégeaient les grands oulémas du Caire – le premier fut convoqué dès le 25 juillet 1798 –, s'inscrivait certes dans la tradition consultative de l'Empire ottoman. Mais le contexte de l'occupation française fit du *Divan* du Caire une expérience politique inédite transformant les oulémas en représentants de la nation égyptienne. La modernité politique imposée par les Français en

Égypte n'était certes ni consensuelle ni partagée. Mais, de la pratique du recensement (des immeubles, des naissances, des décès) aux mesures de police urbaine destinées à faciliter la circulation et le maintien de l'ordre, du recours à l'imprimerie pour diffuser en arabe les ordres et avis de l'occupant au décorum des fêtes données pour l'anniversaire de la fondation de la République, la culture politique importée par les Français en Égypte était indéniablement moderne.

Une autre modernité, technique cette fois, trouva en Égypte un terreau favorable. Les cent cinquante membres de la Commission des sciences et arts – des ingénieurs, dont de nombreux polytechniciens, mais aussi des imprimeurs, des savants, des artistes – qui avaient embarqué avec Bonaparte en 1798 avaient pour mission de seconder l'expédition militaire en exploitant au mieux les ressources de l'Égypte. Mais cette mission se fondait tout entière sur la conviction d'aborder au pays qui avait vu naître les sciences, les industries et les arts, et sur l'ambition d'y régénérer par l'introduction des techniques modernes les savoirs antiques oubliés ou abâtardis par le temps. Les oulémas égyptiens ne s'y trompèrent pas, qui s'intéressèrent de près aux réalisations (ponts et ouvrages d'art), aux innovations techniques (de la brouette au moulin à vent) et aux instruments (astronomiques, en particulier) introduits par les Français. L'Institut d'Égypte ne fut certes pas un lieu de transmission – bien qu'un lettré comme al-Gabarti, l'un des plus importants témoins des événements, en ait fréquenté la bibliothèque – mais bien un lieu de coproduction des savoirs.

Les ingénieurs, artistes et savants qui en formaient les quatre sections, calquées sur celle de l'Institut national (mathématiques, physique et histoire naturelle, économie politique, littérature et arts), mobilisèrent en effet les connaissances et compétences des savants et artisans égyptiens au service d'une entreprise majeure : la description du pays, de sa topographie et de ses ressources naturelles, de ses habitants, de leurs mœurs mais aussi de leurs techniques dont certaines promettaient un progrès (comme le moulin à plâtre ou le « four à poulets » utilisé pour l'incubation artificielle), de son passé enfin et de ses monuments, l'architecture islamique au même titre que les antiquités égyptiennes. En novembre 1799, l'Institut d'Égypte retint le principe de réunir ses travaux dans un ouvrage collectif, la *Description de l'Égypte*, accordant une égale dignité aux différentes connaissances établies de manière systématique sur le pays.

La temporalité de la *Description* précède autant qu'elle excède celle de la campagne d'Égypte. La commission chargée de sa publication est réunie pour la première fois en 1802 et l'« édition impériale », dont le premier volume paraît en 1809, n'est complétée que dix ans plus tard, sous le règne de Louis XVIII. La *Description* procède également d'un esprit scientifique déjà bien établi, celui de l'*Encyclopédie* (1751-1772), et l'inventaire systématique qu'elle dresse (selon un plan en trois parties : Histoire naturelle, Antiquités, État moderne) est déjà à l'horizon d'une relation de voyage comme celle de Volney, dont le *Voyage en Égypte et en Syrie* paraît en 1787. Mais,

préparée dans le sillage des colonnes françaises, la *Description* articule pour la première fois avec autant de force l'ambition scientifique, la connaissance des arts et l'entreprise de conquête. Elle prépare en cela d'autres projets comme l'*Exploration scientifique de l'Algérie*, publiée à partir de 1844.

Les fruits de la conquête savante de l'Égypte furent incomparablement plus abondants que ceux, amers, de sa conquête militaire. Mais l'héritage de 1798 est plus encore sans doute d'ordre amoureux. Définitivement conquis par leur éphémère conquête, les Français n'ont cessé depuis de venir chercher en Égypte un rêve, un idéal, une nouvelle patrie. Ingénieurs, médecins, architectes lui donnèrent au XIXe siècle leurs meilleures années, au service de la modernisation de l'État et du pays entreprise par Mehmet Ali Pacha (r. 1805-1848) et poursuivie par ses descendants. Les orientalistes français ne furent pas en reste, qui eurent une part majeure dans la construction d'une science égyptologique, entendue comme la connaissance des différentes civilisations qui se sont sédimentées sur les bords du Nil. Le musée du Caire, premier musée archéologique du Proche-Orient inauguré en 1863, fut fondé par le Français Auguste Mariette ; l'homme, qui fut pendant près d'un quart de siècle au service du vice-roi d'Égypte à la tête des « travaux d'antiquités », ne quitta plus le pays ; sa dépouille repose dans un sarcophage moderne, dans le jardin du musée du Caire.

—

JULIEN LOISEAU

RÉFÉRENCES

——

Marie-Noëlle BOURGUET, Daniel NORDMAN,
Vassilis PANAYOTOPOULOS et Maroula
SINARELLIS (dir.), *Enquêtes en Méditerranée.*
Les expéditions françaises d'Égypte, de Morée et
d'Algérie, actes du colloque d'Athènes-Nauplie
(8-10 juin 1995), Athènes, Institut de recherches
néo-helléniques / FNRS, 1999.
Henry LAURENS, *L'Expédition d'Égypte (1798-1801)*,
Paris, Seuil, 1997.
François POUILLON (dir.), *Dictionnaire*
des orientalistes de langue française, Paris,
IISMM / Karthala, 2008.
André RAYMOND, *Égyptiens et Français au Caire*
(1798-1801), Le Caire, Institut français d'archéologie
orientale, 1998.
Robert SOLÉ et Dominique VALBELLE, *La Pierre de*
Rosette, Paris, Seuil, 1999.

RENVOIS

——

719, 1143, 1095, 1484, 1712, 1863, 1869, 1962, 2003

1804

Un seul code pour plusieurs nations

Le 21 mars 1804, deux mois avant que la France s'établisse comme un Empire, est promulguée la loi affirmant la réunion des « lois civiles en un seul corps ». Par un geste démiurgique, Napoléon entend conquérir une forme de souveraineté universelle par le droit. Et les avatars du fameux Code lui assurent une renommée mondiale jusqu'au XXᵉ siècle.

Le 21 mars 1804 est la date de la loi « contenant la réunion des lois civiles en un seul corps de lois, sous le titre de *Code civil des Français* ». Cette loi fusionne en un seul ensemble les trente-six textes législatifs votés par les assemblées du Consulat en 1803 et 1804 qui forment, selon une numérotation continue, les 2 281 articles primitifs du Code civil. Elle abroge les lois romaines, les ordonnances royales et les coutumes dans les matières qui font l'objet du Code. Beaucoup est dit dans cette loi, d'apparence technique, formellement hors du Code civil. Si chacune des trente-six lois qui constituent le Code a été promulguée à une date séparée, l'histoire de l'application du Code civil, de l'après-codification, commence le 21 mars 1804, huit jours après la loi rétablissant des écoles de droit, deux mois avant l'établissement de l'Empire. À cette date, le Code civil est mis en application dans les quatre-vingt-trois départements créés en 1790, auxquels s'ajoutent neuf départements correspondant à la Belgique et au Luxembourg actuels, le département du Léman avec Genève, quatre départements rhénans et six départements piémontais. Dans tous ces territoires alors français, il était fait table rase des sources de l'ancien droit, notamment des coutumes et des lois romaines. Pour tous les habitants de ces territoires, une seule loi civile était en vigueur sous le titre de Code civil des Français.

Cette expression ne signifie pas qu'il s'agisse d'une législation adoptée démocratiquement, bien au contraire, le code ayant été imposé par Bonaparte à des assemblées plutôt récalcitrantes. Il a été baptisé « Code Napoléon » en 1807 pour glorifier l'Empereur législateur qui avait donné de sa personne en participant à la moitié des séances du Conseil d'État consacrées à la codification civile. Il a été « débarrassé du nom de l'usurpateur » en 1814, a retrouvé son titre en 1852, l'a perdu par désuétude (ce qui n'est pas très conforme à l'orthodoxie juridique) en 1870. Par la grâce des éditeurs privés, qui ont fait fortune avec cet ouvrage, il est devenu pour tous les juristes le Code civil.

Il est pourtant bien le « Code civil des Français » parce qu'il parle de la France de part en part. Ce n'est certes pas le premier code français, titre qui revient au Code pénal de 1791. Mais, dans le monde, c'est le premier code fondé sur le critère de la nationalité (la « qualité de Français » comme on disait à l'époque), et non sur le domicile. Il est d'ailleurs restrictif sur les droits civils des étrangers, ce qui n'est guère étonnant, la France étant à nouveau en guerre contre l'Angleterre en mars 1804. Le Code réalise l'unification, dans les matières civiles, du « droit français », une expression doctrinale remontant au XVIe siècle pour qualifier la diversité des règles romaines, coutumières, voire canoniques qui ont été intégrées, à côté de la législation royale, dans l'ordre étatique dépendant des rois de France. Ce droit français, jusque-là

caractérisé par une marqueterie de textes et des frontières internes, est ramené à l'unicité d'une loi civile presque absorbée dans le Code.

Le Code civil est français, car il est incompréhensible sans la Révolution française. La monarchie d'Ancien Régime n'avait jamais osé toucher à la division entre pays de coutume et pays de droit écrit, ni aux privilèges du clergé et de la noblesse. Même les juristes ne parlaient pas de codification du droit civil avant 1789 : ni Domat ni Pothier n'ont rêvé d'un Code civil, seuls des utopistes connaissant les projets de Frédéric II de Prusse (comme Mirabeau) pouvaient entrevoir cette idée. L'Assemblée constituante, en proclamant dans la Déclaration des droits que la loi est « l'expression de la volonté générale », « la même pour tous, soit qu'elle protège, soit qu'elle punisse », fait de la codification un objectif constitutionnel : « Il sera fait un Code de lois civiles communes à tout le Royaume », affirme la Constitution de 1791.

La force performative du droit ne va pas jusqu'à transformer automatiquement un vœu en droit positif. Les assemblées révolutionnaires ne sont pas parvenues à adopter l'un des trois projets de code proposés par Cambacérès. Mais l'abolition la plus radicale au monde de la féodalité, la sécularisation du mariage, l'institution du divorce, l'émancipation des juifs, la reconnaissance de droits aux enfants naturels, l'établissement de la liberté du commerce, l'autorisation du prêt à intérêt, l'organisation d'un système judiciaire unifié sous le contrôle du Tribunal de cassation, voilà l'immense héritage juridique de la Révolution, que le

Code civil a consolidé, et que des générations de Français ont approuvé par leurs votes.

Le Code Napoléon revient indéniablement sur certaines réformes de la Révolution ; il renoue avec des institutions de l'ancien droit, emprunte au droit coutumier et au droit écrit. Mais il le fait en prétendant réaliser, selon le mot de Portalis, une double transaction entre le Nord et le Midi, entre l'ancien et le nouveau. Son article 8 – « Tout Français jouira des droits civils » – répond en écho à l'article 6 de la Déclaration de 1789. Avec la même langue française ont été forgés ces textes, dont la richesse sémantique et symbolique n'a jamais cessé d'éblouir.

Classé par les historiens du droit dans la « première vague de codification », entre le Code général prussien de 1794 et le Code civil autrichien de 1811, le Code civil français présente des caractères tellement uniques qu'il est difficile de le comparer aux autres : archétype de la codification, comme l'a compris Max Weber, il en a été le point limite, du moins au xixe siècle.

Dès 1804, le Code civil est sorti des frontières traditionnelles de la France. Il a été imposé dans tous les départements du Grand Empire (ou presque, Napoléon ne l'a pas promulgué dans le Simplon, actuel canton du Valais !), de Hambourg à Rome, tandis que l'Empereur pressait les États vassaux de l'adopter, avec des réussites en Italie, des résultats nuancés en Pologne (sans le mariage civil) ou limités en Allemagne. L'autocrate n'a jamais tenté d'introduire son code en Espagne. Une caricature de 1814 montre

Napoléon partant pour l'île d'Elbe avec tout son « fatras », le Code civil sous le bras. Celui-ci connaît bien un reflux en 1814, mais il est maintenu aux Pays-Bas jusqu'à la rédaction d'un Code néerlandais en 1838, qui n'empêche pas le ralliement de la Belgique indépendante (en 1830) et du Luxembourg au code français. Les habitants de la Rhénanie prussienne et du Jura bernois se battent pour obtenir pendant presque un siècle l'application du Code civil.

Même les régimes de la Restauration imitent le Code civil, à Naples, à Parme, au Piémont, dans plusieurs cantons suisses, en rabotant ses aspects les plus révolutionnaires, comme le mariage civil ou l'égalité successorale. Dès 1808, le Code Napoléon inspire le Code civil de l'État de Louisiane. En 1816, il est introduit à Haïti, qui s'était pourtant révoltée contre la France en 1804 pour former la première république noire. En 1828, un tout petit groupe de juristes anonymes de l'État d'Oaxaca au Mexique traduit en espagnol et fait adopter une version légèrement modifiée du Code civil, ouvrant la voie à toutes les codifications civiles d'Amérique latine inspirées plus ou moins du code français. Celui-ci sert aussi de modèle au Québec en 1866. En 1859, on crie dans la péninsule italienne : « Vive le royaume d'Italie, vive Victor-Emmanuel roi d'Italie, vive le Code Napoléon ! » Ce dernier est appliqué provisoirement dans les légations avant d'être imité par le premier Code civil italien de 1865.

Critiqué par le juriste prussien Savigny et l'école historique du droit, brûlé dans des fêtes nationalistes, le Code Napoléon est au centre des débats dans l'Allemagne de la première moitié du XIXᵉ siècle : Hegel le prend pour exemple, Marx qui a été soumis en Rhénanie à l'empire de ce droit y voit la manifestation de l'emprise de la bourgeoisie sur la législation. Quand sont élaborés les Codes civils allemand (BGB) et suisse (ZGB), l'influence du code français commence à décliner ou doit composer, comme dans les cas du Japon (1896) et de la Turquie (1926), avec les nouveaux modèles.

Alors que la France a refusé d'appliquer le Code civil aux « indigènes », « sujets » français des colonies, elle a fait rayonner l'influence de ce code dans une bonne moitié de l'Afrique et dans une partie de l'Asie. Le mandat français a donné naissance à un Code des obligations au Liban en 1932. Tandis que Sainte-Lucie, arrachée à la France par les Britanniques en 1804, s'est vue dotée en 1879 d'un Code civil inspiré – du fait du déplacement d'un gouverneur colonial – de celui du Québec, les habitants de Pondichéry ayant renoncé au statut hindou connaissent encore le Code civil. Depuis 2012, quelques dizaines de couples libanais, souhaitant se marier civilement (ce qui n'est pas possible selon les statuts personnels et l'affiliation religieuse), s'adressent à un notaire en demandant l'application du Code civil qui n'a jamais été abrogé dans ce domaine depuis le mandat français. On pourra parler d'un mirage lié à quelques buttes-témoins de la mondialisation aujourd'hui passée du Code civil. À la lumière des débats sur le « mariage pour tous », on mesure à la fois les changements profonds ayant affecté en France le Code civil et le maintien d'une certaine valeur symbolique qui dépasse nos frontières : n'est-ce pas le Code qui a proclamé la liberté de se marier avec le conjoint de son choix ?

—

JEAN-LOUIS HALPÉRIN

RÉFÉRENCES

—

Frédéric AUDREN et Jean-Louis HALPÉRIN, *La Culture juridique française. Entre mythes et réalités (XIXᵉ-XXᵉ siècle)*, Paris, CNRS Éditions, 2013.
Pio CARONI, *Saggi sulla storia della codificazione*, Milan, Giuffrè, 1998.
Jean-Louis HALPÉRIN, *L'Impossible Code civil*, Paris, PUF, 1992.
Jean-Louis HALPÉRIN, « Deux cents ans de rayonnement du *Code civil des Français* ? », *Les Cahiers de droit*, vol. 46, nᵒˢ 1-2, 2005, p. 229-251.
Xavier MARTIN, *Mythologie du Code Napoléon. Aux soubassements de la France moderne*, Bouère, Dominique Martin Morin, 2003.

RENVOIS

—

212, 1539, 1683, 1948

1804

Un sacre voltairien

Icône de l'histoire de France, le sacre de Napoléon Ier à Notre-Dame le 2 décembre 1804 constitue un subtil alliage où les oripeaux de la restauration carolingienne se mêlent à une stratégie de communication politique moderne. En réservant le titre impérial à une dynastie, Bonaparte contribue cependant à « désuniversaliser » la notion d'Empire.

Le dimanche 2 décembre 1804, 11 frimaire an XIII de la République française, un peu après midi, l'empereur Napoléon et l'impératrice Joséphine, suivis d'un imposant cortège, remontent la nef de Notre-Dame au son de la *Marche du sacre* de Le Sueur. Douze mille invités, fonctionnaires publics pour la plupart, se pressent jusque dans les tribunes de la cathédrale. Arrivés au chœur, les souverains prennent place dans deux fauteuils, tandis que le pape descend du trône où il les attendait pour entonner le *Veni Creator*. Napoléon et son épouse ôtent ensuite leurs ornements impériaux, qui sont déposés sur l'autel. Après un temps de prière, ils s'agenouillent et le pape leur impose une triple onction du saint chrême. Suit une grand-messe célébrée

par Pie VII. Au graduel, Napoléon revêt de nouveau les insignes impériaux, anneau, épée, manteau, main de justice et sceptre. Après avoir remis les deux derniers insignes à l'archichancelier et à l'architrésorier, il monte à l'autel, prend la couronne de laurier d'or qui y est posée et, se tournant vers l'assistance, se couronne lui-même. Vient alors le moment qu'a immortalisé le tableau de David : l'Empereur prend une autre couronne et la place sur la tête de Joséphine, agenouillée devant lui.

Descendu de l'autel, Napoléon reprend le sceptre et la main de justice et retraverse la nef en direction du grand trône dressé près de l'entrée de la cathédrale, tandis que les chœurs chantent le *Vivat imperator in aeternum*. Ayant repris cette invocation, le pape entonne un *Te Deum* et poursuit l'office, qui se termine à 3 heures de l'après-midi.

Tandis que Pie VII se retire dans la sacristie, l'Empereur, la main posée sur l'Évangile, prononce le serment constitutionnel : « Je jure de maintenir l'intégrité du territoire de la République, de respecter et de faire respecter les lois du Concordat et de la liberté des cultes ; de respecter et de faire respecter l'égalité des droits, la liberté politique et civile, l'irrévocabilité des ventes des biens nationaux ; de ne lever aucun impôt, de n'établir aucune taxe qu'en vertu de la loi ; de maintenir l'institution de la Légion d'honneur ; de gouverner dans la seule vue de l'intérêt, du bonheur et de la gloire du peuple français. » Le chef des hérauts d'armes proclame alors : « Le très glorieux et très auguste empereur des Français est couronné et intronisé. Vive l'empereur ! » Acclamation que répète toute l'assistance.

Il existe de multiples relations officielles et officieuses de cette cérémonie grandiose, dont aucune ne concorde exactement sur les détails, qui n'ont rien de gratuit, ou sur l'attitude des assistants. Les uns dépeignent un Napoléon pâle, ému et grave, les autres un despote qui craint d'être taché par les saintes huiles et qui réprime des bâillements pendant la messe. Les descriptions autorisées évoquent l'enthousiasme de la foule, le soleil qui paraît miraculeusement lorsque l'Empereur traverse la nef, tandis que des témoins plus ou moins bienveillants voient surtout les « couacs » dont certains, authentiques ou non, sont passés à la postérité : les sœurs de l'Empereur manquent de faire tomber Joséphine en tirant sur son manteau, Napoléon n'arrive pas à ajuster la couronne sur le diadème de son épouse, le public est souvent plus curieux que recueilli, la longueur excessive de la cérémonie amène une partie des assistants à « saucissonner » sur place... Pie VII n'est pas épargné. « On aurait désiré, rapporte Cambacérès, que la physionomie du pape eût porté une empreinte plus auguste. Elle n'offrait que le caractère de la résignation, mêlée d'un peu d'impatience. » Napoléon lui-même déclare au Conseil d'État, quelque temps avant la cérémonie : « Du sublime au ridicule, il n'y a qu'un pas. » Au somptueux tableau de David, monument d'art qui flatte beaucoup la vérité, répond la caricature féroce de Gillray, qui réduit le sacre à une gigantesque bouffonnerie.

On a eu beau jeu de relever la bizarrerie de la mixture. Sur un fond général où dominent le souvenir du sacre de Reims et les rituels capétiens, on a placé une évocation carolingienne – Pie VII sacrant Napoléon en 1804 comme Léon III avait couronné Charlemagne en 800. Fruit de longues négociations entre le Saint-Siège et le gouvernement impérial, le cérémonial mélange rite français et rite romain. Le décor est tantôt néoantique (aigles, trophée et arcs de triomphe), tantôt néogothique (le porche établi par Percier et Fontaine devant la façade de Notre-Dame, un des premiers exemples de ce style). On exalte la religion catholique et la monarchie tout en proclamant la perpétuité des conquêtes de la Révolution, biens nationaux, liberté des cultes, vote de l'impôt. « Je réfléchissais beaucoup toute cette journée, note Stendhal, sur cette alliance si évidente de tous les charlatans. La religion venant sacrer la tyrannie, et tout cela au nom du bonheur des hommes. »

Le sacre de décembre 1804, comme le Concordat, comme l'Empire lui-même, ne procède pas d'une quelconque nostalgie de l'Ancien Régime, mais d'une démarche qui se veut réaliste et rationnelle. Comme la plupart des théoriciens politiques du siècle précédent, Napoléon considère que le régime républicain ne convient qu'aux petits États, non aux grandes nations. La forme monarchique garantit l'unité d'action, la continuité du pouvoir, la solidité des institutions. Le reste n'est qu'« idéologie », suivant le mot dont Bonaparte aime à désigner les idées philosophiques et libérales. Mieux que la République, l'Empire garantira les acquis de la Révolution. C'est le discours que le Premier consul a fait tenir aux députés et aux sénateurs chargés de proposer « l'hérédité de la suprême magistrature ». C'est celui que lui tint le deuxième consul Cambacérès, président du Sénat, lorsqu'il vint à Saint-Cloud lui annoncer le vote du sénatus-consulte organique du 28 floréal an XII (18 mai 1804) et le proclamer séance tenante empereur des Français, avant même que le texte ne soit sanctionné par un plébiscite. Ce dernier, dont le dépouillement s'acheva le 2 août, donna 3 521 675 « oui » et... 2 579 « non » !

Si la légitimité de Napoléon « empereur de la République » vient du sénatus-consulte et du plébiscite, comme jadis celle des rois de France du droit de leur naissance, le sacre ajoute un nouveau lustre à cette légitimité nationale. Comme Voltaire, Napoléon pense qu'il faut de la religion pour le peuple. Il prend le titre d'empereur, car il est « plus grand » que celui de roi, « un peu inexplicable et impressionne l'imagination ». L'idée du sacre vient du même désir d'envelopper le pouvoir d'une aura de mystère. La raison des gouvernants consiste à flatter la déraison des gouvernés.

Mais l'historien aurait tort de tenir ces rationalisations pour argent comptant. La transformation du Premier consul en Empereur satisfait d'abord le goût effréné du principal intéressé pour le pouvoir, pour son exercice, évidemment, mais aussi pour les avantages matériels qu'il procure et les satisfactions symboliques qui l'accompagnent. Le sénatus-consulte du 28 floréal an XII n'institue pas seulement un magistrat suprême héréditaire, mais bien une dynastie et une cour, avec leurs pompes et leurs fastes. La dignité impériale est déclarée héréditaire dans la postérité mâle de Napoléon et, à défaut, dans celle de ses frères Louis et Joseph. La liste civile est fixée au montant de celle de Louis XVI, c'est-à-dire à 25 millions par an. Les membres de la famille impériale prennent le titre de « princes français ». Le sénatus-consulte institue des grands dignitaires et des grands officiers de l'Empire, civils et militaires, qui sont l'embryon d'une nouvelle noblesse. Les sept grands dignitaires appartiennent tous à la famille ou à l'entourage immédiat de Napoléon : Joseph, Grand Électeur ; Louis, connétable ; Cambacérès, archichancelier d'Empire ; Lebrun, architrésorier ; Murat, grand amiral ; Eugène, archichancelier d'État ; le cardinal Fesch, grand aumônier de l'Empire. La famille Bonaparte, enrichie par divers tripotages au cours du Directoire, poursuit son ascension, moins en raison des talents supposés de ses membres que parce qu'elle est le seul groupe dont la fidélité paraisse sûre à Napoléon. Elle se confond désormais avec son chef : le nom de Bonaparte va être abandonné pour celui de « Napoléon » et le sénatus-consulte confère à l'Empereur une autorité absolue sur sa famille. Il prévoit enfin « une organisation du palais impérial conforme à la dignité du trône et à la grandeur de la nation ». La nouvelle cour peut s'établir.

Le choix du titre d'empereur plutôt que celui de roi, la référence à Charlemagne et les fastes du sacre annoncent, au-delà de l'« Empire français », le « Grand Empire » des années 1806 et suivantes. La France impériale a d'abord vocation à remplacer le Saint Empire romain germanique, en voie de décomposition avancée, comme État occupant le sommet de la hiérarchie protocolaire des puissances. Sous pression française, le Saint Empire disparaît d'ailleurs définitivement en 1806, l'ex-empereur germanique ne portant plus que le titre d'empereur héréditaire d'Autriche. Mais Napoléon ne met pas de bornes à ses ambitions : il s'imagine aussi bien maître de l'Europe ou du monde que souverain de la France. « Je suis Charlemagne », écrit l'Empereur à son oncle Fesch le 7 janvier 1806. Dans le « système fédératif » imaginé par lui, le « Grand Empire » embrasse la France proprement dite et les États vassaux à la tête desquels sont placés des princes de sa famille ou à lui alliés : Napoléon lui-même, roi d'Italie, « protecteur »

de la Confédération du Rhin et « médiateur » de la Confédération helvétique ; Joseph, roi de Naples puis d'Espagne ; Louis, roi de Hollande ; Jérôme, roi de Westphalie ; Élisa, princesse de Lucques et de Piombino puis grande-duchesse de Toscane ; Pauline, princesse de Guastalla ; Murat et son épouse Caroline, grand-duc et grande-duchesse de Berg puis roi et reine de Naples. Napoléon n'imagine d'ailleurs pas que ces souverains et souveraines aient une volonté propre et une action indépendante de la sienne.

Avec le temps, Napoléon, succombant à la démesure, en vint à croire à sa quasi-légitimité de droit divin, à imaginer sa dynastie comme une quatrième « race royale », après les Mérovingiens, les Carolingiens et les Capétiens. Les années passant, le rappel des origines révolutionnaires et nationales de son pouvoir lui devenait de plus en plus désagréable. Le 11 novembre 1812, en pleine retraite de Russie, il annonçait à Cambacérès depuis Smolensk son projet d'organiser dans l'église des Invalides une cérémonie « solennelle et religieuse » où serait prononcé un discours « ayant pour objet de rétablir dans toute sa pureté cette maxime fondamentale de la monarchie : "Le roi ne meurt point en France" ». … Le magicien s'était laissé prendre à sa propre mystification.

—

THIERRY SARMANT

RÉFÉRENCES

—

José CABANIS, *Le Sacre de Napoléon (2 décembre 1804)*, Paris, Gallimard, 2007.

Jean-Jacques Régis de CAMBACÉRÈS, *Mémoires inédits*, présentation et notes de Laurence Chatel de Brancion, Paris, Perrin, 1999.

Thierry LENTZ (dir.), *Le Sacre de Napoléon (2 décembre 1804)*, Paris, Nouveau Monde, 2003.

Thierry SARMANT, Florian MEUNIER, Charlotte DUVETTE et Philippe de CARBONNIÈRES (dir.), *Napoléon et Paris. Rêves d'une capitale*, Paris, Paris Musées, 2015.

RENVOIS

—

800, 1308, 1763, 1811, 1921, 1979

1808

Napoléon et l'Espagne, une histoire atlantique

En janvier 1808, les troupes napoléoniennes franchissent les Pyrénées. C'est le point de départ d'une occupation qui dure jusqu'en 1814 et bouleverse la monarchie espagnole. Ses effets se font sentir jusqu'en Amérique, où la révolution libérale conduit à la naissance de nouvelles républiques.

Chaque 20 janvier a lieu dans la ville de San Sebastián, au Pays basque espagnol, une grande fête lors de laquelle les habitants, déguisés en soldats, frappent sur des tonneaux en chantant la *Marcha de San Sebastián*. Remontant à l'invasion napoléonienne de 1808, cette *tamborrada* commémore la « guerre des Français » de 1808-1814. Si celle-ci est tombée dans l'oubli outre-Pyrénées, son souvenir demeure vivace en Espagne en raison des bouleversements inouïs qu'elle a engendrés. Dans la foulée de l'invasion, la monarchie espagnole devient le théâtre d'une révolution libérale dont l'un des effets, totalement imprévisible au début du XIXᵉ siècle, est l'indépendance des régions de l'empire espagnol d'Amérique, à l'exception de Cuba.

Au moment où les armées napoléoniennes entrent en Espagne, Charles IV de Bourbon règne depuis vingt ans. Faible et pusillanime, le roi a pour obsession d'empêcher la diffusion des idées révolutionnaires françaises. Son favori, Godoy, chargé de la diplomatie, opère pourtant un rapprochement avec la France à l'issue de la guerre des Pyrénées (1793-1795). Le traité de San Ildefonso du 17 août 1796 prévoit un accord de coopération militaire dirigé contre l'ennemi commun, la Grande-Bretagne : Charles IV cherche à protéger ses possessions américaines et Napoléon à contrebalancer la solide alliance qui unit l'Angleterre au Portugal.

Après un premier conflit de 1796 à 1802, la guerre qui reprend en 1805 tourne au désastre pour l'Espagne : l'essentiel de sa flotte est détruite à Trafalgar le 21 octobre, et les communications avec son empire totalement suspendues.

Au même moment, Napoléon décrète le Blocus continental contre l'Angleterre. Deux ans plus tard, le souci de l'étendre à l'ensemble de l'Europe le convainc d'envahir le Portugal, plan pour lequel il s'assure la collaboration de l'Espagne. En application du traité de Fontainebleau (27 octobre 1807), les troupes françaises pénètrent sur le territoire espagnol en janvier 1808 mais, loin de le traverser, elles occupent les places fortes de Pampelune et Barcelone. Début mars, les troupes de Murat marchent vers Madrid : à cette date, il n'est que trop évident que l'Espagne a été trahie par son dangereux allié.

Affaibli par ce revers, le pouvoir royal vacille. Le 18 mars, les ennemis de Godoy regroupés autour de l'héritier du trône, Ferdinand, déclenchent une révolution de palais. Godoy prend la fuite, tandis que Charles IV est contraint d'abdiquer au profit de son fils. Le 23 mars, celui-ci fait son entrée à Madrid, où la population lui réserve un accueil triomphal. La crise dynastique a convaincu Napoléon de faire de l'Espagne un État vassal : début mai, il convoque les membres de la famille royale à Bayonne, où Ferdinand et son père sont contraints d'abdiquer au profit de Joseph Bonaparte.

Pour les Espagnols, cette double abdication constitue un véritable traumatisme : selon les termes des contemporains, l'Espagne se retrouve orpheline, ou pis encore, acéphale, voire transformée en monstre puisqu'on a greffé sur le corps du royaume une tête étrangère. La personne de Napoléon précipite tous les stéréotypes forgés à l'encontre de la Révolution française, notamment ceux liés à la religion. À la suite des abdications, par conviction mais surtout par nécessité, les autorités se rallient au nouveau pouvoir, ce qui leur vaudra l'épithète infamante d'*afrancesados*, équivalent espagnol de « collaborateurs ». Dans un premier temps, Joseph envisage de modifier profondément la nature du régime en s'appuyant sur ses rares partisans espagnols. Il convoque pour ce faire une assemblée constituante, les Cortès de Bayonne, qui donnent à l'Espagne sa première Constitution (8 juillet 1808). Celle-ci reste toutefois lettre morte : limité par son frère, qui n'hésite pas à intervenir sur le terrain, et par la présence des généraux, Joseph ne parvient pas à devenir le roi de tous les Espagnols.

Ceci lui est d'autant plus difficile qu'un pouvoir parallèle est rapidement mis en place. Le 2 mai, à l'annonce du départ du jeune roi pour Bayonne, le peuple de Madrid se soulève : la répression qui s'ensuit sera immortalisée par Goya. Les principales villes se soulèvent à leur tour. Leurs notables forment des assemblées de gouvernement, les juntes, qui prétendent gouverner en lieu et place du roi absent. Cette ambition se fonde sur une ancienne doctrine encore vivace, selon laquelle si le roi se trouve empêché de gouverner, sa souveraineté revient aux communautés (*pueblos*) qui forment le corps du royaume. Un gouvernement provisoire, la Suprême Junte centrale, se forme le 25 septembre.

Sous le prétexte de protéger les droits du roi, la révolution libérale est donc en marche. Une assemblée constituante, les Cortès, se réunit à Cadix fin septembre 1810, dans un contexte troublé par l'avancée des troupes françaises en Andalousie. Parmi la centaine de députés élus par les villes libres et de suppléants pour les régions occupées et les royaumes américains, seule une poignée de radicaux, autour du poète Manuel Quintana, s'inspirent directement de la Révolution française. Cependant, le climat d'effervescence qui règne à Cadix leur permet d'imposer leurs idées : la représentation des Cortès est individuelle (non par ordres), l'assemblée est de nature constituante et sa première mesure consiste à déclarer la souveraineté nationale. Par la suite, les Cortès adoptent plusieurs mesures importantes (liberté de la presse, abolition des droits seigneuriaux, vente des biens des ordres religieux et militaires…) et dotent la monarchie, en mars 1812, de la Constitution de Cadix (surnommée « *la Pepa* »), qui sera un modèle pour l'Europe libérale. Jusqu'à la fin de la guerre, en décembre 1813, les Cortès s'efforcent donc de réformer la monarchie dans un sens en partie inspiré des idéaux de la Révolution française, mais plus ceux de 1789 que de 1792.

De son côté, l'Amérique espagnole subit le contrecoup de la crise de la monarchie. La nouvelle de l'invasion, en 1808, provoque une grande inquiétude et des réactions parfois contradictoires. Ce qui domine toutefois est une loyauté exacerbée, la volonté de préserver la religion catholique, les possessions et les droits du roi. Dans toutes les provinces de l'empire, Ferdinand VII est acclamé et la Junte centrale reconnue comme autorité de substitution. La proclamation d'une égalité de condition entre les deux parties de la monarchie joue en faveur de cette solution considérée comme la plus légitime.

Tout bascule en 1810 à cause de l'invasion de l'Andalousie, de la dissolution de la Junte centrale et du sentiment que l'Espagne péninsulaire est désormais perdue. L'idée que la monarchie pourrait survivre en Amérique, à la condition de rompre avec l'Europe pour échapper à Napoléon, fait rapidement son chemin. Entre avril et septembre 1810, les capitales des régions périphériques (Caracas, Buenos Aires, Santiago, Bogotá) forment des juntes qui rejettent l'autorité du Conseil de régence et des Cortès, tandis que d'autres cités, notamment les bastions impériaux que sont Lima et Mexico, confirment leur adhésion aux autorités de la péninsule. L'empire devient alors une marqueterie où cités et régions autonomistes affrontent, armes à la main, les cités et régions unionistes. De ce point de vue, la guerre d'indépendance est avant tout une guerre civile entre sujets américains, les uns partisans de l'absolutisme et du *statu quo*, les autres partisans de l'autonomie et du changement.

Comme dans la péninsule, c'est la rétrocession de la souveraineté aux *pueblos* qui fonde la légitimité des nouveaux gouvernants et entraîne l'avènement des principes libéraux en Amérique, selon des modalités propres au monde hispanique. Loin d'être inspirés par la Révolution française comme le veut une légende tenace, les *libertadores* comme Simón Bolívar ou José de San Martín sont avant tout des libéraux espagnols. Si le premier séjourne à Paris au moment de l'ascension de Bonaparte (1802-1806), le couronnement de ce dernier suscite sa réprobation. Quant au second, il combat les armées napoléoniennes en tant qu'officier de l'armée espagnole, et l'Empereur autoproclamé, tout autant que l'expérience jacobine, lui inspirent un mépris avéré. À l'exception de quelques cas isolés, ce n'est donc pas dans la France révolutionnaire mais plutôt dans l'Angleterre ou l'Espagne libérales que les élites patriotes puisent leurs références, teintées de traditionalisme et d'attachement farouche à la religion. Les idéaux de liberté et d'égalité, médiatisés par l'expérience d'Haïti, sont en revanche bien présents chez les esclaves et les libres de couleur de la côte caraïbe (Venezuela et Colombie), tandis que les propriétaires blancs s'inquiètent d'une possible « guerre des races ». La souveraineté du peuple triomphe partout, les gouvernements révolutionnaires consolidant leur pouvoir en généralisant la représentation politique et en organisant des élections. Des assemblées sont convoquées, des constitutions adoptées, tandis que les régions patriotes, à la suite du Venezuela en 1811, déclarent l'indépendance les unes après les autres. Dans le camp unioniste, c'est l'application de la Constitution de Cadix, à partir de 1812, qui permet la diffusion des principes libéraux.

Lointaine répercussion de « la guerre des Français », l'Amérique espagnole de 1814 est donc en pleine révolution. À cette date, la fin du conflit et le retour du roi sont, pour les révolutionnaires, synonymes d'espoirs déçus : Ferdinand « le Désiré », dont on espérait qu'il avaliserait les réformes faites en son nom, balaie ces « nouveautés » d'un trait de plume et considère les patriotes américains comme des « insurgés ». De leur côté, les contre-révolutionnaires y voient le signe du retour à l'ordre, d'autant que l'envoi d'expéditions de reconquête est sérieusement envisagé par le monarque. Pourtant, un tel retour en arrière s'avère impossible : bien qu'affaiblies, les grandes armées de San Martín, au sud, et de Bolívar, au nord, parviennent à reprendre le dessus et à « libérer », en quelques années, l'Amérique du Sud. En Espagne, c'est au sein du corps expéditionnaire en partance pour l'Amérique qu'éclate, en 1820, une révolution libérale qui contraint le roi à rétablir Constitution et Cortès. L'année suivante, le Mexique déclare l'indépendance pour se soustraire à la politique anticléricale des Cortès, tandis que le Pérou, « libéré » et contraint à l'indépendance par l'armée de San Martín, est le théâtre d'un affrontement entre les derniers généraux royalistes. Tandis que s'organisent les nouvelles républiques sur les décombres de l'empire espagnol, l'expédition des « Cent Mille Fils de Saint Louis » (avril 1823), envoyée par Louis XVIII en soutien à son royal cousin, met un terme à la parenthèse libérale du « Trienio » et permet le rétablissement de l'absolutisme en Espagne.

L'occupation de l'Espagne par les troupes napoléoniennes en 1808 a donc eu comme conséquence paradoxale l'avènement de la souveraineté du peuple, la mise en place de régimes libéraux et la naissance de nations indépendantes dans une monarchie espagnole qui n'avait eu de cesse, depuis 1789, de se tenir à l'écart des « excès » de la Révolution française.

—

GENEVIÈVE VERDO

RÉFÉRENCES
—

Jean-Baptiste BUSAALL, *Le Spectre du jacobinisme. L'expérience constitutionnelle de la Révolution française et le premier libéralisme espagnol (1808-1814)*, Madrid, Casa de Velázquez, 2012.

Alejandro E. GÓMEZ, *Le Spectre de la révolution noire. L'impact de la révolution haïtienne dans le monde atlantique (1790-1886)*, Rennes, Presses universitaires de Rennes, 2013.

François-Xavier GUERRA, « Révolution française et révolutions hispaniques, filiations et parcours », *Problèmes d'Amérique latine*, n° 94, Paris, La Découverte, 1989, p. 3-26.

François-Xavier GUERRA (dir.), « L'Amérique latine face à la Révolution française », *in* Actes du colloque de l'AFSSAL (juin 1989), vol. 1 : « L'Amérique latine face à la Révolution française. L'époque révolutionnaire : adhésions et rejets », *Caravelle*, vol. 54, n° 1, juin 1990 ; vol. 2 : « L'héritage révolutionnaire : une modernité de rupture », *Cahiers des Amérique latines*, n° 10, 1990.

Richard HOCQUELLET, *Résistance et révolution durant l'occupation napoléonienne en Espagne (1808-1812)*, Paris, La Boutique de l'Histoire, 2001.

RENVOIS
—

1369, 1635, 1659, 1889, 1973

1811

Ce qu'il restera de l'Empire

*En cette année 1811, jamais l'Empire napoléonien
n'a été aussi étendu, du moins sur le sol européen.
Aux 28 millions de Français s'ajoutent 14 millions d'individus
nés étrangers. Mais que reste-t-il de l'Empire trois ans
plus tard, une fois la France vaincue et ramenée
à ses anciennes frontières ?*

Jamais la France ne se sera autant confondue avec l'Europe qu'en 1811, avec ses cent trente départements s'étirant de Bayonne à Hambourg et de Hambourg à Rome, et pourtant rarement la France depuis l'époque moderne aura été aussi peu présente qu'alors sur le reste du monde. La chronique napoléonienne est prodigue en raccourcis frappants : le 9 juillet 1810, un décret réunit la Hollande à la France le jour même où les Anglais prennent possession de l'île Bonaparte (la Réunion) ; le 13 décembre 1810, ce sont les villes hanséatiques qu'un sénatus-consulte réunit à l'Empire, soit dix jours après la perte de l'île de France (île Maurice). Voilà cependant une

distorsion impériale à laquelle on ne prête guère attention : ne serait-ce pas là l'aboutissement du partage du monde qu'esquissait la paix d'Amiens ? Tout n'était-il pas joué depuis l'automne 1805, celui de Trafalgar et d'Austerlitz ? Peu importe : cet apogée européen et son ombre – l'étiage mondial – ont autre chose à nous dire de la France, bien au-delà du paradoxe d'un Napoléon prisonnier du continent, forcé à la fuite en avant de Madrid à Moscou, faute de pouvoir frapper l'Angleterre ou de réaliser des desseins mondiaux voués dès lors à résonner dans le vide de sa *Correspondance*.

L'échec de l'expédition de Saint-Domingue puis la perte, une à une, des colonies sanctionnaient pour partie les tensions intestines de sociétés coloniales de nouveau esclavagistes pour celles qui avaient cessé de l'être avec la Révolution et refusant de s'appuyer pour leur défense sur les gens de couleur, de la même manière que le sol de la métropole s'était fermé à eux après leur exclusion du corps des officiers. Le caractère trompeur de l'expansion napoléonienne se mesure aussi en Europe. Le pari impérial fut celui d'une génération de Français fiers d'une Révolution qui les autorisait à régénérer l'Europe et forts de leurs victoires qui leur permettaient de la régenter ; orgueil et préjugés, a-t-on diagnostiqué. Les Français se seraient alors moins ouverts au continent qu'ils n'auraient cherché à l'emplir de leurs valeurs universelles, à le codifier selon les principes du Nouveau Régime né de 1789, et à en dresser la statistique générale pour en saisir les ressources. À l'heure du Blocus continental, Hambourg ne devient française que pour se fermer au monde ; l'absorption de la Hollande au sein du Grand Empire achève d'en boucher les horizons. Rome n'est plus dans Rome : son pape est en exil ; ses archives partent pour Paris, et cette provincialisation tiendrait même de la sujétion coloniale. Dans sa version initiale, l'*Exposé de la situation de l'Empire en 1811* ne se félicitait-il pas de la sorte ? « La ville qui fut la 1re du Monde est aujourd'hui la seconde de l'empire : 900 000 nouveaux sujets concourront à sa prospérité ; un territoire propre à des genres de culture auxquels se prêtent plus difficilement les autres parties de la France, naturalisera parmi nous des substances jusqu'alors exotiques et nous donnera le coton que nous tirons de l'étranger. »

On importera certes quelques buffles du Latium mais, ici comme ailleurs, ce sont surtout des administrations qui y poussent, multipliant les débouchés pour les Français et assurant au passage des postes aux rapatriés des Antilles. Avocat ayant fui Saint-Domingue en 1793, Legonidec de Kerdaniel devient juge au tribunal d'appel de Trèves puis procureur général à Rome en 1810 ; sénéchal du Cap-Français, Busson obtient une place de juge à la cour criminelle de Parme, suivant la trajectoire de son protecteur Moreau de Saint-Méry, lui-même ancien député de la Martinique et passé administrateur général des États de Parme, Plaisance et Guastalla. Tout à sa politique d'amalgame et de réunion, Napoléon n'en veille pas moins à faire une place aux nouveaux Français tout comme il s'emploie à rapprocher les parties d'un tel empire en les reliant au même centre parisien. L'année 1811 est ainsi celle d'une structuration routière à portée européenne. Au cours d'une même séance, le Conseil général des Ponts et Chaussées n'examine-t-il pas le tracé de la route de Paris à Wesel, le projet d'un pont sur la Scrivia entre Tortone et Alexandrie, l'exécution de décrets d'aménagement de diverses rivières rhénanes, la participation des communes du Mont-Tonnerre aux frais de la route de Metz à Mayence ou celle de la ville de Genève au financement du pont de Carouge ?

Voilà bien de l'argent perdu, déplorera-t-on au moment du bilan. Sous la légende noire antinapoléonienne s'exprime aussi une réaction proprement anti-impériale en ce temps de recentrement identitaire que fut la Restauration. En ramenant la France à ses anciennes limites, le traité de Paris du 30 mai 1814 aurait mis fin à la dilution du pays. Qu'avait-il encore de français cet empire de 1811 qui faisait de 14 millions d'individus nés étrangers les compatriotes de 28 millions de Français ? À force d'incorporer les peuples, le national s'était vu absorbé dans l'impérial. « Les Français ne se reconnaissaient déjà plus au milieu d'une patrie qu'aucune frontière naturelle ne limitait plus, et tant y devenait grande la diversité des mœurs, des figures et des langages [...] c'était perdre la France dans l'Europe car enfin quand la France serait l'Europe il n'y aurait plus de France » : tel était l'avertissement que prêtera Philippe-Paul de Ségur à son père Louis-Philippe pour dissuader l'Empereur de s'engager en Russie, dans son *Histoire de Napoléon et de la Grande Armée pendant l'année 1812*, parue en 1824. Dès les débats des 28-29 septembre 1814, Clausel de Coussergues fustigeait à la Chambre des députés l'amalgame de tant de peuples et la folle quête de la monarchie universelle qui réduisait la France à « une province de l'Empire de l'Europe ». Ces débats conduisirent à l'adoption, le 14 octobre suivant, d'une loi qui imposait dix ans de résidence dans l'espace resté français aux anciens nouveaux Français désireux de recouvrer la nationalité qui fut la leur du temps des départements réunis.

C'est peu dire que l'État-Empire, construit parallèlement à l'État-Nation, s'est heurté à l'incompréhension, voire à l'incrédulité rétrospective. Les historiens ont l'ironie facile : beaucoup a été

dit sur cette France artificielle et hasardeuse de 1811. Ne parle-t-on pas encore aujourd'hui d'un empire bedonnant et si étiré qu'il défie la géographie des frontières naturelles et jusqu'à la géométrie ? On mesure là le prisme de la figure familière et régulière de l'hexagone. Si, depuis trente ans, les historiographies européennes ont su s'émanciper de leurs grands récits nationaux pour réintégrer une matrice française, la part européenne de la France postnapoléonienne n'a guère été envisagée. Or, qu'est-il resté de l'Empire ? Des trophées bien sûr, quelques noms sur le plan de Paris, et tout ce « patrimoine immatériel de gloire » qu'évoquait de Gaulle, voire la nostalgie de la grandeur perdue, lorsque, quarante ans avant les Britanniques de Palmerston, un Français se faisait partout respecter en disant *Civis romanus sum*, comme aimera à le rappeler dans ses *Mémoires* Camille de Tournon, qui fut préfet de Rome.

Cette fière génération impériale est décidément bien éloignée de l'idéal du citoyen du monde. Pourtant, à l'image de la Rome antique « conquise par sa conquête » hellénique tout comme la Grèce et la Macédoine avaient subi l'influence asiatique, l'expansion française n'en a pas moins été accompagnée d'effets de retour, plus ou moins perçus. Ces fonctionnaires en poste dans les territoires annexés vivent de l'Empire, affirment vivre pour l'Empire et, quoi qu'il en soit, vivent dans l'Empire ; ils en sont non seulement les représentants, mais encore des produits en tant qu'ils ont vécu l'Empire, c'est-à-dire une expérience européenne. Qu'en ont-ils retenu et transmis ? Même un échec porte ses fruits. Très sévère à l'égard des Croisades, Jacques Le Goff estimait qu'elles n'avaient rien apporté d'autre à l'Occident que l'abricot ! Pour défiger le champ encore clos sur lui-même des études napoléoniennes, on serait tenté d'appliquer la boutade aux années 1800 en songeant au poulet Marengo. N'était-ce pas ce qu'avait répliqué Musset aux patriotes allemands de 1840 ? Le Rhin allemand a tenu dans notre verre. Tandis que les soldats français buvaient de ce vin, d'autres Français, installés dans les pays conquis, goûtaient à leur table ; initiés aux brocolis, au melon vert ou au courgeron du Piémont, ils en envoyaient des graines à leurs proches restés dans l'ancienne France pour les y cultiver.

Mais n'est-ce pas surtout des Italiennes ou des Rhénanes qui y ont fait souche en suivant leurs maris français en 1813-1814 ? Exemple entre mille : le Messin Philippe Maguin épouse en 1811 une habitante de Chiavari, dans le département ligure des Apennins où il avait été nommé quatre ans plus tôt conducteur des Ponts et Chaussées ; mère de deux enfants, elle mourra rentière à Besançon en 1871 sous le nom francisé d'Anne-Marie-Rose née Fontarose. Intégration si parfaite qu'elle n'a laissé de traces que pour des cas plus exotiques, telle La Péchina, l'orpheline métisse des *Paysans* de Balzac, née d'un père bourguignon ayant servi dans les Provinces illyriennes et d'une Monténégrine, et à laquelle songe l'historien lorsque, parcourant des dossiers de pension, il s'arrête sur l'itinéraire d'un Benoît Arthaud, d'un Joseph Guittet ou d'un Pierre Pescher, rentrés dans la direction des douanes de Grenoble avec leurs épouses illyriennes, leurs enfants

et tout un bagage de références comme de souvenirs.

—

AURÉLIEN LIGNEREUX

RÉFÉRENCES

—

François ANTOINE, Jean-Pierre JESSENNE, Annie JOURDAN et Hervé LEUWERS (dir.), *L'Empire napoléonien : une expérience européenne ?*, Paris, Armand Colin, 2014.
Michael BROERS, « Pride and Prejudice : The Napoleonic Empire through the Eyes of Its Rulers », *in* Ute PLANERT (dir.), *Napoleon's Empire : European Politics in Global Perspective*, Basingstoke, Palgrave Macmillan, 2016, p. 307-317.
Annie JOURDAN *et al.* (dir.), *Correspondance générale publiée par la Fondation Napoléon*, t. 10 : *Un Grand Empire (mars 1810-mars 1811)*, Paris, Fayard, 2014.
Luigi MASCILLI MIGLIORINI, « Les fondements de l'Empire en 1810 », *in* Thierry LENTZ (dir.), *1810 : le tournant de l'Empire*, Paris, Nouveau Monde / Fondation Napoléon, 2010, p. 405-411.

RENVOIS

—

800, 1308, 1763, 1804, 1882, 1960

1815

Musées d'Europe, année zéro ?

*La chute de l'Empire en 1815 entraîne la restitution
d'une grande part des patrimoines artistiques annexés
à travers l'Europe depuis les victoires révolutionnaires.
La restructuration du musée universel n'en permet pas moins
au Louvre de faire croire au reste du monde qu'il fut le premier
musée public occidental et la matrice de ses homologues
désormais nationaux.*

« Les mêmes sentiments qui font désirer au peuple français de garder les tableaux et les statues des autres nations, doivent faire désirer aux autres nations, maintenant que la victoire est de leur côté, de voir restituer ces objets à leurs légitimes propriétaires [...]. Il est de plus à désirer, pour le bonheur de la France et pour celui du Monde, [qu']on lui fasse sentir que quelque grands qu'aient pu être ses avantages partiels et temporaires sur une ou plusieurs des puissances de l'Europe, le jour de la restitution doit arriver *à la fin.* »

À l'issue d'un été incertain et terrifiant – alors que le congrès de Vienne s'est clos le 9 juin avant l'ultime défaite de Waterloo le 18 juin et l'incertitude de la reddition de l'Empereur jusqu'au 15 juillet –, les armées alliées occupent Paris et les galeries du Louvre. Jusqu'en novembre, une noria de plusieurs milliers d'œuvres d'art irrigue les routes de l'Europe continentale. À la date du 23 septembre 1815, alors que le corps du tyran vogue encore au milieu de l'Atlantique sur le Northumberland (il n'atteindra Sainte-Hélène que le 15 octobre), le duc de Wellington sanctionne la rançon de la victoire. Les mots qu'il adresse à Lord Castlereagh, secrétaire d'État des Affaires étrangères de la couronne britannique, constituent bien, en l'absence de négociation diplomatique, la seule justification de la reprise sans sommation des « conquêtes artistiques » de la Révolution et de l'Empire. En transformant « la » restitution des trophées en ordalie militaire, sinon divine, la lettre de Wellington se veut surtout un remarquable acte de communication politique à l'échelle européenne, visant à exprimer la domination britannique sur l'Europe en arbitrage moral : traduite en plusieurs langues, cette lettre ouverte fut publiée le 18 octobre 1815 dans le *Journal des débats*. Treize ans après que l'ambassadeur Lord Elgin eut obtenu du sultan ottoman le transfert à Londres de la frise du Parthénon, Wellington adoptait les manières de son ancien rival, enfin exilé au bout du monde, en renvoyant le droit des traités antérieurs à des arguties juridiques issues du seul rapport de force. Les arguments du vainqueur transformaient en prophétie les rares propos critiques d'un projet continu d'alimentation des collections du Louvre, en vue d'en faire un musée idéal, c'est-à-dire universel, car impérial. Condamnant par pétition le transfert à Paris des premiers butins artistiques de Bonaparte, en vibrant royaliste convaincu, Quatremère de Quincy avait en effet anticipé le danger irrémédiable d'« attacher à l'avenir les monuments de l'art au char de la victoire ». Force est de constater que la chute de l'Aigle a favorisé une restitution aussi peu légale que celle des confiscations effectuées durant deux décennies. Ce même 18 octobre était surtout le jour anniversaire, deux ans plus tôt, de la victoire de Leipzig sur les troupes de la Grande Armée : la redistribution des œuvres d'art semblait donc la juste indemnité de la « bataille des nations ». Avant que sa cathédrale devienne dans les mois qui suivent le symbole préfigurant l'unité allemande à venir, à la suite des vibrants appels de Goethe, la population de la ville de Cologne célébrait avec ferveur en ce même 18 octobre en procession le retour du *Martyre de saint Pierre* de Rubens, œuvre revendiquée dès 1800 et considérée de longue date comme le palladium de la cité – le peintre étant natif de la ville rhénane. Peut-on pour autant dire que le démantèlement du Musée Napoléon préside à la nationalisation du patrimoine artistique ?

Le fait est bien connu : le premier traité de Paris du 30 mai 1814 est volontairement silencieux sur la question des restitutions d'œuvres d'art, car il n'oublie pas que les Bourbons restaurés font *aussi* partie des vainqueurs. Au contraire, par sa visée contre-révolutionnaire à rebours du temps, le traité entend rétablir le patrimoine privé du souverain, croyant pouvoir ainsi refermer aisément une simple parenthèse. C'est ici qu'un double jeu intervient : si Louis XVIII déclare à la Chambre dès le 4 juin que « la gloire des armées françaises n'a reçu aucune atteinte : les monuments de leur valeur subsistent et les chefs-d'œuvre des arts nous appartiennent désormais par des droits plus stables et plus sacrés que ceux de la victoire », le Louvre et ses collections deviennent « royaux » et rejoignent le domaine de la Maison du roi. Les souverains alliés estiment alors protéger la popularité du roi en France, tout en réservant pour l'avenir et le jeu des apparences diplomatiques une restitution gracieuse de certains chefs-d'œuvre restés en « réserve » et non exposés dans les galeries du « plus beau musée du monde », sous forme de prestations agonistiques et dynastiques. Une ultime course à la « publicité » des œuvres intervint alors : Dominique-Vivant Denon, directeur général du musée depuis 1803, s'empresse de garnir les galeries ouvertes au public des chefs-d'œuvre qu'il ne veut pas perdre pour son musée idéal, avant d'organiser au printemps 1815, pour le plus grand plaisir des occupants, une exposition des « primitifs » allemands et italiens auxquels il mêle des œuvres espagnoles qu'il n'entend pas restituer non plus. En refusant durant plus d'un an de faire le deuil du musée universel, patiemment constitué à la traîne des armées victorieuses de l'Empire, Denon a cru maintenir une illusion pas tout à fait perdue tout en consacrant les prémices esthétiques des arts nationaux.

La situation est alors tout à fait inverse pour la domanialité publique des États : l'article 31 du même traité exige que « les archives, cartes, plans et documents quelconques appartenant aux pays cédés, ou concernant leur administration, seront fidèlement rendus en même temps que le pays ». Selon une logique traditionnelle, car domaniale, seules les archives étaient considérées comme ayant valeur de titres de souveraineté de l'État, à défaut de la Nation. Les annexions territoriales successives de la Belgique, de la Rhénanie mais aussi des États du pape et d'une partie de l'Italie du Nord avaient commandé depuis 1794, mais surtout à partir de

1809, la fondation d'un monumental « palais des archives de l'Europe ». La quasi-totalité des archives pontificales, une partie des archives de la couronne de Castille provenant de Simancas ou encore quelques coffres de l'Empereur à Vienne, étaient destinés à y être déposés pour former un immense « trésor des chartes », selon l'expression du garde général des archives de l'Empire, Pierre Daunou. Depuis août 1812, l'architecte Cellerier élevait un immense écrin de pierre et de fer quadrangulaire, situé au pied du palais du roi de Rome sur la colline de Chaillot, sur l'autre rive de la Seine et sous la garde de l'École militaire. L'*archivio* du grand-duc de Toscane ou encore les papiers du roi de Hollande étaient encore attendus à Paris au moment de la chute de l'Empire. Nul mieux que Michelet a su évoquer le sens de cette translocation matérielle du pouvoir universel *par* les archives : « À cette époque les archives de France devenaient celle du monde. » Dont acte : la fin de l'*imperium* se traduit par un immense et légitime reflux de papiers, à peine perturbé par l'aventure des Cent Jours. Le vol de l'Aigle en justifia un autre et précipite un coup de théâtre juridique et symbolique : aux yeux des alliés, le coupable n'est plus l'Empereur, mais bien une armée nationale révoltée contre un des leurs. La défaite conduit Louis XVIII à ne donner aucune instruction à un Denon abandonné à son propre sort et forcé de laisser les occupants s'approprier les œuvres d'art en guise de contre-trophées, et bientôt en signe de souveraineté équivalant aux titres d'un patrimoine nouveau qu'il a pourtant contribué à faire advenir : l'art national. Déjà le représentant de la Prusse se charge de revendiquer les œuvres appartenant aux princes régionaux qui lui sont inféodés. Et Antonio Canova, commissaire du pape, organise la reprise d'une grande part des pièces provenant de toute l'Italie du Nord. L'histoire précipitée des restitutions redessine, le temps d'une mise en caisses, une nouvelle carte potentielle de l'Europe.

Avant d'envoyer le 3 octobre sa démission à Louis XVIII, « l'œil de Napoléon » a mené toutefois un ultime combat en refusant la restitution à l'Autriche de ce qui demeure aujourd'hui la plus grande toile du musée parisien – *Les Noces de Cana* de Paul Véronèse – saisie dans le réfectoire du monastère San Gregorio Maggiore à Venise en 1797. Afin de conserver l'image du premier miracle du Christ, Denon avait convaincu son ancien concurrent Canova de prendre en échange une toile de Charles Le Brun, issue des collections royales de Louis XIV et représentant *Le Repas chez Simon le Pharisien avec Marie-Madeleine aux pieds du Christ* quelques jours avant sa Passion. Habile metteur en scène des symboles, Denon accomplit, en un geste testamentaire, ce qui est aussi un acte propitiatoire : il abandonne aux vainqueurs le signe de la Passion pour mieux conserver au vaincu la mémoire du miracle. La toile de Véronèse, pourtant adaptée à son lieu d'origine que décore depuis 2007 une réplique numérique, est considérée depuis lors comme la butte-témoin d'un malentendu obstiné : toujours aussi mal exposée à moins d'un mètre du sol, elle fait figure de mauvais génie vis-à-vis du public actuel du Louvre, qui lui tourne le dos pour contempler *La Joconde*. Et ce malentendu préside à une légende de fondation à fronts renversés : le sacrifice du Muséum central des arts, créé en 1793 et transfiguré en « Musée Napoléon », aurait été l'invention du musée *public*. La double prétention du Louvre, universelle car publique, et publique pour être universelle, eut pour effet secondaire de jeter le voile sur les formes muséales qui lui préexistaient : de Florence à Dresde, en passant par Düsseldorf, on ne compte pas au cours du XVIIIe siècle les galeries, princières certes, mais largement ouvertes au public. En réalité, l'expérience du Louvre, en retard sur le reste de l'Europe, ne fit qu'entériner un mouvement antérieur pour mieux le capter : elle ne marqua certainement pas la *naissance* des musées publics mais peut-être simplement l'adoption d'un *pathos* international sur la notion de musée public. Et tout d'abord parce que ledit musée universel ne fut pas si « ouvert » au public qu'on veut bien le dire : en 1806 avant la fameuse exposition des trophées de 1807, en 1808, et pour près de dix-huit mois en 1810, les galeries sont fermées. Sans cesse confondues, et de façon croissante, avec les besoins d'une cour impériale intrusive, les galeries de Denon n'exhibaient à la fin de l'Empire « que » 1200 tableaux, de choix certes, alors que la galerie publique de l'électeur de Saxe à Dresde en exposait près de 3000 un demi-siècle plus tôt.

Loin de constituer un précédent juridique pour un droit international des biens culturels qui ne verra le jour qu'avec la Première Guerre mondiale, les conditions de la vaste restitution des quelque 2 100 tableaux, 600 statues et bustes, 2 000 vases, camées et émaux aux puissances alliées en quelques semaines épiques déterminent assurément les termes du mythe de fondation du patrimoine européen continental. Au point d'enfermer la tradition artistique occidentale, bien plutôt qu'universelle, dans la célébration de ce qui apparaît comme la tentative fossile de réunir en un même lieu *tous* les trésors de l'espace italique (plus de la moitié des pièces), germanique et flamand (près de 40 %), français et hispanique (moins de 10 %), soit le territoire archaïque du Saint Empire et de la papauté, cœur battant d'un mécénat qui s'interrompt précisément avec le XIXe siècle. À plus d'un titre, comme le suggère Édouard Pommier, la « redistribution forcée » des spoliations françaises constitue le catafalque d'un monopole impérial sur l'art universel, commué en autant de prétentions des patrimoines territoriaux à enchâsser l'universalité dans le miroir restreint de la nation. Cette « dissémination du musée universel en musées nationaux » est donc un acte majeur de l'histoire européenne qui ouvre les vannes des représentations collectives imaginaires. La double translocation des œuvres en deux décennies, par un aller-retour à la fois centripète et faussement centrifuge, prépare un vaste contre-transfert juridique : les nouvelles puissances continentales elles aussi centralisent à Berlin, Vienne ou Rome ce qui ornait églises et monastères. La dynamique des restitutions assure donc la percolation d'une conflagration politique française, d'un art sécularisé, où le pouvoir public se confond avec la propriété collective, et où le bien public

suppose de garantir les apparences de son accessibilité universelle. Cette restitution à rebonds conserve au total à la France la propriété d'une idée – le musée universel – face à ses concurrents et, à défaut de sa mise en acte, lui garantit sur la longue durée la réputation mondiale d'une capacité à mettre en œuvre seule cette même idée, jusqu'à pouvoir l'exporter sur les rivages mondialisés du golfe Persique.

—

BÉNÉDICTE SAVOY

RÉFÉRENCES

—

Philippe BORDES « Le Musée Napoléon », in Jean-Claude BONNET (dir.), *L'Empire des Muses. Napoléon, les arts et les lettres*, Paris, Belin, 2004, p. 79-89.

Xavier PERROT, *De la restitution internationale des biens culturels aux XIXe et XXe siècles. Vers une autonomie juridique*, thèse d'histoire du droit de l'université de Limoges, 2005, < http:// epublications.unilim.fr/theses/2005/perrot-xavier/perrot-xavier.pdf >

Édouard POMMIER, « Réflexions sur le problème des restitutions d'œuvres d'art en 1814-1815 », in *Dominique-Vivant Denon. L'œil de Napoléon*, Paris, Éd. de la Réunion des musées nationaux, 1999, p. 254-257.

Dominique POULOT, *Musée, nation, patrimoine (1789-1815)*, Paris, Gallimard, 1997.

Bénédicte SAVOY, *Patrimoine annexé. Les biens culturels saisis par la France en Allemagne autour de 1800*, Paris, Éd. de la Maison des sciences de l'homme, 2003, 2 vol.

RENVOIS

—

1816

Le temps se gâte

*Les récoltes de l'été 1816 sont catastrophiques.
Dans une Europe à peine sortie des guerres napoléoniennes,
le « dérangement des saisons » attise les troubles sociaux.
Un vaste débat s'ouvre alors, en France et ailleurs,
sur les causes de ce changement climatique.*

Dans de nombreux pays, 1816 est passée à la postérité comme « l'année sans été ». Mais ce qualificatif, qui de nos jours évoque plus un mois d'août pluvieux qu'une crise climatique, frumentaire et politique globale, minimise de manière extraordinaire l'avalanche de désastres et de souffrances que provoqua l'explosion du volcan Tambora.

L'éruption qui eut lieu en avril 1815 sur l'île de Sumbawa, à l'est de Java, eut tout d'abord des conséquences locales terrifiantes. Trois royaumes furent rayés de la carte et les rares survivants eurent à subir une épreuve plus terrible encore : la famine, et la servitude comme unique recours. D'un point de vue climatique, £les débris et les cendres importent peu, car ils retombent sur terre après quelques jours, lavés par les pluies. Les aérosols soufrés, eux, subsistent beaucoup plus longtemps dans l'atmosphère. Ils parcourent le globe, se déposant jusque dans les glaces polaires. Se combinant avec les molécules d'eau, le soufre crée un voile réfléchissant une partie de l'énergie solaire vers l'espace. C'est cet effet climatique du Tambora qui eut des conséquences historiques globales.

Ainsi, dans la riche province chinoise du Yunnan, des récoltes déficitaires en riz provoquent une immense famine. D'où une catastrophe démographique, au demeurant difficile à quantifier, et qui est aujourd'hui invoquée pour expliquer la crise économique que traverse la Chine au XIXe siècle avant même l'arrivée des canonnières européennes. Le Tambora devient ainsi l'un des éléments du puzzle de « la grande divergence » économique entre la Chine et l'Europe occidentale, qui mobilise aujourd'hui beaucoup les historiens.

En Inde, la mousson de 1816 est déficitaire et l'été 1817 marqué au contraire par des inondations dans le delta du Gange. Or cette période correspond aussi à la première grande épidémie de choléra dans le pays. Le fléau, jusque-là, était resté confiné à la baie du Bengale. Pour les médecins européens formés à la médecine d'Hippocrate, cette concomitance entre dérèglement climatique et phénomène épidémique ne peut être fortuite et la plupart des traités de l'époque relient le début de cette pandémie globale à l'année sans été.

En Europe, les années 1816 et 1817 correspondent à la dernière grande crise de subsistance que connaît le continent. Les taux de nuptialité et de natalité diminuent, ce qui révèle un ajustement aux perspectives économiques défavorables. La cherté des grains attise partout les inégalités : les gros fermiers profitent de l'augmentation des cours, quand manouvriers et travailleurs urbains voient leur pouvoir d'achat s'effondrer. Partout en Europe jusqu'à l'automne 1817 les marchés sont le théâtre de troubles frumentaires : la population contraint les marchands à baisser leurs prix ou réquisitionne les stocks. Les émeutiers inscrivent généralement leur action dans le cadre d'une « économie morale » structurée par l'idée de « prix juste », de droit à la subsistance et de priorité communautaire dans l'accès aux céréales. Les émeutes visent en priorité à empêcher le départ du grain vers d'autres villes, vers les capitales en particulier, qui profitent des achats subventionnés par le gouvernement.

En France, le gouvernement choisit de défendre la liberté des prix et des échanges. Il prend ainsi un risque politique considérable : Louis XVIII paraît avoir abandonné ses devoirs de roi nourricier. L'effet est d'autant plus désastreux que la population conserve un souvenir encore vif des mesures rigoureuses prises par le gouvernement napoléonien, lors de la précédente disette de 1811-1812.

À travers toute l'Europe, les troubles frumentaires de 1816-1817 connectent étroitement la météorologie à l'ordre politique. Dans le climat révolutionnaire des années 1816-1817, les élites savantes cherchent à minorer l'importance de l'épisode climatique, et à attribuer les pénuries frumentaires à d'autres causes. D'abord en insistant sur la fixité du climat. Ensuite en trouvant ailleurs les responsables de la crise. Les savoirs climatiques, pour les *tories* anglais tout comme pour les défenseurs du laisser-faire en France, permettent soit d'euphémiser la cherté des grains (il s'agit d'un phénomène passager), soit de la dénaturaliser (il n'y a pas de pénurie absolue), afin de pouvoir incriminer le comportement de la foule sur les marchés. Ce n'est pas l'ordre naturel qui troublerait le social mais plutôt les troubles sociaux qui, perturbant le marché des grains, créeraient l'illusion d'un cataclysme climatique.

Ainsi en Angleterre, au moment même où deux années froides et humides nourrissent un climat prérévolutionnaire, les savants londoniens se préoccupent avant tout de publiciser les signes d'un *réchauffement* climatique qu'ils croient détecter dans une fonte extraordinaire des glaces du pôle Nord. À la fin de l'été 1817, les équipages de navires baleiniers rapportent en effet une nouvelle sensationnelle : la barrière de glace au nord de l'île du Spitzberg a disparu. La nouvelle est rassurante : alors que les *bread riots* se multiplient, la nature semble vouloir compenser ses excès récents. Pour des savants comme Joseph Banks, le président de la Royal Society, la question est d'autant plus importante qu'en bon représentant des intérêts des propriétaires terriens il défend les *corn laws* et promeut l'idée d'une Angleterre autosuffisante grâce à l'agronomie et à l'acclimatation. Or tous ces projets deviendraient hautement problématiques dans la perspective d'un refroidissement du climat anglais.

En Suisse, la famine ravage les communautés montagnardes, des émeutes éclatent à Genève, la pauvreté se répand et l'on s'exile aux États-Unis ou en Russie. Ce contexte de misère et de violence voit éclore l'une des plus grandes avancées scientifiques de la climatologie : la théorie des âges glaciaires. En octobre 1817, la Société helvétique des sciences naturelles met au concours une question portant sur le refroidissement du climat des Alpes. L'annonce retient l'attention d'Ignace Venetz, un ingénieur des Ponts et Chaussées employé par le canton du Valais. Venetz est directement confronté, dans sa pratique professionnelle, aux effets du petit âge glaciaire et à ceux de l'année sans été : il avait dû gérer à plusieurs reprises des situations critiques de glaciers barrant des rivières et créant de dangereuses retenues d'eau. Venetz

réalise une étude très novatrice sur les moraines en démontrant que par le passé les glaciers avaient occupé des espaces beaucoup plus importants. Sa conclusion est iconoclaste car elle contredit la thèse dominante d'un refroidissement du globe, due au naturaliste français Buffon. Selon Venetz, le climat de la Suisse ne se dégrade pas inexorablement mais a connu au contraire des épisodes beaucoup plus froids dans le passé : ce qu'on appellera bientôt les âges glaciaires.

En France également, l'été 1816 suscite des inquiétudes quant à la stabilité de l'ordre naturel. C'est à ce moment que l'idée d'un « dérangement des saisons » s'impose durablement dans l'opinion publique et c'est aussi à ce moment que les savants très en vue comme Arago utilisent la climatologie historique afin de rassurer l'opinion. Selon le comte de Volney, l'un des savants-voyageurs les plus célèbres de son temps, l'été 1816 n'est qu'un phénomène purement accidentel qui n'augure pas d'un refroidissement progressif du globe. Sa cause : l'explosion du Tambora, ainsi perçue dès ce moment comme une origine possible de l'année sans été.

Il n'empêche : en France, et contrairement à ce qui se passe ailleurs en Europe, l'été 1816 lance un débat sur les conséquences climatiques de la déforestation. Les mauvaises récoltes de 1816 et 1817 sont en effet concomitantes à la question de l'aliénation des forêts nationales. Depuis 1814, le sort de ces forêts, héritées de la nationalisation des biens du clergé et de l'expropriation des nobles émigrés, est au cœur de l'opposition entre le parti ultraroyaliste rejetant l'héritage révolutionnaire et le parti libéral cherchant à concilier la royauté aux acquis de 1789. Les forêts nationales sont présentées par les gouvernements successifs comme le moyen essentiel pour relever le crédit de l'État. Il faut, selon le mot d'un député, constituer un « gage forestier » pour rassurer les créanciers. Les forêts nationales se trouvent donc être reliées à des objectifs fondamentaux : payer au plus vite les réparations de guerre afin d'obtenir le départ des troupes d'occupation ; rassurer les acquéreurs de biens nationaux pour les rallier au régime ; amadouer enfin les puissances étrangères pour obtenir leur soutien en cas de nouveau soulèvement.

La vente des forêts nationales vise au fond à asseoir le crédit de l'État sur la Nature de la nation. Il est donc logique que les ultras se soient au contraire employés à démontrer les dangers de ce programme : en connectant le crédit d'un État impécunieux aux forêts, le gouvernement risquait de bouleverser les climats de la France. Selon Louis de Bonald : « Si la France avait un ennemi acharné à sa perte […] comme il ne pourrait tarir les mers qui baignent ses côtes, ôter à son sol sa fertilité naturelle, ni à l'air sa salubrité, il ferait vendre ses forêts. » Castelbajac, lui, prend l'exemple des départements du Midi « dévastés annuellement [par les orages] depuis que les cimes dépouillées de nos montagnes attestent aussi le passage d'une révolution ». En mars 1817, au pire des troubles frumentaires, Chateaubriand proclame à la Chambre des pairs : « Partout où les arbres ont disparu, l'homme a été puni de son imprévoyance : je puis vous dire mieux qu'un autre, Messieurs, ce que produit la présence ou l'absence des forêts, puisque j'ai vu les solitudes du Nouveau Monde où la nature semble naître, et les déserts de la vieille Arabie où la création paraît expirer. »

Si c'est en France et sous la Restauration que la question du changement climatique devient véritablement une affaire d'État (et en 1821 le gouvernement ultra, désormais au pouvoir, lancera une enquête nationale sur le changement climatique), c'est que s'y entrecroisent les effets du Tambora et ceux de Waterloo, le contexte météorologique européen et les conséquences financières de la défaite, la fin du petit âge glaciaire et les soubresauts des révolutions.

—

JEAN-BAPTISTE FRESSOZ
ET FABIEN LOCHER

RÉFÉRENCES
—

Jean-Baptiste FRESSOZ et Fabien LOCHER, *Le Climat fragile de la modernité*, à paraître aux Éditions du Seuil.
Charles Richard HARINGTON (dir.), *The Year without a Summer? World Climate in 1816*, Ottawa, Canadian Museum of Nature, 1992.
Bernice de JONG BOERS, « Mount Tambora in 1815 : A Volcanic Eruption in Indonesia and Its Aftermath », *Indonesia*, vol. 60, 1995, p. 37-59.
John D. POST, *The Last Great Subsistence Crisis in the Western World*, Baltimore, Johns Hopkins University Press, 1977.
Gillen D'Arcy WOOD, *L'Année sans été. Tambora, 1816 : le volcan qui a changé le cours de l'histoire*, Paris, La Découverte, 2016.

RENVOIS
—

12 000, 1247, 1610, 1793, 1973

1825

Au secours des Grecs

*Le 28 février 1825 est créé, à Paris, un comité philhellène.
Des libéraux, des conservateurs, des dames
de la haute société s'enflamment pour la cause des Grecs,
en lutte contre l'Empire ottoman. Cette mobilisation
transnationale sans précédent inaugure une nouvelle
forme d'intervention humanitaire.*

N'en doutons pas : il est des époques où les émotions se jouent plus habilement des frontières. Que celles-ci soient d'ailleurs nationales, idéologiques ou sociales. Non, bien sûr, qu'elles circulent, fluent, nomadisent à leur gré. Mais que, dans cette traversée des espaces et des cultures, les résistances s'amenuisent. De ces temps singuliers, l'âge romantique fut exemplaire. Il est frappant de constater qu'en 1770 Voltaire ait tenté en vain d'éveiller l'opinion française au sort des Grecs révoltés. Contre les Turcs, il échoua à susciter l'appui de Catherine II et l'élan d'une solidarité chrétienne retrouvée. À l'orée des années 1820, pourtant, le réveil des « Hellènes » suscita un puissant ébranlement des consciences, une vague d'émotion hautement contagieuse. Non seulement en France, mais dans

tout l'Occident. Le choc était profond cette fois ; l'indifférence impossible. Car la cause grecque résonnait désormais en chacun plus qu'on ne raisonnait sur elle.

De Lisbonne à Londres et de New York à Saint-Pétersbourg, ce conflit gréco-turc fit ainsi, contre toute attente, événement. À un degré tel que, par-delà l'oubli qui l'entoure aujourd'hui, il interroge encore l'historien. Tout débuta en Morée au printemps 1821. La révolte populaire des montagnards klephtes contre l'occupant était alors ardemment soutenue à travers le monde par la diaspora grecque. Sauf qu'entre locaux et exilés deux visions de la Grèce s'opposeraient bientôt. L'une était désireuse de recouvrer l'éclat byzantin d'une orthodoxie rayonnante ; l'autre, celle d'un Adamántios Koraïs, figure parisienne majeure de la diaspora intellectuelle grecque, n'aspirait qu'à construire un État-nation moderne. Or, après que la France, la Grande-Bretagne et la Russie ont anéanti la flotte turco-égyptienne en baie de Navarin, le 20 octobre 1827, et que l'indépendance a été acquise en 1830, le visage du nouvel État grec ne contenta personne. Passés sous monarchie bavaroise après de sourdes tractations entre puissances, les Grecs n'étaient pas, malgré ce combat, rendus à eux-mêmes. Pas même aux frontières espérées.

Au secours des Grecs s'était porté un gros millier d'engagés volontaires de toutes nations – vite mythifiés. Il mêlait à des soldats aguerris des guerres napoléoniennes de jeunes têtes romantiques embrasées par la cause et la venue de Byron. Mais surtout, quantité d'hommes et de femmes se mobilisèrent à distance, donnant naissance à des centaines de comités de soutien de par le monde. Apportant aux insurgés vêtements, nourriture et argent, ils déployèrent ici autant de savoir-faire philanthropiques en devenir : souscriptions, quêtes à domicile, expositions « au profit des Grecs », bals et concerts de charité, rachat d'esclaves et éducation des orphelins, confection d'objets et de vêtements philhellènes... En mars 1826, des femmes de la plus haute société parisienne quêtèrent ainsi avec succès jusque dans les quartiers les plus malfamés de la capitale. Sur ce modèle, d'autres « comités de dames » surgirent dans l'espace public. Dans maintes villes de province, grandes ou petites, mais aussi à l'étranger, où l'expérience française créa un puissant effet d'entraînement.

Pour la France philhellène, l'année 1825 marqua toutefois un tournant. Un passage de flambeau s'opéra : Paris devint le centre d'impulsion de la mobilisation mondiale. Certes, ce n'était pas là l'âge des premiers émois français. Dès 1821, de précoces frémissements s'étaient fait sentir. Surtout lorsque, depuis Marseille, s'ébranlèrent vers l'Orient les premiers volontaires. Ils redoublèrent l'année suivante à la nouvelle des massacres de Scio, bientôt immortalisés par Delacroix. Ils s'accentuèrent encore avec une première génération de comités embryonnaires (comme à Paris grâce à la Société de morale chrétienne). Mais, en ces années-là, l'impulsion venait d'ailleurs. De la Suisse et des États allemands surtout. Jusqu'à ce que les témoignages désillusionnés des premiers volontaires d'outre-Rhin et la pression grandissante d'un Metternich contre ces « boutiques » fassent bientôt se déplacer le centre de gravité du mouvement. Vint donc une seconde phase, pilotée depuis Londres, où la création d'un comité en février 1823 relança la solidarité internationale, infléchissant du même coup la rhétorique philhellène vers l'utilitarisme benthamien. Bientôt, cependant, la mort de Byron à Missolonghi en avril 1824, suivie d'une succession de scandales financiers liés à des emprunts grecs à Londres, amenèrent Paris à entretenir prioritairement la flamme.

C'est que le 28 février 1825 un nouveau comité philhellène y avait vu le jour. Large, vigoureux et inventif. Deux années durant, le mouvement atteignit avec lui une ampleur inégalée. Des comités se (re)formèrent sur tout le continent : dans une trentaine de villes françaises, au Piémont, en Toscane, en Suisse, aux Pays-Bas, en Bavière, en Prusse même, en Scandinavie également… À lire leurs velléités pacifiques, morales, sinon évangéliques, la finalité philanthropique primait. Mais certains comités, Paris en tête, ne cachaient cependant pas leur vocation militaire et politique. À chaque génération de comités, bien sûr, s'opérait une redistribution du centre et de la périphérie, donc des interdépendances. Le glissement gravitationnel vers Paris permit en tout cas la recréation d'impulsions éteintes et une coordination renforcée. En dépit d'inévitables tensions, les logiques collectives de coopération internationale l'emportèrent sur les préférences nationales. Ce fut particulièrement sensible en 1826, au temps du siège de Missolonghi, moment où les fonds collectés en Europe furent centralisés à Paris pour être utilisés en Grèce avec le maximum d'effets. Bien sûr, ces incessantes circulations d'hommes, de fonds et de savoirs générèrent une sociabilité philhellène transnationale active et puissante. Les défenseurs de la Sainte-Alliance, tout à leur hantise de la conspiration, y soupçonnaient même l'émergence d'une sorte de « grand État européen » alternatif, visant à l'anéantissement du système politique issu du congrès de Vienne. Le sûr est que jamais avant la Grèce on n'avait été aussi loin dans le parrainage international d'une culture nationale.

De s'émouvoir, il est vrai, les raisons ne manquaient pas. Parce que la Grèce n'était pas une contrée comme une autre, mais bien la matrice commune. Un demi-siècle de néoclassicisme avait déjà remis ses auteurs et ses artistes à la mode, reléguant les Romains au rang de pâles imitateurs. Sa sculpture, elle, fascinait. Au point qu'en Grèce même les antiquaires français, anglais et allemands (on ne disait pas encore « archéologues ») s'écharpaient. Tous voulaient mettre la main sur les vestiges malmenés de ces temps héroïques – et la *Vénus* de Milo de trouver ainsi le chemin du Louvre en 1821, avant que, deux décennies plus tard, ne naisse la célèbre École française d'Athènes. L'évidence d'un sentiment s'était alors répandue : celui d'avoir contracté une dette immense envers les Anciens. Elle faisait de chaque Européen l'obligé des Grecs : comment, sauf à incarner l'ingratitude, ne pas rendre aux descendants présumés des Hellènes cette civilisation dont leurs pères avaient si généreusement fait don à l'Europe ? Là, sans doute, gisait la principale raison d'être du philhellénisme : la gratitude ou le nécessaire contre-don. Les mishellènes, eux, doutaient de l'authenticité d'une descendance directe, mais demeuraient trop minoritaires alors pour que leurs voix portent loin. Quant aux Grecs locaux, confrontés sur place aux volontaires européens, puis aux soldats français de l'expédition de Morée de 1828, aux Bavarois enfin après 1833, ils restaient déconcertés par cette rhétorique philhellène qui, sans cesse, les renvoyait à ce fort lointain et nébuleux passé.

D'ailleurs, si la guerre des Grecs et des Turcs toucha si largement en France, en Europe et aux Amériques, c'est aussi qu'elle autorisait maintes autres lectures et captations. Certains, et parfois les mêmes, tout à leur haine ravivée de l'Islam, y voulurent voir l'horizon d'une nouvelle croisade. Rien de moins que la possible reconquête du berceau de l'Occident, demeuré quatre siècles sous domination infidèle. L'affrontement, de surcroît, avait le charme de l'exotisme ; il avivait tout un complexe d'attraction-répulsion à l'égard de cet Orient cruel, sensuel et mystérieux qu'incarnait le vaste monde ottoman. Enfin, et plus encore, le conflit était pétri de résonances politiques. Dans cette Europe postnapoléonienne, les partisans de la Liberté – tout particulièrement les exilés et insurgés peuplant l'Internationale libérale – voyaient dans le combat des Grecs le dernier espoir de leur cause partout défaite. Quant aux conservateurs, ils étaient rongés d'ambivalence, de mauvaise conscience aussi : intervenir contre le sultan était prendre le risque de déstabiliser l'Europe de Vienne en s'attaquant à un souverain considéré comme légitime ; ne pas le faire, comme le rappelait Chateaubriand, c'était abandonner des chrétiens, fussent-ils schismatiques, aux sectateurs sanguinaires du Croissant. Après vingt ans d'incessantes guerres intérieures et peu avant les fragmentations définitives du monde des nationalités, tout se passa en quelque sorte comme si ces années philhellènes avaient été pour l'Europe un moment d'unité manifeste. L'ennemi turc, ainsi réanimé, sembla lui permettre d'éprouver à nouveau ses fondations communes.

En France, en tout cas, ces débats résonnèrent avec une particulière acuité.

Très tôt, classiques et romantiques s'emparèrent de cette matière profuse et irradiante : David et Delacroix y confrontaient leurs pinceaux ; Delavigne et Hugo, leurs vers. Jusqu'à faire ainsi du philhellénisme français une sorte de précipité culturel hybride et inattendu. Dans le champ politique, l'heure vint même au dépassement des clivages partisans. Les Grecs n'étaient-ils pas à la fois les martyrs de la Croix et de la Liberté ? Bonald et La Fayette également philhellènes, et la traditionnelle logique des camps vacillait. Surprend par là le très large spectre politique du comité parisien, le plus large en Europe. C'est qu'une telle cause, on le comprit bientôt, interdisait les calculs de souffle court. De plus, elle rendait intolérable toute position de spectateur passif. Réelles ou fantasmées, les atrocités prêtées aux Ottomans – et dont on voulait croire les Grecs incapables – indignaient, révoltaient, créaient du lien politique jusqu'à des milliers de kilomètres du théâtre d'une cruauté proprement paroxystique. Mais, au vrai, sous cette souffrance à distance, affleurait surtout un basculement d'ampleur des sensibilités collectives. Si l'Europe était restée sourde aux souffrances grecques de 1770, c'est notamment parce que les seuils d'intolérance à la douleur des peuples étrangers différaient alors sensiblement. Entre-temps, sur fond d'affirmation de l'humanitarisme, s'était opérée une progressive redéfinition des frontières de l'espace moral, donc de l'intolérable en politique extérieure. Ce qui incline à faire de cette vaste mobilisation philhellène transnationale un moment clé, sinon inaugural, dans l'histoire générale de l'intervention humanitaire et dans la genèse des débats sur la question sensible du droit à l'ingérence.

—

HERVÉ MAZUREL

RÉFÉRENCES

—

Denys BARAU, *La Cause des Grecs. Une histoire du mouvement philhellène (1821-1829)*, Paris, Honoré Champion, 2009.

Michel ESPAGNE et Gilles PÉCOUT (dir.), « Philhellénismes et transferts culturels dans l'Europe du XIXe siècle », dossier thématique de la *Revue germanique internationale*, nos 1-2, 2005, Paris, CNRS Éditions.

Natalie KLEIN, « *L'humanité, le christianisme et la liberté* ». *Die internationale philhellenische Vereinsbewegung der 1820er Jahre*, Mayence, Zabern, 2000.

Hervé MAZUREL, *Vertiges de la guerre. Byron, les philhellènes et le mirage grec*, Paris, Les Belles Lettres, 2013.

William SAINT CLAIR, *That Greece Might Still Be Free: The Philhellenes in the War of Independence*, Londres, Oxford University Press, 1972.

RENVOIS

—

600 av. J.-C., 1095, 1202, 1143, 1936, 1954

1832

Une France cholérique

Riches et pauvres ont-ils les mêmes droits ?
Le régime issu de la révolution de juillet 1830
consacre en même temps le libéralisme
et l'inégalité politique. Mais, au printemps 1832,
un mystérieux mal venu d'Asie ébranle
les certitudes des élites bourgeoises.

Le 16 mai 1832, au petit matin, fut annoncée la mort de Casimir Perier, président du Conseil. Banquier et industriel, député libéral sous la Restauration, cet héritier d'une famille bourgeoise avait été appelé à la tête du gouvernement par le nouveau roi Louis-Philippe en mars 1831. La toute jeune monarchie de Juillet, née de la révolution parisienne de 1830, était alors en proie à de multiples oppositions. Républicains frustrés par le maintien de la monarchie – fût-elle orléaniste –, légitimistes comploteurs, canuts lyonnais en lutte pour de meilleurs salaires, tous se soulevaient contre un pouvoir impopulaire, en dépit des espoirs suscités à l'été 1830. Casimir Perier était l'homme du « parti de la Résistance », celui qui devait remettre de l'ordre et assumer, sans état d'âme, la nature élitiste du nouveau régime.

C'était compter sans un agent perturbateur d'un nouveau genre, contre lequel la résistance politique était désarmée. À partir de mars 1832, un « mal asiatique » s'abattit sur le territoire métropolitain. Le *cholera morbus* fit son entrée par les côtes de la mer du Nord et par la vallée du Rhin, touchant la capitale à partir du 26 mars. En quelques semaines, plus de 100 000 personnes périrent, dont 20 000 Parisiens, le plus souvent en quelques heures, après d'intenses diarrhées et vomissements. La bonne société était persuadée que seuls les pauvres, sales et incultes, en mouraient. Pour témoigner de son empathie, le roi envoya le 6 avril son fils le duc d'Orléans, accompagné de Casimir Perier, visiter les malades de l'Hôtel-Dieu. Cet héroïsme philanthropique, conforme à la morale bourgeoise de l'époque, fut fatal au chef du gouvernement. Atteint par le mal dès le 7 avril, il succomba au bout de quelques semaines, en dépit des soins prodigués par les médecins les plus réputés de l'époque, dont le docteur François Broussais, lequel essayait de convaincre ses contemporains que le choléra n'était pas contagieux… Les grands esprits avaient beau mettre la morbidité cholérique sur le compte de la misère et de l'insalubrité, les riches et les lettrés, aussi, étaient frappés.

L'épidémie de choléra, inédite par son ampleur depuis la peste marseillaise de 1720, n'était cependant pas arrivée par surprise. Dès 1831, Casimir Perier lui-même avait donné des instructions pour le renforcement des contrôles sanitaires. L'irrésistible avancée du fléau était déjà connue : apparu pour la première fois au Bengale en 1817, le choléra s'était arrêté aux portes de l'Europe en 1824. Le déplacement des troupes britanniques et les échanges commerciaux avaient contribué à la propagation d'une première pandémie, du sous-continent indien jusqu'à l'Oural et aux bords de la mer Caspienne. À Java, près de 100 000 personnes avaient péri. En 1826 commença la deuxième pandémie, qui allait cette fois-ci toucher l'Europe en son cœur, puis franchir l'Atlantique, par l'entremise de migrants irlandais partis de leur terre natale vers le Québec. Aucun pays, de l'Inde aux États-Unis, ne fut épargné. Partout, le choléra provoquait l'incompréhension du corps médical : à l'évidence, la maladie se transmettait de proche en proche, mais aucune preuve ne permettait

d'accréditer avec certitude la thèse de la contagion. Les cordons sanitaires et autres mesures traditionnelles de quarantaine n'avaient, semblait-il, aucun effet restrictif sur la diffusion de la maladie.

Surtout, le choléra exacerbait les tensions sociales et politiques. Les révolutions de 1830 en France et en Belgique, l'indépendance de la Grèce, les soulèvements en Italie témoignaient du caractère transnational de la contestation politique depuis le début des années 1820. Le choléra révélait à sa façon l'interdépendance, politique et biologique, des pays de l'Europe de la Sainte-Alliance : ce furent des soldats russes envoyés pour réprimer l'insurrection polonaise de 1831 qui assurèrent le transfert de la maladie, de la partie orientale de l'Eurasie à ses confins occidentaux. Choléra et passion révolutionnaire franchissaient allègrement les frontières, au grand dam des pouvoirs conservateurs. Pour les élites, le mal cholérique était le révélateur d'un plus large fléau, la « question sociale », et attestait la dangerosité des miasmes dans lesquels le peuple végétait. Le célèbre docteur Louis-René Villermé mena l'enquête pour démontrer l'inégalité des conditions sociales face à la maladie. La mort de Casimir Perier et d'autres sommités montrait toutefois que les puissants ne pouvaient simplement fuir ou détourner le regard lorsque les miséreux s'effondraient. L'hygiénisme, mû par le désir de régénérer les pauvres et de protéger les riches, prit son essor dans les années 1830 et 1840. Pour le peuple parisien et les opposants au régime de Juillet, le choléra était en revanche le fruit d'un complot. À Paris, mais aussi ailleurs en Europe, la maladie attisa les rumeurs d'empoisonnement, comme si les dirigeants politiques n'avaient trouvé d'autre solution, pour résoudre la question sociale, que d'éradiquer ceux qui en étaient les premières victimes.

La deuxième pandémie de choléra, qui sévit à partir de 1826-1827, fut suivie par cinq autres jusqu'au XXe siècle. Durement éprouvée en 1832, la France fut frappée davantage encore en 1853-1854, lors de la troisième pandémie, qui s'étendit de la Chine à l'Amérique du Sud. Cette fois-ci, les soldats français impliqués dans la guerre de Crimée furent à la fois les vecteurs de la maladie, la convoyant des côtes méditerranéennes vers la mer Noire, et ceux qui lui payèrent un lourd tribut. Plus de 140 000 Français furent fauchés par cette nouvelle flambée. Au même moment, de l'autre côté de la Manche, le médecin John Snow identifiait pour la première fois, de manière rigoureuse, la source de contamination la plus fréquente lors des épidémies : l'eau potable et les fontaines auxquelles s'approvisionnaient les citadins étaient l'une des premières causes de propagation de la maladie. Cette découverte renforça la conviction des Britanniques qu'il fallait, avant même de connaître la nature exacte de cette pathologie, améliorer sensiblement les conditions d'hygiène et de salubrité, notamment par la modernisation des systèmes d'adduction et des réseaux d'égouts. Londres, grâce à de lourds investissements, fut définitivement épargnée par le choléra après 1866, tandis qu'à Paris l'épidémie se manifesta jusqu'au tout début des années 1890. C'est au cours de cette cinquième pandémie, celles des

années 1880-1890, que le savant allemand Robert Koch parvint à isoler le bacille du choléra (1883), trente ans après les premiers travaux de l'Italien Filippo Pacini. La découverte des germes, par Louis Pasteur et ses collègues européens, apportait une réponse au débat scientifique et médical qui n'avait cessé de faire rage depuis 1832 : le choléra n'était pas dû aux miasmes, mais bien à un agent pathogène, qui se propageait par les eaux contaminées, les vêtements souillés ou la sueur.

À l'incertitude scientifique qui prévalut tout au long du XIXe siècle quant à la nature du choléra correspondit une interrogation tout aussi profonde sur les moyens les plus adaptés pour le contrecarrer. L'action des pouvoirs publics n'avait de sens qu'à une échelle transnationale, puisque à l'évidence les transferts de troupes, les migrations et le commerce traçaient les routes par lesquelles la maladie se propageait, et ce de plus en plus vite à mesure qu'apparaissaient de nouveaux moyens de communication, tels les chemins de fer et la marine à vapeur. Mais fallait-il pour autant sacrifier le libre-échange, promesse de paix et de prospérité selon les Britanniques, aux exigences du combat contre les épidémies ? Les doutes anticontagionnistes rejoignaient les intérêts marchands dans leur critique des mesures de quarantaine, réputées aussi coûteuses qu'inefficaces. Plus un pays était éloigné des sources de l'épidémie, plus il avait tendance à préférer les mesures d'hygiène et de désinfection aux politiques de restriction des circulations. La France oscilla au cours du siècle, mais lorsqu'elle accueillit en 1851, à Paris, la première conférence sanitaire internationale, à laquelle participaient une douzaine de pays, ce fut bien pour demander un allègement des quarantaines et s'aligner ainsi sur les positions britanniques.

L'épidémie de choléra qui endeuilla La Mecque en 1865 changea la donne, en dépit du credo libre-échangiste affiché par le pouvoir bonapartiste depuis 1860. Les lieux saints de l'islam apparaissaient désormais comme un foyer majeur de propagation des épidémies (peste comprise), de l'Orient vers l'Occident. Les puissances européennes tournèrent plus que jamais leurs yeux vers l'Empire ottoman et l'Égypte, qui devaient, selon elles, se situer aux avant-postes de la lutte anticholérique. L'Europe pourrait d'autant mieux alléger les contrôles à l'intérieur de ses frontières qu'elle parviendrait à imposer des mesures strictes de surveillance des navires, des migrants et des marchandises à l'entrée du canal de Suez, dernier verrou séparant le golfe Persique de l'Europe méditerranéenne. Des médecins français, présents de longue date au Proche- et au Moyen-Orient, participèrent à l'édification d'un réseau de contrôle sanitaire, tissé de lazarets et d'hôpitaux, le long de la mer Rouge. Externaliser pour mieux se protéger, telle était la position des puissances impériales européennes à la fin du XIXe siècle. Les efforts des savants et des diplomates français pour échafauder un dispositif de surveillance sanitaire international aboutirent à la création, en 1907, de l'Office international d'hygiène publique, dont le siège fut établi à Paris, où s'étaient tenues quatre des onze conférences internationales organisées entre 1851 et 1903.

De la mort de Casimir Perier en 1832 au début du XXe siècle, la lutte contre le choléra fut ainsi au cœur des tensions sociales, des affrontements politiques, des débats scientifiques et des stratégies internationales qui marquèrent l'histoire de France.

—

NICOLAS DELALANDE

RÉFÉRENCES

—

Peter BALDWIN, *Contagion and the State in Europe (1830-1930)*, Cambridge, Cambridge University Press, 1999.

Patrice BOURDELAIS et Jean-Yves RAULOT, *Une peur bleue. Histoire du choléra en France (1832-1854)*, Paris, Payot, 1987.

Madeleine BOURSET, *Casimir Perier, un prince financier au temps du romantisme*, Paris, Publications de la Sorbonne, 1994.

Sylvia CHIFFOLEAU, *Genèse de la santé publique internationale. De la peste d'Orient à l'OMS*, Rennes, Presses universitaires de Rennes, 2012.

Gérard JORLAND, *Une société à soigner. Hygiène et salubrité publiques en France au XIXe siècle*, Paris, Gallimard, 2010.

RENVOIS

—

1347, 1816, 1891

1840

Année utopique

*Paris est en 1840 le laboratoire mondial
des utopies sociales. L'effervescence intellectuelle
qui y règne, nourrie par de très nombreux exilés,
permet d'imaginer d'autres mondes possibles.
Les utopistes français exportent leurs projets en Algérie,
au Brésil et jusqu'aux États-Unis.*

Le 1er juillet 1840 a lieu à Belleville le « premier banquet communiste ». Il rassemble plus de 1 000 personnes, dont de nombreux artisans et gens de métier, dans une grande salle pavoisée de drapeaux tricolores. Cet événement témoigne de l'émergence de l'idée communiste et d'un embryon d'organisation en vue de la promouvoir. Il déborde d'emblée le cadre parisien et national, la presse étrangère en rend compte, des exilés polonais y assistent ainsi que le tailleur Wilhelm Weitling, membre de la Ligue des bannis créée à Paris en 1836 par des artisans persécutés et contraints de fuir les États allemands. L'idée communiste a alors le vent en poupe. Le succès du *Voyage en Icarie* de Cabet et la publication de petites brochures comme *Comment je suis communiste* contribuent

à populariser le terme. En 1840, les réformateurs radicaux, communistes et socialistes – le terme « socialisme » reste encore peu utilisé – s'expriment massivement par le biais de leurs brochures, livres, journaux, almanachs ou chansons. Si les grands traités théoriques de Saint-Simon et de Fourier ont été publiés plus tôt, c'est autour de 1840 que leurs disciples commencent à s'organiser, à se structurer en diffusant les premiers ferments d'un projet de transformation radicale du monde. Il apparaît en effet que la réforme politique est insuffisante et qu'elle doit être associée à une profonde réorganisation du travail et des rapports sociaux, plus équitables et harmonieux. L'économiste et publiciste Louis Reybaud ne s'y trompe pas en publiant cette même année ses *Études sur les réformateurs contemporains ou socialistes modernes :* Saint-Simon, Charles Fourier, Robert Owen ; il y présente les théories nouvelles qui prétendent à la « science universelle ».

En 1840 paraissent quelques-uns des textes majeurs de la tradition radicale et socialiste française et mondiale : l'*Organisation du travail* de Louis Blanc ; le *Voyage en Icarie* d'Étienne Cabet ; *Qu'est-ce que la propriété ?* de Proudhon ; ou encore *De l'humanité* de Pierre Leroux. Les disciples de Fourier (lui-même est mort en 1837) se réunissent derrière Victor Considérant qui publie beaucoup pour diffuser les théories du maître : *De la politique générale et du rôle de la France en Europe* ou, l'année suivante, ses *Bases de la politique positive* et son *Exposition abrégée du système phalanstérien*. La liste pourrait être allongée en mentionnant encore le *Code de la communauté* du communiste matérialiste Théodore Dézamy, l'un des organisateurs du banquet de Belleville. Autour de 1840, la France s'affirme comme un lieu central et dynamique d'élaboration intellectuelle et politique. En dehors du Royaume-Uni, libéral et marqué par la contestation chartiste, le reste de l'Europe est dominé par des gouvernements conservateurs et autoritaires. Dans ce paysage, Londres et Paris font figure d'exception et deviennent des laboratoires de l'utopie sociale où s'inventent des mondes neufs.

L'année 1840 est traversée en France par de nombreux espoirs malgré l'immobilisme au pouvoir et la crise économique qui fait rage. Alors que la loi réprime et interdit les grèves et les associations, perquisitionne les journaux, les

sociétés secrètes et les attentats régicides se multiplient. Les républicains s'organisent pour lancer des campagnes de pétitions et des banquets appelant à la réforme des institutions. L'un des grands débats de l'époque porte sur le projet de construction de la nouvelle enceinte fortifiée autour de Paris, décidée par Adolphe Thiers au début de l'année pour empêcher que la capitale ne tombe aux mains d'armées étrangères comme ce fut le cas en 1814. Cet « embastillement de Paris » devient rapidement un symbole de la politique répressive du régime. L'été 1840 voit par ailleurs des dizaines de milliers d'ouvriers parisiens se mettre en grève pour exiger une amélioration de leur sort et l'instauration de la justice. Malgré la vive répression, les sans-voix prennent la parole dans la rue comme dans la presse. C'est à cette époque que fleurissent les premiers journaux ouvriers comme *La Ruche populaire* et *L'Atelier*, soucieux de défendre et représenter la « classe laborieuse » qui commence à exister dans les esprits et les discours, en dépit de l'hétérogénéité profonde du monde du travail. La misère, visible à Paris comme partout dans le monde, apparaît de plus en plus comme un scandale injustifiable. C'est d'ailleurs à cette époque que sont publiées les premières grandes enquêtes sociales, celles d'Eugène Buret, du médecin Louis-René Villermé, mais aussi de Flora Tristan qui fait paraître ses *Promenades dans Londres* où elle décrit le grand drame social que l'industrialisation britannique déroule aux yeux du monde. La question sociale surgit avec force dans l'arène politique et intellectuelle, redéfinissant en profondeur les lignes de force et les clivages, et entretenant une vive émulation intellectuelle et politique.

Mais les utopies sociales naissantes en 1840 ne visent pas simplement à l'amélioration de la condition des classes laborieuses françaises, elles aspirent à une véritable régénération complète de l'humanité. Les écrits dits utopistes publiés autour de 1840, très divers par leur tonalité et leur forme, témoignent tous de cette ambition et d'un projet véritablement universel. Ils entendent fonder la science sociale et procéder à une gigantesque œuvre de reconstruction intellectuelle, réinventer des liens contre l'atomisation et l'égoïsme, forger une paix universelle et perpétuelle. Certes, ils se querellent abondamment sur les chemins à emprunter, notamment à l'égard du rôle de la violence et de la révolution, ou à propos de l'égalité. Si les communistes sont pour l'égalité intégrale et la communauté des biens, les fouriéristes et les anciens saint-simoniens défendent la propriété privée et recherchent à harmoniser les différences de fortune plus qu'à les faire disparaître. Mais en dépit de ces divergences ils partagent quelques constats : la condamnation de la concurrence généralisée, à l'origine des misères, la dénonciation virulente de l'égoïsme bourgeois, l'inquiétude devant les bouleversements industriels et techniques non maîtrisés, que symbolisent notamment le chemin de fer ou les machines à vapeur qui font alors leurs premiers pas.

Cette effervescence utopique de 1840 témoigne par ailleurs d'une double présence de la France dans le monde. *Via* les exilés, la circulation des imprimés et des expériences révolutionnaires, le monde pénètre la France, et notamment sa capitale, en nourrissant la radicalité intellectuelle et idéologique. D'autre part, ces pensées franchissent rapidement les frontières nationales, comme les frontières imaginaires en inventant un au-delà du capitalisme fondé sur un mélange ambitieux de sciences, de messianisme religieux et de liens communautaires. Tous ces écrits, auteurs et mouvements qui préparent le terrain à l'utopie se nourrissent en effet des expériences étrangères et ne tardent pas à essaimer dans le monde. Les socialistes français dits utopiques ont ainsi été marqués par le Britannique Robert Owen, père de la coopération et du socialisme outre-Manche. Étienne Cabet l'a rencontré durant son exil en Angleterre à la fin des années 1830 et revendique son héritage. Beaucoup sont également attentifs aux enjeux coloniaux alors que l'expansion impériale s'étend. Ils s'offusquent des massacres perpétrés par l'armée française en Algérie, ils dénoncent l'esclavage et sa persistance aux Antilles ou en Amérique, qu'ils relient à la condition des prolétaires en métropole. Prosper Enfantin, l'ancien chef de file des saint-simoniens, a voyagé en Égypte après sa condamnation en 1832, il devient même ethnographe dans la « Commission chargée de recherches et explorations en Algérie ». Il désapprouve la colonisation et condamne l'action des militaires dans l'ouvrage intitulé *La Colonisation de l'Algérie* qu'il publie à son retour en 1843.

Les écrits publiés en France ne tardent pas à circuler sur le continent, en entretenant l'agitation clandestine et les rêves de transformations sociales. Comme capitale des intellectuels européens, Paris joue le rôle de laboratoire, les exilés de toute l'Europe s'y retrouvent et fréquentent les milieux radicaux et socialistes, ils s'imprègnent de leurs idées et de leurs querelles. De nombreux disciples de Fourier en 1840 sont d'ailleurs étrangers, à l'image de la Belge Zoé Gatti de Gamond ou du Polonais Jean Czynski. Certains viennent de plus loin comme Albert Brisbane, le principal disciple états-unien de Fourier qui l'avait rencontré dans les années 1830. Ardent propagandiste des idées fouriéristes outre-Atlantique, il publie en 1840 une présentation de la doctrine intitulée *Social Destiny of Man*. En Angleterre, même si le mouvement ne prend jamais la même ampleur, un petit noyau phalanstérien se développe également autour de 1840, sous l'action de l'Irlandais Hugh Doherty. Un journal, *The London Phalanx*, est d'ailleurs publié à Londres entre 1841 et 1843 pour diffuser le message du fouriérisme. C'est également à cette époque qu'en Allemagne Marx lit abondamment les premiers socialistes français avant de prétendre les dépasser en inventant son « socialisme scientifique ».

Les réformateurs socialistes de 1840 étendent d'ailleurs rapidement leurs réseaux d'influence et leurs essais d'expérimentations dans le monde. Devant la sclérose qui caractérise la vie politique en France, les fouriéristes partent construire leur phalanstère au loin, dans les territoires qu'ils imaginent vierges aux quatre coins du monde. En 1841, plusieurs centaines d'artisans et d'ouvriers fouriéristes s'installent ainsi dans le sud du Brésil, dans la région de Santa Catarina, pour expérimenter un mode de vie alternatif ; à Rio de Janeiro, capitale du pays, ils exposent leurs projets devant le jeune empereur Pedro II. En 1846, un officier de l'armée d'Afrique associé à des fouriéristes lyonnais obtient une concession en Algérie afin de contribuer au progrès social par l'association du capital et du travail. Autour de Cabet, les communistes icariens créent de leur côté un « Bureau de l'immigration icarienne » afin d'aller fonder l'Icarie rêvée aux États-Unis. En février 1848, peu avant qu'éclate la révolution, une soixantaine de colons embarquent au port du Havre pour un long voyage qui les conduira vers leurs aventures nord-américaines.

—

FRANÇOIS JARRIGE

RÉFÉRENCES
—

Thomas BOUCHET, Vincent BOURDEAU, Edward CASTLETON, Ludovic FROBERT et François JARRIGE (dir.), *Quand les socialistes inventaient l'avenir (1825-1860)*, Paris, La Découverte, 2015.
Michel CORDILLOT, *Utopistes et exilés du Nouveau Monde. Des Français aux États-Unis, de 1848 à la Commune*, Paris, Vendémiaire, 2013.
Michèle RIOT-SARCEY, *Le Réel de l'utopie. Essai sur le politique au XIXe siècle*, Paris, Albin Michel, 1998.
Laurent VIDAL, *Ils ont rêvé d'un autre monde*, Paris, Flammarion, 2014.

RENVOIS
—

1842

Et la littérature devint mondiale

La Comédie humaine dont le programme est tracé par Balzac en 1842 fait du roman une effigie de la culture française mais aussi un genre littéraire mondial. Ouvrant grandes les portes de la description, la littérature définit les nations et se donne les moyens de rendre compte des sociétés que celles-ci prétendent incarner.

Au moment où Honoré Balzac se décide à devenir écrivain, dans les années 1820, le roman est un genre littéraire mineur. On apprécie alors plutôt, dans le sillage de Voltaire, la grave solennité de la poésie et de la tragédie où la vertu, la vérité, l'enthousiasme et l'espérance défilent en majuscules. Les romanciers, presque honteux de leur prose, publient parfois en prenant soin de dissimuler leur identité véritable : les hommes, parce qu'ils s'illustrent souvent dans une veine légère, anticléricale ou potache ; les femmes, parce que ce métier public d'écrire les exposerait à l'opprobre.

Dans ce genre que ne lisent pas encore les parlementaires, les juges et les savants, le roman sentimental domine avec aplomb. Adélaïde de Souza, Sophie Cottin, Germaine de Staël, la comtesse de Genlis et Mme de Krüdener se réclament de *La Nouvelle Héloïse* de Rousseau, qu'elles enrichissent néanmoins de procédés narratifs neufs dont tirera parti le roman réaliste. Elles analysent avec une précision remarquable les moindres mouvements de l'âme tiraillée entre l'aspiration à être libre et le devoir d'être conforme. Elles représentent surtout, à l'étranger, une inventivité toute française que les Anglais apprécient à l'aune de Samuel Richardson ou d'Ann Radcliffe et que les Allemands rapportent à leurs propres explorations de la tension entre *Moralität* et *Sittlichkeit*, morale individuelle et éthique collective. Ce qui s'exporte en Europe dans ces années-là, en matière de roman français contemporain, c'est d'abord le roman sentimental. Les histoires littéraires ont hélas réussi, depuis, à nous le faire oublier.

Entre Paris, Londres et Weimar, notamment, circule donc un genre romanesque dont la variante française, écrite avant tout par des femmes, résume mieux à l'étranger la particularité littéraire de la France que les œuvres singulières de François-René de Chateaubriand ou de Benjamin Constant. Une communauté d'âmes sensibles se reconnaît, aux quatre coins de l'Europe, dans le destin douloureux de créatures fictionnelles comme exilées de leur propre existence ; et elle goûte les inflexions qu'offre le roman français à cette humanité aussi noble que vulnérable. La littérature, dans ce premier tiers du XIXe siècle, se donne en effet pour tâche de peindre la nature des passions et des sentiments aux prises avec les normes sociales ; elle s'adresse à des lecteurs et, peut-être plus encore, à des lectrices que leur caractère définit davantage que leur condition. La sensibilité naturelle est un passeport littéraire.

Puis vint Walter Scott. Non pas tant le poète de *The Lady of the Lake*, ou le romancier de *La Fiancée de Lammermoor*, que « l'auteur de *Waverley* », comme on l'appellera très vite dans le monde entier. L'écrivain, déjà célèbre pour ses poèmes et ses contes, inaugure en 1814 avec *Waverley* une forme romanesque qui sera traduite et reprise tout au long du XIXe siècle, de la Suède au Portugal et du Brésil au Japon. Depuis Édimbourg se propage une « Waverleymania » difficile à imaginer aujourd'hui, sinon par analogie avec les succès récents de *Harry Potter* ou du polar scandinave.

La nouveauté de ce roman historique est triple. La trame de ses récits, pour commencer, est nationale. Scott met en scène le peuple d'Écosse ; il confie à la littérature la mission de suggérer par la fiction l'autonomie culturelle et sociale d'une nation qui pourrait prétendre à l'indépendance politique. Au lieu de l'humanité sans frontières du roman sentimental, Scott privilégie la communauté imaginée d'un État à venir. La littérature européenne se nationalise. Et elle le fait ensuite, dans les *Waverley Novels*, en privilégiant la longue durée d'un cycle romanesque dont les titres mis bout à bout – *Ivanhoé*, *La Jolie Fille de Perth*, *Quentin Durward*, *Guy Mannering*, *Waverley*, etc. – dépeignent l'histoire des Écossais du XIe au XIXe siècle. Le passé ainsi vectorisé vise à donner l'élan d'un avenir à une collectivité en quête d'elle-même. Mais le roman, en mode mineur, n'y parviendrait pas. Aussi Scott s'efforce-t-il en dernier lieu de rendre ses fictions crédibles en fixant pour cadre à ses intrigues les mœurs et les lois de l'époque considérée. La preuve documentaire, bien que discrète, dote la littérature d'une vraisemblance inédite : l'écrivain invente sur sources, pour ainsi dire ; il exprime la vérité historique des archives avec les moyens de son art.

Cette ambition enflamme en France l'esprit des historiens et des romanciers. Augustin Thierry, Prosper de Barante, Jules Michelet, mais aussi Alfred de Vigny, Prosper Mérimée ou Victor Hugo s'inspirent de cette exigence d'érudition patriotique. Balzac également, dès *Les Chouans*, en 1829. Chez ce dernier, toutefois, il y a une fidélité plus grande au modèle venu d'Édimbourg. Il est, avec Michelet, le plus attaché à la dimension sérielle des *Waverley Novels*. Mais ce sont les mœurs de son temps qui lui paraissent devoir être décrites. Un tableau de Paris et de la province est selon lui à refaire, un demi-siècle après celui de Louis-Sébastien Mercier : la nation française se cherche encore au lendemain de la Révolution et de l'Empire, et il revient à la littérature de l'éclairer sur ce qu'elle est devenue – d'offrir un espace symbolique à ses contemporains, où ils puissent s'assembler, repérer et réparer les injustices de la mobilité sociale, restaurer un semblant de communauté à l'intérieur de l'Hexagone.

Le monde de *La Comédie humaine* n'est plus celui du roman sentimental. Les récits ne s'y déroulent pas en Russie, en Orient ou aux Amériques, mais à Tours, Angoulême, Douai ou Paris. L'exotisme est casanier et le contact des cultures s'éprouve entre voisins. Lorsqu'un soldat s'égare en Haute-Égypte, comme dans *Une passion dans le désert*, il s'éprend d'une panthère : l'amour franchit plus facilement la barrière des espèces que les frontières culturelles des nations. C'est dire que les liens, dans cet univers romanesque, se tissent entre des groupes sociaux dont les membres se savent compatriotes. Les réseaux de banquiers, de commerçants, de juges, de médecins, de militaires, d'élus, d'artistes ou de savants s'interpénètrent à l'horizon d'une évidence indiscutée : l'espace dense où ces rencontres se produisent,

par un hasard quelquefois dû à l'exiguïté des villes et des bourgs, est un territoire commun chargé d'histoire et riche d'un avenir souvent collectif. Le roman fait communauté, dans les limites strictes d'un pays rêvé, et il invite ses lecteurs à se reconnaître dans l'un ou l'autre des « types » dont il peuple la France post-révolutionnaire : l'arriviste, le parvenu, le failli, le traumatisé, le génie, l'amoureuse abandonnée, la mère de famille, la séductrice sans scrupule, la fille soumise, la cousine trahie, etc.

Le personnel du roman, lorsqu'il n'est pas français, est le plus souvent allemand, anglais, italien, espagnol ou brésilien. La nationalité se marque dans la manière des personnages et, jusqu'à la caricature, dans leur accent. Ainsi du baron de Nucingen : « Ne bleurez boind », dit-il à une jolie courtisane qui minaude pour le séduire, car il est richissime : « Che feux fus rentre la blis héréize te duddes les phâmes... Laissez fûs seilement aimer bar moi, fus ferrez. » La farce exagère une altérité dont les critères de définition sont nationaux. L'humour joue de l'écart au bien commun implicite de l'histoire, de la culture et de l'esprit français. On nous propose de rire de l'Allemand, parce qu'il n'est pas français (même s'il a, par ailleurs, d'autres qualités).

Le succès de Scott à l'échelle de la planète déclenche des nationalisations en cascade dans le domaine du roman. L'œuvre de Balzac assume ce programme fixé à la littérature d'assembler ou de réassembler une nation. Elle le consolidera à son tour, quand les écrivains du monde entier se déclareront « réalistes » – par quoi il faudra entendre : soucieux d'explorer les tensions contemporaines d'une communauté nationale à l'aide des procédés du roman balzacien. Ce que la littérature française accueille et préfigure de mondial en 1842, au moment où paraît le premier volume de *La Comédie humaine*, c'est en somme ce découpage des cultures en nations. Elle éclaire le processus naissant de mondialisation des imaginaires littéraires confinés aux États.

Et pourtant… un cosmopolitisme littéraire se réinvente durant les mêmes années entre les murs de l'Université. En 1830, Claude Fauriel occupe la première chaire de littérature étrangère à la Sorbonne. Polyglotte, traducteur, devenu chercheur sur le tard, il prolonge dans ses travaux la grammaire comparée des Lumières en direction de la philologie allemande préromantique. S'il y a des peuples qui font de la littérature, c'est à l'anthropologie d'en fournir les raisons ; non pas cependant à partir de spéculations philosophiques sur l'origine des langues et de la poésie, mais par des recherches historiques rigoureuses sur les échanges littéraires. La notion de « littérature mondiale » (*Weltliteratur*), que conçoit Goethe entre 1827 et 1832, engage les mêmes convictions : la nationalité littéraire est une exception dans l'histoire de l'humanité, et elle ne doit pas masquer ce fait majeur que, en fait et en droit, les échanges précèdent les frontières.

Fauriel a consacré un chapitre de son *Histoire de la poésie provençale* à l'influence des Arabes sur la littérature française. Personne n'a formulé une telle hypothèse après lui. Il serait pourtant à souhaiter, aujourd'hui, que de tels chapitres deviennent tout simplement pensables.

—

JÉRÔME DAVID

RÉFÉRENCES

—

Margaret COHEN, *The Sentimental Education of the Novel*, Princeton, Princeton University Press, 1999.
Jérôme DAVID, *Balzac, une éthique de la description*, Paris, Honoré Champion, 2010.
Geneviève ESPAGNE et Udo SCHÖNING (dir.), *Claude Fauriel et l'Allemagne. Idées pour une philologie des cultures*, Paris, Honoré Champion, 2014.
Franco MORETTI, *Atlas du roman européen (1800-1900)*, trad. par J. Nicolas, Paris, Seuil, 2000 (plus particulièrement le chap. 3).
Marie-Ève THÉRENTY (dir.), « Les mystères urbains au prisme de l'identité nationale », dossier thématique de la revue *Médias*, n° 19, 2013 (en ligne).

RENVOIS

—

1066, 1712, 1771, 1784, 1933, 1984, 2008

1848

La capitale des révolutions

La révolution de février 1848 renverse la monarchie de Juillet. En quelques semaines, l'Europe se couvre de barricades, l'esclavage est aboli aux colonies, et les revendications démocratiques et sociales se font entendre en Asie et en Amérique du Sud.

Le 22 février 1848, une foule parisienne se rend boulevard des Capucines, au ministère des Finances, pour célébrer la démission du chef de gouvernement François Guizot. Celui-ci venait d'interdire la réunion d'un banquet appelant à élargir le droit de vote, décision qui avait entraîné de grandes manifestations. Le départ de Guizot était une victoire, et l'on venait manifester sa joie sous la fenêtre de l'ancien chef de gouvernement. Devant le poste de garde, un coup de feu part, puis une détonation. Une dizaine de morts gisent sur le pavé. La foule s'empare des cadavres, certains sont hissés dans un chariot. La « promenade des cadavres » fait basculer l'émeute en révolution. Le lendemain, le 23, les barricades se multiplient. Les combats entre la troupe et les insurgés, sanglants, tournent à l'avantage des seconds. Le régime en place, la monarchie de Juillet, a vécu. Une nouvelle République s'impose, riche de promesses – celle, modérée et sage, des bourgeois, celle, démocratique et sociale, des ouvriers ou celle, garantie de droit et de liberté, des paysans. Qui aurait pu croire que cette fusillade serait une date majeure de l'histoire de France mais aussi du monde au XIXe siècle ?

À vrai dire, l'événement n'était pas isolé. La campagne des banquets s'inscrivait dans un contexte européen de développement du libéralisme et du nationalisme parmi les couches moyennes urbaines éclairées, de maturation des idées socialistes, et d'une crise économique qui sévissait partout. En 1847, la Suisse avait été ébranlée par la guerre civile du Sonderbund. En janvier 1848, à Palerme, des mouvements libéraux s'étaient opposés au roi Ferdinand. Mais la révolution parisienne de février eut un effet déclencheur. Très vite, les royaumes et principautés italiens s'opposèrent à la tutelle autrichienne. En Autriche même, ce vaste empire multinational, une révolution emporta la capitale le 13 mars. Vienne fut le deuxième pôle de la flambée révolutionnaire. À Berlin, les journées des 16-18 mars firent céder le roi Frédéric-Guillaume IV, qui promit une Constitution libérale à la militaire Prusse. S'exprima même une revendication unitaire dans l'espace allemand : à partir du 31 mars, plusieurs représentants libéraux et démocrates organisèrent un « pré-Parlement » à Francfort pour préparer un Parlement national qui serait élu au suffrage universel. Le mouvement toucha la Grande-Pologne, ébranla en fait l'Europe entière. Si les formes, motivations et issues s'avèrent fort variables, partout la trace de la référence parisienne est sensible : ainsi de la diffusion des barricades, depuis le centre français jusque dans les rues milanaises ou berlinoises. À Vienne, les insurgés demandèrent la création d'une « garde mobile » tandis que des arbres de la liberté étaient plantés dans le Wurtemberg. La France ne servit toutefois pas tant de modèle (beaucoup se méfiaient de la République) que de référence appropriée au sein de combats aux motivations plurielles et aux arrangements spécifiques.

Cette flambée européenne eut en retour des répercussions en France. Elle nourrit l'impression d'avènement d'un monde nouveau, marqué par la Liberté, la Fraternité et la Justice. Certains pensaient œuvrer en faveur d'une « République universelle » qui associerait tous les pays libérés du joug monarchique. Le poète Lamartine sut, par son verbe, camper la France en phare du mouvement : « Nous n'imposons à personne des formes ou des imitations prématurées ou incompatibles peut-être avec sa nature ; mais si la liberté de telle ou telle partie de l'Europe s'allume à la nôtre [...] la France est là ! La France républicaine n'est pas seulement la patrie, elle est le soldat du principe démocratique dans l'avenir ! » Mais celui qui était aussi ministre des Affaires étrangères sut demeurer prudent face aux demandes d'intervention en faveur des pays en lutte. La flambée influa aussi sur le cours des événements : en avril 1848, la situation européenne changea. Reniant ses promesses, la Prusse refusa de reconnaître la Pologne, tandis que l'armée massacrait les Polonais en Galicie autrichienne. En réaction, un vaste rassemblement de soutien fut décidé en France. À Paris, un cortège massif se dirigea sur le Palais-Bourbon, entra dans la Chambre, tenta de la renverser. En vain. Mais le « 15 mai » – jour de l'invasion de la Chambre – constitue une inflexion décisive dans la tension croissante entre la rue et la nouvelle Chambre. En juin, le conflit entre monarchistes et républicains, mais aussi entre deux visions de la République, la République représentative et respectueuse de l'ordre social, et la République démocratique et sociale de certains milieux ouvriers, était à son apogée. La suppression des Ateliers nationaux – une réalisation de février – aboutit à de terribles combats, puis à des massacres du 23 au 26 juin. Ils constituèrent un choc dans toute la France et l'Europe. Devenant de moins en moins républicaine au fil des élections, la République française ne soutint pas les mouvements, plus radicaux, qui animèrent ensuite les espaces badois ou romains. C'est que les devenirs révolutionnaires n'évoluent pas au même rythme, alors que la réaction, elle aussi transnationale, s'impose peu à peu.

Mais l'action, avec ce jeu d'influences croisées, ne se déroule pas seulement à l'ouest de la péninsule eurasiatique. Comme en toute révolution, les scènes et les sources d'impulsion sont multiples. On les retrouve, selon une imbrication un peu plus lâche, dans les espaces coloniaux. Dans l'élan généreux de février, parfois qualifié, à tort, d'«illusion lyrique», le gouvernement provisoire décréta le 27 avril l'abolition de l'esclavage et envoya des commissaires pour en assurer l'application. Informés de l'abolition par des navires anglais, les esclaves ne les avaient pas attendus. Sous la pression des révoltes, la liberté avait été proclamée le 23 mai 1848 en Martinique, le 27 en Guadeloupe. La Guyane dut attendre le 10 août, la Réunion le 20 décembre. En définitive, l'abolition de l'esclavage (en incluant aussi les communes du Sénégal et les établissements français de l'Inde) libéra plus de 250 000 esclaves, qui purent participer au vote des représentants des colonies à l'Assemblée nationale. En Martinique et en Guadeloupe, animés par le souvenir de 1789

comme de la République haïtienne de 1804, des clubs se constituèrent, des journaux se créèrent. Les élections au suffrage universel furent très suivies. Rapidement, là encore, sous la pression des planteurs et des inquiétudes métropolitaines, la situation évolua. La question des conditions socio-économiques n'avait pas été évoquée, clubs et feuilles politiques furent fermés dès septembre. Plus tard, la Constitution du 4 novembre 1848 déclara que si les colonies et l'Algérie étaient des éléments du territoire français, elles étaient soumises à une loi particulière. La loi du 15 mars 1849 réduisit le nombre de leurs représentants. Plusieurs de ses dispositions permettaient d'exclure ceux qui ne jouissaient pas des droits civils au Sénégal (les musulmans) ou de mettre un terme à la représentation des comptoirs indiens. Là, comme en métropole, ces phénomènes de flux et de reflux stoppèrent la vague de liberté née du printemps 1848. Mais ils ne sont pas pour autant un retour à la situation antérieure. En Europe, les principaux pays du continent ne pouvaient plus nier la force de l'aspiration nationale et les régimes durent mener des politiques mêlant libéralisme et autoritarisme. Dans les colonies, malgré la dureté des conditions de vie, l'esclavage était aboli et un immense espoir était soulevé, qui allait rester dans les mémoires et animer les combats à venir.

L'onde de choc porta cependant au-delà encore, ce qui explique que l'on puisse parler d'une date mondiale. À l'échelle globale, les mouvements d'opposition ou de conflit, bien qu'ils interviennent dans des contextes forts différents, sont bien sûr très nombreux. Certains surent profiter des événements européens, en particulier ceux qui concernaient la France, pour appuyer leur opposition. Si le Royaume-Uni put, comme cela a été souvent répété, échapper à la vague révolutionnaire du continent, ce ne fut pas le cas pour son empire. À Ceylan (l'actuel Sri Lanka), le baptiste radical Christopher Elliott prit la chute de Louis-Philippe comme référence pour les populations locales dans sa lutte contre les nouveaux systèmes d'imposition. En Australie, les radicaux de Wellington organisèrent en février 1849 des banquets d'inspiration française pour appuyer des mouvements pétitionnaires. Ces usages sont certes rhétoriques, mais ils témoignent de la force culturelle et politique dont pouvaient se doter ces événements de 1848. Les impacts purent être plus marquants, comme dans les républiques latino-américaines, issues des révolutions du début du siècle. En Colombie, après l'arrivée des libéraux radicaux au pouvoir en 1849, des ateliers industriels, inspirés des Ateliers nationaux de Louis Blanc, furent établis. Plus tard, lors de l'insurrection militaire de 1854, certains groupes, identifiables à leur ruban rouge, se revendiquèrent d'une République des artisans inspirée des idéaux démocratiques et sociaux français et de la mémoire bolivarienne. Au Chili, en 1850, fut créée à Santiago la Société de l'égalité, nourrie par ces mêmes idéaux. Avec d'autres du même type, elle constitue l'une des premières expériences associationnistes et démocratiques dans ce pays. Plus largement, selon des circuits certes fort divers, les événements de 1848 influencèrent la diffusion des idées radicales et sociales. Il ne faut pas s'y tromper : il s'agit là encore plus d'emprunts, réalisés chaque fois selon les enjeux locaux et des inflexions de sens parfois significatives. Mais le poids de la source française est patent.

Ainsi les événements des années 1848-1850 sont-ils bien d'ampleur globale. S'il est difficile de faire de la France son seul point d'origine, il est clair que les luttes ayant suivi la fusillade du boulevard des Capucines ont pesé puissamment sur les manières de vivre et de comprendre. Ils rappellent que, si la France est un pôle majeur à cette échelle, elle n'est qu'un pôle parmi d'autres. Mais elle est bien la capitale des révolutions.

—

QUENTIN DELUERMOZ

RÉFÉRENCES

—

Sylvie APRILE, Raymond HUARD, Pierre LÉVÊQUE et Jean-Yves MOLLIER, *La Révolution de 1848 en France et en Europe*, Paris, Éditions sociales, 1998.
Cristián GAZMURI, *El « 48 » chileno. Igualitarios, reformistas radicales, masones y bomberos*, Santiago, Editorial Universitaria, 1999, 2ᵉ éd.
Maurizio GRIBAUDI et Michèle RIOT-SARCEY, *1848, la révolution oubliée*, Paris, La Découverte, 2008.
Jonathan SPERBER, *The European Revolutions (1848-1851)*, Cambridge, Cambridge University Press, 1994.
Miles TAYLOR, « The 1848 Revolutions and the British Empire », *Past and Present*, vol. 166, n° 1, 2000, p. 146-180.

RENVOIS

—

1357, 1773, 1789, 1871, 1968

1852

La colonisation pénitentiaire

En vue d'exporter un enfermement carcéral métropolitain condamné par la morale et sous l'influence du modèle de l'Australie britannique, la Guyane devient en 1852 le théâtre d'une colonisation pénitentiaire aux ambitions économiques sous couvert de valeurs régénératrices, sinon civilisatrices.

Le 10 mai 1852, l'*Allier* débarque aux îles du Salut, archipel situé face à la Guyane française, 301 forçats issus du bagne portuaire de Brest. Ce premier convoi marque le début d'un modèle de colonisation original conduit par la France dans une partie de son empire jusqu'en 1953 : celui de la colonisation pénitentiaire. Plus de 100 000 forçats condamnés en France métropolitaine ou dans leurs colonies d'origine purgèrent leurs peines dans des bagnes coloniaux situés en Guyane et en Nouvelle-Calédonie. Influencé par le modèle de colonisation pénitentiaire mis en place par la Grande-Bretagne en Australie, le législateur du Second Empire entendait

lui aussi permettre à des criminels et à des miséreux de fonder une société nouvelle tout en contribuant à l'enrichissement de l'ancienne. Cet objectif devait permettre tout à la fois de vider les bagnes portuaires de Brest, Toulon et Rochefort de leur « chiourme » et d'en débarrasser le sol de la métropole, d'octroyer à la colonie une main-d'œuvre abondante et bon marché afin de favoriser son développement, et aux forçats les plus méritants de devenir, à force de labeur, colons. Dix ans après le début du processus d'abolition de la transportation en Australie (achevé en 1868), la France décidait donc de se lancer à son tour dans une aventure qui allait la mobiliser durant un siècle, menée au gré d'une politique particulièrement erratique et orientée par les multiples troubles politiques et sociaux qui l'ébranlèrent tout au long du XIXᵉ siècle.

La Guyane fut désignée par un décret du 27 mars 1852 pour accueillir les forçats. Les quelques essais de migrations libres qui y avaient été précédemment tentés avaient tous abouti à des échecs, et l'abolition de l'esclavage en 1848 y avait entraîné un important manque de main-d'œuvre. Mais c'était sa situation géographique, qui la tenait suffisamment éloignée de la métropole pour empêcher tout retour en cas d'évasion, qui la désignait idéalement pour devenir terre d'exil. Dès la Révolution française, des prêtres réfractaires à la Constitution civile du clergé y furent envoyés, suivis peu après par des déportés issus des coups d'État de Thermidor et de Fructidor. Puis, suite aux insurrections de 1848 et de 1851, un décret du 8 décembre 1851 organisa la déportation en Guyane de 2 816 condamnés. Après leur amnistie en 1859, la déportation pour des motifs politiques se poursuivit avec la loi du 9 février 1895 qui désigna le pénitencier des îles du Salut comme lieu de déportation en enceinte fortifiée. Le premier et le plus célèbre déporté guyanais fut le capitaine Alfred Dreyfus, incarcéré sur l'île du Diable de mars 1895 à juin 1899. Trente-sept autres déportés lui succédèrent, essentiellement pour des faits de trahison accomplis durant la Première Guerre mondiale. Mais, à l'inverse des transportés, ils n'étaient pas soumis à des travaux forcés.

Car l'effort de colonisation pénitentiaire conduit par la France en Guyane et en Nouvelle-Calédonie reposait effectivement sur la main-d'œuvre des transportés. La loi du 30 mai 1854 sur l'exécution de la peine des travaux forcés, dite loi sur la transportation, imposait qu'ils soient « employés aux travaux les plus pénibles de la colonisation » et son article 6 instaurait un « doublage » : ceux qui étaient condamnés à moins de huit ans de travaux forcés devaient à leur libération résider dans la colonie un temps équivalent à la durée de leur peine ; ceux condamnés au-delà devaient y demeurer à vie. Cette mesure était destinée à les empêcher de retourner dans la métropole ou dans leurs colonies d'origine et à les inciter à s'installer. Les mieux classés pouvaient être assignés auprès de particuliers, de services publics coloniaux ou d'entreprises, bénéficier d'une concession ou bien encore se marier. 52 905 transportés furent envoyés en Guyane jusqu'en 1936 : après un premier temps d'installation dans l'est de la colonie (principalement à Cayenne, la montagne d'Argent et Kourou), l'ouest fut occupé à partir de 1857 avec la création de la ville de Saint-Laurent-du-Maroni.

L'effroyable taux de mortalité rencontré sur place poussa néanmoins les autorités à faire machine arrière. Le climat plus clément de la Nouvelle-Calédonie, située à proximité du modèle australien, milita pour sa colonisation par de la main-d'œuvre pénitentiaire. À partir de 1867, tous les condamnés européens y furent donc envoyés, la Guyane ne recevant plus que les condamnés « coloniaux », considérés comme plus résistants face à son terrible climat équatorial. De 1864 à 1931, plus de 30 000 forçats furent envoyés en Nouvelle-Calédonie : 22 057 transportés, 3 960 déportés suite aux insurrections de Kabylie et de la Commune et 3 772 relégués. Mais en 1896, face aux protestations de la population néo-calédonienne, tous les convois furent réorientés vers la Guyane qui redevint la destination exclusive des bagnards. Aux transportés s'ajouta toutefois une nouvelle catégorie de condamnés : les relégués. Condamnés par la loi du 27 mai 1885 sur la relégation des récidivistes, il s'agissait principalement de délinquants récidivistes coupables de vol et de vagabondage. Succédant aux « grands criminels » du Second Empire, les « petits criminels » de la Troisième République étaient considérés comme des « incorrigibles » et désignés comme particulièrement dangereux par les chiffres de la statistique judiciaire. Cette peine se traduisait par un « internement perpétuel » sur le sol d'une colonie et aménageait un double régime. Les relégués disposant de ressources financières suffisantes étaient classés au régime de la relégation individuelle : ils étaient relativement libres mais n'avaient pas le droit de quitter la colonie. Ceux qui ne disposaient pas de moyens suffisants, c'est-à-dire l'immense majorité d'entre eux, étaient classés au régime de la relégation collective : à l'instar des transportés, ils étaient incarcérés dans un pénitencier, encadrés par des surveillants et soumis à des travaux forcés.

Ce changement de cap s'accompagna d'une inflexion donnée à la colonisation pénitentiaire. À l'utopie des premiers temps succéda un durcissement du traitement réservé aux forçats : le bagne n'était plus destiné à assurer une quelconque régénération des condamnés qui lui étaient confiés, mais servait désormais exclusivement de débarras commode pour la métropole et certaines de ses colonies (essentiellement l'Algérie). Afin de favoriser l'émergence d'une colonie de peuplement, des femmes furent envoyées en Guyane (394 transportées et 519 reléguées). Installées dans un « pénitencier-couvent » situé à Saint-Laurent, elles étaient destinées à contracter des unions avec des forçats. Mais face à leur taux de mortalité, leur envoi prit fin en 1907. Hormis les pénitenciers des îles du Salut, de Kourou et de Cayenne, la majorité des condamnés était concentrée sur le territoire pénitentiaire du Maroni, créé par décret en 1860. Saint-Laurent devint commune pénitentiaire en 1880 et était intégralement gérée par l'administration pénitentiaire. Ce territoire abritait deux pénitenciers : celui de Saint-Laurent pour les transportés et celui de Saint-Jean pour les relégués, ainsi que des camps annexes. Placé sous l'autorité du directeur de l'administration pénitentiaire, il était destiné à l'application des peines de la transportation et de la relégation et s'apparentait, sur la majeure partie de sa superficie, à un vaste archipel carcéral.

En plus des transportés et des relégués, près de 1 000 condamnés à la réclusion issus de Martinique, Guadeloupe et Guyane, désignés comme « réclusionnaires coloniaux » ou « seconde catégorie de la transportation », purgèrent leur peine au bagne de Guyane. Ils furent rejoints à partir de 1931 par 535 condamnés asiatiques venus du bagne de Poulo

Condor, en Indochine. Ils furent installés dans des camps situés sur le territoire de l'Inini (placé sous l'autorité du gouverneur).

Le processus d'abolition du bagne guyanais débuta à partir de 1923 à la suite de l'enquête qu'y conduisit le reporter Albert Londres pour le compte du *Petit Parisien*, alertant l'opinion publique sur la cruauté et l'archaïsme de cette institution. En 1933, l'Armée du Salut emmenée par le capitaine Charles Péan s'installa dans la colonie pour venir en aide aux forçats libérés et soulager leur misère. En parallèle, Gaston Monnerville, petit-fils d'esclave et député de la Guyane, œuvra au Parlement pour l'abolition du bagne qui fut actée en 1936 avec l'arrivée du gouvernement de Front populaire. Mais la signature d'un décret-loi le 17 juin 1938 n'aboutit en définitive qu'à la fin de la transportation en Guyane. Ce ne fut qu'au lendemain de la Seconde Guerre mondiale, en mars 1945, notamment après que de nombreux relégués sont morts de faim et d'épuisement dans leur pénitencier (près de 48 % de l'effectif durant l'année 1942), que la décision fut prise de « liquider » le bagne et de le vider progressivement de ses occupants. Sous la houlette du médecin lieutenant-colonel Sainz et de l'Armée du Salut, des convois de rapatriement furent organisés jusqu'au dernier, en août 1953.

Les vestiges des pénitenciers de Guyane ont fait l'objet d'une importante valorisation. Le site des îles du Salut, géré par le Centre national d'études spatiales, dispose d'un musée. La municipalité de Saint-Laurent, après avoir été classée « Ville d'art et d'histoire » en 2007, a mené une campagne de restauration du camp de la transportation qui dispose, depuis 2014, d'un Centre de l'interprétation de l'architecture et du patrimoine. Le même type de patrimonialisation est actuellement conduit en Nouvelle-Calédonie.

—

JEAN-LUCIEN SANCHEZ

RÉFÉRENCES

—

Louis-José BARBANÇON, *L'Archipel des forçats. Histoire du bagne de Nouvelle-Calédonie (1863-1931)*, Villeneuve-d'Ascq, Presses universitaires du Septentrion, 2003.
Danielle DONET-VINCENT, *De soleil et de silences. Histoire des bagnes de Guyane*, Paris, La Boutique de l'Histoire, 2003.
Michel PIERRE, *Bagnards. La Terre de la grande punition (Cayenne, 1852-1953)*, Paris, Autrement, 2000.
Jean-Lucien SANCHEZ, *À perpétuité. Relégués au bagne de Guyane*, Paris, Vendémiaire, 2013.
https://criminocorpus.org/fr/

RENVOIS

—

1066, 1664, 1784, 1871, 1931, 1961, 1984

PAGE SUIVANTE

Auguste Bartholdi, projet d'installation de la tête en cuivre de la Statue de la Liberté lors de l'exposition universelle de 1878 à Paris, vers 1877, musée Bartholdi, Colmar (photo : © Christian Kempf, studio K)

LA MONDIALI-SATION À LA FRANÇAISE

Une multitude d'articles de Paris, des hectolitres de vin, des quintaux de livres, des tonnes de bibelots s'exportent dans les années 1860 aux quatre coins du monde, principalement à destination des élites européennes, américaines et coloniales. Des ingénieurs lillois construisent des locomotives pour le Brésil et la Chine, et des ouvrages d'art en Égypte et en Russie. Des religieuses et institutrices propagent dans le monde le modèle d'éducation féminine « à la française », ses bonnes manières et ses talents d'agrément. À la fin du siècle, la troupe de l'« impératrice du théâtre », Sarah Bernhardt, triomphe en Europe et aux Amériques, tandis qu'Auguste Escoffier popularise la « grande cuisine » à Londres et New York. Alliances françaises et chambres de commerce promeuvent à l'étranger la langue nationale et les produits manufacturés. Cette mondialisation est également impériale car la France multiplie les conquêtes territoriales en Afrique et en Asie pour bâtir le Second Empire colonial de la planète, un empire sous-administré, avec peu de soldats et de colons français car la métropole elle-même manque de bras.

La France devient alors un grand pays d'immigration, dénombrée pour la première fois en 1851, année d'instauration de la première forme de droit du sol. À la suite des techniciens britanniques y convergent des journaliers belges, des paysans juifs fuyant l'Empire russe, des travailleurs italiens, allemands, polonais, suisses et espagnols. Cette France cosmopolite est magnifiée à l'occasion des Expositions universelles (1855, 1867, 1878, 1889 et 1900) qui transforment Paris en capitale de la modernité. Et les pratiques culturelles françaises s'enrichissent d'un nouveau goût de l'ailleurs, à l'exemple de l'anglomanie : les dandys des années 1860 adoptent la redingote avant que les classes populaires jouent au football à partir des années 1890. Des personnalités d'ascendance étrangère – la comtesse de Ségur, Léon Gambetta, Émile Zola, le baron Haussmann, Jacques Offenbach, Marie Curie, Guillaume Apollinaire, etc. – illustrent désormais aux yeux du monde le génie français, alors que les ouvriers étrangers font face à une vague de violences xénophobes dans les années 1880-1890, période protectionniste qui transforme l'immigration en enjeu politique.

La République, tout en excluant les sujets « indigènes » de son Empire, s'applique alors à nationaliser la société française, traversée par de nombreux conflits sociaux, politiques et confessionnels, en fusionnant nationalité et citoyenneté, en forgeant un nouveau récit national (« nos ancêtres les Gaulois »), en imposant le français aux dépens des langues régionales, en instaurant le service militaire universel et l'école primaire obligatoire. La « francisation » de la France et la cristallisation de son identité collective s'opèrent précisément au moment où, par un paradoxe apparent, le pays réinvente ses cultures régionales, comme le félibrige, et éprouve pour la première fois la « mondialisation ». Le mot apparaît en 1904 sous la plume de Pierre de Coubertin, promoteur de l'olympisme.

1858

Terre d'apparitions

Quatre ans après sa proclamation comme dogme de l'Église, l'« Immaculée Conception » apparaît le 25 mars 1858 à une jeune fille, Bernadette Soubirous, à Lourdes, petite ville des Hautes-Pyrénées. Aux confins du monde souterrain et céleste, l'apparition s'adapte à un monde médiatisé par la presse et la photographie.

« Dieu n'est pas un personnage de l'histoire » avait l'habitude de dire, au début du XXe siècle, à l'époque de la crise moderniste, l'exégète catholique Alfred Loisy. Sous-entendu : de l'histoire telle que l'écrivent les historiens, pour des raisons de méthode, mais pas nécessairement de l'histoire « réelle », même si ses adversaires ont eu tôt fait de le soupçonner, non sans quelque raison, de conclure secrètement d'une absence à l'autre. La Sainte Vierge le serait-elle davantage de l'histoire de France ? La question se pose en effet pour le XIXe siècle français parce qu'elle paraît y avoir multiplié les apparitions ou « mariophanies » (pour reprendre le vocabulaire technique de l'anthropologie religieuse). La France était à l'époque le premier pays catholique du monde (elle a été remplacée

depuis par le Brésil), et près de 98 % des Français (dans le dernier recensement de 1872 à avoir comporté officiellement une rubrique religieuse) se considéraient comme « catholiques romains ».

De ces apparitions, beaucoup sont aujourd'hui tout à fait oubliées. Ne subsistent plus dans les mémoires que les trois qui ont été reconnues officiellement par des décrets d'approbation épiscopaux : celles de La Salette dans les Alpes le 19 septembre 1846, de Lourdes dans les Pyrénées en 1858 et de Pontmain en Mayenne le 17 janvier 1871 (pendant la guerre franco-allemande). Des trois, Lourdes, petite cité des Hautes-Pyrénées située entre Pau et Tarbes au pied des montagnes, est la plus célèbre. Elle a donné naissance à un pèlerinage qui reste le plus important de l'univers catholique et qui réunit chaque année près de 5 millions de personnes (soit plus que celui de La Mecque).

Tout a commencé par une série de dix-huit apparitions, entre le 11 février et le 16 juillet 1858, à Bernadette Soubirous, une jeune fille de quatorze ans issue d'une famille pauvre de la ville. Elle était venue au bord du gave de Pau avec deux amies chercher du bois près de la grotte de Massabielle. La plus célèbre de ces apparitions eut lieu le 25 mars quand celle qui n'était encore connue que comme la « dame blanche » et qui était restée muette jusque-là prit la parole en patois local et se présenta comme l'« Immaculée Conception » (*Qué soï l'immaculé counceptioû*). Dès lors, un flot toujours croissant de fidèles et de curieux s'est mis à accompagner Bernadette chaque jour sur les lieux des apparitions, au grand dam des autorités civiles, notamment du fameux commissaire Jacomet, qui ont cherché, sans succès, à s'y opposer. Le 28 juillet 1858, Mgr Laurence, évêque de Tarbes, annonça la création d'une commission spéciale destinée à statuer sur l'authenticité des faits, à l'instar de celle qui avait été précédemment réunie à La Salette dans les mêmes circonstances et qui avait rendu un jugement favorable en 1851. La commission s'est mise au travail immédiatement et elle a terminé son enquête en avril 1860, même si ses conclusions n'ont été rendues publiques qu'en janvier 1862, le temps pour l'évêque de préparer matériellement l'érection du futur sanctuaire.

Mgr Laurence, qui était assez sceptique au départ, d'autant que, dans la foulée, une trentaine de voyants du même genre se sont déclarés dans la région, s'est laissé convaincre par l'enquête de la réalité des apparitions. Dans son mandement du 18 janvier 1862, il met en avant trois arguments en ce sens.

En premier lieu, la personnalité lumineuse de Bernadette Soubirous, dont la sincérité, l'équilibre personnel et l'obéissance incitaient à écarter l'hypothèse du mensonge, de l'hallucination ou de l'orgueil. L'Église du XIXe siècle, qui avait tendance à accorder plus d'importance que par le passé au vécu personnel du voyant dans la reconnaissance de l'apparition, a connu, dans ce domaine, des témoins plus récalcitrants, comme Mélanie Calvat et Maximin Giraud à La Salette. En 1866, Bernadette a quitté Lourdes définitivement pour entrer en religion chez les sœurs de la Charité et de l'Instruction chrétienne de Nevers, sous le nom de sœur Marie-Bernard, où elle a fini son existence en 1879 avant d'être canonisée le 8 décembre 1933. Son corps est toujours exposé à Nevers dans une châsse vitrée accessible au public.

L'évêque de Tarbes soulignait ensuite les bons effets du pèlerinage, ces « biens de l'âme » et « du corps » qu'il qualifiait prudemment de « guérisons extraordinaires » (et pas de « miracles »), même s'il n'excluait pas qu'il puisse y en avoir dans le lot. En 1883 sera créé un Bureau des constatations médicales destiné à faire scientifiquement le tri entre les uns et les autres. Le pèlerinage était né spontanément des événements et des vertus présumées de la source de Massabielle, mais il ne prendra toute son ampleur qu'à partir des années 1870, quand les pères assomptionnistes et l'organisation

Notre-Dame de Salut commenceront, grâce aux chemins de fer, à organiser des pèlerinages nationaux réunissant valides et malades.

Le troisième argument qui, aux yeux de Mgr Laurence, plaidait en faveur de la réalité des apparitions était l'«économie divine de la Providence» qui semblait s'y être manifestée. En l'occurrence, le fait que la Vierge s'était présentée comme l'«Immaculée Conception», confirmant ainsi fort à propos le bien-fondé du dogme que le pape Pie IX avait défini quatre ans plus tôt par la bulle *Ineffabilis Deus* du 8 décembre 1854. À l'époque, d'aucuns dans l'Église avaient pu estimer que les bases scripturaires du dogme étaient minces et que la procédure retenue (une consultation écrite des évêques suivie d'une définition par le pape seul) était contestable. Dès lors que la Vierge en personne venait confirmer la validité de l'opération, le débat était clos.

Qu'elle se soit présentée comme l'«Immaculée Conception», et non pas, comme on aurait pu s'y attendre, comme «Marie» ou la «Vierge immaculée», paraissait un peu étrange, mais l'expression n'était pas totalement inconnue dans la littérature du temps et on ne s'y est guère attardé. Il paraît peu probable, en revanche, que Bernadette n'ait jamais entendu parler du dogme auparavant, ne serait-ce que parce qu'au lendemain de sa proclamation de grandes fêtes de promulgation ont été organisées dans tous les diocèses qui ont laissé un vif souvenir aux contemporains.

Un des personnages qui ont le plus contribué à donner un écho national et international aux apparitions de Lourdes est le célèbre journaliste catholique Louis Veuillot, directeur du journal *L'Univers*, très lu dans les presbytères français. Il s'est rendu sur place et, au terme d'une enquête approfondie, il a publié fin août 1858 un long article sur le sujet dans lequel il écrivait : «Il nous semble que ce qui vient d'arriver à Lourdes jette une lumière intéressante sur les origines générales des pèlerinages. On y trouve presque toujours au commencement des faits analogues à ceux qui nous occupent. C'est une apparition, une révélation, une image trouvée, une grâce inattendue, attestées par la foi populaire, contestées tantôt par les savants, tantôt par les sages, ou par ceux qui croient l'être. La foi populaire persiste en dépit de tout. L'Église intervient» et elle tranche, tantôt contre, comme dans le cas de l'affaire Rose Tamisier dans le diocèse d'Avignon en 1850-1851, tantôt pour comme dans celui de La Salette. Dès lors, «le pèlerinage est fondé ; le torrent de la prière se porte vers ces lieux élus avec une vigueur que les siècles n'affaiblissent pas. Interrompu quelques fois, il reprend, nous le voyons de nos jours, plein et irrésistible comme par le passé».

Un aspect frappant en effet des événements de Lourdes est le mélange qu'ils présentent de traits anciens et modernes. En un sens, ils relèvent bien, comme le souligne Veuillot, de ce «long Moyen Âge» dont parlait Jacques Le Goff, qui s'est prolongé parmi nous parfois fort avant dans le XIXe et le XXe siècle, surtout dans les régions comme celles de Lourdes où l'influence du catholicisme est restée longtemps très forte.

L'événement s'enracinait dans tout un contexte local, à la fois folklorique et religieux, qui a été ensuite largement recouvert par la symbolique et les rituels d'un catholicisme international plus contemporain et plus dogmatique. Il était marqué notamment par la proximité du sanctuaire de Notre-Dame de Garaison qui commémorait une apparition mariale du début du XVIe siècle à une jeune fille de douze ans, Angèle de Sagazan. Quand on montra à Bernadette, en mars 1864, la statue officielle de la Vierge de Lourdes réalisée sur ses indications par le sculpteur lyonnais Joseph Fabisch, elle refusa d'y reconnaître celle qu'elle avait vue parce qu'elle lui paraissait trop grande et trop âgée.

Mais, à côté de ces éléments de continuité liés à la religion populaire à travers les âges, les apparitions de Lourdes s'inscrivent dans une conjoncture particulière beaucoup plus moderne. Lourdes est, à bien des égards, la première apparition de l'âge médiatique. Elle a été d'emblée relayée par la presse, l'histoire des apparitions publiée par Henri Lasserre en 1869 sous le titre de *Notre-Dame de Lourdes* a été l'un des plus grands best-sellers du siècle (il s'en était vendu un million d'exemplaires en 1900) et Bernadette elle-même a été abondamment photographiée, quand elle n'a pas dû prendre la pose pour la bonne cause, en costume de paysanne pyrénéenne, devant des décors de carton-pâte. L'apparition de 1858 s'inscrit également au sommet de la vague de dévotion mariale qui a marqué le XIXe siècle. Dans les années 1850, un tiers des petites filles nées en France s'appelaient Marie et on ne compte plus le nombre de congrégations, de sanctuaires, de statues, de confréries, etc., qui ont été mises sous son patronage. Les années 1850 correspondent enfin aux plus belles années du XIXe siècle pour l'Église catholique en France. Pendant un court laps de temps, un climat d'optimisme inhabituel a régné dans ses rangs et elle a pu avoir le sentiment que la parenthèse révolutionnaire ouverte à la fin du XVIIIe siècle était en passe de se refermer, ce que la suite n'a pas confirmé.

—

GUILLAUME CUCHET

RÉFÉRENCES

—

Joachim BOUFLET et Philippe BOUTRY, *Un signe dans le ciel. Les apparitions de la Vierge*, Paris, Grasset, 1997.

Ruth HARRIS, *Lourdes. La grande histoire des apparitions, des pèlerinages et des guérisons*, Paris, Jean-Claude Lattès, 2001.

René LAURENTIN, avec la collaboration de Bernard BILLET et Paul GALLAND, *Lourdes. Documents authentiques*, Paris, Lethielleux, 1957-1965, 7 vol.

RENVOIS

—

23 000, 177, 511, 910, 1105, 1143, 1336, 1685, 1940, 1954

1860

L'autre pays du libre-échange

Inspiré par la tradition libérale saint-simonienne, le traité de « libre-échange » de janvier 1860 conclu avec le Royaume-Uni n'est pas un acte isolé : il favorise le rattrapage commercial français vers l'exportation et ouvre la voie à une sorte de premier marché commun européen.

Le traité de commerce conclu avec le Royaume-Uni le 23 janvier 1860 a longtemps fait figure de brève anomalie dans une longue durée française profondément protectionniste. Ce « coup d'État douanier », selon ses adversaires, instaurait un libre-échange « cause de tous nos maux », ironisait Flaubert dans son *Dictionnaire des idées reçues*. Aujourd'hui encore, le Blocus continental du Premier Empire et le protectionnisme virulent de la Troisième République dominent les représentations de l'économie française au XIXe siècle.

Pourtant, ce traité apparaît aujourd'hui comme l'apogée d'une participation française plus intense qu'on ne s'en souvient à ce que certains historiens appellent la « mondialisation du XIXe siècle ». En remplaçant les dernières prohibitions à l'importation héritées du Premier Empire par des tarifs modérés, il faisait écho à une première tentative de libéraliser les échanges franco-britanniques – le traité Eden-Rayneval de 1786 – avortée par la Révolution et il couronnait un processus de réduction progressive des barrières douanières entamé au début des années 1830. Peu après le traité, l'échelle mobile de droits sur les céréales et les restrictions au commerce colonial remontant à l'Ancien Régime (« l'Exclusif ») furent également abolies. Entre 1850 et 1870, le commerce extérieur français connut une croissance sans précédent et inégalée depuis : en valeur, les exportations quadruplèrent et les importations quintuplèrent. Cet essor s'inscrivit dans une logique de division internationale du travail plutôt que de rattrapage avec le Royaume-Uni : les industries cotonnière et métallurgique souffrirent de la concurrence britannique, mais la soierie lyonnaise, la viticulture méridionale et l'artisanat producteur d'« articles de Paris » et autres bibelots – ces trois branches de l'économie représentant ensemble 50 % des exportations françaises – connurent un âge d'or.

Contrairement à ce qu'insinuèrent certains opposants, le traité ne fut pas conclu pour complaire à un Royaume-Uni dominateur. Il découlait d'une conception française du libre-échange. Son instigateur, et principal négociateur pour la partie française, était Michel Chevalier, brillant polytechnicien, professeur d'économie politique au Collège de France, et l'une des principales éminences grises du Second Empire. La pensée économique de Chevalier, d'origine saint-simonienne, passait à l'époque pour hétérodoxe. L'accent qu'il mettait sur l'essor de la finance, sur les réseaux de transport et de communication, ou encore sur le développement d'un enseignement privilégiant les compétences économiquement utiles, paraît aujourd'hui étrangement familier. Ainsi ses réflexions, à l'occasion de l'Exposition universelle de Londres en 1851, sur l'échelle mondiale des échanges et des circuits de production ne dépareilleraient pas les pages « Économie » d'un organe de presse de nos jours : « Le même produit reçoit ou peut recevoir une première façon chez un peuple, une seconde chez celui-ci, une troisième chez celui-là, et ainsi de suite ; il traverse ainsi cinq ou six frontières et s'élabore cinq ou six fois avant d'arriver aux mains du négociant qui le vend auprès ou au loin, dans sa propre ville ou dans un autre hémisphère. Voilà de la mousseline qui a peut-être été tissée en Saxe avec du filé de Manchester obtenu avec un mélange de cotons récoltés à Surate dans l'Inde, à Mobile aux États-Unis et en Égypte ; elle va se faire broder à Nancy, pour être vendue à Philadelphie, ou à Canton, ou à Batavia [Java], après avoir passé par l'entrepôt de New York, ou celui de Hon-Kong [*sic*], ou celui de Singapore [*sic*]. »

Bien que le traité de 1860 reste souvent désigné, notamment dans le monde anglo-saxon, par le nom de son signataire britannique, Richard Cobden, « l'apôtre du libre-échange » outre-Manche, ce dernier ne joua qu'un rôle modeste pendant les négociations. Le Royaume-Uni avait déjà réduit unilatéralement la plus grande partie de ses tarifs douaniers et ne put offrir en 1860 qu'un réajustement de ses tarifs et de ses impôts indirects qui mit fin au traitement défavorable des vins français par rapport aux vins portugais et à la bière locale.

C'est aussi la France, et non le Royaume-Uni, qui étendit les conséquences du traité de 1860 au reste de l'Europe en concluant onze traités semblables avec les principales puissances du continent entre 1861 et 1866. Alors que l'adoption unilatérale du libre-échange par le Royaume-Uni dans les années 1840 avait eu un impact limité sur les politiques douanières des autres pays, le bilatéralisme tous azimuts de la diplomatie commerciale française – correspondant à un quasi-multilatéralisme grâce à l'insertion systématique de la clause de la nation la plus favorisée dans les traités signés – permit l'édification d'un premier marché commun européen. Hors d'Europe, la marine de Napoléon III prêta un appui notable à la diplomatie de la canonnière employée par le Royaume-Uni et par les États-Unis pour ouvrir les marchés asiatiques et africains au commerce international. Les traités de commerce dit « inégaux » signés par la France avec entre autres le Siam (1856), le Japon (1858), la Chine (1860) et Madagascar (1868) apparaissent comme le reflet déformé des traités conclus en Europe.

En complément de cette diplomatie impérialiste du libre-échange, le Second Empire encouragea l'exportation des capitaux français, qui dépassa les investissements britanniques à l'étranger dans les années 1860, notamment sur le continent européen et au Moyen-Orient. Le régime de Napoléon III tenta même de transformer l'Union monétaire latine, établie en 1865 avec l'Italie, la Suisse et la Belgique, en unification monétaire de tout le continent, lors d'une conférence internationale tenue à Paris en 1867 – en vain en raison de l'hostilité britannique et des réticences prussiennes. L'Exposition universelle de 1867 à Paris et la grandiose cérémonie d'ouverture du canal de Suez en 1869 célébraient ainsi un universalisme économique d'inspiration française.

Ces efforts français pour unifier les marchés européen et mondial n'étaient pas dénués d'arrière-pensées géopolitiques. Depuis longtemps, Chevalier se souciait de rehausser la puissance française et le rayonnement de ce qu'il appelait la « race latine » au rang de la puissance britannique et du prestige de la « race anglo-saxonne ». En même temps, le traité de 1860 démontre que ce désir de puissance s'inscrivait désormais dans une logique de collaboration et non de confrontation avec la superpuissance britannique. Il faisait suite à la politique d'« Entente cordiale » inaugurée sous la monarchie de Juillet et au soutien militaire apporté au Royaume-Uni, dans le Levant (guerre de Crimée contre la Russie, 1853-1856) et en Extrême-Orient (seconde guerre de l'Opium contre la Chine, 1856-1860). Côté britannique, le désir de renforcer la collaboration politique entre les deux pays était même le motif dominant. Ainsi, en 1859, Cobden écrivait à Chevalier que la solidarité commerciale était « la méthode choisie par Dieu pour créer une *entente cordiale* ». Certes, tout au long du siècle, les presses française et britannique échangèrent des invectives xénophobes. Mais la rhétorique à la Jules Michelet, qui voyait dans l'Angleterre une « anti-France » matérialiste et égoïste, ne doit pas cacher le pragmatisme des gouvernants. De même, les échanges tonitruants au moment de la crise de Fachoda en 1898 feront vite place à la restauration de l'Entente cordiale par l'accord de 1904 sur les sphères d'influence coloniale respectives.

Pourquoi ce mondialisme économique à la française s'est-il essoufflé ? La prospérité du Second Empire reposait sur des bases fragiles. La stagnation démographique à partir de 1850 et la faible sensibilité des spécialisations françaises au progrès technologique constituaient des handicaps structurels. Plusieurs facteurs politiques et contingents ont néanmoins hâté son déclin : d'abord, l'échec de l'expédition au Mexique (1862-1867), largement inspirée par des considérations commerciales (projets d'un second grand canal interocéanique) et financières (sécurisation des approvisionnements en minerai d'argent pour assurer la pérennité du bimétallisme du franc) ; ensuite, et surtout, la guerre malheureuse face à la Prusse en 1870-1871. Après cette défaite, la Troisième République augmenta les tarifs douaniers français dès 1873, renonça à renouveler le traité de 1860 quand celui-ci expira au début des années 1880, et adopta une politique franchement protectionniste avec le tarif Jules Méline de 1892. La co-domination avec le Royaume-Uni de l'économie mondiale aurait donc peut-être pu durer une décennie supplémentaire, mais probablement pas beaucoup plus.

Enfin, pourquoi cet épisode d'activisme mondialisateur a-t-il laissé relativement peu de souvenirs ? D'abord, peut-être, parce que, comme la politique d'entente avec le Royaume-Uni, le libre-échange ne jouissait même à l'époque que d'une très faible popularité. Le soir de la signature du traité, l'économiste britannique William Nassau Senior se rendit à une fête organisée pour célébrer l'événement. Il n'y trouva, outre Chevalier et Cobden, qu'« une cinquantaine de libres-échangistes, presque tous ceux que Paris pouvait réunir ». Ensuite, cet activisme et même ses succès ont été refoulés par les milieux intellectuels républicains après 1870. Le discrédit jeté par Émile Zola sur l'affairisme du Second Empire, dans ses *Rougon-Macquart* et notamment dans *L'Argent*, fut efficace en même temps qu'il était représentatif d'une sensibilité plus large. Enfin, la mémoire plus récente s'accommode sans doute mal d'un épisode où la France fait figure de héraut d'une mondialisation triomphante. Il est pourtant utile de rappeler que les Français n'ont pas été que les victimes des processus d'intégration de l'économie mondiale. Il est également tentant de voir dans l'activisme de la diplomatie économique du Second Empire le début d'une tradition qui s'épanouirait au XXe siècle, avec le rôle de premier plan joué par la technocratie française dans l'intégration économique de l'Europe et les organismes de gouvernance économique mondiale tels que le FMI et l'OMC.

—

DAVID TODD

RÉFÉRENCES

—

Paul BAIROCH, *Commerce extérieur et développement économique de l'Europe au XIXe siècle*, Paris / La Haye, Mouton, 1976.

Peter T. MARSH, *Bargaining on Europe: Britain and the First Common Market (1860-1892)*, New Haven, Yale University Press, 1999.

John V.C. NYE, *War, Wine and Taxes: The Political Economy of Anglo-French Trade (1689-1900)*, Princeton, Princeton University Press, 2007.

David TODD, *L'Identité économique de la France. Libre-échange et protectionnisme (1814-1851)*, Paris, Grasset, 2008.

Patrick VERLEY, *L'Échelle du monde. Essai sur l'industrialisation de l'Occident*, Paris, Gallimard, coll. «Tel», 2013, 2e éd.

RENVOIS

—

600 av. J.-C., 1202, 1456, 1664, 1962, 1983, 1992, 2011

1863

« L'Algérie sera un royaume arabe »

*L'idée de transformer la conquête
alors récente de l'Algérie en « royaume arabe »
client de la France est une idée impériale à double titre :
soutenue personnellement par Napoléon III,
elle rencontre des oppositions multiples, et d'abord
chez les colons ; elle s'inscrit dans une visée traditionnelle
qui suppose qu'un Empire domine des royaumes vassalisés.*

« L'Algérie n'est pas une colonie proprement dite mais un royaume arabe. Les indigènes ont, comme les colons, un droit égal à ma protection et je suis aussi bien l'empereur des Arabes que l'empereur des Français. » Cette lettre du 6 février 1863 de Napoléon III au maréchal Pélissier, gouverneur général de l'Algérie, est suivie, en juin 1865, par une lettre-programme de l'empereur tentant de définir une politique pour l'Algérie, présentée comme « un royaume arabe, une colonie européenne et un camp français ». Largement diffusée, elle claque comme une provocation pour une grande partie des colons qui ne cesseront,

jusqu'en 1870, de conspuer un régime accusé d'imposer, au détriment des immigrants européens, un « royaume arabe ». Rêve ou programme, quel projet se dessine derrière une expression qui, peu explicitée, révèle cependant à la fois les tâtonnements quant au mode d'administration à mettre en place dans l'Algérie colonisée et la place de la colonie dans la géopolitique méditerranéenne du Second Empire ?

Dès octobre 1852, le prince-président, devant les notables bordelais, rappelait : « Nous avons, en face de Marseille, un vaste royaume à assimiler à la France. »

L'utilisation du terme « royaume » n'est alors pas rare pour qualifier le territoire de l'ancien deylicat, notamment dans les débats concernant la colonisation de la Régence et les formes qu'elle pourrait prendre. Auguste Cerfberr (*Du gouvernement d'Alger*, 1834) propose ainsi l'érection d'un « royaume d'Alger », indépendant de la France, « lié à celle-ci par des traités indissolubles » comme la meilleure solution d'organisation du territoire en voie de conquête depuis 1830 pour des raisons de politique intérieure mais aussi, pour certains, dans une perspective de reconstitution d'un empire colonial que la perte de Saint-Domingue avait grandement mis à mal. Qui le dirigerait ? Un gouvernement indirect par des chefs locaux est évoqué qui aurait fonctionné quelques années : le duc d'Aumale rappelle, en 1865, que la France « essaya d'abord de gouverner les populations de l'intérieur par l'intermédiaire de beys turcs, puis de les grouper sous l'autorité d'un vice-roi arabe ou plutôt d'un souverain allié », ainsi qu'il désigne l'émir Abd el-Kader après la signature du traité de la Tafna en 1837. Il est aussi question d'une vice-royauté confiée à une autorité métropolitaine pour le fils du duc d'Orléans, qui succède finalement, en 1847, à Thomas Bugeaud comme gouverneur général. D'autres propositions ont été faites mais Napoléon III semble surtout décidé à créer un « royaume d'Algérie séparé », hésitant quant à la forme à lui donner : lieutenance, vice-royauté, ministère spécial. Le « royaume arabe », toutefois, révèle un tournant dans la politique algérienne de la France, à comprendre dans une politique méditerranéenne plus vaste, la Méditerranée étant présentée comme un futur « lac français », grâce à la possession de l'Algérie mais aussi par sa politique d'influence en Orient.

En effet, la France mène une politique active en Méditerranée orientale depuis l'expédition de Bonaparte en Égypte (1798-1801) au cours de laquelle la constitution d'un État égyptien moderne, vassal de l'Empire ottoman, est envisagée avec l'envoi d'experts nombreux chargés d'accompagner la politique de réforme menée par Méhémet Ali, dans les décennies qui suivent. La politique de Paris témoigne d'une volonté de ménager les alliances avec Constantinople et Londres, tout en affirmant sa présence au Machreq, au cœur du « grand jeu » franco-britannique, une zone dont l'importance s'est encore accrue avec l'ouverture du chantier du canal de Suez en 1859.

Le massacre de chrétiens en Syrie au cours de l'été 1860 provoque le débarquement à Beyrouth, quelques semaines plus tard, d'un corps expéditionnaire français dirigé par le général Beaufort d'Hautpoul, Napoléon III reprenant le rôle de protecteur des chrétiens d'Orient que François Ier s'était arrogé trois siècles plus tôt. Lors de ces semaines dramatiques, l'intervention d'Abd el-Kader, exilé à Damas, permet à plusieurs milliers de chrétiens d'échapper à la mort. La presse française, notamment catholique, lui rend de nombreux hommages. L'empereur entend-il l'attacher à la politique française lorsqu'il décide de l'expédition en Syrie ? En tout cas, Charles-Robert Ageron l'a montré, le nom de l'émir revient souvent dans les journaux et certains rédacteurs émettent le vœu «qu'un gouvernement fort et civilisateur soit créé» pour lui, dans le cadre d'un «État arabe», voire d'un «empire d'Arabie». Les autorités françaises auraient ainsi songé à la mise en place d'un grand émirat arabe du Levant qui lui aurait été confié sinon comme chef d'État d'un «empire arabe», du moins comme gouverneur de Syrie. Le principal intéressé décline l'offre mais le projet demeure évoqué dans les années suivantes.

L'expédition constitue un jalon dans une politique «arabe et orientale active» en Méditerranée, qui comporte un volet au Maghreb. Napoléon III s'intéresse plus clairement à la région avec une première visite dans la colonie en septembre 1860 ; la France doit apparaître comme le sauveur de la «nationalité arabe» en Algérie. En 1865, l'empereur met en avant le fait que «la France, qui sympathise partout avec les idées de nationalité», ne peut justifier sa domination sur le peuple arabe «si elle ne l'appelle pas à une meilleure existence» et si elle ne devient pas, «pour les quinze millions d'Arabes répandus dans les autres parties de l'Afrique et de l'Asie, un objet d'envie». Ce jour-là, «la gloire de la France retentira depuis Tunis jusqu'à l'Euphrate et assurera à notre pays la prépondérance qui ne peut exciter la jalousie de personne parce qu'elle s'appuie non sur la conquête mais sur l'amour de l'humanité et du progrès». Il s'agit ainsi, selon Henry Laurens, de «rendre attractive l'influence française en faisant de l'Algérie un modèle de civilisation pour les populations arabophones de l'Empire ottoman».

La lettre du 6 février 1863, dont la teneur est rapidement connue en Algérie, n'est pas le premier texte dans lequel Napoléon III mentionne le «royaume arabe». En novembre 1861, l'empereur écrivait déjà à Pélissier : «Notre possession d'Afrique n'est pas une colonie ordinaire mais un royaume arabe», écho d'un discours prononcé le 19 septembre 1860 à Alger au cours duquel il proclamait : «Notre premier devoir est de nous occuper du bonheur des trois millions d'Arabes» passés sous domination française, les élever «à la dignité d'hommes libres». Dans son inspiration et ses formulations, le texte de 1863 doit beaucoup à la brochure de Thomas-Ismaÿl Urbain, *L'Algérie française : indigènes et immigrants* (1862). Les saint-simoniens ont alors une véritable influence dans les affaires algériennes, qu'il s'agisse d'Urbain en Algérie, de Frédéric Lacroix à Paris et de leur relais au Corps législatif, le baron David, ancien officier des bureaux arabes. Ils plaident pour une administration des tribus par l'intermédiaire de caïds indigènes nommés par les bureaux arabes, voie vers une «véritable association franco-arabe» qui préparera «la fusion». En attendant, Frédéric Lacroix écrit en 1863 que «l'Algérie sera un royaume arabe», sur le modèle de l'Inde qui est un «royaume indien exploité par l'Angleterre». Cette politique se traduit d'abord par le sénatus-consulte du 22 avril 1863, présenté comme le protecteur de la propriété foncière algérienne. Lorsqu'en juin 1865, après une visite de cinq semaines en Algérie, Napoléon III qualifie la colonie comme «un royaume arabe, une colonie européenne et un camp français», le modèle avoué est celui «des Espagnols du Mexique qui se sont assimilé tout le peuple indigène ». Il s'agit de façonner les Arabes « à nos lois, les habituer à notre domination et les convaincre de notre supériorité non seulement par nos armes mais aussi par nos institutions ». Les propositions de l'empereur concernant les indigènes sont nombreuses mais la seule traduction législative en est le sénatus-consulte du 14 juillet 1865 sur la nationalité qui permet aux indigènes de devenir citoyens français moyennant l'abandon de leur statut personnel.

À l'été 1865, le projet impérial est fort mal reçu, ce que résume le gouverneur général Mac-Mahon : l'expression « royaume arabe » inquiétera l'opinion et les colons qui « se persuaderont que l'on veut recréer la nationalité arabe et en faire un tout compact dans lequel l'élément européen ne pourra plus entrer ». Selon le duc d'Aumale, la politique d'autonomie sous-tendue par le « fantôme du "royaume arabe" » renforcerait la « féodalité indigène ». Les bruits courent qu'Abd el-Kader serait le destinataire d'une vice-royauté constituée en Algérie à son profit, solution défendue par Émile de Girardin, qui fait campagne pour une Algérie autonome sous suzeraineté française. En fait, si Napoléon III songe à donner un rôle politique à l'émir, c'est toujours en Orient : il semble avoir chargé, en août 1865, le général Fleury de « sonder les dispositions d'Abd el-Kader au sujet de la constitution en Syrie d'un État arabe indépendant dont il aurait été le souverain ». Son refus met fin à ce pan de la politique arabe.

Le mauvais vouloir des gouverneurs généraux, l'hostilité des colons, les effets sociaux d'une série de catastrophes naturelles (1867-1868) vus comme les conséquences de la politique jugée arabophile de l'empereur, l'évolution de la politique internationale qui détourne le souverain de la question algérienne sont autant d'éléments qui enterrent l'idée de « royaume arabe ». Le 9 mars 1870, le Corps législatif vote à l'unanimité l'ordre du jour considérant que « l'avènement du régime civil paraît concilier les intérêts des Européens et des Indigènes ». Les rédacteurs de L'Écho d'Oran exultent devant ce qu'ils qualifient le 7 avril de « Waterloo du Royaume arabe », définitivement enterré par la politique d'assimilation des premières années de la Troisième République : la centralisation administrative parisienne est privilégiée au détriment des particularités d'un territoire où coexistent des populations indigènes et allogènes aux organisations socio-économiques et culturelles très différentes, avant qu'une autonomie relative reposant sur un budget propre ne soit accordée à la colonie en 1899.

—

CLAIRE FREDJ

RÉFÉRENCES

—

Charles-Robert AGERON, « Abd el-Kader souverain d'un royaume arabe d'Orient », *Revue de l'Occident musulman et de la Méditerranée*, vol. 8, n° 1, 1970, p. 15-30.
Henry LAURENS, *Le Royaume impossible. La France et la genèse du monde arabe*, Paris, Armand Colin, 1990.
Michel LEVALLOIS, *Ismaÿl Urbain. Royaume arabe ou Algérie franco-musulmane ? (1848-1870)*, Paris, Riveneuve, 2012.
Annie REY-GOLDZEIGUER, *Le Royaume arabe. La politique algérienne de Napoléon III (1861-1870)*, Alger, SNED, 1977.

RENVOIS

1270, 1712, 1798, 1869, 1958, 2003

1869

Un canal entre Orient et Occident

Le 17 novembre 1869 est inauguré le canal de Suez en présence de l'impératrice Eugénie et de l'empereur d'Autriche. Projet pharaonique des ingénieurs français, concrétisé grâce à Ferdinand de Lesseps et aux capitaux du khédive, le canal devient l'artère vitale de l'Empire britannique.

Le 17 novembre 1869, une longue colonne de navires quitte Port-Saïd pour faire voile vers la bande de sable séparant la mer Méditerranée et la mer Rouge, depuis peu percée par un canal. Ce périple était accompli à l'occasion de l'inauguration du canal de Suez, qui réduisait la distance séparant l'Europe de ses colonies asiatiques d'à peu près 40 %. L'impératrice Eugénie fut la première à l'emprunter, à bord de l'*Aigle*, suivi d'une cinquantaine de navires transportant qui un prince qui un ambassadeur, ainsi que d'autres invités de marque d'Europe et du Moyen-Orient. Les capitaines qui transportaient tout ce beau monde durent aborder ce voyage avec appréhension, non seulement en raison de l'étroitesse du canal, qui fit frôler l'hystérie à l'impératrice, mais également parce que cet événement était attendu depuis fort longtemps. Les organisateurs de l'inauguration s'étaient assurés de rendre à Eugénie tous les honneurs qui lui étaient dus. Le khédive égyptien Ismaïl Pacha avait même fait construire dans le plus pur style européen le palais de Gezira afin d'accueillir l'impératrice au Caire.

Est-ce que l'inauguration en grande pompe du canal de Suez et le rôle de premier plan qu'y joua l'impératrice en font un événement de l'histoire de France ? Ou cette tentative d'Ismaïl « d'intégrer son pays à l'Europe » appartient-elle plutôt à l'histoire de l'Égypte? Ou encore à l'histoire britannique, dans la mesure où, sous peu, le canal serait surnommé la «grande route de l'Empire»? Si nous suivons l'intuition du critique de l'architecture Siegfried Giedion quand il affirme que même une cuillère à café reflète le soleil, alors il semble possible d'affirmer que le canal de Suez, en dépit de son étroitesse, est susceptible d'appartenir à toutes sortes d'histoires mondiales et locales, et non à la seule histoire mondiale de la France. Toujours est-il que toute histoire mondiale possède une perspective spécifique. Dans ce cas, la question de savoir où situer l'inauguration du canal de Suez dans l'histoire mondiale implique que nous nous demandions qui «possède» certains bouts de l'histoire, et s'il est d'ailleurs véritablement nécessaire de leur assigner un «propriétaire». La réponse à cette question dépendra bien évidemment du point de vue adopté, mais également de la chronologie choisie, à savoir, quand commença «l'ouverture» du canal de Suez, et quand s'acheva-t-elle?

Le rêve de relier la Méditerranée et la mer Rouge pour éviter de contourner tout un continent date de bien avant le début des travaux de construction en 1859. L'isthme de Suez était déjà, et depuis longtemps, porteur d'une lourde charge symbolique. Au confluent des rivalités politiques, cette région désertique encadrée par deux mers devait d'abord être précisément cartographiée. Cette géographie conférait un puissant mysticisme au projet de percement du canal: d'un côté, il était hanté par les légendes de l'Égypte antique et des terres bibliques, et, de l'autre, il s'appuyait sur

les technologies les plus modernes de l'époque.

La construction du canal reflète la plupart des attitudes propres à la fin du XIXe siècle à l'égard du «progrès» et de la «modernité». Et c'est dans cette longue histoire du XIXe siècle que la France joue un rôle spécifique. Tout comme pour les autres pays européens, l'Égypte en était venue à jouer un rôle central dans l'imaginaire des voyageurs français, auquel vint assez vite s'ajouter l'intérêt spécifique que portèrent à la région les scientifiques, les ingénieurs et les chefs militaires. Dans son *Mémoire sur la communication de la mer des Indes à la Méditerranée par la mer Rouge et l'isthme de Suez* (1803) rédigé pendant l'expédition d'Égypte, Jacques-Marie Le Père en vint à la conclusion que le percement du canal était finalement impossible en raison de la différence de hauteur de 10 mètres qui existait entre les deux mers. Plusieurs décennies plus tard, les disciples du penseur utopiste Henri de Saint-Simon reprirent le projet à leur compte. Pour le groupe qui entourait Prosper Enfantin, le canal était devenu le remède miracle capable de mettre un terme une fois pour toutes à l'opposition entre Orient et Occident. Enfantin partit donc en Égypte afin d'y défendre sa cause.

Si Enfantin était certes un personnage excentrique, les ingénieurs, d'une manière plus générale, étaient en passe de devenir des acteurs mondiaux de premier plan, car des projets d'infrastructure à grande échelle étaient un peu partout à l'ordre du jour. Dans ce contexte, l'École polytechnique, par laquelle étaient passés Le Père et Enfantin, devint le modèle de formation des ingénieurs dans de nombreux pays. Les ingénieurs français construisirent à l'époque de nombreux ponts, tours ou chemins de fer, et ces infrastructures, à l'instar du canal de Suez, ne représentaient pas seulement des avancées techniques mais également de puissants symboles.

Étant donné la domination de l'ingénierie française dans le contexte mondial, il n'est pas si surprenant que ce soit un Français, Ferdinand de Lesseps, qui décida de faire construire le canal dans les années 1850. Sa réussite ne fut toutefois pas tant liée à la prédominance de l'ingénierie française qu'à la qualité de son carnet d'adresses. Fils de diplomate, Lesseps s'était non seulement lié d'amitié avec Eugénie, mais avait depuis sa tendre enfance passé beaucoup de temps dans l'Empire ottoman, et plus particulièrement en Égypte, ce qui lui avait permis de nouer des liens étroits avec les élites au pouvoir. La conception et la construction du canal lui-même remettent en cause l'idée d'une œuvre exclusivement française. Lors des études préparatoires, les ingénieurs français firent par exemple appel à Alois Negrelli, un Autrichien très impliqué dans la Société d'études pour le canal de Suez d'Enfantin, et le plus souvent oublié par l'historiographie. Une fois la construction commencée, Lesseps dut sans surprise s'appuyer sur une multitude d'individus, et dut mettre la main aussi bien sur des investisseurs que sur des travailleurs forcés à même de participer à la construction. En plus des collaborateurs dans les seuls domaines de l'ingénierie et de la construction, le projet possédait également ses détracteurs : dans le climat abolitionniste

de l'époque, il s'agissait avant tout de Britanniques et d'Américains qui dénonçaient le recours au travail forcé. Pour financer son projet, Lesseps ne pouvait se contenter d'investisseurs français : il mit les actions en vente sur le marché mondial, et pressa Ismaïl Pacha d'acheter les actions restantes.

De la même manière, l'inauguration du canal possède une dimension mondiale à plusieurs titres. Relayant les idéaux saint-simoniens, la Compagnie en charge du projet défendait l'idée que le canal représentait l'unification du globe. Cette « unification » pouvait signifier deux choses différentes : soit l'européanisation, soit la fusion de l'« Orient » et de l'« Occident » en ce lieu précis. Les organisateurs prirent soin de ne point explicitement mettre en avant le côté français ou même européen de l'entreprise, préférant souligner la dimension « orientale » et même mondiale de l'événement. Des tentes du désert abritant des bédouins et des charmeurs de serpents furent installées pour amuser les invités de marque, soulignant la manière dont le canal allait marier la modernisation technologique européenne avec les rêves orientalistes. Au-delà de cette tentative de respecter l'étiquette européenne tout en étanchant la soif d'orientalisme des visiteurs européens, d'autres éléments de la cérémonie visèrent plus directement à glorifier l'idée d'unification. La cérémonie religieuse et la bénédiction du canal, par exemple, furent accomplies par des représentants des cultes catholique, grec orthodoxe et musulman. Cette manière de penser devient encore plus claire dans certains commentaires, comme celui du directeur des travaux Voisin Bey quand il affirmait qu'«une multitude de toutes les langues, de toutes les races, de toutes les couleurs, s'amoncelaient dans les larges rues de cette cité naissante». Cette idée que le monde entier s'était réuni en un seul lieu fut reprise par de nombreuses déclarations, dans le bulletin de la Compagnie et ailleurs, faisant du même coup de la France un acteur de l'histoire mondiale parmi d'autres.

Peu de temps après son inauguration, le canal avait intégré non seulement l'histoire mondiale de la France et de l'Égypte, mais – et peut-être même avant tout – celle de l'Empire britannique. L'ouverture du canal, associée à d'autres développements, comme l'expansion de la navigation à vapeur, entraîna une explosion du trafic de passagers, que ce soient à des fins coloniales, migratoires ou touristiques. Des métaphores comme «la grande route de l'Empire», ou encore l'artère, la jugulaire, la «taille de guêpe» qui reliait l'Angleterre, la tête, à son corps, l'Inde, devinrent légion dans les récits de voyage et ailleurs. Cette appropriation britannique se reflète de diverses manières dans la production culturelle de l'époque. Déjà, lors de la cérémonie d'ouverture, le voyagiste Thomas Cook avait affirmé que le canal était «la plus grande prouesse du génie de notre siècle». Des auteurs comme Rudyard Kipling firent du canal, dans l'imagination du public, le point situé exactement au milieu entre l'Inde et l'Angleterre. La Grande-Bretagne s'impliqua également de manière plus concrète. Quand le khédive d'Égypte fut contraint de vendre ses actions en 1875, le Premier ministre britannique Disraeli sauta sur l'occasion de devenir actionnaire majoritaire grâce à une opération financière restée dans les annales et à laquelle contribua la banque Rothschild.

Sur place, le canal devint également un lieu de compétition entre empires, où, par exemple, les Britanniques et les Français pouvaient observer les transports de troupes vers leurs colonies respectives. Outre ces mouvements militaires, il devint le lieu de passage de toutes sortes de mobilités mondiales qui s'y retrouvaient canalisées, classées et tamisées. Il suffit de penser au pèlerinage jusqu'à La Mecque qu'effectuaient, *via* le canal, les habitants du Maghreb sous domination française : arrivés au canal, les pèlerins de retour d'Arabie étaient bien souvent accusés de ramener en Méditerranée des épidémies et des idées politiques aussi dangereuses que contagieuses. Comme l'illustre une scène du *Tour du monde en quatre-vingts jours* de Jules Verne, le canal servit également à contrôler des mobilités illégales de toutes sortes, depuis les criminels et les contrebandiers jusqu'aux trafiquants de femmes.

Ces différentes histoires possibles de l'ouverture du canal nous invitent à adopter une vision pluraliste. Il est aussi légitime d'adopter le point de vue expansionniste français ou britannique que le point de vue égyptien, indien ou nord-africain. L'histoire mondiale du canal devient ainsi une histoire des hiérarchies mondiales ordonnant les empires et les nations – ainsi que celle, évidemment, de la subversion de ces hiérarchies. En ce sens, l'histoire mondiale d'un lieu comme le canal de Suez ne peut sans doute pas être adéquatement décrite par la métaphore du soleil se reflétant dans une cuillère à café proposée par Siegfried Giedion : en effet, il s'agit plutôt d'un service complet de couverts engendrant une myriade de reflets.

—

VALESKA HUBER
Texte traduit par Aurélien Blanchard

RÉFÉRENCES

—

Siegfried GIEDION, *Mechanization Takes Command : A Contribution to Anonymous History*, New York, W.W. Norton & Company, 1969 [1948].
Valeska HUBER, *Channelling Mobilities : Migration and Globalisation in the Suez Canal Region and Beyond (1869-1914)*, Cambridge, Cambridge University Press, 2015.
Caroline PIQUET, *Histoire du canal de Suez*, Paris, Perrin, 2009.
Sylvie SCHWEITZER, « Der Ingenieur », *in* Ute FREVERT et Heinz-Gerhard HAUPT (dir.), *Der Mensch des 19. Jahrhunderts*, Essen, Magnus, 2004 [1999].

RENVOIS

—

719, 1247, 1095, 1484, 1769, 1900, 1962, 2003

1871

Révolution locale, mythe global

*Le 18 mars 1871 commence la Commune de Paris,
une expérience motivée par le refus de la défaite contre
la Prusse, la défense des libertés municipales
et l'émancipation des travailleurs. Cet événement local,
réprimé dans le sang et l'exil, devient une référence
incontournable pour tous les révolutionnaires du XXᵉ siècle.*

La Commune de Paris occupe une place singulière dans les mémoires françaises et internationales. Longtemps, elle est apparue comme le fer de lance des révolutions à venir, celles de 1917 en Russie, puis celle de 1949 en Chine. Soutenue par une lecture marxiste, la portée mondiale de cette révolution paraissait acquise. Puis l'épisode s'est comme éloigné dans le temps, a paru devenir davantage parisien, voire plus incertain. Objet d'une mémoire partagée, il est aujourd'hui moins connu.

La Commune s'inscrit en fait dans une séquence politique et militaire plus large, que l'on peut faire débuter avec la guerre lancée par Napoléon III à la Prusse en juillet 1870. Ce conflit entre deux des principales puissances européennes est l'un des plus importants sur le continent, après la guerre de Crimée (1853-1856), les guerres d'Italie et la guerre austro-prussienne de 1866. La proximité avec la guerre civile américaine (1861-1865) a également été identifiée par les contemporains, de part et d'autre de l'Atlantique. Aussi ne faut-il pas s'étonner de l'écho du conflit : il est particulièrement sensible lors des défaites françaises, de la chute du régime puis, surtout, de l'avènement de la République, le 4 septembre. La cause change alors de sens : pour certains, elle devient une cause républicaine. Des milliers de volontaires internationaux – Italiens, Polonais, Belges, Grecs, Américains, Argentins – viennent au secours de la « République universelle ». Les menées militaires du général Giuseppe Garibaldi, le « héros des deux mondes » placé à la tête de l'armée des Vosges, incarnent parfaitement ce vaste courant. Son ampleur ne doit pas être exagérée : il s'ajoute à une phase de mobilisation nationale intense, en France comme dans les pays germaniques, dans laquelle certains historiens ont vu les prodromes des guerres « totales » du siècle suivant. L'activité diplomatique est également forte. À peine né, le nouveau régime cherche une reconnaissance officielle auprès des États étrangers. Les États-Unis sont les premiers à l'accorder, au nom de la proximité des projets républicains – un geste qui lui vaut dès septembre des manifestations de joie, drapeaux français et américains mêlés, devant les représentations américaines à Paris ou Marseille. Italie, Grèce, Espagne, Portugal, Suède, Colombie font partie des autres pays qui reconnaissent rapidement la République française. Le Royaume-Uni ou l'Autriche hésitent. Ces interventions étrangères ne changent pas l'issue d'une guerre dont tous reconnaissent l'inédite puissance de feu. La conférence de Londres (janvier-mars 1871) n'altère pas davantage les plans du chancelier prussien Otto von Bismarck, qui obtient l'annexion d'une portion du territoire français (l'Alsace et la Moselle) et l'imposition d'indemnités de guerre considérables (5 milliards de francs-or).

La trajectoire de la politique française est marquée par ce contexte international et par les dynamiques antérieures, qu'elles soient nationales ou locales. Ainsi Bismarck pousse-t-il les autorités françaises à mettre en place des élections législatives pour négocier avec une Chambre qui soit porteuse de la représentation nationale. Et la guerre influence le vote en faveur de la paix. Mais les élections de février 1871 ravivent également les conflits antérieurs entre républicains radicaux, libéraux et royalistes, et clarifient une tension territoriale latente entre villes et campagnes. Finalement, pour peu qu'on atténue les clivages au sein de chaque groupe, les conservateurs, et notamment les monarchistes (pourtant en perte de vitesse sous l'Empire), l'emportent sur les plus républicains. Le 18 mars, qui fait débuter l'aventure communale, peut s'inscrire dans de semblables impulsions. Si le chef de l'exécutif Adolphe Thiers envoie ce jour-là l'armée récupérer les canons de la garde nationale à Montmartre, c'est en effet dans le double but de s'assurer du bon déroulement des conditions de la paix avec la Prusse et de contrôler une ville de plus en plus rebelle. La tentative échoue ; l'incident devient émeute, puis révolution, dans un mouvement de reconquête de la ville par elle-même.

La Commune de Paris, accomplie à la fois au nom des franchises municipales et d'un appel à l'émancipation des travailleurs, ne pouvait passer inaperçue. Elle se produisait dans la capitale de la deuxième puissance économique et impériale de l'époque. Elle relançait des velléités communalistes dans le reste du pays : à Lyon, Marseille, Narbonne, Le Creusot, ou bien encore, même si cela est moins connu, à Alger sous l'autorité contestée du maire Benoît Vuillermoz. Enfin, la France était depuis plusieurs mois l'objet de toutes les attentions.

L'expérience parisienne fut par ailleurs défendue par la récente Association internationale des travailleurs, fondée à Londres en 1864, dirigée par Karl Marx, et en plein essor à la fin des années 1860. D'abord timide, le soutien devint vite marqué, tant par son comité central que par les sections nationales. Des manifestations de soutien furent organisées en avril à Londres et Genève. Le 25 mai, dans une scène célèbre, le socialiste allemand August Bebel prit la défense des communards au Reichstag. Ces groupes assurèrent la plus grande visibilité à l'événement. Leur impact, toutefois, reste noyé dans le flot des critiques de la presse versaillaise et étrangère. « Les gentilshommes de Belleville ou des prisons, note ironiquement le *Times* dès le 25 mars, ne perdent pas de temps. Ils savent que le pouvoir ne restera pas longtemps entre leurs mains, et ils veulent avant tout satisfaire leur vengeance – d'aucuns diraient, laisser libre cours à leur folie. »

À Paris, les enjeux locaux restent forts. Si les membres de l'Internationale furent nombreux parmi les élus de la Commune, celle-ci ne fut pas dirigée par eux, contrairement à ce que voulut faire croire une littérature anticommunarde prompte à dénoncer un complot cosmopolite, mais aussi une partie de la littérature procommunarde soucieuse d'étayer l'image d'une Commune comme phare des futures révolutions. Ces hommes et femmes restaient minoritaires au sein de la masse parisienne. Ils agirent autant

comme internationalistes que comme ouvriers, Parisiens, socialistes… Reste que bien des communards œuvrèrent au nom de la République universelle et de l'émancipation des peuples ; mais la Commune, prise dans une guerre contre Versailles, fut tout aussi patriotique – deux aspects qui n'apparaissaient pas forcément contradictoires à l'esprit des Parisiens, même si le second agaça Marx. Plutôt qu'une collectivisation des propriétés, la Commune voulut mettre en œuvre un projet de république démocratique et sociale, ancré dans les précédentes expériences révolutionnaires et en particulier celle de 1848-1850 : elle vota par exemple la séparation de l'Église et de l'État (2 avril) et soutint le développement des chambres syndicales et des coopératives de production, telle celle des mécaniciens. Le projet consistait notamment à mettre en place des fédérations d'associations permettant d'instaurer, par le bas, une république concrète et un « égal échange » entre producteurs et consommateurs. Selon l'une des formes envisagées, une fédération des villes libres devait permettre l'établissement d'une république « vraie » et juste, puis pouvait aller au-delà.

Les troupes de Versailles mirent un terme brutal à ces tentatives. Le massacre des insurgés (la « Semaine sanglante »), tout comme l'incendie de plusieurs bâtiments par les communards (l'Hôtel de Ville, les Tuileries, etc.) choquèrent, en France comme dans le monde, et brouillèrent les lectures. Beaucoup de communards s'exilèrent (entre 5 000 et 6 000), surtout en Angleterre, en Suisse, aux États-Unis, mais aussi en Argentine ou au Chili. L'Internationale, elle, fut interdite ou mise sous pression dans de nombreux pays. La richesse de ce que fut la Commune, qui échappe à toute assignation simpliste, est demeurée étouffée par les images fortes nées de cette issue tragique. Cela explique pourquoi l'événement a pu donner lieu à tant d'appropriations : mémoire républicaine d'après 1880, bolcheviks en 1917, groupes patriotes des années 1920, Parti communiste français dès l'après-guerre, Chine maoïste des années 1960, révolte de Mai 68. On comprend aussi pourquoi, bien qu'elle semble éloignée dans le temps, nombre de ses traits puissent encore paraître d'une troublante actualité, en particulier à l'heure des mouvements d'occupation des places publiques qui se sont multipliés depuis 2011.

—

QUENTIN DELUERMOZ

RÉFÉRENCES
—

Quentin DELUERMOZ, *Le Crépuscule des révolutions (1848-1871)*, Paris, Seuil, 2012.

Éric FOURNIER, *La Commune n'est pas morte*, Paris, Libertalia, 2013.

Laure GODINEAU, *Retour d'exil. Les anciens communards au début de la Troisième République*, thèse sous la dir. de Jean-Louis Robert, Paris 1, 2000.

Philip KATZ, *From Appomattox to Montmartre : Americans and the Paris Commune*, Cambridge (MA), Harvard University Press, 1998.

Jacques ROUGERIE, Tristan HAAN, Georges HAUPT et Miklos MOLNAR (dir.), « Jalons pour une histoire de la Commune de Paris », numéro spécial de *l'International Review of Social History*, vol. 17, 1972.

RENVOIS
—

1357, 1840, 1852, 1789, 1848, 1968, 1892

1875

La mesure du monde

*Au printemps 1875, dix-sept États signent la convention
du mètre. Inventée par la Révolution française,
cette unité de mesure accède ainsi au rang d'étalon universel,
dans un contexte de forte mondialisation des échanges.
De sourdes rivalités nationales et l'opposition
du Royaume-Uni limitent toutefois son application.*

De mars à mai 1875, Paris accueillit une conférence dont l'objet était pour le moins incongru. Il ne s'agissait pas, pour la vingtaine d'États présents, de régler des litiges frontaliers, d'éviter une guerre ou de se partager le monde. Les diplomates et les scientifiques réunis à l'invitation de la France n'avaient d'yeux que pour le mètre, héros improbable de ce sommet international. Après plusieurs semaines de travaux, dix-sept États tombèrent d'accord pour signer la « convention du mètre », dont la principale résolution prévoyait la création d'un nouvel organisme, le Bureau international des poids et mesures, qui allait s'installer quelque temps plus tard à Sèvres, dans le pavillon de Breteuil. Son rôle était de concevoir et de conserver dans un lieu neutre les prototypes internationaux du mètre et du kilogramme, afin que chaque nation puisse comparer ses propres étalons à ces références incontestables. L'objectif ultime n'était rien de moins que de contribuer à « l'union du genre humain » par la diffusion du système métrique à l'ensemble du globe. À défaut d'inventer une langue unique, le mètre pourrait au moins servir de fondement universel à la comparaison des poids et mesures. Les menaces de conflit armé ne disparaîtraient sans doute pas, mais la science, le commerce et les grandes infrastructures de transport s'en porteraient d'autant mieux.

Cette conférence était en réalité la deuxième de ce genre. Soixante-seize ans plus tôt, en 1799, la France avait déjà convoqué une commission internationale pour y débattre du mètre. Le contexte était bien différent : la nation révolutionnaire, tout entière habitée par sa vocation universelle, souhaitait à l'époque que les scientifiques étrangers apportent leur caution au travail mené depuis 1792 par deux astronomes français, Jean-Baptiste Joseph Delambre et Pierre Méchain. Les deux hommes avaient reçu la délicate mission de fournir une mesure aussi exacte que possible du mètre révolutionnaire, définie comme étant la dix-millionième partie de l'arc séparant le pôle Nord de l'équateur. En prenant le méridien de Paris pour référence, Delambre et Méchain devaient calculer, par la méthode dite de la triangulation, la distance entre Dunkerque et Barcelone, puis offrir une estimation de la valeur du mètre qui ne saurait souffrir aucune contestation. Le globe terrestre serait lui-même la mesure de toute chose, évitant ainsi qu'une nation ou un peuple n'impose aux autres l'arbitraire de ses propres règles. Quoique portée par des scientifiques et des hommes politiques français, cette entreprise était menée au nom de la nature et de la science. La Révolution s'imaginait dépositaire d'une œuvre universelle qui devait transcender tous les intérêts particuliers. La liste des pays représentés à la conférence de 1799 attestait cependant les limites de cette rhétorique : seuls les États alliés ou soumis à la France envoyèrent des délégués, l'Angleterre et les autres puissances coalisées restant à l'écart des discussions. L'exactitude et la grandeur du mètre étaient proclamées au moment même où la France affichait ses ambitions impériales. La diplomatie du mètre était indissociablement une affaire de science et de puissance.

Le général Bonaparte, membre de la classe des sciences de l'Institut, avait fait montre d'un indéniable intérêt pour les débats métrologiques. C'est pourtant lui qui, peu de temps après son coup d'État du 18 brumaire an VIII, allait suspendre, en France même, la généralisation du système métrique. Pour les révolutionnaires, le mètre et son organisation décimale étaient appelés à se substituer immédiatement aux innombrables unités qui freinaient les échanges et pérennisaient les particularismes locaux hérités de la France d'Ancien Régime. Tout comme la création des départements ou l'établissement du calendrier révolutionnaire, le mètre devait produire une nation rationnelle et homogène, régénérée par la science et le culte de la nature. Aussi sincère fût-il, cet idéalisme buta sur la rémanence des pratiques sociales traditionnelles. Les populations n'abandonnèrent pas de bon gré les anciennes coutumes, continuant de compter en aune ou en boisseau au cours de leurs transactions quotidiennes. Convaincu que le jeu n'en valait peut-être pas la chandelle, le Premier consul ajourna *sine die* le projet révolutionnaire d'uniformisation complète des poids et mesures. Patrie de l'universel, la France continuait d'abriter en son sein une multiplicité d'usages locaux. Il fallut attendre la fin des années 1830 pour que la monarchie de Juillet se décide enfin à imposer l'usage exclusif du mètre et du kilogramme dans la vie quotidienne des Français.

Le mètre avait, entre-temps, conquis une large partie de l'Europe et du monde. Les nouveaux États-nations comme la Belgique en 1830, les pays d'Amérique du Sud dans les années 1850, plus tard l'Italie ou l'Allemagne dans les années 1860, s'empressèrent d'adopter le système métrique pour asseoir leur projet d'unification nationale. Les progrès de la science et de l'industrie rendaient toujours plus nécessaire l'existence de poids et mesures facilement convertibles, si ce n'est uniformes. Les Expositions universelles (dès celle de Londres en 1851), les premiers congrès internationaux de statistique et la fondation de l'Association internationale de géodésie en 1862 ne firent que conforter les tenants d'une internationalisation du mètre, tout comme l'interconnexion croissante des réseaux de chemins de fer, de poste et de télégraphie qui requérait toujours davantage de coordination entre les nations. L'Union télégraphique internationale, créée en 1865, fut l'une des premières organisations vouées à la coopération technique internationale et à l'accélération des circulations en tous genres. Même l'Angleterre, de longue date suspicieuse à l'encontre du mètre français, sembla sur le point de basculer lorsque la Chambre des communes adopta en 1863 un projet de loi tendant à rendre obligatoire l'usage du mètre, vote que la Chambre des lords ne daigna pas confirmer.

L'intérêt croissant de la Prusse pour l'internationalisation du mètre incita Napoléon III à reprendre la main, pour éviter que la France ne se trouve dépossédée de sa géniale invention. L'empereur convoqua une commission internationale qui devait se tenir à Paris au mois de juillet 1870… La guerre éclata, le Second Empire sombra, mais le mètre,

lui, survécut. Dès 1872, les discussions reprirent pour tenter d'élaborer un cadre international favorable à l'amélioration et à l'harmonisation des poids et mesures. L'Empire allemand pouvait bien faire preuve de mansuétude vis-à-vis d'une France vaincue et occupée, dont l'orgueil blessé trouverait une compensation opportune dans la reconnaissance du prestige scientifique de son mètre. C'est dans ce contexte que se tint la conférence de 1875, essentiellement consacrée au statut et au rôle du futur Bureau international. Cela suffit largement à contenter la diplomatie française, en quête de succès aussi symboliques qu'inoffensifs. Défaite, la nation révolutionnaire n'en restait pas moins une référence en matière technique et scientifique, quand bien même l'ancien mètre des Archives nationales, dont beaucoup déploraient l'inexactitude, allait devoir céder la place à de nouveaux prototypes internationaux, achevés en 1889.

La victoire diplomatique de 1875 était bien sûr incomplète. Le Royaume-Uni, première puissance financière, commerciale et impériale de l'époque, n'avait pas cru nécessaire d'autoriser son représentant, le conservateur des poids et mesures et des étalons monétaires de Londres, à négocier en son nom. En dépit des progrès réalisés par les défenseurs du système métrique, les Britanniques restaient indéfectiblement attachés à leurs pouces, pieds et autres *yards*. L'adoption de la métrologie internationale ne fut entamée outre-Manche (et dans le Commonwealth) que bien plus tard, dans les années 1960-1970, lorsque fut envisagée l'adhésion à la Communauté européenne et à son marché commun. De leur côté, les États-Unis participèrent dès le départ à la convention, sans toutefois rendre obligatoire l'usage du mètre sur leur territoire, une situation toujours inchangée à ce jour. En dépit des grands discours sur la neutralité de la science et l'avènement d'un monde civilisé, la définition des standards internationaux nourrissait de sourdes rivalités nationales dans les années 1870 et 1880. Le mètre avait certes triomphé en 1875, mais les discussions menées en parallèle au sujet de l'adoption d'une heure universelle conduisirent, neuf ans plus tard, à un cinglant échec de la diplomatie scientifique française. La conférence tenue à Washington en 1884 fit en effet du méridien de Greenwich le méridien de référence à l'échelle internationale, reléguant celui de Paris au rang de simple relique d'un temps où la science française prétendait encore dominer seule le monde. À cette déconvenue s'ajoutait celle, tout aussi douloureuse, de l'Union latine créée à l'initiative de la France en 1865, qui avait un temps entretenu l'espoir de fonder un système monétaire international à l'image du franc et de son ancrage bimétallique. Las, ici aussi, c'est l'étalon-or chéri par les Britanniques qui allait se répandre un peu partout à partir des années 1870, sans que cela découle pour autant d'un quelconque accord international.

L'histoire du mètre et la part prise par la France dans son invention puis sa généralisation montrent à quel point il est absurde d'opposer la mondialisation et la construction des États-nations, comme si l'une ne pouvait que saper la seconde. En réalité, tout au long du XIXᵉ siècle, la France s'efforça d'unifier la mesure de son territoire tout en militant pour l'internationalisation du système métrique. Longtemps, la France aima la mondialisation, à condition que celle-ci lui ressemble un tant soit peu...

—

NICOLAS DELALANDE

RÉFÉRENCES

—

Ken ALDER, *Mesurer le monde. L'incroyable histoire de l'invention du mètre*, Paris, Flammarion, coll. « Champs », 2005 [2002].
Martin H. GEYER et Johannes PAULMANN (dir.), *The Mechanics of Internationalism : Culture, Society, and Politics from the 1840s to the First World War*, Oxford, Oxford University Press, 2001.
Ministère des Affaires étrangères, *Conférence diplomatique du mètre*, Paris, Imprimerie nationale, 1875.
Emily S. ROSENBERG (dir.), *A World Connecting (1870-1945)*, Cambridge (MA), Harvard University Press, 2012.

RENVOIS

—

1539, 1795, 1804, 1860, 1903, 1973

1882

Professer la nation

*La célèbre conférence prononcée par Ernest Renan
le 11 mars 1882 promeut une conception « spirituelle »
de la nation, fondée sur une mémoire partagée et un désir
de vivre ensemble. Dans un contexte de revanche,
elle se distinguerait d'une vision corporelle, sinon raciale,
incarnée par la nation allemande victorieuse.
À y regarder de plus près, rien n'est aussi simple...*

C'est une histoire qui a l'air si française. Elle se passe en 1882, à Paris, dans les bâtiments de la Sorbonne. Elle a pour personnage principal un homme de bientôt soixante ans, originaire de Tréguier, en Bretagne. Ernest Renan est passé par le séminaire avant de rompre brusquement avec l'Église et de consacrer sa vie à la science philologique. C'est un libéral, que la forme du régime indiffère et qui, à ce titre, s'accommode des nouvelles institutions de la Troisième République, puisque celles-ci garantissent les libertés fondamentales. La République en fera bientôt un de ses héros. À sa mort, en 1892, il rejoindra la glorieuse phalange des Pasteur et des Hugo. De nombreuses rues de France porteront son nom, les élèves des écoles étudieront ses *Souvenirs d'enfance et de jeunesse*. Ses convictions anticléricales plaideront pour son républicanisme. Au temps de la séparation de l'Église et de l'État, l'inauguration d'une statue de lui dans sa ville natale, par le président du Conseil Émile Combes, sera une manifestation du combat pour la laïcité. Quelques années plus tard, la conversion au catholicisme de son petit-fils, Ernest Psichari, apparaîtra comme la revanche du camp religieux.

Ce 11 mars 1882, il est invité à prononcer une conférence sur le thème de la nation. Onze ans après la défaite militaire, la perte de l'Alsace-Lorraine et la Commune de Paris, le sujet est brûlant. Les républicains en parlent dans tous leurs discours. Ils chantent *La Marseillaise*, qui est devenue hymne « national » le 14 juillet 1879. Autour de Paul Bert et de Jules Ferry, ils s'apprêtent à créer des « bataillons scolaires » dans les écoles primaires et à aider Paul Déroulède, le poète-soldat, à fonder la Ligue des patriotes. La République française est inséparable de la nation ; mais, comme dit Renan, qu'est-ce qu'une nation ?

À ses auditeurs parisiens, le vieil érudit rappelle ce qu'ils savent déjà : que les nations n'ont pas toujours existé, qu'elles sont de formation assez récente dans l'histoire, qu'elles disparaîtront sans doute un jour, « la confédération européenne, probablement, les remplacera ». En attendant, précise-t-il, leur existence est nécessaire. Les nations sont la garantie de la liberté.

Renan affirme que les nations ne sont pas liées au principe dynastique. Elles ne procèdent ni des rois, ni des races, ni des langues, ni des religions, ni des intérêts, ni de la géographie. Si l'on veut une définition, alors la voici : elles sont une âme, un principe spirituel. Et Renan de préciser, dans une formule appelée à devenir célèbre : « Deux choses qui, à vrai dire, n'en font qu'une, constituent cette âme, ce principe spirituel. L'une est dans le passé, l'autre dans le présent. L'une est la possession en commun d'un riche legs de souvenirs ; l'autre est le consentement actuel, le désir de vivre ensemble, la volonté de continuer à faire valoir l'héritage qu'on a reçu indivis. » Et plus loin : « [La nation] suppose un passé ; elle se résume pourtant dans le présent par un fait tangible : le consentement, le

désir clairement exprimé de continuer la vie commune. L'existence d'une nation est (pardonnez-moi cette métaphore) un plébiscite de tous les jours. » Il faut en effet pardonner la métaphore. Le plébiscite est une invention des Bonaparte. Les républicains l'associent au souvenir honni de l'Empire. Mais Renan s'efforce de se faire comprendre. Chacune de ses expressions est soigneusement définie. Le riche legs de souvenirs, par exemple : eh bien, ce sont avant tout des sacrifices, « on aime en proportion des sacrifices qu'on a consentis, des maux qu'on a soufferts ». « Oui, insiste Renan, la souffrance en commun unit plus que la joie. En fait de souvenirs nationaux, les deuils valent mieux que les triomphes, car ils imposent des devoirs, ils commandent l'effort en commun. » Renan ne le dit pas, mais tous le comprennent : les terribles malheurs de 1870-1871 n'empêchent pas la France d'être une nation, bien au contraire.

Et ce consentement, ce « désir clairement exprimé de continuer la vie commune », Renan précise aussi ce qu'il entend par là : « [...] une nation n'a pas plus qu'un roi le droit de dire à une province : "Tu m'appartiens, je te prends." Une province, pour nous, ce sont ses habitants ; si quelqu'un en cette affaire a le droit d'être consulté, c'est l'habitant. Une nation n'a jamais un véritable intérêt à s'annexer ou à retenir un pays malgré lui. Le vœu des nations est, en définitive, le seul critérium légitime, celui auquel il faut toujours revenir. » Là encore, ses auditeurs entendent bien ce que Renan ne leur dit pas. L'annexion de l'Alsace-Lorraine par l'Allemagne, sans consultation des habitants : ce n'était pas le droit des nations ; c'était illégitime.

La définition que Renan propose de la nation est donc étroitement tributaire de cette époque bousculée, cependant que la Troisième République s'installe sur les décombres de la défaite militaire. C'est dans ce contexte que Renan pense chacune de ses phrases. Et pourtant, sa définition survivra à ce moment si particulier. Inlassablement citée, elle deviendra la formulation la plus précise de l'idée que les Français se feraient, dans un cadre républicain, de leur propre nation. Elle sera aussi pendant longtemps le fondement de l'enseignement de l'histoire. Car si la nation est, comme dit Renan, l'aboutissement d'un long passé d'efforts, de sacrifices et de dévouements, si elle ne peut survivre que par une volonté commune dans le présent, alors il faut que les Français sachent quelles grandes choses leurs ancêtres ont faites, quel passé héroïque fut le leur, quels héros ont assuré leur gloire. Encore quelques années et le professeur Ernest Lavisse se fera l'organisateur de cette théorie de l'enseignement.

Aujourd'hui, on remarque que l'histoire souhaitée par Renan rend difficile l'intégration dans la société française de ceux qui viennent d'ailleurs et ne se reconnaissent pas en elle. On relève aussi que, quelques mois avant cette conférence, la France républicaine inaugurait en Tunisie une nouvelle forme de politique coloniale, par laquelle une nation disait précisément à une province : « Tu m'appartiens, je te prends. » On déplore le cadre européen dans lequel Renan s'est enfermé, le fait que le reste du monde n'entrait pas dans son champ de vision.

Il faudrait aussi remarquer que Renan parle autant de l'Allemagne que de la France. Non seulement c'est l'Allemagne que ses auditeurs et lui ont en tête lorsqu'il évoque un passé de souffrances et l'illégitimité des annexions de peuples, mais c'est encore contre l'Allemagne qu'il formule sa théorie de l'identité nationale. Renan connaît bien les travaux des érudits allemands. Il avait pensé son propre projet d'une histoire des langues sémitiques en fonction des recherches entreprises par Franz Bopp sur les langues indo-européennes. Pourtant, il prend grand soin de se distinguer de l'évolution d'une pensée qu'il estime désormais allemande et soumise à l'idée de race. « Il n'y a pas de race pure », dit-il, même de l'autre côté du Rhin : « L'Allemagne fait-elle à cet égard une exception ? Est-elle un pays germanique pur ? Quelle illusion ! Tout le Sud a été gaulois. Tout l'Est, à partir de l'Elbe, est slave. Et les parties que l'on prétend réellement pures le sont-elles en effet ? » Non, dit Renan. D'ailleurs il n'y a aucun point commun entre la « race » des philologues qui étudient les langues indo-européennes et la « race » des anthropologues qui classent les groupes humains. Renan conteste que le droit des nations puisse dériver de la race. L'Allemagne de l'empereur Guillaume justifie l'annexion de l'Alsace-Lorraine par l'identité de langue et l'identité de race ? Ce sont deux mensonges historiques.

Cependant, Renan n'a pas toujours dit cela. Au contraire, il a souvent affirmé que les tempéraments nationaux prenaient leurs origines dans les races avant de se cristalliser dans les langues. « Le fait de race est dans l'histoire un fait décisif », écrivait-il à la fin des années 1850. Cela concernait certes les peuples locuteurs des langues sémitiques. Mais c'était aussi le cas de tous ceux auxquels il consacrait des travaux ponctuels, à commencer par ces « races celtiques » dont, en tant que breton, il estimait les langues particulièrement dignes d'intérêt.

Il est un peu curieux de ne conserver aujourd'hui de Renan, dans la mémoire collective, que le souvenir du texte de la conférence du 11 mars 1882. Car ce texte, Renan l'a écrit en se fondant moins sur la masse immense de ses propres recherches que sur l'actualité politique de son temps. Or, cette actualité était allemande. C'était celle de la guerre franco-prussienne. C'était celle d'une certaine pensée, désignée comme allemande, contre laquelle il fallait désormais bâtir une pensée française.

C'était peut-être plus encore que cela. Trois ans avant la conférence de Renan, en 1879, un philosophe de l'université de Berlin, Moritz Lazarus, avait lui aussi prononcé, devant l'assemblée générale de la Hochschule für die Wissenschaft des Judentums, une conférence sur la nation. Lazarus avait lui aussi réfuté l'idée selon laquelle les différences entre les nations pourraient être fondées sur des critères raciaux (même si c'était pour faire de la langue, en l'occurrence, le critère décisif de l'appartenance nationale). Sa position n'était pas si marginale. Elle avait été soutenue en 1881 par un indianiste réputé, Albrecht Weber. La pensée allemande n'était ni aussi unique ni aussi soumise à l'idée de race que Renan le sous-entendait. D'ailleurs, il le savait très bien : en bon collègue, Lazarus lui avait fait

parvenir le texte de sa conférence. Dans ses *Mémoires*, parus à titre posthume en 1906, Lazarus estimera même que Renan lui devait une grande partie de son propre discours, devenu depuis si célèbre.

Le « riche legs de souvenirs » et le « plébiscite de tous les jours » illustrent encore souvent, aujourd'hui, des définitions supposément françaises de la nation. Ces formules venaient pourtant, contre une grande partie de l'œuvre même d'Ernest Renan, du modèle paradoxal et ambigu que représentait, au lendemain de la défaite militaire, l'ennemi allemand.

—

SYLVAIN VENAYRE

RÉFÉRENCES

—

Claude DIGEON, *La Crise allemande de la pensée française (1870-1914)*, Paris, PUF, 1992, 2ᵉ éd.
Céline TRAUTMANN-WALLER, « Langue, peuple, race, nation. Usages de la notion de race, frontières disciplinaires et enjeux politiques chez les philologues en France et en Allemagne dans la deuxième moitié du XIXᵉ siècle », *in* Carole REYNAUD-PALIGOT (dir.), *Tous les hommes sont-ils égaux ? Histoire comparée des pensées raciales (1860-1930)*, Munich, Oldenbourg, 2009.
Sylvain VENAYRE, *Les Origines de la France. Quand les historiens racontaient la nation*, Paris, Seuil, 2013.

RENVOIS

—

52 av. J.-C., 987, 1790, 1914, 1927, 1940, 1989, 1998, 2015

1883

Du Zambèze à la Corrèze, une seule langue mondiale ?

Le 21 juillet 1883 est fondée l'Alliance française pour diffuser dans le monde le français, alors que son statut de lingua franca des élites mondiales est contesté et qu'il s'impose à peine aux quatre coins de la France. On a oublié les origines coloniales de cette association devenue la plus grande ONG culturelle de la planète.

« Où avez-vous appris la langue de Molière ? – À l'Alliance française [*de Rosario en Argentine*] bien sûr », aurait répondu Ernesto Guevara en janvier 1959 à l'ambassadeur de France impressionné par l'excellente maîtrise linguistique du Che. Lequel, apprenant que les guérilleros avaient, sur ordre de Fidel Castro, fermé la grande Alliance française de La Havane, ordonne sa réouverture dès le lendemain matin. Après tout, même les bolcheviks avaient épargné l'Alliance de Moscou en 1921. Langue des Lumières et de l'émancipation, le français l'est assurément dans l'esprit des révolutionnaires, tel le jeune Rafael Guillén, futur sous-commandant Marcos, venu à Paris en 1977 pour suivre les cours de l'Alliance française avant de goûter à ceux de Louis Althusser et Michel Foucault. Ils auraient sans doute été confondus d'apprendre l'origine « impérialiste » de cette vénérable institution fondée à Paris le 21 juillet 1883 sous le nom de l'« Alliance française pour la propagation de la langue française dans les colonies et à l'étranger ».

Ce jour-là, au 215 boulevard Saint-Germain, dans la petite salle du Cercle Saint-Simon, fondé quelques mois auparavant afin d'« étendre l'influence de la France par la propagation de sa langue », le géographe Pierre Foncin, et Paul Cambon, résident général à Tunis, tous deux républicains fervents et partisans de Jules Ferry, ont réuni un étrange aréopage : un haut fonctionnaire, un savant arabisant, un ancien ministre de l'Instruction publique, un membre de la communauté protestante, un missionnaire catholique et un représentant de la communauté juive, tous résolus à promouvoir les intérêts de la France en… Tunisie. Dans ce nouveau protectorat, ils entendent asseoir l'autorité de la puissance coloniale, face à l'imposante communauté italienne, en inventant un nouvel outil d'influence. Inspiré par *La Réforme intellectuelle et morale* (1871) de Renan, ce projet pédagogique, patriotique et colonial a mûri au sein des sociétés de géographie en pleine expansion. L'Alliance française, calquée sur le modèle de l'Alliance israélite universelle (1860), très active en Tunisie depuis 1878, prend la forme d'une association, financée en partie par l'État, et constituée de comités locaux de bénévoles, qui organisent des réunions et des conférences pour « faire connaître les mérites de la langue française », créent et subventionnent des bibliothèques et des écoles, afin de multiplier les « amis de la France ». Très vite, il s'agit de suppléer les infrastructures scolaires déficientes de l'État colonial dans l'ensemble de l'empire, de réaffirmer la « mission civilisatrice » de la France et son prestige culturel, après la défaite de 1870. En 1884,

un obscur maître de conférences à l'université de Toulouse rappelle la raison d'être de l'association : « L'Alliance a bien raison de songer avant tout à la diffusion de notre langue : nos colonies ne seront françaises d'intelligence et de cœur que quand elles comprendront un peu le français. […] Pour la France surtout, la langue est l'instrument nécessaire de la colonisation : l'émigration n'est pas abondante chez nous, comme en Angleterre et en Allemagne ; et on aura beau la favoriser, elle ne sera jamais suffisante pour distribuer, sur les vastes territoires de l'Algérie, de la Tunisie, de l'Annam et du Tonkin, des Français qui, par leur seule présence, propagent notre influence et nos idées. »

Cette hantise du déclin démographique exprimée ici par Jean Jaurès est partagée par le géographe Onésime Reclus qui forge le terme de « francophonie » en 1886 dans *France, Algérie et colonies* pour désigner ce nouvel empire linguistique qu'il préconise d'étendre. Car la langue, plus que le commerce ou la race, est le ciment de l'empire, liant la capitale et les périphéries métropolitaines et coloniales : « Nous acceptons comme "francophones" tous ceux qui sont ou semblent destinés à rester ou à devenir participants de notre langue : Bretons et Basques de France, Arabes et Berbères du Tell dont nous sommes déjà les maîtres. » Intégrant en outre dans la francophonie une partie de la Belgique, de la Suisse et du Canada, il estime toutefois que seul l'empire colonial peut rendre la langue française universelle. Cette ambition impériale séduit Pierre Foncin, qui dirige l'institution, en tant que secrétaire général (1883-1897) puis président (1899-1914), et préconise une « conquête morale » des populations colonisées, en privilégiant l'apprentissage de la langue orale, un français rudimentaire, qui suffit selon lui aux besoins et aux capacités des « indigènes ». D'autant que cet impérialisme culturel s'avère moins onéreux que la coercition militaire : « L'entretien d'un instituteur coûte moins cher que celui d'une compagnie de légionnaires. »

La langue française est parée de toutes les vertus par les élites républicaines qui, à l'instar des nouveaux membres du conseil d'administration de l'Alliance – Ferdinand de Lesseps, Ernest Renan, Louis Pasteur, Jules Verne, Hippolyte Taine, Armand Colin – communient dans une même foi dans cette « langue parfaite » qui allie précision, clarté et élégance. « Jamais on ne déraisonne et jamais on n'équivoque quand on parle français », s'exclame sans sourciller Jules Simon en 1888 devant un parterre de notables conquis. Les philologues réinventent alors la langue nationale en lui attribuant une origine autochtone, parisienne plus précisément, berceau du « francien ». La supériorité du français, lieu commun de la fin du siècle, était exaltée vingt ans auparavant par Victor Hugo dans son *William Shakespeare* : « À quoi, chez tous les peuples reconnaît-on l'intelligence ? À ce signe : parler français. » En effet, depuis le XVIIIe siècle, le français, qui bénéficie du prestige de la littérature classique ainsi que de la vie mondaine et intellectuelle parisienne, s'est substitué au latin, devenant par l'intermédiaire des aristocrates, journalistes, publicistes,

aventuriers et instituteurs francophones, la *lingua franca* d'une grande partie des élites en Europe, en Russie et en Amérique, la langue diplomatique depuis le traité d'Utrecht (1713), la langue de la littérature, de la science, de l'amour, et de la conversation dans les cours et les salons.

Cette hégémonie est remise en question précisément dans les années 1880 lorsque la France prend part à une véritable « guerre des langues » et subit ses premiers revers avec le déclin des exportations de livres français à l'étranger. « Quand les nations ne se battent pas à coups de fusils, c'est la langue qui est entre elles le grand instrument de bataille. [...] Les missionnaires anglo-américains répandent en Afrique, en Asie, en Océanie, leurs bibles d'abord, puis l'usage de la langue anglaise [...]. Nos voisins d'outre-Manche sont gens pratiques et ils savent que partout où résonne la langue anglaise, on achète les produits anglais », écrit Foncin en 1888. L'allemand rivalise avec le français dans le domaine scientifique tandis que l'italien connaît une forte expansion, consacrée par la création de la société Dante Alighieri en 1889. Pour réunir l'humanité divisée par l'exacerbation de ces impérialismes linguistiques, de nouvelles langues tels le volapük (1879) et l'espéranto (1887) sont « construites » et connaissent bientôt un succès international.

Si le français est jusqu'à la fin du XIXe siècle l'apanage d'une partie des élites mondiales, parle-t-on pour autant cette langue dans toute la France ? Rien n'est moins sûr. Dans une conférence à l'École professionnelle de Bordeaux prononcée en 1884, le secrétaire général de l'Alliance rappelle que le combat se mène d'abord en métropole : « Sans sortir de France, j'aperçois quelques taches noires : vers le Nord on parle le flamand ; en Bretagne, le bas-breton ; vers les frontières d'Espagne, le basque et le catalan ; dans tout le Midi, divers patois dérivés de l'ancienne langue d'oc. [...] Avec les progrès de l'instruction primaire, les taches noires s'effaceront peu à peu, et l'on peut prévoir le moment où la langue française sera comprise et parlée par tous les Français. » Le français progresse et les langues régionales reculent grâce aux lois scolaires de Guizot (1833), Falloux (1850) et surtout Ferry (1881-1882) ; toutefois, les inspecteurs du Second Empire témoignent de la résistance des « patois » dans une grande partie du pays. À Moissac, « c'est avec peine souvent que l'homme du Nord peut arriver à se faire entendre » ; en Haute-Garonne, « pour la plupart des enfants, surtout dans les communes rurales, le français est comme une langue étrangère aussi intelligible que le latin de leur psautier » ; pire dans le Tarn-et-Garonne, « il semble que le français soit du chinois » pour les écoliers. Avec des réserves inhérentes à la difficulté de recenser les « patoisants » non francophones, l'enquête de 1864 commandée par Victor Duruy conclut que l'usage de la langue française est minoritaire dans une grande partie de l'Alsace-Lorraine, la Bretagne, l'Ariège, en Corrèze, Haute-Vienne, ou dans l'Hérault et les Alpes-Maritimes, y compris à Montpellier et Nice où le montpelliérain et le nissart règnent en maîtres. Presque personne ne parle alors la « langue nationale » dans l'Aveyron, le Gers, le Var ou en Corse.

Ce n'est qu'au tournant du siècle que le français s'impose, grâce notamment à l'école primaire gratuite et obligatoire, au service militaire « universel » et à l'essor de l'économie de marché.

Au même moment, le principe différentialiste de l'association se substituant à la politique velléitaire d'assimilation des « indigènes », l'Alliance française néglige sa mission scolaire originelle dans les colonies. Son influence, comme celle de l'État colonial français, y fut, somme toute, modeste : à la veille des décolonisations, moins de 10 % des enfants « indigènes » sont scolarisés dans l'enseignement primaire. L'association se concentre sur les cours pour adultes et l'action culturelle en Europe, en Amérique et en France : dès 1890, s'activent les comités de Barcelone, Amiens, l'île Maurice, Châteauroux, Mexico, Bar-le-Duc, Rio, Bayonne, La Havane, Besançon, Melbourne, Nîmes... La langue devient le symbole et la matrice de l'unité nationale, et l'un des principaux axes de la diplomatie culturelle française, comme le rappelle Charles de Gaulle le 30 octobre 1943 à Alger à l'occasion du 60e anniversaire de l'association, alors que l'Alliance de Paris a été fermée par Otto Abetz et ses archives transportées à Berlin : « C'est par de libres rapports spirituels et moraux, établis entre nous-mêmes et les autres, que notre influence culturelle peut s'étendre à l'avantage de tous et qu'inversement peut s'accroître ce que nous valons. Organiser ces rapports, telle fut la raison de naître, telle est la raison de vivre, telle sera la raison de poursuivre de l'Alliance française. »

Cette francophonie a été portée quotidiennement par les étrangers qui ont animé les comités partout dans le monde, et revitalisée dans les années 1960 par le Cambodgien Norodom Sihanouk, le Tunisien Habib Bourguiba, le Nigérien Hamani Diori et le Sénégalais Léopold Sédar Senghor : le français, véritable « butin de guerre » (Kateb Yacine) des anciens colonisés, est alors devenu une des principales langues du continent africain.

—

PIERRE SINGARAVÉLOU

RÉFÉRENCES
—

Ivan BARKO, « L'Alliance française : les années Foncin (1883-1914). Contexte, naissance, mutations », *Documents pour l'histoire du français langue étrangère ou seconde*, n° 25, 2000.
Pascale CASANOVA, *La Langue mondiale. Traduction et domination*, Paris, Seuil, 2015.
Bernard CERQUIGLINI, *Une langue orpheline*, Paris, Minuit, 2007.
François CHAUBET, *La Politique culturelle française et la diplomatie de la langue. L'Alliance française (1883-1940)*, Paris, L'Harmattan, 2006.
Philippe VIGIER, « Diffusion d'une langue nationale et résistance des patois en France au XIXe siècle », *Romantisme*, vol. 9, n°s 25-26, 1979, p. 191-208.

RENVOIS
—

842, 1215, 1539, 1771, 1842, 1931

1889

« Ordre et progrès » en terres tropicales

En 1889, au lendemain de l'Exposition universelle et du centenaire de la Révolution française, le Brésil devient par un coup d'État militaire une République. Son nouveau drapeau est orné d'un globe, et sa devise est issue de la pensée d'Auguste Comte, devenue outre-Atlantique une véritable religion de l'humanité. C'est un moment fondateur d'intenses échanges intellectuels franco-brésiliens.

Entre mai et octobre 1889 se tient à Paris la dixième et plus monumentale Exposition universelle des temps modernes. Sur près de 100 hectares, des édifices gigantesques mettent en scène la diversité des milieux naturels, des modes de vie et des arts humains, tout en portant au pinacle la civilisation occidentale et sa marche vers la science et le progrès. Triomphe de la modernité technique, l'exposition doit aussi permettre de célébrer en grande pompe le centenaire de la Révolution française et l'avènement définitif de la République. «La France glorifiait hier l'aurore d'un grand siècle

qui a ouvert une ère nouvelle dans l'histoire de l'humanité, proclame le président Sadi Carnot le 6 mai au pied de la colossale tour métallique érigée par Gustave Eiffel. Dans l'atmosphère fortifiante de la liberté, l'esprit humain retrouve son initiative, la science prend son essor ; la vapeur et l'électricité transforment le monde» (*Le Petit Journal*, 8 mai 1889).

Point de progrès sans République, point de République sans progrès : la tonalité donnée à l'exposition ne plaît guère aux monarques européens, qui n'appuient pas, ou discrètement, l'installation de pavillons nationaux, confiée à des mécènes ou des industriels. Le Brésil fait exception. La construction d'un petit palais, entouré de serres, de jardins tropicaux et d'un bassin garni de nénuphars géants venus d'Amazonie, est appuyée par l'empereur Pedro II en personne. « C'est le seul souverain qui ait fait cela », nous dit le *Guide Bleu du Figaro* de 1889. Vieux roi bourgeois, éclairé et francophile, Pedro prend le risque d'exhiber sa nation agraire, dernière monarchie des Amériques, et (jusqu'en mai 1888) dernière société esclavagiste d'Occident, à la grand-messe de la modernité libérale et industrielle. La conquête de marchés, l'attrait de main-d'œuvre et surtout la participation au grand mouvement de la civilisation seraient à ce prix.

Pedro II est dans l'esprit du temps. Il laissera d'ailleurs derrière lui l'image d'un souverain convaincu de l'inéluctabilité de son propre renversement, imminent : le 15 novembre, quinze jours à peine après la clôture de l'exposition, la République est proclamée au Brésil. Pour annoncer la nouvelle, le *Journal de Paris* s'amuse de la lettre imaginaire que l'empereur déchu aurait pu adresser à Louis Pasteur, depuis le bateau qui l'emmène en exil à Paris : « Alors que j'étais occupé par des observations astronomiques du plus haut intérêt, certains esprits peu philosophiques se sont emparés de mon gouvernement et ont renversé la chaise qu'ils appelaient mon trône. […] Qu'ils ne prétendent pas avoir fondé la République au Brésil. Le véritable fondateur de la République des nouveaux États-Unis c'est moi. C'est moi qui peu à peu ai habitué le peuple aux idées de liberté. Et c'est à moi qu'il doit d'avoir connu les grands principes de votre pays » (20 novembre 1889).

L'image est erronée, car le « Second Empire » brésilien fut en fait un régime très autoritaire, gardien d'une société profondément raciste et hiérarchisée. Mais il plane bien sur les premières années de la République tropicale une ombre française. La « révolution au Brésil », telle que l'acclame alors la presse hexagonale, n'a pourtant pas grand-chose à voir avec les soulèvements populaires qu'a connus la France au cours du long XIXe siècle : il s'agit d'un coup d'État mené par de jeunes officiers républicains et consenti par l'élite latifundiaire déçue par l'Empire. Les classes populaires n'y prennent presque aucune part. Les républicains les plus radicaux, dits « jacobins », rêvent pourtant de revivre la Grande Révolution à l'occasion de son centenaire. Ils imaginent leur peuple dans les rues, fondent des clubs, ornent leurs libelles de Marianne et de bonnets phrygiens, s'appellent Citoyens. « Nous parlions de la France bien-aimée, de l'influence de la culture française, dans les plus petites choses de nos luttes politiques nous rappelions la France. *La Marseillaise* était notre hymne de guerre, et nous connaissions par cœur les épisodes de la grande révolution. À notre cri "Vive la République" s'ajoutait presque toujours "Vive la France !" », se souvient quelques années plus tard un officier de la Marine (*O Paiz*, 20 novembre 1912).

Si les jacobins sont minoritaires dans la nébuleuse républicaine, leur fascination pour la France des Lumières et des libertés est plus largement partagée. Pour les élites progressistes, au moins depuis les années 1860, la France c'est le cœur de la civilisation et le « cerveau du monde », comme l'écrit l'éditorial du *Courrier du Brésil* le 1er décembre 1889 : un modèle d'urbanité et d'étiquette, foyer des plus grandes figures scientifiques – dont certaines, comme le botaniste Auguste de Saint-Hilaire, firent du Brésil leur terrain de recherches –, littéraires, philosophiques. Des intellectuels et artistes brésiliens y cherchent le sens de l'histoire, l'inspiration pour guider leur nation vers le progrès, la justice sociale et la liberté. C'est, en partie, la raison de la considérable influence au Brésil de Victor Hugo, vu à la fois comme le porteur d'un nouveau souffle romantique et comme prophète de la révolution.

Cette image de la France construite tout au long du XIXe siècle a fait le lit d'une adoption passionnée, à partir des années 1870, par une nouvelle élite d'ingénieurs, de militaires, de médecins et de professeurs brésiliens : celle du positivisme d'Auguste Comte (1798-1857). Au cœur de la conspiration républicaine, notamment depuis l'École militaire, ils parviennent à imposer sa devise au nouveau régime, « Ordre et progrès », qui apparaît depuis lors dans le globe étoilé qui orne le drapeau national.

Comte est l'auteur, dans la première phase de sa carrière, d'une philosophie de l'histoire selon laquelle les populations humaines évolueraient inéluctablement vers un rapport scientifique et expérimental au monde, renonçant aux révélations religieuses et aux introspections métaphysiques. Cette pensée « positive », appliquée en politique, permettrait la réforme graduelle des sociétés, leur sécularisation, républicanisation, intégration et développement technique et économique. À partir de 1845, la pensée de Comte prend un tournant religieux : suite à une passion amoureuse avec une jeune femme catholique, Clotilde de Vaux, il fonde la « religion de l'humanité », un étonnant culte des morts et de sa propre pensée supposé créer entre les hommes une « affection » rendant possible l'établissement définitif de « l'état positif ».

Le positivisme scientifique a eu un impact considérable sur la pensée occidentale du second XIXe siècle, parce qu'il a fait de l'optimisme ambiant et de la confiance dans le progrès scientifique une loi de l'histoire. Mais il n'y a qu'en Amérique latine, en particulier au Brésil, que sa version religieuse se soit à ce point épanouie, par l'entremise de médecins et grâce au prosélytisme de Pierre Laffitte, successeur de Comte et défenseur d'une interprétation littérale de ses derniers textes. Sous la férule de Miguel Lemos et Raimundo Teixeira Mendes, leaders et « apôtres » de la religion de l'humanité, le courant positiviste brésilien s'est étendu, organisé, hiérarchisé, et a joué un rôle central dans le débat public à la fin de l'Empire et au début de la République. Parallèlement, l'Église positiviste du Brésil a sauvé de l'oubli le culte fondé par Comte, dont le siège demeure aujourd'hui la « chapelle de l'Humanité », rue Payenne à Paris, ancienne maison de la muse Clotilde rachetée en 1903 par les positivistes brésiliens.

Si le comtisme a rencontré un tel succès au Brésil, c'est qu'il donnait à ce pays « périphérique » une place dans l'histoire universelle, et confiait à de nouvelles élites la mission, et les outils, pour lutter contre les « absurdes particularismes » – esclavage, monarchie catholique, régime aristocratique – qui leur en barraient l'accès. Le mouvement positiviste de la fin du XIXe siècle constitua d'ailleurs une force essentiellement progressiste, radicalement abolitionniste, républicaine, favorable à la séparation de l'Église et de l'État et à l'éducation populaire. Ces combats furent fortement associés à une image idéalisée de la Troisième République française, où la liberté et le progrès semblaient advenir dans le respect de l'ordre, valeur cardinale de la pensée comtiste, car ils y étaient menés par une avant-garde éclairée. Un rôle que ces techniciens en redingote, convaincus de leur supériorité intellectuelle et morale, se verraient bien exercer.

1889 n'est pourtant pas une année de greffes de la France vers le Brésil : ni d'un modèle républicain, ni d'une pensée de l'histoire universelle, ni des théories positivistes. Les acteurs politiques brésiliens puisent à leur manière dans le répertoire de modernité que leur offre la France, à la recherche d'outils concrets plus que de systèmes de pensée, lisant Littré ou Laffitte plus que Comte, Leroy-Beaulieu plus que Marx, adaptant, négociant avec les traditions nationales et des imaginaires contraires. De plus, ce sont les vieilles élites latifundiaires qui gagnent finalement la bataille politique et constitutionnelle, imposant au tournant du siècle le modèle d'une République fédérale et oligarchique, très peu inclusive politiquement et socialement.

Cette influence fondatrice a pourtant eu des effets au long cours. Elle a, d'abord, nourri une relation privilégiée entre les milieux scientifiques des deux côtés de l'Atlantique. Les intellectuels français n'étaient plus seulement auréolés, au Brésil, par les « Lumières » de leur mère patrie : ils portaient également Comte sur leurs épaules, c'est-à-dire la science à l'âge de la maturité, et l'invention de la sociologie. Les sciences sociales brésiliennes sont d'ailleurs nées sous forte influence hexagonale : le rôle de l'historien Fernand Braudel et de l'anthropologue Claude Lévi-Strauss dans la création de l'université de São Paulo, dans les années 1930, en reste un témoignage flagrant. En retour, le séjour au Brésil, la visibilité du passé esclavagiste, la fréquentation de populations indiennes furent vécus comme des expériences bouleversantes par ces chercheurs. « Je suis devenu intelligent au Brésil, disait Braudel. Le spectacle que j'ai eu devant les yeux était un tel spectacle d'histoire, un tel spectacle de gentillesse sociale que j'ai compris la vie d'une autre manière. » La France fut enfin, au XXe siècle, le pays d'exil et de formation privilégié des intellectuels brésiliens, depuis l'Estado Novo (1937-1945) jusqu'à la dictature militaire (1964-1985), quand le sociologue Fernando Henrique Cardoso, le géographe Milton Santos et l'économiste Celso Furtado choisirent de fréquenter les bancs de la Sorbonne. Aujourd'hui, les auteurs de référence en salle de classe et dans les milieux universitaires, en sciences humaines, continuent d'être majoritairement français.

Par ailleurs, au Brésil, la lecture positiviste de l'histoire a assis la conviction que le pays, entravé par des oligarchies conservatrices, ne serait entré qu'à demi dans l'histoire du xxᵉ siècle, celle du premier monde industriel, ordonné, « civilisé » ; et que seul un pouvoir central fort et éclairé pourrait le guider vers la grandeur à laquelle sa nature le destine. Cet idéal étatiste et modernisateur fut partagé par des mouvements politiques très différents, de la gauche « populiste » de Getúlio Vargas aux militaires putschistes des années 1960 et 1970.

—

MAUD CHIRIO

RÉFÉRENCES
—

Angela ALONSO, « De positivismo e de positivistas : interpretações do positivismo brasileiro », *Revista Brasileira de Informação Bibliográfica em Ciências Sociais (BIB)*, nᵒ 42, 2ᵉ semestre 1996, Rio de Janeiro, p. 109-134.

Mario CARELLI, *Cultures croisées. Histoire des échanges culturels entre la France et le Brésil, de la Découverte aux Temps modernes*, Paris, Nathan, 1993.

José Murilo de CARVALHO, *A formação das almas : o imaginário da República no Brasil*, São Paulo, Companhia das Letras, 1990.

Angela de Castro GOMES, Dulce Chaves PANDOLFI, Verena ALBERTI et Américo FREIRE (dir.), *A República no Brasil*, Rio de Janeiro, Nova Fronteira, 2002.

Katia de Queirós MATTOSO, Idelette MUZART-FONSECA DOS SANTOS et Denis ROLLAND (dir.), *Modèles politiques et culturels au Brésil. Emprunts, adaptations, rejets*, Paris, Presses de l'université de Paris-Sorbonne, 2003.

RENVOIS
—

1550, 1664, 1808, 1840, 1973

1891

Pasteuriser l'Empire

À Saigon, en janvier 1891, Albert Calmette crée le premier Institut Pasteur outre-mer. Au moment où les découvertes de Louis Pasteur n'ont qu'un effet limité sur la santé publique métropolitaine, les pastoriens transforment les sociétés coloniales en laboratoire d'une révolution médicale.

La révolution pasteurienne n'a pas eu lieu. En France métropolitaine du moins. Les découvertes de Louis Pasteur, couronnées en 1885 par la mise au point du vaccin contre la rage, puis en 1888 par la création de l'Institut Pasteur, n'ont eu qu'un effet limité sur les politiques de santé publique hexagonales. La science pasteurienne, en faisant des microbes la clé de la lutte contre les maladies infectieuses, fascina les opinions publiques comme les gouvernants ; mais, boudée par les médecins et contrariée par la politique parlementaire, elle n'exauça pas les rêves de réforme sociale des hygiénistes. Les pastoriens – comme on appelle les élèves de Pasteur ou, après sa mort, les chercheurs formés à l'Institut – ne changèrent pas grand-chose au destin sanitaire de la France.

Ce récit en forme de lamentation sonne faux pour peu que l'on considère, comme beaucoup de pastoriens de la Troisième République, que la France n'est qu'une province de son vaste empire. Dans les colonies, c'est au contraire une alliance puissante qui se noue entre les médecins pastoriens et l'administration, dès la fin du XIXe siècle. Le rêve d'une société transformée par la science médicale y prend corps, en même temps que les laboratoires des pastoriens s'y installent.

L'histoire aurait commencé ainsi : en décembre 1890, Louis Pasteur en son Institut, soucieux de servir sa patrie, appelle à lui Albert Calmette, médecin de la marine, microbiologiste autodidacte et bon connaisseur des tropiques. De retour d'une affectation à Saint-Pierre-et-Miquelon, Calmette passe alors quelques mois à Paris pour se former aux techniques pastoriennes. Louis Pasteur, qui a échangé peu avant avec Eugène Étienne, le sous-secrétaire d'État aux Colonies, propose à Calmette de partir en Indochine créer un laboratoire pour produire des vaccins et étudier la pathologie locale. Pasteur lui demande de réfléchir et de répondre rapidement. Calmette accepte sur-le-champ.

Calmette fait partie de la première génération de convertis. Les enseignements de l'Institut Pasteur attirent alors un bon nombre de médecins du corps de santé des colonies, qui vient d'être créé en 1890. La présence des médecins coloniaux arrange l'Institut, pour qui ces recrues militaires forment une cohorte de disciples convaincus et zélés. Les médecins sortis de l'École de santé navale de Bordeaux, puis formés à la pathologie exotique par quelques mois de stage à l'École du Pharo à Marseille, tirent pour leur part profit d'une formation scientifique nouvelle, dispensée à la paillasse et au microscope, aux applications pratiques déjà multiples – du diagnostic à l'industrie. Les médecins du corps de santé colonial et l'Institut Pasteur, deux nouveaux venus dans le paysage médical français, se retrouvent ainsi à fonctionner en symbiose, dans un contexte où la « course aux microbes », qui oppose pastoriens, Allemands et Britanniques, se déporte vers les terrains africains et asiatiques – en 1883, la mission pastorienne visant à identifier l'agent du choléra était rentrée bredouille d'Alexandrie, doublée dans sa quête par l'Allemand Robert Koch.

Arrivé à Saigon, Albert Calmette installe son laboratoire à côté de l'hôpital militaire ; l'étable occupe l'essentiel de l'espace, où des génisses puis des buffles servent à produire le vaccin antivariolique. Comme Pasteur à Paris, Calmette joue au « montreur de microbes », en étudiant au laboratoire les pathologies des patients voisins et en s'intéressant à des produits « biologiques » locaux, comme l'opium et l'alcool de riz ; il rationalise leur production en identifiant les micro-organismes impliqués, et promet ainsi industrialisation, brevets et monopole aux colons. Il fait de son laboratoire « un institut en petit » : on fait la queue pour se faire vacciner contre la variole, qui fait encore des ravages à l'époque ; des personnes mordues par des chiens affluent de toute la colonie pour être sauvées de la rage ; les finances se portent bien ; le gouverneur est satisfait. Calmette rentre en 1893, emportant dans ses bagages notes et matériel pour poursuivre ses recherches, en particulier sur les venins de serpents. Le laboratoire de Saigon poursuit sur sa lancée modeste, tout en servant de base à des missions de recherche qui rayonnent dans la région, dont celle d'Alexandre Yersin qui découvre en 1894, à Hong Kong, le bacille de la peste. Il devient officiellement en 1904 l'Institut Pasteur de Saigon – une manière de formaliser son statut de filiale de Paris, et d'affirmer son autonomie par rapport au gouvernement local.

Le scénario va se répéter dans la plupart des colonies françaises : un envoyé de la maison mère débarque et met en place un laboratoire destiné d'abord à la production de vaccins. Après quelques années de rodage, de mondanités et de recherches menées sous la houlette des patrons parisiens, le laboratoire, qui a su se rendre indispensable à l'administration locale, devient Institut Pasteur. À la fin des années 1930, les pastoriens sont ainsi installés à Tananarive, Brazzaville, Dakar, Alger, Tunis, Tanger, Casablanca, Hanoï, Nha Trang ou Nouméa, et sont même « réclamés » par des nations étrangères, en Iran et en Grèce. Le soleil ne se couche jamais sur les « Instituts Pasteur d'outre-mer ».

Les disciples de Pasteur ne cachent pas leur fierté de participer à l'œuvre coloniale. Vaccins, bouillons de culture, sérums et moustiquaires sont des outils d'empire : instruments stratégiques pour protéger la santé des troupes et des colons, ils servent aussi à la « conquête des âmes et des cœurs ». Ils ont rendu « l'œuvre de colonisation », écrit Calmette en 1905, « éminemment humanitaire et civilisatrice ».

Depuis les postes qu'ils occupent au sein des services de santé, les pastoriens orchestrent la réponse coloniale à la crise de la main-d'œuvre qui entrave la « mise en valeur » des colonies, en particulier en Afrique. Le docteur Eugène Jamot, sous-directeur de l'Institut Pasteur de Brazzaville, met ainsi au point une méthode de lutte contre la maladie du sommeil (une maladie parasitaire) : des équipes mobiles vont de village en village avec microscope et seringues pour dépister et traiter tous les cas. Une médecine collective et parfois coercitive, qui fait passer le salut de la population (ou de la « race ») avant tout, mais qui frappe aussi par sa modernité, en formant une armada d'infirmiers africains. Les pastoriens sont ainsi aux avant-postes d'une forme militarisée de médecine sociale, aux ambitions immenses : éradiquer les endémies tropicales, assainir l'Afrique, convertir les indigènes à l'hygiène moderne – de gré ou de force. En 1939, au moment de célébrer en grande pompe le cinquantenaire de l'Institut Pasteur, Louis Pasteur Vallery-Radot, le gendre de Pasteur, assure au président de la République que « les Instituts Pasteur de notre empire, un et indivisible, sont là qui veillent et continueront à veiller tant que les animeront l'esprit de Pasteur et l'âme de la France ».

Même s'ils aiment emprunter le vocabulaire de la propagande, les « missionnaires pastoriens », comme les appelle Calmette en 1912, ne se limitent pas à ce rôle utilitaire. Leur recherche s'affranchit aussi des impératifs économiques ou des commandes de la maison mère de Paris. Dans l'entre-deux-guerres, Charles Nicolle fait par exemple de l'Institut Pasteur de Tunis un véritable centre, dont le dynamisme n'a rien à envier à celui de la métropole ; il reçoit le prix Nobel en 1928 et sera enterré dans son Institut. Des figures comme Nicolle le « Tunisien » ou Yersin, qui est nommé directeur de l'Institut de Saigon en 1901, deviennent des emblèmes d'un attachement pastorien aux cultures locales. La confrérie devient cosmopolite : l'Institut de Saigon forme des médecins indochinois dès les années 1920 et le Cours Pasteur à Paris adoube des sujets coloniaux (même si ceux-ci se heurteront souvent, une fois rentrés au pays, au plafond de verre des hiérarchies raciales).

Les disciples, d'autre part, ne se contentent pas de « disséminer » une théorie qu'« un souffle de vérité, disait Pasteur, emporte vers les champs féconds de l'avenir » – et de l'empire en l'occurrence. Le mouvement va en effet dans les deux sens : de nombreux parcours se concluent par un « retour à la maison ». La médecine française se trouve ainsi marquée en retour par les expériences coloniales. Calmette, par exemple, crée peu après son retour l'Institut Pasteur de Lille, depuis lequel il organise un programme de lutte contre la tuberculose en milieu ouvrier qui restera sans équivalent en France. Comme si Calmette avait aussi ramené dans ses bagages une manière de penser la médecine comme intervention sociale, mais aussi un sens politique certain, l'amenant à financer son programme sans attendre les pouvoirs publics, grâce aux notables et aux philanthropes du Nord. Les colonies, pour Calmette et bien d'autres, furent une école ; là-bas comme en métropole, la médecine est un investissement dans « le capital social ».

Le plus étonnant est peut-être la manière dont les Instituts Pasteur coloniaux eurent une seconde vie après les indépendances (vers 1960), celles-ci étant même l'occasion de créer de nouveaux Instituts en Afrique. Les pastoriens épousent alors le projet gaulliste de la « coopération », puis jouent encore les premiers rôles quand apparaissent les nouvelles épidémies de sida, d'Ebola ou de grippe aviaire. Le « réseau international des Instituts Pasteur » se réinvente à la fin des années 1990 comme un outil précieux de surveillance de la « santé mondiale ». L'histoire coloniale de l'Institut Pasteur est ainsi devenue un lieu de mémoire étrange : commémorée avec ferveur jusqu'aux années 1960, elle est aujourd'hui passée sous silence poliment, ou évoquée avec romantisme à propos des aventures d'un Yersin en Indochine. On n'ose plus dire que Calmette, qui est devenu après sa mort en 1933 un monument national à travers le BCG (« vaccin bilié de Calmette et Guérin »), était « un grand colonial ». La santé publique française avait pourtant le goût du large.

—

GUILLAUME LACHENAL

RÉFÉRENCES

—

Jean-Pierre DOZON, « Pasteurisme, médecine militaire et colonisation », *in* Michel MORANGE (dir.), *L'Institut Pasteur. Contributions à son histoire*, Paris, La Découverte, 1991, p. 269-278.
Annick GUÉNEL, « The Creation of the First Overseas Pasteur Institute, or the Beginning of Albert Calmette's Pastorian Career », *Medical History*, vol. 43, n° 1, 1999, p. 1-25.
Laurence MONNAIS-ROUSSELOT, *Médecine et colonisation. L'aventure indochinoise (1860-1939)*, Paris, CNRS Éditions, 1999.
Anne-Marie MOULIN, « Patriarchal Science : The Network of the Overseas Pasteur Institutes », *in* Patrick Petitjean, Catherine Jami et Anne-Marie Moulin (dir.), *Science and Empires*, Dordrecht, Kluwer Academic Publishers, 1992, p. 307-322.
Kim PELIS, *Charles Nicolle, Pasteur's Imperial Missionary : Typhus and Tunisia*, Rochester, University of Rochester Press, 2006.

RENVOIS

—

1347, 1832, 1931

1892

« Il n'y a pas d'innocents ! »

Une série d'attentats anarchistes frappent l'Europe au début des années 1890. Paris est alors un des principaux maillons d'une réaction en chaîne qui suscite l'effroi dans les opinions publiques et l'internationalisation de la lutte contre le terrorisme.

Une vague de terrorisme anarchiste frappe la France au début des années 1890, à la convergence de plusieurs phénomènes, nationaux et globaux.

La révolution industrielle a modifié les rapports sociaux et fait apparaître une nouvelle «classe», celle des ouvriers, dont les enjeux et revendications politiques semblent transcender les frontières. Cette nouvelle identité s'accompagne du développement du socialisme, mais aussi d'autres courants de pensée, dont l'anarchisme, qui se nourrit notamment des enseignements de Proudhon, Bakounine et Kropotkine. Au gré des exils-refuges et des rencontres internationales, leurs idées circulent. L'Europe est ici à la croisée des chemins : la France, la Grande-Bretagne,

la Suisse sont des pays refuges pour des anarchistes qui fuient les régimes autoritaires ; en même temps que des pays qui, particulièrement marqués par la révolution industrielle, favorisent aussi le développement de ces idéologies. La France représente un cas un peu particulier, peut-être, du fait de son histoire. Kropotkine ne revendique-t-il pas l'héritage des «ancêtres de 1793-1794» ?

La révolution industrielle facilite, par les progrès techniques qui la caractérisent, la circulation des idées et des hommes. Celle des moyens d'action aussi. L'arme par excellence des anarchistes, la dynamite, découle de la découverte de la nitroglycérine en 1846, et de sa maîtrise par Alfred Nobel en 1864. Le plastic est inventé en 1875. Les progrès de la presse et la multiplication des titres et publications, en même temps que les progrès de l'alphabétisation qui permettent à un nombre toujours plus grand de personnes d'avoir accès à l'écrit, favorisent la diffusion des idées et des « modes d'emploi ». *L'Indicateur anarchiste* (1887), une petite brochure de quarante pages, traduite en français, italien, anglais, allemand et espagnol, circule ainsi largement dans les milieux militants et explique comme transformer la nitroglycérine en bombe artisanale. Tout cela alimente la vague d'attentats anarchistes des années 1880-1890.

En France s'y ajoutent les effets d'une histoire et d'un contexte politique nationaux. Le renouveau des rapports de force sociaux issu de la révolution industrielle y trouve un développement particulier, du fait de la rupture entre le mouvement ouvrier et la République. Amorcée dès les journées de juin 1848, cette rupture est consommée par la répression sanglante de la Commune de Paris (1871) et confirmée par la fusillade de Fourmies (1891). L'État républicain apparaît aux yeux de certains comme l'ennemi des classes laborieuses, au moment même où le premier tend par ailleurs à assimiler les secondes à des classes dangereuses dont il faut se prémunir. Cette hostilité latente entre classe ouvrière et République s'inscrit elle-même dans un mouvement plus vaste d'antiparlementarisme, nourri, entre autres, du krach de l'Union générale (1882), de l'affaire des décorations (1887), du scandale de Panama (1892-1893). Ces « affaires » et le discrédit qui entoure le régime alimentent

l'idée d'une violence légitime contre un État qui ne l'est plus. Jaurès s'en fait le porte-parole, lorsqu'il propose, le 26 juillet 1894, dans le cadre d'une discussion sur un projet de loi anti-anarchistes (les « lois scélérates »), d'ajouter cet amendement au texte : « Seront considérés comme ayant provoqué aux actes de propagande anarchiste tous les hommes publics, ministres, sénateurs, députés, qui auront trafiqué de leur mandat, touché des pots-de-vin et participé à des affaires financières véreuses, soit en figurant dans les conseils d'administration de sociétés condamnées en justice, soit en prônant lesdites affaires, par la presse ou par la parole, devant une ou plusieurs personnes. »

Après les échecs de la Ire Internationale, les tenants de la propagande par le fait sont de plus en plus nombreux au sein des mouvements anarchistes. Leurs passages à l'acte marquent la première grande vague de terrorisme dans l'histoire de l'Europe, et de la France en particulier.

Il faut se garder de toute généralité. La « propagande par le fait » ne passe pas obligatoirement par l'action terroriste. Le premier à promouvoir l'action violente, le Russe Pierre Kropotkine, fondateur du journal *Le Révolté* avec le géographe français Élisée Reclus, revient sur ce principe en 1891 et la condamne alors après y avoir incité. Il illustre ainsi les hésitations des anarchistes à franchir le pas de cette violence révolutionnaire si particulière. L'action individuelle et les attentats ne font pas l'unanimité. Ils sont toujours le choix d'une infime minorité au sein des anarchistes, mais une minorité visible, et fortement médiatisée.

La société française et européenne des années 1890 est profondément troublée par leur violence et ses représentations : récits des attentats, description des victimes et des bourreaux, rumeurs alimentant la crainte d'autres attentats, la presse de l'époque se fait l'écho d'une préoccupation permanente du public. La paranoïa est collective, la suspicion généralisée. Et si elle tend à s'apaiser, le terrorisme vise à la relancer. Émile Henry décide d'agir à l'issue pacifique du mouvement de grève de Carmaux, en août 1892, pour réveiller le mouvement ouvrier. Il avait placé pour cela sa bombe au siège de la Société des mines de Carmaux (bombe découverte et transportée au commissariat de la rue des Bons-Enfants où elle explose, tuant cinq policiers).

L'un des paradoxes de ce terrorisme est à la fois de faire peser sur la société une menace constante et anonyme, et en même temps de s'incarner dans quelques figures médiatiques, au statut quasi légendaire. Quelques figures émergent en effet dans les années 1892-1894, dont les noms ont franchi les générations. Ravachol, petit délinquant, accède à une notoriété soudaine par ses attentats, et son procès. Pour venger trois militants, Decamps, Dardare et Léveillé, qui, lors de leurs arrestations, avaient échangé des tirs avec la police (deux sont condamnés à de la prison, le troisième est acquitté), il pose des bombes dans les immeubles où vivent les magistrats ayant instruit et jugé l'affaire. Condamné à mort, il inspire Auguste Vaillant, Théodule Meunier ou encore Émile Henry. Théodule Meunier fait exploser une bombe dans le café

où Ravachol a été dénoncé et arrêté. Auguste Vaillant commet un attentat éminemment symbolique, en lançant une bombe au Palais-Bourbon, en pleine séance. Émile Henry suscite la fascination et l'inquiétude de la presse et du public autant par son parcours que par son calme. C'est un étudiant, recalé à Polytechnique, mais issu d'un milieu bourgeois, qui choisit de frapper la Société des mines de Carmaux, puis le café Le Terminus à la gare Saint-Lazare. Conscient de la peine qui l'attend, il considère son procès comme une tribune politique, racontant dans le détail sa vie, sa « conversion » au terrorisme anarchiste, et lançant comme une menace à l'égard du public : « Il n'y a pas d'innocents ! » Son ennemi, c'est la société tout entière, y compris le simple badaud assis à la terrasse d'un café. Un mois à peine après son exécution, le 24 juin 1894, un autre anarchiste, l'Italien Caserio (illustrant le caractère transnational de ce mouvement), assassine le président de la République, Sadi Carnot, à Lyon, pour le venger. Ces attentats se répondent les uns aux autres, dans une dynamique où l'idéologie s'efface parfois devant la vengeance. Le terrorisme se nourrit et alimente un cycle vicieux : attentat - répression - attentat / réaction. Ce faisant, le terrorisme anarchiste pose d'emblée la question du rapport aux médias, mais aussi des moyens de lutter contre lui.

Vaillant, Henry commettent leurs actes sans illusion sur le sort qui les attend. Vaillant déclare d'ailleurs lors de son procès avoir envisagé de se suicider avant de faire le choix d'une mort « utile à la cause » : « Las de mener cette vie de souffrance et de lâcheté, j'ai porté cette bombe chez ceux qui sont les premiers responsables des souffrances sociales. » Le procès est une tribune politique, dont les médias sont les caisses de résonance. Et cette caisse de résonance dépasse les frontières. La presse du monde entier se fait l'écho de chaque attentat, et leur multiplication nourrit rapidement l'impression d'une vaste conspiration menée à l'échelle mondiale.

Car la vague d'attentats des années 1890 s'inscrit dans un cadre géographique large. Le terrorisme anarchiste est par essence transnational. Par son idéologie, bien sûr, mais aussi par ses pratiques. Ses tenants voyagent beaucoup et frappent là où ils se trouvent sans distinction de nationalités ou de frontières. C'est ainsi un Italien qui assassine le président français Sadi Carnot, à Lyon, en 1894, et encore un Italien qui fait la « une » de la presse française en assassinant une Autrichienne, l'impératrice Élisabeth, en Suisse, en 1898.

La réponse à l'anarchisme est d'ailleurs elle aussi internationale. Les polices échangent de plus en plus à l'échelle européenne, en particulier grâce aux méthodes modernes mises au point par le Français Bertillon (le « portrait parlé »). Et en 1898 se réunit la première conférence internationale contre le terrorisme anarchiste, qui marque la prise en compte de la dimension transnationale de la menace. Mais ses effets sont limités par l'opposition indépassable entre régimes autoritaires et démocraties.

En France, la réponse de la Troisième République est à la mesure de la peur engendrée par le terrorisme anarchiste : sévère. Mais la République affiche d'abord haut et fort son intention de ne pas céder. L'attentat de Vaillant au Palais-Bourbon est à cet égard tout un symbole. Le président de la Chambre, Charles Dupuy, légèrement blessé, poursuit la séance en lançant : « Messieurs, la séance continue ! Il est de la dignité de la Chambre et de la République que de pareils attentats, d'où qu'ils viennent et dont, d'ailleurs, nous ne connaissons pas la cause, ne troublent pas les législateurs. » Ceux-ci réagissent néanmoins en adoptant, quelques jours après, la première des lois dites scélérates. Le 11 décembre 1893, deux jours seulement après l'attentat, Jean Casimir-Perier propose une loi condamnant l'apologie des actes anarchistes et permettant des arrestations préventives. Le 18 décembre, un deuxième texte permet l'arrestation des membres ou sympathisants d'organisations anarchistes. Le 28 juillet 1894 (un mois après l'assassinat de Sadi Carnot), une troisième loi interdit toute propagande anarchiste, sans retenir de définition de l'anarchisme, ce qui rend son application adaptable. Les « lois scélérates » marquent le début d'une législation qui, sans être encore qualifiée d'antiterroriste, ouvre la voie aux juridictions d'exception qui se développent ensuite en France.

—

JENNY RAFLIK

RÉFÉRENCES

——

Constance BANTMAN, *The French Anarchists in London (1880-1914) : Exile and Transnationalism in the First Globalisation*, Liverpool, Liverpool University Press, 2013.
Vivien BOUHEY, *Les Anarchistes contre la République. Contribution à l'histoire des réseaux sous la Troisième République (1880-1914)*, Rennes, Presses universitaires de Rennes, 2009.
Richard Bach JENSEN, *The Battle against Anarchist Terrorism : An International History (1878-1934)*, Cambridge, Cambridge University Press, 2013.
Jean MAITRON, *Le Mouvement anarchiste en France*, Paris, Maspero, 1975, 2 vol. ; rééd. Paris, Gallimard, 2011.
John MERRIMAN, *Dynamite Club. L'invention du terrorisme à Paris*, Paris, Tallandier, 2009.

RENVOIS

——

1794, 1871, 1968, 2015

1894

Dreyfus, Affaire européenne

Les accusations portées contre Alfred Dreyfus n'ont pas divisé seulement la société française. L'Affaire a résonné dans toute l'Europe, en proie à une vague généralisée d'antisémitisme. Le projet sioniste prend alors forme, tandis que le nom de Dreyfus devient le symbole de l'injustice.

Le dimanche 17 septembre 1899, environ 50 000 manifestants se réunissent devant le célèbre Speaker's Corner de Hyde Park. Rassemblés dans une « respectabilité petite-bourgeoise », qui rassure le *Times*, ces Londoniens protestent contre les « juges ignobles » qui bafouent, en France, « les principes fondamentaux de l'humanité » (*Daily Telegraph*). À peine est-elle rendue publique que la seconde condamnation du capitaine Dreyfus suscite, en effet, un élan d'indignation qui franchit les frontières hexagonales et même européennes, à tel point que l'on parle d'un possible boycott de l'Exposition universelle qui doit se tenir à Paris en 1900.

Injustement accusé d'espionnage au profit de l'Allemagne, le capitaine Alfred Dreyfus a d'abord été condamné, le 22 décembre 1894, à la déportation perpétuelle. Dégradé, emprisonné, détesté, il obtient la révision de son procès, en 1899, grâce à l'intense mobilisation de ses défenseurs. À nouveau jugé coupable, le verdict étant assorti de « circonstances atténuantes » qui témoignent du malaise des juges, il est cependant gracié et libéré, avant d'être pleinement réhabilité en 1906. Cette affaire célèbre est d'abord l'histoire française d'une tension entre principes démocratiques et crispations nationales qui se cristallise dans les incertitudes politiques d'une Troisième

République vacillante. Mais elle s'éprouve et s'écrit aussi à l'échelle européenne et mondiale, où elle reformule la question de l'antisémitisme et fonde un modèle de mobilisation civique.

L'Affaire commence en septembre 1894, lorsqu'une femme de ménage employée par les services secrets français (la « Section de statistique ») déniche un curieux papier dans une corbeille de l'ambassade d'Allemagne. Ce bordereau propose des renseignements secrets – qui se révéleront en réalité l'œuvre insignifiante d'un officier couvert de dettes, Esterhazy, vrai coupable de l'Affaire. Pressés de conclure et emplis de préjugés, les enquêteurs portent cependant leurs soupçons sur un capitaine alsacien, Alfred Dreyfus. Fortuné, bien marié, excellemment noté, le jeune homme excite les jalousies ; qu'il soit juif, dans une armée encore imprégnée d'un traditionalisme antisémite, ne fait qu'aggraver son cas. Coupable idéal, Dreyfus proteste cependant de son innocence et résiste aux pressions. Conscients de la fragilité du dossier d'accusation, les enquêteurs distillent les rumeurs dans les journaux et forgent de fausses pièces à conviction, qui permettent au Conseil de guerre de le condamner, le 22 décembre 1894.

Correspondant parisien d'un grand journal autrichien (la *Neue Freie Press*), Theodor Herzl reste perplexe sur le fond de l'Affaire. Assistant à la dégradation solennelle et publique de Dreyfus, le 5 janvier 1895, il y découvre l'expression brutale d'un climat d'antisémitisme qui scelle le deuil de ses espérances déjà bien abîmées. Pour les juifs d'Europe de l'Est, victimes de pogroms qui s'intensifient après l'assassinat du tsar Alexandre II (1881), la République française faisait figure de terre d'asile. « Heureux comme Dieu en France », dit un dicton yiddish : dans quel autre pays les juifs peuvent-ils mener un début de carrière aussi prometteur que celui d'Alfred Dreyfus ? Installé en France depuis 1891, Herzl a cependant pu mesurer les ambivalences d'une intégration qui suscite de fortes crispations. Depuis les années 1870, le traditionnel antijudaïsme chrétien se complique en effet d'une critique du présumé pouvoir financier et occulte des juifs, ainsi que de théories biologiques qui fondent un nouveau type de racisme. Ces discours d'exclusion se durcissent et s'amplifient, comme le prouve le succès du pamphlet d'Édouard Drumont, *La France juive* (1886), prolongé par un journal, *La Libre Parole*, premier à dénoncer « le traître Dreyfus ».

Aussi l'Affaire constitue-t-elle une étape supplémentaire – mais pas une rupture décisive – dans le cheminement intellectuel qui conduit Herzl à envisager une « solution moderne de la question juive » : puisque l'assimilation est une illusion, puisque « l'erreur des libéraux a été de croire que l'on peut rendre les hommes égaux par un décret publié au bulletin des lois », il faut désormais promouvoir le sionisme et construire *L'État des juifs*, titre de l'ouvrage qu'il publie en 1896. À Bâle, en 1897, le premier congrès sioniste ovationne le nom de Bernard Lazare, qui s'est engagé dès février 1895 à la tête du vigoureux combat pour la révision du procès.

L'affaire Dreyfus devient – et reste durablement – un puissant levier de mobilisation pour des communautés juives profondément émues par ce drame humain ainsi que par les brutales bouffées d'antisémitisme qui traversent la société française et l'ensemble de l'Europe. Dans les *shtetls* de Russie, explique Léon Baratz, « tous se sentaient les coïnculpés du capitaine Dreyfus et savaient que c'était le procès du judaïsme mondial qui se faisait ». Ce que rappellent cruellement les nouveaux pogroms qui frappent l'Europe orientale après 1900. Même aux États-Unis, où la presse se passionne pour le dossier, les immigrants s'inquiètent, rattrapés par le souvenir des persécutions, tandis que la bourgeoisie juive s'interroge : ce Dreyfus n'est-il pas l'un des leurs, parfaitement assimilé et pourtant impitoyablement rejeté ? L'Affaire révèle ainsi le second souffle d'un antisémitisme qui prospère également à Vienne, dont le maire, Karl Lueger, élu depuis 1897, professe la haine des juifs, et qui se renouvelle grâce à la diffusion des *Protocoles des sages de Sion*, un faux rédigé par la police secrète russe en 1901.

Au-delà de la question de l'antisémitisme, le nom de Dreyfus s'imprime dans tous les journaux du monde et suscite de vifs sentiments de compassion. À l'annonce de sa seconde condamnation, en 1899, la reine Victoria elle-même ne retient pas sa colère : « Aucun mot ne saurait traduire mon horreur ; si seulement toute l'Europe voulait bien crier son indignation ! »

Cet élan international a-t-il franchi les portes du petit village breton de La Rablais, dont le garde-barrière aurait eu ce mot aussitôt colporté : « Qui cela Dreyfus ? Je n'en ai jamais entendu parler. » Interviewé par la presse, cet « heureux homme » qui préfère « soigner ses poulets et ses légumes plutôt que lire les journaux » incarne l'autarcie culturelle de cette France rurale et populaire que les élites citadines croient indifférente aux mouvements de l'opinion. À tort si l'on en croit les nombreux exemples qui montrent, à l'inverse, la forte mobilisation des petites gens pour ou contre ce capitaine dont on suit les mésaventures par les gazettes. « Quel drame poignant, quels personnages superbes ! » écrit Émile Zola, dont « le cœur de romancier bondit d'une admiration passionnée ». L'Affaire prend la forme d'un feuilleton, avec ses victimes (le malheureux prisonnier de l'île du Diable, mais aussi sa femme Lucie, courageuse et digne), ses héros (le lieutenant-colonel Picquart, qui découvre la vérité et n'hésite pas à s'opposer à ses chefs) et ses rebondissements.

Car la fin du XIXe siècle voit naître une véritable civilisation du journal portée par l'alphabétisation, les progrès techniques et la liberté d'expression. La presse joue un rôle capital dès les débuts de l'affaire Dreyfus, elle est un vecteur de l'antisémitisme, mais elle est aussi mobilisée par les partisans de la révision du procès, parmi lesquels beaucoup, intellectuels et politiques, y sont bien introduits. Ceux que l'on appelle les dreyfusards s'emploient à réveiller les consciences par des moyens audacieux : articles, brochures, conférences, bien sûr, mais aussi rumeurs, piques et scandales. Alors que la mobilisation s'enlise, en 1896, Mathieu Dreyfus relance l'Affaire en inspirant un billet du *Daily Chronicle* londonien qui annonce l'évasion de son frère. Deux ans plus tard, le 13 janvier 1898, alors que le pouvoir politique semble clore le dossier, Émile Zola provoque ses adversaires et la réouverture du dossier par son retentissant « J'accuse », publié dans *L'Aurore*. Exploitant sa notoriété pour désigner les responsables de l'erreur judiciaire, il s'expose délibérément à des poursuites judiciaires qui suscitent un formidable écho. À son tour condamné, il se réfugie à Bruxelles, réactivant ainsi les souvenirs de l'exil politique des libéraux du XIXᵉ siècle.

Hors de France, on ne mesure cependant pas tous les enjeux politiques du dossier – sauf, peut-être, en Belgique, où la question cléricale est tout aussi sensible. L'affaire Dreyfus ne prend en effet toute sa dimension qu'en raison de la crise latente d'une Troisième République à la recherche de son identité. Le régime doit-il engager un virage conservateur pour mieux protéger les institutions et la patrie ou prolonger et amplifier son projet d'émancipation, quitte à heurter l'armée et l'Église ? Ces questions de fond qui traversent confusément le paysage politique des années 1890 se reformulent à travers le cas pratique de Dreyfus. Et c'est dans un climat de tension et un esprit de clarification que Waldeck-Rousseau forme, en juin 1899, un « gouvernement de défense républicaine » qui soude les forces de gauche contre un double ennemi commun : le césarisme et surtout le cléricalisme.

Après cette recomposition politique dont il est malgré lui le prétexte et l'accélérateur, Alfred Dreyfus quitte le devant de la scène. Condamné mais libéré en 1899, il est réhabilité en 1906 et assiste, deux ans plus tard, au transfert des cendres d'Émile Zola au Panthéon, dans un climat de violence (Dreyfus essuie même un coup de feu !) qui témoigne de l'enkystement durable des haines nationalistes. Par cette cérémonie symbolique, la République exprime sa reconnaissance à l'égard de ces dreyfusards qui ont osé bousculer ses institutions pour mieux lui rappeler ses principes.

De Lucien Herr à Clemenceau, en passant par Jaurès, ceux-ci ont mêlé l'éloge de la vérité et le culte de la raison à un engagement passionné que certains avaient déjà mis au service de la dénonciation des massacres d'Arméniens, dans l'Empire ottoman. Que cette véritable « mystique », selon le mot de Charles Péguy, se dégrade ensuite en « politique », c'est-à-dire en compromis, déçoit les passionnés d'absolu qui ont fait leurs armes dans ce combat acharné. Mais ni la République ni les autres démocraties du monde n'en ont fini avec les valeurs universalistes qui se cristallisent dans le contexte de l'Affaire et que tous ces régimes retrouvent quand se profile le spectre de l'injustice ou de l'erreur judiciaire. Du syndicaliste Jules Durand, « Dreyfus ouvrier » de 1910, au trader Jérôme Kerviel, « nouveau Dreyfus » des années 2010, l'invocation du modèle originel devient un argument rituel – sinon un point Godwin – du débat de prétoire. Cité et mobilisé en d'autres circonstances, par exemple lors du mouvement des droits civiques dans l'Amérique des années 1960, le nom

Dreyfus désigne désormais la critique démocratique des dévoiements et des désillusions de la démocratie.

— ARNAUD-DOMINIQUE HOUTE

RÉFÉRENCES
—

Marie AYNIÉ, *Les Amis inconnus. Se mobiliser pour Dreyfus (1897-1899)*, Toulouse, Privat, 2011.
Michel DROUIN (dir.), *L'Affaire Dreyfus. Dictionnaire*, Paris, Flammarion, 2006, 2ᵉ éd.
Vincent DUCLERT, *Alfred Dreyfus. L'honneur d'un patriote*, Paris, Fayard, 2006.
Ruth HARRIS, *L'Homme de l'île du Diable. Une histoire des passions dans l'affaire Dreyfus*, Paris, Presses de la Cité, 2015 (éd. originale, Londres, 2010).
Bertrand JOLY, *Histoire politique de l'affaire Dreyfus*, Paris, Fayard, 2014.

RENVOIS
—

1105, 1347, 1369, 1683, 1942, 1962

1900

La France accueille le monde

50 millions de visites. Mais à quoi sert l'Exposition universelle de 1900 ? Comme pour les précédentes, il s'agit aussi de masquer les défaites ou les reculs économiques par une brillante mise en spectacle du « génie national », qui exalte les Lumières françaises et le progrès.

La France apparaît souvent pour le pays qui parvient à faire passer ses échecs ou ses défaites pour des victoires symboliques ou qui masque ses reculs économiques à travers une brillante mise en spectacle de domaines où elle se pense sans rival : la mode, le luxe, les arts, les lettres. Dans la seconde moitié du XIXe siècle, c'est la fonction en partie dévolue aux Expositions universelles parisiennes en 1855, 1867, 1878, 1889, 1900. Épicentre de toutes les crises, de toutes les révolutions et de tous les désastres depuis la fin du XVIIIe siècle, Paris fut la cité par excellence où s'opéra cette transmutation. En 1878, la République enfin établie y met en scène la résurrection nationale malgré la défaite de 1870 et la Commune ; en 1889, elle fête le centenaire de la Révolution malgré la récente crise boulangiste qui a failli la mettre à bas et le refus de participation de certaines monarchies, dont l'Allemagne. En 1900, après avoir réglé provisoirement et de manière peu glorieuse l'affaire Dreyfus, elle veut afficher l'unité nationale retrouvée et la confiance dans l'avenir à l'orée d'un nouveau siècle.

Ces expositions sans cesse plus grandioses masquent mal que la France perd du terrain face aux autres puissances. Si Paris a pu être à chaque rendez-vous, c'est grâce à l'image internationale de cette ville à nulle autre pareille, mais aussi parce que chaque régime ou gouvernement rivalise avec le précédent pour incarner la marche inexorable du progrès en y consentant des moyens toujours plus considérables. Encyclopédie du monde, l'exposition de 1900 est beaucoup plus qu'un étalage de toutes les richesses ou qu'une compétition pacifique entre nations. Elle doit prolonger et magnifier l'esprit des Lumières et de l'*Encyclopédie* de d'Alembert et Diderot, bref donner sens à l'avenir mais selon la vision française de l'histoire à laquelle bien peu de nations adhèrent à l'époque.

Le bilan statistique de Paris 1900 fournit quelques éléments objectifs pour situer cette exposition superlative dans l'histoire mondiale de la France. En 211 jours, on a recensé 50 860 801 entrées dont 41 027 177 payantes. La moyenne des entrées par jour s'établit ainsi à 241 046, avec des pointes le dimanche à 409 376. Si ce dernier indicateur souligne la forte présence d'un public parisien issu de toutes les classes, le trafic des gares et des ports indique l'attraction massive sur les provinciaux et les étrangers. L'affluence aux gares parisiennes connaît ainsi un pic particulier avec 102 millions de passagers, soit 25 millions de plus qu'en 1899, et 56 millions de plus qu'en 1889, autre année d'exposition. L'*Album statistique* de 1900 permet d'aller plus loin dans l'analyse des provenances géographiques : 439 976 voyageurs sont venus par chemin de fer de l'étranger et 150 763 par bateau. Sans surprise, les pays qui envoient le plus de visiteurs à la fois sont les plus proches et appartiennent aux classes les plus riches. Par ordre d'importance, ce sont la Grande-Bretagne, la Belgique, la Hollande, la Suisse, l'Allemagne et l'Autriche, ou encore l'Italie. Il est difficile de déterminer l'effectif du contingent américain puisque beaucoup passent par les transatlantiques anglais puis retraversent la Manche après avoir fait escale à Liverpool ou Londres. Des provenances très lointaines attestent cet écho mondial : plus de 10 000 voyageurs sont venus d'Amérique du Sud, plus de 3 600 de Chine et du Japon, plus de 8 000 des Indes orientales et d'Australie, plus de 14 000 Russes ont pris le bateau (auxquels il faut ajouter ceux qui ont emprunté la ligne de train Paris-Berlin-Moscou, confondus dans le contingent « allemand »), plus de 28 000 proviennent du bassin oriental de la Méditerranée, 59 753 d'Algérie, 14 556 de Tunisie, 2 974 de Cochinchine. En 1900, Paris est bien, avec Londres, l'une des capitales de ce qu'on a appelé la « première mondialisation ».

La superficie dédiée à l'exposition est doublée par rapport à 1889 avec 216 hectares sur deux sites (Champ-de-Mars, esplanade des Invalides, Champs-Élysées, colline de Chaillot d'une part, et bois de Vincennes de l'autre). Pourtant, l'entassement des pavillons, tel qu'il ressort des photos aériennes, donne l'impression d'un espace saturé où l'on a voulu faire figurer toutes les parties du monde mais aussi les nouvelles inventions et modes de vie qui dessinent déjà le XXe siècle : automobile, cinématographe, aviation, radio, éclairage électrique généralisé qui supprime la nuit. Tous les styles architecturaux, artistiques ou musicaux se mêlent et se côtoient. Paris 1900 a toutefois moins laissé de monuments marquants que les précédentes expositions. En 1878, on avait bâti le premier palais du Trocadéro sur la colline de Chaillot ; en 1889, ce fut l'érection de la controversée tour de 300 mètres. En dépit des polémiques lors de sa construction, la tour de Gustave Eiffel est déjà devenue un nouveau symbole de la capitale française. Pour 1900, on a construit seulement le pont Alexandre III, trait d'union style rococo entre les deux rives, symbole de l'alliance franco-russe, et le Grand et le Petit Palais, compromis entre l'architecture de verre et de fer des coupoles et des nefs, le classicisme solennel des façades à colonnes et des groupes sculptés pour les parties nobles et visibles, et la fantaisie végétale Art nouveau des décorations internes et externes.

Le rendez-vous mondial de 1900 fournit du moins l'occasion de rattraper le retard parisien sur Londres et Berlin en matière de transport urbain. Longtemps repoussée, la construction du métropolitain électrifié est enfin décidée en 1898 et l'inauguration de la première ligne de métro entre la porte Maillot et la porte de Vincennes (un peu plus de 10 kilomètres) intervient le 19 juillet 1900. Ce premier transport rapide dans une capitale de plus en plus encombrée, où vélocipèdes, automobiles et véhicules hippomobiles se disputent le pavé, séduit d'emblée plus de 10 millions de voyageurs en cinq mois, soit cinq fois la population parisienne.

Dans cette ville dans la ville, aux centaines de constructions de tous les styles et de toutes les époques, aux dizaines de milliers d'œuvres, de machines et d'objets exposés, tout est en concurrence pour attirer les récompenses ou les foules. À l'orée du XXe siècle, le public comme la plupart des maîtres

d'œuvre cultivent la nostalgie. Les édifices qui remportent le plus de succès relèvent en effet plutôt de la tradition et du passé, à l'image des reconstitutions d'un village suisse ou du vieux Paris. L'Italie propose un pastiche de la basilique Saint-Marc et du palais des Doges, l'Empire ottoman un palais du Bosphore (construit par un architecte français !) et l'Espagne une réplique de la Giralda de Séville.

Regroupés sur la colline de Chaillot, les pavillons des colonies exaltent la puissance ultramarine française, mais aussi anglaise, néerlandaise, portugaise ou allemande. On s'y rend surtout pour replonger dans un monde où passé folklorique et domination européenne cohabitent en apparence paisiblement, des cafés maures aux musiques lancinantes et danseuses javanaises langoureuses, tandis que des potiers traditionnels s'échinent sur leur tour à quelques centaines de mètres des machines les plus rutilantes ou mortifères de l'industrie lourde. Dans le monde imaginaire du pavillon Le Tour du Monde, des monuments situés à des milliers de kilomètres se touchent et font voyager instantanément de l'Inde au Portugal, de l'Égypte au Japon, d'Angkor à Pékin sans prendre ni valise ni bateau. 1900 c'est l'invention du virtuel, du rêve éveillé, du monde dominé, du temps aboli.

La France doit aussi triompher dans l'art où elle écrase ses voisins au sein du Grand Palais, avec l'exposition du centenaire de l'art du XIXe siècle (3 073 œuvres présentées de David au tout jeune et inconnu Picasso, récemment débarqué de Barcelone). En face, le Petit Palais donne une rétrospective de l'art décoratif français des origines à 1800, avec 4774 œuvres. L'exposition propose également dans son enceinte de nombreux spectacles payants qui ont dégagé en tout plus de 12 millions de francs de recettes : les plus courus ont été le palais de l'Optique où les dernières découvertes de la science (astronomie, biologie, rayons X, géologie) sont mises à la portée de tous.

À côté de sa fonction distractive, liée à l'image traditionnelle de Paris ville spectacle, l'exposition de 1900 met aussi en valeur un autre trait de sa centralité mondiale, avec la multiplication des congrès scientifiques, militants et professionnels qui s'y tiennent à cette occasion. Ces derniers structurent peu à peu le champ du savoir international dans tous les domaines : on en dénombrait 3 en 1855, 14 en 1867, 48 en 1878, 101 en 1889, à nouveau le double en 1900 (203), avec un total de 68 000 participants. Les historiens voisinent avec les sapeurs-pompiers, l'économie sociale avec le congrès de l'électricité, les voyageurs de commerce avec les associations d'inventeurs, le droit des femmes avec le repos du dimanche. Grâce à toutes ces professions, tous ces experts, tous ces militants ou savants rassemblés, Paris est bien la véritable capitale intellectuelle et politique du monde pendant quelques mois, et remplit les bibliothèques d'épais comptes rendus in-octavo où l'on dresse bilan et inventaire des questions pour l'avenir : les lois sociales, la lutte pour la paix, l'élaboration de règlements internationaux dans tous les domaines.

Il est de bon ton aujourd'hui de se moquer des Expositions universelles et de douter de leur utilité tant la formule s'est démultipliée et subdivisée en salons spécialisés et parcs d'attractions. La Toile n'est-elle pas aujourd'hui l'encyclopédie mondiale infiniment plus complète que tous ces pavillons enchevêtrés où le visiteur se perdait ? 1900 est sans doute la dernière occasion où ont pu se donner libre cours l'encyclopédisme, l'optimisme des Lumières, la volonté de réunir toutes les parties du monde en un point central, le souci de parler aux intelligences comme aux émotions, aux idéaux comme aux intérêts, aux foules qui cherchent le divertissement comme aux publics étroits en quête de savoir. En même temps, ce monde idéal comme ce Paris idéal des beaux quartiers, bien loin des taudis surpeuplés des arrondissements ouvriers de l'est, prolongent illusoirement la position prétendument centrale et d'avant-garde de la France et de sa capitale dans l'histoire de ce temps. En 1900, tout commence déjà à basculer pour la France comme pour le reste du monde : exacerbation des impérialismes européens et émergence de nouveaux empires outre-mer qui défient l'Europe (États-Unis, Japon), révoltes anticoloniales (Boxeurs en Chine), arts industriels qui défient les beaux-arts, avant-gardes qui rejettent les conventions surannées, nouvelles sciences ouvrant sur des mondes inconnus que la « claire raison » cartésienne a bien du mal à admettre, de la radioactivité découverte par Pierre et Marie Curie en 1898 à l'inconscient exploré par Freud dans *L'Interprétation des rêves* datée de cette même année 1900.

—

CHRISTOPHE CHARLE

RÉFÉRENCES

—

Pierre BIRNBAUM (dir.), *La France de l'affaire Dreyfus*, Paris, Gallimard, 1994.

Isabelle CHALET-BAILHACHE (dir.), *Paris et ses Expositions universelles. Architectures (1855-1937)*, Paris, Éd. du Patrimoine, 2008.

Christophe CHARLE, *Paris, fin de siècle. Culture et politique*, Paris, Seuil, 1998.

Richard D. MANDELL, *Paris 1900 : The Great World's Fair*, Toronto, University of Toronto Press, 1967.

Brigitte SCHROEDER-GUDEHUS et Anne RASMUSSEN, *Les Fastes du progrès. Le guide des Expositions universelles (1851-1992)*, Paris, Flammarion, 1992.

RENVOIS

—

1550, 1751, 1793, 1889, 1931, 1998

1903

Le rayonnement sous X de la science française

Avec le nouveau siècle, le prix Nobel, tout juste institué grâce aux profits de l'inventeur de la dynamite, consacre la découverte de la radioactivité en France par une femme d'origine polonaise, Marie Curie. Le baptême du monde nucléaire est aussi celui du lieu de reconnaissance ultime de la science internationale.

Le 10 décembre 1903 à Stockholm, Henri Becquerel est seul à la cérémonie de remise du prix Nobel de physique. Pourtant, ce n'est que la moitié de ce prestigieux prix qui lui est décernée par l'Académie royale des sciences et remise par le roi de Suède « en reconnaissance des services extraordinaires qu'il a rendus par sa découverte de la radioactivité spontanée ». La seconde moitié de ce prix Nobel est attribuée en partage à Pierre Curie et Marie Skłodowska-Curie, « en reconnaissance des services extraordinaires qu'ils ont rendus par leurs recherches conjointes sur les phénomènes de rayonnement découverts par le professeur Henri Becquerel ». Ils ne sont pas présents pour recevoir leurs diplômes et médailles. Marie Curie malade, puis enceinte de leur fille Ève, ce n'est qu'en juin 1905 que le couple Curie se rend à Stockholm.

Quelle découverte ce prix vient-il récompenser ? Entre mars et mai 1896, Henri Becquerel réalise des expériences au Muséum national d'histoire naturelle afin de déterminer si l'exposition à la lumière de certains sels produisait une émission de rayons X que venait de découvrir Wilhelm Röntgen. Les premiers résultats sont positifs mais, un jour sans soleil, il constate que le rayonnement qu'il observe est émis spontanément par ses sels d'uranium, sans apport d'énergie extérieure. Il nomme ce nouveau rayonnement « rayon uranique ».

De leur côté, Marie Skłodowska-Curie, jeune Polonaise née à Varsovie en 1867 et arrivée à Paris en 1891, licenciée ès sciences physiques et ès mathématiques, et Pierre Curie, physicien, se sont mariés en 1895. Après la naissance de leur fille Irène en septembre 1897, Marie Curie décide d'entreprendre une thèse de doctorat de sciences en étudiant les rayons uraniques de Becquerel. Pierre Curie met au point un appareillage capable de mesurer les charges électriques produites dans l'air par le rayonnement de l'uranium. En mesurant et comparant systématiquement les rayonnements émis par l'uranium et par divers de ses composés, Marie Curie établit sans ambiguïté que ces rayonnements spontanés sont bien une propriété de l'atome. Elle dénomme alors la propriété d'émission spontanée de rayonnement « radioactivité ». La forte intensité du rayonnement émis par un minerai d'uranium la conduit à penser qu'un autre élément beaucoup plus actif que l'uranium doit exister dans ce minerai. Avec Pierre Curie, qui l'a rejointe dans ses travaux, ils annoncent la découverte du polonium le 18 juillet 1898, puis ensemble, avec Gustave Bémont, celle du radium le 26 décembre. Le rayonnement des nouveaux éléments est des millions de fois plus intense que celui de l'uranium. La radioactivité, reconnue comme un phénomène radicalement nouveau, devient un sujet d'étude privilégié par physiciens et chimistes.

Ces recherches ont lieu au moment même où Alfred Nobel, chimiste et industriel suédois, lègue à sa mort en 1896 une immense fortune destinée à récompenser les plus importants travaux de cinq disciplines du savoir. Les membres nationaux et étrangers des Académies suédoises proposent les nominés. Parmi ces cinq disciplines, le prix Nobel doit être attribué « à la découverte ou au progrès le plus important en chimie » et « à la découverte ou à l'invention la plus importante en physique ». Il a été attribué pour la première fois en 1901, c'est donc une fondation encore jeune qui doit se prononcer en 1903. Or, alors que la chimie et la physique avaient constitué leur identité propre durant tout le XIXe siècle, les récents travaux sur l'atome et la molécule montraient que les frontières disciplinaires étaient loin d'être inébranlables. Les deux premiers prix Nobel de physique ainsi que le premier de chimie récompensaient d'ailleurs ce travail sur la connaissance de l'atome nécessitant l'association des théories physiques et chimiques. Le deuxième prix Nobel de chimie récompensait quant à lui l'union de la chimie avec la biologie. Ce que l'on appelle aujourd'hui la transdisciplinarité était donc à l'honneur.

Immédiatement, une polémique s'installe. La radioactivité, la découverte de nouveaux radioéléments, font-elles partie de la chimie ou de la physique ? Délicates discussions auxquelles participaient les plus grands scientifiques suédois, parmi lesquels les précurseurs de la discipline chimie-physique. Le comité du prix Nobel de chimie de 1903 aurait aimé allier radioactivité et chimie. Cependant, il était alors hors de question pour le comité de chimie de partager ce prix Nobel avec son candidat favori, Svante Arrhénius, savant suédois et l'un des fondateurs de la chimie-physique. Aussi, le comité de chimie céda Henri Becquerel et les Curie au comité de physique à la condition que la découverte des nouveaux radioéléments, le polonium et le radium, ne soit pas mentionnée dans l'attribution du prix. Il se réservait ainsi la possibilité de récompenser d'un futur prix Nobel de chimie les auteurs de leurs découvertes et donc de rattacher la recherche en radioactivité à la discipline « chimie ».

En 1902 déjà, Emil Warburg, allemand, et Gaston Darboux, français, avaient proposé, pour le prix Nobel de physique, Henri Becquerel, Marie Curie et Pierre Curie. En 1903, seul Charles Bouchard, médecin français, proposa Marie Curie (en deuxième position après Becquerel, reléguant Pierre Curie au troisième rang). Un seul, Marcellin Berthelot, confirmait sa recommandation pour Henri Becquerel seul. Les quatre autres savants français invités par le comité Nobel à se prononcer proposèrent Henri Becquerel et Pierre Curie uniquement. Ce dernier, mis au courant de la proposition principale, écrit à Henri Poincaré, dont il sait l'influence sur les autres savants français, pour l'inciter à rajouter le nom de sa femme parmi les nominés : « J'ai appris qu'il était question de nous proposer M. Becquerel et moi pour le prix Nobel pour l'ensemble des recherches sur la radioactivité [...]. Ce serait pour moi un très grand honneur, toutefois je désirerais beaucoup partager cet honneur avec Mme Curie et que nous soyons considérés ici comme solidaires, de même que nous l'avons été dans nos travaux. Mme Curie a étudié les propriétés radioactives des sels d'uranium et de thorium et des minéraux radioactifs. [...] Il me semble que si nous n'étions pas considérés comme solidaires dans le cas actuel ce serait déclarer en quelque sorte qu'elle a seulement rempli le rôle de préparateur, ce qui serait inexact. Veuillez, je vous prie, m'excuser pour l'incorrection de cette lettre, car je n'ai aucunement le droit d'émettre un avis et je devrais même ignorer de quoi il est question. »

Sa demande fut bien transmise, mais Pierre Curie n'en sut rien. Il la renouvelle à Gösta Mittag-Leffler, mathématicien suédois, en août 1903. Il semble que la demande de Pierre Curie ne rencontra aucune objection puisque, dans les correspondances du comité, le couple est toujours présent. Aucune archive ne permet de dire si Marie Curie fut informée de la possible nomination de Pierre et de ses démarches. Il est fort probable qu'elle n'en ait jamais rien su.

Le 14 novembre 1903, la secrétaire de l'Académie suédoise des sciences écrit à M. et Mme Curie pour leur confirmer la décision de l'Académie des sciences de leur accorder, en commun, la moitié du prix Nobel de physique. Elle les informe de la cérémonie solennelle et n'oublie pas de leur rappeler que, selon les statuts de la

Fondation Nobel, ils sont « tenus à faire à Stockholm, dans le courant des six mois qui suivront la réunion, une conférence publique ayant trait au travail couronné ». Pierre prononce sa conférence, concluant sur les possibles dangers et bienfaits de la radioactivité. Tout comme la dynamite de Nobel, l'importante énergie émise par les rayonnements peut servir à construire comme à détruire, à soigner comme à tuer. Cependant, Pierre Curie affirme sa foi en l'humanité : « Je suis de ceux qui pensent avec Nobel que l'humanité tirera plus de bien que de mal des découvertes nouvelles. »

Le prix Nobel de physique de 1903 est un événement important pour l'histoire des sciences, l'histoire des femmes et celle de la notoriété des prix Nobel scientifiques. Les premiers prix Nobel de 1901 avaient connu un grand écho dans la presse française puisque les Français remportaient le prix Nobel de littérature et pour moitié celui de la paix. Frédéric Passy, pour son rôle comme fondateur et premier président de la Société française pour l'arbitrage entre nations, partageait en effet le prix Nobel de la paix avec Henri Dunant, fondateur de la Croix-Rouge. Le prix de littérature était, quant à lui, attribué à Sully Prudhomme pour « sa perfection poétique et ses qualités de cœur et d'intelligence ». Les sciences, par contre, remportées en 1901 et 1902 par des savants allemands ou néerlandais étrangers, avaient été quasiment ignorées par la presse française et n'avaient donc eu que peu de succès auprès du public. Lorsque le prix Nobel de physique est attribué en 1903 à Becquerel et aux Curie, la presse s'empare de l'événement, vulgarisant ainsi une science jugée difficilement appréhendable. Mieux, les retombées médicales et sociales de la découverte de la radioactivité étaient déjà largement évoquées. Du jour au lendemain, la science, qui promettait depuis des décennies de combattre les maux de la Terre, comme le cancer, allait enfin tenir ses promesses.

Enfin, même si ce prix, par sa jeunesse, ne connaît pas encore la tradition des Instituts nationaux d'exclure les femmes, l'attribution d'un tel prix à Marie Curie n'est pas passée inaperçue. Cela étant, Marie Curie est bien souvent présentée comme une digne assistante de son mari. Parfois, elle est l'exception qui confirme la règle, comme si la réussite universitaire n'était accessible qu'à une minorité de femmes exceptionnelles. La question de l'égalité des compétences ne sera revendiquée en France par les femmes qu'avec Irène Joliot-Curie et ses prises de position publiques dans les années 1930.

Marie Curie, nommée cette fois Marie Skłodowska-Curie, recevra en 1911 un second prix Nobel, de chimie cette fois, pour, comme il était déjà envisagé en 1903, la découverte du polonium et du radium, l'isolation du radium métallique (faite avec André Debierne) ainsi que l'étude de ce remarquable élément. Elle reste la femme aux deux prix Nobel, entrée au Panthéon aux côtés de son mari en avril 1995.

—

NATALIE PIGEARD-MICAULT

RÉFÉRENCES
—

Archives du Musée Curie, AIR_LC.MC.
Bibliothèque nationale de France, département des manuscrits, fonds Pierre et Marie Curie.
Karine BLANC, *Pierre Curie. Correspondances*, Saint-Rémy-en-l'Eau, Éd. Monelle Hayot, 2009.
Elisabeth CRAWFORD, *La Fondation des prix Nobel scientifiques (1901-1915)*, Paris, Belin, 1988.
Pierre RADVANYI, *Les Curie, pionniers de l'atome*, Paris, Belin, 2005.
Site du prix Nobel, base de données et archives sur les récipiendaires : < https://www.nobelprize.org/nomination/archive/list.php >

RENVOIS
—

1215, 1247, 1380, 1751, 1793, 1875, 1891, 1960

PAGE SUIVANTE

Inauguration du MoMA à New York, le 10 mai 1939 :
John Hay Whitney, Mme W.T. Emmet, A. Conger Goodyear,
Nelson Rockefeller, Mme John Sheppard et Edsel Ford
devant le tableau de Pablo Picasso, *Les Demoiselles d'Avignon*
(photo : © Herbert Gehr/The LIFE Images Collection/Getty Images)

MODERNITÉS DANS LA TOURMENTE

De la « Belle Époque » aux « Trente Glorieuses », la France semble se moderniser au pas de course, trébuchant sur les deux guerres mondiales et leur cortège de catastrophes. En 1907, l'époque paraît si « belle » *a posteriori*. Croissance économique, paix internationale, élévation du niveau de vie égaient les classes populaires qui s'informent dans *Le Petit Journal* et se divertissent au music-hall. La France devient le siège d'une puissante industrie du divertissement (littérature sérielle, théâtre de boulevard, puis cinéma) qui inspire les modes à l'étranger. « Paris – selon la poétesse Gertrude Stein – était là où se trouvait le XXe siècle » : la capitale demeure le berceau des avant-gardes, où s'invente l'art moderne, à l'image des *Demoiselles d'Avignon*, peintes à Montmartre en 1907, puis exposées à New York à partir de 1939.

La Grande Guerre bouleverse l'ensemble de la société française qui compte près de 1,5 million de « morts pour la France », plus de 4 millions de blessés, et 1 million d'orphelins. Sous l'influence du courant pacifiste animé notamment par Léon Bourgeois et Albert Thomas, la France entend jouer un rôle décisif dans la régulation des relations internationales et la fondation de la Société des Nations. Parallèlement, Paris, centre de l'Empire, se mue en capitale de l'anti-impérialisme où se croisent le futur Hô Chi Minh, Messali Hadj, Lamine Senghor, ou encore Zhou Enlai. Le monde de la culture, à l'instar du mouvement surréaliste et de l'Art déco, se renouvelle en s'inscrivant dans les innombrables circulations transnationales des « années folles ». La France, encore considérée comme la patrie des droits de l'homme, attire à elle des étrangers, réfugiés, exilés en nombre croissant. Ils sont 2,7 millions en 1931, dont Jolán

Földes, étudiante et ouvrière, qui devient l'écrivain hongrois le plus connu dans le monde grâce à *La Rue du Chat-qui-pêche* qui relate l'expérience d'une famille d'immigrés. Ensuite, l'immigration est brutalement arrêtée avec la crise, et en quelques mois près d'un demi-million d'étrangers retournent chez eux. Dans les années 1930, l'essor du communisme, la tentation fasciste et l'expérimentation du Front populaire, faisant écho aux tensions géopolitiques mondiales, agitent la vie politique, troublée par la « Grande Dépression », cette phase de contraction brutale du commerce international, d'exacerbation du chômage et de la pauvreté. La démocratisation s'effectue alors au prix de l'exclusion des femmes en métropole et des « indigènes » dans les colonies, où les mouvements de contestation s'intensifient en Indochine, au Maroc, en Syrie et en Tunisie. À la suite de la débâcle de 1940, le gouvernement de Vichy instaure un régime autoritaire qui prône la collaboration avec Hitler et persécute les juifs et les étrangers, alors que d'autres, rassemblés dans la France libre et la Résistance, trouvent outre-mer, dans les colonies, au Royaume-Uni et aux États-Unis, les ressources pour lutter contre l'occupation nazie. Après guerre s'ouvre une difficile période de reconstruction. Les grandes réformes de la Libération (nationalisations, planification et Sécurité sociale), l'aide extérieure états-unienne, la reprise rapide de l'immigration et le baby-boom préparent le développement d'une nouvelle société industrielle de consommation, tandis que les contradictions du système colonial se révèlent insurmontables. L'Empire s'effondre et l'Hexagone se tourne vers l'Europe.

1907

Le manifeste de l'art moderne

Avec Les Demoiselles d'Avignon, Picasso multiplie les références anciennes et modernes, populaires, parisiennes, ibériques, africaines et ouvre sur un nouveau monde. Ce grand tableau resta complètement incompris en son temps.

En 1907, Picasso peint au Bateau-Lavoir, à Montmartre, *Les Demoiselles d'Avignon*, une œuvre reconnue aujourd'hui comme un laboratoire de l'art moderne. Dans ce grand tableau complètement incompris en son temps, Picasso ouvre sur un nouveau monde en multipliant les références anciennes et modernes, populaires, parisiennes, ibériques, africaines.

Sur grand format (244 × 234 cm), il représente à l'huile une scène de bordel dont le titre final affiche plus de pudeur que l'original. L'écrivain André Salmon, après avoir parlé en 1912 de « Bordel philosophique », aurait suggéré par prudence *Les Demoiselles d'Avignon* au risque d'agacer le peintre qui l'avait nommé à l'origine « Le Bordel d'Avignon ».

Pourquoi ? Parce qu'il habitait à Barcelone à deux pas de la carrer d'Avinyo, où il achetait son papier et ses couleurs. Parce que la grand-mère de son ami Max Jacob est d'Avignon et c'est aussi l'une des femmes représentées, aux côtés de Fernande, sa compagne de l'époque avec qui les relations sont devenues orageuses, et de Marie Laurencin, jeune artiste qui vient d'être présentée à Picasso par Guillaume Apollinaire tombé amoureux d'elle. Et si le peintre imagine les trois femmes au bordel, c'est pour « blaguer ».

Picasso veut au départ montrer un marin assis parmi des femmes nues dans une maison close alors qu'un étudiant en médecine doit entrer sur la gauche, un crâne puis un livre à la main. Mais l'esquisse dessinée à sept personnages

(Kunstmuseum de Bâle) est finalement simplifiée, les présences masculines (autoportraits) disparaissent, et demeurent sur fond de tenture blanche et bleue cinq femmes aux corps découpés à la hache et aux têtes réduites aux masques. Devant elles est dressée la table, où une petite nature morte joue comme une allusion charnelle à la scène manifestement érotique. Dans son agencement géométrisé, l'artiste a multiplié les traits obliques et les torsions sur d'inquiétantes statues, dont celle qui tire le rideau sur la gauche (à la place du marin) nous force à regarder un spectacle brutal et sombre mais terriblement vivant.

L'année 1907, Picasso est absorbé par ce chantier qui le dépasse. Il multiplie les études sur tous les supports qui lui tombent sous la main, papiers à dessiner mais aussi déjà imprimés : on retrouve des corps et des têtes de femmes un peu partout – et jusque sur une lettre commerciale du Crédit minier et industriel ou bien encore sur un récit un brin érotique de la revue *Le Vieux Marcheur*. Picasso semble avoir tout recyclé : *Le Bain turc* d'Ingres (découvert à la rétrospective du Salon d'automne de 1905), *Les Massacres de Scio* ou *Femmes d'Alger* de Delacroix, *Le Déjeuner sur l'herbe* de Manet. Mais à ces références puisées dans la tradition moderne (en partie orientaliste) s'ajoute l'impact de la littérature. Il vient de découvrir Rimbaud, Sade et, en 1907, Apollinaire dédicace à Picasso son roman érotique qui circule sous le manteau : *Les Onze Mille Verges*. On sait aussi l'influence déterminante des pièces ibériques d'avant la conquête romaine exhumées à Cerro de los Santos

et Osuna en Andalousie, présentées au Louvre (début 1906) – Picasso en achète d'ailleurs deux à l'aventurier Géry-Piéret, qui vient de les voler au musée, ce qui a sans doute échappé à son client. Le début de l'aventure de ses *Demoiselles d'Avignon* doit également à la rétrospective Gauguin au Salon d'automne de 1906, où Picasso a vu ses puissantes Tahitiennes archaïques. Mais son primitivisme personnel s'inspire aussi de son voyage à Gósol, en haute Catalogne, la même année, où l'a frappé une Vierge du XIIe siècle aux yeux très agrandis.

Ce goût des saintes et des prostituées, cette passion des origines, ce primitivisme, il les partage avec un certain nombre d'artistes et d'écrivains qui aspirent à une contre-culture antibourgeoise pour lutter contre les normes académiques occidentales. Dans cet esprit, en 1907, Picasso aime au Salon des indépendants les *Baigneuses* de Derain et le *Nu bleu, souvenir de Biskra* de Matisse, dont les déformations expressives de forme et de couleur l'incitent à rivaliser d'invention, d'autant plus qu'il a vu le tableau classique éclater chez Cézanne à la rétrospective du Salon d'automne, cette même année.

Enfin, Picasso a découvert récemment ce que l'on appelait alors l'« art nègre » dans une statuette en bois (vilie) achetée par Matisse. Max Jacob raconte avoir retrouvé son ami le lendemain matin de la trouvaille en train de dessiner sur de grandes feuilles de papier Ingres : une face de femme avec un seul œil, un nez trop long confondu avec la bouche, une mèche de cheveux sur l'épaule. Le poète avoue n'avoir d'ailleurs rien compris à tout cela, témoignant au passage de l'humeur sombre du peintre. Dans les propos que l'on prête à Picasso, sa visite au Musée d'ethnologie du Trocadéro relatée par André Malraux dans *La Tête d'obsidienne* demeure éclairante : « Je regardais toujours les fétiches. J'ai compris : moi aussi, je suis contre tout. Moi aussi, je pense que tout, c'est inconnu, c'est l'ennemi ! Tout ! Pas les détails ! Les femmes, les enfants, les bêtes, le tabac, jouer... Mais le tout ! J'ai compris à quoi elle servait, leur sculpture, aux Nègres. Pourquoi sculpter comme ça et pas autrement. Ils étaient pas cubistes, tout de même ! Puisque le cubisme, il n'existait pas. Sûrement, des types avaient inventé les modèles et des types les avaient imités, la tradition, non ? Mais tous les fétiches, ils servaient à la même chose. Ils étaient des armes. Pour aider les gens à ne plus être les sujets des esprits, à devenir indépendants. Des outils. Si nous donnons une forme aux esprits, nous devenons indépendants. Les esprits, l'inconscient (on n'en parlait pas encore beaucoup), l'émotion, c'est la même chose. J'ai compris pourquoi j'étais peintre. Tout seul, dans ce musée affreux [...] avec des masques, des poupées peaux-rouges, des mannequins poussiéreux. *Les Demoiselles d'Avignon* ont dû arriver ce jour-là mais pas du tout à cause des formes : parce que c'était ma première toile d'exorcisme, oui ! »

La catharsis ne vaut manifestement pas pour tout le monde à l'époque puisque la réception du tableau est calamiteuse, même chez ses plus fidèles amis. Guillaume Apollinaire cale, Félix Fénéon qui l'accompagne déclare que Picasso est doué pour la caricature.

Wilhelm Uhde lui trouve quelque chose d'assyrien ; Daniel-Henry Kahnweiler, venu pour la première fois au Bateau-Lavoir, ne comprend pas. Derain raconte que l'on trouvera un jour Picasso pendu derrière son grand tableau. Matisse, qui fonctionne déjà avec son rival en double mimétique, y voit avec raison la critique de son *Bonheur de vivre* (1906). Le collectionneur américain Leo Stein est horrifié, et seule sa sœur, Gertrude Stein, prend le parti de soutenir celui qui vient de modifier radicalement la règle du jeu. Enfin, un critique américain reproduit malgré tout *Les Demoiselles d'Avignon* en mai 1910 dans *The Architectural Record* sous le titre : *Study by Picasso*.

Contrairement à ce que l'on a souvent répété, l'œuvre n'est pourtant pas roulée dans un coin et reléguée par son auteur – on la voit encore photographiée en 1913-1914 dans l'atelier de la rue Schœlcher. Elle ne sera remisée qu'après sa première et très courte exposition publique, au Salon d'Antin en 1916. Ce désaveu n'empêchera pas Picasso d'enfoncer le clou, d'autant plus qu'il le dira plus tard à Christian Zervos : chaque tableau lui vient de loin, il est le résultat de ses rêves, de ses instincts, de ses désirs, de ses pensées qui mettent longtemps à s'élaborer, mais aussi de tout ce qui existe malgré sa volonté. D'où l'impression que l'on a de voir dans *Les Demoiselles d'Avignon* un champ de bataille, où l'inconscient joue un rôle aussi important que le travail conscient. Finalement, un début de reconnaissance viendra, non de l'État français, bien loin encore de reconnaître la valeur d'une œuvre de Picasso, mais du collectionneur-mécène français Jacques Doucet. Celui-ci achète ses *Demoiselles* en 1923 sur le conseil d'André Breton, qui les fera reproduire en 1925 dans le quatrième numéro de *La Révolution surréaliste*. Puis, le tableau sera vendu à la mort de Doucet par sa veuve à l'antiquaire américain Jacques Seligmann, en septembre 1937, avant d'être acquis par le Museum of Modern Art de New York (MoMA) à la fin de l'année pour la somme de 28 000 dollars, grâce au don de Lillie P. Bliss. Sa carrière publique peut alors enfin commencer.

Entre-temps se multiplient les interprétations de ce manifeste de l'art moderne. Dès 1920, Kahnweiler et Salmon font du tableau le point de départ du cubisme, ce que reprendra le directeur du MoMA, Alfred Barr. D'autres insistent sur le chemin à parcourir encore pour révéler la totalité des points de vue possibles (seulement à partir de 1908-1909). Il faut dépasser l'histoire de l'art internaliste pour inscrire cette révolution symbolique de 1907 dans un contexte individuel, mais aussi médical, social, politique. Celui de la peur vénérienne, de l'opposition entre les prostituées à la peau blanche et les autres, à la peau noire, qui peuvent s'inspirer des clichés coloniaux véhiculés par les photographies d'Edmond Fortier (dont l'artiste possède des reproductions). Cette tension peut aussi contenir les débats houleux de la Chambre des députés, en 1905-1906, sur les abus coloniaux commis contre les populations indigènes du Congo français et belge.

Puis, l'année 1907 est ensanglantée par la répression gouvernementale de la « révolte des gueux », les vignerons du Languedoc et du pays catalan. À cet égard, il faut songer à l'impact durable du suicide de son cher ami Casagemas à qui Picasso devra sans doute de continuer toute sa vie à défier les bourgeois en aimant l'anarchisme. Or cet anarchisme – sans être de l'ordre du militantisme (contrairement aux affirmations du rapport policier qui lui vaudra de ne pas être naturalisé français en 1940) – répond à une sensibilité antibourgeoise proclamée dès l'adolescence. À la demande de Casagemas, il avait signé le « Manifeste de la colonie espagnole » à Paris, publié le 29 décembre 1900 dans *La Publicidad* à Barcelone. Même au Parti communiste français, à partir de son adhésion en 1944, il défendra les anarchistes. Même encarté, il mélangera dans son art les choses de la vie privée et de la vie sociale. Il continuera aussi à donner une forme aux grands sujets qui l'occupent : la guerre, l'amour et la mort.

Quant aux *Demoiselles d'Avignon*, après avoir été longtemps boudées, elles auront un impact durable sur l'histoire de l'art et au-delà : la république du Sénégal les reproduit sur des timbres en 1967. Un peu partout dans le monde, bien des artistes se les approprient, les recyclent et les détournent, depuis les années 1960 surtout : d'Alain Jacquet à Richard Prince, en passant par Richard Pettibone, Mike Bidlo, Robert Colescott, Kathleen Gilje, Sophie Matisse, Gerri Davis, Julian Friedler, Faith Ringgold, Eileen M. Foti, Patrick Caulfield, Leonce Raphael Agbodjelou, Wangechi Mutu et Jeff Koons, qui possède son *Baiser*. Picasso avait prévenu : un peintre, c'est un collectionneur qui veut se constituer une collection en faisant lui-même les tableaux qu'il aime chez les autres.

—

LAURENCE BERTRAND DORLÉAC

RÉFÉRENCES

—

William RUBIN (dir.), *Picasso and Braque : A Symposium*, New York, The Museum of Modern Art, 1992.
William RUBIN, Judith COUSINS et Pierre DAIX, *Picasso and Braque : Pioneering Cubism*, New York, The Museum of Modern Art, 1993.
William RUBIN, Hélène SECKEL-KLEIN et Judith COUSINS, *« Les Demoiselles d'Avignon »*, New York, The Museum of Modern Art, 1994.
Hélène SECKEL, *« Les Demoiselles d'Avignon »*, Paris, Éd. de la Réunion des musées nationaux, 1964.

RENVOIS

—

34 000, 1682, 1771, 1798, 1940, 1946

1913

Une promenade pour les Anglais

L'inauguration du « palace » le Negresco à Nice en 1913 marque le point d'orgue du confort moderne et du tourisme international, inspiré depuis un siècle par les voyageurs britanniques. La société des loisirs se prépare mais elle reste l'apanage d'une élite qui confond monde et mondanité, sur fond de prospérité industrielle.

Le 4 janvier 1913, on inaugure à Nice, sur le front de mer, un immense hôtel de quatre cent cinquante chambres. Avec sa verrière, sa vaste rotonde, ses statues de bronze, ses lustres de cristal, ses sols de marbre, ses fresques, son tapis géant, son « bar américain », c'est la nouvelle fierté de la ville. L'ameublement des chambres a coûté à lui seul plus d'un million de francs. Les clients y disposent de téléphones particuliers, d'un service pneumatique de distribution du courrier par tube et de lampes électriques s'allumant par la simple pression d'un bouton. Le chauffage est assuré par cinq chaudières à vapeur installées sous le niveau de la mer. Un système de nettoyage par aspiration

d'air relie toutes les parties de l'hôtel à une turbine centrifuge qui aspire 1 000 mètres cubes d'air à l'heure. Les journalistes qui rendent compte de l'événement sont émerveillés. Pour désigner un tel bâtiment, son personnel et ses objectifs, la langue française dispose d'un mot tout récemment importé de l'anglais : *palace*.

C'est une affaire internationale. Les journaux rapportent que sept têtes couronnées assistent à l'inauguration. L'architecte est un Hollandais, Édouard-Jean Niermans, à qui l'on doit déjà des hôtels de ce genre à Paris, à Biarritz et à Madrid. Quant au directeur, il est né à Bucarest, d'un père aubergiste qui s'appelait Negrescu, et il a travaillé pour de grands hôtels dans l'Europe entière. Au nouvel établissement, il donne son nom, vaguement francisé : Negresco. On y attend une clientèle riche et cosmopolite, celle-là même que se disputent alors les cabines de première classe des paquebots et des trains de luxe.

La société qui arpente dans ce cadre les grands chemins de la planète est plutôt mondaine que mondiale. On rapporte à son sujet des anecdotes qui semblent dater de l'Ancien Régime. Ne dit-on pas de la coupole rose du nouvel hôtel qu'elle aurait la forme du sein de la maîtresse de Negrescu ? Cela rappelle bien des légendes sur les maîtresses des rois. Les plus opiniâtres de ces voyageurs allant de palaces en palaces, on les nomme maintenant d'une expression nouvelle, elle aussi importée de l'anglais : les *globe-trotters*. Quelques mois après l'inauguration du Negresco, le riche et fantasque héritier des sources de Vichy Saint-Yorre, Valery Larbaud, lui-même habitué des grands hôtels internationaux, publiera le roman de cette élite nouvelle : *A. O. Barnabooth*. Le héros en sera un Américain.

Si l'on considère cette histoire sur un temps un peu plus long, le personnage de Larbaud aurait dû être britannique. C'est en Angleterre et en Écosse que se sont en effet institutionnalisées les pratiques du voyage d'agrément que l'on a regroupées, à partir de la seconde moitié du XVIIe siècle, sous l'appellation de *Grand Tour*. Elles concernaient déjà une étroite élite sociale. À l'issue de leurs études, les jeunes aristocrates britanniques partaient effectuer un long voyage, souvent de deux années,

sur le continent. L'Italie était la destination privilégiée de ces voyageurs, en attendant que, dans la seconde moitié du XVIIIe siècle, les formes nouvelles du goût pour la nature et la montagne imposent le détour par la Suisse. Les jeunes nobles de l'Europe entière allaient bientôt imiter ce modèle, cependant que, sur le territoire français, les *tourists* britanniques devenaient les objets d'une moquerie qui s'explique aisément, les habitants retournant contre les visiteurs leur propre curiosité. Dans les journaux de caricatures du XIXe siècle, l'Anglais en voyage était une figure irrésistiblement comique. Les Français qui voulaient les imiter en faisaient les frais : on moqua Stendhal d'avoir intitulé un de ces récits de voyage, en 1838, *Mémoires d'un touriste*. Le mot sonnait comme un anglicisme ridicule.

On avait toutefois conscience des progrès permis par cette mode nouvelle, en termes de confort. Chateaubriand l'écrivait dès 1811, les voyageurs de tous les pays ont de grandes obligations aux Anglais : « Ce sont eux qui ont établi de bonnes auberges dans toute l'Europe. » Grâce à eux, on pouvait manger du *roast-beef* et boire du vin de Porto jusqu'aux portes de Sparte. C'étaient les voyages des Britanniques dans les Alpes qui, de la même façon, poussèrent les Suisses à inventer de nouvelles normes de confort et d'hygiène dans les hôtels (et notamment ces « commodités à l'anglaise », qui remplaçaient maintenant les pots de chambre). Flaubert le notait dans son *Dictionnaire des idées reçues* : « Hôtels – Ne sont bons qu'en Suisse. » De façon générale, on tenait pour acquis que les Anglais étaient les plus grands voyageurs du monde – et on leur opposait les Français au tempérament si casanier. En France même, la plus célèbre agence de voyages de la fin du XIXe siècle était celle qu'avait fondée Thomas Cook. Ce n'est pas un hasard si les héros de Jules Verne sont d'abord des Anglais.

Vichy s'était imposée en France comme la reine des eaux du XIXe siècle, mais le renouveau mondain du thermalisme procédait des pratiques inventées outre-Manche, à Bath, un siècle plus tôt, puis diffusées dans les stations du continent. Il en allait de même des bains de mer, dont les vertus thérapeutiques avaient été démontrées à Brighton dans la seconde moitié du XVIIIe siècle et qui donnèrent naissance à d'innombrables établissements français à la suite du premier d'entre eux, celui de Dieppe, en 1825. C'était aussi le cas de ces stations hivernales dont la légende raconte qu'elles auraient été inventées à la suite du séjour de Tobias Smollett à Nice en 1763.

L'habitude de passer l'hiver dans les petites villes du sud de la France s'était diffusée au tournant des XVIIIe et XIXe siècles, les Britanniques jouant un rôle majeur dans la création et le succès de certaines stations. L'étude du médecin écossais Alexander Taylor sur le climat de Pau, en 1842, contribua à lancer la station pyrénéenne de la même façon que celle du docteur James Henry Bennet, en 1860, assura le succès de Menton. Les aménagements de Cannes doivent beaucoup à lord Brougham and Vaux, qui s'installa sur place à partir des années 1830. Quant à Nice, rien n'y montre mieux l'influence britannique que le nom choisi au milieu du XIXe siècle pour désigner cette avenue du front de mer où, en 1913, fut inauguré le Negresco : la promenade des Anglais.

On parlait de « colonie britannique » ou de « colonie des hivernants » à propos de ces touristes venus passer l'hiver dans le Midi. Avec eux, de nouvelles habitudes s'imposaient. On se mit à jouer au billard et au whist. L'espace urbain fut aménagé en conséquence. On bâtit des hippodromes pour se conformer au goût étrange des Anglais pour les courses de chevaux. On construisit des parcours de golf. Le premier apparut en 1856 à Pau – Pau où le traducteur d'origine irlandaise du docteur Taylor, Patrick O'Quin, fut député et maire.

Les plus grandes facilités des communications, d'abord dues au chemin de fer, accélérèrent le processus. À Nice, la gare fut construite en 1864, trois ans après le rattachement de la région à la France : elle allait permettre d'augmenter encore la colonie des hivernants. Stations thermales, stations balnéaires, stations hivernales, en attendant les stations d'altitude, s'organisaient pareillement. Autour des établissements de soins, le long de larges avenues censées favoriser la circulation de l'air, alternaient les hôtels, les salles de spectacle, les salles de concert, les salles de bal, les cabinets de lecture, les musées. On avait déjà adapté de l'italien le mot *villégiature* ; on en emprunta un autre : *casino*, qui désignait alors de vastes lieux consacrés tout autant aux spectacles et au concert qu'au jeu. On critiquait volontiers le cosmopolitisme de cette société qui se pressait autour des tapis verts, comme si le mélange des nationalités devait s'accompagner de la dépravation par l'argent. Les aigrefins qui venaient faire des affaires louches dans de telles ambiances, on les appelait des Grecs.

En 1913, les choses commençaient à changer. Les stations n'étaient plus le strict apanage de l'élite sociale. Depuis un demi-siècle on réclamait une démocratisation du voyage d'agrément. Les « trains de plaisir » avaient été pensés pour les fins de semaine des ouvriers. On aménageait des lieux de villégiature pour la classe moyenne. Un grand journal quotidien avait même lancé un guide des stations bon marché : les « petits trous pas chers ». L'État venait de créer l'Office national du tourisme. On s'employait à assurer la réclame pour les paysages. La région côtière comprise entre Cassis et Menton avait été nommée « Côte d'Azur » en 1887, les rivages des environs de Saint-Malo et de Dinard « Côte d'Émeraude » en 1894, la ligne des plages landaises « Côte d'Argent » en 1905 et les environs de Boulogne-sur-Mer « Côte d'Opale » en 1911. Cependant que s'inventait la carte postale, le territoire français était ainsi découpé en une multitude de vignettes publicitaires.

La bonne société qui allait peupler les quatre cent cinquante chambres du Negresco était d'autant plus désireuse de luxe que le processus de démocratisation qui affectait une grande partie de l'Europe tendait à réduire les prérogatives politiques des anciennes élites. En Grande-Bretagne, le *Parliament Act* de 1911 venait d'assurer la suprématie de la Chambre des communes sur la Chambre des lords. Un peu partout, l'ancienne aristocratie ne pouvait plus exprimer sa puissance que par les signes visibles de sa richesse, ce que l'Américain Thorstein Veblen avait appelé en 1899, dans sa *Théorie de la classe de loisir*, la « consommation ostentatoire ». Le Negresco relevait de cette nouvelle fonction sociale. Les têtes couronnées présentes à l'inauguration de l'hôtel n'avaient plus aucune prise sur le cours politique du monde.

Une époque jetait ses derniers feux. Bientôt de nouveaux modes de loisirs apparaîtraient, s'accompagnant du goût inédit pour les plages estivales. Juan-les-Pins et Saint-Tropez figureraient, sur la Côte d'Azur, parmi les étapes de cette révolution des vacances. Mais Henri Negresco n'en aurait pas connaissance. Il mourut ruiné, à Paris, en 1920.

—

SYLVAIN VENAYRE

RÉFÉRENCES
—

Marc BOYER, *L'Invention de la Côte d'Azur. L'hiver dans le Midi*, La Tour d'Aigues, Éd. de l'Aube, 2001.
Ralph SCHOR, Stéphane MOURLANE et Yvan GASTAUT, *Nice cosmopolite (1860-2010)*, Paris, Autrement, 2010.
Sylvain VENAYRE, *Panorama du voyage (1780-1920)*, Paris, Les Belles Lettres, 2012.

RENVOIS
—

1682, 1946, 1974, 1998

1914

De la Grande Guerre à la Première Guerre mondiale

Le conflit qui éclate à l'été 1914 n'est pas seulement une guerre entre nations européennes, c'est une confrontation globale. Les contemporains en sont immédiatement convaincus. Six mois après la mobilisation du 1er août 1914, les Français parlent déjà de « Grande Guerre ».

Il faut avoir emprunté la D929 qui s'étire, presque rectiligne, d'Amiens à Bapaume, sur le plateau crayeux de la Somme, pour prendre la mesure de ce que fut réellement la Première Guerre mondiale. Aucun secteur de l'ancien front occidental ne concentre une telle diversité de cimetières militaires de nombreux pays. À quelques kilomètres de la ville d'Albert, l'imposant mémorial de Thiepval, dédié aux 72 000 disparus de l'Empire britannique, domine tout le paysage. Plus loin, une statue de bronze représentant un caribou, symbole de Terre-Neuve, rappelle le sacrifice des soldats du Newfoundland Regiment sur le champ de bataille de Beaumont-Hamel. À Longueval reposent les combattants sud-africains et néo-zélandais ; à Ayette, les tombes sont chinoises et indiennes. Plus au sud, à Villers-Bretonneux, le mémorial australien, conçu par Sir Edwin Lutyens, se déploie autour d'une croix du sacrifice et de la tour du souvenir sur laquelle sont gravés les noms de quelque 10 000 soldats laissés sans sépulture. Tout ici suggère que la Somme est moins un lieu de mémoire national, au sens strict, même si plus de 65 000 combattants français y perdirent la vie, qu'une tragédie d'ampleur mondiale – la dernière grande bataille de l'Empire britannique.

Ce qui est vrai pour la bataille de la Somme à l'été-automne 1916 l'est aussi pour la guerre dans son ensemble. À un siècle de distance, elle nous apparaît de plus en plus comme un événement global, dont les enjeux dépassèrent, dès l'origine, les frontières du continent européen où le conflit avait éclaté. Nul ne songerait plus à écrire l'histoire de la Première Guerre mondiale uniquement du point de vue national, comme on étudiait autrefois les indentations créées par la saignée de 1914-1918 dans la courbe démographique française. La Grande Guerre ne se résume pas non plus à une guerre civile européenne, même si la quasi-totalité des 10 millions de morts militaires furent tués en Europe. Européenne, la Première Guerre mondiale le fut à bien des titres, mais le conflit atteignit immédiatement l'Australie, le Canada, les colonies africaines et asiatiques, aspirant ensuite vers son épicentre européen des matières premières et les combattants des troupes coloniales. Trois ans plus tard, les États-Unis et l'Amérique latine entrèrent en guerre à leur tour, mettant fin à une neutralité qui n'était d'ailleurs que théorique, puisque dès la fin 1914 ils avaient apporté aux Alliés leur soutien économique et financier. Même les régions les plus éloignées de l'Europe se trouvèrent intégrées au conflit d'une manière ou d'une autre, touchées directement par la guerre ou par ses conséquences, comme l'afflux de réfugiés ou les épidémies. Soulignons d'ailleurs ce paradoxe : une guerre partie d'un conflit régional comme il y en avait eu tant d'autres depuis la fin du XIXe siècle, une guerre, en d'autres termes, qui aurait pu ne jamais avoir lieu, eut assez de force pour redessiner durablement la carte du monde, entraîner la disparition de quatre empires et renforcer les liens transnationaux à l'échelle de la planète.

Le conflit qui éclate à l'été 1914 n'est pas seulement une guerre entre nations européennes, c'est une conflagration globale : les contemporains en furent immédiatement convaincus. Six mois après la mobilisation, les Français parlent déjà de « Grande Guerre », pour en souligner la singularité par rapport aux conflits antérieurs. Les Allemands, quant à eux, utilisent le terme *Weltkrieg* – la guerre mondiale. À cette date, les combats ne se limitent déjà plus au théâtre d'opérations européen. Dès les premiers jours du mois d'août 1914, Français et Britanniques ont profité du début des hostilités avec l'Allemagne pour attaquer ses colonies africaines du Togoland, d'ailleurs médiocrement défendu, et du Cameroun. Cette guerre d'escarmouches, conduite sur de vastes étendues par de petites unités très mobiles, n'utilisait aucune artillerie, trop lourde pour la guerre de mouvement, mais des mitrailleuses portées à dos d'hommes. Trop souvent, on a résumé la Première Guerre mondiale à la guerre des tranchées et à ses paysages qui sont ceux du nord et du nord-est de la France – la boue dévoreuse d'hommes décrite par Barbusse, Les Éparges de Maurice Genevoix, la Somme où s'est battu Ernst Jünger. La guerre mondiale a étendu son champ d'action à bien d'autres environnements : les Alpes où les soldats craignent autant les avalanches et le froid extrême que le feu de l'ennemi, les Balkans où les épidémies font plus de ravages que les affrontements armés, le désert aride du Moyen-Orient, la savane africaine. Autant de paysages où des soldats français ont également combattu.

Dans le même temps où les combats se propageaient au-delà de l'Europe, la France commençait à former dans ses colonies la « force noire », imaginée par le général Charles Mangin en 1910. À la différence des Britanniques qui se refusaient à utiliser des troupes africaines en Europe, les Français étaient convaincus de la nécessité de faire venir des combattants coloniaux, notamment pour pallier la baisse du taux de natalité français. Harcelés par les recruteurs, des dizaines de milliers de conscrits potentiels décidèrent de fuir vers les colonies britanniques, sachant que les Britanniques n'envoyaient pas leurs sujets africains se battre dans les tranchées. D'autres au contraire virent dans la guerre une occasion de promotion sociale ou un moyen d'échapper à l'autorité patriarcale. Entre 1914 et 1918, 270 000 soldats sont recrutés en Afrique du Nord, 189 000 en Afrique-Occidentale française et en Afrique-Équatoriale française, 49 000 en Indochine et 41 000 à Madagascar – subissant des pertes équivalentes à celles de l'armée métropolitaine.

Il faut aussi alimenter l'industrie de guerre, fabriquer des armements, nourrir les gigantesques armées nationales. Les colonies fournissent au marché européen des céréales, du bois, de la viande. Après l'hécatombe subie par la cavalerie française lors de la bataille des frontières à la fin août 1914, on importe de toute urgence des centaines de milliers de chevaux d'Argentine ou des Grandes Plaines américaines. Le gouvernement français fait également appel à la main-d'œuvre d'origine coloniale pour travailler dans ses usines et participer aux travaux agricoles – 78 000 Algériens, 49 000 Indochinois, 35 000 Marocains, des Tunisiens, des Malgaches, auxquels s'ajoutent les quelque 140 000 ouvriers chinois, originaires pour l'essentiel de la province du Shandong, envoyés en France à la suite d'accords signés en 1916 avec la république de Chine. Ce sont ces ouvriers chinois dont on peut voir les tombes, à Noyelles-sur-Mer, dans la Somme : la plupart sont morts lors de l'épidémie de grippe espagnole à la fin de la guerre.

Avec la guerre totale, la France est le point d'arrivée d'une vaste circulation d'hommes, d'animaux et de matières premières à l'échelle du globe. Parallèlement, les enjeux culturels du conflit se sont internationalisés. À l'origine, un patriotisme défensif était au cœur des motivations des Français : le pays avait été envahi, il fallait repousser l'envahisseur. Défense du sol, défense des « petites patries », défense des siens : à l'été 1914, la population française fait bloc derrière le gouvernement d'Union sacrée. Mais rapidement, on combat de part et d'autre pour une certaine idée de la civilisation, pas seulement pour la défense des intérêts nationaux. Dans un mélange de fantasmes, de peurs et de pitié pour les victimes civiles, les « atrocités allemandes » de l'été 1914 vont contribuer à cette mondialisation du conflit.

En Grande-Bretagne, dont l'armée est

essentiellement composée de volontaires jusqu'en 1916, les récits des massacres de civils en Belgique et dans le nord de la France sont utilisés par les campagnes de recrutement. Il en est de même en Irlande, quelques mois plus tard. La cathédrale de Reims, bombardée et incendiée par les troupes allemandes le 19 septembre 1914, apparaît sur plusieurs affiches de propagande britanniques et américaines. Cette guerre des images dépasse largement le strict cadre national. Certes, les ruines de la cathédrale sont vues comme un symbole de la France meurtrie mais indomptable : une célèbre carte postale met en scène la confrontation de Jeanne d'Arc et de Guillaume II devant le monument en flammes. Mais Reims n'est pas seulement un symbole français. Le lieu du sacre des rois de France devient l'illustration par excellence des « atrocités culturelles » – les termes employés à l'époque – commises par l'ennemi. « Les barbares ont, de propos délibéré, pour le plaisir sauvage de détruire, voulu abattre ce temple, anéantir toutes les traditions de gloire qu'il abritait, explique un contemporain. Ils ne sont parvenus qu'à se couvrir de honte aux yeux du monde civilisé. »

La dénonciation des crimes contre les personnes, contre leurs biens et contre le patrimoine, au nom de principes inspirés par les conventions de La Haye de 1899 et 1907, conduit à la mise en place de programmes d'aide aux réfugiés, aux populations occupées, puis à la reconstruction des villes et des villages détruits. Ce qui est en jeu, c'est naturellement l'assistance aux victimes de guerre et aux alliés français et belges. Mais qu'il s'agisse du programme humanitaire conduit par Herbert Hoover dès 1914, ou des aides organisées par les philanthropes américaines Anne Morgan et Edith Carow Roosevelt, l'épouse de l'ancien président américain Theodore Roosevelt, l'objectif dépasse largement le cadre français et touche à l'universel : c'est l'humanité commune et ses droits qu'il faut chercher à préserver dans un conflit où civils et combattants ont été atteints avec la même sauvagerie. La Première Guerre mondiale ouvre l'époque des conflits globaux. Dès l'été 1914, la guerre n'a pas seulement changé de degré, mais de nature.

—

BRUNO CABANES

RÉFÉRENCES

—

Stéphane AUDOIN-ROUZEAU, Annette BECKER et Leonard V. SMITH, *France and the Great War*, Cambridge, Cambridge University Press, 2003.
Bruno CABANES, *The Great War and the Origins of Humanitarianism (1918-1924)*, Cambridge, Cambridge University Press, 2014.
Robert GERWARTH et Erez MANELA (dir.), *Empires at War (1911-1923)*, Oxford, Oxford University Press, 2015.
John HORNE et Alan KRAMER, *German Atrocities (1914): A History of Denial*, New Haven, Yale University Press, 2001 ; trad. fr. *Les Atrocités allemandes (1914)*, Paris, Tallandier, 2005 ; rééd. Tallandier, coll. « Texto », 2011.
Jay WINTER (dir.), *The Cambridge History of the First World War*, Cambridge, Cambridge University Press, 2013 ; trad. fr. *La Première Guerre mondiale*, Paris, Fayard, 2013.

RENVOIS

—

52 av. J.-C., 451, 1137, 1369, 1420, 1635, 1763, 1794, 1940

1917

La vision kanake

En avril 1917, la Grande Guerre en Europe et la révolte en Nouvelle-Calédonie révèlent le curieux clivage de l'identité des Kanaks. Le système colonial les a rendus français malgré eux mais sans jamais vraiment les accepter comme tels.

La France a pris possession de la Nouvelle-Calédonie le 24 septembre 1853. Cet arraisonnement a contraint les autochtones, qui se désignent aujourd'hui comme kanaks, à un curieux clivage de leur subjectivité politique. Le système colonial les a rendus français malgré eux mais sans jamais vraiment les accepter comme tels.

En avril 1917, des « indigènes » de Nouvelle-Calédonie renâclent à l'idée d'être à nouveau mobilisés par l'armée française pour aller combattre en Europe. La mauvaise nourriture, le froid, l'isolement, la violence extrême des combats les incitent à prévenir, dans de multiples cartes postales et lettres, des dangers de la « mort probable » qui attend ceux qui là-bas au pays prendraient le risque de s'engager eux aussi pour la France. Dans le même mouvement, leurs frères, pères et fils remettent en cause les spoliations foncières qui, en Nouvelle-Calédonie, les confinent dans des réserves. Ils se dressent contre les conditions de travail qu'on leur inflige et contre l'autorité des chefferies « loyalistes » installées par l'ordre colonial pour faire tourner sa machine à exploiter. À quoi bon aller mourir pour la France alors que par la France est entretenu un système qui asservit toujours davantage les sujets de sa colonie ? Afin de desserrer l'étau, les Kanaks du centre nord de la Grande Terre s'en prennent aux colons isolés, aux gardiens des mines, aux militaires français et aux « indigènes » qui les aident dans leur tâche de répression de cette guérilla. Les combats durent quelques mois. Puis le ratissage musclé de toutes les zones impliquées dans le conflit se déploie une année entière, jusqu'à la fin de 1918.

Les Kanaks ont gardé mémoire de cet épisode douloureux en insérant le processus de ressouvenance dans leurs préoccupations de l'époque. Ils ont ainsi jeté, à l'occasion de la guerre qu'ils engagèrent en 1917, un regard aigu sur les événements locaux et globaux qu'ils suscitèrent eux-mêmes ou qui les ont saisis avant et après le conflit.

Dans des poésies-récits, appelées *ténô*, œuvres orales ou écrites, des lettrés ont dans leurs propres langues (le *paicî* et le *cèmuhî*) construit les faits en événements par le jeu d'une narration versifiée qui condense l'histoire, les réflexions et les émotions en référence aux critères kanaks de vérité. Ces créations nous éclairent sur les modalités originales selon lesquelles les «indigènes» colonisés ont appréhendé la France, sa politique, ses ennemis et ses alliés au tournant de la guerre 1914-1918.

Ainsi faut-il faire retour à l'expression kanake elle-même pour y saisir en profondeur les effets de cette expérience historique sans précédent pour les tout premiers occupants de l'archipel calédonien. Dans des œuvres d'une forte et étrange beauté, des formulations nouvelles, mais élaborées à partir d'habitudes narratives plus anciennes, prennent en charge le quotidien guerrier, technique et politique des Kanaks au début du XXe siècle. Ces façons de dire éprouvent les possibilités de la langue vernaculaire à s'emparer du présent, au moyen de formulations spécifiques qui transcendent les ressources ordinaires du langage. Avec ce travail de sur-élaboration du réel par les mots, les Kanaks pensent le monde politique et la place qu'ils entendent y occuper, localement et sur la scène internationale, contre ou avec la France. Ces textes montrent combien et comment

le point de vue kanak englobe celui des colonisateurs et leurs modalités d'action.

Les chefferies loyalistes s'engagent à la fois dans la Grande Guerre en Europe et, en Nouvelle-Calédonie, contre les guerriers de 1917 décidés à faire reconnaître aux leurs un minimum de droits. Mais la Grande Guerre brouille les cartes en impliquant des Kanaks dans un conflit meurtrier et incompréhensible puisqu'il jette aussi des nations chrétiennes les unes contre les autres. Et le poète, côté rebelle, de s'exclamer au début d'une longue œuvre orale en langue *paicî* qui relate la guerre de 1917 :

> *pourquoi sommes-nous en cet état*
> *que font-ils donc là-dedans*
> *où tournent-ils de la sorte*
> *et que préparent-ils pour Tiaoué*
> *en agissant avec la France*
> *et ils tourniquent pour Guillaume*
> *et ils agissent pour Poincaré*
> *un manège à coups de fusil*
> *ils se piquent à la baïonnette*
> *apportent là-haut les canons*
> *puis ils donnent* (pi-töpwö) *leur*
>   *mort probable*
> *ils évaluent l'entrée en guerre*

La poésie-récit marque l'événementialité dans son surgissement. Loin de la reconduction du même, de la «tradition authentique» dans laquelle on a engrillagé le «sauvage», s'affirment ici un effet de surprise et une maturation des possibles ouverts en raison des situations sans précédent auxquelles les «indigènes» s'affrontent. On ne comprend plus ce qui arrive : la chefferie locale de Tiaoué collabore avec les autorités françaises, les soldats kanaks se battent en Europe (pour qui ? pour quoi ?). Ils donnent (*pi-töpwö*) leurs vies à la France. *Pi-töpwö*, mot à mot *pi* (réciproque) et *töpwö*, déposer, remettre chacun un présent pour l'autre, renvoie aux échanges entre personnes et entre groupes qui ponctuent la vie sociale kanake. Ces échanges font société en instaurant une circulation de biens au-delà de la stricte nécessité. Mais, en l'occurrence, le poète se demande quel sera le retour de ce don de vies kanakes. L'asymétrie de la relation coloniale est pointée avec amertume, comme dans ce chant en langue *cèmuhî* écrit par d'anciens combattants kanaks de la Grande Guerre (trad. J.-C. Rivierre) :

> *Vous connaissiez*
> *Notre bonne volonté.*
> *Vous nous avez contraints*
> *Et poussés à partir.*
> *Jetés à la mer,*
> *Nous avons dérivé à l'aveuglette,*
> *Enveloppés par la nuit*
> *Et entourés d'obscurité.*
>
> *Hélas ! Quel désarroi*
> *Et que de maux*
> *Avons-nous endurés !*
> *Nous nous sommes couchés à terre*
> *Car s'abattait sur nous*
> *La mitraille de Guillaume*
> *Nous avons crié : « Aïpa ! »*
> *Et nous l'avons bravée*
>
> *Reste maintenant la honte.*
> *Je me sens lâche, aujourd'hui,*
> *Car j'ai abandonné*
> *Mes pères et mes grands-pères.*
> *Leurs cendres fertilisent le sol.*
> *Ils pourrissent loin de moi.*
> *Laissons-les à leur sort,*
> *Car telle fut notre volonté.*

L'expérience des deux guerres simultanées, en France et en Nouvelle-Calédonie, et qui se contaminent l'une l'autre, est indissociable de celle des armes européennes et de leurs pouvoirs de destruction immenses en regard de ceux des casse-tête, frondes et sagaies. Les Kanaks, épatés autant qu'effarés par cette sauvagerie technique, insistent souvent sur les nouveaux sons mortels de « la simple et rude symphonie de la guerre » (Apollinaire) :

> *étincelles des pétards qui éclatent*
> *la dynamite explose et fend*
> *et claquent les pistolets*
> *et explosent les revolvers*
> *cris aigus de ses poussières*
> *contenu du feu qui attache*
> *les nœuds de guerre sont bien noués*

Le texte associe l'efficacité des nouvelles machines à tuer aux rituels kanaks de guerre, ceux en particulier qui marquent l'engagement à se battre ici ou là-bas en nouant des herbes votives sur des piquets, encore appelés « tabous de guerre ».

Si l'apport technique des Blancs va jusqu'à changer le trépas, il peut aussi apporter beaucoup au confort de la vie. La guerre de 1917 a été déclenchée dans l'espoir d'obtenir un partage avec les colonisateurs de denrées et de moyens nouveaux. En vain.

> *nous dormons faisons des rêves*
> *nous faisons des songes de bonheur*
> *apportez jusqu'à nous le sucre*
> *et apportez donc la bougie*
> *allez chercher le caoutchouc*
> *apportez l'électricité*

Les mouvements du bateau qui les emporte après leur arrestation vers Nouméa les détendent et les endorment. Dans leur sommeil, les guerriers rêvent de produits importés synonymes de mieux-être. Cette ouverture aux apports matériels de la modernité est essentielle pour comprendre le soulèvement kanak de 1917. À son principe, l'espoir d'un monde meilleur par lequel les Blancs permettraient aux Kanaks d'accéder à de nouvelles richesses. Ici aucun messianisme ni culte du cargo mais simplement une grande soif de justice.

En 1917, les pays d'Europe et du monde sont en difficulté face à l'Allemagne. L'Australie rejoint les Alliés qui combattent l'expansion de l'Empire austro-hongrois. La France demande de l'aide à la Nouvelle-Calédonie qui répond présent en mobilisant certains Kanaks tandis que d'autres défient la puissance coloniale sur le terrain. Du côté des auxiliaires, une longue poésie prend directement pied dans cette géographie politique impliquant plusieurs continents et pays.

Les soldats anglais sont en rang
Et Paris porte les baïonnettes
Et les canons allemands s'alignent
Répercussions en Italie
Et Sydney prend place dans le tout
Et ça crache en Allemagne
Sauve-qui-peut à Batavia
Grondement des pays unis
Ils demandent de l'aide alentour
Et la Grande Terre accepte
La Calédonie peut fournir
Et ils cherchent dans le doute

Ils sursautent et m'interrogent
Et demandent un mur qui protège
Où s'appuyer pour espérer
Une pierre où fonder la confiance

Il s'agit d'une pierre qui favorise la croissance des ignames et dont les pouvoirs sont étendus au soutien de pays étrangers en guerre. Un dispositif propitiatoire du même type que celui utilisé en agriculture mais ici dédié aux armées alliées rappelle cette aide rituelle particulière que les Kanaks ont pu accorder à la France pour finalement lui permettre de l'emporter. Maurice Leenhardt et un jeune ethnographe britannique, Paul Montague, n'avaient-ils pas eux-mêmes à Houaïlou, « sur une pierre magique rare, envoûté le Kaiser », tant il est vrai, comme l'écrivit le missionnaire et ethnologue protestant, qu'il avait finalement moins converti les Kanaks qu'il n'avait lui-même été converti par eux ?

Dui Denis Péaru, né en 1891, avait été recruté comme « volontaire » en juin 1916 puis arrêté comme déserteur en mars 1917 avant d'être envoyé en France en novembre de la même année. Il y meurt le 28 août 1918 au Bois-Roger dans l'Aisne, mais une croix à sa mémoire est aujourd'hui visible au cimetière de Douaumont.

Le frère de Dui Denis avait pris parti pour les deux hommes qui lancèrent la guerre de 1917 sur la côte ouest de Nouvelle-Calédonie ; l'un d'eux fut assassiné en 1918. Cette famille a donc été doublement frappée par le conflit : elle a perdu un parent direct, « mort pour la France » durant la Grande Guerre et, « mort par la France », un homme (Noël

Pwatiba) appartenant à un clan proche. Bien rangé chez lui à Atéu dans un grand carton à dessin, Pwënyî Ignace Péaru, dont Denis était le grand-oncle, conserve d'ailleurs ensemble deux photographies : celle de la croix plantée à Douaumont en mémoire du frère de son grand-père, Dui Denis, et celle de la tête coupée du champion de 1917, Noël Pwatiba. Les deux guerres, la grande et celle de 1917, entretiennent des rapports ambivalents qui ont travaillé jusqu'à aujourd'hui la mémoire et l'identité kanakes.

De la mise à mort par la guerre à la mise en poésie pour résister à l'oubli et au désespoir, les Kanaks, en soutien à la France et contre elle, ont su rebondir. En phase avec le sursaut littéraire occidental suscité par la Grande Guerre, ils ont joué de leurs liens ambigus à la tutelle coloniale pour à la fois lui emprunter des outils essentiels (l'écriture, les fusils, l'idée de liberté) et, avec ces apports, contester sa présence et affirmer leurs propres forces narratives, rituelles, politiques.

—

ALBAN BENSA

RÉFÉRENCES

—

Alban BENSA, Kacué Yvon GOROMOEDO et Adrian MUCKLE, Les Sanglots de l'aigle pêcheur. Nouvelle-Calédonie : la guerre kanak de 1917, Toulouse, Anacharsis, 2015.

Sylvette BOUBIN-BOYER (dir.), Révoltes, conflits et guerres mondiales en Nouvelle-Calédonie et dans sa région, Paris, L'Harmattan, 2008.

Maurice LEENHARDT, Gens de la Grande Terre, Paris, Gallimard, 1953.

Michel NAEPELS, Conjurer la guerre. Violence et pouvoir à Houaïlou (Nouvelle-Calédonie), Paris, Éd. de l'École des hautes études en sciences sociales, 2013.

Jean-Claude RIVIERRE, Dictionnaire paicî-français (Nouvelle-Calédonie), Paris, SELAF-Peeters, 1983.

RENVOIS

—

1635, 1852, 1882, 1931, 1940, 1961, 2008

1919

Deux conférences pour changer le monde

Se déroulent en 1919 à Paris deux rencontres qui, dans un genre bien différent, ont pour but de repenser les relations internationales. La Conférence de la paix et le deuxième Congrès panafricain soulèvent de nombreux espoirs avant de décevoir.

Du 19 au 21 février 1919, le deuxième Congrès panafricain réunit dans un hôtel parisien cinquante-sept délégués venus de quinze nations différentes. Il a été organisé par le sociologue noir américain William E. B. Du Bois, financé par la National Association for the Advancement of Colored People et il est présidé par le député du Sénégal Blaise Diagne. Leur collaboration fait écho à celle qui a mis fin au conflit, et l'ouverture de négociations de paix, pour la première fois à l'échelle mondiale, soulève de nombreux espoirs, en particulier celui d'atténuer la « ligne de couleur » que Du Bois avait définie comme le problème majeur du XXᵉ siècle au premier Congrès panafricain organisé à Londres en 1900.

De janvier à juin 1919, vingt-sept délégations venues de tous les continents débattent à Paris des conditions d'une paix encore fragile et menacée. Cinquante-deux commissions sont à l'œuvre pour redessiner la carte de l'Europe, décider du sort des colonies allemandes et de certaines provinces de l'Empire ottoman et proposer de nouveaux principes de fonctionnement international. Pendant six mois, Paris devient la capitale où se décide le sort du monde. Cependant, la démobilisation commence à peine dans une France très lourdement frappée par les pertes humaines – 1 300 000 tués au combat, autant de mutilés et d'invalides, de veuves et d'orphelins – et par les destructions matérielles. Les pénuries persistent, entraînant la hausse continue des prix, et il faut ouvrir des « baraques Vilgrain » dans les rues de Paris pour proposer à la population des denrées un peu moins chères. Le printemps 1919 est marqué par des grèves particulièrement dures, Clemenceau accorde dès le 23 avril la journée de huit heures sans parvenir à désamorcer des affrontements qui se nourrissent aussi de l'espoir de déclencher une révolution semblable à celle qui s'est installée en Russie depuis 1917.

Dans ce contexte tendu, Du Bois et Diagne font le pari optimiste que la France est le carrefour « où toutes les races sont venues se reconnaître et où, pour la première fois peut-être, le danger commun aura fait vivre effectivement l'idée de fraternité universelle ». Du Bois veut enquêter sur les faits d'armes des soldats noirs américains pour démontrer leur valeur, alors même que des lynchages ont déjà accueilli les premiers vétérans à leur retour aux États-Unis. Commissaire de la République en charge des effectifs coloniaux depuis janvier 1918, Diagne a réussi à recruter 63 000 soldats en Afrique de l'Ouest, y compris dans les territoires où la conscription avait suscité de véritables soulèvements. Il entend bien profiter de l'image encore positive de cette armée de réserve pour élargir, comme il s'y est engagé, l'accès de tous les colonisés à la citoyenneté.

Officiellement introduite par la délégation japonaise, la question de l'égalité entre les peuples et entre les races est bien vite écartée des objectifs de la conférence de la paix. Elle est pourtant d'une brûlante actualité. Au printemps 1919, les Coréens se soulèvent massivement pour rejeter le protectorat de leurs « grands frères » japonais ; en Égypte, le refus britannique d'autoriser une délégation nationaliste à se rendre à Paris suscite des manifestations et la formation d'un nouveau parti, Wafd (délégation) ; en Inde, Gandhi lance sa première grande campagne de désobéissance civile contre les lois perpétuant la censure et l'état d'exception, puis la suspend après que les troupes coloniales ont mitraillé une réunion publique non autorisée à Amritsar et tué près de quatre cents personnes. Aucune voix ne s'élève à Paris pour condamner les répressions impériales qui récusent, par la violence, le droit des peuples colonisés à disposer d'eux-mêmes.

Champion de ce droit dont il a fait dès janvier 1918 le fondement de la paix future dans son fameux discours des quatorze points, le président états-unien Thomas Woodrow Wilson reçoit de multiples délégations en France, ou en Grande-Bretagne et en Italie lors de plus brefs séjours. Il dialogue avec Léon Jouhaux, secrétaire de la Confédération générale du travail, mais sa porte reste fermée à tous les représentants des colonisés. L'émir Khaled, petit-fils d'Abd el-Kader et capitaine ayant combattu dix-huit mois en France, qui lui écrit au nom des Jeunes Algériens, Abdelaziz Thâalbi qui transforme en 1920 la pétition des Jeunes Tunisiens en manifeste public, *La Tunisie martyre, ses revendications*, et crée un parti réclamant une Constitution, le Destour, ou le futur Hô Chi Minh qui prend alors le nom de Nguyên

Ai Quôc (le patriote), en font tous l'amère expérience. Le contreseing apporté aux appropriations territoriales japonaises en Chine montre que les peuples indépendants non occidentaux ne sont pas mieux considérés. Ces flagrantes inégalités de traitement jettent d'emblée le soupçon sur les ronflantes déclarations des nouveaux traités, en particulier sur la « mission sacrée de civilisation » derechef attribuée aux Occidentaux par l'article 22 du pacte de la Société des Nations.

Le deuxième Congrès panafricain se tient au moment où les travaux de la conférence de la paix sont interrompus par l'absence de Wilson, rentré aux États-Unis pour un mois, ce qui permet de donner satisfaction à Diagne sans trop inquiéter les autorités américaines et britanniques qui ont limité le nombre des participants en leur refusant l'autorisation nécessaire. Le soutien accordé par Clemenceau traduit surtout son désintérêt pour les questions coloniales dont il a fait des éléments d'ajustement et de compensation pour obtenir un dispositif international garantissant effectivement la paix et la sécurité collective et le paiement par l'Allemagne de réparations à la mesure des pertes humaines et matérielles subies par la France. En février 1919, une première esquisse de la Société des Nations a déjà été tracée qui la prive de toute force armée et la contraint à décider à l'unanimité. Le projet français a été balayé par les conceptions américaine et britannique et par la crainte des effets potentiellement bellicistes de la haine de l'ennemi, alors très sensible chez les soldats démobilisés et dans la population française. S'il

était impensable que la conférence de la paix se tienne ailleurs qu'à Paris, il est très vite évident que cette localisation ne sert pas toujours les intérêts français.

Les congressistes panafricains attendent beaucoup de la future Société des Nations. Ils plaident pour la rédaction d'un code de protection internationale pour les indigènes dont l'application serait confiée à un secrétariat permanent spécialement créé à l'intérieur de la Société des Nations. Ils se préoccupent également des « Noirs civilisés » qui ne vivent pas dans les colonies et ils comptent sur la Société des Nations pour saisir une hypothétique opinion mondiale à chaque fois que seront violés les droits des originaires d'Afrique, ou qu'un État exclura « délibérément ses citoyens d'origine africaine civilisés de son corps politique et intellectuel ». Comme beaucoup de leurs contemporains, ils espèrent que la Société des Nations saura résoudre les tensions qui réapparaissent déjà entre logiques internationales et logiques nationales et impériales. Diagne est ainsi visiblement tiraillé entre le combat antiraciste à l'échelle globale que lui propose Du Bois et la possibilité de devenir le nouveau champion de l'assimilation dans le cadre de l'empire colonial français.

Les hiérarchies revendiquées, et souvent creusées, par les textes organisant la sortie de guerre ont vite fait de réduire à néant les rêves de fraternité universelle. Les peuples « non encore capables de se gouverner eux-mêmes » deviennent une catégorie du droit international dans le pacte de la Société des Nations, qui donne ainsi un contenu positif à la vieille distinction entre les nations soi-disant civilisées et les peuples dominés et déclarés non civilisés. En France, l'accès élargi à la citoyenneté promis aux engagés coloniaux français est dès le 4 février 1919 réduit par la loi Jonnart à une citoyenneté exclusivement locale, au bénéfice des seuls vétérans algériens. Dans les autres colonies, les refus opposés aux vétérans justifient une politique ultramalthusienne d'octroi de la citoyenneté qui obéit aussi à une finalité économique. L'ampleur des réparations en métropole interdit toute politique d'investissement aux colonies, où le travail forcé se généralise par défaut, enfermant les sujets indigènes dans une condition insupportable. Les autorités françaises rejettent même le prudent réformisme lié à la notion de mandat et rechignent à définir ce nouveau cadre, dans le vain espoir de pouvoir s'en passer. En métropole, les quelque 200 000 travailleurs coloniaux réquisitionnés pendant le conflit sont renvoyés chez eux et remplacés par des migrants européens. Si les artistes noirs américains sont toujours bien accueillis, la ségrégation officiellement instituée autour des travailleurs coloniaux laisse des traces et relègue dans la clandestinité les colonisés qui choisissent de rester en métropole ou qui viennent y chercher un peu de liberté. Les soldats coloniaux font aussi les frais de ce double discours, ceux qui participent à l'occupation de la Rhénanie sont vilipendés par la campagne raciste d'ampleur internationale qui voit dans leur simple présence une humiliation pour les Allemands, la *schwarze Schande* (honte noire).

Le traité de Versailles est signé le 28 juin 1919. Les compromis sur lesquels il repose résistent à la défection des États-Unis en mars 1920 et parviendront à préserver la paix jusqu'en 1931, mais ils satisfont bien peu les contemporains. Le 14 juillet 1919, le défilé de la victoire est la dernière manifestation du concert international installé à Paris pendant les premiers mois de 1919. À l'image d'une France qui se retranche dans une position défensive, il invite au recueillement autant qu'il célèbre la victoire. La sortie de guerre n'est pas achevée fin 1919, mais d'ores et déjà les traumatismes laissés par la guerre pèsent sur le rôle international, comme sur la politique impériale de la France.

—

EMMANUELLE SIBEUD

RÉFÉRENCES

—

Jean-Jacques BECKER, *Le Traité de Versailles*, Paris, PUF, coll. « Que sais-je ? », 2002.

Bruno CABANES, *La Victoire endeuillée. La sortie de guerre des soldats français (1918-1920)*, Paris, Seuil, coll. « Points », 2014 [2004].

Erez MANELA, *The Wilsonian Moment : Self-Determination and the International Origins of Anticolonial Nationalism*, Oxford, Oxford University Press, 2007.

Tyler STOVALL, *Paris and the Spirit of 1919 : Consumer Struggles, Transnationalism and Revolution*, Cambridge, Cambridge University Press, 2012.

Jay WINTER (dir.), *La Première Guerre mondiale*, Paris, Fayard, 2013-2014, 3 vol.

RENVOIS

—

1446, 1659, 1940, 1960, 1961, 2008

1920

« Si tu veux la paix, cultive la justice »

En janvier 1920, le socialiste réformiste Albert Thomas prend la direction du Bureau international du travail. Créée au lendemain de la Première Guerre mondiale, l'institution, qui fait dialoguer les ennemis d'hier, a vocation à développer la protection légale du travail et ses premiers travaux portent sur la journée de travail de huit heures.

Dix millions de morts sur les champs de bataille européens, des destructions environnementales sans précédent, des centaines de milliers de personnes sur les routes de l'exil, et partout une instabilité et des violences prolongeant celles de la Première Guerre mondiale. Pour les survivants de la Grande Guerre, l'enjeu n'est pas seulement de tenter de réparer les désastres engendrés par le conflit ni de rétablir des relations diplomatiques entre anciens belligérants, mais de refonder le monde sur des bases nouvelles, le réinventer. À l'internationalisme communiste, issu de la révolution d'Octobre, répond celui des

anciens combattants dans les démocraties libérales. « Ou Wilson ou Lénine. Ou la démocratie née de la Révolution française, fortifiée par les luttes de tout un siècle, ou bien les formes primitives, incohérentes, brutales du fanatisme russe. Il faut choisir », s'enflamme le socialiste réformiste Albert Thomas, dans un article du quotidien *L'Humanité*, le 19 novembre 1918.

Au sein du gouvernement de guerre, Thomas a conduit la politique industrielle de la France. En janvier 1920, il prend la direction du Bureau international du travail, l'une des réalisations les plus remarquables de l'après-guerre : lieu d'expertise pour les questions sociales et économiques, espace où les anciens ennemis peuvent se retrouver et dialoguer. Issue de la partie XIII du traité de Versailles, cette institution nouvelle, installée à Genève, a une vocation civilisatrice et régulatrice. Son champ d'intervention est vaste. Un rapide examen des questions à l'ordre du jour de la première conférence du travail à Washington, en octobre 1919, suffit pour s'en convaincre : journée de travail de huit heures, lutte contre le chômage, protection des femmes avant et après l'accouchement, réglementation du travail de nuit, âge minimum pour les travailleurs d'industrie, etc. Quarante pays participent à cette première grande rencontre internationale, aussitôt rejoints par l'Allemagne et l'Autriche, à une époque où les anciennes puissances centrales ne sont pas encore membres de la Société des Nations.

L'Organisation internationale du travail est fille de la sortie de guerre. « *Si vis pacem, cole justiciam* », proclame sa devise. « Si tu veux la paix, cultive la justice. » Elle est aussi fille de la guerre elle-même, des « unions sacrées » mises en place pendant le conflit. « C'est la guerre qui a donné à la législation du travail une importance primordiale, explique Albert Thomas. C'est la guerre qui a contraint les gouvernements à prendre des engagements pour faire disparaître la misère, l'injustice et les privations dont souffrent les salariés. C'est la guerre encore qui a conduit les ouvriers organisés à comprendre que l'action de protection légale, en prenant toute sa puissance sur

le terrain international, était nécessaire à la réalisation de quelques-unes de leurs aspirations. »

Albert Thomas est justement l'un des acteurs les plus influents de ce courant réformiste, qu'il a commencé à fréquenter dans sa jeunesse et pendant ses années d'études à l'École normale supérieure. Parmi ses amis, Mario Roques, spécialiste de littérature médiévale, qui sera son chef de cabinet pendant la guerre et dirigera ensuite le bureau parisien de l'Organisation internationale du travail ; François Simiand, le grand économiste qui sera son collaborateur au ministère de l'Armement ; le sociologue Maurice Halbwachs ; l'économiste Edgard Milhaud, chargé de la grande enquête sur la production en 1925. Les parcours de chacun de ces hommes illustrent la continuité forte entre les réseaux normaliens du début du siècle, les milieux gouvernementaux durant la Grande Guerre, puis la direction de l'Organisation internationale du travail dans les années 1920.

C'est Lucien Herr, le légendaire bibliothécaire de l'École depuis 1888, qui avait fixé le cap : « Nous sommes d'accord sur ce qu'il faut résolument éliminer : les systèmes du monde et les théories de la valeur sans intérêt, les tartinages philosophiques et les polémiques puériles. L'essentiel me paraît être la documentation socialiste, les études historiques et critiques, les enquêtes positives et les réalisations pratiques. » Le socialisme réformiste que prônent Albert Thomas et ses amis tourne le dos au socialisme romantique qui avait marqué la génération précédente. Désormais, c'est un socialisme scientifique, fondé sur des enquêtes de terrain et une proximité intellectuelle avec les socialistes allemands, qui s'impose. C'est l'époque des grands congrès internationaux, comme la conférence de Berlin (1890), qui popularisent l'idée d'une législation du travail à l'échelle universelle et mettent en place une « communauté épistémique » d'experts du social. Cette « nébuleuse réformatrice » a donné naissance à trois grandes associations : l'Association internationale pour la lutte contre le chômage, le Congrès international des accidents du travail, et l'Association internationale pour la protection légale des travailleurs (AIPLT). Cofondée par Arthur Fontaine, cette dernière organisation pose les bases d'une législation internationale du travail : interdiction du travail de nuit des femmes dans l'industrie, prohibition de l'utilisation du phosphore blanc dans l'industrie des allumettes.

Lorsque la Première Guerre mondiale éclate, le pacifiste qu'était Albert Thomas se convertit à une forme de patriotisme jusqu'au-boutiste. Au printemps 1915, il entre au gouvernement, d'abord comme sous-secrétaire d'État en charge de l'Artillerie et de l'Équipement militaire (mai 1915-décembre 1916), puis comme ministre de l'Armement et des Fabrications de guerre (décembre 1916-septembre 1917). Il est convaincu dès cette époque que les préoccupations sociales qu'il défend en réorganisant les usines de guerre (limitation du temps de travail des femmes, installation de chambres d'allaitement) auront un prolongement après la fin des hostilités. L'autre continuité entre la politique menée par Albert Thomas au ministère de l'Armement et celle qu'il conduira à Genève, au début des années 1920, c'est le dialogue entre les gouvernements, les organisations d'employeurs et les syndicats ouvriers, associés étroitement à la conduite de la politique industrielle. Ce qu'on appellera le tripartisme au sein de l'Organisation internationale du travail est déjà en germe avec la pratique de l'arbitrage et de la conciliation en 1914-1918. Les ressorts, toutefois, ne sont pas les mêmes. Pendant le conflit, Albert Thomas joue sur le patriotisme des milieux patronaux et syndicaux, exploitant la marginalisation des solidarités de classe au profit de l'effort national de guerre. Avec l'Organisation internationale du travail, il s'agit plutôt d'associer les acteurs sociaux à un projet transnational, visant la reconnaissance de droits sociaux universels.

Durant les premières années de son mandat de directeur du Bureau international du travail, Albert Thomas fait adopter seize conventions et dix-huit recommandations sur le travail. La promotion de normes internationales se double d'un ambitieux programme d'enquêtes et de publications. Au fil du temps, toutefois, l'Organisation internationale du travail se heurte au manque de moyens financiers et aux réticences des Parlements nationaux à faire entrer dans la loi des réglementations décidées par les experts de Genève. Peu à peu, la guerre s'éloigne, au rythme de ce que les historiens appellent maintenant la « démobilisation culturelle ». Le pacifisme est l'un des thèmes principaux du discours ancien combattant, notamment en France. Il mêle la foi dans un patriotisme renouvelé, associant amour de la France et amour de l'humanité, la lutte contre le militarisme, perçu comme l'une des causes majeures de la crise de l'été 1914, et l'espoir que la Grande Guerre soit aussi la « der des ders ». Cette posture politique et morale a ses héros (le président du Conseil et ministre des Affaires étrangères Aristide Briand), ses rituels (la liturgie funèbre du 11 novembre) et ses réalisations concrètes (la Société des Nations, portée notamment par Léon Bourgeois). À la même époque, des vétérans venus du monde entier se réunissent à Genève au sein de la Conférence internationale des associations de mutilés de guerre et anciens combattants (CIAMAC), pour défendre ensemble leurs droits et promouvoir une meilleure prise en charge des blessés de guerre. Les Français Adrien Tixier et René Cassin sont à l'origine de ces rencontres.

Pour autant, la poussée de l'esprit transnational, qui souffle sur le début des années 1920, culminant avec les accords de Locarno, ne doit pas faire oublier la lenteur de la démobilisation culturelle et la persistance de la haine de l'ennemi. Dans tous les pays, notamment en France, la mémoire de la Grande Guerre est d'abord une mémoire nationale, indisso-ciable du souvenir de tous ceux qui ont été tués au champ d'honneur. Cette exigence de fidélité à la mémoire des morts fait naître deux discours parfaitement contra-dictoires. D'un côté, un message pacifiste, celui du « plus jamais ça » des associations d'anciens combattants. De l'autre, une forme de tabou moral à se réconcilier trop vite avec l'ennemi d'hier : tourner la page de la guerre, ce serait trahir les morts. Ainsi, le grand mathématicien

Émile Picard, qui a perdu trois fils en 1914-1918, militera encore en 1925 pour que l'Allemagne reste exclue des congrès internationaux de savants européens. Six ans seulement se sont écoulés depuis la fin des combats : « Un temps bien court pour jeter un voile sur tant d'actes odieux et criminels, confiera-t-il. Surtout quand aucun regret n'est exprimé. »

—

BRUNO CABANES

RÉFÉRENCES

—

Bruno CABANES, *The Great War and the Origins of Humanitarianism (1918-1924)*, Cambridge, Cambridge University Press, 2014.
John HORNE (dir.), « Démobilisations culturelles après la Grande Guerre », dossier de la revue *14-18 Aujourd'hui, Today, Heute*, n° 5, Paris, Noésis, 2002.
Isabelle LESPINET-MORET et Vincent VIET (dir.), *L'Organisation internationale du travail*, Rennes, Presses universitaires de Rennes, 2011.
Christian TOPALOV (dir.), *Laboratoires du nouveau siècle. La nébuleuse réformatrice et ses réseaux en France (1880-1914)*, Paris, Éd. de l'École des hautes études en sciences sociales, 1999.

RENVOIS

—

1420, 1659, 1914, 1948, 2003

1921

Parfumer le monde

En 1921, la modiste Gabrielle Chanel, figure du beau monde parisien, décide de diversifier son activité. Aidée par un émigré russe, elle lance un nouveau parfum, le N° 5. Objet iconique du XXᵉ siècle, célébré par Marilyn Monroe ou Andy Warhol, ce petit flacon devient l'incarnation du luxe à la française.

Si les sondes spatiales *Pioneer* ou *Voyager* lancées dans les années 1970 avaient dû embarquer un parfum pour faire connaître notre humanité à d'éventuelles civilisations extraterrestres, leur choix se serait sans doute porté sur le *N° 5* de Chanel. Parfum le plus vendu au monde jusqu'à une période très récente, produit mythique portant partout la renommée de la France sur le terrain du luxe, le *N° 5* est pourtant presque centenaire.

En 1921, Gabrielle Chanel a trente-huit ans, et son activité première de modiste, étendue depuis quelques années à la couture, connaît dans la France de l'après-Première Guerre mondiale un succès grandissant. L'orpheline de douze ans que son père a abandonnée jadis aux sœurs de l'abbaye cistercienne d'Aubazine, en Corrèze, tient commerce au 31 rue Cambon, a remboursé depuis plusieurs années à son protecteur Boy Capel (décédé en 1919) les sommes qu'il avait investies dans son affaire, et emploie plus de trois cents ouvrières. Elle est la maîtresse du grand-duc Dimitri Pavlovitch et fréquente José Maria et Misia Sert, qui comptent parmi ses plus proches amis, Pablo Picasso et Serge Diaghilev, avec lesquels elle a travaillé sur le ballet *Parade*, ou Igor Stravinski, qu'elle héberge ainsi que sa famille dans sa villa de Garches, *Bel Respiro*. Enfin et surtout, avec d'autres couturiers comme Jean Patou, elle insuffle un style à son époque, libère le vestiaire féminin par le recours au pantalon, au cardigan ou au tailleur, allonge et fluidifie la silhouette en utilisant le jersey.

En cette année 1921, Gabrielle Chanel décide de diversifier son activité dans la parfumerie. Ce marché est en effet particulièrement dynamique, et le couturier Paul Poiret s'y est ouvert avec succès dix ans plus tôt. Les grands noms de la parfumerie de l'époque sont Guerlain, Roger & Gallet, Piver et, depuis une quinzaine d'années, Coty. Son *Chypre* de 1917 signe un très grand succès populaire. *L'Heure bleue* (1912) et *Mitsouko* (1919) de Guerlain figurent également parmi les créations majeures du marché. La parfumerie française rayonne sans rivale dans le monde entier.

En 1920, sans doute par l'intermédiaire du grand-duc Dimitri, Gabrielle Chanel a rencontré le parfumeur Ernest Beaux. Composant pour la maison Rallet de Moscou, la plus grande maison de parfumerie russe, dont il était directeur technique, Ernest Beaux a fui la révolution de 1917. Son entreprise, rachetée en 1896 par la société grassoise Chiris, est alors rapatriée à La Bocca. En 1946, dans un article de la revue *Industrie de la parfumerie*, il relate les circonstances de la création du *Nᵒ 5* : « J'ai composé le *Nᵒ 5* à mon retour de la guerre. J'ai été amené à faire une partie de la campagne dans une région septentrionale de l'Europe au-delà du cercle polaire à l'époque du soleil de minuit, où les lacs et les fleuves exhalent un parfum d'une extrême fraîcheur. J'ai gardé cette note et l'ai réalisée, non sans peine, car les premiers aldéhydes que j'ai pu trouver étaient instables et d'une fabrication peu régulière. »

Le *Nᵒ 5* n'est pas, loin s'en faut, le premier parfum à faire entrer dans sa composition des matières premières de synthèse. Des molécules artificielles sont employées en parfumerie depuis une quarantaine d'années. L'originalité de ce parfum tient plutôt au dosage important de sa formule en aldéhydes, des corps odorants d'origine synthétique dont l'odeur en elle-même n'est pas à proprement parler agréable, mais qui présentent la particularité d'exalter les matières premières avec lesquelles ils sont utilisés. Gabrielle Chanel aurait souhaité « un parfum de femme à odeur de femme ». Les aldéhydes permettent à Ernest Beaux de faire entrer le bouquet floral qu'il compose dans une forme d'abstraction, où les matières premières naturelles, rose de mai, jasmin, ylang-ylang..., se mêlent plus étroitement, et sont moins directement identifiables : « Le *Nᵒ 5* avait le caractère surprenant d'une création abstraite », analyse Edmonde Charles-Roux. Olfactivement, sa création présente en effet une notable innovation, où les notes synthétiques jouent un rôle majeur. « Cette note nouvelle a eu et a encore un succès très marqué, peu de parfums ont été imités et contrefaits comme le *Nᵒ 5* de Chanel », commente Ernest Beaux dès 1946.

Le choix de son nom, le *Nᵒ 5*, symbole de perfection dans de nombreuses cultures, s'inscrit également en rupture avec les pratiques de l'époque, évoquant pour Paul Morand « un lendemain où les parfums ne seront plus *Trèfle incarnat*, *Rêve d'automne*, mais porteront un numéro matricule, comme des forçats ». Ernest Beaux en dévoile là encore l'origine : « Pourquoi cette dénomination ? Mˡˡᵉ Chanel, qui avait une maison de couture très en vogue, me demanda pour celle-ci quelques parfums. Je suis venu lui présenter mes créations, deux séries : de 1 à 5 et 20 à 24. Elle en choisit quelques-unes, dont celle qui portait le Nº 5 et, à la question "Quel nom faut-il lui donner ?", Mᶫᶫᵉ Chanel m'a répondu : "Je présente ma collection de robes le 5 du mois de mai, le 5ᵉ de l'année, nous lui laisserons donc le numéro qu'il porte et ce numéro 5 lui portera bonheur." Je dois reconnaître qu'elle ne s'était pas trompée. »

Pour autant, en 1921, les ingrédients du succès ne sont pas encore tous réunis pour le *Nº 5*. L'époque est en effet à la diversification des maisons de couture vers la parfumerie, et la concurrence s'intensifie : 1923 marque l'entrée de la maison de couture Jeanne Lanvin sur ce marché, avec un parfum nommé *Irisé*, composé par Mᵐᵉ Zed, et 1924 celle de Jean Patou, avec *Amour amour*, *Que sais-je ?* et *Adieu sagesse*, créés par Henri Alméras. Et si le *Nº 5* existe, Gabrielle Chanel ne dispose pas des moyens nécessaires à sa production et à sa distribution à grande échelle. Sa rencontre, en 1923, avec les frères Wertheimer, est à cet égard déterminante.

Ernest Wertheimer est en effet propriétaire de la maison Bourjois & Cie depuis 1898. Fondée par Joseph-Albert Ponsin, et rachetée en 1868 par son employé Alexandre-Napoléon Bourjois, la maison de parfumerie est célèbre pour sa Poudre de riz de Java, dont 2,5 millions de boîtes sont vendues chaque année dans le monde dès 1912. Or la maison Bourjois possède depuis 1891 une usine et des terrains à Pantin. En 1923, Paul et Pierre Wertheimer, ses fils,

rencontrent Gabrielle Chanel par l'intermédiaire de Théophile Bader, cofondateur, avec Alphonse Kahn, des Galeries Lafayette. Les conditions du succès sont dès lors réunies, avec la possibilité d'une production d'ampleur par l'usine Bourjois de Pantin, et une structure de distribution qui permette une large diffusion commerciale. L'année suivante, les Parfums Chanel sont fondés, avec pour directeur technique Ernest Beaux, selon un contrat qui attribue 70 % du capital aux frères Wertheimer, 20 % à Alfred Dreyfus et Max Grumbach, qui représentent Bader, et 10 % à Gabrielle Chanel. La collaboration, qui semblera vite inique à Gabrielle Chanel, connaîtra des heures houleuses. En 1947, Gabrielle Chanel obtient une renégociation qui porte sa part à 2 % du chiffre d'affaires annuel. En 1954 cependant, Pierre Wertheimer rachète les 20 % que détiennent les Galeries Lafayette, et, lors du retour de Gabrielle Chanel à la couture, les Parfums Chanel rachètent la maison de couture, ce qui permet à Pierre Wertheimer de devenir propriétaire de tout le groupe Chanel, à l'heure où la marque connaît de nouveau un immense succès.

Les années 1950 marquent un autre jalon du rayonnement du *Nº 5*. À la question d'un journaliste, qui lui demande ce qu'elle porte pour dormir, Marilyn Monroe répond : « Quelques gouttes de *Nº 5*. » Bien qu'il n'existe aucune trace de l'interview originelle, dans les années qui suivent Marilyn est à plusieurs reprises photographiée avec le parfum, notamment lors d'une séance où elle pose nue dans un lit, ainsi que sur un portrait particulièrement célèbre où on la voit se parfumer, les paupières baissées et tenant contre elle un grand flacon de N° 5. Dans un enregistrement datant de 1960, enfin, retrouvé en 2013 par Chanel, elle évoque l'interview originelle et en répète les propos. Cette association récurrente de l'actrice et du parfum contribue de façon très significative à sa renommée internationale, et le hisse au rang de mythe. En termes d'image, l'aura de Marilyn, blonde, pulpeuse, pétillante, américaine, vient compléter efficacement celle de Gabrielle Chanel, brune, froide, cérébrale et européenne, pour faire du N° 5 le parfum de toutes les femmes, l'essence même de la féminité.

Le choix pour nom d'un numéro, ne serait-ce que parce qu'il ne pose pas de problème de traduction, mais aussi parce qu'il reste relativement transparent en termes d'imaginaire, facilite en effet cette pluralité de lectures et de projections dans des univers culturels différents. Le même parti pris de sobriété qui a présidé au choix de l'emballage du parfum lui permet de traverser les époques et de séduire les marchés du monde entier : loin de la surenchère artistique des flacons de son temps, le N° 5 opte pour la sobriété d'un flacon qui aurait été inspiré par les flasques à vodka de la garde impériale russe. « Ce qu'il y avait de remarquable dans le bloc à angles vifs que mettait en circulation Gabrielle, c'est qu'il soumettait l'imaginaire à un nouveau système de signes. Ce n'était plus le contenant qui suscitait l'envie, mais le contenu. Ce n'était plus l'objet qui faisait vendre, mais le sens seul qui était concerné : l'odorat, confronté avec ce liquide d'or, prisonnier d'un cube

de cristal nu et rendu visible à seule fin de désir. » En 1959, le N° 5 et son flacon entrent dans les collections permanentes du Museum of Modern Art de New York et, en 1985, Andy Warhol en fait l'objet de l'une de ses sérigraphies, le consacrant comme objet iconique du XXᵉ siècle.

La sobriété de son flacon, doublée de l'abstraction de son nom, fait ainsi du N° 5 une toile vierge où puisse s'exprimer l'essence même de la marque Chanel. En plaçant ce produit sous le signe du style qu'elle incarne, minimaliste et élitiste, mais sans l'ancrer, en termes de communication, dans une histoire particulière comme ce peut être le cas pour *Shalimar*, *Arpège*, *L'Air du temps*, *Opium*, *Poison*, ou d'autres parfums majeurs du XXᵉ siècle, Gabrielle Chanel a témoigné d'une intuition très sûre : le parfum n'a de valeur que dans l'image qu'il projette. Incarner cette image dans une histoire, c'est donner au temps une prise sur le produit. Situer *a priori* le produit hors de toute narration, c'est au contraire se donner la possibilité d'en faire le support de toutes les narrations, et de les faire évoluer au fil du temps, pour mieux séduire les femmes de chaque époque, et de toutes les aires géographiques. Les campagnes publicitaires du N° 5 reflètent ce parti pris : de façon paradoxale, depuis les années 1970, si l'égérie qui incarne le parfum est souvent française (Catherine Deneuve, Carole Bouquet, Audrey Tautou, mais pas uniquement : Nicole Kidman, Gisele Bündchen...), ce n'est jamais l'image de la France qui s'y projette comme un idéal, mais bien plutôt celle des marchés que le N° 5 se donne pour ambition de conquérir, des gratte-ciel américains dans les années 1980 à ceux de Shanghai dans la campagne de 2012 où figure Brad Pitt. Un jeu de miroirs à l'équilibre subtil où le *N° 5* projette au monde l'idéal d'un luxe à la française, et à la France celui d'une femme capable de mettre le monde à ses pieds.

—

Eugénie Briot

RÉFÉRENCES

—

Ernest Beaux, « Souvenirs d'un parfumeur », *Industrie de la parfumerie*, vol. 1, n° 7, octobre 1946.
Edmonde Charles-Roux, *L'Irrégulière. L'itinéraire de Coco Chanel*, Paris, Grasset, 2016 [1974].
Paul Morand, *L'Allure de Chanel*, Paris, Gallimard, coll. « Folio », 2009 [1976].

RENVOIS

—

1202, 1682, 1712, 1913

1923

À la croisée des exils

*Un jour d'octobre 1923 débarque à Marseille,
parmi des centaines d'autres réfugiés arméniens,
le couple Aznavourian. Partis de Grèce, Knar, Misha
et leur fille Aïda fuient la décomposition des Empires
russe et ottoman. Leur errance s'arrête à Paris,
où l'année suivante naît un second enfant, prénommé Charles.*

Le ponton d'un navire arrimé à Marseille n'est pas trop étroit pour observer, comme s'effectue le débarquement, les retombées humaines des déflagrations politiques survenues à l'Est durant le premier conflit mondial.

Lors du contrôle des papiers d'identité, le relevé des nationalités a dévoilé le microcosme éphémère que passagers « russes », « arméniens » et autres « ottomans » ont formé durant la traversée, bien que les mémoires les aient ensuite installés dans des récits séparés. Pour beaucoup, arrivés à bord du *Sphinx*, du *Lamartine* ou du *Madonna*, Marseille n'a représenté qu'une escale sur la route migratoire, soit qu'il fût décidé par avance de gagner Paris ou de tenter sa chance aux Amériques, soit que l'inattendu survienne et redessine les trajectoires. Tous, cependant, sont reliés par leur histoire à une marqueterie de territoires perdus, quittés sous la contrainte après l'installation en Russie soviétique, puis dans la Turquie kémaliste, de régimes autoritaires. Ceux-ci ne laissent aucune possibilité de retour aux sujets qu'ils ont déchus de leurs droits nationaux, se fondant sur des critères tantôt politiques, tantôt ethnoconfessionnels, pour les exclure. Le couple Aznavourian, arrivé à Marseille un jour d'octobre 1923, fait se rencontrer ces deux séquences historiques.

Knar a grandi sur le littoral de la Marmara, dans la ville ottomane d'Izmit qui regarde vers Constantinople à l'ouest et ouvre vers le haut plateau anatolien à l'est. Son époux Mamigon – surnommé « Misha », à la russe – provient d'une bourgade de l'actuelle Géorgie, située naguère sur les marges caucasiennes de l'empire des Romanov. Leurs destins se croisent durant la guerre, à la faveur d'une accalmie laissant à Misha, jeune chanteur d'opérette, l'opportunité de quitter le Caucase russe avec sa troupe artistique pour se produire à Constantinople. Knar y termine ses études. L'un ignore que la révolution bolchevique changera bientôt la tournée en expatriation définitive ; l'autre, que les siens restés à Izmit ont péri au cours des déportations arméniennes de 1915.

La capitale ottomane brasse au sortir de la guerre des centaines de milliers de réfugiés. Placée sous contrôle interallié, elle est ce havre stratégique au cœur des Détroits que cherchent à rejoindre des populations encerclées par la prédation et la violence de bandes irrégulières. Parmi ces civils en quête de protection, des dizaines de milliers d'Arméniens issus des provinces orientales, parvenus à se cacher durant le génocide ou à survivre aux déportations, puis pourchassés à partir de 1919 par les forces kémalistes. De plus loin encore, 200 000 à 230 000 sujets russes franchissent le Bosphore au rythme des défaites de l'Armée blanche, qui s'échelonnent du printemps 1919 à l'hiver 1920-1921. Des navires militaires français et britanniques prêtent leur concours à ces vastes opérations de sauvetage, orchestrées à la hâte par la flotte impériale russe.

Ces réfugiés suspendus au Bosphore sont pris dans une temporalité incertaine, celle de l'attente, qui naît de l'opacité ambiante et du brouillage des normes juridiques après le renversement de l'ordre ancien, mais s'accompagne aussi d'espoir à l'heure des négociations de paix. « Les bolcheviks finiront bien par partir… » se rassurent les émigrés russes, tant ils tiennent la défaite des soviets pour certaine. Les Arméniens, quant à eux, ont pu faire entendre leurs revendications à la conférence de Paris et obtenir du traité de Sèvres, signé le 10 août 1920, l'assurance que les dirigeants jeunes-turcs seraient jugés pour leurs crimes par une juridiction pénale internationale, et pas seulement par les cours martiales ottomanes dont les travaux, en 1919, ont révélé des dysfonctionnements nombreux. Sèvres stipule en outre qu'un État arménien indépendant verra le jour à l'est de l'Asie Mineure, séparé de la Turquie et réuni à l'Arménie caucasienne.

Années en creux, donc, vouées à l'attente d'une résolution politique. Mais attendre ne condamne pas à l'immobilité, comme l'attestent les allées et venues qu'effectuent Knar et Misha sur la lisière occidentale de l'Empire ottoman. Des déplacements circonscrits, toutefois. Car il importe aux Aznavourian – qu'il faut se représenter ici dans le cercle plus large d'une troupe d'opérette – de rester au contact des réseaux arméniens locaux. Ceux-ci subsistent à Constantinople, à Smyrne, et sont solidement implantés dans les Balkans où doit se poursuivre la tournée. En janvier 1923, la troupe est à Salonique quand naît Aïda, le premier enfant du couple. Or le vent a tourné. Les forces kémalistes ont fait durant l'automne des percées décisives, chassant l'armée grecque de Smyrne en septembre, triomphant à Constantinople en octobre. Les 35 000 Russes encore présents dans la capitale ont jusqu'à janvier 1923 pour trouver un pays de refuge, ainsi qu'en a décidé Mustafa Kemal, souhaitant plus généralement le départ des minorités chrétiennes.

De Salonique, Misha rebrousse chemin jusqu'à Constantinople pour chercher la grand-mère de Knar. Ce voyage annonce le vaste redéploiement de la cartographie familiale. Comme 65 000 autres Arméniens et tout autant de Russes, les Aznavourian s'apprêtent à gagner la France dont les consulats apposent sans trop sourciller leurs visas d'entrée sur les documents d'identité, ô combien hétéroclites, qui leur sont présentés – passeports internationaux, feuilles de route, laissez-passer, sauf-conduits… Par leur diversité, ces papiers portent témoignage des arrangements trouvés localement face à la dislocation des empires et de leurs administrations. Dans les territoires sous mandat, où le nombre de réfugiés arméniens s'élève à plus de 100 000, les agents du Haut-Commissariat de la France au Levant fournissent euxmêmes aux émigrants les documents légaux pour partir. Alors que les États-Unis commencent à fermer leurs frontières à l'immigration, la France voit donc un intérêt à ouvrir les siennes. C'est que la Grande Guerre a amputé de 10 % la population active masculine du pays. On attend de la main-d'œuvre étrangère qu'elle supplée les bras manquants, tout particulièrement dans les secteurs ingrats de l'industrie lourde que les Français tendent à délaisser au profit d'emplois plus qualifiés.

Flairant l'aubaine, les patrons français avancent d'abord en ordre dispersé dans les régions où les réservoirs de main-d'œuvre sont importants, de l'Europe orientale au Proche-Orient. Puis, à partir de 1924, l'État confie l'embauche étrangère à un organisme patronal qui devient son unique interlocuteur, la Société générale d'immigration, aidée dans sa tâche par le Bureau international du travail. Ce dispositif permet l'acheminement vers l'Hexagone de centaines de milliers de travailleurs dans les années 1920. Russes et Arméniens ne sont pas en reste, dont l'exil s'organise souvent en migration de travail.

Le *Sphinx*, le *Lamartine* et le *Madonna*, mais encore l'*Euphrate*, le *Maréchal Bugeaud* et le *Bulgaria*. Le *Tourville*, l'*Albano* et le *Catherina*… Les agents du Commissariat spécial de Marseille consignent les noms des navires qui se succèdent dans la rade en cet automne 1923 où l'*Andros* accoste à son tour, venant du Pirée. À bord, les trois Aznavourian et la grand-mère ; les femmes ont suivi le chef de famille – ancien sujet du tsar – dans la catégorie de « réfugiés russes » pour laquelle, précisément, des listes nominatives de passagers ont été dressées, et sont aujourd'hui conservées aux archives départementales des Bouches-du-Rhône. Mamigon est enregistré sous un prénom – *Mamimokou* – à l'orthographe aussi aléatoire que celle de son patronyme, noté ici *Arnavourian*, ailleurs *Aznaourian*, réarrangé plus tard en *Aznavour* par le fils de la famille faisant ses débuts sur scène.

À l'époque où les *Arnavourian* sont autorisés à débarquer en France, le droit international n'a pas encore défini le statut juridique de « réfugié apatride ». Plusieurs arrangements intergouvernementaux

seraient nécessaires avant la conclusion, en octobre 1933, de la première
convention de Genève relative à ce
statut. Pour l'heure, en 1923, les législateurs parent au plus pressé. La dénomination de « réfugié russe » vaut à celui
qui la porte la délivrance d'un titre de
voyage spécifique, le certificat Nansen.
Mamigon tient le sien du ministère grec
de l'Intérieur, qui s'est porté garant de son
identité pour permettre le grand départ
vers la France.

Si ce bout de papier a tant marqué
les mémoires, c'est qu'il signifie à ses
détenteurs leur position d'exclus. Il est
ce bricolage administratif trouvé par la
Société des Nations pour stabiliser le
monde de l'après-guerre, en attribuant
l'étiquette « Nansen » à ceux que des
politiques étatiques de dénationalisation
forcée ont collectivement frappés. Plus
d'un million de sujets russes sont d'abord
concernés, puis des centaines de milliers
d'Arméniens ex-ottomans.

À l'échelle locale, celle du quai
maritime, celle de l'inspection sanitaire
ou de la police des chemins de fer et des
ports, l'arrivée régulière des réfugiés
à Marseille finit par susciter de vives
crispations. Le comptage des nationalités – « russes », « arméniens » et autres
« ottomans » – nourrit des rapports
alarmistes à l'intention du préfet des
Bouches-du-Rhône, qui lui-même
en réfère à son ministère de tutelle,
brandissant les chiffres du jour, de
la semaine, du mois, pour dénoncer
« l'encombrement » de Marseille.

Dans leur souci d'encadrer toujours
plus étroitement les migrations, les
autorités s'enquièrent des destinations
prévues. La convergence des réponses
dessine des axes structurants à travers
le territoire français, qui remontent la
vallée du Rhône, relient entre elles les
grandes villes industrielles et vont parfois
se ramifiant dans le reste du monde. Les
Aznavourian, eux, déclarent se rendre à
Paris, de beaucoup la destination privilégiée des nouveaux arrivants. Sans doute
entendent-ils retrouver le père de Misha
dans le Quartier latin où il a fondé une
petite affaire, rue Champollion : un
restaurant dont l'enseigne, Le Caucase,
attire une clientèle mélangée de Russes,
Géorgiens, Arméniens… mais aussi
d'étudiants sans le sou.

En 1924, la naissance du second
enfant, un garçon prénommé Charles
– à la française –, aurait contrarié un
projet de départ aux États-Unis. Qu'à
cela ne tienne, Knar et Misha trouvent
un local rue de la Huchette et ouvrent
leur propre « Caucase ». Entre popote et
école du spectacle, Paris se dévoile aux
enfants Aznavourian, qui s'inscrivent à
des radiocrochets et remportent des prix
récompensés en espèces – un billet de
cent, un billet de cinquante, pour éponger
les dettes familiales, soulager les parents,
s'élancer.

—

Anouche Kunth

RÉFÉRENCES

—

Aïda AZNAVOUR-GARVARENTZ, *Petit frère*, Paris,
Robert Laffont, 1986.

Gérard DÉDÉYAN (dir.), *Histoire du peuple
arménien*, Toulouse, Privat, 2008.

Catherine GOUSSEFF, *L'Exil russe. La fabrique du
réfugié apatride (1920-1939)*, Paris, CNRS Éditions,
2008.

Dzovinar KÉVONIAN, *Réfugiés et diplomatie
humanitaire. Les acteurs européens et la scène
proche-orientale pendant l'entre-deux-guerres*, Paris,
Publications de la Sorbonne, 2004.

Anouche KUNTH, *Exils arméniens. Du Caucase à
Paris (1920-1945)*, Paris, Belin, 2016.

RENVOIS

—

12 000, 1927, 1931, 1953, 1974, 1998

1927

Naturaliser

La loi du 10 août 1927 facilite l'accession à la nationalité française : le nombre de « naturalisés » double dès l'année suivante. Signe et agent d'une politique favorable à l'immigration, la loi s'inscrit dans un contexte de reconstruction et de pénurie de main-d'œuvre mais aussi de peur de la dépopulation.

Né à Kalusz, en Pologne en 1893, David Bienenfeld est arrivé en France en août 1922. Quatre ans et demi plus tard, il tente sa chance et dépose un dossier de naturalisation au commissariat de police de son domicile parisien en décembre 1927. « Fixé d'une façon définitive en France où le retiennent toutes ses sympathies et ses intérêts d'avenir et de famille, il voudrait devenir français comme ses deux oncles, et obtenir la même qualité pour sa femme et ses enfants », explique-t-il alors. Un décret lui accorde la nationalité française en février 1928, selon les dispositions de la nouvelle loi sur la nationalité, adoptée le 10 août 1927.

En ce temps-là, l'immigration est non seulement encouragée, mais considérée comme utile et nécessaire par de nombreux milieux. Figure d'exception sur le continent européen, la France s'impose comme l'un des principaux pôles mondiaux de l'immigration. Les bouleversements géopolitiques consécutifs à la Grande Guerre provoquent l'accélération des transferts de population et des mouvements de réfugiés, arméniens, assyro-chaldéens, russes, grecs, bulgares, turcs... Avec la fermeture des frontières américaines par les lois des quotas de 1921 et de 1924, la France devient une destination privilégiée par ces migrants. Pour la première fois depuis 1891, le recensement de 1926 compte un volume entier consacré aux étrangers. La population étrangère gagne près d'un million de personnes en cinq ans seulement : de 1921 à 1926, elle passe de

1 532 000 personnes à 2 409 000. Au total, 6 % de la population en France est alors de nationalité étrangère, proportion qui, si elle augmente encore en 1931 (6,6 %), ne sera ensuite atteinte qu'en 1975 !

Le mouvement n'est pas uniquement spontané : l'impulsion a été donnée par l'État pendant la Première Guerre mondiale, au cours de laquelle il a été massivement fait appel à la main-d'œuvre étrangère, coloniale en particulier, pour remplir les usines vidées par la mobilisation générale. Dans les années 1920, les efforts du patronat se joignent à ceux des pouvoirs publics pour mettre en place une politique de recrutement massif de travailleurs étrangers afin de répondre aux carences du marché du travail : la main-d'œuvre recrutée par la Société générale d'immigration, qui fédère depuis 1924 les principales organisations patronales, est dirigée vers les secteurs d'emploi de la grande industrie, comme les mines, la métallurgie et la sidérurgie. C'est sans nul doute à cette période que se construit l'équation « étranger = travailleur immigré ». Cependant, il ne s'agit pas uniquement de recruter une main-d'œuvre bon marché et peu revendicative.

La priorité, dans les années 1920, est aussi celle d'une immigration de peuplement, solution préconisée par un mouvement populationniste florissant qui cherche à tout prix à lutter contre le spectre du « déclin démographique » français. Depuis la fin du XIXe siècle, de puissantes organisations natalistes, à l'instar de l'Alliance nationale pour l'accroissement de la population française, s'activent à ce sujet, brandissant l'étendard patriotique. L'enjeu est bien aussi militaire : le service militaire, réservé aux Français depuis 1872, est obligatoire depuis 1905. Le privilège des étrangers qui en sont dispensés devient inacceptable alors que s'exacerbent les tensions diplomatiques en Europe. Le million et demi de morts français de la Grande Guerre aiguise les peurs face à la « crise angoissante de la natalité française », comme l'explique à la Chambre le député radical André Mallarmé, rapporteur de la loi de 1927 sur la nationalité. Et si naturaliser était la solution ? Ne pourrait-on transformer l'immigration en machine à produire de nouveaux Français ?

C'est ainsi qu'est présentée et défendue, devant les parlementaires, la loi sur la nationalité du 10 août 1927 par les populationnistes qui la qualifient de « planche de salut », « remède véritablement efficace au mal terrible dont souffre le pays, à ce mal qui, comme un cancer, le ronge et sur lequel trop souvent nous fermons les yeux : je veux dire la dépopulation ». La loi entreprend de faciliter l'accession à la nationalité française des étrangers afin que ce « réservoir d'hommes » devienne « un complément à nos ressources nationales défaillantes ». À cette fin, elle fait preuve d'un libéralisme inédit et jamais égalé par la suite : seuls trois ans de présence sur le sol français sont exigés pour pouvoir demander la naturalisation, au lieu des dix ans instaurés auparavant par la loi de 1889. Les procédures administratives sont simplifiées. Les enfants nés en France qui n'ont pas répudié la nationalité française deviennent d'office français à leur majorité.

Les femmes françaises qui épousent un étranger peuvent conserver leur nationalité, brisant la norme alors en vigueur selon laquelle elles adoptaient systématiquement celle de leur époux. La loi permet aussi aux femmes françaises qui se sont mariées à un étranger avant la promulgation de la loi de « réintégrer » leur nationalité d'origine sur simple demande. Si certains la taxent de féministe, qu'on ne s'y trompe pas ! La femme y reste cantonnée à un rôle reproducteur ou, plus précisément, de productrice de petits nationaux. Et le député radical Charles Lambert d'arguer ainsi qu'il s'agit d'un « progrès pour le féminisme, non pas dans le sens où les féministes les plus ardentes l'entendent, car nous ne donnons pas à la femme française un bulletin de vote, mais nous lui assurons un moyen d'exercer son influence sociale au profit de son pays et au profit de l'avenir de sa race, nous lui permettons de conserver à la France de petits Français ».

La loi de 1927 innove. Jusqu'alors, la naturalisation était censée sanctionner l'assimilation des étrangers, maître mot des questions relatives à l'immigration dans l'entre-deux-guerres. En pratique, l'administration française s'employait pour cela à vérifier le degré d'assimilation des postulants à la nationalité, utilisant des méthodes variables d'un endroit à l'autre, hésitant entre critères socio-économiques et ethniques, à la faveur de la banalisation d'une lecture raciale des populations. La réduction de la durée de présence exigée sur le territoire à trois ans inverse les termes du débat : la naturalisation ne vient plus confirmer l'assimilation mais doit, au contraire, la favoriser. Tout individu né en France d'un parent étranger peut acquérir automatiquement la nationalité française s'il la réclame avant vingt et un ans : ce sont les Français « par déclaration ». Charles Lambert justifie ainsi cette disposition : « 25 000 enfants d'étrangers fréquentent les écoles primaires de Paris. Leurs maîtres vous diront qu'ils s'assimilent d'une façon remarquable et que beaucoup d'entre eux occupent les premières places de leur classe » ; ils « seront demain d'excellents Français ». La loi de 1927 passe ainsi de l'ère des « diagnostics » à celle des « pronostics », comme l'explique la direction du ministère de la Justice en charge de l'appliquer. Elle prend un pari sur l'avenir.

Le pari est assorti d'une contrepartie : dans le même temps est instaurée la possibilité de déchoir de la nationalité. Elle vise ceux qui commettent des « actes contraires à la sûreté intérieure et extérieure de l'État français », qui se livrent à des actes « incompatibles avec la qualité de citoyen français et contraires aux intérêts de la France » ou qui se soustraient aux obligations militaires. Et ce pendant les dix ans qui suivent l'acquisition de la qualité de Français. Femme et enfants des intéressés peuvent être affectés par la mesure. Le principe de la déchéance fait l'objet de vifs débats. Pour le garde des Sceaux, Louis Barthou, la naturalisation est une « faveur que le gouvernement peut accorder ou refuser », alors qu'une partie de la gauche s'insurge contre la possibilité « de reprendre d'une main ce que vous avez généreusement attribué de l'autre ». L'amendement qui propose la suppression de la déchéance est cependant rejeté à une écrasante majorité et la loi adoptée.

Ses conséquences sont immédiates : le volume annuel des naturalisations double l'année suivante et plus de 650 000 personnes acquièrent la nationalité française par décret entre 1927 et 1940, auxquelles il faut adjoindre les 250 000 enfants devenus français par déclaration et les presque 100 000 réintégrés dans la nationalité française. Au total, on porte au crédit de la loi de 1927 près d'un million de nouveaux Français.

Français, ils ne le sont cependant pas complètement. Certaines dispositions du texte restreignent les droits des naturalisés, les rendant inéligibles pendant dix ans. C'est le revers de la médaille de l'ère des « pronostics ». Les naturalisés sont placés dans une zone intermédiaire, entre Français et étrangers, en stage temporaire de francité. À la faveur du contexte xénophobe des années 1930, la liste des incapacités s'accroît. Le temps est à la suspicion systématique envers ceux qui font figure de boucs émissaires de la crise économique, dans de virulentes campagnes de presse. Un cortège de mesures est progressivement adopté interdisant aux naturalisés de moins de dix ans l'accès à la fonction publique, aux professions judiciaires puis médicales. Les naturalisés deviennent des Français de seconde zone. En 1938, le gouvernement Daladier interdit de voter pendant les cinq années qui suivent le décret de naturalisation. Le spectre d'application des mesures de déchéance est élargi : toute condamnation d'au moins un an d'emprisonnement expose le naturalisé à la perte de la nationalité française.

C'est le régime de Vichy qui remet frontalement en cause la loi. Quelques jours après son arrivée au pouvoir, le maréchal Pétain, par le texte du 22 juillet 1940, entreprend de réviser l'ensemble des naturalisations depuis le 10 août 1927 et donc de revenir, rétroactivement, sur toutes les acquisitions de nationalité des douze années précédentes. Régler ses comptes avec la République revient, pour l'État français, à démembrer la loi de 1927 en rejetant hors de la communauté nationale ceux jugés « indignes » d'être français. Une Commission de révision des naturalisations est mise sur pied pour l'occasion ; elle abat un travail titanesque, ouvrant plusieurs centaines de milliers de dossiers pour statuer sur chacun des cas.

C'est ainsi qu'au printemps 1941 « Monsieur David Bienenfeld et sa famille ont eu la douloureuse surprise d'apprendre » que « la nationalité française [...] leur avait été retirée en vertu de la loi du 22 juillet 1940 », les jetant « dans la plus grande consternation ». Sur la marge de la couverture de son dossier, une mention manuscrite à l'encre précise : « israélite, pas d'intérêt national ». Les Bienenfeld retrouvent leur nationalité française à la Libération, comme la plupart des 15 000 dénaturalisés de Vichy, à l'exception de ceux qui sont morts, disparus. En 1945, un Code de la nationalité remplace la loi de 1927 : cinq ans sont exigés pour avoir le droit de demander à devenir français. Pour se reconstruire, la France a de nouveau besoin de bras, d'enfants et de nationaux. C'est le tout

nouveau ministère de la Population
qui devient désormais responsable des
naturalisations.

—

Claire Zalc

RÉFÉRENCES

—

Pierre Depoid, « Les naturalisations en France
(1870-1940) », *Études démographiques*, n° 3, 1942,
Paris, Imprimerie nationale.
*Journal officiel de la République française. Débats
parlementaires. Chambre des députés*, 1927, séances
du 31 mars et du 7 avril, p. 1100-1110 et 1212-1221.
Abdelmalek Sayad, « Naturels et naturalisés »,
Actes de la recherche en sciences sociales, vol. 99, n° 1,
1993, p. 26-35.
Patrick Weil, *Qu'est-ce qu'un Français ? Histoire de
la nationalité française depuis la Révolution*, Paris,
Grasset, 2002.
Claire Zalc, *Dénaturalisés. Les retraits de
nationalité sous Vichy*, Paris, Seuil, 2016.

RENVOIS

—

212, 1974, 1882, 1942, 1998

1931

L'Empire aux portes de Paris

Le monde colonial est reconstitué en miniature au bois de Vincennes où se tient l'Exposition coloniale internationale du 6 mai au 15 novembre 1931. À la fois œuvre de propagande, fête, foire et événement scientifique, l'Exposition a-t-elle été révélatrice d'une « mentalité impériale » en France ?

« Une porte de Paris s'ouvre sur le monde » promet l'une des nombreuses affiches de l'Exposition coloniale internationale organisée au bois de Vincennes du 6 mai au 15 novembre 1931. Mais de quel monde s'agit-il ? Le monde colonial reconstitué en miniature sur 110 hectares autour du lac Daumesnil ne parle-t-il pas davantage de la France que de son empire ? Une France que certains décrivent à son apogée, forte de ses nombreuses possessions outre-mer et de la célébration l'année précédente du centenaire de la conquête de l'Algérie ; qui est vue par ailleurs comme une nation en crise dont l'identité fragile trouverait quelque réassurance à exposer les « Autres ».

L'événement a été imaginé de longue date, le projet plusieurs fois reporté et repensé. La manifestation aurait pu avoir lieu à Marseille ou prendre un autre visage. Elle s'inscrit dans l'histoire longue des représentations des colonies et des colonisé.es. Depuis 1855, la place qui leur est consacrée lors des Expositions universelles ou internationales ne cesse de croître. La création en 1906 d'un Comité national des expositions coloniales concrétise la prise en charge politique de ces manifestations. Mais c'est à l'initiative du « parti colonial », fort de sa présence à la Chambre des députés, qu'émerge d'abord en 1910 l'idée d'une exposition-inventaire, assortie de la fondation d'un Musée permanent des colonies. Au lendemain de la guerre, la chambre de commerce de Marseille et le conseil municipal de Paris se disputent le projet : une exposition coloniale nationale est envisagée à Marseille en 1922 ; une vaste exposition interalliée pourrait se tenir à Paris en 1925. La première aura bien lieu, le principe de la deuxième est acté par la loi du 7 mars 1920. La dimension interalliée sera toutefois amoindrie par les atermoiements puis le refus britannique de participer (la Palestine, l'Union sud-africaine et le Canada figurent toutefois parmi les exposants). L'exposition de Wembley en 1924 semble avoir suffi à célébrer la grandeur impériale britannique. Seuls la Belgique, le Danemark, l'Italie, les Pays-Bas et le Portugal seront finalement présents, avec les États-Unis et le Brésil.

L'organisation, un temps confiée à Gabriel Angoulvant, revient en 1927 au maréchal Lyautey, qui donne une nouvelle ampleur au projet. Un vaste plan d'urbanisme est lancé à Vincennes, banlieue ouvrière et populaire choisie pour accueillir la mise en scène de la « Plus Grande France ». Le chantier commence le 5 novembre 1928 et prévoit le prolongement de la ligne 8 du métro. Mais Lyautey veut aussi imposer sa marque politique. Une place est faite à l'histoire longue du passé colonial français, hommage est rendu à l'action missionnaire, tandis que l'accent est mis sur la dimension économique et pratique de l'entreprise coloniale. Pour que les financiers, industriels et commerçants trouvent à Vincennes des renseignements utiles, une Cité des informations, voulue par Lyautey, est spécialement édifiée.

La dimension pédagogique devient aussi plus prégnante. En donnant à voir l'étendue, la diversité et la richesse de l'empire, l'Exposition devient « une justification et une réponse » afin « qu'enfin le peuple de France sente en lui s'émouvoir un légitime sentiment d'orgueil et de foi ». Le discours d'inauguration de Paul Reynaud confirme qu'il s'agit bien de donner « conscience de leur empire » aux Français, de conquérir l'opinion, de faire œuvre de persuasion et d'éducation : « Il faut que chacun se sente citoyen de la Plus Grande France, celle des cinq parties du monde. »

Pour instiller dans l'esprit des Français.es une conscience impériale et par là consolider le sentiment de grandeur nationale, l'Exposition est organisée en quatre sections : la France métropolitaine ; la France d'outre-mer ; les pavillons nationaux ; le Musée permanent des colonies. Elle accueille 12 000 exposants et multiplie les édifices construits pour l'occasion. Faire « le tour du monde en un jour », c'est ce que promet la propagande. Les visiteurs sont invités à s'émerveiller devant la reconstitution du temple d'Angkor Vat, à découvrir un « palais de l'Afrique-Occidentale française » inspiré de la mosquée de Djenné, des villages dits « indigènes », mais aussi une réplique de la maison de George Washington à Mount Vernon, un monument des forces d'outre-mer, des pavillons consacrés aux missions catholiques et protestantes. Les « indigènes » sont mobilisés en nombre pour animer les ruelles des souks tunisiens, fabriquer des objets artisanaux, incarner une vie quotidienne fictive ou reproduire des processions, des cortèges, donner des ballets, des spectacles musicaux ou des représentations théâtrales. Vincennes devient aussi un gigantesque parc d'attractions : les « nuits coloniales », fêtes lumineuses organisées au théâtre d'eau, ajoutent à la féerie ; des promenades à dos de chameau ou en pirogue sur le lac sont proposées, les montagnes russes du *Scenic Railway* installé dans un décor colonial amusent adultes et enfants. Le parc zoologique accueille à lui seul 2 millions de visiteurs. Mais Vincennes n'est pas seulement l'espace d'une vaste foire. Des rencontres savantes ponctuent la manifestation. Une exposition de préhistoire et d'ethnographie coloniale est organisée au Musée des colonies tandis qu'Alfred Martineau, professeur au Collège de France et fondateur de la *Revue de l'histoire des colonies françaises*, préside le premier congrès d'histoire coloniale. L'Institut de phonétique et le Musée de la parole et du geste de l'université de Paris, avec le soutien de la firme Pathé, réalisent trois cent soixante-huit enregistrements sonores de « musiques et parlers coloniaux ». Les ambitions idéologique, esthétique, pédagogique et scientifique se mêlent donc à Vincennes. S'y articulent aussi différentes lectures du monde et de l'histoire qui traduisent la complexité de la relation coloniale.

La mise en scène des colonisés permet d'abord de valider un hymne au progrès rendu possible par la « mission civilisatrice ». Les discours qui accompagnent l'Exposition valorisent la constance de l'effort colonial, l'énergie et l'action, valeurs pensées comme éminemment viriles et associées à la grandeur nationale.

L'organisation en parallèle des États généraux du féminisme qui offrent une tribune aux colonisatrices reste un épiphénomène. Mais, sous l'impulsion de Lyautey et de Marcel Olivier, délégué général et commissaire adjoint de l'Exposition, ce récit évolutionniste n'exclut pas la mise en scène de la diversité des races et des civilisations et la valorisation de la « personnalité » de chaque culture. L'Exposition n'est donc pas seulement un « zoo humain » mais une « encyclopédie du monde colonial », une foire (« impérialiste », écrit *L'Humanité* le 7 juin 1931), une fête, un événement pédagogique, une œuvre de propagande et une agence de tourisme. Mais en réaffirmant la distinction fondatrice entre « Nous » et « les Autres », en mettant en ordre et en scène la hiérarchie entre les civilisations, l'Exposition nourrit aussi le racisme et le nationalisme, ce dernier d'autant plus présent au début des années 1930 qu'il a pour terreau une France en crise.

C'est un pays marqué par les effets démographiques de la Grande Guerre, fragilisé par les premières conséquences de la Grande Dépression et confronté à de multiples résistances dans ses colonies qui accueille l'Exposition. Quelques années auparavant, l'armée a affronté la révolte druze en Syrie, la guerre du Rif au Maroc, le soulèvement des populations du Kongo-Wara en Afrique-Équatoriale française. En Indochine, une mutinerie de soldats vietnamiens en février 1930 a été suivie de manifestations violemment réprimées le 1er mai 1931, quelques jours avant l'inauguration.

En Europe comme en métropole des

oppositions s'expriment également qui participent d'une campagne anticoloniale multiforme. Le 24 mai 1930, un projet d'attentat contre le temple d'Angkor est signalé au gouvernement français. Le 23 janvier 1931, la Ligue anti-impérialiste lance depuis Berlin un « appel universel » à se mobiliser contre l'Exposition. Des tracts circulent : « Ne visitez pas l'Exposition coloniale » ou « Premier bilan de l'Exposition coloniale ». Le Secours rouge international fait imprimer 100 000 exemplaires d'un *Véritable guide de l'Exposition coloniale*, distribué fin juin. Une contre-exposition – « La Vérité sur les colonies » – est organisée par la Ligue anti-impérialiste, le PCF et la CGTU. Elle ouvre ses portes le 20 septembre et accueille quelque 4 000 visiteurs. Le fiasco quantitatif est patent, mais des comités de lutte contre l'exposition sont nés à Marseille, Bordeaux, Toulouse, qui rassemblent quelques dizaines de militants communistes vietnamiens et français. De leur côté, la SFIO et la Ligue des droits de l'homme, sans se prononcer ouvertement contre l'Exposition, dénoncent les abus et les violences coloniales. Ces contestations, radicales ou réformistes, restent isolées mais écornent l'idée de consensus républicain. Quant au grand public, il est, d'une façon générale, difficile de percevoir ses réactions. Le fait que 33,5 millions de billets aient été vendus, que près de 8 millions de visiteurs différents, pour la moitié parisiens, pour 3 millions provinciaux, et pour 1 million étrangers, aient fréquenté les allées de Vincennes, suffit-il à dire que l'Exposition fut à l'origine d'une « mentalité impériale » ? Les 20 000 écoliers convoyés par des caravanes scolaires à l'été 1931 sont-ils devenus de fervents partisans de la colonisation ?

Le directeur de l'École coloniale Georges Hardy n'en est pas convaincu : « Avons-nous pris l'habitude de penser impérialement ? Assurément non. » Les rares sondages d'opinion disponibles permettent difficilement de conclure au rôle de l'Exposition dans l'adhésion à l'idée impériale. D'autant que la grande foire de Vincennes n'aura guère de prolongements. Restent les traces matérielles – la Cité nationale d'histoire de l'immigration installée dans les murs de l'ancien Musée des colonies, le parc zoologique rénové, les anciens pavillons du Togo et du Cameroun réaménagés pour devenir l'Institut international bouddhiste – et l'impact sur les représentations que les Français peuvent avoir d'eux-mêmes et des autres.

—

Pascale Barthélémy

RÉFÉRENCES
—

Charles-Robert AGERON, « L'Exposition coloniale de 1931. Mythe républicain ou mythe impérial ? », *in* Pierre NORA (dir.), *Les Lieux de mémoire*, t. 1 : *La République*, Paris, Gallimard, 1984, p. 561-591.
Claude BLANCKAERT, « Spectacles ethniques et culture de masse au temps des colonies », *Revue d'histoire des sciences humaines*, vol. 2, n° 7, septembre 2002, p. 223-232.
Catherine HODEIR et Michel PIERRE, *L'Exposition coloniale : 1931*, Bruxelles, Complexe, 1991.
Benoît de L'ESTOILE, *Le Goût des autres. De l'Exposition coloniale aux arts premiers*, Paris, Flammarion, 2007.
Claire ZALC et al., *1931. Les Étrangers au temps de l'Exposition coloniale*, Paris, Gallimard, 2008.

RENVOIS
—

1635, 1763, 1769, 1863, 1883, 1900, 1960

1933

La Condition humaine

En 1933, André Malraux publie La Condition humaine et reçoit le prix Goncourt pour ce roman de l'histoire immédiate, peuplé de révolutionnaires de toutes nationalités. Il gagne cette aura particulière qui, d'Émile Zola à Michel Foucault, fait de certains intellectuels français les représentants d'une conscience universelle.

De 1945 jusqu'à sa mort, sa fidélité inconditionnelle au général de Gaulle, dont il fut le héraut au cours d'innombrables meetings politiques et le ministre (quelques mois à la Libération, puis de juin 1958 au printemps 1969), fit perdre à André Malraux cette place centrale qu'il avait occupée dans le champ intellectuel durant l'entre-deux-guerres, plus encore cette aura particulière qui, d'Émile Zola à Michel Foucault, fit de certains écrivains ou penseurs français les représentants d'une conscience universelle. En tournée à l'été 1959 en Amérique latine où il défendait la politique du Général, Malraux accusa Sartre d'avoir fait représenter *Les Mouches* durant l'Occupation ; le long séjour du couple existentialiste au Brésil à l'été 1960 se voulut une réplique cinglante : « Je veux être au Brésil l'anti-Malraux – déclara Sartre à Bahia – pour effacer ce que celui-ci y a fait en mettant la culture française au service de la guerre d'Algérie. » Malraux eut beau en 1967 réinventer, avec les *Antimémoires*, le genre figé des vies mémorables en en brisant le moule chronologique au profit d'un récit de voyage autour du monde au cours duquel le passé de l'écrivain se redéployait horizontalement en Égypte, dans les Antilles ou en Guyane, en Inde (avec Nehru), en Chine (où Malraux rencontre Mao)..., son destin était désormais placé sous le signe de son réenracinement national durant la Seconde Guerre mondiale.

Tout avait pourtant débuté par une sorte de blanc-seing. Condamné en 1924 pour le vol de sept fragments arrachés au temple de Banteaï-Srey au

Cambodge, le jeune dandy fut aussitôt défendu par une pléiade d'écrivains au nom de l'œuvre dont il était porteur. Formidable confiance, dont a résulté chez cet auteur en puissance une double révolution biographique et esthétique. Revenu dès février 1925 sur les lieux du crime, Malraux y dénonça avec virulence l'arbitraire du pouvoir colonial dans les colonnes de *L'Indochine* (rebaptisé ensuite *L'Indochine enchaînée*), donnant peu à peu forme à cette figure d'intellectuel chez qui l'engagement idéologique était indissociable d'une action concrète, y compris par les armes, ainsi que Malraux le fit en créant l'escadrille « España » en août 1936 – figure que Gabriele D'Annunzio incarna en Italie ou George Orwell en Angleterre, et que balaya après la guerre le modèle sartrien, incompatible avec toute responsabilité politique ou toute intervention militaire. Aussi marquante avait été la révolution esthétique engagée par le jeune romancier qui avait, contre la droite maurrassienne, revendiqué la « tentation de l'Occident » (1926). L'incipit des *Conquérants* (1928) – « La grève générale est décrétée à Canton » – témoignait du décentrement apporté au roman français, ainsi placé sur un autre fuseau horaire (loin toutefois de l'exotisme qu'avait pu suggérer *La Tentation de l'Occident*) et peuplé de révolutionnaires professionnels de différentes nationalités, porteurs d'un mythe (au sens que Georges Sorel donnait à ce terme) propre à court-circuiter la narration et la psychologie traditionnelles au nom d'une exigence d'intensité élevée par Malraux au rang de norme esthétique privilégiée.

Si les événements survenus à Canton avaient eu peu d'échos dans la presse étrangère, il n'en allait pas de même du soulèvement puis de la répression dont Shanghai fut le théâtre au printemps 1927 et qui offrit à Malraux le cadre de *La Condition humaine*, prix Goncourt 1933. Ville stratégique en raison de sa puissance industrielle, Shanghai était alors disputée par quatre grands acteurs : les seigneurs de la guerre, les puissances étrangères (États-Unis, Angleterre, France…), le Parti communiste alors entièrement inféodé au Komintern, enfin le parti nationaliste (le Kuomintang) auquel les précédents s'étaient alliés par stratégie. Pour l'Internationale communiste, la Chine représentait un enjeu déterminant, à savoir prouver que la révolution ne se limitait pas à un seul pays et était destinée à s'étendre progressivement au monde entier. Un double coup de théâtre s'ensuivit : la grève insurrectionnelle grâce à laquelle les communistes de Shanghai s'emparèrent de la ville au mois de mars peu avant de faire la jonction avec l'armée nationaliste, puis le renversement d'alliance de Tchang Kaï-chek qui massacra ses « alliés » avec l'aide des milieux d'affaires et de la mafia en avril. Ainsi se concluait l'aberrante politique de conciliation imposée par Staline (et Boukharine), et que Trotski n'avait cessé de dénoncer.

Roman de l'histoire immédiate, *La Condition humaine* dérogeait à l'exigence de réalisme toujours en vigueur à l'époque. Malraux avait beau être auréolé d'un prétendu passé de révolutionnaire, les critiques les plus perspicaces s'étonnèrent du tableau qui leur était livré des événements. Pas d'organisation militaire parallèle. Pas de véritable clandestinité. Très peu de contacts avec les masses. Et surtout quasiment pas de véritables Chinois. À l'exception notable de Tchen, jeune prolétaire qui se jette sous la voiture de Tchang Kaï-chek mais la manque, les autres personnages sont étrangers (beaucoup le seront à nouveau dans *L'Espoir*) : Kyo, qui dirige l'insurrection, est japonais par sa mère et français par son père, le vieux professeur Gisors ; il vit avec May, d'origine allemande, et a pour collaborateur le Russe Katow ; son principal intermédiaire est le baron Clappique, que sa mythomanie rend peu fiable, et son ennemi direct Ferral, un industriel français s'employant à favoriser l'alliance entre le Kuomintang et les milieux d'affaires. Le roman de Malraux réunissait, selon une formule radicalement nouvelle, l'attractivité du roman d'aventures (source, selon Jacques Rivière, de renouveau pour le roman français qu'anesthésiait la psychologie), l'intensité d'enjeux politiques contemporains, et le redéploiement de l'action sur un plan métaphysique, qu'exemplifie la célèbre scène où les révolutionnaires attendent d'être jetés vivants dans la chaudière d'une locomotive, transposition d'une célèbre pensée de Pascal : « Qu'on s'imagine un nombre d'hommes dans les chaînes, et tous condamnés à la mort... » L'amour et la communion révolutionnaire chez Kyo, le rêve et le jeu chez Clappique, la puissance et l'érotisme chez Ferral, l'opium et la contemplation chez Gisors... : ce mélange inédit d'urgence dramatique et d'enjeux existentiels a frappé les premiers lecteurs de *La Condition humaine*.

Si, après la guerre, Malraux a pu paraître trahir l'idéal révolutionnaire et l'internationalisme portés à son comble en 1937 avec *L'Espoir* au cours même des événements et dans un but explicite de propagande, il faut, pour échapper à l'impasse d'une antithèse entre les deux Malraux, prendre en compte les suites cinématographiques que connut son roman de 1933. Car si l'écrivain abandonna le genre romanesque après la guerre, *La Condition humaine* suscita plusieurs tentatives de prolongement qui dessinent une histoire seconde à dimension là encore foncièrement internationale. En effet, par sa puissance visuelle, son recours à l'ellipse ou son art de l'articulation entre les plans, le roman s'inscrivait dans cette « littérature de montage » dont Malraux, à la suite de Vladimir Pozner, avait fait l'éloge parce qu'il y voyait l'un des moyens d'accéder à une « troisième dimension » du roman : non plus « raconter », mais « représenter » directement, autrement dit « rendre présent » (*Le Démon de l'absolu*, dans *Œuvres complètes*, t. 2, coll. « Bibliothèque de la Pléiade », p. 1193). Envisagée par le studio Mejrabpomfilm peu après la parution de *La Condition humaine*, l'adaptation fut confiée un temps à Joris Ivens. Lors du premier séjour de Malraux à Moscou en 1934, le choix se porta sur Dovjenko, puis sur Eisenstein – ou du moins, si l'on en croit le contrat signé le 8 août 1934, sur l'un de ses anciens élèves, Albert Gendelstein, auquel le maître soviétique aurait dû servir d'assistant. Trois documents subsistent, parmi lesquels un scénario de trente-cinq feuillets dactylographiés, en français, accompagnés de notes et de dessins d'Eisenstein. Les deux hommes y faisaient le choix d'une intrigue conforme à l'idéologie révolutionnaire du « réalisme socialiste », puisqu'ils en situaient la dynamique dans une phase encore ascendante de la prise de Shanghai, malgré l'exécution des chefs du Parti clandestin. Le film devait ainsi se clore sur l'avancée alternée et convergente des hommes en armes dans Shanghai et des « troupes révolutionnaires » (autrement dit l'armée nationaliste) à l'extérieur, au rythme du pas de Katow marchant au sacrifice. En amorce aux notes jointes au scénario, Eisenstein écrivit le 20 décembre 1934 avoir réévalué et repensé *La Condition humaine* avec la collaboration du romancier : de l'opposition sous-jacente à l'ensemble du récit entre « l'unicité de la bombe du terroriste » et la « création rév[olutionnaire] des masses », il concluait que « 151 fusils, s'ils se trouvent en des mains fidèles, peuvent conquérir une ville », démonstration certes exaltante, mais qui supposait que les communistes aient été massacrés par les forces gouvernementales et non par leur propre allié, Tchang Kaï-chek.

En dépit des torsions imposées à l'histoire au double sens du terme, *La Condition humaine* rappelait trop directement l'un des plus cuisants échecs de la politique internationale de Staline pour que le projet eût des chances d'aboutir. Que les deux hommes en aient poussé aussi loin la tentative prouve néanmoins que, dans l'esprit de Malraux, l'adaptation envisagée avec Eisenstein représentait l'aboutissement du mythe révolutionnaire qui portait son

œuvre. Une même impasse mit un terme en novembre 1969 au projet mené par Fred Zinnemann (sur un scénario d'Han Suyin) pour le compte de la MGM, et au début de l'année 1980 à celui de Costa-Gavras (sur un scénario de Lawrence Hauben) en coproduction avec la Chine. Dans trois contextes différents (le stalinisme, la guerre du Vietnam, l'orthodoxie maoïste), le potentiel esthétique et idéologique du roman avait rendu l'adaptation à l'écran aussi désirable que risquée. À ce titre indissociable de ces fantômes qui en sont l'extension rêvée, *La Condition humaine* incarne un certain idéal situé au croisement de l'histoire (la lutte des classes en Chine), du roman français (ce qu'Henri Godard a nommé son moment « existentiel ») et du cinéma (prolongement attendu de tout chef-d'œuvre littéraire, et cela dans le cas présent quand bien même les projets qui se sont succédé depuis plus de quatre-vingts ans ont jusqu'à présent échoué, laissant ainsi une longue série d'inadaptations dont plusieurs peuvent être lues à défaut d'être vues).

—

JEAN-LOUIS JEANNELLE

RÉFÉRENCES
—

Jean-Louis JEANNELLE, *Films sans images. Une histoire des scénarios non réalisés de « La Condition humaine »*, Paris, Seuil, 2015.
Jean-Claude LARRAT, *André Malraux*, Paris, Le Livre de Poche, 2001.
Joël LOEHR, *Répétitions et variations chez André Malraux : « La Condition humaine », « L'Espoir »*, Paris, Champion, 2004.

RENVOIS
—

1784, 1825, 1842, 1907, 1946, 1961, 1984, 2008

1936

Nouvelle donne

Le 3 mai 1936, le Front populaire remporte les élections. Dans une Europe en crise, rongée par le fascisme et la xénophobie, Léon Blum lance un ambitieux programme de réformes. Cette expérience, loin d'être isolée, témoigne de la difficulté à concilier patriotisme et internationalisme.

« Je suis français », se défendit, une nouvelle fois, Léon Blum à la « une » du *Populaire* le 19 novembre 1938. Énième mise au point, au milieu d'un flot de rumeurs et d'injures : « Aussi loin qu'il soit possible de remonter dans l'histoire d'une famille plus que modeste, mon ascendance est purement française. » Pour nombre de ses détracteurs, la politique du Front populaire ne pouvait tout simplement pas être française : orchestrée par un juif, dictée depuis Moscou, inspirée des pires doctrines économiques étrangères, elle était nécessairement le fruit d'un complot ourdi hors des frontières. Et ce alors même que le gouvernement de Front populaire était né d'une victoire électorale historique les 26 avril et 3 mai 1936, prolongée jusqu'à l'été par une vague d'enthousiasme – sensible jusqu'en Algérie où militants de gauche et membres du Congrès musulman algérien esquissèrent des projets de réforme de la colonisation – et un mouvement social sans précédent.

Ce lieu de mémoire est passé à la postérité comme un symbole des dissensions franco-françaises qui allaient précipiter le désastre de 1940. Pourtant, l'événement était loin d'être seulement hexagonal : d'autres pays (l'Espagne républicaine avec la victoire électorale de la coalition menée par Manuel Azaña en février 1936, le Chili avec l'élection de Pedro Aguirre Cerda en 1938) eurent aussi leur *Frente Popular*, et partout, en Europe et aux Amériques, se posait la question des choix politiques, économiques et géopolitiques à adopter face à la crise du capitalisme libéral et à la montée des fascismes. Le Front populaire ne fut pas vraiment cette parenthèse enchantée que les récits décrivent parfois, cette « embellie » ou cette « échappée », qui serait ensuite venue se fracasser contre la réalité du monde. Dès sa formation en 1934-1935, la coalition rassemblant socialistes, communistes et radicaux, ainsi que de multiples syndicats et associations, avait pour objectif d'améliorer le sort des classes ouvrières et de protéger les libertés dans un esprit internationaliste. 1936 mettait donc à l'épreuve la capacité de la gauche à concilier patriotisme et internationalisme, défense du pouvoir d'achat et ouverture sur l'économie mondiale, réformes sociales et redressement militaire. Il revenait à Léon Blum, trente ans après la partition composée par Jean Jaurès, de mettre en musique cette délicate synthèse.

Impossible de comprendre la genèse du Front populaire français sans l'inscrire dans la lutte globale qui sévissait depuis 1933 entre fascisme, communisme et démocratie. L'arrivée au pouvoir de Hitler avait rapidement conduit à l'arrestation des communistes et à l'exil des grandes figures du socialisme allemand. Au début du mois de février 1934 eut lieu à Vienne une insurrection ouvrière, ultime tentative de la gauche autrichienne pour s'opposer à la dérive autoritaire du chancelier Dollfuss. À Paris, la journée du 6 février 1934 montra que la République était fragile, sinon mortelle. De partout convergeaient les signaux d'alerte : les régimes fascistes et autoritaires, jusqu'au Japon, avaient le vent en poupe, la démocratie ne tenait plus qu'à un fil. La France devint l'épicentre d'une possible résistance, même si la situation, sur fond de scandales

politico-financiers et de langueur économique, n'était pas reluisante. La grande manifestation des forces de gauche, le 12 février 1934, indiquait que tout espoir n'était peut-être pas perdu. Des rangs militants se levait une aspiration à l'unité des gauches, par-delà la faille béante creusée en 1920. La société civile se mobilisait : le Comité Amsterdam-Pleyel (1932-1933), le Comité de vigilance des intellectuels antifascistes (1934), la Ligue des droits de l'homme ou la Ligue internationale contre l'antisémitisme (LICA) s'efforçaient d'éveiller les consciences et, surtout, de les organiser.

Le déclic politique, on le sait, vint de Moscou. Staline et Georgi Dimitrov, le nouveau dirigeant de l'Internationale communiste, s'inquiétaient de l'isolement croissant de l'URSS en Europe. En 1934 fut amorcé un changement complet de stratégie : les communistes ne devaient plus s'opposer en premier lieu aux « sociaux-traîtres », mais s'allier à eux dans la lutte contre le fascisme. Le VIIe congrès de l'Internationale communiste, en juillet-août 1935, officialisa cette nouvelle ligne, que ses émissaires (en France, Eugen Fried, connu sous le nom de « camarade Clément ») devaient encourager. Un brin déboussolé, Maurice Thorez prit de lui-même l'initiative d'étendre ce front uni jusqu'aux radicaux. Aux côtés de Blum et d'Édouard Daladier, il lança le Rassemblement populaire. Ce rapprochement entre anciens frères ennemis n'eut pas lieu, cependant, partout en Europe. En Belgique, les socialistes Henri de Man et Paul-Henri Spaak participaient au gouvernement de coalition du catholique Paul Van Zeeland en 1935, sans le soutien des communistes. Dans beaucoup de pays, la brèche entre sociaux-démocrates et communistes demeurait bien trop profonde pour être si rapidement colmatée.

Paris faisait alors figure de capitale des exilés politiques et des réfugiés juifs qui fuyaient les régimes autoritaires et les premières persécutions. La droite française dénonçait sans vergogne une « invasion », dans un contexte de très fort repli identitaire et de crispation des professions juridiques et médicales, par exemple. Si la politique d'accueil du Front populaire resta prudente (un arrangement provisoire fut signé en juillet 1936 pour améliorer, temporairement, la protection des réfugiés d'Allemagne), l'entraide fut assurée par le vaste tissu militant, associatif et syndical qui le composait. Le déclenchement de la guerre civile espagnole, en juillet 1936, mit sur la route des milliers de réfugiés. La CGT et d'autres organisations développèrent un réseau de solidarité pour accueillir les enfants de républicains espagnols (15 000 environ furent évacués vers la France), quelques années avant la grande *Retirada* qui se déroula dans un contexte plus dramatique encore, avec l'internement de nombreux réfugiés dans les camps du sud de la France à partir de 1939. Le sol français n'était pas, pour tous, un havre de paix ; la haine fasciste y poursuivait encore ceux qui avaient pris le chemin de l'exil. En juin 1937, les frères Carlo et Nello Rosselli, animateurs du mouvement Giustizia e Libertà et tenants d'un socialisme libéral, furent assassinés à Bagnoles-de-l'Orne par un commando de membres de la Cagoule,

probablement pilotés par l'Italie fasciste. La guerre civile européenne n'avait déjà plus de frontières.

Ces tensions internationales n'empêchèrent pas le gouvernement de Léon Blum de mettre en place, au printemps et à l'été 1936, un programme de réformes économiques et sociales extrêmement ambitieux. Ses détracteurs l'ont ensuite accusé d'avoir affaibli la puissance et l'économie nationales, comme si la défaite de 1940 naissait tout droit de la semaine de quarante heures, des congés payés ou des conventions collectives. Ce jugement à courte vue, balayé par Marc Bloch dans *L'Étrange défaite* (1940) et par tant d'autres après lui, passe à côté de l'essentiel : le Front populaire fut une tentative de réponse, parmi de multiples autres, à la crise globale du capitalisme libéral qui s'était propagée depuis 1929. Il ne se trouvait plus grand monde, au milieu des années 1930, pour défendre les grands principes de l'orthodoxie libérale (déflation à marche forcée, coupes budgétaires, libre circulation des capitaux). Entre la faillite du libre-échange (les historiens parlent, au sujet des années 1930, d'une période de « démondialisation ») et l'aura grandissante des modèles d'encadrement autoritaire de l'économie (planification soviétique, dirigisme nazi et totalitarisme italien), une voie intermédiaire et étroite devait s'inventer, permettant de concilier capitalisme et démocratie. Cette « grande transformation » (Karl Polanyi), qui allait donner naissance aux économies mixtes de l'après-guerre, était encore à l'époque dans une phase d'expérimentation et de tâtonnements. Blum et ses proches conseillers avaient observé de près l'arrivée au pouvoir de Franklin D. Roosevelt aux États-Unis en 1933. L'intervention de l'État fédéral, la régulation bancaire et la Sécurité sociale (1935) étaient défendues par les Démocrates américains, qui n'avaient rien de dangereux communistes ni même de timides socialistes. En Suède s'inventait pas à pas le compromis social-démocrate qui ferait ensuite figure de « modèle ». Et ce n'est pas seulement en France, mais aussi en Belgique, qu'une gigantesque grève générale se conclut en juin 1936 par l'adoption de la semaine de quarante heures et des augmentations de salaires.

Assistait-on aux premiers pas de la « révolution keynésienne » ? Il était bien trop tôt pour le dire : le grand économiste de Cambridge fit paraître sa *Théorie générale de l'emploi, de l'intérêt et de la monnaie* au début de l'année 1936, et peu nombreux étaient ceux qui, dans les cercles dirigeants (à l'exception, en France, d'un Georges Boris, inspirateur du programme économique du second gouvernement Blum en mars-avril 1938), en mesuraient déjà toutes les conséquences. Avec la dévaluation de septembre 1936, Blum et Vincent Auriol furent à nouveau accusés de brader la souveraineté nationale. En réalité, depuis la suspension de la convertibilité-or de la livre et du dollar en 1931 et 1933, plus personne ne croyait à la stabilité intrinsèque de la monnaie. Le Front populaire, loin d'appartenir au passé, expérimentait ce que les historiens anglo-saxons perçoivent comme un véritable New Deal français, laboratoire d'une transformation radicale des relations entre l'État, le marché et la société civile qui allait trouver un prolongement dans le programme du Conseil national de la résistance, puis dans les mesures prises à la Libération.

Jamais, sans doute, les membres d'un gouvernement ne furent l'objet d'autant d'attaques et de calomnies, jusqu'au tragique suicide du ministre de l'Intérieur Roger Salengro. L'antipatriotisme n'était pourtant pas là où on le pensait : la « pause » de février 1937 et la suspension des projets de réforme s'expliquaient par le refus de Blum de sacrifier les dépenses de réarmement et d'imposer de manière unilatérale le contrôle des capitaux – lesquels s'étaient, de façon fort peu patriotique, prestement dérobés de l'autre côté de la frontière franco-helvétique. La célèbre phrase de Jaurès (« Un peu d'internationalisme éloigne de la patrie ; beaucoup d'internationalisme y ramène ») ne sonna sans doute jamais aussi juste que durant ces années où tant de repères et de certitudes vacillèrent.

—

Nicolas Delalande

RÉFÉRENCES

——

Gerd-Rainer HORN, *European Socialists Respond to Fascism : Ideology, Activism and Contingency in the 1930s*, Oxford, Oxford University Press, 1996.

Célia KEREN, *L'Évacuation et l'accueil des enfants espagnols en France. Cartographie d'une mobilisation transnationale (1936-1940)*, thèse d'histoire, École des hautes études en sciences sociales, 2014.

Claire MARYNOWER, « Le moment Front populaire en Oranie. Mobilisations et reconfigurations du milieu militant de gauche », *Le Mouvement social*, n° 236, 2011, p. 9-22.

Frédéric MONIER, « Léon Blum, les socialistes français et les réfugiés dans les années 1930 », note de la Fondation Jean Jaurès, juillet 2016.

Philip NORD, *Le New Deal français*, Paris, Perrin, 2016.

RENVOIS

——

1789, 1848, 1894, 1953, 1989

1940

La France libre naît en Afrique-Équatoriale

Le 28 août 1940, Brazzaville devient la capitale de la France libre. L'Afrique-Équatoriale française donne une réalité territoriale à un État embryonnaire sans aucune légitimité politique ni reconnaissance internationale. La liberté de la France africaine n'est pas pour autant synonyme d'indépendance.

Dans le chaos consécutif à la défaite de mai-juin 1940, la France libre embryonnaire constitue un mouvement expatrié, dirigé par un général alors relativement inconnu, à la légitimité incertaine. D'aucuns évoquent alors les périls de l'émigration, renvoi aux vagues de victimes et d'opposants partis de France en Grande-Bretagne, depuis les huguenots et les contre-révolutionnaires, jusqu'aux détracteurs de Napoléon III. Fragile sur le plan international, à l'été 1940 la France libre souffre également de multiples carences. Elle ne dispose que de peu de combattants, et encore moins de reconnaissance extérieure, hormis l'appui personnel de Winston Churchill.

Surtout, elle ne repose alors sur aucun territoire et éprouve à ce titre un déficit chronique de légitimité, de ressources humaines et matérielles. Les appels du général de Gaulle de juin 1940 cherchent à pallier ces manques. Pourtant, peu de notables répondent immédiatement à ces éloquentes exhortations, encore moins des territoires entiers. Hors micro, le rebelle confie au professeur Denis Saurat dans un monologue aux intonations shakespeariennes : « Il me faut une terre… une terre française. N'importe où. Une base française, un lieu à partir duquel nous puissions commencer. »

C'est outre-mer que le Général déniche les lieux en question. Les

Nouvelles-Hébrides franco-britanniques se rallient à son mouvement le 20 juillet. D'autres confettis comme les comptoirs français de l'Inde gagnent bientôt la cause. Mais les territoires les plus significatifs à « rallier » le Général au cours de 1940 sont sans conteste l'Afrique-Équatoriale française (AEF) et le Cameroun.

La France libre n'a pas été londonienne, du moins pas en termes constitutionnels, militaires, ni territoriaux. Elle a reposé de la fin août 1940 au 30 mai 1943 sur un assemblage de territoires coloniaux : principalement l'AEF (englobant Tchad, Oubangui-Chari, Congo français et Gabon) et le Cameroun, pays sous mandat. C'est l'or gabonais et congolais qui a contribué à financer la cause, ce sont les soldats du Tchad, du Cameroun et d'Oubangui (actuelle République centrafricaine) qui ont joué un rôle déterminant au cœur des premières opérations militaires en Libye et dans la Corne de l'Afrique, et c'est enfin le caoutchouc d'AEF et du Cameroun qui a rehaussé l'importance de la France libre pour la cause alliée à partir de 1942. En Afrique, la France libre a levé des troupes, récolté l'impôt et extrait quantité de matières premières. Surtout, dès le 28 août 1940, Brazzaville est devenue la capitale de la France libre. La diplomatie s'y est exercée, l'autorité également, la légitimité surtout.

Ce bloc colonial français libre si particulier, englobant l'Afrique centrale et une partie du Pacifique, prit désormais sa place au sein d'empires alliés. Ni les colonies néerlandaises ni les belges ne firent le jeu de l'occupant comme ce fut le cas des colonies restées « fidèles »

à Vichy : toutes se rangèrent derrière l'effort de guerre du Royaume-Uni dès la défaite de leurs mères patries. De Gaulle et le commissaire aux Colonies René Pleven comprirent ces enjeux planétaires, et mirent en avant leur morceau d'empire colonial comme un atout de taille. Du reste, l'empire colonial de la France combattante allait croître au fur et à mesure que Vichy perdait le sien ; en 1944, seule l'Indochine restait en dehors de son giron.

Le terme de « ralliement » n'est pas le plus adapté pour expliquer l'adhésion de l'AEF et du Cameroun à la croix de Lorraine en août 1940. Les Africains ne sont pas consultés sur la question à cette date, pas plus d'ailleurs que la population européenne de ces territoires. En effet, les décisions clés sont prises par une poignée de dirigeants. Au Tchad, le gouverneur Félix Éboué, homme de couleur guyanais, prend l'initiative de se rapprocher à la fois du général de Gaulle et des autorités britanniques du Nigeria voisin. Outre son opposition aux politiques de discrimination qui voient déjà le jour à Vichy, plusieurs autres mobiles font ainsi agir Éboué. Des rumeurs courent selon lesquelles une commission d'armistice italienne franchira la frontière libyo-tchadienne. Éboué est conscient d'occuper une ligne de front avec l'adversaire italien. Dans les autres territoires, ce sont des militaires mandatés par le général de Gaulle, Edgard de Larminat et Philippe Leclerc, qui font basculer les colonies depuis l'extérieur. Larminat profite de relais et d'un financement britanniques, ainsi que d'un point d'appui belge (Léopoldville) pour ravir le pouvoir aux autorités vichystes de Brazzaville le 28 août 1940, un jour après que ne bascule le Cameroun, et deux jours après le Tchad.

Comment expliquer la réussite de ces coups de main gaullistes ? Les zones en question étaient indéniablement vulnérables : Vichy avait surtout accordé la priorité à la défense d'Alger et de Dakar. Leclerc put par conséquent s'emparer de Douala avec une vingtaine d'hommes traversant en pirogue depuis la tranche du Cameroun britannique. Les pagayeurs de Calabar ne furent pas rassurés par l'opération clandestine ; selon certains témoignages ils furent menacés et battus… Cela ne veut pas dire pour autant que les Africains furent totalement écartés des opérations. Les anciens combattants noirs de divers points de l'AEF jouèrent un rôle important dans les basculements d'août 1940, les unités africaines en place à Brazzaville également. Les relations de domination furent renversées au passage. Un soldat africain, persuadé du bien-fondé de la cause gaulliste, mit ainsi en joue le commandant Sacquet, demeuré fidèle à Vichy. Et Leclerc de proclamer solennellement, au lendemain du basculement, l'« indépendance » du Cameroun. Il entendait par là l'indépendance par rapport au régime de Vichy ; néanmoins, la phrase était lourde de sens.

Vichy ne s'avoua pas vaincu pour autant. Une guerre fratricide fit rage au Gabon jusqu'au 14 novembre 1940. Bientôt la seule frontière terrestre au monde entre la France libre et la France de Vichy se dressa entre le Tchad et le Niger. Malgré ces vives tensions découlant de ce qu'il convient de nommer une guerre civile à échelle impériale, les autorités françaises libres parvinrent à bâtir un État ou plutôt une fédération coloniale française libre, et surtout à avancer l'idée surprenante selon laquelle la France légitime avait été transférée en 1940 des rives de la Seine à celles du Congo.

Sur le plan constitutionnel, l'entité dénommée Afrique française libre fut établie par l'acte organique décrété à Brazzaville. Les institutions de la France libre y furent décrétées. Éboué, Larminat et Adolphe Sicé s'efforcèrent de donner à Brazzaville tous les attributs d'une capitale. Bientôt, elle se vit dotée d'un poste radio pour claironner la voix de la France libre, d'une école d'élèves officiers, d'un journal officiel, de légations et consulats étrangers, même de postes de commandement et d'un hôpital militaire. Une nouvelle devise française libre remplaça le franc BAO. Pourtant, cet État naissant comptait son lot de querelles : hauts-commissaires (Larminat, Sicé) et gouverneur (Éboué) se livraient une lutte sans merci. En politique indigène, l'heure était au retour aux abus du passé. L'effort de guerre semblait en effet « couvrir » les pires pratiques dans les mines, par exemple.

En matière militaire, la priorité du général de Gaulle consistait à porter le fer à l'Axe. Ce choix découlait de plusieurs considérations : démontrer que la France libre ne luttait pas uniquement contre Vichy (comme à Dakar et au Gabon), tenter de persuader l'Afrique vichyste de rallier la cause, et surtout démontrer que la France n'avait jamais cessé le combat. Plus de 17 000 soldats furent recrutés dans ces régions entre 1940 et 1943, auxquels il convient d'ajouter les soldats déjà sur place en 1940. Certaines des nouvelles recrues étaient volontaires, d'autres furent recrutées dans des conditions douteuses, voire pires. Les recruteurs opéraient souvent par sous-traitance, et versaient également des primes d'enrôlement. Tant et si bien que certaines recrues n'ont pas compris le sens de leur engagement et ont aussitôt déserté. Toujours est-il que la France libre a conquis grâce à ces « tirailleurs » africains. La colonne Leclerc qui prit Koufra en 1941 était composée de 295 Africains pour 101 Européens ; semblablement, la campagne du Fezzan qui suivit en 1942-1943 compta 2700 Africains pour 550 Européens. Au total, ces soldats de l'AEF et du Cameroun ont représenté environ le tiers des premiers combattants français libres. Au cliché du Français libre breton de l'île de Sein, on se doit donc d'ajouter celui d'un Tchadien recruté en 1940 par un mouvement reposant avant tout sur un socle colonial. C'est bien la nature cosmopolite de la France libre, véritable richesse par sa diversité, qui marque l'esprit. Ainsi à Bir Hakeim en 1942, les Forces françaises libres qui tinrent bon contre Rommel comptaient le bataillon du Pacifique, la 13e demi-brigade de la Légion étrangère composée en partie de juifs allemands et d'Espagnols républicains, ainsi que le BM2 issu de l'Oubangui-Chari.

Repenser la France depuis l'Afrique n'est pas une tendance historique récente : c'était la priorité absolue du général de Gaulle en 1940. La France libre s'est en effet appuyée sur l'AEF et le Cameroun alors qu'elle se trouvait dans sa phase la plus précaire et la plus critique. Ces territoires lui ont apporté combattants, ressources, légitimité, et une capitale, transformant la France libre d'un mouvement en gouvernement à proprement parler.

—

ERIC JENNINGS

RÉFÉRENCES

—

Jean-Louis CRÉMIEUX-BRILHAC, *La France libre. De l'appel du 18 Juin à la Libération*, Paris, Gallimard, 1996.

Eric JENNINGS, *La France libre fut africaine*, Paris, Perrin, 2014.

Jean-François MURACCIOLE, *Les Français libres. L'autre résistance*, Paris, Tallandier, 2009.

Denis SAURAT, *Watch over Africa*, Londres, Dent & Sons, 1941.

Brian WEINSTEIN, *Éboué*, Oxford, Oxford University Press, 1972.

RENVOIS

—

1446, 1914, 1917, 1931, 1960

1940

Lascaux, l'art mondial révélé par la défaite nationale

La découverte fortuite de la grotte de Lascaux en septembre 1940, dans une France effondrée par la défaite, est perçue comme le signe d'une apparition presque mystique. À l'étonnante conservation des peintures répond bientôt une émotion touristique qui consacre le sanctuaire des origines mondiales de l'art mais qui contribue à la détérioration irrémédiable de la grotte.

Montignac-sur-Vézère, entre le 8 et le 12 septembre 1940. L'effondrement du pays a retardé la rentrée des classes ; un groupe d'adolescents explorent les bois alentour. C'est le plus âgé, Marcel, qui a entraîné les autres. Lui, ne va plus à l'école : à dix-huit ans, il a évité de peu l'enrôlement pour la drôle de guerre l'année précédente. Il est apprenti garagiste et a l'âme d'un chef de bande. Dans les bois de la colline de Lascaux qui domine la vallée et cette petite cité du Périgord, Marcel a mis au jour un départ de galerie. Dans une région calcaire consacrée depuis les années 1860 comme le paradis des amateurs de cavernes, voilà qui résonne comme une promesse d'aventure souterraine, à la recherche d'un passage secret vers le manoir tout proche, propriété par alliance de l'antique famille des La Rochefoucauld. En fait de trésor, les adolescents découvrent alors un incroyable musée de fresques préhistoriques, aux traits intacts et aux couleurs vives, comme préservées par miracle. Les premières photographies quadrichromes, tout juste contemporaines, l'attesteront. Pour quelques jours, ces garçons-là sont seuls au monde et campent jour et nuit au rebord du trou bien modeste qui a scellé durant des millénaires une grotte oubliée de la mémoire des hommes.

Le récit officiel retiendra le nom et la qualité des plus acharnés d'entre eux à défendre « leur » grotte : hormis Marcel Ravidat, il y a Jacques Marsal, quatorze ans, natif lui aussi de Montignac. Les deux autres, Georges Agniel, dix-sept ans, et Simon Coëncas, treize ans, sont des Parisiens en vacances, bientôt forcés de rejoindre la capitale occupée pour une rentrée des classes. Le lendemain, le 3 octobre 1940, Simon apprendra qu'il n'est plus un Français comme les autres, car désormais il tombe sous le coup du « statut des juifs ». La presse nationale, contrôlée par les forces d'occupation en zone nord et la censure en zone sud, annonce alors la découverte de « la plus belle grotte ornée du monde » et en tire la leçon immédiate : « On doit se réjouir de cette nouvelle au milieu des détresses de l'heure », conclut le vieil organe conservateur le *Journal des débats* du 29 septembre. La découverte se mue peu à peu en épiphanie scientifique et technique, et bientôt en vaccin moral.

Dans l'intervalle, la troupe des inventeurs n'a pu garder par-devers elle son secret : Léon Laval, ancien instituteur et préhistorien amateur, comme tant d'autres hussards de la République avant lui, a compris qu'il s'agissait d'une découverte exceptionnelle. La mauvaise fortune d'une France exilée au sud de la Loire par la débâcle militaire lui permet d'entrer en contact avec le spécialiste international de l'art paléolithique : l'abbé Breuil, réfugié depuis mai entre Brive et Les Eyzies, visite la grotte le 23 septembre, authentifie les peintures comme uniques au monde, et les considère à vue d'œil comme « aurignaciennes » ou, ce qui est alors synonyme, « périgordiennes ». Ces fresques ont donc plus de 20 000 ans d'âge. Dès le 29 septembre, dans un rapport adressé à l'Académie des inscriptions, Breuil baptise Lascaux la « chapelle Sixtine » de l'art périgordien, coiffant au poteau la grotte cantabrique espagnole d'Altamira, qu'il avait lui-même nommée ainsi près de quarante ans plus tôt, au début de sa carrière. L'Espagne et la France depuis lors se disputaient le conservatoire, sinon le berceau, de l'art pariétal paléolithique. Avec Lascaux, le Périgord conquérait la première place du patrimoine artistique de l'humanité.

« Au milieu des tristes événements actuels, [la découverte de Lascaux] est non seulement un dérivatif mais un réconfort et comme une invite aux savants français de s'attacher plus que jamais à ces sciences éminemment françaises de l'anthropologie et de la préhistoire. » Au lendemain du désastre militaire, politique et moral de la France, la quête scientifique des origines universelles de l'homme devenait le seul cordial d'une puissance effondrée par son acceptation de la défaite. Publié dans *Le Temps* le 7 novembre 1940, l'article du comte (et préhistorien) Henri Begouën n'est pas seulement un plaidoyer académique au profit du rayonnement international de cette science « française ». Depuis son « invention » en 1859 à Abbeville sur les bords de la Somme, la préhistoire ou science des origines de l'homme a, il est vrai, déployé en grande partie son essor à partir du territoire national : après l'homme de Cro-Magnon en 1868, avant les néandertaliens de La Chapelle-aux-Saints en 1908, oripeaux et vestiges du temps originel intrigue.

Serait-ce le signe d'une prédestination de la Raison pour la patrie vaincue des droits de l'homme ? Ou la conséquence d'un culte pour une science encore embryonnaire ? Sur tous les continents du Vieux Monde – de la Chine à l'Afrique du Sud –, l'abbé Breuil est alors le missionnaire infatigable d'une discipline qu'il a fait entrer au Collège de France en 1929. À la catholicité des temps préhistoriques, il faut bien un « pape », et Breuil s'amuse de ce sobriquet pontifical et académique. Nouvelle Rome, mais France éternelle en miniature, dont l'esprit serait invincible ? Revenons en effet à la scène de la découverte : un abbé, un instituteur, réunis sur les terres d'une vieille famille aristocratique par quatre adolescents éduqués entre la « province » et Paris et dont le plus jeune est d'origine juive. Le hasard des circonstances, ou la nécessité du récit, consacre ici une France « éternelle » en réduction et les éléments d'un mythe de (re)fondation. La France d'après guerre y puisera une part de sa reconstruction imaginaire, en une scène doublement primitive où l'adolescence du monde et de l'homme, en médiatrice des origines, est à la fois vecteur d'exploitation touristique et source de révérence patrimoniale, quitte à prendre le risque que l'une dévore l'autre.

L'art de Lascaux n'est-il que la version contemporaine des apparitions mariales du siècle industriel, transcendantes et nationales, et dont les grottes sont aussi le cadre privilégié ? Daniel Fabre a montré que le récit quasi providentialiste de la découverte de Lascaux, matière à téléfilms et bandes dessinées, contribue à précipiter le principe d'une apparition, immanente et universelle, du passé absolu ; et avec lui, la conscience que les origines sont littéralement « sans fin », donc sans point de départ, remède symétrique et controuvé à la crise du progrès et de l'avenir des « civilisations mortelles ». Ce culte postmoderne de la « révélation » a été poétisé par l'œil d'un Georges Bataille associant au nom de Lascaux « la naissance de l'art », dans un volume publié par Albert Skira en 1955 qui a contribué à l'exhaussement esthétique de l'art préhistorique, jusqu'au cœur de la création la plus contemporaine, de Picasso à Barceló.

Si la découverte de Lascaux sanctionne la mondialisation scientifique de la préhistoire française, son contexte d'apparition en 1940, les conditions ultérieures de son exploitation touristique massive après 1948 et plus encore sa fermeture brutale en 1963 sur décision de Malraux, vont créer les éléments d'une dramaturgie épique, permettant à la France d'instituer une nouvelle sacralité patrimoniale : le pouvoir de donner à voir au monde ce qui, peu à peu, devient invisible. De ce pouvoir, les chefs de l'État et leurs ministres de la Culture sont les garants suprêmes.

Dès le 4 janvier 1941, un reportage photographique de plusieurs pages dans *L'Illustration* offrait au public la possibilité de contempler une « révélation » susceptible de conjurer les ombres tragiques d'une nouvelle année obscure, avant que la presse britannique en 1942 ou le magazine *Life* en 1947 ne diffusent ces images à travers le reste du monde. Parfois qualifié de « Versailles préhistorique », ce Lascaux régalien et laïc attira quinze ans durant près d'un million de visiteurs venus des quatre coins de l'Europe. Au magnétisme du contact réel se substitue, après 1963, le pouvoir de l'interdiction et de la grâce. Celle-ci prend l'aspect d'une visite quotidienne et rituelle pour cinq personnes triées sur le volet : la grotte n'est plus visible que pour une élite de passionnés, ayant les moyens d'attendre pour se rendre en pèlerinage. Après la maladie « verte » des années 1960, la détérioration ne cesse pourtant de ronger les parois : en 2000, l'administration des Monuments historiques ferme la grotte à perpétuité. L'accès au sanctuaire suprême du patrimoine français sera désormais réservé aux seuls ministres et présidents de la République, à qui revient le privilège thaumaturgique de consommer et de célébrer le miracle d'une « apparition » tour à tour universelle et nationale. En septembre 1990, pour le cinquantenaire, en un discours très informé, François Mitterrand choisit de ne prononcer qu'une fois le nom de la France, mais cinq fois celui du monde, pour conclure que cet art « fait *apparaître* avec éclat une vérité à méditer : la grande unité qui, à travers les temps et les lieux, préside aux choses humaines ». Vingt ans plus tard, en septembre 2010, à l'issue d'une visite analogue, Nicolas Sarkozy fait part de sa décision de créer une « maison pour l'histoire de France ». Dont acte.

Par-delà la transfiguration du patrimoine universel en un bien régalien et national, une autre partition s'est mise en place, au point d'éprouver aujourd'hui la capacité que l'institution patrimoniale française se donne pour « virtualiser » le site même de Lascaux. La répartition des rôles entre l'État protecteur et la collectivité locale exploitante préserve ce qui un temps fut destructeur et contradictoire. Quoique « détrôné » en 1995 par la grotte ardéchoise de Chauvet, dont les fresques sont antérieures de près de 15 000 ans à celles de Lascaux, le département de la Dordogne, sur fond de crise agricole et industrielle, a su s'emparer de ce qu'il faut bien considérer comme un capital touristique. Le classement de la vallée de la Vézère et de ses sites préhistoriques au patrimoine mondial de l'humanité en 1979 a permis à ce morceau de France « profonde », à l'âge de la décentralisation fin de siècle, de s'autoproclamer « pays de l'Homme », arborant pour blason le fameux taureau de Lascaux. Les élus risquent en 1978 l'aventure économique d'un fac-similé partiel, auquel personne ne croit alors : à quelques centaines de mètres du site originel, Lascaux II attire à partir de 1983 entre 200 000 et 400 000 personnes chaque année.

Si la seule copie du miracle attire à Lascaux le monde entier, Lascaux ne devrait-il pas pouvoir aller lui-même au-devant du monde ? D'une virtualité l'autre. En décembre 2016, le président François Hollande a inauguré à Montignac un « Centre international de l'art pariétal », Lascaux IV « intégral », déplacé en contrebas d'une colline décidément sanctuarisée, et financé par le département « de l'Homme ». En attendant la nouvelle manne touristique, les édiles périgourdins avaient déjà assuré leurs arrières : à l'instar d'un paquebot de croisière, Lascaux III avait été en effet « lancé » par eux en 2012 pour circuler tout autour de la planète. Après Chicago et Houston en 2013, Montréal en 2014, Paris et Bruxelles en 2015, le reliquaire portatif mais strictement inauthentique de Lascaux a accosté en juillet 2016 à Séoul, avant de rejoindre Tokyo en 2017 : un million d'entrées en quelques mois sur les rivages du Pacifique. Soit autant de personnes qui contribuèrent, en quinze ans, à entamer, sur les rives de la Vézère, la destruction du site primitif.

—
YANN POTIN

RÉFÉRENCES
—

Jean-Paul DEMOULE, « Lascaux », *in* Pierre NORA (dir.), *Les Lieux de mémoire*, t. 3 : *Les France*, vol. 3 : *De l'archive à l'emblème*, Paris, Gallimard, 1993.

Daniel FABRE, *Bataille à Lascaux. Comment l'art préhistorique apparut aux enfants*, Paris, L'Échoppe, 2014.

François-Xavier FAUVELLE et Yann POTIN, « Le pèlerin, le missionnaire, l'ambassadeur. Figures du voyageur Henri Breuil », *in* Noël COYE (dir.), *Sur les chemins de la préhistoire. L'abbé Breuil, du Périgord à l'Afrique du Sud*, catalogue de l'exposition du Musée d'art et d'histoire Louis Senlec (L'Isle-Adam), Paris, Somogy, 2006, p. 183-196.

Thierry FÉLIX et Philippe BIGOTTO, *Le Secret des bois de Lascaux*, préface d'Yves Coppens, Saint-Genies, Éd. Impact, 1990 [bande dessinée].

Jean-Michel GENESTE, Chantal TANET et Tristan HORDÉ, *Lascaux, une œuvre de mémoire*, Périgueux, Fanlac, 2003.

RENVOIS
—

34 000, 52 av. J.-C., 1420, 1763, 1815, 1871, 1907

1942

Vél' d'Hiv'-
Drancy-Auschwitz

*Les 16 et 17 juillet 1942, près de 13 000 hommes, femmes
et enfants sont arrêtés lors de la grande rafle du Vél' d'Hiv'.
La persécution des juifs de France est une affaire française,
mise en œuvre par le gouvernement de Vichy;
leur extermination, une affaire allemande et européenne.*

Le 21 juillet 1942, le train à bestiaux qui a quitté la gare du Bourget-Drancy le 19 juillet 1942 à 9 h 5 stoppe sur le quai en terre battue d'une bretelle de voie ferrée située à un kilomètre au sud de la gare d'Auschwitz, à 500 mètres du camp de Birkenau. L'endroit sera nommé la *Judenrampe*, le quai aux Juifs. Le millier d'hommes et de femmes exténués par trois journées de voyage dans la promiscuité, la puanteur, la faim et la soif sautent des wagons dans le bruit et la fureur. Tout est allé pour la plupart d'entre eux si vite : arrêtés le 16 ou le 17 juillet à leur domicile parisien, conduits en autobus au camp d'internement de Drancy, chargés le jour suivant dans ces mêmes autobus, puis entassés dans des wagons

vers une destination que tous ignorent, ils arrivent, frappés de sidération, dans cet autre monde dont ils ne savent pas le nom. Toutes les femmes – elles sont 121 – et une partie des hommes – 504 – entrent au camp et y sont immatriculés, leur numéro tatoué sur l'avant-bras gauche ; 375 hommes marchent vers une des deux maisons paysannes transformées en lieux de gazage, désormais appelées Bunker 1 et Bunker 2.

Ce convoi est le septième à être parti de France, mais ce sont les premiers déportés assassinés dès leur arrivée à Auschwitz. Jusqu'à la fin du mois de septembre 1942, trente-quatre trains venus de France s'arrêtent à la *Judenrampe*. Un tous les deux ou trois jours.

Le 16 juillet, le premier train venu des Pays-Bas les a précédés, le jour même où le Reichsführer SS Heinrich Himmler commence sa visite des camps d'Auschwitz et Birkenau. « L'architecte de la Solution finale » assiste à leur gazage. 38 500 juifs seront déportés des Pays-Bas cette même année 1942 ; 42 000 juifs de France sont déportés dans la même période ; ceux de Belgique – un total de 16 500 –, un train tous les quatre jours, les suivent. Dans le même temps, le ghetto de Varsovie est « liquidé » : entre juillet et septembre, une noria de trains achemine ses 300 000 juifs vers les chambres à gaz de Treblinka.

La rafle du Vél' d'Hiv' des 16 et 17 juillet 1942 résume le sort tragique des juifs de France pendant la guerre. Par le nombre de ceux qui furent arrêtés : près de 13 000 ; par le fait que, pour la première fois, ce ne sont plus seulement des hommes en âge de travailler, mais principalement des femmes et des enfants (plus de 4 000) ; parce que cette rafle, ordonnée par les Allemands, a été effectuée par la police française. Mais surtout, parce qu'à la différence des précédentes elle s'inscrit clairement dans le projet nazi de « Solution finale de la question juive ». Les dirigeants nazis ont souhaité accélérer le rythme des déportations de France. Le 11 juin 1942, Theodor Dannecker, le responsable SS de la persécution des juifs en France, est à Berlin pour une conférence convoquée par Adolf Eichmann. Après la conférence de Wannsee (20 janvier 1942) qui trace les grandes lignes de l'organisation de la Solution finale, cette dernière conférence s'occupe de sa déclinaison pour les

pays occupés de l'Europe occidentale : Pays-Bas, Belgique, France. Si plus d'un million de juifs avaient été assassinés en 1941, après l'entrée de la Wehrmacht en Union soviétique, le 22 juin, par les *Einsatzgruppen*, les groupes mobiles de tuerie, l'année 1942 est l'année terrible, avec 2 700 000 assassinés, principalement dans les « centres de mise à mort » en fonctionnement, Chełmno, Bełzec, Sobibór, Treblinka. Car l'antisémitisme nazi est un « antisémitisme rédempteur » (Friedländer) : les juifs qui dominent le monde, version bolchevique en URSS, capitaliste aux États-Unis, doivent être éradiqués pour que puisse advenir le règne « aryen » du Reich de mille ans.

La rafle des 16 et 17 juillet 1942 est entrée dans l'histoire sous le nom de « rafle du Vél' d'Hiv' » car les familles arrêtées furent conduites dans l'enceinte du Vélodrome d'hiver, lieu des grands meetings politiques et du cyclisme sur piste (détruit en 1959), tandis que célibataires et couples sans enfants l'étaient directement à Drancy. Elle est aussi devenue le lieu de mémoire de la déportation des juifs de France. Le 16 juillet 1995, après de vives polémiques qui avaient mis en cause le président Mitterrand dans un climat mondial où la mémoire de l'Holocauste, comme disent les Américains, est omniprésente, Jacques Chirac reconnaissait, dans un des discours les plus fameux de la Cinquième République, les responsabilités de la France. « Le 16 juillet 1942, rappelait-il, 4 500 policiers et gendarmes français, sous l'autorité de leurs chefs, répondaient aux exigences des nazis » et arrêtaient à leur domicile au petit matin à Paris et en région parisienne quelque 13 000 hommes, femmes et enfants juifs qui furent rassemblés dans les commissariats de police, « jetés sans ménagement dans les bus parisiens et les fourgons de la Préfecture de police ». Les victimes furent conduites au Vélodrome d'hiver, attendirent « dans des conditions terribles » d'être dirigées « sur l'un des camps de transit – Pithiviers ou Beaune-la-Rolande – ouverts par les autorités de Vichy ». Jacques Chirac évoquait les autres rafles, à Paris et en province, les soixante-quatorze trains partis vers Auschwitz, les 76 000 déportés juifs de France qui n'en reviendront pas. Et de commenter : « La France, patrie des Lumières et des droits de l'homme, terre d'accueil et d'asile, la France, ce jour-là, accomplissait l'irréparable. Manquant à sa parole, elle livrait ses protégés à leurs bourreaux. » La « folie criminelle de l'occupant » avait été « secondée par des Français, par l'État français ».

La persécution s'était abattue sur les juifs dès l'occupation allemande et la création de l'État français. Elle avait suivi le modèle mis en œuvre en Allemagne nazie et exporté ensuite, avec quelques variantes, dans les pays conquis : définition de qui est juif ; recensement ; interdictions professionnelles et expropriation des biens ; concentration ; déportation.

Tous – étrangers, naturalisés, français – sont victimes des législations croisées de l'occupant allemand et de l'État français. Pendant les deux premières années, ordonnances allemandes valables pour la seule zone occupée et lois et décrets de Vichy valables pour tout le territoire les isolent progressivement mais inexorablement et les privent de leurs moyens de vivre. C'est « le temps des décrets » (Edgar Faure) : révision des naturalisations postérieures à 1927 – environ 15 000 dénaturalisations sont prononcées ; abolition du décret-loi de 1939, dit Marchandeau, qui faisait de l'injure raciale un délit et rend à nouveau possible le déferlement de l'insulte antisémite ; ordonnance du commandement militaire allemand du 27 septembre qui définit qui est juif (« [...] ceux qui appartiennent ou appartenaient à la religion juive, ou qui ont plus de deux grands-parents [...] juifs », c'est-à-dire « des grands-parents qui appartiennent ou appartenaient à la religion juive ») et leur impose de se faire recenser – ce que font la quasi-totalité des juifs – et d'apposer à la devanture de tout commerce dont le propriétaire est juif l'affichette « entreprise juive ».

Le 2 juin 1941, l'État français prenait le relais de l'occupant allemand, ordonnant à son tour un recensement. Ces recensements, en contradiction avec la tradition républicaine, mettent ainsi au jour une improbable population juive à la définition erratique. Que cette définition fût davantage religieuse, comme dans l'ordonnance allemande, ou davantage raciale, comme dans celle donnée par le statut des juifs promulgué en octobre 1940 (« Est regardé comme juif [...] toute personne issue de trois grands-parents de race juive ou de deux grands-parents de la même race si son conjoint lui-même est juif »), qu'elle fût plus ou moins large ou étroite, elle définit toujours le juif par le poids de son ascendance. Ainsi, la liberté d'être ou de ne plus être juif, fruit de l'émancipation, est annulée. Surtout, ces recensements sont à la base du fichage. La préfecture de la Seine constitue un grand fichier et, dérivant de ce fichier central, quatre sous-fichiers : par nom, par domicile, par profession, par nationalité. Ces fichiers seront utilisés lors des diverses arrestations de masse, notamment la rafle des 16 et 17 juillet 1942.

Le gouvernement de Vichy promulgue la loi du 3 octobre 1940 « portant statut des juifs », valable pour les deux zones. Pour l'essentiel, c'est la longue liste des professions interdites à ceux que le statut définit comme juifs. Ils ne peuvent plus exercer de mandats politiques ; la fonction publique leur est fermée, à quelques exceptions près ; ils ne peuvent plus travailler dans la presse, la communication ou le cinéma. Il est prévu de limiter leur nombre dans les professions libérales. Le 4 octobre est adoptée la loi sur les ressortissants étrangers de race juive. « Ils pourront [...] être internés dans des camps spéciaux par décision du préfet du département de leur résidence. » Ils pourront aussi « en tout temps se voir assigner une résidence forcée » par ce même préfet. Plus de 50 000 juifs étrangers furent déportés, les trois quarts des déportés juifs de France.

L'occupant s'en prend aussi rapidement aux biens. Sa seconde ordonnance, du 18 octobre 1940, jette les bases de ce qu'on appellera bientôt « l'aryanisation économique », un néologisme qui francise le terme de la langue du Troisième Reich, la LTI (Victor Klemperer) *Arisierung*, c'est-à-dire transfert des biens des juifs dans des mains non juives. Ces mesures qui se mettent en place progressivement tranchent « l'enracinement matériel dans la nation » (Joseph Billig). Dans la logique qui est celle de Vichy – affirmer son autorité sur tout le territoire français, empêcher que les biens volés ne partent en Allemagne –, l'État français décide à son tour d'intervenir dans « l'aryanisation » des biens. À une première phase allemande qui oblige toute « entreprise juive » à se doter d'un administrateur provisoire « aryen » succède une phase proprement française, avec la création le 29 mars 1941 de ce ministère à l'antisémitisme qu'est le Commissariat général aux questions juives.

La situation des juifs s'est ainsi dégradée. Fichés, spoliés, privés de la possibilité d'exercer certaines professions, ils peuvent aussi, en ce qui concerne les étrangers, être internés sur seule décision administrative. Ils sont aux marges de la nation.

En mai 1941 commence le temps des rafles : 3 700 hommes, pour la plupart étrangers, sont arrêtés le 14 mai ; le 20 août 1941 et les jours suivants, ils seront plus de 4 000 juifs conduits à la cité de la Muette, à Drancy, qui commence ainsi son existence de camp pour juifs.

Trois lieux symbolisent ainsi en France ce qu'on appelle désormais la Shoah : le Vél' d'Hiv', où se déroule depuis la fin de la guerre une commémoration, devenue officielle en 1993 ; Drancy, où un Mémorial a été inauguré en 2012, et Auschwitz, où furent assassinés les raflés du Vél' d'Hiv', avec un million d'autres enfants, femmes et hommes venus de toute l'Europe nazie. Car si la persécution des juifs de France est une affaire française, leur extermination est un élément d'une histoire européenne.

—

ANNETTE WIEVIORKA

RÉFÉRENCES

—

Saul FRIEDLÄNDER, *Les Années d'extermination. L'Allemagne nazie et les juifs (1939-1945)*, Paris, Seuil, coll. « Points Histoire », 2012 [2008].
Raul HILBERG, *La Destruction des juifs d'Europe*, Paris, Fayard, 1988.
Serge KLARSFELD, *La Shoah en France*, t. 1 : *Vichy-Auschwitz* ; t. 2 : *Le Calendrier de la déportation* ; t. 3 : *Le Calendrier de la persécution des juifs de France (septembre 1942-août 1944)* ; t. 4 : *Le Mémorial des enfants juifs déportés de France*, Paris, Fayard, 2001.
Annette WIEVIORKA, *Auschwitz. La mémoire d'un lieu*, Paris, Hachette, coll. « Pluriel », 2012 [2005].
Annette WIEVIORKA et Michel LAFFITTE, *À l'intérieur du camp de Drancy*, Paris, Perrin, coll. « Tempus », 2015 [2012].

RENVOIS
—

1347, 1572, 1683, 1894, 1927, 1962

1946

Un Yalta cinématographique

*Le premier Festival international du film est inauguré
à Cannes le 19 septembre 1946. Féconde alliance
de la fête et du septième art, le Festival possède
également d'emblée une dimension diplomatique :
les grandes puissances s'y répartissent les rôles et les prix.*

Le 19 septembre 1946, à 21 heures, une cérémonie ouvre le premier « Festival international du film » sur la Croisette cannoise : un défilé de chars fleuris, « pacifiques ceux-là », note le chroniqueur du *Monde* Henry Magnan, représentant les nations participantes. Les massifs motorisés se succèdent, le char du Mexique, « haut en couleur comme en forme », de l'URSS, « polychrome comme une carafe de Bohême et qui lâche un envol de colombes », des États-Unis, orné d'« amphores d'œillets formés de pellicules cinématographiques où s'inscrivent les images familières de la MGM, de la RKO, de la Paramount »… ou de la Suède, « couronné d'ondines aux jambes bien galbées » (*Le Monde*, 21 septembre 1946).

Une fois la nuit tombée sur la Côte d'Azur, s'avance la procession aux flambeaux des tirailleurs sénégalais en grand apparat, clairon en bouche, suscitant une « robuste admiration ». Puis vient l'incontournable feu d'artifice, avant que le bal ne soit lancé, pour la nuit entière, par quelques chansons de la vedette américaine Grace Moore, « vêtue d'une robe crème pailletée de portées d'or », qui finit par entonner *La Marseillaise*. D'abord le kitsch, les paillettes, la fête nocturne et le tourisme local ; les films ne viennent que le lendemain, avec la projection de *Berlin*, un documentaire réaliste socialiste présenté par les Soviétiques, ouvrant la voie à quarante-huit autres films que dévorent en seize jours quelques centaines d'officiels, de représentants internationaux de la profession, de critiques et de jeunes « gloutons optiques » (*Le Monde*, 26 septembre 1946).

Le Festival international de Cannes est d'emblée fondé sur cette alliance contre nature mais féconde de l'artifice des feux et de l'art d'artifice, de la fête dans ce qu'elle peut avoir de plus trivial et du cinéma dans ce qu'il peut représenter de plus prestigieux. C'est ce mélange de vie mondaine oscillant entre le mythe cinématographique et la vulgarité qui a fait la réputation du Festival : le cinéma a mauvaise conscience d'être à Cannes, mais il s'y trouve bien.

En 1946, cette chimère est teintée d'une coloration hautement diplomatique, ce qu'incarne parfaitement le premier délégué du Festival, Philippe Erlanger, chef du service des échanges artistiques au ministère des Affaires étrangères : ce sont les alliés victorieux que la fête cinématographique célèbre. Les sélections, toutes officielles et par pays, reflètent cet équilibre, autant que le ballet des corps diplomatiques, « mieux représentés que le cinéma » (*Le Monde*, 21 septembre 1946), ou le défilé du corso fleuri. URSS, États-Unis, Grande-Bretagne, Suède, Danemark, Inde, Tchécoslovaquie, Suisse, Mexique, Italie ont envoyé films et réalisateurs, afin de concurrencer et de magnifier dans le même temps la sélection française, puissance invitante qui ne manque pas de faire savoir qu'elle joue ainsi, d'un air patriotique et culturel, dans le grand concert des nations se relevant des malheurs de la guerre.

En ce sens, Cannes 1946, premier festival qui a lieu, n'oublie pas de rejouer Cannes 1939, festival fondateur qui faillit avoir lieu. Ou plutôt qui débuta – tout organisé qu'il fut sous la houlette du ministre de l'Éducation nationale et des Beaux-Arts, Jean Zay – par l'arrivée du train en gare de Cannes, le 6 août 1939, débarquant en personne l'inventeur du cinématographe, Louis Lumière, président d'honneur venu en voisin de La Ciotat, où il demeure, accueilli par le maire de Cannes. Lumière, trois semaines avant le début prévu de la manifestation, vient repérer les lieux : le Grand Hôtel, le Palm Beach et le casino municipal ont été mobilisés, l'affiche est prête, signée Jean-Gabriel Domergue, local d'adoption, Gary Cooper, Tyrone Power, Annabella, Norma Shearer, George Raft, Cary Grant, James Cagney, David Niven, Spencer Tracy, Barbara Stanwyck sont déjà arrivés sur la Croisette à bord d'un paquebot affrété par la MGM, Hollywood a dépêché douze films, pas moins, dont *Seuls les anges ont des ailes* de Howard Hawks, *Mister Smith au Sénat* de Frank Capra, *Le Magicien d'Oz* de Victor Fleming, *Pacific Express* de Cecil B. DeMille, ou le sublime *Elle et lui* de Leo McCarey. Jean Zay a repris à son compte et imposé l'idée d'une manifestation de prestige susceptible de concurrencer la Mostra de Venise sous influence de Mussolini et de Goebbels, au point d'avoir couronné en 1938 des œuvres de propagande fascistes et nazies et d'être boycottée par les Américains et les Britanniques. Le « monde libre » tient son festival de cinéma… jusqu'à l'entrée des troupes allemandes en Pologne qui, le 1er septembre 1939, interrompt brutalement les ultimes préparatifs d'un festival mort-né.

Mais, en 1939 comme en 1946, la même question se pose : pourquoi est-ce en France, et plus particulièrement à Cannes, qu'un tel événement ne peut que prendre place ? La « grande nation » l'affirme toujours avec une certaine emphase, elle est, depuis Louis XIV, Napoléon, jusqu'aux Expositions universelles, la « patrie des arts ». Et celle du cinéma tout spécialement : Louis Lumière a inventé le cinéma, cela ne fait aucun doute pour l'esprit français qui ne prête guère d'attention aux premiers films d'Edison. La cinématographie française est puissante, mais surtout de qualité, alignant les chefs-d'œuvre et les auteurs de films qui impressionnent le monde, à défaut d'attirer le chaland international, déjà séduit depuis bien longtemps par les sirènes hollywoodiennes. Enfin, il n'y a qu'à Cannes que, aux yeux du monde réuni pour admirer la « beauté française », peut opérer la magie synthétique qui mêle l'art et la fête, le cinéma et le tourisme, les grandes actrices et les jolies femmes. « Aucun pays n'était plus qualifié que la France pour présider à une telle manifestation dans un esprit de création artistique, de liberté absolue et d'impartialité garantie » (d'après Olivier Loubes), clame le comité de direction du Festival international du film dans sa circulaire inaugurale du 17 juillet 1939.

Cette mayonnaise de 1939, qui a viré à l'aigre, est rebattue avec succès en 1946. « De nombreux voyageurs, s'emporte le journaliste du *Monde* le 21 septembre 1946, se récrient d'admiration dans toutes les langues du monde. Plusieurs trains spéciaux, dont les voitures bleues viennent souvent de lointaines capitales, proposent en effet à pleines portières des sites admirables à des centaines de professionnels du cinéma. Et l'occasion même qui leur permet de découvrir ces merveilles, le Festival international du film, les incite soudain à comparer la Méditerranée aux yeux de saphir de Gene Tierney, le ciel qui la câline aux horizons chavirés de John Ford, les baigneuses dorées sur tranches, miel et pain d'épice, aux ballets aquatiques d'Esther Williams. »

Ainsi, le Festival de Cannes tient double discours, parfaitement cohérent cependant : il célèbre et accueille l'unité victorieuse des nations alliées, mais magnifie aussi la grandeur de la France. Mieux encore : cette grandeur – qui, cinématographiquement parlant, en 1946 est bien illusoire – n'est jamais plus grande que vue de l'étranger, que consacrée par le regard international. « Le Festival doit être une victoire pour la France. Pour cela nous avons besoin du concours de tous les pays », affirmait déjà le comité de direction de 1939. Sept ans plus tard, le discours demeure : la victoire de la France n'est garantie que par l'admiration internationale. Elle ne triomphe jamais seule dans son coin, sa gloire ne s'affirme et ne s'affiche qu'aux yeux du monde réuni... par ses soins.

Dès lors, le Festival de Cannes se trouve pris dans une logique de partage des rôles, un Yalta cinématographique. La manifestation n'est pas seulement un dosage étudié de films et de paillettes, de réalisateurs et de starlettes, elle vise aussi à l'équilibre entre la puissance industrielle que seul Hollywood peut assurer en débarquant massivement sur la Croisette (et dans les salles à partir de… 1946, à la suite des accords commerciaux Blum-Byrnes), l'affirmation d'un art qui fonde sa légitimité sur un palmarès qui consacre le meilleur de lui-même et la diplomatie culturelle visant à contenter toutes les cinématographies présentes. Trois principes guident cette cartographie du cinéma, qui établit donc la place du cinéma français dans le monde : le cinéma le plus puissant, impressionnant, vu, est américain ; celui qui a des « choses à dire » sur le monde est international ; et les films français seraient les plus élégants, les plus originaux, les plus artistes.

C'est une triple programmation de films qui clôt le premier Festival de Cannes, le samedi 5 octobre 1946, rejouant une dernière fois – pas tout à fait la dernière, car cette tripartition est vouée à un bel avenir – la spécialisation internationale des cinématographies. Un film hollywoodien, *La Boîte à musique* de Walt Disney, un film soviétique officiel, *Glinka*, la vie et l'œuvre du compositeur transformées en roman édifiant, et un film français qu'on ne peut comparer à aucun autre, *La Belle et la Bête* de Jean Cocteau, composent ce menu où le premier cherche à imposer le standard commercial partout dans le monde, selon les préceptes expansionnistes d'Eric Allen Johnston, le nouveau président de la Motion Picture Association of America, le deuxième à chanter la gloire patriotique russe et le troisième à ranimer la flamme d'une excentricité

française aussi stylée, dandy que fantastique. Le palmarès, proclamé par le président du jury, Georges Huisman, directeur des Beaux-Arts, confirme cette attention diplomatique. Tous les pays sont primés à travers un film : *La Terre sera rouge* (Danemark), *La Ville basse* (Inde), *La Dernière Chance* (Suisse), *Les Hommes sans ailes* (Tchécoslovaquie), *Le Tournant décisif* (URSS), *La Symphonie pastorale* (France), *Brève rencontre* (Grande-Bretagne), *The Lost Week-end* (États-Unis), *María Candelaria* (Mexique), *L'Épreuve* (Suède) et *Rome, ville ouverte* (Italie) se voient récompensés d'un Grand Prix – la Palme d'or n'apparaît qu'en 1955, pour *Marty*, de Delbert Mann.

Le vrai triomphateur, comme il se doit, est un film français, couronné par le Prix du jury, seule récompense unique : *La Bataille du rail* de René Clément, un prix qui, comme souvent au cours de l'histoire du Festival, est une œuvre de circonstance, bienvenue dans l'immédiat après-guerre, épopée de la geste héroïque de la Résistance des cheminots français. La France idéale y trouve son compte : la voici consacrée par le jury et le regard critique, tous deux internationaux, tandis que les professionnels du monde entier, venus par trains et paquebots, ont goûté aux premiers plaisirs festivaliers. Et comme toujours à Cannes, l'un des plus beaux films d'Alfred Hitchcock, *Notorious*, avec Ingrid Bergman, a été complètement ignoré. Il faudra une dizaine d'années pour qu'une tout autre critique, les jeunes-turcs des *Cahiers du cinéma*, transforme son auteur en « plus grand génie formel de l'histoire du cinéma ». Mais c'est une autre histoire et un autre jeu de transfert culturel entre la France et le monde.

—

ANTOINE DE BAECQUE

RÉFÉRENCES

—

Philippe ERLANGER, *La France sans étoile. Souvenirs de l'avant-guerre et du temps de l'Occupation*, Paris, Plon, 1974.

Anaïs FLÉCHET, Pascale GŒTSCHEL, Patricia HIDIROGLOU, Sophie JACOTOT, Caroline MOINE et Julie VERLAINE (dir.), *Une histoire des Festivals (xxe-xxie siècle)*, Paris, Publications de la Sorbonne, 2013.

Loredana LATIL, *Le Festival de Cannes sur la scène internationale*, Paris, Nouveau Monde, 2005.

Olivier LOUBES, *Cannes 1939 : le Festival qui n'a pas eu lieu*, Paris, Armand Colin, 2016.

Bernard PINIAU et Ramon TIO BELLIDO, *L'Action artistique de la France dans le monde*, Paris, L'Harmattan, 1998.

Vanessa R. SCHWARTZ, *It's so French ! Hollywood, Paris, and the Making of Cosmopolitan Film Culture*, Chicago, University of Chicago Press, 2007.

RENVOIS

—

1771, 1900, 1933

1948

L'universalisation des droits de l'homme

*La France, patrie et « musée (des droits) de l'homme » ?
Si la Déclaration universelle de 1948 est un acquis majeur
du droit international, sa proclamation opportune au
palais de Chaillot, où l'ONU siège par exception,
dissimule une genèse complexe. Les intérêts des puissances
y sont ménagés, alors que s'ouvre une timide voie juridique
pour la libération des nations colonisées.*

Le 10 décembre 1948, l'Assemblée générale des Nations unies, réunie au palais de Chaillot à Paris, sous le parvis du Trocadéro, adopte la Déclaration universelle des droits de l'homme, texte fondateur du mouvement contemporain des droits de l'homme. Chargé d'un pouvoir symbolique tout en ne créant pas d'obligations juridiques, ce manifeste pédagogique et moral a néanmoins exercé, depuis plus d'un demi-siècle, une influence indéniable sur les systèmes régionaux et internationaux des droits de l'homme dans le monde. Il a lui-même constitué le point culminant de processus inscrits dans la longue durée. Après la Déclaration française des droits de l'homme et du citoyen et le *Bill of Rights* états-unien adoptés en 1789, le texte de 1948 ne relevait plus seulement du droit interne de certains États, mais marquait une véritable universalisation.

L'entre-deux-guerres avait certes connu une « Déclaration des droits internationaux de l'homme », adoptée en 1929 dans le cénacle d'une société savante de juristes internationalistes, l'Institut de droit international, relayée par les associations défendant dans différents pays les droits de l'homme. Elle était le fait, dans sa conception initiale, d'un juriste russe exilé en France, André N. Mandelstam, fortement engagé dans la dénonciation du génocide des Arméniens ottomans puis dans le combat pour la généralisation à tous les États du système de protection des minorités que les grandes puissances avaient imposé à certains pays au lendemain du premier conflit mondial. Il considérait alors, à la fin des années 1920, qu'un droit protégeant les minorités ne suffisait plus ; il fallait aussi penser, au vu de la multiplication des dictatures, à protéger tous les hommes, où qu'ils vivent. Mandelstam travaillait en réseau avec d'autres juristes internationalistes libéraux qui dénonçaient le dogme de la souveraineté étatique, plaidant pour une reconnaissance de l'individu comme sujet du droit international et revendiquant l'égalité des droits entre hommes et femmes.

La recherche du père ou de la mère fondateur(-trice) de la déclaration de 1948 a longtemps fait couler beaucoup d'encre parmi les historiens, désireux de trouver une figure d'incarnation individuelle pouvant se rattacher aux divers panthéons nationaux. On cite généralement le couple René Cassin, Eleanor Roosevelt, puis le quintet qu'ils forment avec John Humphrey, Charles Malik et Peng-chun Chang (Zhang Pengjun). Cette quête a conduit à survaloriser le rôle de quelques personnalités, au détriment d'une analyse de la documentation réunie par le Secrétariat des Nations unies, des rapports de force idéologiques, des enjeux politiques nationaux et / ou régionaux, ou encore de l'action des ONG, qui ont pesé sur le processus de rédaction. La déclaration de 1948 n'est

pas, loin s'en faut, l'œuvre des seules puissances occidentales. Le contexte de l'immédiat après-guerre est marqué par les mobilisations des peuples soumis à la domination coloniale, par la remise en cause de la souveraineté étatique protégée par l'article 2/7 de la Charte des Nations unies, enfin par la tenue des Tribunaux pénaux de Nuremberg et de Tokyo qui mettent au jour les conséquences tragiques et sans limites du dogme de la souveraineté. Au printemps 1946, le Conseil économique et social (ECOSOC) de l'ONU crée la Commission des droits de l'homme qui a pour mandat de présenter des rapports et propositions concernant la protection des minorités, les droits des femmes, les discriminations de race, de sexe, de langue ou de religion et la liberté d'information, ainsi qu'une Déclaration internationale des droits de l'homme.

C'est de ce programme multiforme et vaste qu'est né le texte de 1948. Alors que les événements internationaux donnent à l'après-guerre une physionomie nouvelle, entre processus de décolonisation et conflit Est-Ouest, la Commission des droits de l'homme réunit un panel majoritairement composé de savants et d'intellectuels. Beaucoup d'entre eux sont rompus aux arènes diplomatiques internationales et représentent les différents systèmes religieux, politiques et idéologiques du monde. La Commission se réunit trois fois en alternance avec un comité de rédaction qui lui est associé et présente son rapport à l'ECOSOC en août 1948. Ce dernier décide son examen à l'Assemblée générale de 1948 qui se tient à Paris. Plusieurs lignes de force ont traversé cette longue phase d'élaboration : la mise à l'écart des droits des minorités et du droit des peuples à disposer d'eux-mêmes, la mutation de la Commission dont la composition s'était faite au titre d'experts indépendants en une assemblée de représentants gouvernementaux, le passage d'un projet de convention contraignante et de droit de pétition à celle d'une simple déclaration. Un large mouvement intellectuel entoure cette période de gestation, qui voit s'exprimer de multiples visions philosophiques et éthiques. L'UNESCO organise une consultation auprès de cent cinquante penseurs et intellectuels du monde entier pour réfléchir aux questions philosophiques soulevées par les droits internationaux de l'homme. Les penseurs des différents continents suggèrent des orientations qui viennent compléter ou amender les perspectives occidentales. Mohandas Gandhi écrit ainsi à Julian Huxley, directeur de l'UNESCO : « J'ai appris de ma mère illettrée, mais d'une grande sagesse, que les seuls droits que l'on mérite et que l'on doit protéger sont ceux qui découlent du devoir bien accompli. Ainsi, le droit même à la vie nous échoit seulement lorsque nous accomplissons notre devoir en tant que citoyen du monde. À partir de ce seul énoncé fondamental, peut-être est-il plus facile de définir les devoirs des hommes et des femmes et de faire concorder chaque droit à un certain devoir analogue devant d'abord être accompli. Tous les autres droits peuvent constituer une usurpation qui ne vaut guère la peine de défendre. »

À l'évidence, l'adoption du texte ne peut se comprendre sans tenir compte du rôle joué par les États-Unis. Deux préoccupations centrales sont entrées en résonance pour déterminer la position américaine durant les trois années de négociation. La première concerne l'articulation entre le système constitutionnel américain et l'ordre juridique international, avec le souci, pour les conseillers juridiques du département d'État américain, de protéger la souveraineté des États-Unis tout en participant au développement du droit international des droits de l'homme. La seconde concerne le cadre idéologique dominant de la guerre froide qui se renforce mois après mois entre 1945 et 1948. La société internationale est alors dominée par un conflit entre deux systèmes politiques et juridiques animés des mêmes prétentions universalistes. La guerre froide n'empêche certes pas l'adoption de la Déclaration, mais elle en limite les effets sur la politique des droits de l'homme des États-Unis au cours des années suivantes. La France joue également un rôle de proposition, à travers la Commission consultative créée en 1947, dont les idées sont reprises par René Cassin au sein de la Commission des droits de l'homme de l'ONU. Des réticences s'expriment néanmoins, en particulier dans le domaine colonial. L'action de Cassin au sein de la Commission onusienne est ainsi freinée, dans les années 1950, en raison des guerres de décolonisation, notamment de la guerre d'Algérie. En effet, comme le souligne le juriste René Degni-Ségui, si la déclaration ignore la décolonisation, celle-ci, à l'inverse, l'adopte et se l'approprie. Ainsi la déclaration devient-elle le plus petit dénominateur commun des références constitutionnelles des nouveaux États indépendants de l'ancien empire français et figure en bonne place dans le communiqué final de la conférence des nations afro-asiatiques de Bandung de 1955. Partout ailleurs, la portée juridique du texte de 1948 fait également débat, qu'il s'agisse d'en limiter la portée ou d'en contester la légitimité.

Le 12 décembre 1948, alors qu'elle vient d'adopter la convention sur le génocide, l'Assemblée générale des Nations unies vote le projet de déclaration au terme de quatre-vingt-cinq longues et difficiles séances de débats au sein de la Troisième Commission. Chemin faisant, il n'est plus question d'une « déclaration internationale » mais d'une « déclaration universelle ». Pour René Cassin, la déclaration repose sur une conception élargie de la société internationale, qui n'inclut pas seulement les États mais les êtres humains eux-mêmes. La déclaration comprend une trentaine d'articles précédée par un préambule reconnaissant la nécessité du respect de droits fondamentaux de l'homme par tous les États et gouvernements. Le texte énonce les droits fondamentaux de l'individu, en y intégrant les droits sociaux, économiques et culturels. La déclaration est adoptée par un vote unanime et huit abstentions (l'URSS et cinq autres États communistes, l'Arabie saoudite et l'Union sud-africaine).

L'adoption se fait sans que l'opinion publique se passionne, et ce même en France : le blocus de Berlin et la question de la Palestine font alors la « une » des journaux. La diplomatie française préfère y voir un succès : n'est-ce pas là un beau présent pour célébrer le centenaire de la révolution de 1848 et l'abolition de l'esclavage ? Serait-ce le symbole d'un nouveau printemps des peuples ? Dans l'immédiat, France et Royaume-Uni tombent d'accord pour considérer avec une grande prudence la publication de la Déclaration au-delà de la métropole ou sa traduction dans les langues de leurs empires respectifs.

—

Dzovinar Kévonian

RÉFÉRENCES

—

Olivier Barsalou, *La Diplomatie de l'universel : la guerre froide, les États-Unis et la genèse de la Déclaration universelle des droits de l'homme (1945-1948)*, Bruxelles, Bruylant, 2012.
Éric Pateyron, *La Contribution française à la rédaction de la Déclaration universelle des droits de l'homme. René Cassin et la Commission consultative des droits de l'homme*, Paris, La Documentation française, Commission nationale consultative des droits de l'homme, 1998.
Antoine Prost et Jay Winter, *René Cassin*, Paris, Fayard, 2011.
Pamela Slotte et Miia Halme-Tuomisaari (dir.), *Revisiting the Origins of Human Rights*, Cambridge, Cambridge University Press, 2015.

RENVOIS

—

212, 1790, 1804, 1919, 1920

1949

Réinventer le féminisme

En mai 1949, Simone de Beauvoir publie le premier volume du Deuxième Sexe qui fait aussitôt scandale. Intellectuels et écrivains prennent parti pour ou contre, tandis que les associations féministes et féminines se taisent. Le livre connaît rapidement un succès international et inspire un renouveau du féminisme.

L'importante polémique qui accueille la parution du *Deuxième Sexe* peut surprendre. Ordinairement, un ouvrage écrit par une femme sur la condition féminine passe largement inaperçu. Celui-ci sort en deux gros volumes dans la collection « Blanche » chez Gallimard en mai et octobre 1949, et fait aussitôt scandale.

François Mauriac lance la controverse en mai 1949 dans le supplément littéraire du *Figaro* : « L'initiation sexuelle de la femme est[-elle] à sa place au sommaire d'une grave revue littéraire et philosophique ? » Il vise la littérature de Saint-Germain-des-Prés qui atteint « les limites de l'abject » et invite la jeunesse chrétienne à réagir. Une quarantaine de lettres sont publiées dans les numéros suivants du *Figaro littéraire*.

Cette enquête au long cours suscite des articles dans bien d'autres périodiques. En un peu moins d'un an, la plupart des revues intellectuelles réagissent ainsi que plusieurs quotidiens : la presse engagée à droite (*Le Figaro, Aurore, Liberté de l'esprit*) comme à gauche (les revues communistes *Les Lettres françaises* ou *La Nouvelle Critique* ; les périodiques de gauche comme *Esprit, Combat, Les Temps modernes, Franc-Tireur*), la presse protestante (*Réforme, Les Cahiers protestants*, le *Bulletin Jeunes Femmes*), la grande presse (*Le Monde, Samedi-Soir, Paris-Match*), les revues littéraires (*Les Nouvelles littéraires, Noir et blanc, Empédocle*, la *Revue du Caire*, la *Revue de Paris, Hommes et mondes, La Table ronde, La Nef*).

Des intellectuels en vue, des littérateurs de tous bords prennent la plume pour ou contre l'essai de Beauvoir : François Mauriac, grand écrivain catholique membre de l'Académie française, résistant, devenu éditorialiste au *Figaro* ; Jean Kanapa, agrégé de philosophie, ancien élève de Sartre, fondateur et directeur de la revue communiste *La Nouvelle Critique* ; Julien Benda, ancien dreyfusard, compagnon de route du PC depuis la Libération ; Julien Gracq, professeur agrégé d'histoire-géographie, romancier, critique littéraire opposé à la littérature engagée ; de même que Roger Nimier, romancier et collaborateur à *Carrefour* et *La Nef* ; Emmanuel Mounier, fondateur du personnalisme et de la revue *Esprit* ; Jean-Marie Domenach, secrétaire de cette même revue ; Francis Jeanson, collaborateur des *Temps modernes* et d'*Esprit*, membre du comité de lecture du Seuil, et bien d'autres beaucoup moins connus.

Les hommes dominent cette production, mais plusieurs femmes se signalent, telles Colette Audry, agrégée et professeure de lettres, scénariste et dramaturge, amie du couple existentialiste ; Françoise d'Eaubonne, jeune romancière et essayiste ; Jeannette Prenant, agrégée de philosophie et communiste ; Dominique Aury, éditrice, traductrice, chroniqueuse aux *Lettres françaises* ; ainsi que Claudine Chonez, journaliste à la RTF qui donne l'occasion à Simone de Beauvoir de répondre à ses détracteurs.

Les associations féministes, fortement marginalisées et vieillies depuis la fin des années 1930, ne disent mot des débats. Les associations féminines, plus dynamiques, se taisent pareillement.

L'Union des femmes françaises, communiste, n'aborde pas le livre contre lequel se mobilisent des intellectuels communistes. La seule exception est le Mouvement Jeunes Femmes, proche de la mouvance des protestants réformateurs inspirés de Karl Barth, qui au même moment s'interroge sur le couple et l'amour. Né après la guerre, ce mouvement représente les jeunes générations, beaucoup moins réticentes à aborder les questions sexuelles.

Comment expliquer une telle tempête médiatique ? La position hégémonique occupée par Sartre et *Les Temps modernes* dans le champ culturel de l'après-guerre fournit une première clé. Véritable parangon de l'intellectuel engagé et principal représentant du courant existentialiste français de l'après-guerre, Jean-Paul Sartre multiplie les prises de position tranchées et les critiques virulentes. Normalien, agrégé de philosophie, il réussit aussi bien dans le théâtre, le roman que dans la création philosophique. Sa revue *Les Temps modernes*, fondée en 1945, occupe très vite une position centrale. Entre mai 1948 et juillet 1949, huit livraisons de la revue publient en avant-première des chapitres ou des fragments du livre à venir, ce qui ne pouvait pas manquer d'attirer l'attention.

Beauvoir est également connue de la critique avec une œuvre variée (à cette date, elle a commis trois romans, une pièce de théâtre, deux essais philosophiques, un récit de voyage). Elle reste cependant dans l'ombre de Sartre. Les chroniqueurs la qualifient de « disciple existentialiste », de « Notre-Dame de Sartre » ou de « grande sartreuse ».

À travers Beauvoir, c'est l'entreprise et le succès de Sartre qui sont visés par les attaques.

Une seconde explication réside dans la virulence de la guerre froide. La France, dotée d'un Parti communiste puissant et influent, se déchire. Le procès Kravtchenko, les appels de Malraux et de Laurent Casanova aux intellectuels, les «batailles du livre» des militants communistes montrent assez la profonde division des milieux culturels qui doivent choisir leur camp. Or, justement, Sartre et *Les Temps modernes* se font les champions du libre engagement et ne ménagent pas leurs critiques des deux blocs, formant une troisième voie entre les deux camps. Sans hasard, ce sont les milieux de droite (Mauriac en tête) et les communistes (guidés par Jean Kanapa) qui se montrent les plus agressifs envers *Le Deuxième Sexe*, avec d'ailleurs des arguments assez similaires. À l'inverse, les chrétiens progressistes et la gauche non communiste soutiennent, ou du moins commentent plus fidèlement, les thèses de Beauvoir. Sans surprise, les collaborateurs des *Temps modernes* sont les plus laudateurs.

Il y a bien sûr des exceptions à cette distribution politico-culturelle. Certains écrivains de droite reconnaissent les mérites des thèses beauvoiriennes, comme François Nourissier qui publie sans doute là un de ses premiers textes, en réponse à l'enquête de Mauriac, ou Thierry Maulnier, romancier, collaborateur de *L'Action française* et du *Monde*. Des communistes esquivent les directives de leur parti, Dominique Desanti par exemple, tandis qu'Albert Camus, tout progressiste qu'il soit, accuse (oralement) Beauvoir de «ridiculiser le mâle français».

Car, en sous-main, c'est aussi une autre guerre qui se joue. Une guerre contre la modernisation des rapports de genre. C'est à l'occasion et à propos des trois chapitres publiés dans les numéros des *Temps modernes* de mai, juin et juillet 1949, intitulés «L'initiation sexuelle de la femme», «La lesbienne» et «La mère», que la critique s'enflamme. D'article en article, *Le Deuxième Sexe* devient un «manuel d'égoisme érotique», un manifeste d'«égotisme sexuel», rempli de «basse pornographie». Dans ces chapitres, Beauvoir questionne en effet frontalement l'ordre sexuel.

Elle commence son chapitre «La mère» par un plaidoyer de quinze pages en faveur de la contraception et de l'avortement, elle dénie toute existence à l'instinct maternel, elle dévalorise la fonction maternelle qui aliène les femmes et affirme que les crèches et garderies seraient plus profitables aux enfants. Or, depuis les années 1930, une politique familiale tente de redresser la natalité tout en favorisant le maintien des mères au foyer. Le baby-boom, pourtant très vigoureux, n'apaise pas toutes les craintes et renforce encore l'idéal de la mère au foyer. De la gauche communiste jusqu'à la droite, le natalisme règne sans contestation depuis que les néomalthusiens, durement censurés par la loi de 1920 (qui interdit tout à la fois l'importation, la fabrication, la vente et l'information sur les contraceptifs), ont disparu de la scène publique.

Dans le chapitre « La lesbienne », qui fait « l'apologie de l'inversion » selon ses détracteurs, Simone de Beauvoir récuse les interprétations des sexologues et des psychanalystes pour mettre l'homosexualité et l'hétérosexualité presque sur le même plan existentiel : des « choix en situation ». Enfin, dans le chapitre « L'initiation sexuelle de la femme », elle montre combien les rapports hétérosexuels sont inégalitaires et empreints de violence. Ces thèmes (avortement, lesbianisme, violences sexuelles) seront au cœur de la deuxième vague féministe, plus de vingt ans plus tard.

Appâté par cette réputation sulfureuse, le grand public s'intéresse à ce gros essai de près de 1 000 pages. 22 000 exemplaires sont achetés dès les premières semaines, les rééditions se succéderont, au total 1 million d'exemplaires sont vendus en quarante ans.

L'ouvrage entame sa carrière internationale. Dans un premier temps, il est porté par les milieux francophiles attentifs à l'existentialisme. Les lignes de fracture observées en France se retrouvent au niveau européen. Les dictatures catholiques du Sud interdisent l'ouvrage. Les traductions passent par l'Argentine (1954) et le Brésil (1960). En 1968, après deux échecs, une édition catalane est autorisée à Barcelone. Dans le bloc de l'Est, il faudra attendre la chute du Mur, à l'exception d'une traduction en serbo-croate éditée dès 1982. Les parutions sont moins problématiques en Europe de l'Ouest. Il sort en RFA dès 1951. La traduction en langue anglaise (1953) vient des États-Unis grâce à l'éditrice Blanche Knopf et au professeur de zoologie à la retraite Howard Parshley. Il Saggiatore publie *Il secondo sesso* en 1961. Une génération d'intellectuelles émerge qui s'emploie à relancer le féminisme à partir des thèses de Beauvoir : Françoise d'Eaubonne, Colette Audry, Andrée Michel en France ; Betty Friedan et Kate Millett aux États-Unis ; María Campo Alange et Maria Aurèlia Capmany, la « Beauvoir catalane », en Espagne ; Alice Schwarzer en RFA ; Irene Selle en RDA, etc.

À partir des années 1990, avec l'institutionnalisation des études et réseaux féministes, l'ouvrage poursuit sa diffusion en Europe de l'Est et du Nord. Il est traduit en RFA (1989) ; en Bulgarie (1996) ; en Russie (1997) ; en Roumanie (1998) ; en Suède (2002). Il pénètre l'Afrique francophone et anglophone ; l'Asie par le Japon (où une traduction a lieu dès 1953) et Taïwan (1972) puis la Chine (1988). Les premières traductions sont critiquées pour leurs lacunes ou imprécisions, et de nouvelles traductions, plus fidèles à l'original, sont réalisées, en allemand (1992), en japonais (1997), en castillan (1998), en anglais (2009), en chinois (2012), etc.

Depuis 1983, la Simone de Beauvoir Society et sa revue *Beauvoir Studies* rendent compte du foisonnement des études beauvoiriennes.

—

Sylvie Chaperon

RÉFÉRENCES

——

Sylvie CHAPERON, *Les Années Beauvoir (1945-1970)*,
Paris, Fayard, 2000.
Christine DELPHY et Sylvie CHAPERON (dir.),
Cinquantenaire du « Deuxième Sexe », Paris,
Syllepse, 2002.
Ingrid GALSTER (dir.), *« Le Deuxième Sexe » de
Simone de Beauvoir*, Paris, Presses de l'université
Paris-Sorbonne, 2004.
Éliane LECARME-TABONE, *« Le Deuxième Sexe » de
Simone de Beauvoir*, Paris, Gallimard, 2008.
Site de la Simone de Beauvoir Society :
< http://beauvoirfr.weebly.com / >

RENVOIS

——

23 000, 1840, 1842, 1903, 1984, 2011

1953

« Notre camarade Staline est mort »

Le 5 mars 1953 tombe la nouvelle de la mort de Staline. Les communistes français sont en deuil, le recueillement et le chagrin s'emparent des militants. C'est l'apogée du culte voué à l'URSS et à son chef, qui fascinent intellectuels, ouvriers et paysans. L'étoile de Moscou ne commence à pâlir que plus tard, dans les années 1970.

5 mars 1953 au matin, salle des Grésillons à Gennevilliers. La nouvelle tombe lors de la conférence nationale du Parti communiste français (PCF) et frappe d'effroi tous les délégués réunis. Les dirigeants parmi les plus aguerris, la gorge serrée, les larmes aux yeux, ont le plus grand mal à maîtriser leur émotion. C'est Jacques Duclos qui trouve la force de prononcer ces quelques mots : « Notre camarade Staline est mort. » Et de déclamer aussitôt un premier hommage au disparu. D'autres suivront dans les communiqués officiels, les différents organes du PCF – journaux nationaux, régionaux et locaux, revues diverses et variées –, les déclarations des dirigeants,

les écrits de prestigieux intellectuels ou les propos de simples militants. Les locaux du Parti à Paris comme en province affichent des portraits de Staline et se couvrent de tentures noires en signe de deuil, tandis qu'une chapelle ardente a été dressée au siège de la Fédération de la Seine. Le jour des obsèques à Moscou, le 9 mars, de multiples manifestations de recueillement sont organisées en France, avec parfois l'observation d'une minute de silence lors de la journée de travail, par exemple dans des entreprises parisiennes, normandes et lorraines. Le 10 mars, un grand meeting solennel de deuil se déroule au Vél' d'Hiv' à Paris. Quatre jours plus tard, un long texte à la

« une » de *France nouvelle*, hebdomadaire central du PCF, synthétise bien, jusque dans son style grandiloquent, le message que la direction du Parti entend livrer : « Le cœur de Staline, l'illustre compagnon d'armes et le prestigieux continuateur de Lénine, le chef, l'ami et le frère des travailleurs de tous les pays, a cessé de battre. Mais le stalinisme vit. Il est immortel. Le nom sublime du maître génial du communisme mondial resplendira d'une flamboyante clarté à travers les siècles et sera toujours prononcé avec amour par l'humanité reconnaissante. À Staline, à tout jamais, nous resterons fidèles. Les communistes s'efforceront de mériter, par leur dévouement inlassable à la cause sacrée de la classe ouvrière, du peuple, de la démocratie et du socialisme, de la souveraineté, de l'indépendance nationale et de la paix, le titre d'honneur de stalinien. Gloire éternelle au grand Staline dont les magistrales œuvres scientifiques impérissables nous aideront à rassembler la majorité du peuple et à devenir la force dirigeante de la nation. Sous le drapeau invincible de Staline, en prenant pour modèle son glorieux Parti communiste, nous marcherons sur le chemin de la victoire. Nous ferons une France libre, forte et heureuse. »

Le culte de Staline, amorcé dès les années 1930 et passé par un premier pic en 1949 lors du 70ᵉ anniversaire du « petit père des peuples », célébré en grande pompe par le PCF, atteint donc là, durant la guerre froide, son apogée de dévotion unanime dans l'imposante « contre-société communiste ». Constituée d'une mosaïque d'entités diversifiées, celle-ci s'avère à part du reste de la société

sans jamais en être totalement coupée, surtout sur ses marges. L'organisation partisane, qui a obtenu près de 26 % des voix aux élections législatives de 1951 mais ne rassemble plus que 220 000 adhérents (une perte nette de 60 % par rapport à décembre 1947), la CGT et les autres organisations de masse cherchent à homogénéiser leurs valeurs, leurs normes, leurs règles et à donner à l'ensemble l'apparence d'un bloc monolithique. Le communisme français affiche à la fois une unité essentielle, notamment face à ses ennemis et adversaires, et une réelle diversité due à son implantation dans les divers recoins de la société et aux multiples façons de concevoir, vivre et pratiquer ce même communisme.

Or, précisément, les liens de fer avec l'URSS, et avec celui qui en fut son *Vojd* (son Guide) durant près d'un quart de siècle, signalent l'une des caractéristiques essentielles du PCF, qui le différencie de tous les autres partis politiques français. Ils se forgent dès les premiers pas de celui-ci. Parce que la France représente un enjeu politique, idéologique et géostratégique essentiel pour Moscou. Pays de la Grande Révolution du XVIIIᵉ siècle et de la Commune de Paris en 1871, qui occupent l'une et l'autre une place importante dans la mythologie bolchevique, elle représente également une grande puissance coloniale, d'abord mondiale puis européenne après la Seconde Guerre mondiale. En outre, après la destruction du PC allemand en 1933 par Hitler, le PCF représente le plus important parti communiste occidental. Il est donc particulièrement soumis à l'attention des Soviétiques qui, dans l'entre-deux-guerres, par l'intermédiaire des envoyés du Komintern, notamment le plus fameux d'entre eux, Eugen Fried, ont forgé et financé son appareil, sélectionné et formé ses dirigeants et cadres, éliminant opposants déclarés et simples réfractaires. Sa stratégie a été définie en fonction des intérêts de l'URSS, tout en laissant de temps à autre une petite marge de manœuvre à la direction française. Cette prise en compte de l'URSS dans sa stratégie sera une constante du PCF, y compris lorsqu'il aura conquis une plus grande autonomie à partir des années 1960. Il y eut deux seuls réels désaccords avec le PCUS, qui provoquèrent d'ailleurs des remous internes : en 1956, lorsque Maurice Thorez s'opposa à la déstalinisation amorcée par le rapport Khrouchtchev lors du XXᵉ Congrès du Parti soviétique, et en 1968 à propos de la Tchécoslovaquie. La fidélité indéfectible de la plupart des dirigeants et cadres du PCF, en écrasante majorité issus de la classe ouvrière ou du monde rural, s'explique par la reconnaissance de ce qu'ils doivent à l'URSS – une éducation, une culture, une profession, un statut, des avantages matériels et symboliques au sein de l'univers communiste mondial – et par ce qu'elle représente à leurs yeux. Car la force de l'URSS, pour eux comme pour nombre de militants et sympathisants, découle de la charge imaginaire qu'elle charrie. Au fil de son histoire, l'URSS a diffusé une image positive contenant divers traits qui se substituent l'un à l'autre ou se conjuguent, formant en définitive une véritable mythologie, efficace jusqu'au milieu des années 1950, la déstalinisation

rompant brutalement son charme et introduisant une césure irréversible. Elle se présente d'abord et avant tout comme le symbole de la révolution, l'alternative au capitalisme, le pays de la dictature du prolétariat, la terre de l'homme nouveau, l'utopie sur terre et la promesse de son extension universelle. À partir des années 1930, elle s'érige en modèle de démocratie, avant-garde de la lutte antifasciste et antinazie, ce qu'elle illustre avec éclat au terme de la bataille de Stalingrad et des succès de l'Armée rouge. Elle prétend aussi être un exemple édifiant d'organisation rationnelle de l'économie grâce à la planification, capable de réussir des prouesses industrielles et agricoles, de maîtrise des sciences et des techniques, d'instauration d'une société harmonieuse, égalitaire, en bonne santé et instruite. Enfin, elle se veut le garant de la paix et le soutien des luttes des opprimés et des peuples colonisés.

Ces thèmes sont continûment relayés par le PCF ou ses organisations (Les Amis de l'Union soviétique, devenus après 1945 France-URSS par exemple) auprès des militants, des électeurs et, plus largement, de l'opinion française. Mais selon des méthodes ciblées : si la propagande communiste en direction des ouvriers explique que l'URSS est une sorte de paradis pour leurs frères de travail, elle se garde bien d'évoquer la collectivisation des terres aux paysans. De même, la réception et l'assimilation de cette même propagande varient beaucoup. Les dirigeants pouvaient y adhérer par conviction, voire croyance, mais aussi par intérêt, considérant qu'un jour, peut-être, à leur tour, ils exerceraient tout pouvoir, comme leurs homologues des pays communistes. Les raisons idéelles extrêmement diverses de l'engouement des intellectuels communistes pour l'URSS sont mieux connues car ils se sont beaucoup exprimés sur ce sujet : fascination pour la violence régénératrice, aspiration à une rupture radicale, quête d'humanisme, croyance de type religieux, demande de fraternité, esprit rationaliste et scientifique, etc. Sans compter que l'URSS et ses alliés n'étaient pas avares en avantages matériels, rétributions symboliques et flatteries. En revanche, l'attractivité sur les milieux populaires communistes s'avère plus difficile à reconstituer. Dans la majorité des cas, leur soutien au communisme s'explique surtout par leurs conditions de vie, leurs situations sur leurs lieux de travail ou de résidence et leur participation aux luttes. L'URSS formait peut-être pour eux une espérance, un rêve, mais également un argument à opposer au patron pour faire peur, aux socialistes pour se différencier d'eux, bref une composante parmi d'autres de leur identité, peut-être pas le motif fondamental de leur engagement. Pourtant, ce philosoviétisme des communistes les singularise par rapport au reste des Français, comme l'attestent plusieurs sondages réalisés dans les années 1950.

Toutefois, il existe une singularité française. Car nombre de personnes indifférentes au communisme, voire hostiles, firent preuve de prudence et même d'empathie pour l'URSS : parce qu'elle leur semblait une expérience intéressante de modernisation économique et industrielle, vantée par exemple par nombre d'experts et d'enseignants, parce que derrière l'URSS ils voulaient y voir l'ombre de la Russie éternelle, par fidélité à l'allié soviétique contre l'Allemagne nazie et le fascisme, par antiaméricanisme ou encore par des congruences historiques et politiques plus ou moins explicites qui soulignaient le lien entre la Révolution française et celle des bolcheviks ou l'importance du rôle d'un État fort comme acteur décisif du changement. Cependant, à partir des années 1970, l'image de l'URSS devint totalement négative dans l'opinion française. Quant à la sympathie communiste envers l'URSS, elle s'atténuait elle aussi, à l'exception des cadres dirigeants. La déception qui s'instaure à son égard et le désenchantement qu'elle engendre contribuent, avec nombre d'autres facteurs, à l'érosion de son influence et à son déclin politique qui s'accélère brutalement à partir de 1981.

—

Marc Lazar

RÉFÉRENCES

—

Stéphane COURTOIS et Marc LAZAR, *Histoire du
Parti communiste français*, Paris, PUF, 2000.
Jean-Marie GOULEMOT, *Pour l'amour de Staline. La
face oubliée du communisme français*, Paris, CNRS
Éditions, 2009.
Marc LAZAR, *Le Communisme, une passion
française*, Paris, Perrin, coll. «Tempus», 2005.
Roger MARTELLI, *L'Empreinte communiste. PCF
et société française (1920-2010)*, Paris, Éditions
sociales, 2010.
Fabrice MONTEBELLO, «Joseph Staline et
Humphrey Bogart: l'hommage des ouvriers. Essai
sur la construction sociale de la figure du "héros"
en milieu ouvrier», *Politix*, vol. 6, n° 24, 1993,
p. 115-133.

RENVOIS

—

1051, 1789, 1907, 1933, 1936, 1968, 1989

1954

Vers un nouvel humanitaire

En janvier 1954, des Français meurent de froid dans la rue.
Le 1er février, l'abbé Pierre lance un appel à la radio :
en quelques jours, le pays se mobilise pour venir en aide
aux mal-logés. Le retentissement est international.
L'abbé Pierre devient une icône médiatique,
prophète d'une nouvelle forme d'interpellation politique.

Au cœur d'une crise du logement sans précédent, accrue par les destructions de la guerre, le baby-boom et l'exode rural, la France connaît en 1953-1954 un hiver glacial. La température descend à -15° à Paris et -30° en Alsace. Des milliers de sans-logis, célibataires et familles, sont à la rue ou condamnés à des habitats de fortune. Scandalisé, Henri Grouès – de son nom de Résistance l'abbé Pierre –, ancien moine devenu prêtre, député MRP de 1945 à 1951 et fondateur en 1949 de la petite association Emmaüs, fait déposer un projet d'amendement pour la construction de logements d'urgence. La nuit même où le projet est remis *sine die* par l'Assemblée, début janvier 1954, un bébé meurt de froid dans l'une des cités Emmaüs. Poursuivant son interpellation politique, l'abbé publie en « une » du *Figaro* une lettre ouverte au ministre de la Reconstruction et du Logement. En vain. Il passe alors le mois de janvier à sensibiliser les journalistes, lancer une campagne de collecte et faire la nuit des distributions de soupe, café, pain et couvertures. Le 31 janvier, le premier « Comité d'aide d'urgence aux sans-logis », assorti d'un « Centre fraternel de dépannage », est ouvert à Courbevoie avec le concours d'un ami journaliste, Georges Verpraet. Et le lendemain matin, l'abbé Pierre est informé par ses compagnons du décès par hypothermie à Paris, au pied du théâtre du Châtelet, d'une femme de soixante-six ans expulsée l'avant-veille pour retard de loyer. La même nuit, huit adultes et trois bébés meurent de froid en France. Sur une idée de Georges Verpraet, les deux hommes rédigent alors à la hâte un texte, qu'ils parviennent à faire lire à 13 heures à la Radiodiffusion française, puis à lire eux-mêmes à Radio-Luxembourg.

« Mes amis, au secours !... » : cet appel d'un prêtre, spontané et poignant, ne joue cette fois plus sur la « topique de la dénonciation » mais sur celle de la « pitié » (Luc Boltanski), appelant à revivifier par la solidarité du proche « l'âme commune de la France » et à mobiliser d'urgence tant les bonnes volontés que les « couvertures, tentes américaines et poêles catalytiques ». Les standards sont immédiatement saturés. Des centaines de « centres fraternels de dépannage » sont créés en France ; des stations de métro et la gare d'Orsay sont réquisitionnées. Dès le 4 février, le Parlement vote un programme non plus de 1, mais de 10 milliards d'anciens francs pour la construction de logements d'urgence. Cette « insurrection de la bonté » permettra de recueillir 1 milliard d'anciens francs (soit aujourd'hui presque 22 millions d'euros), en une mobilisation qui transcende tous les clivages religieux et politiques.

Petite association de compagnons bâtisseurs et chiffonniers en région parisienne, Emmaüs revêt en quelques jours une envergure nationale. Et l'abbé Pierre de devenir une véritable icône médiatique, avec sa « belle tête, qui présente clairement tous les signes de l'apostolat : le regard bon, la coupe franciscaine, la barbe missionnaire, tout cela complété par la canadienne du prêtre-ouvrier et la canne du pèlerin. Ainsi sont réunis les chiffres de la légende et ceux de la modernité » (Roland Barthes). L'appel a même un écho international : *L'Osservatore Romano*, organe de presse du Vatican, est

dithyrambique ; l'abbé est immédiatement sollicité à Londres, Bruxelles, Tournai, Zurich, Genève, Fribourg, Lausanne ; en 1955, il rencontre aux États-Unis le président Eisenhower, est invité au Canada par le cardinal de Montréal et appelé par le futur roi du Maroc pour aider à résoudre le problème des bidonvilles. Il parle en 1956 au *Katholikentag* de Cologne devant 800 000 personnes ; est en 1957 en Hollande et au Portugal ; en 1958 en Autriche, en Belgique et dans les pays scandinaves ; en 1959 en Inde, où il rencontre Vinoba Bhave, le pandit Nehru, Indira Gandhi et mère Teresa, puis est reçu au Liban par le président de la République avant de s'envoler pour une tournée en Amérique du Sud – où il s'entretient notamment avec Dom Hélder Câmara et Josué de Castro, président de la FAO. En 1960, il rend visite au Gabon à Albert Schweitzer, Prix Nobel de la paix. Laissant souvent derrière lui de nouvelles implantations, matrices du futur Emmaüs International créé en 1969, il attire aussi en France de jeunes étrangers qui repartent ensuite fonder des groupes dans leur propre pays. De l'expérience d'Emmaüs-Hiver 54 naîtra par scission ATD Quart Monde, sur le bidonville de Noisy-le-Grand où sont entassés tous les non-relogés de la mobilisation.

Cet épisode exceptionnel, passé à la postérité, scelle en France un tournant au sein d'une histoire plus vaste, celle de l'humanitaire national et international.

Depuis le milieu du XIXe siècle, des sociétés nationales de la Croix-Rouge et leur Comité international, le CICR, mais aussi et surtout des organisations évangéliques américaines, étaient régulièrement parvenues à orchestrer de vastes campagnes. Ainsi lors de la famine en Inde de 1876-1878 où la mobilisation, notamment appuyée par Florence Nightingale, les réseaux missionnaires et la presse, avait permis de collecter 700 000 livres sterling. Dans l'entre-deux-guerres, la Near East Relief, ONG missionnaire protestante américaine, avait réussi l'exploit de rassembler plus de 100 millions de dollars (soit 1,3 milliard de dollars aujourd'hui) en faveur des victimes du génocide arménien. Les campagnes internationales d'aide aux victimes de la famine en Russie, ou des Espagnols en guerre civile, avaient également été massives.

En France, le Secours catholique avait récemment lancé de plus modestes campagnes de Carême en faveur des malades (1947), des « berceaux » (1948), « des vieillards et des détresses cachées » (1949), de l'enfance malheureuse (1950-1951), puis, avec l'appui du comédien Bourvil, du logis (1952-1954) ; ou mobilisé les chrétiens sur des campagnes humanitaires ponctuelles, en faveur des sinistrés d'Avignon (1951), d'Agen et Montauban (1952), de Hollande et de Céphalonie (1953). Mais l'appel de 1954 s'en distingue à plusieurs titres : d'une ampleur et d'une réactivité atypiques, il est catalysé par ce nouveau média de masse qu'est la radio ; il scelle aussi la naissance d'un prophète de la solidarité et d'une nouvelle forme d'interpellation politique.

L'élan de l'appel d'« Hiver 54 » semble ensuite retomber, dissous dans la prospérité économique des Trente Glorieuses et la résorption de la crise du logement. À y regarder de plus près

toutefois, les Français apparaissent désormais convertis aux grandes mobilisations – d'autant que les associations de solidarité métropolitaine prennent dans les années 1950 à 1970 une assise internationale, qui accroît leur notoriété et leurs moyens.

L'amélioration du contexte métropolitain, le développement des grandes organisations internationales, la décolonisation, mais aussi le souhait chrétien de ne pas laisser le tiers-monde aux mains du communisme, participent en effet d'une prise de conscience que la misère n'est plus tant au Nord qu'au Sud. Les années 1955 à 1980 sont dès lors marquées par l'humanitaire de développement : tandis qu'« Économie et Humanisme » se recentre dès 1950 sur l'aide au tiers-monde, Emmaüs crée en 1955 l'IRAMM (Institut de recherche et d'action sur la misère du monde), le Vatican impulse en 1961 le CCFD (Comité catholique contre la faim et pour le développement), le Secours catholique lance ses « micro-projets » et le fondateur des Petits frères des Pauvres crée en 1966 Frères des Hommes.

Cette appétence humanitaire s'élargit à la fin des années 1960 d'une nouvelle ramification, plus médiatique encore : le sans-frontiérisme, à la croisée de l'humanitaire d'urgence traditionnel hérité des Croix-Rouge, de campagnes devenues plus politisées et d'une mobilisation conjoncturelle, celle du Biafra (1967-1971), où une province sécessionniste du Nigeria semble menacée de génocide. La figure de Bernard Kouchner, l'appui cette fois non plus tant sur la radio que sur la télévision, des images semblant rejouer la Shoah et une rhétorique prônant l'ingérence (à rebours de la neutralité et du silence Croix-Rouge) font le socle à succès des nouveaux *french doctors* – de la création en 1971 de Médecins sans frontières à celle, dix ans plus tard et par scission, de Médecins du monde. Cette nouvelle éthique impacte, par ricochet, l'ensemble du champ humanitaire, français mais aussi mondial.

Puis la misère métropolitaine redevient elle aussi médiatique avec la crise économique et sociale des années 1980, la précarisation du travail et la montée du chômage. L'abbé Pierre reprend sa croisade en faveur des « nouveaux pauvres » et des « SDF » – qui l'amènera à détenir, encore aujourd'hui, le record de la « personnalité la plus aimée des Français ». L'heure est d'abord au palliatif : hébergements d'urgence, distributions vestimentaires et alimentaires – ainsi la création en 1984 des Banques alimentaires par le Secours catholique, Emmaüs, l'Entraide protestante et l'Armée du Salut ; puis en 1985 des Restaurants du cœur par Coluche. L'ancrage de la crise conduit ensuite à rechercher des solutions plus préventives et curatives, mais aussi à des prises de position plus politiques : l'abbé Pierre s'engage dès 1987 en faveur de l'altermondialisme, puis soutient de 1990 à 1994, avec tonitruance, les sans-logis et sans-papiers défendus par Droit au logement. Depuis le milieu des années 1990, les associations de solidarité, qui restent éminemment médiatiques, jouent sur cette articulation des registres, entre strict apolitisme (ainsi les campagnes « vacances » du Secours populaire), politique subversive (comme

en 2006 Les Enfants de Don Quichotte en faveur des sans-abri), interpellation scientifique (à l'instar du rapport sur le mal-logement remis tous les ans par la Fondation Abbé Pierre depuis 1996) et participation institutionnalisée aux grands lieux de décision. Tout en restant sur le fond fidèles à la ligne de 1954 et à la volonté, posée dès les années 1950 par le fondateur du Secours catholique, que « la charité d'aujourd'hui [soit] la politique de demain ».

—

AXELLE BRODIEZ-DOLINO

RÉFÉRENCES

—

Roland BARTHES, « Iconographie de l'abbé Pierre », *Mythologies*, Paris, Seuil, 1957.
Luc BOLTANSKI, *La Souffrance à distance. Morale humanitaire, médias et politique*, Paris, Métailié, 1993.
Axelle BRODIEZ-DOLINO, « 1er février 1954 : l'appel de l'abbé Pierre », *Historia*, n° 794, février 2013, p. 26-30.
Axelle BRODIEZ-DOLINO, *Emmaüs et l'abbé Pierre*, Paris, Presses de Sciences Po, 2009.
Heide FEHRENBACH et Davide RODOGNO (dir.), *Humanitarian Photography : A History*, Cambridge, Cambridge University Press, 2015.

RENVOIS

—

177, 1790, 1825, 1920

1958

La Quatrième République s'effondre à Alger

Le 13 mai 1958, le jour où Pierre Pflimlin doit se présenter à l'Assemblée nationale, un coup d'État survient à Alger et précipite la chute de la Quatrième République. Des putschistes en appellent au général de Gaulle pour garantir le maintien de l'Algérie dans le giron de la France tandis que le FLN parvient à internationaliser cette guerre d'indépendance.

En 1958, la guerre d'indépendance algérienne, déclenchée quatre ans plus tôt par le Front de libération nationale (FLN), n'est pas la seule à révéler l'impuissance de la Quatrième République. La Constitution porte en elle-même les germes de la précarité du pouvoir. Elle contraint les partis à des alliances circonstancielles, nouées au gré de l'arithmétique électorale, pour dégager une majorité indispensable à la formation d'un gouvernement mais d'une grande fragilité – des désaccords demeurent entre alliés et, resurgissant, précipitent la chute des équipes ministérielles un temps formées. L'inflation, en outre, accompagne les fameuses « Trente Glorieuses ». Ainsi le gouvernement de Félix Gaillard, dont le renversement allait entraîner la fin du régime, a usé sa majorité sur la réforme de la Constitution et sur les problèmes financiers. La guerre d'indépendance algérienne n'en est pas moins centrale dans la crise de 1958 et dans le déroulé de son événement phare : le 13 mai. Symbole du changement de régime, la date est puissamment évocatrice d'un point de vue national.

Le déclenchement de la guerre en Algérie, en 1954, par le FLN répond à une double évolution : outre que les autorités françaises ont été incapables de répondre aux revendications algériennes, qui dénonçaient de longue date les inégalités criantes de la société coloniale, la tentation de la lutte armée a grandi au sein du mouvement indépendantiste après les massacres de 1945. Il est alors apparu que toute mobilisation populaire serait vouée à une répression féroce. En 1958, le conflit est largement internationalisé. Félix Gaillard s'y heurte, après le bombardement, le 8 février, du village tunisien de Sakiet-Sidi-Youssef par l'aviation française poursuivant ses ennemis algériens repliés de l'autre côté de la frontière. Le bilan est lourd : des dizaines de morts, plus d'une centaine de blessés. Habib Bourguiba, président de la toute jeune République tunisienne, dont les relations avec la France sont alors tendues, réplique : blocus de la base de Bizerte, fermeture des postes consulaires, appel au retrait des troupes françaises encore présentes dans l'ex-protectorat… Et il saisit l'ONU. Craignant une extension au Maghreb, les Anglo-Saxons proposent de mettre leurs « bons offices » au service du règlement du conflit. Or, au motif que « l'Algérie, c'est la France », toute intrusion étrangère a toujours été dénoncée, côté français, comme une ingérence dans des affaires intérieures.

Depuis le début de la guerre, l'internationalisation a nui à la cause française. En 1956, en particulier, l'expédition de Suez et l'arraisonnement d'un avion marocain transportant des leaders FLN – dénoncé comme un véritable « acte de piraterie aérienne » – ont mis la France en difficulté. Au contraire, le FLN et la cause de l'indépendance jouent leur légitimité sur la scène mondiale. Le FLN en fait une véritable stratégie, depuis l'envoi de délégués à la conférence de Bandung en avril 1955 jusqu'à la déclaration remarquée du sénateur John Kennedy qui, le 2 juillet 1957, s'est prononcé pour une accélération du « mouvement vers l'indépendance politique de l'Algérie ». L'ONU a aussi été régulièrement saisie de la question algérienne, que les pays « arabo-asiatiques » font inscrire à l'ordre du jour de l'Assemblée générale. Échouant à convaincre une majorité de parlementaires que la France reste souveraine en son domaine, Félix Gaillard est renversé le 15 avril 1958, quelques jours après avoir rencontré Harold Beeley, pour le Foreign Office, et Robert Murphy, pour le département d'État américain.

De là débute le ballet ordinaire de l'entre-deux-ministères de la Quatrième. Le président de la République, René Coty, consulte. Il cherche, parmi les partis politiques et leurs leaders, une force susceptible de construire une majorité et un énième président du Conseil. Le 9 mai, il croit avoir trouvé une solution au Mouvement républicain populaire (MRP) en la personne de Pierre Pflimlin. Le Monde, pourtant, résume ainsi dans son édition du 10 mai les positions du chef de gouvernement pressenti : « Intensifier le cas échéant l'effort militaire ; saisir toute occasion d'engager des pourparlers ; ne pas étendre la guerre à toute l'AFN [Afrique du Nord]. » La deuxième option pose évidemment problème aux partisans de l'Algérie française, arc-boutés sur la défense du statu quo. Et, comme chaque fois que Paris semble donner des signes de faiblesse, Alger gronde. 1958 n'est pas une première.

L'histoire des mobilisations algéroises reste à écrire. Un moment n'en est pas moins repéré dans l'historiographie : l'hiver 1955-1956. En est restée emblématique, le 6 février 1956, la « journée des tomates » qui auraient été lancées à la figure de Guy Mollet, président du Conseil, venu à Alger installer un représentant – le général Catroux – dont la rue algéroise ne voulait pas. En réalité, cette journée se situait à l'aboutissement de mobilisations multiples, depuis trois mois, ayant dénoncé tour à tour : l'évasion de prison de Mostefa Ben Boulaïd, l'un des fondateurs du FLN ; la fin de l'état d'urgence entraînée par la dissolution de l'Assemblée nationale ; la victoire du Front républicain aux législatives, emmené par Guy Mollet et ses promesses de paix ; le rappel de Jacques Soustelle, gouverneur général adulé pour sa fermeté répressive… Les associations d'anciens combattants sont alors apparues comme d'efficaces leviers de mobilisation. Faisant du monument aux morts d'Alger leur point de ralliement, elles rappellent aux autorités leur devoir envers ceux qui, en d'autres temps, ont fait preuve de loyalisme et versé leur sang pour la patrie. Le monument trône au centre d'une vaste percée au cœur de la ville, qui s'étend tout en montée depuis la mer jusqu'à la place du Forum, au sommet, où siège le bâtiment du gouvernement général – « le GG », disent les Algérois. Manifester devant le monument aux morts, c'est tout un symbole mais aussi une position stratégique, à quelques centaines de mètres en contrebas du centre du pouvoir.

Le 13 mai 1958, le jour où Pierre Pflimlin doit se présenter à l'Assemblée nationale, outre une grève générale, un dépôt de gerbes est prévu au pied du monument, en fin de journée, en présence des anciens combattants. Cette mobilisation puise d'évidence dans le précédent de 1955-1956 même si de nouveaux acteurs se mobilisent : gaullistes fidèles, activistes métropolitains, militaires du haut commandement… La guerre d'indépendance algérienne et ses enjeux internationaux doivent toutefois être réintroduits, ici, dans le récit. Simultanément à la crise du régime s'en est déroulée une autre, dont l'enjeu n'était rien de moins que l'application du droit international dans la guerre, au bénéfice des prisonniers algériens.

En effet, le 9 mai, le jour où René Coty s'en est remis à Pierre Pflimlin, le FLN a rendu publique l'exécution de trois soldats français qu'il détenait. C'est pour leur rendre hommage qu'un dépôt de gerbes est prévu au monument aux morts d'Alger. L'annonce du FLN est une aubaine pour ceux qui cherchent à terrasser la Quatrième car elle renforce l'ire algéroise. Le FLN ne se place cependant pas dans cette logique. Si l'annonce s'inscrit pleinement dans la temporalité de la crise du régime, l'exécution elle-même aurait eu lieu le 30 avril – il reste impossible d'en établir la date ni les circonstances exactes. Le communiqué du FLN, en tout cas, la présente comme une réplique à celle d'Abderrahmane Taleb, le 24 avril, ce jeune chimiste de vingt-six ans, concepteur des bombes de la « bataille d'Alger » qui a ensanglanté la ville un an auparavant, connue pour le déploiement des paras dans la ville, la généralisation de la torture et des exécutions sommaires. Abderrahmane Taleb a été trois fois condamné à mort par le tribunal militaire d'Alger. Dans une déclaration qui a choqué, reprise par toute la presse, il s'est dit prêt au « sublime sacrifice » que son exécution représenterait, à l'image de celles de ses « frères déjà martyrisés » : « Soyez persuadés que la guillotine est pour nous ce que la croix représente dans vos églises. » Abderrahmane Taleb n'est pas un simple « militant », comme il est écrit – au mieux – dans les manuels d'histoire de France, mais un responsable important du FLN à Alger. La plupart des manuels l'oublient, cependant, et débutent leur récit du 13 mai avec la seule annonce de l'exécution des trois soldats.

Fondamentalement, le FLN poursuit sa stratégie de légitimation par l'internationalisation. Il plaide la réciprocité du traitement des prisonniers algériens et français. Son communiqué affirme que les trois soldats ont été exécutés à la suite d'une « sentence » rendue par un « tribunal spécial de l'armée de libération nationale », pour « tortures, viol et assassinat ». « Nous ne respecterons les lois de la guerre que si l'adversaire fait de même, renchérit un responsable FLN, relayé par la presse. Que les familles des soldats français en Algérie le sachent. Il leur revient d'exiger que cesse le massacre des combattants algériens prisonniers. » La contre-argumentation est risquée. *France-Soir* ose ainsi avancer, dans son édition du 12 mai, que, selon les conventions internationales, « une puissance détentrice ne pourra pas juger des prisonniers pour crimes de droit commun sans en avoir, au préalable, informé la Croix-Rouge et lui avoir permis de s'assurer de la régularité du procès ». Une fois le principe d'un contrôle international admis, pourtant, est-il possible d'arguer qu'il vaut pour les uns et pas pour les autres ? Comment soutenir que le camp algérien doit s'y plier quand la France s'y refuse ?

L'annonce de l'exécution des trois soldats s'est avérée inopportune pour le FLN. La crise du régime a submergé sa tentative d'ouvrir le débat sur la réciprocité du traitement des prisonniers et sur la reconnaissance du droit international par les deux parties. Son communiqué a surtout galvanisé la foule algéroise qui, le 13 mai 1958, hérissée par le choix de Pierre Pflimlin, révoltée par l'exécution des trois jeunes Français, est vent debout. Les meneurs de la manifestation n'ont aucune difficulté à la diriger vers le GG, pris d'assaut. Un Comité de salut public, alliant des militaires, des activistes et des gaullistes, en appelle au général de Gaulle qui pose comme condition de son retour un changement de régime. C'est ainsi que René Coty le nomme président du Conseil et qu'il peut mettre en chantier une nouvelle Constitution, soumise par référendum aux Français le 28 septembre 1958, entrée en vigueur le 1er janvier 1959. La Cinquième République est née. La portée de cette rupture a fait du 13 mai un puissant point d'entrée dans l'analyse de l'histoire politique de la France contemporaine : histoire de son armée, du gaullisme, des institutions, des déchirures et recompositions de la nation...

Ainsi s'est fixée, pour longtemps, une vision nationale – et tronquée – du 13 mai, gommant la stratégie d'internationalisation du FLN.

—

SYLVIE THÉNAULT

RÉFÉRENCES
—

Raphaëlle BRANCHE, *Prisonniers du FLN*, Paris, Payot, 2014.

Gilbert MEYNIER, *Histoire intérieure du FLN (1954-1962)*, Paris, Fayard, 2002.

Sylvie THÉNAULT, *Une drôle de justice. Les magistrats dans la guerre d'Algérie*, Paris, La Découverte, 2001.

Sylvie THÉNAULT, *Histoire de la guerre d'indépendance algérienne*, Paris, Flammarion, coll. «Champs», 2012.

Michelle ZANCARINI-FOURNEL et Christian DELACROIX, *La France du temps présent (1945-2005)*, Paris, Belin, 2014.

RENVOIS
—

1683, 1848, 1863, 1940, 1961

1960

La fin du rêve fédéraliste et l'invention de la Françafrique

L'année des indépendances est celle des occasions manquées pour l'Afrique de l'Ouest et l'Afrique centrale où s'esquissent des projets politiques alternatifs. Leur échec est la condition de l'instauration d'une nouvelle politique d'influence française dans son ancien empire colonial.

L'expérience aura été éphémère, sinon mort-née : le 20 juin 1960, le Sénégal et le Soudan français fusionnent pour accéder à l'indépendance sous le nom de fédération du Mali. Cette fédération est apparue comme le fer de lance d'un authentique projet politique alternatif en Afrique de l'Ouest. Derrière la convocation identitaire du mythique empire du Mali, elle constitue l'aboutissement d'un combat, porté par le Sénégalais Mamadou Dia et le Soudanais Modibo Keita, pour refonder la géopolitique de l'Afrique de l'Ouest. Pourtant, ce mariage malien ne survit pas à l'été 1960 : au terme d'une crise politique qui se joue du 18 au 21 août entre les responsables politiques sénégalais et soudanais, le divorce est consommé. Le Sénégal proclame unilatéralement son indépendance le 5 septembre 1960, et Mamadou Dia cède la place à Léopold Sédar Senghor qui devient le chef du nouvel État sénégalais. Le Soudan, grand perdant de ce projet, proclame son indépendance le 22 septembre 1960 sous le nom de république du Mali, ultime vestige de ce rendez-vous manqué. Cet échec consacre la «balkanisation» de l'Afrique franco-phone, c'est-à-dire l'accession à l'indé-pendance des colonies d'AOF et d'AEF dans le cadre des anciennes frontières coloniales et non des grands ensembles fédéraux... à la plus grande satisfaction de Félix Houphouët-Boigny, président de la Côte d'Ivoire, et Jacques Foccart, «Monsieur Afrique» du général de Gaulle.

La fédération du Mali s'inscrit, au terme de quinze ans de malentendus politiques, entre la France et l'Afrique. En 1946, avec la Quatrième République, est créée l'Union française pour réformer l'empire colonial. En réalité, alors qu'un ministère spécifique est consacré à l'Indochine (les Relations avec les États associés), que les protectorats dépendent des Affaires étrangères, que les quatre vieilles colonies (Martinique, Guade-loupe, Guyane, Réunion) sont érigées en départements d'outre-mer et que les trois départements d'Algérie relèvent du ministère de l'Intérieur, c'est l'Afrique qui constitue bel et bien le cœur de l'Union française. Mais l'objectif de l'Union est-il de régler la question de l'égalité civique de ses « nationaux » ou de donner de nouveaux habits plus acceptables au régime colonial ? Déjà quatre décennies plus tôt, Blaise Diagne, premier député africain, avait mis la «République coloniale» face à ses contradictions en obtenant, par la loi de 1916, la citoyenneté française pour les ressortissants des Quatre Communes du Sénégal (Dakar, Saint-Louis, Rufisque et Gorée) comme contrepartie de l'impôt du sang africain versé pendant la Première Guerre mondiale. Depuis, cet horizon est une légitime attente pour une Afrique coloniale qui a été le berceau de la France libre, à qui elle a fourni les premiers contingents de soldats et les premiers moyens de son indépendance écono-mique dès 1940.

Dans ce contexte, la loi de 1946 sur l'abolition du travail forcé, qui inaugure l'Union française, a nourri beaucoup d'espoirs. Mais dans la décennie qui suit, malgré les efforts des élites politiques africaines, la réforme coloniale ne survient pas : une frontière sépare les citoyens de l'Union des citoyens français, c'est-à-dire, en Afrique, les colonisés des colonisateurs. Une ségrégation civique est instituée avec le système du double collège électoral établi pour surreprésenter les voix des colons et leur laisser l'initiative politique. Il faut la loi-cadre Defferre de 1956, seulement appliquée en 1957, pour que survienne une première égalité avec la liquidation du double collège et que soient élus au suffrage universel des conseils de gouver-nement... toujours présidés, toutefois, par le gouverneur colonial de chaque territoire. L'esprit des lois qui aurait dû présider à l'Union française se concrétise avec dix ans de retard.

Ces réformes inachevées s'ins-crivent dans une course contre la montre entre contestation anticolo-niale et processus contrôlé de décoloni-sation. Car les contestations politiques et sociales de l'ordre colonial se multi-plient depuis 1945. Dès 1955, la France mène, à l'insu de son opinion publique, une répression coloniale qui tourne en guerre dans le sud du Cameroun, en pays bassa et bamiléké, contre l'Union des populations du Cameroun (UPC), une

organisation politico-militaire nationaliste. Cette guerre n'est pas sans faire écho
à celle d'Algérie ainsi qu'en témoigne la
circulation, d'un théâtre d'opérations
à l'autre, de militaires et de savoir-faire
de la guerre contre-insurrectionnelle.

À la fin des années 1950, l'Afrique
constitue le troisième front politique de
la décolonisation après l'Indochine et le
Maghreb. Parvenu au pouvoir en 1958,
de Gaulle décide de précipiter le calendrier de sa politique de décolonisation.
Avec la Cinquième République, l'Union
française est remplacée par la Communauté franco-africaine. Celle-ci doit
fonctionner comme un « véhicule d'un
âge historique à un autre », selon les mots
de Charles de Gaulle. Dans cette ambition,
l'Afrique doit être à la fois la vitrine internationale de la décolonisation gaulliste et
le socle de la puissance nationale en pleine
guerre froide. Un projet pour le moins
paradoxal puisqu'il suppose le passage
par la décolonisation mais le maintien de
l'influence française dans son « pré carré »
africain : c'est précisément la mission
de Foccart à l'Élysée...

En Afrique, le rêve inabouti de
l'Union a laissé place à un nouvel enjeu :
la fédération. Dans cette logique et sur
l'héritage de la loi-cadre Defferre, les
gouvernements africains pourraient
établir un dialogue au sein de la Communauté pour décider d'un projet régional
issu de l'AOF (fédération du Mali) et d'AEF
(projet de Centrafrique) qui conduirait à
l'indépendance. De nouveaux horizons
se construisent dans la perspective
d'une décolonisation négociée avec la
métropole.

L'Ivoirien Houphouët-Boigny, hostile
à ce projet piloté par le Mali et le Sénégal,
a une excellente maîtrise de ces enjeux
au sein de la classe politique franco-
africaine dont il arpente les couloirs sans
discontinuer depuis la Libération. Côté
français, il dispose du double héritage
de la Quatrième République et de son
intégration dans la Cinquième : député
à l'Assemblée nationale à Paris, il est
promu à plusieurs reprises ministre de
la République française entre 1956 et 1961.
Côté africain, il dirige depuis sa création
en 1946 le Rassemblement démocratique africain (RDA), la plus importante
formation politique d'Afrique francophone qui étend ses ramifications à
travers l'AOF et l'AEF. En 1946, il a été
l'un des principaux artisans de l'abolition
du travail forcé. Enfin, il est l'homme fort
de la Côte d'Ivoire. Depuis la loi-cadre
Defferre, il prône pour le RDA une ligne
opportuniste de conquête du pouvoir
par les urnes.

L'affaire se noue à partir de l'été 1958,
avec le changement de régime. Dès
juillet 1958 éclate la « querelle fédérale » :
lors de la rédaction de la Constitution,
Houphouët-Boigny se prononce en faveur
de la « balkanisation » et d'un processus
de transition par étapes vers l'indépendance, s'opposant aux thèses favorables
à l'indépendance immédiate et/ou à la
formation de grands ensembles fédéraux.
L'acmé de la propagande gaulliste se situe
en août 1958, avec la tournée africaine
du général de Gaulle sur le thème de
« l'homme de Brazzaville ». Mais en AOF,
notamment avec le discours de Sékou
Touré (« Nous préférons la liberté dans la
pauvreté à la richesse dans l'esclavage »)

et les manifestations populaires à Dakar, des signes de contestation se manifestent.

Ainsi le référendum du 28 septembre 1958 porte en Afrique sur une question précise, qui diffère quelque peu de celle présentée aux Français : choisir entre l'indépendance immédiate et l'adhésion à la Communauté franco-africaine. Derrière l'écrasante victoire du « oui » à la Communauté se cache en réalité une élection sous contrôle. Foccart entend faire le jeu d'Houphouët-Boigny. En coulisse, il n'hésite pas à s'appuyer sur des hommes sûrs, tels que le gouverneur Don Jean Colombani envoyé au Niger pour neutraliser la campagne du « non ». Finalement, seule la Guinée-Conakry votera « non ». La France rompt les ponts avec le régime de Sékou Touré... qui fait l'objet d'opérations de déstabilisation menées par le SDECE (services secrets) dès 1959-1960 : Paris ne peut tolérer que la Guinée, qui s'ouvre rapidement au bloc de l'Est, devienne l'antichambre de la subversion en Afrique de l'Ouest. Car déjà la guerre froide commence à s'inviter sur les rives du Congo belge, aux portes de Brazzaville.

Dans ce contexte tendu, derrière l'apparente et fausse tranquillité de la Communauté, un bras de fer s'engage au sein du RDA entre la ligne d'Houphouët-Boigny et celle de ses adversaires. À la veille du référendum de 1958, un axe s'est constitué au sein du RDA autour de Sékou Touré et Modibo Keita pour demander l'indépendance immédiate et la composition d'une grande fédération. Entre 1958 et 1960, Houphouët-Boigny s'emploie à verrouiller sa politique en Afrique de l'Ouest, et à marginaliser ses frères ennemis au sein du RDA dont il garde jalousement le contrôle. Houphouët-Boigny forme une première ceinture de sécurité géographique autour de la Côte d'Ivoire avec la constitution du Conseil de l'entente composé du Niger, de la Haute-Volta et du Dahomey, détournés un à un du projet malien. De sorte qu'à l'aube de 1960 ne restent plus que le Sénégal (qui a toujours été en dehors des réseaux RDA) et le Soudan pour promouvoir le projet de la fédération du Mali. Le 20 juin 1960, lorsque est proclamée son indépendance, il est déjà politiquement épuisé.

Entre 1958 et 1960, le RDA est devenu la colonne vertébrale africaine de la politique française sur le continent ; la Côte d'Ivoire s'est affirmée comme le berceau de cette nouvelle géopolitique, et Houphouët-Boigny et Foccart se sont imposés comme les authentiques fondateurs de la Françafrique. En toute discrétion et à l'ombre des cérémonies officielles de 1960, Foccart a achevé de sécuriser les indépendances. En mai 1960, le démantèlement d'un « complot communiste » à Brazzaville permet d'asseoir le pouvoir de l'abbé-président Fulbert Youlou, l'homme du RDA au Congo. Entre octobre et novembre 1960, le SDECE procède à l'élimination physique de Félix Moumié, leader de l'UPC, empoisonné par un Ricard au thallium. Par les accords secrets qui accompagnent la décolonisation de 1960, un pacte postcolonial est conclu : la protection militaire française contre l'exclusivité de certaines matières premières.

En décembre 1960, c'est l'Afrique qui vient au secours de la France : lors du débat algérien de la XVe session de l'Assemblée générale de l'ONU, se joue l'acte fondateur de cette diplomatie franco-africaine sur la scène internationale. Les Républiques africaines «amies de la France» – à peine élues membres de l'ONU quelques semaines plus tôt à l'ouverture de la session – votent, sur consigne directe d'Houphouët-Boigny, contre le projet de Kennedy pour l'Algérie, sauvant ainsi la souveraineté gaulliste dans le règlement de la crise algérienne.

JEAN-PIERRE BAT

RÉFÉRENCES
—

Jean-Pierre BAT, *La Fabrique des «barbouzes». Histoire des réseaux Foccart en Afrique*, Paris, Nouveau Monde, 2015.
Frederick COOPER, *Citizenship between Empire and Nation : Remaking France and French Africa (1945-1960)*, Princeton, Princeton University Press, 2015.
Claude GÉRARD, *Les Pionniers de l'indépendance*, Paris, Inter-Continents, 1975.
Frédéric GRAH MEL, *Félix Houphouët-Boigny. Biographie*, t. 1, Paris, Maisonneuve & Larose / CERAP, 2003, t. 2 et 3, Paris, Karthala / CERAP, 2010.
Gabrielle HECHT, *Uranium africain, une histoire globale*, Paris, Seuil, 2016.

RENVOIS
—

48, 1683, 1763, 1811, 1863, 1931, 1940, 1979

PAGE SUIVANTE

Dessin d'Albert Uderzo, *Pilote*, 23 décembre 1965
(© Éditions Albert René)

APRÈS L'EMPIRE, DANS L'EUROPE

Comment perpétuer les rêves de grandeur nationale après la perte de l'empire colonial? Au seuil des années 1960, l'indépendance de l'Algérie et des pays d'Afrique francophone marquent la fin de la domination territoriale que la France exerçait sur des millions de sujets colonisés depuis le XIXᵉ siècle. Le pays n'en a pas pour autant fini avec son passé impérial, que de multiples liens humains, économiques, culturels et mémoriels prolongent bien après le temps des indépendances. Le rapatriement des pieds-noirs et des harkis, l'arrivée des travailleurs maghrébins logés dans les bidonvilles ou les foyers Sonacotra, la venue d'étudiants africains dans les universités françaises dessinent les traits d'une nation postimpériale. Terre d'accueil, la France reste un refuge pour les émigrés chiliens, vietnamiens ou cambodgiens, et compte de nombreux travailleurs venus du sud de l'Europe ou des Caraïbes. Jusqu'au revirement du milieu des années 1970, qui voit l'État afficher sa volonté de maîtriser l'immigration, placée au centre du débat public à mesure que se réveillent les courants xénophobes et les inquiétudes économiques.

Relever la France et réaffirmer sa souveraineté, tel est le défi auquel s'attache la République du général de Gaulle et de ses successeurs. À défaut d'empire, c'est par la modernité technologique et nucléaire, la conquête de l'air (Concorde) et de l'espace (le bien-nommé satellite Astérix en 1965 puis la fusée Ariane, lancée pour la première fois depuis Kourou en Guyane en 1979), l'aménagement volontariste de son territoire que le pays cherche à se frayer un chemin étroit dans le monde bipolaire de la guerre froide. Les élites françaises s'efforcent de maintenir leur influence dans les nouveaux États issus de la décolonisation, jetant les bases, à coups de barbouzeries et d'investissements économiques, de la « Françafrique ». Mais c'est surtout par sa participation à la construction européenne, dès la signature du traité de Rome en 1957, que la France modernise son agriculture, se rapproche de son voisin allemand à travers les couples successifs Giscard d'Estaing-Schmidt puis Kohl-Mitterrand, et s'intègre à un nouveau marché économique. L'arrivée au pouvoir des socialistes en 1981, porteuse d'espoirs et de réformes, n'y change rien, le destin monétaire et financier de la France reste lié à celui de la Communauté économique européenne.

Ces rêves de grandeur nationale et technologique sont contestés dès les années 1960. À la France gaullienne répondent les innombrables courants intellectuels et politiques qui se réclament d'icônes internationalistes, à l'image du Che, de Mao Zedong ou de Salvador Allende, et s'abreuvent aux écrits de Sartre, Fanon ou Althusser. Révolte étudiante et ouvrière, mai 1968 ouvre une époque de mobilisations transnationales, qui érigent la défense des droits des femmes, la cause homosexuelle ou l'antitotalitarisme en nouvelles luttes globales. Avec la crise économique, le chômage de masse et la prise de conscience écologique, la mondialisation change pourtant de visage. Les espoirs internationalistes se dissipent, les modèles soviétique, cubain et chinois ne font plus guère illusion, et le capitalisme libéral pense voir venir son triomphe prochain.

1960

La Gerboise tricolore et nucléaire du Sahara

La première bombe atomique française explose à Reggane, dans le Sahara, le 13 février 1960. Elle marque de son empreinte le désert algérien, la géopolitique mondiale et les imaginaires. Symbole de l'indépendance nationale de la France, elle a été voulue par de Gaulle pour redonner au pays la « grandeur » perdue dans la Seconde Guerre mondiale.

13 février 1960, 7 h 2 à Reggane. Il est H moins 2. Les hommes viennent de prendre la position de sécurité, assis au sol, le dos vers la direction où explosera la bombe. Ils mettent la tête entre les genoux et se protègent les yeux avec les coudes repliés. Deux fusées viennent de partir, orange et blanche. H moins 1. La dernière fusée vient de partir, une fusée rouge. Plus que cinquante secondes. Et voilà. Un immense champignon atomique s'élève dans le ciel par-dessus les baraques. En une minute, le jour s'est presque fait. Et boum. Après un « magnifique » champignon, le voilà le bruit assourdissant auquel la France aspirait depuis des années. De Pierre Guillaumat, ministre responsable de

l'Énergie nucléaire, au général Ailleret, commandant interarmées des armes spéciales chargé de l'essai, en passant par le général Buchalet, directeur des applications militaires au Commissariat à l'énergie atomique (CEA), les hommes au poste de commande du tir sont émerveillés. Trois quarts d'heure après, Guillaumat reçoit les félicitations les plus vives de la part du général de Gaulle : « Hourrah pour la France ! Depuis ce matin, elle est plus forte et plus fière. Du fond du cœur, merci à vous et à ceux qui ont, pour elle, remporté ce magnifique succès. »

La « Gerboise bleue » n'est pas seulement le nom d'une bombe quatre fois plus puissante que celle qui détruisit Hiroshima ; elle fut avant tout un symbole, une ostentation, une empreinte à laisser dans le désert algérien, dans le ciel africain, dans la géopolitique mondiale, dans les imaginaires. Elle intervint quinze ans après « Trinity », le premier essai atomique au monde qui ouvrit la voie à « Little Boy » et « Fat Man » qui furent larguées sur le Japon peu après, inaugurant ainsi « l'âge atomique ».

La Gerboise bleue fut suivie quelques mois plus tard par la Gerboise blanche et la Gerboise rouge. À l'ère du drapeau tricolore succéda ainsi celle du champignon radioactif tricolore, nouveau messager d'indépendance de la France. Cette « indépendance », la France la déclara vis-à-vis de ses alliés les plus puissants, en pleine guerre froide mais aussi en pleine guerre d'indépendance algérienne, et en Algérie même, en la colonisant ainsi une seconde fois, non plus par ses troupes armées mais par le césium et le strontium déposés dans le sable, l'air, l'eau et les corps irradiés. Jadis empire colonial, la France accédait avec la Gerboise bleue à un nouveau type de pouvoir : nucléaire.

Dès 1945, la bombe atomique apparut comme un moyen inéluctable pour redonner à la France sa « grandeur » perdue pendant la Seconde Guerre mondiale. À peine deux mois après les bombardements d'Hiroshima et de Nagasaki, le CEA fut ainsi créé à l'initiative de Charles de Gaulle, avec une double mission, civile et militaire. Doté d'une autonomie exceptionnelle et de moyens techniques et humains accrus, ce qui le rendit imperméable à l'instabilité

politique caractérisant la Quatrième République, le CEA mena discrètement les recherches militaires devant aboutir à la bombe atomique française. Si les premières années du CEA ne furent pas directement orientées vers le développement d'un programme militaire, le premier plan quinquennal d'énergie atomique, lancé en 1952, eut pour objectif avéré de produire au moins 50 kilos de plutonium 239, quantité suffisante pour fabriquer six à huit bombes. À partir de ce moment, les infrastructures nécessaires à l'armement nucléaire se mirent rapidement en place, à commencer par les deux piles plutonigènes (G1, G2) ainsi que l'usine d'extraction de plutonium de Marcoule (UP1).

Ces développements s'inscrivirent pleinement dans une géopolitique mondiale marquée par la course à l'armement. En 1947, l'URSS mit au point sa première bombe atomique. En octobre 1952, l'Angleterre rejoint le « club nucléaire » avec un premier essai atomique réalisé en Australie. Un mois plus tard, avec l'essai américain d'*Ivy Mike*, réalisé dans le Pacifique, s'inaugura l'ère des bombes thermonucléaires. En 1954, le tir de *Castle Bravo*, mille fois plus puissante que les bombes larguées au Japon, contamina de larges segments du Pacifique tout en irradiant des pêcheurs japonais, ce qui fit grand bruit. Les Soviétiques firent exploser à leur tour leur première bombe à hydrogène un an plus tard, et les Britanniques la leur en novembre 1957, soit peu après la crise de Suez au cours de laquelle les États-Unis et l'URSS menacèrent la France et l'Angleterre d'une attaque nucléaire si elles ne renonçaient pas à leur intervention en Égypte. Plus encore que les multiples dépendances militaires et politiques imposées par la Communauté européenne en cours de construction et par l'Alliance atlantique, la crise de Suez, les accords anglo-américains paradoxaux qui s'ensuivirent (avec des privilèges accordés au Royaume-Uni en matière nucléaire), mais aussi la révélation faite par Spoutnik de la capacité balistique soviétique poussèrent la France à mettre en place, sans plus tarder, son arsenal nucléaire. En 1957, le deuxième plan quinquennal de l'énergie nucléaire est adopté, dans le but de doter le pays de combustibles pour la propulsion de sous-marins et de développer l'arme thermonucléaire. La même année, le site de Reggane est retenu pour les essais nucléaires.

Loin de subir des ruptures, le projet d'armement nucléaire de la France bénéficia donc d'une remarquable continuité sous les Quatrième et Cinquième Républiques. Mais c'est avec le retour au pouvoir de De Gaulle qu'il devint officiel. C'est aussi sous la Cinquième République que l'arme atomique fut recadrée en tant qu'instrument d'« indépendance » nationale, en tant que clé d'une stratégie militaire autonome à fonder vis-à-vis des cercles européens et atlantiques.

La Gerboise bleue fut suivie par 16 autres explosions réalisées en Algérie jusqu'en 1966, dont 13 souterraines. Le premier essai souterrain eut lieu le 7 novembre 1961 à In Ekker dans le secret absolu : la presse ne le révéla qu'au mois de mai de l'année suivante, à la suite du deuxième essai souterrain (1er mai 1962), qu'elle croyait être le premier. Si ce deuxième essai ne put éviter une médiatisation, c'est qu'un nuage radioactif échappé de la galerie provoqua l'irradiation aiguë d'une dizaine de militaires, événement connu en tant qu'« accident de Béryl », du nom du code de l'essai. À partir de 1966, les essais atomiques français se déplacèrent vers la Polynésie, où la France réalisa 46 essais atmosphériques et 147 essais souterrains.

Après l'explosion de la Gerboise bleue, les premiers journalistes à visiter la « base vie » et le « point zéro » furent éblouis par ce que la France avait réussi à faire pousser en plein désert en quelques années seulement. Une zone de 108 000 kilomètres carrés au sud-ouest de Reggane, classée terrain militaire dès 1957, était rapidement équipée de routes, de logements, de laboratoires (dont un souterrain hébergeant la bombe), ainsi que d'un grand aérodrome au bâtiment somptueux. Une ville nouvelle, entièrement équipée d'eau et d'électricité, abritait les quelque 6 000 militaires (professionnels et appelés) et ingénieurs et techniciens du CEA. Ces derniers bénéficiaient d'appartements à air climatisé, équipés de réfrigérateurs, voire de prises de courant pour rasoirs ; même une piscine olympique était construite pour eux, mais n'a pu apparemment jamais être remplie.

Cependant, la joie des journalistes sous le charme de la « modernité » dont Reggane était la vitrine fut contredite par les nombreuses critiques et controverses qui surgirent ailleurs avant et après le premier essai français en Algérie. En novembre 1959, vingt pays afro-asiatiques déposèrent à l'ONU une résolution contre l'essai, dans le but de « défendre leur avenir ». Un mois plus tard, des centaines de pacifistes occidentaux et africains tentèrent sans succès d'entrer dans le site de tir de Reggane. Fin janvier 1960, plusieurs dizaines de milliers de personnes manifestèrent devant l'ambassade de France à Tunis, tandis que près de 2 000 personnes se rassemblèrent à Rabat. Quelques jours après l'essai, une agence anglaise déclara que la radioactivité avait été multipliée par cinquante dans certaines régions du Sahara, tandis qu'une partie de la presse africaine accusa la France d'avoir causé des milliers de morts. Une semaine après le tir, le général Ailleret prit la parole à la radio pour répondre aux critiques : « Nos savants et techniciens ont calculé que notre bombe introduira quelque chose de compris entre le 100e et le 1 000e de ce qui retombera cette année 1960 du fait de l'ensemble de toutes les explosions atomiques précédentes. Nous n'avons donc pas à nous inquiéter de cette pincée supplémentaire négligeable de radioactivité lointaine que nous introduirons dans le monde. »

La « pincée supplémentaire » fut en réalité une expression juste, tant la seconde moitié de la décennie 1950 devint le théâtre d'explosions atomiques au niveau mondial. Pendant la seule année 1958 eurent lieu pas moins de 307 essais, dont la plupart atmosphériques, un rythme conservé encore en 1962, c'est-à-dire l'année précédant le traité d'interdiction des essais aériens. La controverse sur les effets sanitaires et environnementaux des essais atomiques

commença à battre son plein à la même période, à la suite notamment de l'essai américain *Castle Bravo*, à l'origine d'une prise de conscience mondiale du risque radioactif. Les mouvements pacifistes et d'opposition aux essais atomiques gagnèrent à partir de là une dimension internationale.

Mais, concernant l'impact sanitaire de quelque 210 essais nucléaires réalisés par la France en Algérie et en Polynésie, il fallut attendre les années 2000, c'est-à-dire l'abandon des essais nucléaires par la France suite à l'ultime expérience réalisée en 1996, pour que les critiques et les controverses s'installent de manière durable dans l'arène médiatique et judiciaire. Des vétérans, français et polynésiens, ou leurs proches, se mobilisèrent pour demander la reconnaissance des maux dont souffrent ou sont morts nombre d'entre eux. Deux associations virent le jour dans ce contexte en 2001 : l'AVEN (l'Association des vétérans des essais nucléaires) et « Moruroa e tatou » (qui signifie « Moruroa et nous »). Elles dénoncèrent la désinformation, l'insuffisance voire le manque de mesures de sécurité lors de la réalisation des essais, l'absence d'un suivi médical, tout comme le secret entourant les données sanitaires existantes ; elles réalisèrent un travail de collecte de témoignages sur les multiples maladies (cancer du sang, problèmes cardiovasculaires, stérilité, malformations génétiques chez les descendants…) contractées par des vétérans, civils comme militaires ; elles menèrent également des actions juridiques et de lobbying auprès des parlementaires et des décideurs politiques. En janvier 2010, ces mobilisations débouchèrent sur l'adoption d'une loi d'indemnisation des vétérans des essais nucléaires, loi très perfectible qui concerne potentiellement 150 000 personnes, mais dont la portée reste à l'heure actuelle extrêmement limitée.

—

SEZIN TOPÇU

RÉFÉRENCES

—

Bruno BARRILLOT, *Les Irradiés de la République. Les victimes des essais nucléaires français prennent la parole*, Bruxelles, GRIP / Complexe, 2003.
André BENDJEBBAR, *Histoire secrète de la bombe atomique française*, Paris, Le Cherche-Midi, 2000.
Gabrielle HECHT, *Le Rayonnement de la France. Énergie nucléaire et identité nationale après la Seconde Guerre mondiale*, Paris, Éd. Amsterdam, 2014.
Maurice VAÏSSE, « Le choix atomique de la France (1945-1958) », *Vingtième siècle. Revue d'histoire*, vol. 36, n° 1, 1992, p. 21-30.
Lawrence WITTNER, *The Struggle against the Bomb*, t. 2 : *Resisting the Bomb : A History of the World Nuclear Disarmament Movement (1954-1970)*, Stanford, Stanford University Press, 1997.

RENVOIS

—

1793, 1891, 1903, 1920, 1965

1961

Les Damnés de la terre pleurent Frantz Fanon

La mort de Frantz Fanon précède de quelques mois l'indépendance de l'Algérie. À rebours d'une vision nationale et identitaire de la libération des peuples, Fanon, entre philosophie et antipsychiatrie, a été, de Fort-de-France à Tunis, en passant par Saint-Alban, le porte-parole sans frontières d'une cause tiers-mondiste qui n'est pas encore « postcoloniale ».

C'est un nom qui claque comme l'aube des révolutions : Fanon à Alger, Fanon à Tunis ; une icône associée à un « tiers-monde » aujourd'hui obsolète, dans son lexique comme dans ses espoirs ; certes, on connaît *Les Damnés de la terre*, texte incandescent dont l'histoire a retenu la préface de Jean-Paul Sartre et ses formules à l'emporte-pièce surenchérissant sur la plume fiévreuse de son auteur – Fanon a alors trente-six ans et disparaît d'une leucémie foudroyante au moment où sort son livre, en décembre 1961, publié par le jeune éditeur François Maspero. Livre saisi par le pouvoir gaulliste comme l'avaient été ses précédents. La France est engagée depuis 1954 dans des « événements » en Algérie où l'euphémistique officielle est le miroir inversé de l'apologie de la violence, pensée comme nécessaire, émancipatrice, rédemptrice chez Fanon, mais qui, en 2017, nous laisse un goût de cendres.

Toute cette imagerie a occulté la richesse de son itinéraire de vie et de pensée. On a un peu trop oublié qu'avant d'être l'ami et l'allié des colonels de la wilaya 4, engagé dans la lutte d'indépendance algérienne, Fanon est antillais, qu'à dix-huit ans il est gaulliste… Et surtout qu'il est, en premier lieu, psychiatre de profession, menant main dans la main révolutions psychiatrique et politique. C'est de l'asile de Blida, puis de Tunis, qu'il réfléchit à ce que l'ethnologue Georges Balandier vient de nommer la « situation coloniale ». Au moment même où Michel Foucault rédige sa thèse de doctorat sur l'histoire de la folie à l'âge classique (soutenue et publiée en 1961), Fanon est en prise avec un autre « grand enfermement ». Comme le fou, le colonisé est exclu de la rationalité occidentale.

Fanon est un citoyen français des vieilles colonies antillaises. Né en 1925 du temps de la « plus grande France », il est originaire de Martinique, d'une famille de fonctionnaires dont la mère, mulâtresse, avait des ancêtres alsaciens. Fanon est donc noir, « africain-antillais » selon ses termes. « Sang-mêlé », il est familier de la hiérarchie pigmentaire qui, depuis deux siècles, régit une société antillaise complexe qui a inventé le préjugé de race et en a ordonné la classification jusqu'à l'obsession. Enfant, on l'emmène, comme tous les petits Antillais, rendre hommage au monument de Victor Schœlcher à Fort-de-France – la gloire de la Caraïbe française pour avoir, le 27 avril 1848, arraché au gouvernement provisoire de la République le second décret d'abolition de l'esclavage. Schœlcher est aussi le nom du lycée français de Fort-de-France que fréquente Fanon et où enseigne Aimé Césaire à partir de 1939. Mais l'atmosphère est lourde en Martinique depuis qu'y a débarqué la flotte de l'amiral Robert, porteuse de l'or de la Banque de France, et soumise à l'autorité du maréchal Pétain dès juin 1940. Le racisme de la société locale s'accommode

fort bien de la révolution politique du régime de Vichy qui trouve dans les confins impériaux (Antilles, Réunion, Indochine) non seulement un appui pour une légitimité défaillante, mais également une forme de laboratoire idéal pour les réformes qu'il entend mettre en place.

Le jeune Fanon entre en dissidence. À dix-huit ans, il quitte son île en passant par la Dominique (anglaise) voisine et est intégré dans un bataillon qui débarque au Maroc, puis en Algérie et enfin au sud de la France pour en effectuer la remontée vers le nord jusqu'en Alsace. Ces jeunes Martiniquais venus en France pour délivrer les Européens de Hitler souffrent du froid et d'un racisme larvé – contrairement aux GI noirs américains fêtés par les Françaises et les Français. À vingt ans, Fanon, avec ses médailles et ses blessures, est un vieux grognard de la France libre – comme le général Salan, dira-t-il plus tard ! C'est un héros de guerre mélancolique. De retour aux Antilles en 1945, il retrouve son professeur Aimé Césaire, devenu la même année maire de Fort-de-France et député sous étiquette communiste à la Chambre. Mais Fanon ne partage pas les convictions intégrationnistes de son aîné qui porte avec succès le projet de départementalisation des Antilles françaises en 1946.

Fanon quitte donc ce qui est devenu un département français – comme l'Algérie – pour rejoindre la métropole où il entame, à partir de 1946, des études de médecine à Lyon, achevées par une spécialisation en psychiatrie. L'expérience décisive est alors le séjour de quinze mois qu'il effectue à la clinique de Saint-Alban, un haut lieu d'innovation thérapeutique

(« psychothérapie institutionnelle »), où le personnel soignant et les fous expérimentent un vivre-ensemble révolutionnaire à l'époque. L'institution est dirigée par François Tosquelles, un psychiatre émigré espagnol antifranquiste, ayant accueilli durant les années noires de nombreux proscrits et réfugiés dans sa clinique isolée en Lozère. Désormais, la psychiatrie asilaire imprime fortement sa marque au penseur de la domination coloniale que devient Fanon lorsqu'il publie, en 1952, *Peau noire, masques blancs*. Le livre, dans sa forme comme dans son fond, est en rupture avec l'anticolonialisme de la gauche. L'accent mis sur la subjectivité blessée, au détriment des considérations socio-économiques habituelles, choque. Il s'oppose aussi au « complexe de dépendance » mis au jour par le psychologue Octave Mannoni comme structure psychologique matricielle du colonisé. Ce dernier avait déjà été épinglé dans un autre texte fondamental du début des années 1950, le *Discours sur le colonialisme* d'Aimé Césaire. Ce n'est sans doute pas un hasard si ce sont deux Antillais qui écrivent les deux textes majeurs et précoces qui serviront de base aux études postcoloniales plusieurs décennies plus tard.

En attendant, Fanon s'inscrit intellectuellement dans le pôle dominant de l'époque dont il emprunte le langage philosophique : l'existentialisme et la phénoménologie. Il est publié à plusieurs reprises dans *Les Temps modernes* ou *Esprit*, préfacé par Francis Jeanson pour *Peau noire...* avant de l'être par Jean-Paul Sartre pour *Les Damnés de la terre*. Le penseur des marges est donc rapidement inséré au centre du monde intellectuel de la gauche parisienne, sans pourtant y participer. Il s'inscrit également, mais toujours en porte-à-faux, dans une sociabilité intellectuelle noire, une sorte de *Black Atlantic* à la française qui se construit depuis 1947 autour de la revue *Présence africaine* et connaît son point d'orgue en 1956 avec le premier Congrès des écrivains et artistes noirs réunissant à la Sorbonne outre Fanon, Amadou Hampâté Bâ, Richard Wright, James Baldwin et bien sûr Aimé Césaire et Léopold Sédar Senghor, ses deux grands aînés de la « négritude ». Face à ces derniers, agrégés de lettres, poètes de langue française et politiques officiels de la Quatrième République, le psychiatre antillais fait entendre un son de cloche plus subversif. Il faut dire qu'à cette date, depuis trois ans en Algérie, il a rejoint le théâtre des opérations. Et, du même coup, déplacé sa réflexion sur le colonialisme dans un environnement algérien conflictuel, bientôt en guerre ouverte contre la France.

Comme les Antilles, l'Algérie c'est la France... et ce n'est pas la France. Dans une Algérie française peuplée de 9 millions de musulmans non citoyens (jusqu'en 1947), d'un million de Français citoyens et de 130 000 juifs qui le sont depuis le décret Crémieux de 1870, le statut de la citoyenneté est ambivalent et le suffrage universel bafoué par le système de double collège mis en place en 1947. La société est ultra-segmentée, et la ségrégation, tacite mais visible. Comme les Antillais, les juifs algériens qui entourent Fanon à l'hôpital de Blida où il devient médecin psychiatre sont des citoyens, mais de seconde zone. C'est donc une société coloniale à l'état pur qu'il observe, répercutée dans le microcosme de l'hôpital psychiatrique de Blida-Joinville, une ville dans la ville : 2 000 malades et de nombreux infirmiers, au centre du conflit, et considéré comme un « nid de fellaghas ».

À Blida, de 1953 à 1956, puis à l'hôpital de Tunis, de 1957 à 1961, le médecin-chef Fanon tente de promouvoir une « social-thérapie » qui rompe avec le modèle pénitentiaire des asiles de l'époque. Isolé dans un pays en guerre, l'asile de fous est en même temps la caisse de résonance pathétique de toutes les déchirures de l'Algérie coloniale. C'est de l'asile et par l'asile que Fanon entre dans la lutte active. C'est d'ailleurs comme médecin qu'il est contacté par la Révolution algérienne (il faut soigner les troubles psychiques des combattants) – avant de l'être comme penseur et comme ambassadeur quasi officiel du gouvernement provisoire de la République algérienne en Afrique noire, dont il est un zélé compagnon de route à Tunis de 1957 à 1961.

En effet, la lutte engagée par les intellectuels français (Pierre Vidal-Naquet notamment) contre l'usage de la torture par l'armée en Algérie ne lui suffit pas. En décidant de quitter la métropole début 1957, il lie son sort à l'Algérie combattante tout en se distinguant assez nettement des leaders du FLN dont il sous-estime le nationalisme arabe et le substrat religieux. Pour lui, la cause algérienne est un levier pour l'indépendance de toute l'Afrique noire – ce qu'elle sera en effet. À Accra en 1959, à Tunis en 1960, auprès des futurs

grands noms de l'Afrique indépendante, Fanon est déjà de l'autre côté : il alerte le tiers-monde encore uni contre les bourgeoisies corrompues, le culte des héros, la lutte des clans qui pourraient dévoyer la décolonisation. Le colonialisme a sciemment ethnicisé les cultures. C'est aussi de cet héritage qu'il faut s'émanciper, clame-t-il, dans un livre ultime, écrit dans l'urgence de sa propre mort, à corps perdu, pour s'adresser aux nouveaux « damnés de la terre », non plus les prolétaires des pays industrialisés mais les peuples pauvres des nouvelles nations indépendantes. Le tableau est sombre et hélas visionnaire. Archange de l'indépendance, Fanon quitte la scène juste avant.

Fanon est-il encore lu et par qui ? Dès 1963, une première traduction en anglais met le texte à la disposition du mouvement noir américain ainsi que de l'Afrique anglophone. Malcolm X, Eldridge Cleaver mais aussi Amílcar Cabral (Guinée) et Kwame Nkrumah (Ghana) le lisent. Si la violence révolutionnaire des années 1960 s'empare de l'œuvre de Fanon, celle-ci devient plus encore une référence centrale des *postcolonial studies* qui s'épanouissent dans les années 1980-1990. Ses nouveaux lecteurs, universitaires et étudiants, y trouvent une critique des savoirs importés du contexte colonial mais aussi les notions d'ambivalence, d'hybridité, de négociation qui vont fonder ce courant théorique. Plus qu'une arme de justification de la violence, la pensée de Fanon apparaît dans toute la singularité de sa démarche : il s'agit d'établir une critique de la colonisation au niveau intellectuel le plus profond, méthodologique et épistémologique, et de reconfigurer l'ensemble des concepts « pollués » par l'exploitation coloniale. Penser à neuf, faire peau neuve.

En 2004, une nouvelle traduction, agrémentée d'un texte d'Homi Bhabha, consacre cette actualité, tout en en enregistrant une forte dilatation spatiale, puisque la parole fanonienne est désormais portée sur les campus par la géographie proliférante des *postcolonial studies*. De l'Inde aux universités anglo-saxonnes, en Europe et également en Afrique (*via* Achille Mbembe), on médite désormais les écrits de ce révolutionnaire plongé dans la guerre, de cet acteur vivant de l'anticolonialisme de son temps en qui on lit aujourd'hui un testament de la critique postcoloniale dont l'héritage est à partager entre tous. L'auteur toujours inspirant d'un Tout-Monde donc, pour reprendre l'expression d'Édouard Glissant.

———

EMMANUELLE LOYER

RÉFÉRENCES
——

Aimé CÉSAIRE, *Discours sur le colonialisme*, Paris, 1re éd. 1950, rééd. Paris, Présence africaine, 1955.
Alice CHERKI, *Frantz Fanon. Portrait*, Paris, Seuil, coll. « Points », 2016.
Frantz FANON, « Antillais et Africains », *Esprit*, février 1955, p. 261-269.
Frantz FANON, *Œuvres*, Paris, La Découverte, 2011.
Matthieu RENAULT, *Frantz Fanon. De l'anticolonialisme à la critique postcoloniale*, Paris, Éd. Amsterdam, 2011.

RENVOIS
——

1863, 1940, 1949, 1968, 1984, 2008

1962

Le crépuscule de l'Algérie française à Jérusalem

La fin des mandats français en Syrie et au Liban ne marque pas pour autant la fin de la politique de protection « impériale » des Lieux saints, chrétiens mais aussi musulmans, au Proche-Orient. Au nom de la souveraineté qu'elle exerce sur l'Algérie, la France revendique ainsi jusqu'en 1962, au pied du mur des Lamentations, l'administration du Quartier maghrébin à Jérusalem.

Lundi 12 février 1962 au soir, au Quai d'Orsay, dans le bureau du directeur de cabinet du ministre des Affaires étrangères Maurice Couve de Murville, se tient un étrange et bref conclave consacré au sort d'une « fondation musulmane algérienne à Jérusalem », le « waqf Abû Madyan », propriétaire d'un quartier d'habitation situé dans la Ville sainte le long du mur des Lamentations. Quatre jours après le massacre de Charonne, à la veille de la manifestation qui réunira 500 000 personnes pour accompagner le cortège funéraire jusqu'au cimetière du Père-Lachaise, un mois avant la signature des accords d'Évian qui scelleront le sort de l'Algérie française, les plus hautes autorités diplomatiques françaises prennent le temps de se pencher sur ce qu'on appelle le « Quartier maghrébin » de Jérusalem, qui est pour quelques semaines encore un petit « morceau de France » au Proche-Orient, un étrange confetti néocolonial isolé au beau milieu de la Ville sainte, une sorte de « mandat français » – ou plus exactement franco-algérien – en Palestine, dont l'histoire est aujourd'hui largement oubliée.

Ce soir-là, au cœur de la tour de contrôle du système diplomatique français, dans une ambiance qu'on devine lugubre, la France décide d'abandonner le Quartier maghrébin à son triste sort, en se retirant des procédures judiciaires en cours en Israël à propos de la contestation foncière de cet ensemble immobilier. Depuis des mois déjà, des notes exaspérées en provenance du gouvernement général d'Alger se plaignaient que la France continue de soutenir à bout de bras « une communauté qui parle de rompre tout lien avec la France et même de nous faire la guerre ». Les Algériens de Jérusalem, un temps instrumentalisés au service de la politique française « protectrice des Lieux saints » au Proche-Orient lorsqu'ils étaient encore des FMA (Français musulmans d'Algérie), ont brutalement – et logiquement – perdu de leur utilité en 1962, au crépuscule de l'Algérie française.

Depuis Alger et Paris en 1962, déplaçons-nous donc vers Jérusalem dans les années 1950 pour comprendre comment s'y est joué un épisode décisif et méconnu de la politique arabe et musulmane de la France, mais aussi de ses rapports avec Israël et les diasporas juives. Vu depuis la Palestine alors jordanienne, il est clair en tout cas que la France possède des droits incontestables sur ce petit quartier de la Ville sainte : « Situation de la colonie maghrébine de Jérusalem, la France délègue sur place un fils d'Algérie pour étudier la situation », titre ainsi le quotidien *Falestin* le 12 août 1955, en tête d'un long reportage consacré

à Hadj Lounis Mahfoud, professeur d'arabe au collège de Sétif, en visite à Jérusalem, « venant d'Arabie saoudite après y avoir effectué son pèlerinage », pour préparer un rapport sur la gestion de cette fondation franco-algérienne destinée à secourir, loger et soigner les ressortissants maghrébins de passage ou résidant dans la Ville sainte.

Si la France s'est effectivement retrouvée en position de gérer ce quartier stratégique de la Ville sainte, c'est bien en raison de la souveraineté qu'elle exerce alors sur l'Algérie, puisque la fondation pieuse musulmane propriétaire du quartier a été créée à la fin du XIIe siècle par un descendant d'un mystique soufi algérien, Abû Madyan ou Sidi Boumédiène, compagnon d'armes de Saladin lors de la reprise de la ville aux croisés en 1187. C'est précisément en 1949 que le consul de France à Jérusalem a saisi une opportunité géopolitique inattendue : à l'issue de la première guerre israélo-arabe, le waqf Abû Madyan perd la quasi-totalité de ses revenus fonciers suite à la conquête par Israël du village d'Ain Karem, situé à 5 kilomètres à l'ouest des murailles de la Vieille Ville, donc à l'intérieur des frontières d'Israël internationalement reconnues. La France, puissance souveraine en Algérie, peut donc reprendre sous son aile protectrice cette portion des Lieux saints située en territoire jordanien, en espérant pouvoir en retirer des bénéfices diplomatiques dans le cadre de la guerre larvée que se livrent Israël et la Jordanie le long de la ligne de démarcation qui coupe Jérusalem en deux : « Pouvons-nous espérer tirer profit du fait Abou Médiane ? C'est là l'affaire du gouvernement. À mon humble échelon toutefois, il est permis de penser que notre singulière position au mur des Lamentations ne devrait pas nous être inutile », écrit le consul de France à son ministre le 6 juillet 1949, avec « copie à Alger, Tunis, Rabat, Amman »… et au « Professeur Massignon ».

Louis Massignon est effectivement la cheville ouvrière de cette brève séquence historique (1949-1962) pendant laquelle la France administrait ce quartier de Jérusalem qui commandait l'accès au mur des Lamentations. Figure éminente de l'orientalisme français, membre de l'Académie de langue arabe du Caire, professeur au Collège de France, ardent chrétien mais farouche défenseur de « l'amitié franco-musulmane », fondateur du « Comité chrétien d'entente France-Islam », et en 1954 en Bretagne du « pèlerinage islamo-chrétien des Sept Dormants d'Éphèse », « honorable correspondant » des services de renseignements français pour le Proche-Orient depuis qu'il est entré dans Jérusalem le 11 décembre 1917 aux côtés du général britannique Allenby, Massignon défend, dans ses courriers adressés à tous les échelons de la diplomatie française, le « mandat sacré de la France » vis-à-vis des Maghrébins de Jérusalem, élément décisif selon lui d'une politique étrangère qui doit s'affirmer non seulement « arabe » mais également « musulmane », pour démontrer aux Algériens tentés par l'indépendance que la France se préoccupe concrètement de leurs intérêts, y compris à l'extérieur de leur territoire.

C'est lui qui publie en 1951 dans la *Revue des études islamiques* un long article sur « le waqf tlemcénien Abû Madyan à Jérusalem » (dont il expédie pas moins de 500 tirés à part en France et dans le monde arabe) ; lui qui se rend à Tlemcen en Algérie en mai 1952 pour y fonder le comité de défense du waqf ; lui encore qui manœuvre pour que l'Assemblée algérienne vote le 17 juin 1952 une résolution « pour la sauvegarde des waqfs algériens de Palestine au profit des pèlerins musulmans nord-africains » ; lui enfin qui déclare solennellement le 13 novembre 1955 à la radio d'Alger (en arabe) que l'école coranique (*médersa*) du Quartier maghrébin de Jérusalem sera bientôt restaurée grâce au soutien financier de la France – ainsi que de la Tunisie et du Maroc, encore sous tutelle française et qui ont également des ressortissants sur place.

En effet, comme il l'écrit à qui veut l'entendre, le waqf Abû Madyan « commande la porte de la mosquée El-Aksa » et « contient le sol même du mur des Lamentations ». Bien plus, selon lui, « l'intérêt de l'Islam algérien pour ce waqf, considéré comme une "pierre d'attente" pour le rétablissement de la qibla (direction de prière) de l'Islam à Jérusalem, est fonction de son persistant attachement au souvenir du saint de Tlemcen », auquel le président Houari Boumédiène doit d'ailleurs son nom de guerre. En 1954, une quête est organisée aux portes de la mosquée de Tlemcen, elle rapporte 78 000 francs qui sont transmis par Massignon lui-même au consul de France à Jérusalem qui redistribue l'argent aux Maghrébins nécessiteux de Jérusalem. Pendant quelques années, l'idée d'une « politique algérienne et musulmane » de la France en Terre sainte a donc produit des effets bien concrets, sonnants et trébuchants.

L'histoire singulière de ce quartier franco-algérien de Jérusalem va donc s'interrompre en 1962, lorsque la France perd toute légitimité selon le droit international et vis-à-vis d'Israël pour intervenir en défense d'une fondation algérienne. En réalité, depuis quelques années, les effets de la guerre d'indépendance commencent à se faire sentir jusqu'à Jérusalem. Au lendemain de la crise de Suez, en septembre 1956, des tracts distribués par l'antenne jordanienne du FLN dénoncent « les massacres perpétrés par la France au Maghreb et ses campagnes barbares contre le peuple algérien » et affirment que « chaque Maghrébin s'est libéré du microbe mortel qui prend la forme de la protection ou de la nationalité ». Louis Massignon continue malgré tout de prôner la distribution gratuite de pain aux pauvres maghrébins de Jérusalem lors des fêtes de Ramadan en 1957 « sous peine de détruire définitivement cette "communauté franco-musulmane" proclamée par M. le Président du Conseil et sous peine de condamner mon comité France-Islam ».

Le sens de l'histoire, pourtant, ne souffle plus du côté de Massignon et de « l'amitié franco-musulmane » : en mai 1961, quelques semaines après le putsch des généraux, le gouvernement général de l'Algérie se montre de plus en plus dubitatif sur les effets réels de la position française défendue à Jérusalem pour tenter de « contrebalancer l'influence que le FLN a su s'assurer sur la colonie algérienne en Palestine ». La rupture se confirme à l'automne 1961 : alors que le Quai d'Orsay affirmait encore en juillet que l'abandon du Quartier maghrébin causerait un « préjudice moral irréparable » aux intérêts français « dans le monde arabe et en particulier en Afrique du Nord [...] jusqu'à nous soupçonner d'avoir été de connivence avec Israël », le massacre des manifestants algériens dans Paris dans la nuit du 17 octobre 1961 creuse un fossé désormais infranchissable entre les intérêts français et les intérêts algériens, fussent-ils défendus au nom de la « France protectrice des Lieux saints musulmans ». En février 1962, quelques jours après le massacre de Charonne, la France abandonne la défense des intérêts algériens à Jérusalem. Malgré les efforts du premier « haut représentant de la France en Algérie » Jean-Marcel Jeanneney au cours de l'hiver 1962-1963, le nouvel État algérien indépendant ne reprend pas le dossier à son compte et renonce à s'impliquer dans la défense de ses ressortissants à Jérusalem. Le waqf Abû Madyan est désormais privé de toute protection juridique internationale.

Quatre ans plus tard, en juin 1967, à l'issue de la guerre des Six Jours et de la conquête de Jérusalem, le Quartier maghrébin est évacué par l'armée israélienne et rasé en quarante-huit heures pour dégager ce qui est aujourd'hui l'esplanade du Mur occidental, considéré comme le lieu le plus sacré du judaïsme. La célèbre formule prononcée par de Gaulle six mois plus tard, lors d'une conférence de presse du 27 novembre 1967, à propos des « juifs [...], peuple d'élite, sûr de lui-même et dominateur », peut-elle être aussi interprétée à l'aune de cette histoire méconnue ? Peut-être, surtout si on prend la peine d'écouter la totalité de son intervention, dans laquelle il indique « qu'une fois mis un terme à l'affaire algérienne, nous avions repris avec les peuples arabes d'Orient la même politique d'amitié et de coopération qui avait été pendant des siècles celle de la France dans cette partie du monde », et, dans une étrange formule à propos des rapports entre la France et Israël, « nous ne donnions pas notre aval à son installation dans un quartier de Jérusalem dont il s'était emparé ». Le verbe gaullien a ceci de prodigieusement puissant et exaspérant : il peut énoncer sans l'exprimer tout à fait, par l'emphase d'une formule alambiquée, une certaine idée de la France et du monde.

—

VINCENT LEMIRE

RÉFÉRENCES
—

Anne LISKENNE, *L'Algérie indépendante. L'ambassade de Jean-Marcel Jeanneney (juillet 1962-janvier 1963)*, Paris, Armand Colin, 2015.
Louis MASSIGNON, « Documents sur certains waqfs des Lieux saints de l'Islam. Principalement sur le waqf Tamimi à Hébron et sur le waqf tlemcénien Abû Madyan à Jérusalem », *Revue des études islamiques*, 1951, p. 73-120.
Manoël PÉNICAUD, *Le Réveil des Sept Dormants. Un pèlerinage islamo-chrétien en Bretagne*, Paris, Cerf, 2014.
Umar RYAD, *The Hajj and Europe in the Age of Empire*, Leyde, Brill, 2016.
Tom SEGEV, *1967 : six jours qui ont changé le monde*, Paris, Denoël, 2007.

RENVOIS
—

1095, 1798, 1958, 1869, 1882, 2003

1962

Le nouvel ordre agricole mondial

La « Politique agricole commune » de la jeune Communauté européenne rencontre en France des intérêts contradictoires et accompagne la déruralisation rapide du territoire. La France gaullienne s'appuie sur la PAC pour moderniser l'agriculture, concentrer les productions, et réduire paradoxalement le pouvoir politique d'un certain monde agricole.

En 1962 paraît un article dans l'*Encyclopédie française*, sous le titre « Du paysan à l'agriculteur », qui redéfinit l'image que veut donner d'elle-même la nouvelle élite agricole. Cette image est celle d'un « homme libre », contrairement aux salariés « des grandes fourmilières », et d'un « chef d'entreprise » qui, par son dynamisme expansionniste et son adhésion au progrès technique, participe pleinement de la modernité.

C'est qu'en cette année 1962 l'agriculture française s'ouvre à de nouveaux horizons. Proposée dès 1950 par la France et prévue par le traité de Rome de 1957 instituant la Communauté économique européenne, la Politique agricole commune (PAC) est lancée au Conseil européen du 14 janvier 1962. La décision du Conseil crée un marché commun pour les céréales, le porc, les œufs et volailles, les fruits et légumes et le vin, en même temps qu'un fonds de garantie (le FEOGA) qui assure un prix minimal garanti aux producteurs et subventionne les exportations (en payant la différence entre le prix garanti et le cours mondial). Fortement excédentaire en vin et en céréales, la France en est la première bénéficiaire. La même année, la loi du 8 août vient compléter la loi d'orientation agricole du 5 août 1960, en accordant un droit de préemption aux SAFER (Sociétés d'aménagement foncier et d'établissement rural), qui instaure une prééminence de la logique productive sur la propriété, et en créant l'indemnité viagère de départ (IVD), complément de retraite accordé aux agriculteurs âgés qui cèdent leurs terres pour permettre à de plus jeunes de s'installer ou de s'agrandir. La PAC et les lois gaullistes d'orientation agricole accompagnent ainsi la grande mutation de l'agriculture française entre 1946 et 1974 : une production agricole quasi doublée pour une population agricole qui chute de 7 millions à moins de 3 millions d'actifs.

Si la Troisième République avait fait du monde rural un stabilisateur culturel, social et politique face à une classe ouvrière vue comme « dangereuse », les modernisateurs (planistes, jeunes agriculteurs, industriels, agents d'encadrement et chercheurs agronomes) le somment désormais de s'intégrer dans une économie industrielle nationale. Il importe désormais de se tourner vers les marchés extérieurs, de dégager des devises par l'exportation et de produire plus pour nourrir les urbains tout en libérant de la main-d'œuvre qui ira s'employer dans l'industrie et les services. Dans cette grande transformation de l'agriculture que le sociologue Henri Mendras qualifie de « fin des paysans », l'énergie, la fertilisation des sols, les semences, la protection des plantes, comme la reproduction et la santé des bêtes, autrefois autoproduites à la ferme, sont désormais achetées au secteur industriel (tracteurs, pétrole, engrais, semences et variétés certifiées, pesticides...) ; la terre est dorénavant conçue comme outil de production commerciale, plutôt que comme rente ou comme terroir rattachant à une tradition.

L'appellation de « révolution silencieuse » parfois donnée à cette grande mutation est trompeuse. Elle masque de bruyantes tensions, tels l'occupation en juillet 1962 de la propriété de Jean Gabin en Normandie (plus de 250 hectares) par des agriculteurs dénonçant la difficulté d'accéder aux terres agricoles, ou encore le déversement le 23 juin de centaines de tonnes d'artichauts dans les rues de Saint-Pol-de-Léon en Bretagne pour protester contre l'effondrement des prix. Les premières années du régime gaulliste sont marquées par une fronde du monde agricole, et notamment de son principal syndicat, la FNSEA, qui, dirigé par d'anciens cadres de la Corporation paysanne de Vichy, avait conquis dans les années 1950 une influence majeure sur le système parlementaire de la Quatrième République, et obtenu en 1957 une indexation des prix agricoles sur le prix des intrants industriels. Or les libéraux et les technocrates modernisateurs au pouvoir depuis 1958 considèrent l'arriération de l'agriculture comme un boulet pour l'expansion industrielle du pays, et le gouvernement Debré supprime l'indexation en décembre 1958. Cela provoque de massives et violentes manifestations en 1959 et tout au long des années 1960. Alors que le monde ouvrier est domestiqué par l'accès à la société de consommation, c'est le monde paysan qui apparaît comme classe dangereuse.

Les lois de 1960 et 1962, tout comme les contours de la PAC de 1962, sont donc autant de dispositifs visant à accélérer la transformation économique de l'agriculture française tout en évitant l'explosion sociale dans les campagnes. Cette mutation sera rendue possible par la rencontre d'un gaullisme de gouvernement, qui entend moderniser l'agriculture et asseoir la Cinquième République, et d'un nouveau courant dans le monde agricole.

Ce nouveau courant, au départ minoritaire, est celui des « jeunes agriculteurs ». Souvent formés aux Jeunesses agricoles catholiques (JAC), ils font du Centre national des jeunes agriculteurs une organisation syndicale en 1957, concurrente notamment de la FNSEA. Plus jeunes, moins téléguidés par les intérêts des gros céréaliers de l'Association générale des producteurs de blé, plus empreints de valeurs entrepreneuriales, plus soucieux de s'inscrire dans la modernité triomphante desdites « Trente Glorieuses », ils ne se contentent pas de revendications sur les prix agricoles (qui bénéficient d'ailleurs plus aux gros céréaliers qu'aux petites et moyennes exploitations). Ils osent affirmer qu'il faut accompagner le départ de la terre des plus petits et des plus âgés (ce sera l'IVD) et réformer les structures de production pour faire émerger des exploitations familiales de taille moyenne ayant les reins assez solides pour se tourner vers le marché.

Les modernisateurs gaullistes vont coopter ces « jeunes agriculteurs », les instituer en partenaires et négocier avec eux les contenus des lois de 1960 et 1962. L'objectif est de marginaliser les contestations « agrariennes » par la mise en avant de ces « jeunes agriculteurs » modernistes ; et de substituer à l'ancien « agroparlementarisme » de la Quatrième République une cogestion entre État et profession agricole. La disparition de millions de fermes n'est cependant pas ouvertement annoncée dans les lois d'orientation agricole ni dans les discours publics des jeunes agriculteurs, et l'on préfère laisser croire que tous ceux qui investissent pour rendre leur exploitation commercialement « viable » pourront grandir et prendre le train de la prospérité. Ce n'est que peu à peu que la définition d'une superficie minimale d'exploitation va devenir un couperet pour toute aide publique.

Malgré bien des frictions, cette alliance atteint ses objectifs. Premièrement, les « jeunes agriculteurs » prennent le contrôle de la FNSEA à partir de 1963 et leur vision de l'agriculture acquiert un statut hégémonique dans le monde agricole. Cette nouvelle FNSEA accepte de cogérer le secteur agricole avec la Cinquième République puisque, comme le déclare son secrétaire général en 1963, « le pouvoir [...] est maintenant détenu [...] par des technocrates ». Cette cogestion rend socialement acceptable de profondes transformations économiques et sociales : la disparition de millions d'agriculteurs, l'endettement de ceux qui sont devenus des entrepreneurs agricoles, la perte d'influence politique et symbolique du monde agricole, qui ne génère en 1974 plus que 5 % de la production intérieure brute (17 % en 1946), au sein d'une société française urbaine et d'une économie dominée par l'industrie et les services. Deuxièmement, le monde rural devient un bastion électoral du gaullisme à partir de la fin des années 1960.

Cette mutation économique (la France devient le deuxième exportateur agroalimentaire mondial dans les années 1970), sociale (fin des sociétés paysannes et insertion de l'agriculture dans l'expansion du capitalisme français) et électorale des campagnes est un modèle de la « révolution dans l'ordre » que le gaullisme entendait opérer. Elle n'aura été possible qu'avec les ressources de la Politique agricole commune. À partir de 1962, ce sont les débouchés européens qui absorbent les excédents français de céréales (la France est excédentaire depuis 1951, mais à un prix supérieur au cours mondial) et limitent la crise viticole. C'est encore le budget européen qui finance un « État providence agricole » par lequel les moins rentables sont aidés et les plus productifs sont subventionnés. Sans l'européanisation des coûts, le modèle français de soutien à la petite agriculture familiale marchande n'aurait pu exister et les campagnes n'auraient pu être pacifiées.

Cependant, pas plus que dans les limites hexagonales, la métamorphose de l'agriculture française ne peut se comprendre dans les limites européennes : elle s'inscrit dans un basculement global de « régime agroalimentaire », c'est-à-dire une mutation du modèle de production, de consommation et d'accumulation dans l'agriculture et l'alimentation mondiales. Des années 1870 jusqu'aux années 1930, l'agriculture mondiale opérait dans un régime

que l'on peut caractériser par l'internationalisation des marchés tempérée par des protections douanières et colorée par des intégrations impériales ; l'exportation de céréales (et viandes) d'Amérique du Nord et d'autres colonies de peuplement vers l'Europe occidentale qui en retour y exporte des hommes, des capitaux et des produits industriels. Après 1945, un nouveau régime remplace le précédent et domine jusqu'aux années 1970 : il se caractérise notamment par la constitution de l'agriculture comme un domaine majeur d'intervention publique ; une intégration industrielle accrue de l'agriculture et de l'élevage notamment en Europe, une poussée des industries et services alimentaires qui prennent le pas sur la préparation domestique de produits bruts ; et enfin, dans un monde plus peuplé, l'Europe occidentale devient exportatrice de céréales, ces exportations étant largement subventionnées par la PAC.

Le basculement vers une France exportatrice de céréales s'inscrit donc dans le nouvel ordre agricole et alimentaire mondial d'après 1945. Et il est aussi à situer dans des réorganisations plus larges des flux de matière, d'énergie et de charges environnementales à l'échelle mondiale. Les performances de l'agriculture hexagonale sont ainsi indissociables de l'afflux d'intrants du reste du monde, tels le milliard de tonnes de phosphates marocains et le pétrole algérien (un tiers de la consommation française en 1962) et moyen-oriental. Entre 1959 et 1973, l'agriculture produit deux fois plus par hectare, mais en consommant trois fois plus d'énergie fossile : son rendement énergétique a donc diminué tandis qu'ont grimpé ses émissions de gaz à effet de serre dont on saisira peu à peu la lourde empreinte sur la planète.

Loin d'être une prouesse hexagonale, ce que l'on a appelé la « modernisation » agricole est ainsi le produit, catalysé par la politique agricole européenne, d'une économie-monde et d'une écologie-monde en pleine transformation.

—

ARMEL CAMPAGNE, LÉNA HUMBERT
ET CHRISTOPHE BONNEUIL

RÉFÉRENCES

—

Bernard BRUNETEAU, *Les Paysans dans l'État.*
Le gaullisme et le syndicalisme agricole sous la
Cinquième République, Paris, L'Harmattan, 1994.
Harriet FRIEDMANN, « From Colonialism to Green
Capitalism : Social Movements and Emergence
of Food Regimes », *in* Frederick H. Buttel et Philip
David McMichael (dir.), *New Directions in the*
Sociology of Global Development, vol. 11 de la série
« Research in Rural Sociology and Development »,
2005, p. 229-267.
Ann-Christina L. KNUDSEN, *Farmers on Welfare :*
The Making of Europe's Common Agricultural Policy,
Ithaca, Cornell University Press, 2009.
Édouard LYNCH, « Le "moment Debré" et la genèse
d'une nouvelle politique agricole », *in* Serge
BERSTEIN, Pierre MILZA et Jean-François SIRINELLI
(dir.), *Michel Debré, Premier ministre (1959-1962)*,
Paris, PUF, 2005, p. 335-363.
Kiran Klaus PATEL (dir.), *Fertile Ground for Europe ?*
The History of European Integration and the
Common Agricultural Policy since 1945, Baden
Baden, Nomos, 2009.

RENVOIS

—

5800, 1247, 1860

1965

Astérix dans les étoiles

Au moment où Astérix fait son Tour de Gaule en bande dessinée, le héros donne son nom au premier satellite français, pour un premier tour du monde, le 26 novembre 1965. Cette autonomie spatiale revendiquée doit pourtant beaucoup à la coopération internationale antérieure. La puissance française serait-elle aussi mise sur orbite ?

Le 26 novembre 1965, la France a rejoint officiellement le cercle prestigieux des premières puissances spatiales. Avec le lancement de son premier satellite artificiel Astérix depuis la base militaire d'Hammaguir en Algérie, perdue dans le paysage aride du Sahara, la France est devenue le troisième pays, après l'URSS (1957) et les États-Unis (1958), à posséder sa propre agence spatiale, le CNES (créé en 1962), et son propre accès à l'espace circumterrestre. Cet exploit est d'autant plus surprenant que, jusqu'à la fin des années 1950, la France ne s'était guère engagée dans les activités spatiales.

Cet événement marquant montre que la France a su rapidement mettre en place un nouveau terrain d'innovation, accompagné par de nouveaux modes d'organisation du travail scientifique ainsi que de nouvelles institutions pour coordonner ces travaux. Sur un plan purement technique, ce succès reposait en grande partie sur le développement d'une fusée capable de placer une charge utile sur orbite, un lanceur donc, baptisé Diamant-A et issu du programme « Pierres précieuses ». Le lanceur était équipé du satellite A-1 que le public connaîtra un peu plus tard sous le nom beaucoup plus parlant d'Astérix. Il s'agissait d'une petite capsule technologique d'une quarantaine de kilogrammes dont le rôle principal consistait à communiquer au sol différentes informations sur le lancement. Même si cette capsule cessa rapidement de fonctionner, c'est par cette voie pionnière que l'Hexagone devint une force importante en Europe pour un accès autonome à l'espace circumterrestre.

Pendant longtemps, et cela est particulièrement vrai pour les activités spatiales, de nombreux historiens ont renforcé le cadre interprétatif binaire qui consistait à réduire la guerre froide à la confrontation bien connue entre les États-Unis et l'URSS. Or, comme le montrent bien le cas du satellite Astérix et de façon plus générale les activités spatiales françaises, malgré le poids indéniablement important des deux grandes puissances mondiales pendant la guerre froide, on a tort de perdre de vue les pays européens dans le domaine spatial. Une perspective transnationale et donc plus globale permet de donner une place plus juste à la circulation des acteurs et des techniques qui a joué un rôle clé dans le partage et la transmission des savoirs. L'historien des activités spatiales Asif Siddiqi l'a bien noté : comme dans le domaine nucléaire, « chaque nation impliquée [dans l'élaboration de missiles balistiques et de technologies spatiales] a été un proliférateur et a profité de la prolifération ». Dans le domaine spatial, des réseaux internationaux et informels se sont formés en Europe et aux États-Unis dès les années 1920, et le développement un peu plus tard de missiles balistiques en Allemagne a largement bénéficié de ces échanges de technologies et de savoirs. À l'issue de la Seconde Guerre mondiale, les ingénieurs et scientifiques allemands ayant contribué à la construction des fusées V-2 ont aidé à bâtir les programmes spatiaux des deux superpuissances, et notamment la France et la Grande-Bretagne ont également pu bénéficier de ce savoir-faire. Par la suite, ce sont la Chine et le Japon qui ont profité respectivement de transferts de technologie et de savoir de l'URSS et des États-Unis. Ainsi, seulement dix ans après la mise sur orbite d'Astérix, l'ensemble de ces pays a fait partie du club prestigieux des puissances spatiales, rejoint un peu plus tard (dans les années 1980) par l'Inde et Israël qui ont profité à leur tour du soutien offert par l'Europe de l'Ouest, les États-Unis et l'Union soviétique.

L'importance de la perspective transnationale ne doit cependant pas faire oublier le cadre national comme cadre analytique puisque, dans le cas de la France d'après guerre, les technologies acquises dans le milieu spatial ont joué un rôle clé dans la construction d'une nouvelle identité nationale. L'essor de la recherche spatiale à la fin des années 1950 était fortement marqué par un contexte de modernisation générale et d'une réinvention profonde de la France en tant que puissance technologique – notamment dans le but de gagner une plus grande autonomie diplomatique et militaire. C'est, autrement dit, l'impératif militaire qui a marqué dès le début cette nouvelle volonté politique introduite par de Gaulle après son élection en 1958. Cela s'est traduit par la construction d'armes nucléaires comme nouvelle force de frappe ainsi que l'élaboration de différentes technologies spatiales. Ainsi, la course aux armes et la course à l'espace ont conféré une portée politico-symbolique à l'ensemble des avancées technologiques françaises des premières décennies d'après guerre.

Le lanceur Diamant reflétait bien évidemment aussi cette tension profonde entre visées militaires et applications civiles. Même s'il s'agissait d'un lanceur civil, une bonne partie de son inspiration technologique venait du domaine militaire, c'est-à-dire du programme « Pierres précieuses » que la France avait mis en place au début des années 1960. Pour atteindre ses objectifs stratégiques, et persuadée qu'elle ne pourrait pas se fier dans le cas d'une nouvelle guerre aux États-Unis ou à la Grande-Bretagne, la France, sous la présidence du général de Gaulle, misait principalement sur sa propre capacité de dissuasion nucléaire ainsi que sur ses propres moyens techniques pour pouvoir lancer des têtes nucléaires. Quand les ingénieurs du consortium SEREB (Société pour l'étude et la réalisation d'engins balistiques) ont reçu l'accord de De Gaulle pour continuer à développer un lanceur en 1961, ils venaient de tester avec succès des missiles à poudre grâce à des véhicules d'essai. En combinant un missile à poudre avec un étage à propulsion à liquides, ils ont obtenu en 1965 un missile guidé appelé Saphir. Ce dernier constitua la base du lanceur Diamant qui a mis sur orbite Astérix le 26 novembre 1965.

Cependant, même si la presse française fêtait cela comme un événement national de grande envergure, la France s'était aussi engagée dès ses premières entreprises spatiales dans de nombreuses coopérations, notamment sur le plan scientifique, à commencer par le programme de recherches dénommé « Année géophysique internationale » en 1957-1958. Le lancement du premier satellite français s'est effectué en complément d'un deuxième satellite posé sur un lanceur de la NASA. En effet, la NASA invitait dès sa création en 1958 d'autres nations à participer à la conquête de l'espace, et la France (comme d'autres pays européens) n'a pas hésité à saisir cette opportunité et à envoyer des ingénieurs et scientifiques aux États-Unis pour acquérir de nouveaux savoirs et pour apprendre à gérer des projets techniques complexes, ce qui a permis finalement d'établir un « langage commun » dans le domaine des activités spatiales des deux côtés de l'Atlantique.

En Europe aussi, grâce aux initiatives de scientifiques influents comme les physiciens Edoardo Amaldi et Pierre Auger, les efforts dans le domaine des activités spatiales commençaient à se mutualiser au début des années 1960. Ainsi, la France participa à la création d'ESRO (European Space Research Organisation) qui fut instituée en 1962 dans l'esprit du Centre de physique des particules, le CERN à Genève, pour mettre en commun au niveau européen les ressources spatiales dédiées au développement d'expériences scientifiques et de satellites. La question beaucoup plus sensible du lanceur, exclue explicitement d'ESRO, fut, quant à elle, confiée à un autre consortium européen institué en mars 1962 sous le nom d'ELDO (European Launcher Development Organisation), et pour lequel la France s'engagea à construire un des trois étages du premier lanceur européen baptisé Europa. Même si l'ESRO a connu de nombreuses crises et l'ELDO fut finalement un échec, c'est par cette double voie que la France a découvert et activement construit dans le domaine spatial son leadership au sein de l'Europe, notamment en militant en faveur de la mise en place de l'Agence spatiale européenne au milieu des années

1970 qui réunira ces deux secteurs d'innovation et de recherche (lanceur et satellites) au sein d'un même organisme. Astérix, cette modeste capsule technologique, restera ainsi le symbole historique de l'entrée de la France dans ce vaste champ des activités et des politiques spatiales auxquelles elle a largement contribué dès la fin des années 1950.

—

SEBASTIAN GREVSMÜHL

RÉFÉRENCES

—

Claude CARLIER et Marcel GILLI (DIR.), *Les Trente Premières Années du CNES, l'agence française de l'espace (1962-1992)*, Paris, La Documentation française / CNES, 1994.

Florence GAILLARD, « La construction symbolique de l'espace européen », *Hermès*, n° 34, 2002, p. 105-119.

John KRIGE, « Embedding the National in the Global : US-French Relationships in Space Science and Rocketry in the 1960s », *in* Naomi ORESKES et John KRIGE (dir.), *Science and Technology in the Global Cold War*, Cambridge (MA), MIT Press, 2014, p. 227-250.

Asif SIDDIQI, « Competing Technologies, National(ist) Narratives, and Universal Claims : Towards a Global History of Space Exploration », *Technology and Culture*, vol. 51, 2010, p. 425-443.

Isabelle SOURBÈS-VERGER, « Sur la notion d'indépendance », *in* Gérard AZOULAY (dir.), *Interdépendance. Un projet d'art contemporain*, Paris, Éd. de l'Observatoire de l'Espace, 2015, p. 13-16.

RENVOIS

—

52 av. J.-C., 1869, 1903, 1960

1968

« Un spectre hante la planète »

*Les jeunes révolutionnaires du printemps 1968
ont les yeux fixés sur la révolution culturelle chinoise,
l'expérience cubaine et la résistance vietnamienne.
Ils ne sont pas les seuls. À Berkeley comme à Berlin,
à Trente comme à Prague et Varsovie, la contestation
vise l'ordre établi et l'hégémonie des deux superpuissances.
Elle ne parvient pas tout à fait à les ébranler.*

13 mai 1968 : lors de manifestations gigantesques organisées dans tout le pays, on entend le slogan « Dix ans ça suffit ». Le lendemain, les ouvriers de Sud-Aviation, à Bouguenais près de Nantes, reconduisent la grève et occupent leur usine. Commence alors à circuler un pastiche, procédé cher aux situationnistes ; c'est une bande dessinée détournée, avec un James Bond déclarant sentencieusement : « Un spectre hante la planète : le spectre des travailleurs de Sud-Aviation. Toutes les vieilles puissances de la terre se sont groupées en une organisation des Nations unies pour traquer ce spectre : le pape et le président du Soviet suprême,

Wilson et Mitterrand, les radicaux de France et les policiers américains. » On aura reconnu l'accroche, parodiée, du *Manifeste communiste* lancé cent vingt ans plus tôt par Karl Marx et Friedrich Engels. Par-delà l'humour décalé et le jeu teinté de sérieux, un même internationalisme s'y dessine et s'affirme, un même ancrage dans une histoire-monde en train de s'écrire fiévreusement et dont les protagonistes imaginent qu'elle va balayer les puissants.

Les événements français de 1968 peuvent ainsi se relire au prisme du monde où ils s'arriment. La dimension internationale n'est de fait pas seulement un contexte ; c'est un enjeu, pour nombre d'acteurs soucieux de s'insurger dans un mouvement de grand vent où les frontières indiffèrent. Certes, tous les protagonistes n'ont pas cette sensibilité aiguisée au dépassement d'un cadre national jugé trop étriqué. Les étudiants sont les plus déterminés à cette imprégnation par les circulations et les transferts. Le temps disponible, la possibilité de voyager et les bouleversements qui touchent partout les universités les avantagent en la matière. Il en va de même pour les organisations qui se réclament d'un projet révolutionnaire et se sont forgées dans l'internationalisme, qu'il s'agisse de l'anarchisme, du trotskisme ou du maoïsme. Dans le mouvement ouvrier dominé par le Parti communiste français, cet internationalisme s'est en revanche affaissé : le retournement vient du Front populaire, quand le PC s'est réapproprié *La Marseillaise*, le drapeau tricolore et le 14 Juillet. Il n'empêche : d'autres solidarités transnationales y sont à l'œuvre, en particulier entre travailleurs français et étrangers.

La révolution chinoise, l'expérience cubaine et la résistance vietnamienne sont alors pensées comme des brèches, de celles qui fissurent l'ordre établi et brisent les hégémonies. Elles ébranlent les deux systèmes de domination, entre l'Ouest et l'Est ; elles lézardent aussi la relative harmonie de la coexistence pacifique. Chacun des deux camps est traversé de contestations qui les déstabilisent et les fragilisent. Et si Cuba a un tel retentissement, c'est non seulement par le charisme de Che Guevara, dont la mort

récente avive encore l'aura, mais aussi par un internationalisme qui ne se réduit pas au discours : jusqu'en 1967-1968, le régime de Fidel Castro se montre critique à l'égard de l'Union soviétique et prône l'extension de la révolution. En mai 1968, un comité d'action baptisé Centre d'information pour la révolution voit dans les révolutionnaires cubains des « poètes de l'action ». Quant à la cause vietnamienne, elle est loin d'être un simple arrière-fond : une génération reconvertit là sa lutte contre le colonialisme, dans le sillage de la guerre d'Algérie. L'opposition à l'intervention militaire états-unienne est l'une des étincelles de la contestation : à Nanterre, le Mouvement du 22 Mars est créé pour protester contre l'arrestation d'un militant appartenant au Comité Vietnam national. Deux jours auparavant en effet, les vitres de l'American Express avaient été brisées et l'action justifiée dans un tract, véritable concentré de solidarité internationale, en soutien aux étudiants qui, aux États-Unis, brûlent leurs feuilles d'enrôlement dans l'armée. Le 10 juin, au cœur d'une grève désormais généralisée, la *Tribune du 22 Mars* publiera d'ailleurs un communiqué de l'Organisation anti-impérialiste des déserteurs et insoumis américains.

Dans le mouvement étudiant, on connaît bien ce qui se passe à Berkeley comme à Berlin, à Trente comme à Louvain. On sait ce qui a lieu aussi à Prague et à Varsovie. Ce savoir s'imprègne d'expériences pratiques, de rencontres, de circulations d'informations et de transmissions. Les 17 et 18 février, quelque cinq cents militants français se rendent à Berlin pour une manifestation contre la guerre du Vietnam ; des liens s'y nouent ou s'y renforcent ; Alain Krivine, de la Jeunesse communiste révolutionnaire (JCR), loge chez Rudi Dutschke, du Sozialistische Deutsche Studentenbund (SDS). Karl Wolff, autre dirigeant du SDS, vient à Nanterre évoquer le mouvement étudiant ouest-allemand. Fin mars, des militants belges arrivent de Louvain et témoignent de leur expérience dans leur université occupée. Après l'attentat perpétré contre Rudi Dutschke le 11 avril, des rassemblements de protestation se tiennent à Paris comme à Strasbourg. Des textes sont traduits, comme le « Manifeste pour une université négative » élaboré par des étudiants de Trente en Italie, théorisant le dévoilement des rapports de domination et proposant des contre-cours critiques et subversifs. Alors que l'explosion de contestation retentit dans la presse internationale, des étudiants viennent encore d'un peu partout en Europe. Parmi eux, des Anglais participent le 17 mai à la marche vers Renault-Billancourt pour opérer la jonction avec les ouvriers et voient les grilles de l'usine se refermer devant eux, exprimant la méfiance d'une partie de la CGT à l'encontre de ces « gauchistes » dénigrés. Des jeunes gens venus de Göteborg en Suède apporter de l'argent collecté pour les grévistes français reçoivent le même accueil, hostile et fermé. Le 21 mai, *Action* consacre sa « une » au mouvement d'opposition extraparlementaire à Berlin. En retour, la grève de quelque 7 millions de travailleurs en France et les occupations d'usines modifient la conception que se faisait jusqu'à présent le mouvement radical ouest-allemand à propos de la classe ouvrière : celle-ci se révèle moins « intégrée » au système que Rudi Dutschke et ses camarades l'imaginaient. Le 12 juin, c'est au tour de Daniel Cohn-Bendit et Alain Geismar de se rendre à Londres pour participer à une émission de la BBC consacrée au mouvement étudiant en Europe.

Daniel Cohn-Bendit incarne ce creuset d'expériences puisées ici et là, enrichissant la mobilisation de sa matrice transfrontalière en en faisant le pilier d'un projet révolutionnaire. Traduit pour insubordination en conseil de discipline, l'étudiant de Nanterre commence par décliner une fausse identité en se faisant appeler Kurón-Modzelewski, noms de deux étudiants polonais en détention pour avoir critiqué le régime de Varsovie. Fustigé comme « anarchiste allemand » par Georges Marchais le 3 mai, interdit de séjour en France le 24 mai, ce qui provoque d'importants rassemblements et une nouvelle nuit des barricades après celle du 10 au 11 mai, il y rentre tout de même clandestinement, pourtant traqué par les forces de police et de gendarmerie comme l'éclairent bien les archives policières. Le 30 mai, dans les manifestations anticontestataires qui rassemblent un million de personnes notamment sur les Champs-Élysées, on entend parmi d'autres slogans – « Renault au boulot » ou « Les cocos à Dachau » – « Le rouquin à Pékin », entretenant l'idée d'une connivence avec la République populaire, quand le militant anarchiste de vingt-trois ans rejette pourtant le régime maoïste comme sectaire et autoritaire.

La priorité du mouvement étudiant est de manifester sa solidarité à l'égard des travailleurs, de briser la division sociale entre intellectuels et manuels, d'aider les ouvriers mobilisés en étant présents sur les piquets de grève, à leurs côtés. L'expérience malheureuse de Billancourt ne doit pas masquer l'importance de telles solidarités effectives et actives. Les archives de police montrent que, dès les premières journées d'action en mai et jusqu'à l'éteignoir du mouvement fin juin, étudiants et jeunes travailleurs sont engagés ensemble dans les mêmes batailles rangées, les mêmes barricades et les mêmes échauffourées face aux forces de l'ordre. Dès le 3 mai, on trouve dans les procès-verbaux des personnes interpellées des ouvriers (tôliers, ajusteurs, tourneurs…), des employés (d'EDF aux PTT), des garçons de café, colporteurs, coursiers et vendeurs… Les nationalités y sont elles aussi très variées et les services de police ne manquent pas de faire des fiches spéciales sur les étrangers arrêtés. Le 24 mai à Paris y figurent de nombreux Algériens et Tunisiens (de l'artiste musicien au mécanicien, du manœuvre au « tripeur des Halles »), des Italiens et des Portugais (OS, employés, garçons de restaurant et chef de chantier) et plus généralement des jeunes gens venus du Brésil et des États-Unis, d'Allemagne, de Grande-Bretagne, de Suisse et de Yougoslavie, du Cameroun et du Sénégal, du Japon et du Vietnam. La tendance à l'auto-organisation y est notable : comités des travailleurs étrangers, comité des trois continents, comités d'action bidonvilles. À la Sorbonne, une affiche proclame : « Pour la première fois, les étrangers sont chez eux en France. » Certains comités d'action et de quartier réclament même l'abolition du statut des étrangers, les

mêmes droits et les mêmes libertés, en se référant à la Commune, à son ministre du Travail, l'ouvrier hongrois Fraenkel, et à son chef militaire, l'ouvrier polonais Dombrowski. Dans cette perspective révolutionnaire, le « concept de nationalité [apparaît] profondément réactionnaire ». Mais les étrangers sont aussi une cible particulière de la répression policière qui se renforce à partir des 10-12 juin, date à laquelle, outre la dissolution de onze organisations d'extrême gauche, les manifestations sont interdites. Une fois encore, les archives des préfectures de police et des Renseignements généraux signalent de très nombreuses expulsions ou interdictions d'entrée sur le territoire français. Il devient risqué de participer à un rassemblement surtout lorsqu'on est étranger.

La reprise du travail s'effectue progressivement. Le mois de juin est marqué par la lente et souvent amère décrue du mouvement, endeuillée par la mort du lycéen Gilles Tautin et des ouvriers Pierre Beylot et Henri Blanchet dans les ultimes affrontements avec les CRS et les gendarmes mobiles, et la préparation des élections que d'aucuns considèrent comme un « piège à cons » et même une trahison.

En juin à la Sorbonne, des étudiants mobilisés avaient espéré que « la réalisation en France du pouvoir ouvrier démocratique aurait toutes chances, à bref délai, d'ébranler le régime de Franco, celui des colonels grecs, d'être reprise par les étudiants et ouvriers italiens ». L'histoire ne leur a pas pleinement donné raison. Beaucoup de comités d'action continueront à se mobiliser et protesteront contre l'invasion de la Tchécoslovaquie par les troupes du pacte de Varsovie en août et contre la terrible répression des travailleurs et étudiants mexicains en octobre. Mais, en cet automne 1968, dans les manifestations et rassemblements italiens qui amorceront les années rouges, c'est un air transmis et repris qu'on entendra : « Ce n'est qu'un début, continuons le combat. »

—

LUDIVINE BANTIGNY

RÉFÉRENCES
—

Philippe ARTIÈRES et Michelle ZANCARINI-FOURNEL (dir.), *68, une histoire collective (1962-1981)*, Paris, La Découverte, 2008.

Ludivine BANTIGNY, Boris GOBILLE et Eugénia PALIERAKI (dir.), « Circulations révolutionnaires dans les années 1968 », dossier de la revue *Monde(s). Histoire, espaces, relations*, n° 11, 2017, Presses universitaires de Rennes.

Ingrid GILCHER-HOLTEY, *A Revolution of Perception ? Consequences and Echoes of 1968*, New York / Oxford, Berghahn Books, 2014.

Gerd-Rainer HORN, *The Spirit of '68 : Rebellion in Western Europe and North America (1956-1976)*, Oxford, Oxford University Press, 2007.

Martin KLIMKE, Jacco PEKELDER et Joachim SCHARLOTH (dir.), *Between Prague Spring and French May : Opposition and Revolt in Europe (1960-1980)*, New York / Oxford, Berghahn Books, 2011.

RENVOIS
—

1357, 1789, 1840, 1848, 1871, 1892, 1936

1973

Un monde ouvert et épuisé

Avec le choc pétrolier de 1973, c'est tout le modèle de croissance des années d'après guerre qui s'effrite. Une autre mondialisation s'annonce, moins régulée et plus financiarisée. La nostalgie des « Trente Glorieuses » s'empare d'un pays qui prend peu à peu conscience des périls écologiques guettant la planète.

Le 17 octobre 1973, en réponse au soutien occidental à Israël dans la guerre du Kippour, l'Organisation des pays exportateurs de pétrole (OPEP) décide un ralentissement de l'extraction et une augmentation du prix du baril. En quelques mois, le prix de la principale ressource énergétique de l'Occident est multiplié par quatre (par dix entre 1973 et 1980 avec le deuxième choc de 1979). C'est aussi un tournant géopolitique et une brèche dans l'échange inégal imposé par les pays industriels occidentaux, sous l'hégémonie américaine, aux pays détenteurs de matières premières depuis la mondialisation de l'après-1945. Si les termes de l'échange des pays exportateurs

de minerais et denrées agricoles se dégradent jusqu'en 1989, ce « choc pétrolier » n'en symbolise pas moins une sorte d'acte II de la décolonisation. Avec le poids des pays exportateurs de pétrole et la montée des puissances industrielles asiatiques, la mondialisation apparaît de moins en moins comme un phénomène organisé par les grandes puissances occidentales, par l'impérialisme colonial ou l'érection d'institutions internationales qu'elles dominent ; elle semble devenir une dynamique autonome et de plus en plus incontrôlable.

1973 marque ainsi le premier coup d'un « choc du global » des années 1973-1985, véritable basculement du monde par rapport au régime de mondialisation né après 1945. En cette année 1973, les pays du tiers-monde revendiquent d'ailleurs à l'ONU un « nouvel ordre économique international » plus équilibré, tandis que la puissance et la confiance des pays industriels occidentaux semblent marquer le pas. Les États-Unis se retirent du Vietnam, le terrorisme mine l'Italie et menace l'Allemagne, tandis qu'en France on redécouvre, avec le livre de Robert Paxton, *La France de Vichy, 1940-1944* (1973), un passé national vichyste, au moment même où renaissent l'extrême droite, la xénophobie (création en 1972 du Front national et meeting « Halte à l'immigration sauvage ! » à l'initiative des néofascistes d'Ordre nouveau le 21 juin 1973), ainsi que de violentes « ratonnades » (dénoncées par le film *Dupont Lajoie* d'Yves Boisset).

Pour une économie française dont le pétrole importé représente les deux tiers de sa consommation énergétique, le choc pétrolier constitue un point de bascule. Le renchérissement de l'énergie, qui correspond en 1975 à une ponction de 3 % du produit national, fait tomber la balance commerciale dans le rouge en 1974 et accélère l'inflation. Le gouvernement se soucie alors d'« économies d'énergie », promeut la « chasse au gaspi » et affirme sauver la croissance et l'« indépendance énergétique » par un vaste programme électronucléaire.

On a souvent, et paresseusement, attribué au choc pétrolier la responsabilité de la crise économique, du ralentissement de la croissance (et même d'une récession en 1974-1975), de la montée du chômage et du déficit des finances publiques. Est

ainsi né, dès 1979, sous la plume de Jean Fourastié, le mythe d'une période heureuse de modernisation et d'abondance avant cette crise, sous l'appellation de « Trente Glorieuses » (pour désigner les années 1946-1975), appellation aujourd'hui largement remise en question par les historiens. La réalité est plus complexe, car le « modèle fordiste » de croissance et d'accumulation du capital accusait déjà des signes d'essoufflement à la fin des années 1960 et au début des années 1970 : équipement achevé des ménages pour la plupart des biens qui avaient tiré la croissance, combativité ouvrière, contestation de la jeunesse, baisse de la profitabilité industrielle... Et c'est dès la fin des années 1960 que s'amorcent des stratégies qui vont signer en Occident la fin du « modèle fordiste » et du « libéralisme encastré », fondé sur des taux de change fixes et une association entre le libre-échange multilatéral et une forte intervention étatique visant la croissance et le plein-emploi.

On assiste premièrement à une défiscalisation accrue de l'argent transitant par la City de Londres (marché offshore des eurodollars) dans les années 1960. Ensuite, le gouvernement Nixon abroge unilatéralement en août 1971 la parité or-dollar, mettant fin aux accords de Bretton Woods. Cela ouvre l'ère des taux de change flexibles et favorise le retour en force de la finance spéculative. Troisièmement, en France, avec la loi du 3 janvier 1973 sur la Banque de France, qui encadre le financement de l'État par la banque centrale sous couvert de juguler l'inflation, le gouvernement va favoriser le développement du marché interbancaire et accroître la part de la création monétaire privée sur la création monétaire publique. Certes, ce n'est qu'à partir de 1984 que l'État recourt en majorité aux banques privées pour emprunter et, malgré la fin des années de haute croissance, les salariés parviennent à maintenir un pouvoir d'achat en hausse jusqu'au tournant mitterrandien de 1983. Mais on peut considérer qu'avec ces marchés interbancaires et financiers privés des eurodollars, des changes et de la dette publique, trois éléments clés d'une réémergence du capital rentier, d'une reconstitution d'une masse de capital cherchant à se mettre en valeur de façon financière, comme capital de prêt, sont en place à la veille du premier choc pétrolier, au moment où la rentabilité du capital industriel baisse depuis la fin des années 1960. La prolifération des pétrodollars après octobre 1973 accélère encore le transfert de richesses vers le capital de prêt (y compris aux pays du tiers-monde, en échange d'importation des pays industriels et d'exportation de matières premières ; prêts qui conduiront nombre de ces pays à de drastiques crises de la dette à partir de 1982). Dans le même temps s'amorce en France un retour du poids du capital par rapport au PIB (comme l'ont montré les travaux de Thomas Piketty), qui s'accroîtra dans les années 1980 avec une part accrue du capital au détriment du travail dans la répartition de la valeur ajoutée. La hausse du pétrole ne saurait donc masquer une recomposition plus large des rapports sociaux à l'échelle nationale et mondiale, lorsque s'installe une nouvelle phase du capitalisme, celle de la mondialisation financière et du néolibéralisme.

Cette transition se traduit en France par la stagflation de 1973-1982, la litanie des fermetures d'usines (textile, sidérurgie, etc.) et le franchissement du cap du million de chômeurs en 1977. Les syndicats, poussés par les nouvelles radicalités nées depuis 1968, se battent. En témoigne l'emblématique mais éphémère expérience d'autogestion ouvrière de l'usine en faillite Lip, entre juin 1973 et début 1974. Mais le gouvernement entend « punir » ce type de mobilisation : « Qu'ils soient chômeurs et qu'ils le restent », leur lutte ne doit pas réussir sous peine de « véroler tout le corps social », selon les mots du ministre de l'Économie et des Finances et futur président Valéry Giscard d'Estaing. Et la combativité sociale marque le pas dès la seconde moitié des années 1970.

Le choc pétrolier favorise également la prise de conscience quant aux contraintes matérielles et aux limites écologiques du modèle de croissance des décennies d'après guerre. Jean Fourastié, chantre d'une productivité qu'il décrivait depuis trente ans comme le résultat d'un habile mélange d'investissements, de science et de rationalisation du travail, doit désormais concéder à quel point elle repose également sur « l'emploi d'énergie mécanique ». Il note que chaque travailleur français disposait à travers les énergies fossiles de cent vingt-quatre « esclaves mécaniques à sa disposition » en 1973, contre quarante en 1938. Cela rejoint les conclusions d'économistes actuels établissant que les deux tiers de la croissance française des trois décennies d'après guerre s'expliquent mécaniquement par le simple afflux d'énergies fossiles : ce facteur matériel, thermodynamique, relègue au second plan les autres facteurs plus «glorieux» pour l'image que l'homme moderne se faisait de lui-même et de la croissance. En 1973, l'agronome René Dumont publie *L'Utopie ou la Mort!*, ouvrage qui vulgarise les travaux du Club de Rome sur «les limites de la croissance» (1972), l'épuisement des ressources et l'enjeu de justice sociale inhérent à la question écologique. Dumont défend un droit égal des citoyens du monde à accéder aux ressources et à polluer dans les limites des capacités et de l'intégrité de la Terre. Alors que l'environnement s'institutionnalise comme objet de politiques au plan international (sommet international de Stockholm en 1972, ministère de l'Environnement en France en 1971), les enjeux environnementaux, l'échange écologique inégal et la critique des limites de la croissance sont largement diffusés dans l'espace public à la faveur de l'élection présidentielle de 1974, où Dumont est le premier candidat écologiste. Les 25-26 août 1973, écologistes, chrétiens, pacifistes, paysans et gauchistes se rassemblent (80 000 personnes) sur le Larzac contre l'extension du camp militaire. Y émerge une nouvelle gauche paysanne, qui jouera un rôle actif dans les mouvements écologistes et altermondialistes des décennies suivantes.

À la critique du progrès et de la croissance, certains préfèrent toutefois les promesses de nouvelles technologies prétendant résoudre simultanément les crises écologique, économique et sociale : les biotechnologies (le premier OGM est obtenu en laboratoire en 1973), l'espace, l'informatique, la robotisation. Promues par Daniel Bell ou Alvin Toffler aux États-Unis, ces perspectives sont relayées en France par le «Groupe des Dix» (qui réunit entre 1969 et 1976 des scientifiques tels Henri Atlan, Joël de Rosnay ou Henri Laborit, des politiques tels Robert Buron, Michel Rocard, ainsi que Jacques Attali, Edgar Morin ou René Passet). Ce groupe appelle au dépassement d'une civilisation fondée sur les ressources minérales, que doit remplacer une civilisation fondée sur la connaissance et l'optimisation du vivant. S'imagine ainsi une modernisation écologique du capitalisme, une transition des pays riches vers une économie «postindustrielle», tertiarisée, basée sur les technologies de l'information, et libérée des limites écologiques comme des régulations étatiques. Certes, les économies occidentales parviennent après 1973 à stabiliser la part d'énergie fossile incorporée dans chaque dollar de PIB généré, mais leurs émissions de gaz à effet de serre vont cependant continuer à augmenter, ainsi que celles induites par leurs importations, ce que l'ampleur du dérèglement climatique révélera progressivement au grand jour.

—

CHRISTOPHE BONNEUIL

RÉFÉRENCES

—

Philippe CHASSAIGNE, *Les Années 1970. Fin d'un monde et origine de notre modernité*, Paris, Armand Colin, 2012.

François CHESNAIS (dir.), *La Finance mondialisée*, Paris, La Découverte, 2004.

Niall FERGUSON, Charles S. MAIER, Erez MANELA et Daniel J. SARGENT (dir.), *The Shock of the Global : The 1970s in Perspective*, Cambridge (MA), Harvard University Press, 2011.

Céline PESSIS, Sezin TOPÇU et Christophe BONNEUIL, *Une autre histoire des « Trente Glorieuses ». Modernisation, contestations et pollutions dans la France d'après guerre*, Paris, La Découverte, 2013.

Jean VIGREUX, *Croissance et contestations (1958-1981)*, Paris, Seuil, 2014.

RENVOIS

—

1720, 1816, 1860, 1875, 1962, 1983, 1992

1973

L'autre 11 Septembre

*Le coup d'État des généraux chiliens du 11 septembre 1973
est un miroir que la France se donne pour penser
les déceptions révolutionnaires récentes et les espoirs
de réforme d'une société inquiète. L'accueil des réfugiés
politiques chiliens renforce alors la fonction
d'un pays « terre d'asile »*

Avant que les attentats contre les tours jumelles de New York n'en recouvrent le souvenir, la date du 11 septembre était déjà associée à un événement global : celui du renversement du gouvernement socialiste de l'Unité populaire (UP) par les forces armées chiliennes, appuyées par les services secrets américains, en 1973. Pour les gauches latino-américaines et européennes, à l'Est comme à l'Ouest, le coup d'État a constitué un choc émotionnel et politique considérable, un moment de tristesse et de sidération partagé par toute une génération. Les nouvelles sont sans appel, rapidement accompagnées d'images accablantes : les militaires, incroyablement sûrs de leur bon droit, laissent photographes et cameraman du monde entier travailler afin d'accentuer la terreur populaire, de décourager toute velléité de résistance et d'exhiber leur triomphe à l'opinion internationale. Les images du palais de la Moneda bombardé par l'aviation chilienne, prises du haut d'un immeuble voisin par le jeune reporter Dagoberto Quijada, font en quelques jours le tour du monde, comme le cliché du président Allende encadré de ses gardes du corps, l'air hagard, coiffé d'un casque et mitraillette à l'épaule, quelques heures avant d'être poussé au suicide. Des dizaines de photographes immortalisent la répression des semaines qui suivent le coup : les corps anonymes battus dans les rues, les arrestations de masse, les centaines d'hommes parqués dans le Stade national qui apparaissent dans le documentaire *Septembre chilien* de Bruno Muel et Théo Robichet. Le visage sinistre du commandant en chef de l'armée, le général Pinochet, saisi par le photographe néerlandais Chas Gerretsen lors d'une messe solennelle et qui deviendra l'effigie du dictateur sud-américain. Les sourires radieux de soldats.

Pendant plusieurs semaines et avant que la guerre du Kippour et l'aggravation de la crise pétrolière, début octobre, ne s'imposent à l'actualité, il n'est pas un jour où *Libération*, *L'Humanité* et *Le Monde* ne fassent leur « une » sur le Chili, « la terreur et la persécution » quotidiennes (*Libération*, 21 septembre), la lourde responsabilité de la CIA, le sort des prisonniers, le martyre d'Allende. Mais la stupeur initiale n'est pas un feu de paille : elle se mue, dans plusieurs pays d'Europe dont la France, en une mobilisation politique et citoyenne durable qui va bien au-delà de la gauche intellectuelle et militante. L'accablement face au putsch et le puissant mouvement de solidarité à l'égard des prisonniers, des familles de disparus et des réfugiés, sont les deux versants d'une même expérience générationnelle qui a eu un impact profond sur la scène publique, associative et politique française.

Pourquoi le sort de ce petit pays de 9 millions d'habitants, allongé entre le Pacifique et la cordillère des Andes, à 10 000 kilomètres de Paris, a-t-il à ce point concerné l'opinion de la relativement paisible France pompidolienne ? La première raison concerne la gauche, dont les yeux sont depuis trois ans tournés vers ces terres australes où le socialisme semble pouvoir se construire démocratiquement. Guevara est mort (1967) ; 1968, la « révolution manquée qui faillit renverser l'histoire » (Renaud, *Hexagone*, 1975), aussi ; la Chine ne fait plus autant rêver la jeunesse, et le choix des armes est polémique et groupusculaire. Or, au Chili, dans le sous-continent dont les États-Unis ont fait leur chasse gardée, un médecin marxiste de soixante-deux ans à la tête d'une coalition PS-PC gagne l'élection présidentielle sur un programme de transition graduelle vers le socialisme. La « voix chilienne », soutenue officiellement par Cuba, apparaît à la gauche française en quête d'union comme une lumineuse source d'inspiration. En novembre 1971, deux délégations partent d'ailleurs séparément pour Santiago, l'une menée par François Mitterrand, récemment porté à la tête du Parti socialiste lors du congrès d'Épinay ; l'autre par Jacques Duclos et Étienne Fajon, du PCF. Le parallélisme entre les situations chilienne et française est évident et très largement mis en exergue, au point que certaines affirmations du préambule du « Programme commun » (juin 1972) reprennent terme à terme celles de la plate-forme de l'UP de décembre 1969. La construction médiatique d'une fraternité, voire d'un destin commun entre les gauches des deux côtés de l'Atlantique explique l'inquiétude croissante quant au sort du gouvernement chilien à partir de l'été 1973, quand la droite et le patronat lui déclarent ouvertement la guerre ; et le puissant sentiment d'identification, d'empathie et de solidarité qui a suivi le coup, poussant partis, organisations de jeunesse et syndicats dans la rue dès le 12 septembre.

L'Unité populaire et le putsch qui l'a renversée ont la particularité d'avoir été à la fois vécus comme familiers, brandis comme des symboles, et choisis comme un combat par la gauche française. « Le Chili est proche », dit en 1974 le militant et ancien leader étudiant Maurice Najman : non seulement parce qu'il tente de s'y inventer, comme chez nous, un nouveau chemin entre les deux blocs, mais aussi parce qu'il ravive une mémoire politique intime et européenne, celle de la guerre civile espagnole. « Ce sont les mêmes casques, ce sont les mêmes trognes, le même sang des hommes, les mêmes larmes des femmes » (Maurice Clavel dans *Le Nouvel Observateur*, 3 octobre) ; on pourrait ajouter la même langue, les mêmes slogans (*¡No pasarán !*). Cette association fonctionnera à plein dans le regard porté sur les réfugiés politiques que, aux premières heures du putsch, la France se proposera avec d'autres pays européens et latino-américains d'accueillir. Nul doute que le sentiment de culpabilité quant à la non-intervention de la France en 1936 a joué un rôle dans cet accueil.

Le Chili est aussi le symbole des espoirs sacrifiés : comme s'en indigne le directeur du *Monde* Jacques Fauvet le 13 septembre, « un président élu au suffrage universel qui paie volontairement de sa vie le parjure de ses généraux, c'est un drame peu commun qui n'est pas seulement celui d'un homme et d'un peuple. C'est aussi celui, d'une portée plus universelle, de la "révolution par la loi" ou du "socialisme dans la légalité" ». Le Chili, enfin, est une cause qui rapidement s'éloigne de la lutte internationale pour la victoire du socialisme : la solidarité se manifeste à l'égard de victimes, et non de révolutionnaires ; de civils, et non

de combattants ; de torturés, de prisonniers, de citoyens aux droits bafoués, plus encore que de militants. Cette lecture prend sens dans une décennie où s'affirme l'idée d'une défense universelle et nécessaire des droits de l'homme. Ainsi s'explique en partie le numéro d'équilibriste du président Pompidou, qui reconnaît du bout des lèvres le gouvernement putschiste, comme tous les pays occidentaux incapables de s'écarter de la ligne états-unienne, mais donne toute liberté à son ambassadeur Pierre de Menthon pour offrir l'asile à des centaines de persécutés. Bien sûr, comme dit le même Renaud dans un autre couplet de son *Hexagone* : « Quand en septembre on assassine / Un peuple et une liberté / Au cœur de l'Amérique latine / Ils sont pas nombreux à gueuler. / Un ambassadeur se ramène / Bras ouverts il est accueilli. / Le fascisme c'est la gangrène / À Santiago comme à Paris. » Mais, outre les ambassadeurs, les réfugiés du Chili furent également reçus à bras ouverts par un tissu associatif extrêmement mobilisé, appuyé par l'État.

C'est en effet par l'afflux des exilés que la situation politique chilienne a le plus profondément marqué la société française : non tant par leur nombre – ils furent environ 10 000, la quasi-totalité ayant demandé et obtenu le statut de réfugié politique – que par la mobilisation collective et le consensus public qui ont permis leur accueil, la qualité de leur prise en charge et l'implication de l'État. Un dense tissu associatif se mobilise dès l'annonce du putsch, formant le 2 octobre une coordination associée à plusieurs ministères et au HCR. Le gouvernement donne son accord pour l'accueil de réfugiés, autant et aussi longtemps que nécessaire. Plusieurs générations d'associations travaillent de concert, des plus anciennement impliquées dans la défense des droits humains et l'aide aux migrants, laïques ou religieuses (Ligue des droits de l'homme, Service social d'aide aux émigrants, Cimade, Secours populaire, Secours catholique), jusqu'aux groupes plus récents, nés des mobilisations de la guerre d'Algérie et d'une prise en compte croissante des problèmes humanitaires et juridiques posés par l'immigration en situation postcoloniale (France terre d'asile, 1971 ; le Groupe d'information et de soutien des travailleurs immigrés – GISTI –, 1972). Les réfugiés bénéficient pour six mois d'une prise en charge multiforme, comprenant l'accès à une couverture sociale, l'hébergement, l'alimentation, des cours de langue ; ils sont répartis sur tout le territoire, y compris en milieu rural, et la grande majorité témoigne de la forte sympathie et de la solidarité exprimées par la population.

L'accueil extrêmement favorable réservé aux victimes de la répression au Chili est un moment clé dans l'histoire de l'asile en France : à la fois fondation, et parenthèse. Fondation parce que, pour la première fois, l'Hexagone offrait un refuge à des non-Européens, ce qui n'était possible que depuis le protocole de New York (dit de « Bellagio ») de 1967, complétant la convention de Genève de 1951. L'évidence, partagée par toute la classe politique, de leur persécution et du devoir d'asile a largement facilité l'accueil d'autres réfugiés latino-américains dans les années suivantes (en particulier les Argentins après le putsch de 1976), puis des *boat people* asiatiques. Elle a permis à la France de se positionner brièvement, à l'échelle mondiale, comme une « terre d'asile » indépendamment des logiques de bloc. Cette position sera cependant éphémère car, alors même que la société française ouvre ses portes à ces victimes si évidentes et familières que sont les Chiliens, elle les ferme à l'immigration de travail (circulaires Marcellin et Fontanet, 1972 ; suspension de l'immigration de travail, 1974) et, quelques années plus tard, réduit drastiquement l'accord du statut de réfugié aux demandeurs africains et asiatiques. C'est la « crise du droit d'asile », qui voit les taux d'attribution passer de 80 % à moins de 20 % en quelques années, alors que le nombre de demandes explose, désormais systématiquement suspectées de dissimuler une immigration économique.

Du fait de circonstances particulières, la société française, au-delà de sa frange la plus à gauche, a « reconnu » collectivement le drame chilien : ses échos espagnols, la clarté de ses enjeux politiques et humanitaires, l'évidence morale du rôle que la France devait y tenir. Cette reconnaissance n'a cependant pas empêché qu'advienne, immédiatement après, l'ère de la défiance et du soupçon.

—

MAUD CHIRIO

RÉFÉRENCES

——

Patrício GUZMÁN, *La Batalla de Chile, la lucha de un pueblo sin armas*, cinéma documentaire, 1975.
Caroline MOINE et Olivier COMPAGNON (dir.), « Chili 1973 : un événement global », dossier de la revue *Monde(s). Histoire, Espaces, Relations*, n° 8, novembre 2015, Presses universitaires de Rennes.
Marie POINSOT et Bernardo TORO (dir.), « L'exil chilien en France », dossier de la revue *Hommes et migrations*, n° 1305, janvier-mars 2014, Musée de l'histoire de l'immigration.

RENVOIS

——

1808, 1825, 1889, 1923, 1936, 1948, 1968

1974

Reflux migratoires

*Le Conseil des ministres décide en juillet 1974
de suspendre temporairement l'immigration de travail.
Tout comme la RFA ou le Royaume-Uni, la France affiche
sa volonté de maîtriser les flux migratoires, dans un contexte
économique dégradé. L'immigration s'inscrit durablement
au centre du débat politique national.*

Le 3 juillet 1974, le Conseil des ministres décide, après une longue discussion conduite par le tout nouveau président Valéry Giscard d'Estaing, de suspendre temporairement – jusqu'au mois d'octobre – l'immigration de travail. Présentée aujourd'hui comme la première étape d'une politique répressive induite par le déclenchement de la crise économique, cette décision s'inscrit pourtant à l'époque dans une série de mesures visant à mieux protéger les étrangers installés en France. Son inspirateur, André Postel-Vinay, est un ancien résistant devenu conseiller d'État puis directeur de la Population et des Migrations au ministère du Travail. Celui qu'on appelle le premier « ministre des immigrés » prévoit parallèlement à la suspension de l'immigration un plan ambitieux pour résoudre les difficultés de logement que rencontrent les étrangers déjà présents sur le territoire. L'objectif affiché d'instaurer une régulation des flux migratoires n'est pas sans rappeler la décision prise en novembre 1973 par la République fédérale d'Allemagne d'arrêter l'immigration de travail. Mais le retournement de conjoncture intervenu après le premier choc pétrolier est loin d'être la seule explication : les gouvernants britanniques ont quant à eux décidé dès 1971 d'empêcher toute nouvelle arrivée de travailleurs du Commonwealth. Dans le cas français, les hauts fonctionnaires ont cherché à profiter de cette conjoncture internationale pour politiser l'immigration, qui depuis trois décennies n'intéressait plus la représentation nationale et ne préoccupait guère que les chefs de bureau chargés d'attribuer les cartes de séjour et de travail.

La forme prise par la décision du 3 juillet 1974 s'inscrit dans la continuité des trois précédentes décennies : elle se matérialise par une circulaire et non par un changement de la loi qui aurait nécessité un débat parlementaire. Entre 1946 et 1975, le nombre d'étrangers en France a doublé, passant de 1,7 à 3,4 millions, mais le cadre juridique est resté le même. Tandis que la période de l'entre-deux-guerres se caractérisait par une succession de lois et de décrets se superposant les uns aux autres, les ordonnances adoptées en 1945 marquent la volonté des pouvoirs publics d'établir une législation unique répondant aux besoins de l'État. L'équipe constituée autour du général de Gaulle à la sortie de la guerre affiche la volonté de rompre avec l'action menée par le maréchal Pétain, sans forcément remettre en cause l'héritage de la Troisième République. Au ministère de l'Intérieur, ce sont d'anciens résistants comme Pierre Tissier, directeur de cabinet, qui posent les bases de la nouvelle politique d'immigration. D'un côté, ils entendent se démarquer du démographe Georges Mauco qui depuis les années 1930 prône la sélection des étrangers selon leur origine et leur capacité d'assimilation ; de l'autre, ils s'opposent aux associations d'immigrés, proches des communistes, qui réclament un statut des étrangers plus généreux qu'une simple reconduction des lois de police de l'entre-deux-guerres.

Afin d'éviter un débat parlementaire à l'issue incertaine, ils s'empressent de rédiger des ordonnances qui tranchent ces débats, tout en restant suffisamment floues pour être diversement interprétées : celle du 19 octobre 1945 portant Code de la nationalité française marque un retour à l'esprit de la loi de 1927 en assujettissant les naturalisations aux besoins démographiques ; celle du 2 novembre 1945, relative aux conditions d'entrée et de séjour en France, renoue avec la législation de 1938 mais innove en créant l'Office national d'immigration (ONI). C'est à cette institution publique qu'il revient d'organiser le recrutement et l'acheminement de la main-d'œuvre étrangère, en lieu et place de la Société générale d'immigration qui, depuis 1924, assumait ces missions pour le compte d'entreprises privées.

À la Libération, l'État semble donc se réapproprier la politique d'immigration, au détriment du patronat. En réalité, le dispositif institutionnel imaginé par une coalition de hauts fonctionnaires gaullistes et socialistes vole très vite en éclats. Dès les années 1950, la reprise économique et l'importance des besoins de main-d'œuvre conduisent le patronat à exiger des pouvoirs publics la fin du monopole de l'ONI. Ce vœu est exaucé par la circulaire du 18 avril 1956 qui encourage la régularisation de tous les travailleurs étrangers acceptant de se diriger vers les secteurs économiques en manque de main-d'œuvre. L'État ne se dessaisit pas pour autant du contrôle des étrangers. À défaut d'exister comme enjeu public, la politique d'immigration est conduite par d'anonymes chefs de bureau qui, sur la base de circulaires confidentielles, adaptent le droit en fonction du contexte économique et politique.

Ainsi, la signature de la convention de Genève en 1951 implique en principe de nouvelles obligations en faveur des réfugiés mais, en réalité, l'administration conserve le dernier mot. D'un côté, ceux qui fuient l'entrée des chars soviétiques en 1956 à Budapest bénéficient d'une présomption favorable et obtiennent très vite une carte de séjour de trois ans. De l'autre, les exilés yougoslaves qui arrivent à la même époque sont soupçonnés de ne pas correspondre aux besoins de main-d'œuvre et se voient notifier des refus de séjour. Dès la fin des années 1950, on voit donc émerger une opposition entre « vrais réfugiés hongrois » et « faux demandeurs d'asile yougoslaves ».

Plus généralement, le pouvoir discrétionnaire de régularisation dont disposent les agents de préfecture leur permet de privilégier certaines nationalités plutôt que d'autres. Après la vague de décolonisation qui s'achève par la signature des accords d'Évian en 1962, deux types de flux migratoires répondent aux besoins formulés par les entreprises : le premier se compose d'étrangers en provenance d'Espagne et du Portugal qui restent soumis aux règles d'entrée et de séjour de l'ordonnance de 1945, et le second regroupe des migrants venus d'Algérie – et dans des moindres proportions d'Afrique noire – qui bénéficient d'une liberté de circulation et d'installation négociée au moment de l'indépendance. Dès 1963, les régularisations des migrants de la péninsule Ibérique sont encouragées, de façon à compenser la liberté de circulation dont bénéficient les Algériens et les ressortissants d'Afrique.

C'est à ce moment-là, alors que la croissance économique bat encore son plein, que les hauts fonctionnaires se réapproprient la politique d'immigration et se convertissent à l'idée de maîtriser les flux d'entrées.

Les premières mesures adoptées pour contingenter les flux d'immigration visent d'abord les Algériens. Faute de parvenir à un accord avec les autorités algériennes, cette limitation s'effectue de façon unilatérale, d'abord à l'encontre des « faux touristes » en octobre 1964. L'année suivante, les restrictions sont étendues à l'arrivée des familles algériennes, sans que les autres nationalités soient concernées. Puis, à l'été 1971, la direction du ministère de l'Intérieur étend ces mesures aux ressortissants des États d'Afrique francophone. Dans un contexte où le regroupement familial en faveur des Italiens, Espagnols et Portugais reste encouragé, ces dispositions restrictives réactualisent les préventions racialistes des démographes de l'entre-deux-guerres et constituent la première étape d'un long processus de conversion à la maîtrise des flux migratoires. La deuxième phase s'ouvre à peine quelques mois plus tard sur le front de l'immigration de travail. Devant le ralentissement continu de la croissance, le gouvernement adopte, au début de l'année 1972, deux circulaires dites « Marcellin-Fontanet » qui mettent fin à la possibilité pour les étrangers d'avoir une carte de séjour sans avoir préalablement obtenu une autorisation de travail. On passe ainsi d'un régime de régularisation individuelle et permanente à celui de régularisations collectives à la discrétion du gouvernement.

Mais, encore une fois, ce durcissement des pratiques administratives est très diversement appliqué selon les catégories d'étrangers. Les ressortissants de la Communauté économique européenne bénéficient désormais d'un traitement privilégié, et les migrants portugais continuent à être largement régularisés. En 1975, les Portugais et les Algériens sont devenus les plus nombreux parmi les étrangers résidant en France.

La décision de suspendre l'immigration des travailleurs étrangers et de leurs familles parachève donc un processus engagé plusieurs années auparavant. Le principe de la « maîtrise des flux », qui a longtemps orienté la politique des guichets, est désormais entériné au plus haut niveau de l'État. Le droit international laisse néanmoins subsister d'importantes exceptions : les demandeurs d'asile, les réfugiés ainsi que les étrangers appartenant à certaines nationalités du Sud-Est asiatique, les conjoints de Français, les ressortissants communautaires et enfin les travailleurs hautement qualifiés ne sont pas concernés par cette suspension. Mais, au-delà de ces distinctions juridiques, ce sont les agents de l'administration qui conservent le monopole de l'interprétation du droit régissant l'entrée et le séjour des étrangers en France.

Depuis 1974, aucun gouvernement n'a plus remis en cause le principe de la maîtrise des flux migratoires, ce qui n'a pas empêché des inflexions au gré des mobilisations émanant des étrangers et de leurs soutiens. Votée à l'unanimité des parlementaires, la loi du 17 juillet 1984 a marqué une étape importante, en instaurant une carte de résident de dix ans qui donne le droit d'exercer la profession de son choix sans autorisation. Mais dans un contexte marqué par les succès électoraux du Front national, la politique d'immigration n'a cessé ensuite de se durcir, et l'enjeu du débat public s'est déplacé pour porter désormais sur l'identité nationale et la place de l'islam. Parallèlement, la succession de directives européennes sur les visas, l'asile et les travailleurs détachés (popularisés par l'image du « plombier polonais ») remet régulièrement au cœur de l'actualité l'alternative entre contrôle des frontières hexagonales et généralisation des normes européennes. Les différences de réponses apportées par la France et l'Allemagne face à l'afflux d'exilés ont cependant montré que la politique d'immigration restait une prérogative nationale, ravivée régulièrement à chaque échéance électorale.

—

ALEXIS SPIRE

RÉFÉRENCES
—

Sylvain LAURENS, *Une politisation feutrée. Les hauts fonctionnaires et l'immigration en France (1962-1981)*, Paris, Belin, 2009.

Gérard NOIRIEL, *Le Creuset français. Histoire de l'immigration (XIXᵉ-XXᵉ siècle)*, Paris, Seuil, 1988.

Clifford D. ROSENBERG, *Policing Paris : The Origins of Modern Immigration Control between the Wars*, Ithaca, Cornell University Press, 2006.

Alexis SPIRE, *Étrangers à la carte. L'administration de l'immigration en France (1945-1975)*, Paris, Grasset, 2005.

Patrick WEIL, *La France et ses étrangers. L'aventure d'une politique de l'immigration (1938-1991)*, Paris, Calmann-Lévy, 1991.

RENVOIS
—

719, 1923, 1927, 1998

1979

Pour une poignée de diamants

De la complaisance à la disgrâce, le règne de Bokassa précipite les vraies-fausses incohérences d'une politique postimpériale. Face à la Libye, le « maintien » des intérêts stratégiques au Tchad éclabousse par ricochet la réputation présidentielle. Épiphanie médiatique de la Françafrique, les diamants de Bokassa font éclater ce scandale sous forme d'illégalisme d'État et de délit d'initié en géopolitique.

Dans la nuit du 20 au 21 septembre 1979, le service Action du SDECE (services secrets français) procède au renversement de l'Empire centrafricain à Bangui. L'opération a pour nom de code « Caban ». Depuis près d'un an sont préparées la chute de l'empereur Bokassa Ier et la restauration de David Dacko, le président renversé lors du putsch de la Saint-Sylvestre mené par Bokassa dans la nuit du Nouvel An 1966. Dans les instants qui suivent l'opération « Caban », l'affaire est « régularisée » par le débarquement des parachutistes français : c'est l'opération « Barracuda », la part officielle et visible de l'action française à Bangui. Ce coup d'État s'est joué en l'absence de Bokassa, en visite à Tripoli auprès du sulfureux Kadhafi, devenu l'ennemi régional de la France avec la guerre du Tchad.

L'empereur déchu prend alors la route de l'exil, direction Paris, au nom de son passé de militaire français et de ses résidences dans l'Hexagone. Paradoxe de la Françafrique... Au terme d'un ballet paradiplomatique, le président Houphouët-Boigny, le « Vieux » de la famille franco-africaine, accepte de l'héberger en Côte d'Ivoire. En apparence, l'affaire est close. En réalité, elle devient le détonateur du plus célèbre scandale de la Françafrique.

Car le choc provoqué par les opérations « Caban » et « Barracuda » se fait l'écho de l'exubérant couronnement impérial (et non du sacre, car il ne reçoit pas l'onction du pape) de Bokassa du 4 décembre 1977, parrainé par la France giscardienne. Cette cérémonie est l'aboutissement d'une certaine idée de la politique africaine de la France qui semble se dérégler dans les années 1970. Foccart, lorsqu'il était secrétaire général des Affaires africaines et malgaches (1960-1974), s'était efforcé de maintenir au quotidien Bokassa « dans les limites du raisonnable » (selon les termes du Deuxième Bureau). Cela n'empêche pas Bokassa de s'engager dans une authentique conquête bonapartiste du pouvoir : après s'être autopromu général, il se proclame tour à tour président à vie (1972), maréchal (1974) et enfin empereur (1976). Conscients du scandale géopolitique, aucun des chefs d'État voisins ne veut s'afficher à cet événement. Simultanément compromise et mal à l'aise, la France, quant à elle, n'est finalement représentée que par René Journiac, le « Monsieur Afrique » de Giscard, et Robert Galley, le ministre de la Coopération ; l'orchestre des troupes de marine assure la musique de cette ubuesque cérémonie napoléonienne sous les tropiques, immortalisée par les caméras du Service cinématographique des armées qui offre l'enregistrement au souverain centrafricain en guise de cadeau diplomatique.

Comment comprendre ce scénario politique en plein cœur des années 1970 ? En 1974, quoique devenu président de la République française, Giscard ne fait pas figure de doyen de la Françafrique : le rôle revient à l'Ivoirien Houphouët-Boigny, pilier de la décolonisation voulue par le général de Gaulle et menée par son fidèle Foccart, qui quitte lui-même l'Élysée avec la victoire de Giscard. Pour s'imposer dans les arcanes de la Françafrique, le nouveau président français décide de s'appuyer sur Bokassa, lui aussi en quête de légitimité au sein du « syndicat » des chefs d'État africains. Le deuxième sommet France-Afrique témoigne de cette nouvelle faveur : il se tient en 1975 à Bangui. Les deux présidents se rapprochent, entre passion cynégétique, relations personnelles et concessions politiques – dont le couronnement peut être considéré comme l'aboutissement. En 1977, Bokassa a ainsi obtenu ce que personne n'aurait osé demander quelques années plus tôt, même si Paris s'imaginait un temps faire de cet empereur une reine d'Angleterre équatoriale. Mais, après la cérémonie du 4 décembre 1977, c'est bien le scénario bonapartiste qui a sans surprise prévalu à Bangui.

Bokassa devient de moins en moins contrôlable, à l'heure où la politique africaine de la France traverse certaines turbulences et cherche des points de stabilité, avec le regain de la guerre froide en Afrique : guerre secrète en Angola à partir de 1975, scandale de l'échec de Bob Denard au Bénin en 1977, recherche d'une ligne politique aux Comores avec la double intervention du même Bob Denard en 1975 puis en 1978, saut de la Légion sur Kolwezi pour sauver *in extremis* le régime de Mobutu au Zaïre en 1978, et surtout la guerre que la France mène au Tchad contre le Front de libération nationale du Tchad (FROLINAT). Dans cette géopolitique de la « guerre fraîche », le comte Alexandre de Marenches, directeur du SDECE, joue un rôle essentiel à travers le « Safari Club », une alliance informelle de chefs d'État africains et arabes anticommunistes.

D'une opération de soutien militaire ponctuel au président Tombalbaye (1969-1972), le Tchad est devenu dans les années 1970 le principal théâtre d'opérations de l'armée française depuis la fin de la guerre d'Algérie : la rébellion a pris une nouvelle ampleur sous la direction d'Hissène Habré et Goukouni Weddeye au lendemain de la médiatique prise en otage de Françoise Claustre et de l'exécution du capitaine français Pierre Galopin ; Tombalbaye a été renversé en 1975, et Paris soutient à bout de bras le régime militaire qui s'efforce de faire face à la crise politico-militaire. La ligne d'horizon politique reste de faire barrage, par tous les moyens, aux ambitions de Kadhafi aux portes du « pré carré » français en Afrique. Sous différents noms d'opérations, l'armée française s'enlise au Tchad où elle gagne son surnom de « gendarme de l'Afrique », malgré l'activisme de Journiac en coulisse pour sortir politiquement la France de ce guêpier.

C'est à ce moment critique que Bokassa décide de tourner son regard vers la Libye de Kadhafi. Il se convertit à l'islam et entame des négociations diplomatiques et commerciales : les caprices de l'empereur sont devenus un chantage politique auquel Paris ne peut plus céder, en ce qu'ils fragilisent gravement une pièce stratégique de son dispositif en Afrique centrale. Car c'est bien la sauvegarde de ce maillon indispensable dont il s'agit. Pour preuve, les éléments militaires venus avec « Barracuda » en 1979 vont

rester tout au long de la décennie 1980 dans une Centrafrique devenue la plaque tournante logistique de l'armée française pour la guerre du Tchad, notamment avec les camps de Bangui et Bouar. Pour mieux sécuriser la Centrafrique, la DGSE mandate à Bangui le colonel Mantion, qui devient le « Monsieur Sécurité » de la présidence (1980-1993). Quant au Tchad, les présidents passent mais les soldats français demeurent. François Mitterrand fait du front tchadien un pilier de sa politique et, après avoir soutenu le régime d'Habré, n'hésite pas à soutenir le coup d'État de Déby en 1990, aux bons soins de la DGSE. Au dispositif militaire « Épervier », installé en 1986, succède l'installation du PC « Barkhane » en 2014 à N'Djamena, dans l'enceinte du camp Kosseï. Fonctionnant en binôme géographique, le Tchad et la Centrafrique constituent pour Paris la charnière de sa politique continentale, entre Sahel et Afrique tropicale, autour du lac Tchad, historique point d'équilibre régional.

Les violences du régime de Bokassa, aux premiers mois de 1979, ont achevé de le discréditer aux yeux de l'opinion publique internationale. Elles deviennent l'argument formel de sa destitution : celle-ci fait l'objet d'un consensus au sein des ténors de la Françafrique. Le SDECE programme, sur ordre de l'Élysée, le renversement sans effusion de sang de Bokassa. Pour légitimer le coup d'État, une campagne de diabolisation de « l'ogre de Berengo » (surnom de Bokassa) est savamment orchestrée en amont et en aval de « Caban ».

Toute l'histoire de la chute de Bokassa serait restée dans le secret des initiés de la Françafrique si le scandale n'avait pas explosé dans un article du *Canard enchaîné*. Le 10 octobre 1979, le journal satirique publie un papier sous le titre : « Pourquoi Giscard a organisé le casse des archives de Bokassa ? » et avance comme preuve un document daté de 1973, alors que Giscard était ministre des Finances, attestant que Bokassa lui aurait remis en cadeau une plaquette de diamants évaluée à 1 million de francs.

L'affaire Bokassa devient l'affaire Giscard. Entre les lignes se lit le chef d'accusation à peine voilé : délit d'initié géopolitique en Françafrique. « Barracuda » change de sens dans l'opinion publique : insidieusement, on laisse entendre qu'il s'est agi de liquider les preuves de la corruption liant Giscard à Bokassa.

La défense maladroite et dédaigneuse du président français dans les semaines et les mois qui suivent, loin d'apaiser le scandale, l'amplifie. *Le Canard enchaîné* fait de l'affaire des diamants son fil rouge anti-Giscard jusqu'en 1981. Dans la perspective de l'élection présidentielle, une véritable campagne contre le président sortant se met en branle dans la presse et l'opinion, à laquelle Bokassa entend pleinement contribuer. Si, contrairement à une idée reçue, le coup du *Canard enchaîné* n'est pas parti de lui, Bokassa, depuis son exil abidjanais, a juré de rendre la monnaie de sa pièce à celui qu'il nommait, encore peu de temps avant, son « cher cousin ». Puisque ce dernier l'a renversé, l'empereur déchu prétend faire de même à la faveur de la présidentielle de 1981.

Roger Delpey, journaliste-écrivain vétéran nationaliste d'Indochine et ancien proche de Foccart, devient le fondé de pouvoir de Bokassa dans ces complots anti-Giscard en 1980 et 1981. Arrêté par la DST, il se rapproche de l'avocat Roland Dumas, lui-même proche du candidat Mitterrand. La droite néogaulliste, qui resserre ses rangs autour de la candidature de Jacques Chirac, n'est pas en reste : des hommes du Service d'action civique (SAC), sulfureux service d'ordre gaulliste, recouvrent les yeux de Giscard de deux diamants sur ses affiches de campagne. À la veille du premier tour, l'affaire Bokassa pèse finalement lourd dans la balance électorale. Le front anti-Giscard va de Paris à Libreville, où Omar Bongo tourne les yeux vers le candidat Chirac ; une partie non négligeable de l'élection se joue en Afrique.

Pour les Français, qui n'ont essentiellement vu que le volet franco-français de cette affaire, elle éclaire les turpitudes d'une République des affaires désormais africaines. Les années 1980 et 1990, qui se concluent par l'affaire Elf, amplifieront ce sentiment délétère. Cette interprétation hexagonale de l'affaire des diamants révèle en réalité le divorce entre une République française qui ne veut pas entendre parler de ses soubassements géopolitiques africains, et les opinions publiques des pays d'Afrique francophone qui cherchent, en vain, à dénoncer les partis-États que la France protège.

—

JEAN-PIERRE BAT

RÉFÉRENCES

—

Jean-Pierre BAT, *Le Syndrome Foccart. La politique française en Afrique, de 1959 à nos jours*, Paris, Gallimard, coll. « Folio », 2012.
Didier BIGO, *Pouvoir et obéissance en Centrafrique*, Paris, Karthala, 1989.
Emmanuel BLANCHARD, *Bokassa Ier, empereur de Françafrique*, film documentaire, Paris, Program 33, 2011.
Walter BRUYÈRE-OSTELLS, *Dans l'ombre de Bob Denard. Les mercenaires français, de 1960 à 1989*, Paris, Nouveau Monde, 2014.
Géraldine FAES et Stephen SMITH, *Bokassa Ier, un empereur français*, Paris, Calmann-Lévy, 2000.

RENVOIS

—

1662, 1940, 1958, 1960

1983

La rigueur des temps

*En mars 1983, François Mitterrand fait son choix :
priorité doit être donnée à la lutte contre les déficits
et l'inflation. C'est le point d'aboutissement de débats
qui divisent les socialistes depuis 1981. La gauche devient
l'instigatrice paradoxale d'une mondialisation
qu'elle souhaitait pourtant infléchir.*

Le 19 février 1983, François Mitterrand aurait confié à Jacques Attali, l'un de ses proches conseillers, se sentir « partagé entre deux ambitions : celle de la construction de l'Europe et celle de la justice sociale ». Moins de deux ans après son arrivée aux affaires, le président pouvait en effet se montrer hésitant : malgré une politique de relance par la consommation, il devait faire face à une situation préoccupante – déficits et inflation, mais aussi chômage croissaient de pair –, tandis que ses partenaires européens, à commencer par le Royaume-Uni de Margaret Thatcher et l'Allemagne d'Helmut Kohl, avaient fait des choix de politique économique antagonistes. La France, membre fondateur du Système monétaire européen (SME) depuis 1979, pouvait-elle encore

être souveraine en ce domaine ? Dans l'immédiat, la tenue d'élections municipales permettait de passer le sujet sous silence. Les résultats se révélèrent cependant catastrophiques pour le pouvoir en place : le RPR et l'UDF l'emportèrent largement, tandis que le FN faisait une percée historique.

François Mitterrand remania le gouvernement Mauroy pour la deuxième fois depuis 1981. Parallèlement, son ancien et nouveau ministre de l'Économie et des Finances, Jacques Delors, négocia à Bruxelles une dévaluation du franc de 2,5 % ayant pour contrepartie une réévaluation de 5,5 % du mark. Le 23 mars 1983, le président fixa le cap lors d'une allocution télévisée : « Nous n'avons pas voulu et nous ne voulons pas isoler la France de la Communauté européenne dont nous sommes partie prenante [...]. Ce que j'attends [du Premier ministre] n'est pas de mettre en œuvre je ne sais quelle forme d'austérité nouvelle, mais de continuer l'œuvre entreprise adaptée à la rigueur des temps. » « Rigueur » et non « austérité », un mot bien trop associé à la politique menée par le tandem Giscard / Barre entre 1976 et 1981. Deux jours plus tard, réuni en Conseil des ministres exceptionnel, le gouvernement annonçait néanmoins une hausse des impôts, un emprunt obligatoire, une taxe sur les carburants, une vignette sur les alcools et les tabacs, l'augmentation des tarifs des entreprises publiques ainsi qu'une limitation des dépenses des touristes français à l'étranger. Ce 25 mars 1983, priorité était donc donnée à la lutte contre les déficits et l'inflation. C'est en référence à ce tour de vis que l'on parle communément d'un « tournant de la rigueur ». À l'époque, la droite considéra ces mesures avec circonspection, voire ironie : les nationalisations, les trente-neuf heures ou la retraite à soixante ans n'étaient pas remises en cause. En lieu et place d'un tournant, le gouvernement faisait du sur-place. À l'autre bord de l'échiquier politique, les remèdes prescrits divisèrent. Pour les uns, le bon sens et la raison l'avaient emporté. Aux yeux de ses adversaires, trahison et renoncement étaient au programme.

De cet épisode naquit un mythe, celui de la conversion brutale d'une gauche inexpérimentée à l'économie de marché. En réalité, parler de « tournant » se révèle, à bien des égards, exagéré. Contrairement à une légende convenue, les socialistes français ne souffraient pas d'impréparation en matière économique. Tout au long des années 1970, leur parti avait intégré dans ses commissions de travail des experts de premier plan, familiers des modèles statistiques maniés par la haute administration et le pouvoir. Ainsi de Jacques Attali, polytechnicien et énarque, auditeur au Conseil d'État et conseiller personnel de François Mitterrand, de Laurent Fabius, normalien et énarque, lui aussi auditeur au Conseil d'État, ou encore de Michel Rocard, au parcours politique plus marqué, mais également énarque et passé par le ministère des Finances. Au-delà d'un fonds commun, les économistes du PS entretenaient bien des désaccords. D'un côté, les membres du CERES (le Centre d'études, de recherches et d'éducation socialistes), animé par Jean-Pierre Chevènement, entendaient faire prévaloir une grille de lecture marxiste des problèmes français. De l'autre, les rocardiens se montraient davantage soucieux de préserver le marché comme mode d'allocation des ressources. Entre les deux pôles, les mitterrandistes faisaient de la reconquête du marché intérieur une priorité et souhaitaient promouvoir les technologies de pointe. Lors de la campagne de 1981, malgré une rhétorique volontariste et marxisante, François Mitterrand décida de mettre Jacques Delors au premier plan. Ce syndicaliste chrétien, passé non seulement par le Commissariat général du plan et la Banque de France, mais aussi par le cabinet de Jacques Chaban-Delmas lorsque celui-ci était Premier ministre de Georges Pompidou, devait rassurer la haute fonction publique et Bruxelles. Car les socialistes n'ignoraient pas les contraintes que l'interdépendance économique faisait peser sur leur projet. Leur programme insistait sur les « mesures nécessaires pour que la reprise de la demande soit satisfaite par la production interne » et éviter ainsi que la contrainte extérieure ne fasse échouer la politique de relance. Les socialistes espéraient, en fait, convaincre leurs partenaires européens en s'appuyant sur le mouvement d'opinion favorable que l'avènement d'un gouvernement de gauche pourrait susciter dans toute l'Europe.

Le « tournant de la rigueur » doit être apprécié à l'aune des choix effectués après mai 1981. La politique économique s'est infléchie progressivement. Lors de son arrivée au pouvoir, François Mitterrand avait refusé de procéder à une dévaluation du franc. Contre l'avis de certains de ses ministres (Jean-Pierre Chevènement et Michel Rocard, pour une fois d'accord), il prétendait maintenir la France dans le SME, malgré les attaques dont le franc faisait l'objet et les conséquences délétères, pour les monnaies européennes, de la hausse drastique des taux d'intérêt imposée par la Réserve fédérale américaine. La situation économique se détériora rapidement. Nonobstant le maintien de Renaud de La Genière à son poste de gouverneur de la Banque de France jusqu'en 1984 et la nomination de Michel Camdessus à la tête Trésor au printemps 1982 – deux énarques qui avaient servi les pouvoirs précédents –, le gouvernement n'obtint pas la confiance des marchés financiers. Une première dévaluation intervint le 4 octobre 1981 (le franc perdait 8,5 % par rapport au mark), une seconde le 12 juin

1982 (5,75 % cette fois-ci). Elle s'accompagna d'un blocage des prix et des salaires, entre juin et novembre 1982, ainsi que de la fixation d'un objectif de 3 % du PIB pour le déficit budgétaire. Un critère, tout à fait arbitraire, qui passa néanmoins à la postérité en étant repris dans divers traités européens, de Maastricht (1992) à Lisbonne (2007).

Jacques Delors, qui réclamait déjà en novembre 1981 une « pause » dans la mise en œuvre des réformes sociales, semble l'avoir emporté dès 1982. Le président Mitterrand n'a pas pour autant cessé de dialoguer avec les partisans d'une autre politique. C'était le cas notamment du patron Jean Riboud, dirigeant de Schlumberger, qui prônait une sortie du SME assortie d'une baisse des taux d'intérêt. Ceux que Pierre Mauroy a surnommés les « visiteurs du soir » n'obtinrent cependant pas gain de cause. Du reste, certains ministres initialement favorables au « flottement » du franc changèrent de position. Ce fut, par exemple, le cas de Laurent Fabius et de Pierre Bérégovoy, convaincus par Michel Camdessus. Les événements de mars 1983 forment donc davantage « un point d'aboutissement qu'un point de rupture » (Matthieu Tracol). D'une part, les difficultés rencontrées avaient été anticipées. D'autre part, les décisions annoncées s'inscrivaient dans le prolongement des précédentes.

Mars 1983 n'en reste pas moins une date clé. Symboliquement, la parenthèse ouverte en mai 1981 se refermait. Comme sous Valéry Giscard d'Estaing, la lutte contre l'inflation s'imposait à nouveau comme le principal objectif de la politique économique et supplantait donc la recherche du plein-emploi. Les solutions keynésiennes semblaient désormais impuissantes, dans une économie maintenue volontairement ouverte, et la vague néolibérale, qui avait déjà déferlé sur l'Allemagne, le Royaume-Uni et les États-Unis, mais aussi la France, lors de l'expérience Barre, entamait son retour. Le ressac fut d'autant plus violent que la gauche lui avait frayé la voie. En janvier 1984, le gouvernement promulguait ainsi la loi bancaire engageant la libéralisation de ce secteur. Quand la droite revint au pouvoir en 1986, elle privatisa, libéralisa et déréglementa. La gauche prit sa revanche en 1988. Mais sur le plan de la politique économique, la stratégie dite de « désinflation compétitive » demeura. Elle visait à contenir l'inflation et accroître les marges des entreprises. Au nom de l'Europe, la France s'était arrimée à l'Allemagne et avait renoncé à sa souveraineté monétaire.

Architecte de la politique de rigueur en France, Jacques Delors fut porté à la tête de la Commission européenne en janvier 1985. Durant son long mandat (1985-1995), la Communauté économique européenne se transforma en Union européenne, l'Acte unique (1986) et le traité de Maastricht (1992) donnèrent naissance au marché et à la monnaie uniques. En janvier 1987, Michel Camdessus devient directeur général du Fonds monétaire international. Sous sa houlette, de nombreux pays du Sud durent procéder à des politiques d'ajustement structurel : les crédits du FMI étaient accordés de manière progressive et à la condition que soient appliquées des mesures de libéralisation. Singulier paradoxe de la gauche française, qui « a fait beaucoup plus que se laisser briser par les réalités de la mondialisation », selon l'économiste Rawi Abdelal : elle en a été l'une des principales instigatrices.

—

FRANÇOIS DENORD

RÉFÉRENCES

Rawi ABDELAL, « Le consensus de Paris : la France et les règles de la finance mondiale », *Critique internationale*, n° 28, juillet-septembre 2005.
Olivier FEIERTAG, « Finances publiques, "mur d'argent" et genèse de la libéralisation financière », *in* Serge BERSTEIN, Pierre MILZA et Jean-Louis BIANCO (dir.), *Les Années Mitterrand. Les années du changement (1981-1984)*, Paris, Perrin, 2001.
Mathieu FULLA, *Les Socialistes français et l'économie (1944-1981). Une histoire économique du politique*, Paris, Presses de Sciences Po, 2016.
Georges SAUNIER, « Le gouvernement français et les enjeux économiques européens à l'heure de la rigueur (1981-1984) », *in* Éric BUSSIÈRE, Michel DUMOULIN et Sylvain SCHIRMANN (DIR.), *Milieux économiques et intégration européenne au xxᵉ siècle. La relance des années 1980 (1979-1992)*, Paris, CHEFF, 2007.
Matthieu TRACOL, *La Rigueur et les réformes. Histoire des politiques du travail et de l'emploi du gouvernement Mauroy (1981-1984)*, thèse pour le doctorat d'histoire, université de Paris 1, 2015.

RENVOIS

—

1720, 1860, 1936, 1992, 2011

1984

« Michel Foucault est mort »

Terrassé à cinquante-huit ans par une épidémie
qui n'a pas encore de nom, Michel Foucault a incarné
une nouvelle forme d'engagement arc-boutée sur la manière
dont le pouvoir politique s'exerce sur les corps.
En autopsiant l'universalisme du pouvoir, il contribue à faire
de son œuvre un vecteur de mondialisation intellectuelle.

«Michel Foucault est mort»; rarement l'usage grammatical du présent n'a été à ce point aussi juste que ce 26 juin 1984 à la «une» du quotidien *Libération*. L'annonce de la disparition, la veille, du philosophe professeur au Collège de France fait en effet événement; on a grand tort de polémiquer sur le fait qu'il n'ait pas déclaré qu'il était atteint du sida. On ne sait encore presque rien de l'ampleur de la pandémie à VIH, on parle encore du «cancer gay», des «quatre H (homosexuels, hémophiles, Haïtiens, héroïnomanes)», des «singes verts».

Foucault meurt en quelques semaines et, «le vrai scandale, c'est la mort» qui interrompt brutalement un travail intellectuel singulier, sans équivalent, alors que sortent en librairie les deuxième et troisième tomes de son *Histoire de la sexualité*: *L'Usage des plaisirs* et *Le Souci de soi*. Cette mort amène Daniel Defert, son compagnon, à fonder l'association Aides pour lutter contre le sida dès l'automne 1984. Foucaldienne est la lutte contre le sida avant même la mort du philosophe: jamais le concept de biopouvoir ne sera autant pertinent.

Par cette brutale disparition, on comprend vite que plus rien ne sera désormais pareil. Foucault, depuis son retour de Tunis au lendemain de 1968, a modifié radicalement la conception de l'intellectuel. Plutôt que de parler à la place des autres – des dominés, des vaincus, des silencieux –, il s'est constitué en relais : il a développé tout au long des années 1970 un nouveau rapport de la théorie à la pratique. Au sein du Groupe d'information sur les prisons, dès 1971, il fait un pas de côté par rapport aux maoïstes qui l'entourent ; loin de voir les détenus en révolte comme des révolutionnaires, il les a pris au sérieux comme sujets ; il a écouté et transmis leurs revendications ; il n'a pas vu en eux un nouveau front mais le lieu d'un discours tu, l'espace d'un silence. Pour autant, il a dénoncé l'intolérable de la prison de droit commun des années Pompidou ; il a relayé le discours de la psychiatre de la prison de Toul Édith Rose relatant l'usage des ceintures de contention et les mauvais traitements dans *Le Nouvel Observateur* du 27 décembre 1971.

Après être allé à Madrid avec Yves Montand pour protester contre l'exécution de militants antifranquistes, après avoir accueilli – avec notamment Gilles Deleuze et Roland Barthes, Jean-Paul Sartre et Simone de Beauvoir, Simone Signoret, mais aussi André Glucksmann – au théâtre Récamier, le soir où Leonid Brejnev est reçu à l'Élysée, des dissidents soviétiques dont Vladimir Boukovsky et Leonid Pliouchtch, ou encore avoir soutenu la cause du docteur Stern objet d'un procès antisémite, il écrit dans *Le Monde* des 11 et 12 mai 1979 : « Ma morale théorique [...] est "antistratégique" : être respectueux quand une singularité se soulève, intransigeant dès que le pouvoir enfreint l'universel. Choix simple, ouvrage malaisé : car il faut tout à la fois guetter, un peu au-dessous de l'histoire, ce qui la rompt et l'agite, et

veiller un peu en arrière de la politique sur ce qui doit inconditionnellement la limiter. Après tout, c'est mon travail ; je ne suis ni le premier ni le seul à le faire. Mais je l'ai choisi. » Ce que Foucault formule au retour de ses deux séjours en Iran qui donnent lieu à une série de *reportages d'idées* dans un quotidien italien marque en effet une rupture ; tel Voltaire évoquant le tremblement de terre de Lisbonne, Foucault ouvre son premier article du *Corriere della sera*, le 28 septembre 1978, par ces mots : « Aux confins des deux grands déserts de sel qui s'étendent au centre de l'Iran, la terre vient de trembler. Tabass et quarante villages ont été anéantis. » Devant les événements qui surviennent sous ses yeux, le renversement du chah d'Iran, Mohammad Reza Chah Pahlavi, et les manifestations des étudiants chiites, il propose en effet une nouvelle posture de l'intellectuel mais surtout il acte un changement de paradigme historique. Il n'est plus question en effet de décrire ce qui survient en Iran, ou plus tard en Pologne, avec le mouvement Solidarność et les grandes grèves aux chantiers navals de Gdańsk, en termes de « révolution », mais plutôt comme un « soulèvement », soit le surgissement nietzschéen d'une force individuelle ou collective, d'une subjectivité inédite. Ce changement est d'importance. Ce dont Foucault fait le diagnostic, c'est bien de la fin de l'actualité de la notion de révolution.

Difficile de ne pas associer à ce diagnostic l'écho de la déflagration que l'annonce de sa disparition provoque dans le monde entier. On pensait Foucault français mais c'est de Tunisie, de la Californie, du Brésil ou encore à l'Est – en Pologne notamment – que parviennent les hommages les plus nombreux. On le pensait philosophe, publiant des livres, mais c'est sa façon de lire l'actualité par son analyse du pouvoir qui n'est plus centrée sur un individu mais sur de nombreux dispositifs, dont certains minuscules, qui en a fait un extraordinaire diagnosticien du présent. Foucault propose une échappée possible, une porte de sortie au marxisme, une autre manière de lire les sociétés humaines contemporaines qui ne nie pas la domination mais qui la pense sans dehors.

La réception posthume de Foucault est de ce point de vue un véritable révélateur ; il est le premier penseur de la mondialisation. Dès la chute du mur de Berlin, dans les ex-Républiques démocratiques mais aussi dans de nombreux pays d'Amérique latine où la référence marxiste était dominante, notamment en Argentine, au Brésil ou encore au Chili, ses livres mais également ses conférences et enseignements se diffusent comme une traînée de poudre. Pour les vingt ans de sa disparition, en 2004, des symposiums se tiennent à Rio ou encore à Bogotá qui rassemblent à la fois des chercheurs mais aussi des acteurs de la vie sociale – syndicalistes, militants ou artistes.

À la différence d'un Jean-Paul Sartre, sa pensée n'a aucune visée universelle ; nul besoin de l'importer. Il s'agit d'en user comme d'un outil (la fameuse « Toolbox » foucaldienne). Elle est bien sûr fondamentalement inscrite dans des sociétés historiquement déterminées, l'Europe occidentale de l'après-guerre. Mais elle n'est pas énoncée en surplomb, ni même de biais. Elle cherche sans cesse à se déprendre du point où elle a été énoncée, échappe aux schémas de pensée jusqu'alors enseignés. À certains égards, elle permet à des sujets de se constituer pour la première fois. Le discours de l'intellectuel foucaldien est spécifique à l'image des médecins des mines qui dénoncent avec leur savoir les maladies professionnelles qu'ils observent. « Les intellectuels ont pris l'habitude de travailler non pas dans l'universel, l'exemplaire, le juste-et-le-vrai-pour-tous, mais dans des secteurs déterminés, en des points précis où les situaient soit leurs conditions de travail, soit leurs conditions de vie (le logement, l'hôpital, l'asile, le laboratoire, l'université, les rapports familiaux ou sexuels). Ils y ont gagné à coup sûr une conscience beaucoup plus concrète et immédiate des luttes. Et ils ont rencontré là des problèmes qui étaient spécifiques, non universels, différents souvent de ceux du prolétariat ou des masses. Et cependant, ils s'en sont rapprochés, je crois pour deux raisons : parce qu'il s'agissait de luttes réelles, matérielles, quotidiennes, et parce qu'ils rencontraient souvent, mais dans une autre forme, le même adversaire que le prolétariat, la paysannerie ou les masses (les multinationales, l'appareil judiciaire et policier, la spéculation immobilière). »

En 1984, Foucault meurt donc dans l'espace du monde. Bien sûr, le philosophe n'a cessé de parcourir le globe, d'abord pour les services culturels du ministère des Affaires étrangères sous de Gaulle (en Suède, en Pologne et en Allemagne de l'Ouest), puis en enseignant dans une colonie devenue indépendante – la Tunisie –, avant de repartir à partir des années 1970 dans de longs séjours d'enseignement au Brésil ou encore aux États-Unis.

Mais cette dimension mondiale de la pensée foucaldienne n'est pas seulement l'une des premières et des plus spectaculaires manifestations de la mondialisation des sphères académiques des dernières décennies du XXᵉ siècle, elle a ses raisons ailleurs, dans sa capacité à être utilisée, transformée, tordue aussi, on l'a dit, mais aussi dans ce qui caractérise non seulement Foucault mais l'ensemble de ceux qu'on a rassemblés depuis les années 2000 sous le nom de *French Theory*. Qu'est-ce qui réunirait les pensées de Jacques Derrida, Michel Foucault, Gilles Deleuze, Félix Guattari et encore Jean-François Lyotard ? Les thèses sont nombreuses à avoir voulu trouver des points communs à ces penseurs. Sans doute, ce qui rassemble ces pensées, ce qui les rend familières les unes avec les autres, c'est un certain rapport à la langue française, un rapport aigu qui fait d'elles des objets intraduisibles ou qui lorsqu'ils le sont deviennent autres. Il y aurait ainsi dans la *French Theory* quelque chose d'absolument français qui ne pourrait être traduit que par un geste non de trahison mais de translation. Cette translation modifie à tel point l'œuvre qu'on peut désigner un Foucault américain par exemple. Moment essentiel dans l'histoire de la vie intellectuelle française où une identité se constitue dans la distorsion. Le 25 juin 1984, Michel Foucault meurt dépossédé

de son propre travail, comme il aimait lui-même à en rêver, comme il l'écrivait dans la préface à la première édition chez Gallimard de son *Histoire de la folie à l'âge classique* en 1972, devenu les armes de ses lecteurs.

—

PHILIPPE ARTIÈRES

RÉFÉRENCES
—

Daniel DEFERT, *Une vie politique*, Paris, Seuil, 2014.
Mirko D. GRMEK, *Histoire du sida. Début et origine d'une pandémie actuelle*, Paris, Payot, 1989.
David MACEY, *Michel Foucault*, trad. de l'anglais par Pierre-Emmanuel Dauzat, Paris, Gallimard, 1994.
Philippe MANGEOT, « Foucault sans le savoir », *in* Didier ERIBON (dir.), *L'Infréquentable Michel Foucault*, Paris, EPEL, 2001.
Laba ROMAN, « "Solidarité" et les luttes ouvrières en Pologne (1970-1980) », *Actes de la recherche en sciences sociales*, vol. 61, mars 1986, dossier « Science et actualité », p. 7-33.

RENVOIS
—

1633, 1852, 1889, 1948, 1949, 1961, 1968, 2008

PAGE SUIVANTE

La chanteuse américaine Jessye Norman chante *La Marseillaise* lors du défilé commémorant le bicentenaire de la Révolution française, le 14 juillet 1989 (photo : © Yves Forestier / Sygma via Getty Images)

AUJOURD'HUI EN FRANCE

La fin de l'histoire a fait long feu. Annoncée bruyamment par le politologue américain Francis Fukuyama dans un article de la revue *The National Interest* durant l'été 1989, elle devait consacrer le triomphe définitif de la démocratie libérale dans le monde. Or ce triomphe n'a pas eu lieu. Malgré les manifestations des contestataires chinois sur la place Tian'anmen en avril-juin 1989, malgré la chute du mur de Berlin en novembre de la même année, précipitant en deux ans la réunification de l'Allemagne, la chute des régimes communistes de l'Europe de l'Est et la dislocation de l'URSS. Car, dans le même temps, la financiarisation et la dérégulation effrénées de l'économie plongeaient le monde capitaliste (c'est-à-dire, en fait, le monde tout court) dans une profonde crise sociale, morale et politique, marquée par des désastres boursiers sans précédent (à partir de 2007 et de la crise des *subprimes*), une grave dépression aux effets dévastateurs sur l'emploi et une tentation politique à peu près générale pour les gouvernements autoritaires et les politiques xénophobes. Celle-ci se nourrit du nouveau désordre mondial marqué notamment par un regain du terrorisme, depuis l'attentat du 11 septembre 2001 et les guerres qui s'ensuivirent jusqu'aux conséquences contradictoires des printemps arabes de 2011. La France n'a-t-elle fait que subir cette crise mondiale ? Le penser serait accréditer le point de vue obsidional de ceux qui se craignent (ou se rêvent) dans une citadelle assiégée. S'interrogeant constamment sur leur place dans le monde, certains Français se firent parfois les champions désinvoltes ou décomplexés de la mondialisation, d'autres ses adversaires les plus résolus ou les plus angoissés. Le petit « oui » du référendum de Maastricht en 1992 annonçait le « non » tonitruant à l'Europe libérale de 2005, par-delà la parenthèse enchantée où la France de la croissance retrouvée se découvrit du même coup championne du monde de football et « black-blanc-beur ». Mais avait-elle vraiment soldé son passé colonial ? La mort d'Aimé Césaire en 2008, et l'ambivalence des réactions qu'elle suscitait, en rappelaient le souvenir. Un temps, à New York en 2003, on crut entendre à nouveau cette fameuse voix de la France où se discernaient encore de vieux accents glorieux – politique arabe, antiaméricanisme, insoumission. Mais c'est également à New York que s'évanouissaient, en 2011, d'autres illusions. Fin de la fin de l'histoire, retour de l'événement : l'événement mondial de 2011 aurait bientôt d'importantes répercussions françaises. En 2015, ce fut l'inverse.

Le 11 janvier 2015, on finissait presque par croire que la France n'était pas tout à fait un pays comme les autres, puisque ce qui s'y passait pouvait affecter le monde entier. De République à Bastille par le boulevard Voltaire, le cortège des tristesses accablées fut escorté d'une émotion planétaire qui renvoyait la France à l'âge de ses révolutions. Car, dans la plupart des pays du monde, l'histoire que l'on enseigne aux enfants ne cesse d'être strictement nationale qu'au moment d'aborder la Révolution française. Voici aussi pourquoi le monde s'invita lors de la célébration de son Bicentenaire en 1989. On y vit Jessye Norman drapée de tricolore, qui entonnait *La Marseillaise* : moment solennel d'une parade festive au son des tambours de Tian'anmen, célébrant de manière joyeuse la fusion des tribus planétaires dans la *world music*. Appel fraternel au mélange des cultures, la cérémonie pop du 14 juillet 1989 manifestait un regain du républicanisme qui s'accommodait encore d'une solide confiance dans les vertus du creuset français. Le consensus était, cependant, mis en scène de manière dépolitisée. Était-il déjà illusoire ? En tout cas il n'est plus. En 1989, en 1998 et en 2015, le drapeau français fut brandi par des foules. Mais est-ce toujours de la même France qu'il est l'emblème, et avec quel monde cette France s'explique-t-elle ?

1989

La Révolution est terminée

La commémoration universaliste de la scène fondatrice de 1789 en France entre en résonance avec les mouvements démocratiques de 1989 à travers le monde, de la Chine à Berlin. Les mémoires contradictoires de la prise de la Bastille font écho à un certain retour de l'évènement, sinon de l'histoire, qui n'a désormais plus la Révolution pour motif.

C'est en 1978 que François Furet publie *Penser la Révolution française*, dont le premier chapitre s'intitule : « La Révolution est terminée ». L'argumentaire se déploie sur deux champs complémentaires. Le premier est scientifique : considérer que la Révolution française est terminée est conçu comme la condition nécessaire pour la refroidir et rompre avec la « vulgate jacobino-bolchevique » qui, au lieu de l'étudier, non seulement la commémore mais de surcroît partage les illusions des contemporains sur la toute-puissance de la politique à changer la société, voire l'homme lui-même, et refuse de lire la violence révolutionnaire comme l'expression d'un système, d'une idéologie, alors que le « Goulag conduit à repenser la Terreur en vertu d'une identité de projet ». Le second est directement politique : accepter que la Révolution soit terminée est une façon d'en finir avec la culture du conflit héritée de cette période et de poser les fondements d'une recherche du consensus et du compromis propre aux démocraties libérales contemporaines – thème développé plus spécifiquement en 1988 par François Furet, Pierre Rosanvallon et Jacques Julliard dans *La République du centre* et qui doit fournir à la deuxième gauche la profondeur historique qui lui fait défaut.

Si la sentence furétienne fait encore scandale en 1978, à la veille du Bicentenaire elle est presque reçue comme une évidence tant l'idée révolutionnaire est en crise. Entre-temps, en effet, l'Union de la gauche a vécu, le Parti communiste a été réduit à moins de 15 %, le tournant de la rigueur de 1984 a de nouveau creusé le fossé entre le discours de la gauche et ses pratiques gouvernementales. L'URSS quant à elle s'engage, sous la houlette de Mikhaïl Gorbatchev, dans un vaste programme de réformes dont le premier effet est de mettre à nu les incohérences de la gestion soviétique, tandis que l'ouverture des archives permet de documenter l'histoire du régime et notamment celle de ses pages tragiques. L'extrême droite, et une droite moins extrême, popularisent alors l'image d'une Révolution matrice des totalitarismes, tandis que les massacres des guerres de Vendée sont présentés comme le premier génocide contemporain. Plus globalement, l'heure est au désenchantement de la politique et, dès l'été 1989, Francis Fukuyama lance la thématique de la « fin de l'histoire ». Les penseurs de la postmodernité, quant à eux, diagnostiquent une crise des « grands récits », qu'il s'agisse de la nation, du progrès et bien sûr du socialisme. Pour certains d'entre eux, le repli sur la sphère privée doit désormais prévaloir sur l'action collective. Ainsi, pour Gilles Lipovetsky, dans *L'Ère du vide* (1983), la postmodernité, « seconde révolution individualiste [qui se caractérise par] une privatisation élargie, l'érosion des identités sociales, la désaffection idéologique et politique, la déstabilisation des personnalités », ouvre l'ère du jeu, de l'humour, d'un hédonisme véritable loin des contraintes des pensées de l'histoire et des sociétés holistes.

Dans ce contexte, commémorer la Révolution est presque un non-sens, celle-ci n'étant plus une promesse, un horizon d'attente. Il est entendu par une large partie des médias que le rendez-vous commémoratif ne pourra qu'être ringard et anachronique.

Dans ce contexte, les propositions de François Furet qui érige son courant en « école critique » et prêche, sinon l'abstention, du moins une forte réserve commémorative, car il faut opter entre commémorer et connaître, sont bien reçues. Michel Baroin et Edgar Faure, les deux premiers présidents de la Mission du Bicentenaire, tous deux décédés avant que ne s'ouvre l'année 1989, choisissent de promouvoir une commémoration prospective articulant une réflexion sur les droits de l'homme et sur « la mutation extragénétique [qui va produire] l'homme du troisième millénaire », une commémoration qu'ils souhaitent « asymptote à l'unanimisme ». Ainsi Edgar Faure propose-t-il de célébrer « cet extraordinaire mouvement consensuel qui s'est manifesté en France entre le 13 juillet 1789 au soir et le 15 juillet au matin ». Oracle de l'achèvement-épuisement de la Révolution française – et au-delà du temps des révolutions –, François Furet est rapidement sacré par les médias « roi du Bicentenaire ».

Mais la sentence de François Furet, « La Révolution française est terminée », est aussi une sorte de deuil du rôle mondial de la France et à ce titre ne pouvait, du point de vue de l'État, devenir un axe de cette forme de communication politique qu'est aussi une commémoration.

Réélu en 1988, François Mitterrand confie la direction de la Mission à Jean-Noël Jeanneney qui entend célébrer « le versant lumineux de la Révolution ». Comme lors des commémorations précédentes, le calendrier commémoratif est certes limité à l'année 1789, mais le nouveau président prend plus appui sur l'historiographie économique et sociale – désormais très largement ouverte au culturel – et sur son chef de file, Michel Vovelle, que sur le courant critique.

Pour prouver que la Révolution n'est pas un objet froid, le directeur de l'Institut d'histoire de la Révolution française arpente inlassablement le monde et effectue en deux ans soixante-dix missions à l'étranger et met en avant les trois cent vingt colloques qui s'y déroulent ; tandis que de son côté Jean-Noël Jeanneney, pour démontrer que la commémoration n'est pas atone, s'appuie sur l'engouement commémoratif qui saisit les régions où le Bicentenaire occupe une place de choix dans les politiques culturelles en développement et sur l'écho de la Révolution dans le monde où se sont constitués une cinquantaine de comités nationaux.

Il s'agit de montrer que, si en France certains peuvent considérer la Révolution comme épuisée, celle-ci demeure une référence universelle actuelle. Le film *Journal du Bicentenaire* de Serge Moati, que finance la Mission et qui est diffusé à la télévision à la fin de l'année, fait ainsi une part importante à la réception chaleureuse de l'invitation commémorative dans de nombreux pays. Il s'attarde particulièrement sur celle qui se déroule au Chili où des intellectuels et artistes chiliens récitent avec ferveur la Déclaration des droits de l'homme. De même, la commande passée à Jean-Paul Goude pour le défilé-spectacle du 14 Juillet, loin de toute reconstitution analogique, est celle d'une fédération universelle qui associe à travers des stéréotypes affectueux tous les peuples de la terre, annonçant un « métissage planétaire » déjà à l'œuvre par le biais de la musique. Et quand le succès de la revue Goude est assuré, François Mitterrand, qui a réuni en sommet les dirigeants des pays les plus riches et ceux des pays les plus pauvres, ne se prive pas de répondre aux propos de Margaret Thatcher rappelant l'antériorité de la Révolution anglaise, en ironisant sur le fait qu'il n'y peut rien si les peuples du monde se reconnaissent dans la Révolution française et non dans une autre.

Mais c'est bien sûr l'histoire en marche qui réactive le jeu des analogies entre la Révolution française et ce qui se produit dans le monde. De ce point de vue, l'année 1989 n'est pas avare. Du 15 avril au 4 juin 1989, des étudiants chinois occupent la place Tian'anmen et y érigent la statue d'une déesse de la démocratie avant d'être écrasés par la répression. En Europe de l'Est, Mikhaïl Gorbatchev choisissant de ne pas intervenir dans les affaires politiques intérieures des pays frères, les événements prennent un tour différent. Un à un, les États socialistes implosent sous la pression de la population. La géographie politique héritée de la Seconde Guerre mondiale est balayée. Cette fois, le vent de l'histoire semble clément. À part en Roumanie, les anciens dirigeants ne résistent guère, les révolutions sont de velours. À la surprise de 1789 semble répondre la surprise de 1989 et, à la prise de la Bastille, la chute du Mur. Mais s'agit-il de révolutions ou de dé-révolutions ? de contre-révolutions ? Comment qualifier ces événements ?

Pour François Furet les événements de 1989 sonnent comme une validation de ses propositions : « Par une sorte de blague de l'histoire en cette fin du XXe siècle, tout a conspiré à placer le bicentenaire de la Révolution française sous le double signe de la célébration du message de 1789 et de l'abandon de la culture politique révolutionnaire. » Il reste à étudier « l'énigme » de la persistance de celle-ci au-delà du moment où la Troisième République s'enracine.

Pour Edgar Morin, 1989 est seulement la clôture du cycle inauguré en 1917 : « À l'échelle de la planète, la tortue 1789 a rattrapé et dépassé le lièvre 1917. Plus que la France, c'est le monde qui a fêté dignement la Révolution. Mieux encore : nous avons vu clairement en 1989 que 1789 était catapulté du passé vers l'avenir, tandis que 1917 se décomposait de façon hallucinante. »

C'est bien sûr à cette dernière lecture que se rallie le gouvernement car elle seule est susceptible de susciter l'émotion et de recomposer – même provisoirement – un horizon politique. Dès le 14 juillet, à la suite du massacre de la place Tian'anmen, la parade Goude est ouverte par un immense tambour chinois drapé de noir accompagné par des individus silencieux porteurs des idéogrammes « Liberté, égalité, fraternité » en lieu et place de la chorégraphie initialement prévue, mais c'est lors des panthéonisations du Bicentenaire qui ont lieu en décembre 1989 que le message est asséné avec le plus de force par la voix de Jack Lang : « Lorsqu'un ordre se décompose, quand les peuples soulevés agissent avec la fulgurance de la pensée et pensent au rythme de leurs espoirs, lorsque tout se précipite et se radicalise. 1789 renaît à Prague en 1989, à Berlin en 1989, à Moscou en 1989, à Budapest, à Sofia, à Santiago du Chili, à Pékin en 1989. Qui eût pu imaginer, lorsque s'ouvraient en janvier les fêtes du Bicentenaire, que 1989 verrait la révolution en marche sur les routes du globe ? Année sans pareille. Prenons le temps de nous émerveiller ! Quelle chance pour nous de vivre ce prodigieux moment ! Ce soir n'est pas le final du Bicentenaire. Ce soir est un prélude : une manière d'ouverture à ce troisième siècle de nos libertés en devenir. »

Si l'emphase du discours de Jack Lang est largement induite par la conjoncture commémorative et la volonté de conserver ce formidable capital symbolique que constitue pour la France sa Révolution, il ne marque pas moins le fait que la Révolution française demeure une ressource pour penser l'histoire qui se fait, qu'elle reste actualisable indépendamment de la grille de lecture issue des appropriations et instrumentalisations politiques qui se sont sédimentées au xxe siècle. Ainsi ni le cycle des lectures historiennes de la Révolution, ni celui de ses usages sociaux ne sont clos.

—

PATRICK GARCIA

RÉFÉRENCES

—

Jean-Numa DUCANGE, *La Révolution française et l'histoire du monde. Deux siècles de débats historiques et politiques (1815-1991)*, Paris, Armand Colin, 2014.

Ulf ENGEL, Frank HADLER et Matthias MIDDELL (dir.), *1989 in a Global Perspective*, Leipzig, Leipziger Universitätsverlag, 2015.

Patrick GARCIA, *Le Bicentenaire de la Révolution française. Pratiques sociales d'une commémoration*, Paris, CNRS Éditions, 2000.

Tony JUDT, *Après guerre. Une histoire de l'Europe depuis 1945*, Paris, Armand Colin, 2007.

Steven L. KAPLAN, *Adieu 89*, Paris, Fayard, 1993.

RENVOIS

—

1789, 1794, 1848, 1871, 1953, 1968

1992

Un tout petit « oui »

*Sous des allures techniques, le traité de Maastricht
entend profiter du nouveau contexte multipolaire mondial
pour renforcer la puissance financière d'une Europe destinée
à s'élargir. La globalisation économique sous-jacente
entraîne une division profonde et durable
de l'électorat français sur l'idée même d'Europe.*

La controverse autour du traité de Maastricht a d'abord été linguistique : faut-il prononcer « *Mastrikt* », de manière sèche et brutale, comme un symbole de la froide technocratie européenne, ou « *Maaastrirt* », en roulant les « r », à l'image de la paisible cité néerlandaise des bords de Meuse, ouverte sur les échanges transfrontaliers avec ses proches voisins belges et allemands ? Philippe de Villiers, héraut du « non » à la ratification de ce traité européen, adopta la première version, alors que la journaliste belge Christine Ockrent, qui régnait alors sur les journaux télévisés français, préférait la seconde. Lorsque le traité de Maastricht a été signé, le 7 février 1992, par les douze États membres de la Communauté économique européenne (CEE), tout le monde s'attendait à une ratification aisée, sauf

peut-être au Royaume-Uni. De fait, le Parlement français le valide rapidement. Pourtant, le référendum tenu au Danemark le 2 juin 1992 change la donne : les Danois rejettent ce traité à 50,7 %. Dès le lendemain, le président Mitterrand décide de soumettre le traité à la ratification directe du peuple français. Le référendum se tient le 20 septembre 1992 et se conclut par un petit « oui », à 51 %, avec une participation élevée de 70 %. C'est une surprise car le précédent référendum sur une question européenne, convoqué par le président Pompidou sur l'élargissement de la CEE à de nouveaux pays comme le Royaume-Uni, s'était soldé par 60 % de « oui » et une abstention assez forte. Les Français se sont passionnés pour Maastricht, et ont failli rejeter le traité en dépit des sondages initiaux prédisant une confortable avance pour le « oui ». Comment expliquer une telle controverse ?

Sur le plan européen, il est certain que le traité de Maastricht représente un approfondissement important de la construction institutionnelle de l'Europe unie. L'Union européenne (UE) remplace la CEE, cependant que l'adoption d'une monnaie unique est prévue à échéance courte, au terme d'un processus en trois étapes. Les procédures de décision deviennent plus fédérales et les domaines de compétence des institutions européennes s'accroissent. Une citoyenneté européenne est créée. S'ajoutant à la citoyenneté nationale, elle apporte des droits nouveaux comme une protection diplomatique à l'étranger, ainsi que le droit d'étudier et de travailler dans un autre pays de l'Union européenne, mais aussi d'y participer aux élections locales et européennes.

L'orientation économique de ce nouvel accord européen est ambiguë. Du point de vue du gouvernement français, le traité est une victoire car il permet d'obtenir l'union monétaire avec les Allemands, tant désirée pour faire baisser les taux d'intérêt français. Il deviendrait ainsi moins coûteux pour le gouvernement, pour les entreprises et pour les ménages d'emprunter. Il faut certes se conformer aux fameux « critères de convergence », en matière d'inflation, de déficit et de dettes, mais ils correspondent de toute manière aux préférences des décideurs français depuis 1983. L'Europe sociale semble renforcée par la Charte sociale, et l'extension des compétences de la Communauté européenne à des domaines nouveaux comme l'environnement. La présence de Jacques Delors, un socialiste français, à la présidence de la Commission, semble garantir cette orientation. Les critiques allemandes du traité de Maastricht paraissent d'ailleurs conforter la vision française : outre-Rhin, il lui était reproché de trop insister sur la politique industrielle et de ne pas garantir l'orthodoxie monétaire. Toutefois, l'Europe néolibérale est également présente dans le traité par les exceptions qu'obtient la Grande-Bretagne conservatrice dans l'application de la Charte sociale, et par les critères de convergence vers des politiques d'austérité qui constituent la base de l'Union monétaire, cependant que la politique de la concurrence communautaire continue à se renforcer, menaçant les politiques industrielles nationales. Tout est donc affaire d'interprétation.

Au-delà de l'Europe, Maastricht manifeste bien les incertitudes d'un monde nouveau, dans lequel la France a du mal à trouver sa place. Le traité a été conclu à cause de la fin de la guerre froide. Si la RFA a consenti à l'union monétaire demandée par la France malgré ses réticences, c'est pour atténuer les peurs suscitées par la réunification rapide qui a eu lieu en octobre 1990, moins d'un an après la chute du Mur en novembre 1989. En parallèle, les pays de l'ancien bloc communiste sont devenus des démocraties libérales aspirant à entrer dans la future Union européenne. À l'échelle globale, l'effondrement de l'URSS, qui disparaît à la Noël 1991, laisse un monde unipolaire dominé par les Américains. Entre le « nouvel ordre mondial » proclamé par George Bush (père) le 11 septembre 1990, et la « fin de l'histoire » prophétisée par Francis Fukuyama avec la victoire inéluctable de la démocratie libérale, la France semble ravalée au rang de puissance moyenne parmi d'autres. Au contraire, pendant la guerre froide, Paris pouvait faire entendre une voix différente. Ancien pays colonial devenu anti-impérialiste, Paris pouvait dénoncer les États-Unis tout en profitant de son parapluie nucléaire, et ce, sans risque d'être contredit en Europe, l'Allemagne restant une puissance occupée. Géographiquement, la France occupait le centre des différentes institutions européennes car elles se limitaient au bloc occidental. Cependant, les bouleversements de 1989-1991 ont remis l'Allemagne au cœur de l'Europe. Bien plus, la guerre en ex-Yougoslavie a mis au jour tout à la fois l'impuissance géopolitique de la CEE, en dépit de la création par le traité de Maastricht d'une « politique extérieure et de sécurité commune », et ses divisions, l'Allemagne reconnaissant rapidement l'indépendance de la Croatie, tandis que la France hésitait du fait de son alliance traditionnelle avec la Serbie.

Ce monde nouveau est aussi celui d'une globalisation économique à marche forcée. Ainsi, Maastricht coïncide avec la fin de l'Uruguay Round du GATT, une grande négociation international de libéralisation des échanges, qui touche pour la première fois aussi les produits agricoles. Cela suscite des inquiétudes fortes en France, car les aides massives de la Politique agricole commune sont ainsi remises en question. Depuis ses débuts en 1948, la construction européenne était considérée par les décideurs français comme un moyen d'accompagner et de réguler une mondialisation économique perçue à la fois comme stimulante et déstabilisatrice. En 1992, la conjonction du traité de Maastricht, de la fin de l'Uruguay Round, et d'une crise économique qui touche l'ensemble de l'Europe remet cette dynamique en question.

Ces incertitudes économiques et géopolitiques nourrissent une campagne qui va crescendo. Dès le 6 mai 1992, soit avant l'annonce du référendum, les principaux thèmes de la campagne du « non » sont annoncés par une tribune de Jacques Calvet, le président de Peugeot-Citroën, dans *Le Figaro*. Il y dénonce une Europe soumise à l'« ultralibéralisme anglo-saxon », à une bureaucratie qui impose des normes trop contraignantes et à la domination de l'Allemagne. De fait, le camp du « non » s'élargit rapidement au-delà du noyau traditionnel des extrêmes, de droite (FN) comme de gauche (PCF), qui ont toujours été opposées par principe à une construction européenne fondée sur les valeurs de la démocratie libérale. La nouveauté réside dans le fait que de nombreux leaders d'opinion s'affirment proeuropéens mais opposés à ce traité, considéré comme économiquement trop libéral et politiquement trop fédéral. C'est le cas à droite de Philippe de Villiers, dont la verve caustique est véritablement révélée par cette campagne, et de Philippe Séguin. À gauche, Jean-Pierre Chevènement se désolidarise de la position du Parti socialiste et appelle à voter « non ». Les écologistes sont également divisés. Certes, les principaux partis de gouvernement, le Parti socialiste, l'UDF de Valéry Giscard d'Estaing, et même le parti gaulliste, le RPR, qui achève ainsi sa mutation proeuropéenne sous l'impulsion de Jacques Chirac, se sont prononcés en faveur de la ratification. Cela n'empêche pas les anticipations de vote en faveur du « oui » de s'effondrer dans les sondages, passant de 70 % aux environs de 50 %. Du côté de la campagne officielle, la calme détermination et la puissance analytique de la ministre des Affaires européennes Élisabeth Guigou ne suffisent plus. François Mitterrand lui-même entre alors en scène. Le 3 septembre 1992, il affronte le leader du « non » au sein du camp des modérés, Philippe Séguin, dont le discours du 5 mai 1992 lors du débat de ratification à l'Assemblée nationale avait impressionné par sa profondeur et par sa densité. Le président de la République s'impose finalement dans ce débat télévisé, et le « oui » gagne d'une courte tête.

Comment expliquer ces 49 % de « non » ? Certains observateurs y ont vu un effet de la conjoncture, en particulier de la crise économique (le taux de chômage repasse au-dessus de la barre des 10 %), de l'impuissance européenne dans la guerre en ex-Yougoslavie et de l'impopularité du pouvoir socialiste. Au-delà, c'est une rupture structurelle qui s'impose : le « consensus permissif » est remplacé par le « déficit démocratique ». La construction européenne n'est plus considérée comme un domaine lointain, bénéficiant d'un préjugé favorable au nom de la promotion de la paix, mais comme une entreprise technocratique, sur laquelle les peuples et

leurs représentants nationaux semblent avoir peu de prise. Se profile également un élargissement à des dizaines de pays de l'ancienne « Europe de l'Est », qui diluerait plus encore l'influence française sur le projet européen. Sur le plan économique, l'Union symbolise une mondialisation libérale menaçante pour l'État-nation français, colbertiste et keynésien. Les analyses électorales confirment d'ailleurs que l'un des principaux indicateurs du vote « oui » est le niveau de diplôme. Ont voté « non » les Français qui s'estimaient menacés par la mondialisation, en particulier les agriculteurs et les ouvriers. La critique du « déficit démocratique » dépasse cependant ces groupes sociaux, comme d'ailleurs les frontières de la France. Ainsi, l'Allemagne fut le dernier pays à ratifier le traité en raison des multiples recours intentés auprès du Tribunal constitutionnel de Karlsruhe, dont certains portaient sur cette notion de manque de légitimité des institutions européennes.

Finalement, la controverse française n'aura que peu de conséquences à court terme. Le Danemark obtient des concessions de ses partenaires européens à la fin 1992 ; un nouveau référendum y est organisé en 1993 et aboutit à un clair « oui ». Le traité peut donc s'appliquer. Les réformes institutionnelles censées apporter plus de légitimité aux institutions européennes sont renvoyées à un traité ultérieur. Cependant, l'ombre de Maastricht plane toujours sur les rapports entre la France, l'Europe et la mondialisation. Les mêmes débats et les mêmes clivages réapparaissent lors du référendum du 29 mai 2005 sur le traité constitutionnel européen, cette fois-ci avec un « non » retentissant.

—

LAURENT WARLOUZET

RÉFÉRENCES

—

Olivier DUHAMEL et Gérard GRUNBERG, « Référendum : les dix France », *in* SOFRES, *L'État de l'opinion 1983*, Paris, Seuil, 1993, p. 79-85.
Anne DULPHY et Christine MANIGAND, *La France au risque de l'Europe*, Paris, Armand Colin, 2006.
Andrew MORAVCSIK, *The Choice for Europe : Social Purpose and State Power from Messina to Maastricht*, Ithaca, Cornell University Press, 1998.
Site web du Centre virtuel de connaissance sur l'Europe (Luxembourg) : < www.cvce.eu >

RENVOIS

—

1860, 1962, 1973, 1983, 2011

1998

La France « black-blanc-beur »

*La victoire de l'équipe nationale en finale de
la Coupe du monde de football le 12 juillet 1998
au stade de Saint-Denis a suscité un moment éphémère
de communion nationale et d'allégresse collective.
Avant que les fractures sociales n'enterrent le mythe
mobilisateur de la France «black-blanc-beur».*

Dans un pays encore meurtri par les attentats de 2015-2016, le slogan rassembleur de «la France black-blanc-beur», célébrant la victoire des Bleus au Mondial de 1998, paraît aujourd'hui dépassé et révolu. Comme si ce moment de célébration d'union nationale autour de cette équipe de France multiculturelle n'avait été qu'une «invention» de commentateurs pressés. Or, évitons de lire le passé – cette victoire historique de l'équipe de France – à la seule lumière d'un présent, en France, très assombri par ces attentats meurtriers, fruits du *djihad* mené par de jeunes «musulmans» et sonnant comme la fin du «creuset français» (Noiriel, 1988). Au contraire,

restituons à ce «moment 98» toute son historicité, son épaisseur et peut-être sa grandeur; ancrons-le solidement dans son contexte sportif, social et politique.

Rappelons, pour commencer, que cette équipe de France «black-blanc-beur» de 1998 est dans sa composition davantage black-blanc que beur. Zidane est le seul joueur qui représente la catégorie des joueurs d'origine maghrébine. Mais quel représentant! Il sera le héros de la finale (deux buts de la tête) contre le Brésil. Le groupe des «blacks» est plus fourni et composite: une majorité de joueurs issus des Antilles (Thuram, Henry, Diomède), de Guyane (Lama) et de Nouvelle-Calédonie (Karembeu) et un seul fils d'immigrés d'Afrique subsaharienne (Vieira, Sénégal), Desailly étant un cas à part, né au Ghana et adopté en France par un consul de France. Le reste de l'équipe, les « blancs », provient majoritairement de familles de natifs, ouvrières et populaires, à la fois stables et ancrées dans des terroirs locaux.

Les Bleus de 1998 n'appartiennent pas à la génération Bosman qui leur succède et va grandement bénéficier de l'envolée des salaires engendrée par l'extrême concurrence entre grands clubs professionnels. Nombre d'entre eux n'ont pas grandi « sous cloche », dans les centres de formation de football, à l'écart du monde social. Certains, tôt confrontés au racisme ou aux difficultés matérielles de leur famille, ont développé une forme de conscience sociale et politique, comme Lilian Thuram, venu en métropole à l'âge de neuf ans, où il découvre le racisme dont il a été protégé dans son bourg de Guadeloupe. Bachelier, marié à une Antillaise de sa cité, infirmière de profession, il s'est très tôt intéressé à la question noire, donnant à son fils aîné le prénom de Marcus, en hommage à Garvey (Thuram, 2004), portant un tee-shirt célébrant le 150ᵉ anniversaire de l'abolition de l'esclavage et aimant « parler politique » à la presse.

En somme, toute l'histoire contemporaine de la France pouvait se lire dans les trajectoires de ces joueurs. L'équipe de France 1998 représentait socialement la France populaire dans ses diverses composantes : non seulement ouvrière, rurale mais aussi banlieusarde et postcoloniale (DOM-TOM, immigration africaine). Dans la mesure

où le football fait partie désormais de la *check-list* identitaire des nations au même titre que l'hymne, le folklore, la gastronomie (Thiesse, 1999), cette équipe de France 1998, comme une loupe déformatrice, a montré à tous le nouveau visage que prenait la nation.

Les articles de presse et reportages télévisés de l'époque attestent que cette épopée des Bleus a progressivement fait l'objet d'une grande adhésion nationale. La victoire du 12 juillet 1998 a entraîné une liesse populaire rarement atteinte depuis la Libération de l'été 1944 : 1 million de personnes sur les Champs-Élysées ce soir-là et de grands rassemblements, éminemment joyeux et festifs, dans les centres-villes. Les bourgs ruraux, moins visibles, n'ont pas été en reste. Bref, il y a bien eu, en juillet 1998, de véritables moments d'effervescence collective allant de pair avec un sentiment de fusion nationale unissant hommes et femmes, bourgeois et classes populaires, Blancs et Noirs, Parisiens et provinciaux, appartenant à différents segments de la société française. Comme si les classes supérieures (« bourgeoises ») s'étaient alors senties redevables aux classes populaires françaises de ce succès et comme si aussi les natifs du pays avaient voulu se montrer reconnaissants du cadeau en retour des enfants de l'immigration postcoloniale.

C'est l'occasion de rappeler que cette victoire de l'équipe de France est aussi la victoire de la banlieue. Zidane est un enfant de la Castellane, une cité au pied des quartiers nord de Marseille. Au fur et à mesure des victoires des Bleus, obtenues sur le fil et par des héros de banlieue (en demi-finale Thuram, en finale Zidane), les jeunes de cité se sont mis à soutenir l'équipe de France, devenue «leur» équipe. Lisons le témoignage d'une enquêtée, Leïla, fille d'immigrés algériens, née en 1973 : «Pendant la période du Mondial, je bossais au service jeunesse de ma ville du 93 en tant que responsable du Bureau information jeunesse (BIJ). Nous avions des locaux en pied de cité dans un quartier réputé plutôt difficile, les jeunes avaient pris l'habitude, avec l'aide des animateurs du BIJ, d'installer une TV en plein milieu de la cité, de faire partir le courant électrique à partir de nos bureaux, les jeunes s'étaient débrouillés pour trouver une TV, une antenne et en moins de dix minutes nous avions cinquante personnes qui descendaient voir le match avec une ambiance festive et barbecue... Plus on avançait dans la compétition et plus la ferveur montait... Je me souviens d'un été particulièrement sympa dans le quartier... Fin août, au moment de rendre le matériel et les véhicules de locations (minibus), c'était une autre ambiance car les jeunes et les animateurs s'étaient bien gardés de nous dire que, tous les soirs, ils partaient fêter la victoire des Bleus en minibus et, le jour de la finale, ils ont tous fini sur le toit du minibus. La caution a sauté...»

N'oublions pas, enfin, que ce «moment 98» est aussi celui où le «foot» cesse en France d'être un plaisir masculin, provincial, banlieusard et populaire. Parler foot dans les milieux intellectuels ou dans les dîners parisiens était presque obscène socialement. Cela ne le sera plus entièrement après 1998 et une partie croissante de femmes se mettront à suivre les matchs et à goûter ce plaisir jadis réservé aux hommes.

Ces moments de ferveur et de liesse populaire s'accompagnent toujours d'une production d'images et de symboles qui vont ensuite imprimer peu à peu leur marque dans la mémoire collective. On peut ainsi penser à la projection de photos de Zidane sur l'Arc de triomphe et au slogan «Zidane président». «Un fils d'immigrés algériens nous a fait gagner la coupe du monde»! Quinze ans après la Marche pour l'égalité et contre le racisme (1983), la présence de ces enfants d'immigrés dans la société française est apparue comme pouvant constituer une richesse et un atout dans la compétition sportive et économique. La «zizoumania» n'a pas été sans effets dans les semaines suivant la victoire du 12 juillet. Pensons au revirement de Jacques Chirac à l'égard de ce qu'on pourrait appeler le «métissage culturel» de la France (Gastaut, 2008). Celui qui, en 1991, dans un discours tristement célèbre, avait dénoncé les «bruits et des odeurs» des immigrés vivant en HLM, déclare le 14 juillet 1998 à l'Élysée : «Cette équipe, à la fois tricolore et multicolore, donne une belle image de la France dans ce qu'elle a d'humaniste et de fort.» Charles Pasqua, ministre de l'Intérieur à poigne de la première cohabitation sous Mitterrand (1986-1988), est emporté par un élan encore plus grand. Dans une interview au *Monde*, le 17 juillet 1998, il prône la régularisation massive des étrangers en situation irrégulière en s'appuyant sur les leçons de la victoire des Bleus : «Le Mondial a montré aux yeux de tous que l'intégration est réussie à 90 % dans ce pays. Il a aussi renforcé les Français dans le sentiment que la France existe par elle-même. Dans ces moments-là, quand la France est forte, elle peut être généreuse, elle doit faire un geste. De Gaulle l'aurait probablement fait. » Quant au Front national, le 13 juillet 1998, il se réjouit de cette victoire emblématique, félicite chaleureusement Zidane tout en le rebaptisant après coup « enfant de l'Algérie française ».

Il y a bien eu, à l'été 1998, un moment inédit de rapprochement des groupes socioethniques, symbolisé par ce slogan de « la France black-blanc-beur ». Cet événement n'était pas suspendu dans un vide social et politique. D'une part, si la victoire française de 1998 a pu être lue comme celle d'un modèle social français, c'est que l'esprit fondateur de la nation française autour du vivre-ensemble, de la République et de la laïcité dans l'espace public, était toujours vivant et avait pu trouver dans cette équipe 98 un moyen inédit d'expression. D'autre part, ce moment de communion nationale prend sens dans un contexte de forte reprise économique, en 1997-1998, qui se traduit alors par une forte baisse du chômage, notamment des jeunes. Ce dernier moment de « bonheur » économique de la France, couplé avec la victoire des Bleus, a pu faire vivre – fugitivement – l'idée d'un avenir de concert entre les jeunes de banlieue et le reste de la société française. Hélas, sans lendemains durables. Aucune fatalité sociologique à cette issue. Les fracas de la nouvelle donne géopolitique (11 septembre 2001, guerre en Irak, embrasement durable du Proche-Orient) conjugués aux fractures sociales internes à la société française (émeutes de 2005)

et à l'insigne faiblesse des politiques publiques des gouvernements successifs ont contribué à enterrer ce mythe mobilisateur de « la France black-blanc-beur ». À sa place surgit aujourd'hui, dans un pays profondément divisé socialement, le spectre des « deux nations dans la nation », décrit par Disraeli pour l'Angleterre du premier capitalisme manchestérien.

—

STÉPHANE BEAUD

RÉFÉRENCES

—

Stéphane BEAUD (en collaboration avec Philippe GUIMARD), *Traîtres à la nation ? Un autre regard sur la grève des Bleus en Afrique du Sud*, Paris, La Découverte, 2011.
Yvan GASTAUT, *Le Métissage par le foot. L'intégration, mais jusqu'où ?*, Paris, Autrement, 2008.
Ivan JABLONKA, « Le nom des jeunes sans nom », *in* Ludivine BANTIGNY et Ivan JABLONKA (dir.), *Jeunesse oblige*, Paris, PUF, 2009.
Gérard NOIRIEL, *Le Creuset français. Histoire de l'immigration (XIXe-XXe siècle)*, Paris, Seuil, 1988; rééd. coll. « Points », 2016.
Anne-Marie THIESSE, *La Création des identités nationales (Europe XVIIIe-XIXe siècle)*, Paris, Seuil, 1999; rééd. coll. « Points », 2001.
Lilian THURAM, *8 juillet 1998*, Paris, Anne Carrière, 2004.

RENVOIS

—

1927, 1931, 1974, 2008, 2015

2003

« Et c'est un vieux pays »

*Entre renaissance et testament, combien de temps
les paroles prononcées par Dominique de Villepin
le 14 février 2003 aux Nations unies donneront aux Français
le sentiment vivace que leur « vieille » puissance
n'est pas tout à fait déchue ? Ce discours bien tourné
permet aussi de revenir sur une certaine
« politique arabe de la France ».*

Il en va des discours comme des monuments dans le récit glorieux d'une nation. Un homme élève sa voix dans une solitude splendide et, soudain, il est « la voix de la France », retour des profondeurs de l'essence prétendue d'une nation. Il devient alors le héraut d'un moment, porteur d'une vérité et gage d'une identification populaire. Dominique de Villepin, ministre des Affaires étrangères sans aucun mandat électif, fruit d'une aristocratie diplômée de la politique, s'est fait une place aux côtés de Malraux accompagnant Jean Moulin au Panthéon, de Gaulle le 18 Juin à Londres, Jaurès à Fourmies, dans la liste des hommes qui parlent pour mieux faire croire que tous les autres se taisent. Ce 14 février 2003, il porte avec lui, à New

York, une image de la France justicière, une certaine vision de la politique internationale mise en valeur par ses mots mêmes. Face à Donald Rumsfeld critiquant la frilosité de la « vieille Europe », il donne une leçon – bien vaine, on le sait – aux va-t-en-guerre états-uniens.

Que dit-il ? D'abord il répète la ligne de la politique étrangère française, fidèle aux engagements de respect des procédures et d'épuisement des solutions pacifiques avant tout recours aux armes. Il en rappelle au passage la paternité française. Il tente ainsi d'éviter le scénario de la première crise du Golfe, où l'entrée en guerre française avait provoqué de fortes lignes de fracture à l'intérieur même du gouvernement. Ensuite, il dit la possibilité, pour une vieille nation européenne, de dire non. En cela, il rejoue la partition gaullienne de l'indépendance vis-à-vis des États-Unis, et en particulier de l'OTAN. Par cette référence, le discours se veut voix de la France, et on peut le lire à l'évidence dans sa conclusion, avant les applaudissements.

« Et c'est un vieux pays, la France, un vieux continent comme le mien, l'Europe, qui vous le dit aujourd'hui, qui a connu les guerres, l'occupation, la barbarie. Un pays qui n'oublie pas et qui sait tout ce qu'il doit aux combattants de la liberté venus d'Amérique et d'ailleurs. Et qui pourtant n'a cessé de se tenir debout face à l'histoire et devant les hommes. Fidèle à ses valeurs, il veut agir résolument avec tous les membres de la communauté internationale. Il croit en notre capacité à construire ensemble un monde meilleur ».

Au-delà de sa signification immédiate, ce discours exprime une autre fidélité : celle qui lie la France à sa « politique arabe ». Cette locution a une histoire, complexe et changeante. Elle imprime par exemple à l'histoire du monde arabe, vue de France, une teinte bien particulière qui lie cette région du monde à la fois à une expédition de Bonaparte des plus singulières, aux accords de Capitulation et à la protection des chrétiens d'Orient au sein de l'Empire ottoman. Elle a ceci de particulier que chacun peut y trouver son origine, celle de la Chrétienté comme celle des Lumières révolutionnaires, celle de la colonisation comme celle du tiers-mondisme : en cela, elle est un lieu de réconciliation de la France avec elle-même. Cette parenté, qui la voit

par exemple intervenir en 1860 pour sauver les chrétiens du Mont-Liban ou, plus d'un siècle plus tard, prendre sa part dans le conflit civil libanais, n'est pas immédiatement liée à son empire arabe, notamment à l'Algérie, elle semble même prudemment éviter d'associer au monde arabe ses propres colonies arabophones.

Depuis le milieu du XIXe siècle, la droite comme la gauche françaises se sentent en devoir d'avoir une politique arabe, elles s'arrangent avec l'idée qu'elles se font de l'Orient, faisant souvent de cette région le lieu d'une des nombreuses exceptions à la règle des valeurs universelles. Ainsi en premier lieu de la laïcité, évidemment, qui se trouve peu applicable dans une région où la mission première française est de « défendre la Chrétienté ». Ainsi Abd el-Kader l'Algérien fait-il paradoxalement le pont entre la politique de conquête coloniale et une « politique de la France » en Orient. D'abord ennemi public numéro un, il devient un protégé et un citoyen valeureux représentant des valeurs de la France lorsqu'il prend l'initiative de défendre les chrétiens des persécutions dans la ville de Damas où il se trouve exilé en 1860.

Néanmoins, la « politique arabe de la France » désigne également un tournant de la politique coloniale. Alors que dans un premier temps tout est fait pour tenir aussi éloignés que possible les uns des autres le Proche-Orient et ses populations protégées et le Maghreb arabe français, l'entre-deux-guerres et l'installation des mandats au Levant font évoluer cette position. Car dans la vision coloniale française le Maghreb est d'abord africain, perçu dans un continuum de l'Empire d'Afrique. C'est le travail des orienta-listes arabisants, et notamment de ceux qui accompagnent Lyautey au Maroc, qui transforme cette perspective. Louis Massignon ou après lui Jacques Berque passent d'un territoire à l'autre, font des ponts entre l'orient et l'occident arabe et en montrent la parenté. Ils sont amenés à proposer à la France, en vue de l'auto-nomie des peuples arabes placés sous sa protection, une vision commune qui est appelée peu à peu à devenir la « politique arabe de la France » et à transformer sa politique coloniale. La culture en est un élément clé.

En 1928, un « comité des arabisants » constitué sous l'impulsion de Philippe Berthelot, secrétaire général du Quai d'Orsay et sous l'influence intellectuelle de Louis Massignon, alors de retour d'une mission en Syrie, pose les jalons d'une stratégie d'ensemble qui allie un volon-tarisme et une présence plus forts et une écoute plus attentive des situations locales : « [Il faut] rapprocher de nous les milieux lettrés musulmans qui, à Damas en particulier, nous sont peu favorables et parmi lesquels se recrutent les adver-saires les plus résolus et les plus acharnés de notre mandat. Nous avons la bonne fortune d'avoir parmi nos compatriotes un certain nombre d'hommes comme MM. Massignon, William et Georges Marçais, Godefroy-Demombynes, Wiet, Massé, Colin, Lévi-Provençal, qui sont au premier rang des arabisants européens [...]. Par l'envoi chaque année en Syrie pour plusieurs mois d'un ou plusieurs de ces maîtres, par leur collabo-ration avec les savants et les lettrés locaux, un contact s'établirait entre la science française et la culture arabe » (Berthelot, lettre préparatoire du 30 juillet 1927, archives MAE, Série Levant, dossier E313.18 ; 378).

La France commence dès lors à mettre en valeur un lien spécifique avec le monde arabe : lien de connaissance réciproque, fondé en science et en reconnaissance. Le pivot en est la langue et la « modernité ».

Villepin, on l'entend, interprète une partition de filiation gaullienne. Voici de Gaulle, et son fameux « Vers l'Orient compliqué, je volais avec des idées simples. Je savais qu'au milieu de facteurs enchevêtrés une partie essentielle s'y jouait. Il fallait donc en être ». Au-delà de cette maxime de la politique orientale, on oublie souvent que de Gaulle a passé deux années au Levant entre 1929 et 1931 et qu'il y a observé de près les menées françaises, reconnaissant la politique d'influence et observant également les conséquences du soulèvement nationaliste de 1925-1927 et le développement de la politique arabe conçue comme une entité permettant de dépasser le clientélisme confessionnel et de s'allier les élites modernistes dans la région. Acteur militaire de la « pacifi-cation » de la région, il prend d'abord position contre cette politique libérale. La même défiance à l'égard du parlementa-risme républicain français le rend critique vis-à-vis de la vie publique syrienne et libanaise de la fin des années 1920, allant de crise en crise. Malgré ses réticences, il prend conscience du tournant en cours. La politique arabe de la France est aussi une politique musulmane, et signe la fin des privilèges acquis par les élites chrétiennes sous protection.

On connaît la suite, et comment la décolonisation a marqué la politique arabe de la France, devenant une affaire de feu et de sang, mais aussi une affaire intérieure et demeurant une politique d'intérêts commerciaux et stratégiques. Jacques Chirac mais aussi avant lui Georges Pompidou ou Valéry Giscard d'Estaing prennent des positions et nouent des liens privilégiés avec leurs homologues arabes et maintiennent la France dans le jeu, car il s'agit bien « d'en être » : conclure des contrats d'armement décisifs – en Irak pendant la guerre Iran-Irak et jusqu'à la veille de la guerre de 1991 ; mais aussi développer des politiques de protection.

Plutôt que par des discours, la politique arabe de Jacques Chirac, gage de popularité dans l'ensemble de la région, s'est plutôt marquée par des gestes, depuis l'héroïco-comique esclandre au cœur de la vieille ville de Jérusalem en 1996 jusqu'à, dans un autre style, ses nombreuses vacances « en famille » avec le roi du Maroc, son amitié affichée avec le Libanais Rafic Hariri ou l'accueil de Yasser Arafat mourant dans un hôpital parisien.

Bravoure et léger sans-gêne, arrogance dans la manière de prendre le parti des faibles : les ingrédients sont là. Il ne s'agit pas de s'afficher – seulement – aux côtés des dictateurs arabes (bienvenus à l'Élysée plus souvent qu'à leur tour et bénéficiant d'une longue histoire de « complaisance » que Dominique de Villepin fait mine de récuser) mais de se montrer présent aux côtés des gens, d'illustrer à l'envi une politique extérieure fondée sur la fraternité entre les peuples, jouant sur une forme de populisme géostratégique y compris dans l'usage de l'anglais, par l'emploi d'une expression un peu sanguine, immédiatement compréhensible de tous et, dirions-nous aujourd'hui dans un bel anglicisme, *virale* : « *You want me to go back to my plane ?* »… Chirac prend alors plaisir à se rendre populaire auprès de la population palestinienne, mais aussi à marquer le contraste avec d'autres personnalités politiques, comme son Premier ministre socialiste Lionel Jospin, attaqué quant à lui trois ans plus tard à coups de pierres à Ramallah.

En réalité, par-delà ses différentes incarnations, la politique arabe de la France fonctionne comme un trompe-l'œil pour préserver des marchés et des débouchés. Dans ce cadre, le monde arabe que préfère la France est le plus souvent celui qui reste en l'état avec ses plages, ses chantiers de fouilles archéologiques et ses conflits sans fin, dans une stabilité bien ordonnée par la dictature – tout au moins tant qu'elle ne devient pas menaçante. Point n'est besoin de rappeler le soutien sans faille à l'Algérie des généraux, la Libye de Khadafi, l'Irak de Saddam Hussein, la Syrie des Assad, la Tunisie de Ben Ali, le Maroc du Makhzen… Certains hommes d'État français ont fait de cette histoire longue une sorte de certificat, se déclarant « amis », sinon connaisseurs, du monde arabe. C'est le cas de Jean-Pierre Chevènement, l'homme qui démissionna plutôt que d'aller en guerre contre l'Irak de Saddam, nommé à la tête de la Fondation de l'islam de France au lendemain des attentats de 2015 sur la foi de ces liens anciens.

—

LEYLA DAKHLI

RÉFÉRENCES

———

Éric AESCHIMANN et Christophe BOLTANSKI, *Chirac d'Arabie. Les mirages d'une politique française*, Paris, Grasset, 2006.

Leyla DAKHLI, « L'expertise en terrain colonial. Les orientalistes et le mandat français en Syrie et au Liban », *in* « La France et la Méditerranée », numéro spécial de la revue *Matériaux pour l'histoire de notre temps*, n° 99, 2010 / 3.

Gérard KHOURY, *La France et l'Orient arabe. Naissance du Liban moderne (1914-1920)*, Paris, Armand Colin, 1993.

Henry LAURENS, *Le Royaume impossible. La France et la genèse du monde arabe*, Paris, Armand Colin, 1990.

André NOUSCHI, *La France et le monde arabe depuis 1962. Mythes et réalités d'une ambition*, Paris, Vuibert, 1994.

RENVOIS

———

1095, 1715, 1790, 1798, 1825, 1863, 1883, 1960, 1962

2008

Pays natal en deuil

La mort d'Aimé Césaire, le 17 avril 2008, à Fort-de-France en Martinique, provoque une avalanche d'hommages officiels. Ce consensus national tranche avec le parcours politique et l'œuvre poétique du fondateur de la négritude, chantre d'un anticolonialisme radical.

Figure emblématique des lettres négro-africaines avec Léopold Sédar Senghor et Léon-Gontran Damas, Aimé Césaire est l'exemple même du poète éclaireur, du pourfendeur des clichés sur la race et du combattant inlassable contre le colonialisme. Sa « carte d'identité » se trouve sans doute dans sa fameuse pièce de théâtre *Et les chiens se taisaient*, parue en 1958 : « Mon nom : offensé ; mon prénom : humilié ; mon état : révolté ; mon âge : l'âge de pierre. Ma race : la race humaine. Ma religion : la fraternité. »

Né en Martinique en 1913, après des études dans son île natale au lycée Schœlcher, Aimé Césaire arrive à Paris en 1931 comme boursier et entre en classe d'hypokhâgne au lycée Louis-le-Grand. Il y croise Léopold Sédar Senghor, originaire du Sénégal, et le Guyanais Léon-Gontran Damas, avec lesquels il lancera plus tard le mouvement de la négritude. Reçu en 1935 à l'École normale supérieure, Césaire vit dans un espace où la « Renaissance de Harlem » – mouvement de renouveau de la culture afro-américaine dans l'entre-deux-guerres –, transposée désormais à Paris par les écrivains noirs américains en exil, aura une influence directe sur l'émancipation des étudiants noirs en France.

Le mot « négritude », qui apparaît à partir de 1939 dans le poème *Cahier d'un retour au pays natal* de Césaire, sera dorénavant inscrit dans cette démarche d'affirmation de soi par l'exaltation des racines africaines et le refus des canons esthétiques imposés par l'Occident. Dès 1931, la plupart des intellectuels noirs s'expriment dans *La Revue du monde noir* pour exposer leurs problèmes spécifiques. Faute de moyens, la revue ne comptera que six numéros. Une autre publication, *Légitime défense*, lui succède, plus radicale, plus politique, mais ne connaîtra qu'un seul numéro, menacée par les autorités françaises.

Aimé Césaire, alors président de l'Association des étudiants antillais, crée un autre périodique, *L'Étudiant noir*, dont il expliquera les raisons : « Qu'il y ait un petit journal corporatif, qui s'appelait *L'Étudiant martiniquais*, et alors moi, j'ai décidé de l'élargir et de l'appeler *L'Étudiant noir*, précisément pour avoir la collaboration des Noirs qui n'étaient pas seulement des Martiniquais, pour l'élargir au monde entier [...] ce qui veut dire que c'était déjà un peu la négritude qui remplaçait une idéologie assimilationniste. » *L'Étudiant noir* a ainsi occupé une place considérable dans l'expression d'une négritude dont la définition variait selon le tempérament et l'histoire personnelle de ses initiateurs. La négritude de Césaire n'était pas forcément celle de Senghor, plus idéologique, et c'est le poète martiniquais lui-même qui en détaillera les différences : « Senghor est africain, il a derrière lui un continent, une histoire, cette sagesse millénaire aussi ; et je suis antillais, donc un homme du déracinement, un homme de l'écartèlement... »

C'est en 1939 qu'Aimé Césaire regagne la Martinique, devient professeur au lycée Schœlcher et fonde deux ans plus tard avec son épouse Suzanne Césaire et quelques amis la revue *Tropiques*. Avec la publication de *Cahier d'un retour au pays natal*, la négritude fait son entrée de manière formelle, écrite, portée par la création poétique. Le courant séduit également les grands philosophes de l'époque, en particulier Jean-Paul Sartre qui, en 1948, préface l'*Anthologie de la nouvelle poésie nègre et malgache* de Senghor dans un texte intitulé « Orphée noir ». Il définit de la manière suivante ce courant négro-africain : « La négritude n'est pas un état, ni un ensemble défini de vices et de vertus, de qualités intellectuelles et morales, mais une certaine attitude affective à l'égard du monde [...] C'est une tension de l'âme, un choix de soi-même et d'autrui, une façon de dépasser les données brutes de l'âme, bref un projet tout comme l'acte volontaire. La négritude, pour employer le langage heideggérien, c'est l'être-dans-le-monde-du-Nègre. » La négritude, aux dires de Césaire lui-même, naîtra à cause – ou grâce – au Blanc par le biais du mot « nègre » : « Ce sont les Blancs qui ont inventé la négritude [...] Ce mot "nègre" qu'on nous jetait, nous l'avions ramassé. Comme on l'a dit, c'est un mot-défi transformé en mot fondateur. Mais il faut bien concevoir la Négritude comme un humanisme. Au bout du particularisme, on aboutit à l'universel. Si le point de départ c'est l'homme noir, l'aboutissement c'est l'homme tout court. »

Homme politique, Césaire essuie des critiques pour avoir été un des promoteurs du vote sur la départementalisation de son île et de certaines colonies françaises. Son pamphlet *Discours sur le colonialisme* aurait pourtant suffi à contenir les reproches qui lui étaient adressés puisque ce bref ouvrage est une des charges les plus virulentes et offensives contre un système politique que le poète estimait inique et nocif : « Entre colonisateur et colonisé, il n'y a de place que pour la corvée, l'intimidation, la pression, la police, le vol, le viol, les cultures obligatoires, le mépris, la méfiance, la morgue, la suffisance, la muflerie, des élites décérébrées, des masses aviles. »

En 1956, dans sa *Lettre à Maurice Thorez*, il quitte à grand fracas le Parti communiste avec qui il s'oppose sur la période post-Staline : « Quoi ! Tous les Partis communistes bougent. Italie. Pologne. Hongrie. Chine. Et le Parti français, au milieu du tourbillon général, se contemple lui-même et se dit satisfait [...] Pour ma part, je crois que les peuples noirs sont riches d'énergie, de passion, qu'il ne leur manque ni vigueur, ni imagination, mais que ces forces ne peuvent que s'étioler dans des organisations qui ne leur sont pas propres, faites pour eux, faites par eux et adaptées à des fins qu'eux seuls peuvent déterminer. » Césaire fustige ainsi la vision européocentriste des communistes français qu'il taxe de « chauvinisme inconscient ». Le poète propose plutôt un « fraternalisme » entre les membres du Parti. Il crée alors, avec Pierre Aliker et d'autres compagnons, le Parti progressiste martiniquais, « parti nationaliste, démocratique et anticolonialiste, inspiré de l'idéal socialiste » selon les statuts. Mais les Antilles françaises n'échappent pas aux mirages de la consommation et aux querelles politiques internes. La poésie reprend le dessus : Césaire entame une œuvre qui le hisse de plus en plus comme le vigile des « damnés de la terre », selon la formule de Frantz Fanon, et, comme il se qualifiait lui-même dans le *Cahier d'un retour au pays natal*, la « voix des sans voix ». Or, comment ne pas lire à travers les lignes qu'il s'agit bien de la continuation de son action politique et sociale sous le couvert de l'art et que l'on ne pourrait dissocier l'homme politique du poète ? Après *Les Armes miraculeuses* en 1946, *Soleil cou coupé* en 1948, *Corps perdu* en 1950, Césaire publie *Ferrements* en 1960, *Cadastre* en 1961, et Jean-Louis Joubert résumera ainsi cette œuvre poétique aux accents plus que jamais messianiques : « Il est probable que la fascination exercée par l'œuvre de Césaire tient aussi à cette cohérence du projet poétique. Il reprend en effet, de poème en poème, un même schéma dramatique montrant la destruction d'un monde ancien, l'avènement d'un monde nouveau, se développant sur un réseau d'images clés (images solaires, catastrophes en tout genre, flore et bestiaire du contexte antillais), s'énonçant selon le mode et le temps (impératif et futur) de la révolution annoncée. Chaque poème produit et magnifie un désastre de mots où s'abîme le désordre colonial, un cataclysme qui libère les promesses de l'avenir. Sans renoncer à ces apocalypses réjouissantes, le dernier recueil de Césaire, *Moi, laminaire* (1982), laisse percer comme une angoisse de l'échec : les volcans s'y éteignent ; l'enracinement dans la terre natale s'est défait. »

Le 17 avril 2008, à l'annonce de la mort d'Aimé Césaire, le président de la République française d'alors, Nicolas Sarkozy, lui rendra hommage en ces termes : « Ce fut un grand humaniste dans lequel se sont reconnus tous ceux qui ont lutté pour l'émancipation des peuples au XXᵉ siècle. » La France saluait un de ses plus grands poètes de langue française qui disparaissait à l'âge de quatre-vingt-quatorze ans et dont l'œuvre théâtrale eut son couronnement avec l'inscription de sa pièce *La Tragédie du roi Christophe* au répertoire de la Comédie-Française en 1991.

On retiendra ainsi sa contribution indéniable dans ce qu'il est convenu d'appeler aujourd'hui la *world literature*. En effet, en introduisant avec ses collègues Senghor et Damas le mot « négritude » dans les lettres négro-africaines, Césaire ouvrait de nouvelles pistes d'étude et convoquait une autre perception du monde dans laquelle l'imaginaire de l'Afrique et de ses diasporas apparaissait comme la pièce qui faisait défaut à la redéfinition du monde présent marqué par la culture de la rencontre et de l'échange.

Même au crépuscule de sa vie, Césaire gardait la fermeté de son engagement. En 2005, par exemple, il refusa de rencontrer Nicolas Sarkozy alors ministre de l'Intérieur et qui avait prévu un voyage aux Antilles, avant de l'annuler. Par ce refus, Césaire manifestait son opposition à la loi du 23 février 2005 sur les « aspects positifs » de la colonisation qu'il faudrait inscrire dans les programmes scolaires français – ce qui était aux antipodes du combat que Césaire aura mené toute sa vie, et surtout de la substance de son essai *Discours sur le colonialisme*. Deux ans après sa déconvenue, Nicolas Sarkozy, devenu président de la République, fera néanmoins un discours très contesté à Dakar en soutenant que « le drame de l'Afrique, c'est que l'homme africain n'est pas assez entré dans l'histoire »…

À la mort de Césaire, en 2008, Nicolas Sarkozy se rendit enfin en Martinique pour assister aux funérailles. La famille refusa tout discours officiel pour se prémunir de toute récupération politique. Plusieurs voix réclamaient l'entrée du poète au Panthéon, mais le peuple martiniquais insista pour que ses cendres demeurent dans son île natale. Cependant, le 6 avril 2011 – toujours en présence de Nicolas Sarkozy –, Césaire est tout de même symboliquement entré au Panthéon par une fresque monumentale installée au cœur de la nef de ce monument où reposent les grands hommes de la nation française…

—

ALAIN MABANCKOU

RÉFÉRENCES

—

Pierre BOUVIER, *Aimé Césaire, Frantz Fanon. Portraits de décolonisés*, Paris, Les Belles Lettres, 2010.

Aimé CÉSAIRE, *Cahier d'un retour au pays natal*, Paris, Présence Africaine, 1956.

Aimé CÉSAIRE, *Discours sur le colonialisme*, suivi de *Discours sur la négritude*, Paris, Présence Africaine, 1955 et 2000.

Aimé CÉSAIRE, *Une saison au Congo*, Paris, Seuil, 1966.

Raphaël CONFIANT, *Aimé Césaire. Une traversée paradoxale du siècle*, Paris, Stock, 1993.

Romuald FONKOUA, *Aimé Césaire*, Paris, Perrin, 2010.

RENVOIS

—

1635, 1842, 1907, 1931, 1953, 1960, 1961

2011

Le pouvoir mis à nu

La nouvelle s'est répandue dans le monde en l'espace de quelques tweets : le président du Fonds monétaire international, candidat pressenti à l'élection présidentielle de 2012, est sous les verrous à New York, soupçonné d'agression sexuelle. Les conséquences de cet événement mondialisé seront surtout nationales.

Le scénario était pourtant bien ficelé. Une nouvelle fois, la France attendait le retour d'un sauveur, cet homme providentiel parti de l'autre côté de l'Atlantique s'occuper du Fonds monétaire international, institution fondée sur les décombres de la Seconde Guerre mondiale. La machine médiatico-politique ne parlait plus que de cela. Quand allait-il enfin se déclarer ? Le quinquennat de Nicolas Sarkozy, débuté en fanfare, paraissait bien moribond. La crise de 2008 était passée par là, tout comme la lassitude face aux gesticulations du pouvoir et à la confusion sans cesse entretenue entre vie publique et sphère privée. Heureusement, une lumière scintillait depuis Washington : Dominique Strauss-Kahn, économiste de formation, membre du Parti socialiste

depuis la fin des années 1970, ministre à deux reprises dans les années 1990, et figure d'une social-démocratie moderne et réconciliée avec la mondialisation, tenait enfin sa revanche. Alors qu'il avait été sèchement battu par Ségolène Royal lors de la désignation du candidat socialiste pour l'élection présidentielle de 2007, tous les sondeurs lui prédisaient une victoire haut la main s'il se présentait à la primaire ouverte à tous les électeurs de gauche, prévue pour l'automne 2011, selon une procédure « à l'américaine » destinée à rénover les pratiques rouillées de la démocratie française.

Puis vint, au milieu de la nuit du 14 au 15 mai, cette incroyable nouvelle, diffusée d'abord sur Twitter, ce site de microblogage dont le grand public connaissait alors à peine l'existence, puis relayée par les médias traditionnels du monde entier. L'homme providentiel, le professeur d'économie, le *managing director* du Fonds monétaire international capable de sauter d'avion en avion pour se porter au chevet des États au bord de la faillite, venait d'être arrêté à New York, soupçonné d'agression sexuelle et de tentative de viol sur la personne de Nafissatou Diallo, une femme de chambre arrivée en 2004 de Guinée aux États-Unis. La scène du drame était la chambre 2806 du Sofitel, une enseigne appartenant au groupe français d'hôtellerie de luxe AccorHotels (le sixième du monde par la taille), dont le site Internet indique qu'il conjugue «confort, modernité et art de vivre à la française». La suite est bien connue, trop sans doute : la parade du prévenu menotté, barbu et hirsute, les geôles de Rikers Island, les réactions d'incompréhension et d'indignation, l'entrée en scène des communicants d'Euro RSCG – tout juste débarqués de leur vol transatlantique – et des ténors du barreau new-yorkais, le soutien sans faille apparent de son épouse, la journaliste Anne Sinclair.

À l'heure de la toute-puissance supposée des *spin doctors* et du *storytelling*, rien ne se passa comme prévu. Le 14 mai 2011 fut bien un point de bifurcation, le moment où le probable s'efface derrière l'imprévisible. L'avalanche d'images, de révélations et de contre-enquêtes, de théories complotistes ou d'interprétations psychanalytiques, le face-à-face entre le grand argentier du monde et la travailleuse immigrée africaine, tout contribuait à l'écriture, jour après jour, d'une fable

moderne sur le pouvoir, le sexe et l'argent, à l'heure de la mondialisation et des réseaux sociaux, qu'aucun romancier, aussi fantasque fût-il, eût même osé échafauder. La sidération naissait de la prise de conscience que l'*événement* n'avait rien perdu de son potentiel de déstabilisation de la réalité et des perceptions à travers lesquelles cette dernière s'offre à nos regards. Strauss-Kahn hors jeu, empêtré dans ses déboires judiciaires et confronté à l'étalage *ad nauseam* de ses mœurs privées dans l'affaire du Carlton de Lille, l'histoire politique française prit un cours bien différent de celui qui avait été anticipé, de la victoire de François Hollande à la primaire de la gauche en octobre 2011 à son élection à la présidence de la République en mai 2012. La principale conséquence de cet événement global était, *in fine*, strictement nationale. Mais c'est précisément parce que l'événement avait eu lieu à New York, capitale financière du monde et inépuisable machine à fantasmes, dans un système judiciaire et un cadre éthique bien différents de ceux existant en France, qu'il put à ce point bouleverser l'ordre des choses et exercer son pouvoir de dévoilement. Car, au-delà des effets en chaîne qu'il produisit, l'événement fut surtout le révélateur de tendances et de dynamiques bien plus profondes, offrant comme un coup de sonde inespéré dans les tréfonds de l'imaginaire et des structures sociales. C'est bien de la France, de ses élites et de leur rapport à la mondialisation qu'il fut question au cours de ces longues semaines.

Strauss-Kahn était jusque-là l'emblème d'une France à l'aise et confiante dans la mondialisation, dont la compétence, les réseaux et l'amabilité étaient salués de toutes parts. Cette image d'ouverture et de modernité, de capacité à rassurer les milieux d'affaires et les grandes puissances, remontait aux années 1990, lorsque le député socialiste avait occupé le poste de ministre de l'Économie, des Finances et de l'Industrie dans le gouvernement de Lionel Jospin, de 1997 à 1999. La gauche française, portée par le retour de la croissance, appliquait la réforme des trente-cinq heures, le PACS et la couverture maladie universelle, tout en privatisant et s'appuyant sur la renommée de son ministre pour vanter les mérites de sa dette vis-à-vis des investisseurs étrangers (certaines obligations du Trésor étant même rebaptisées « DSK bonds » sur les marchés). La trajectoire de Strauss-Kahn donnait un visage à cette France tournée vers le monde, polyglotte et cosmopolite, heureuse à Davos comme à Sarcelles, jusqu'à la survenue de ses premiers ennuis judiciaires au seuil des années 2000.

Il fallut attendre 2007 pour que le personnage retrouve de sa superbe. Défait à la primaire socialiste, l'ancien ministre fut propulsé à la tête du FMI, grâce au soutien de plusieurs dirigeants européens et avec l'aval du président Nicolas Sarkozy, trop heureux de pouvoir exfiltrer cet encombrant rival. Le défi à relever était à la mesure de son ambition : le FMI, alors en plein doute sur sa vocation et ses finalités, devait réformer sa gouvernance pour mieux tenir compte des puissances émergentes et de leurs revendications. Donner, en somme, à la mondialisation un visage

humain, compatible avec l'espoir d'une croissance juste et stable. Strauss-Kahn était le quatrième Français à endosser ce costume, après Pierre-Paul Schweitzer (1963-1973), Jacques de Larosière (1978-1987) et Michel Camdessus (1987-2000), tous trois anciens directeurs du Trésor. Au même moment, deux inspecteurs des Finances, Jean-Claude Trichet et Pascal Lamy, présidaient aux destinées de la Banque centrale européenne et de l'Organisation mondiale du commerce. Dans cette seconde moitié des années 2000, la France formait aussi bien les architectes-régulateurs de la mondialisation que ses plus célèbres détracteurs, Pascal Lamy en même temps que José Bové.

C'est alors qu'éclata la crise des *subprimes*, formidable occasion pour le nouveau dirigeant de s'imposer comme l'interlocuteur privilégié des gouvernements et des marchés financiers. La clairvoyance du FMI fut un temps saluée, l'institution soutenant l'intervention massive des gouvernements pour éviter l'effondrement du système bancaire international, de peur de répéter les erreurs provoquées par l'inertie des autorités publiques dans les années 1930. Deux ans plus tard, la crise des dettes privées se transformait en crise des dettes souveraines : le FMI, sous la direction de Strauss-Kahn et de son économiste en chef, le Français Olivier Blanchard, multiplia les prêts et crédits en direction de pays en difficulté, comme l'Islande, l'Irlande ou le Portugal, en échange de réformes structurelles et d'une politique d'austérité budgétaire particulièrement douloureuse. En 2010-2011, la crise grecque menait l'Europe au bord du gouffre. Les déboires du directeur du FMI intervinrent dans un contexte d'extrême vulnérabilité financière, au moment où tous les regards se portaient vers l'institution qu'il était supposé incarner. Le choc fut finalement de moindre ampleur pour le FMI que pour les socialistes français : Strauss-Kahn remit sa démission et, quelques semaines plus tard, lui succédait une autre ministre française, Christine Lagarde. Étonnant contraste entre la réputation poussive de l'économie française, placée dans le viseur des agences de notation qui n'allaient pas tarder à dégrader sa note financière au début 2012, et la capacité de ses élites à se propulser aux plus hauts sommets de la gouvernance globale.

L'affaire du Sofitel prenait place dans une série de scandales qui, au tournant des années 2010, braquèrent les projecteurs sur les pratiques des dirigeants économiques et politiques français, mettant au jour la géographie complexe de leurs réseaux, de leurs investissements et de leurs loisirs. Après l'affaire Bettencourt, avant l'affaire Cahuzac, qui toutes deux révélèrent l'ampleur de l'évasion fiscale des hauts revenus et des gros patrimoines, le cas Strauss-Kahn montrait à sa façon l'imbrication d'une mondialisation officielle, celle de la finance et des organisations internationales, et d'une autre moins reluisante, officieuse et souterraine, celle des réseaux prostitutionnels et des bonnes adresses du libertinage mondain. Des hôtels de luxe aux clubs de strip-tease de la frontière franco-belge, d'un Dominique l'autre, cette séquence éclairait les frontières, sociales et géographiques, de la mondialisation au début du XXIe siècle.

La carrière politique de Dominique Strauss-Kahn prenait fin, entraînant dans sa chute une autre figure, mythique celle-ci : le séducteur français, le galant homme épris de belles femmes et de grandes ambitions, le *French lover* que rien ne semblait pouvoir arrêter, c'est tout cela qui s'effondrait aux yeux du monde et de la France dans cette affaire. Les défenseurs du code de séduction à la française, des jeux de l'amour et du badinage, tentèrent bien de mettre en accusation le puritanisme et l'hypocrisie de la morale anglo-saxonne, incapable de concevoir une relation amoureuse préservée du droit et du contrat. Mais le choc fut trop rude, la société française ne pouvant plus faire autrement que de se dessiller les yeux : beaucoup prétendirent avoir su ou vu des choses au cours des années passées, mais le fait est que très peu avaient osé les nommer. Une nouvelle « exception » française se dissolvait dans la mondialisation, celle d'une frontière étanche entre vie publique et vie privée, et d'un refus de penser le harcèlement sexuel pour ce qu'il est, une violence faite aux femmes. L'affaire du Sofitel autant que les nouvelles technologies et la circulation des normes culturelles érigeaient la transparence en nouvel impératif démocratique.

—

Nicolas Delalande

RÉFÉRENCES

—

Rawi ABDELAL, *Capital Rules: The Construction of Global Finance*, Cambridge (MA), Harvard University Press, 2007.

Raphaëlle BACQUÉ et Ariane CHEMIN, *Les Strauss-Kahn*, Paris, Albin Michel, 2012.

Alexandre JAUNAIT et Frédérique MATONTI (dir.), « Consentement sexuel », dossier de la revue *Raisons politiques*, n° 46, 2012.

Benjamin LEMOINE, *L'Ordre de la dette. Enquête sur les infortunes de l'État et la prospérité du marché*, Paris, La Découverte, 2016.

Anne-Catherine WAGNER (dir.), « Le pouvoir économique. Classes sociales et modes de domination », dossier de la revue *Actes de la recherche en sciences sociales*, n° 190, 2011.

RENVOIS

—

1720, 1784, 1860, 1983

2015

Le retour du drapeau

La résonance des attentats qui frappent Paris en janvier puis en novembre 2015 est mondiale. Le drapeau, qui réapparaît aux fenêtres, est exposé sur tous les continents. Entre l'exhibition des trois couleurs sur les Champs-Élysées en 1989 et celles de 2015, le monde a basculé.

2015 serait-elle l'année du retour du drapeau ? Ce symbole a regagné les fenêtres à la faveur des attentats de janvier puis de novembre. Il lui a d'abord fallu parcourir des dizaines de milliers de kilomètres, plaqué sur les façades des plus grands monuments d'Australie, de Grande-Bretagne, d'Allemagne ou des États-Unis. Au lendemain des attentats de Paris, en novembre, on l'a vu sur l'Opéra de Sydney, l'Empire State Building, le Christ du Corcovado ou la porte de Brandebourg. Une manière simple et efficace, médiatiquement, de raconter une histoire sans paroles : le soutien de nombreux pays à la France touchée par le terrorisme. Mais, aussi faible soit-il, un engagement aussi.

Car, dans une année 2015 marquée par des attentats mensuels ou presque (Paris en janvier, Copenhague en février, Tunis en mars, Garissa au Kenya en avril, Sousse en juin, Ankara en octobre, Paris à nouveau avec les cent trente morts de Saint-Denis, du Bataclan et sur les terrasses parisiennes des Xe et XIe arrondissements le 13 novembre...), chacun en est venu à guetter l'apparition ou non des couleurs de son pays sur la tour Eiffel ou sur l'Opéra de Sydney.

Pourquoi en effet certains ont-ils droit à ces signes muets de solidarité et d'autres pas ? Y a-t-il des victimes d'attentats moins importantes que les autres ? Ces lieux symboles répondent-ils au même protocole de mise en berne que les bâtiments officiels ? Et sinon, qui décide que la Tunisie mérite, après l'attaque du Bardo, de voir son drapeau plaqué sur la tour Eiffel ?

Car, à côté des couleurs, d'autres ont choisi des mots. Des slogans plutôt : « Je suis Charlie » disait le premier, au soir de l'attentat du 7 janvier qui visait la rédaction de l'hebdomadaire et fit onze morts parmi les journalistes, personnels et policiers qui protégeaient ce journal menacé depuis des années pour ses positions sur la religion et plus particulièrement l'islam. Et même si d'autres attaques ont eu lieu le lendemain contre une policière municipale, et le surlendemain contre un hypermarché casher de la porte de Vincennes à Paris, faisant quatre victimes, ce slogan simple résuma, dans le monde entier, ce moment d'histoire. Au point que, lors des attaques du musée du Bardo à Tunis qui provoquèrent la mort de vingt-deux personnes le 18 mars 2015, il devint « Je suis Bardo ». Et qu'à l'occasion d'autres attaques revendiquées par des islamistes, « Je suis Mali » ou « Je suis Kenya » ont eu moins de succès.

Des couleurs compréhensibles par tous, dans le monde entier, des mots simples capables d'être entendus par ceux-là mêmes qui n'en parlent pas la langue. Et des chiffres – 4 millions de personnes silencieuses pour les manifestations d'hommage aux victimes le 11 janvier – susceptibles de mettre l'émotion en tableau Excel.

Voilà d'abord ce que nous a légué 2015, héritage d'une culture médiatique prompte à résumer un événement, fût-il complexe, en une poignée de secondes. Le politique l'a si bien compris qu'il a tenté de l'organiser. Depuis le rassemblement statique de chefs d'État à Paris le 11 janvier, jusqu'à la demande, au lendemain du 13 novembre, de pavoiser les fenêtres de nos villes avec le drapeau tricolore, la présidence de la République a cherché à transformer la commémoration en images exportables sous tous les formats.

Sans succès. Les logiques de réseau n'ont que faire des consignes venues d'en haut : qui a décidé, le 7 janvier dans l'après-midi, de se rassembler sur la place de la République à Paris, à quelques centaines de mètres de l'attaque contre l'hebdomadaire satirique *Charlie Hebdo* ? Qui a voulu que le socle de la statue de la République, récemment rénovée, devînt un autel aux victimes des attentats ? Qui a pensé que les petits mots, les dessins d'enfants et les bougies allumées allaient porter les pensées de milliers de personnes en hommage aux dessinateurs assassinés ? Qui a mobilisé le « *Not Afraid* » lumineux de la manifestation spontanée du 7 janvier ou la marionnette géante du théâtre du Soleil le 11 ? Personne. Ou tout le monde. Une inventivité formelle, consciente de s'inscrire dans un monde d'images et de médias globalisés, qui a permis aux Français de se redire que la rue, et l'espace public, leur appartenaient encore.

Pourtant, ces attaques intervenaient dans un pays qui connaissait depuis plusieurs décennies la violence des attentats. Depuis les années 1980, la France a été en effet régulièrement touchée. Si on excepte un terrorisme interne continu, commis par les indépendantistes corses par exemple, une bonne partie des attentats est alors reliée à la politique étrangère française. Les attentats de 1985-1986 contestent la position de la France au Liban, ceux de 1995-1996, commis entre autres par

Khaled Kelkal, enfant de la banlieue lyonnaise devenu le premier terroriste islamiste français, sont liés à la guerre civile algérienne. Ils sont l'écho métropolitain des attentats contre le QG des Casques bleus français à Beyrouth en 1983 ou des assassinats des moines de Tibhirine en Algérie en 1996. Ces bombes, placées dans les métros ou le RER, dans les gares ou devant les magasins, habituent les Français, et surtout les habitants de la capitale, à se méfier des bagages abandonnés et les accoutument au slogan « Attentifs, ensemble » répété dans les haut-parleurs du métro. Mais aussi à une présence militaire dans les rues, les gares et les aéroports avec le plan « Vigipirate renforcé » déclenché après l'attentat du RER Saint-Michel en 1995. Car ce plan, prévu au départ pour être temporaire, n'a jamais cessé d'être en vigueur. Les patrouilles de soldats, fusil Famas en bandoulière, ne surprennent plus que les touristes étrangers tant leur présence est habituelle aux Parisiens. Elles signent une menace diffuse et réelle mais n'empêchent pas Mohammed Merah, en mars 2012, de s'attaquer justement à des militaires ou de pénétrer dans une école juive pour y tuer enfants et enseignants.

Mais une présence régulière d'actes terroristes ne signifie pas pour autant que la population s'y habitue. C'est pourquoi, en janvier comme en novembre 2015, personne ne peut affirmer qu'il n'a pas eu peur. Peur pour lui ou pour les siens bien entendu. Mais peur aussi de voir s'évaporer les promesses lancées par un défilé médiatique et parisien, plus festif que celui de la place de la République le 11 janvier 2015 : celui qui avait eu lieu, vingt-six ans plus tôt, le 14 juillet 1989, sur les Champs-Élysées. Orchestré par un homme de publicité et de spectacle, Jean-Paul Goude, il avait rassemblé des milliers de musiciens traditionnels – joueurs de vielle ou de cornemuse – et des dizaines de groupes dansants et musicaux venant du monde entier. Un manifeste appuyé pour une France ouverte au monde, dans laquelle les tambours de Doudou Ndiaye Rose, les *marching band* américains et les danseuses arabes côtoyaient les « tribus des provinces de France », comme les appelait Jean-Paul Goude. Car son intention, puisée dans une époque marquée par la naissance et le développement de SOS Racisme, était bien alors de « fusionner les musiques tribales françaises avec les musiques tribales africaines ». Le tout précédé par une troupe de lanceurs de drapeaux bleu-blanc-rouge et conclu par une *Marseillaise* chantée par Jessye Norman drapée dans une immense robe tricolore.

L'époque est au métissage et à l'exaltation d'une France plurielle que certains voudront voir renaître en « bleu, blanc, beur » sur ces mêmes Champs-Élysées lors du défilé de la victoire de l'équipe de France de football en 1998.

Que s'est-il donc perdu, entre cette exhibition patriotique mais mondialisée de 1989 et les tristes rassemblements de 2015 ? Le discours hostile à l'immigration s'est renforcé. À chaque élection, les votants ont accordé plus de suffrages au Front national de Jean-Marie puis Marine Le Pen. La fermeture des usines, délocalisées en Europe de l'Est, en Asie ou au Maghreb, a provoqué de la méfiance vis-à-vis des vertus de l'ouverture des frontières, défendue par une Europe qui ne fait plus rêver. Les débats sur la laïcité et l'identité nationale de 2007-2008 ont poursuivi la lente érosion de l'idée d'une France ouverte et de toutes les couleurs.

Le bleu, le blanc et le rouge sont revenus aux balcons. Les multiples nuances qu'ils recouvraient en 1989 ont été lessivées mais ne sont pas encore effacées. Par qui, et dans quel but, seront-elles ravivées?

—

EMMANUEL LAURENTIN

RÉFÉRENCES

—

Patrick BOUCHERON et Mathieu RIBOULET, *Prendre dates (Paris, 6 janvier-14 janvier 2015)*, Paris, Verdier, 2015.
Raoul GIRARDET, « Les trois couleurs », *in* Pierre Nora (dir.), *Les Lieux de mémoire*, t. 1 : *La République*, Paris, Gallimard, 1984.
Pascal ORY, *Ce que dit Charlie. Treize leçons d'histoire*, Paris, Gallimard, 2015.

RENVOIS

—

1789, 1892, 1894, 1927, 1968, 1974, 1989, 1998, 2003

INDEX
DES NOMS

PARCOURS
BUISSONNIERS

LES AUTEURS

DIRECTEUR D'OUVRAGE

Professeur au Collège de France, **Patrick Boucheron** est l'auteur, entre autres, de *Léonard et Machiavel* (Verdier, 2008, rééd. « Verdier/Poche » 2013) et de *Conjurer la peur, Sienne, 1338. Essai sur la force politique des images* (Seuil, 2013 ; « Points Histoire », 2015). Il a dirigé *L'Histoire du monde au XVe siècle* (Fayard, 2009 ; rééd. « Pluriel », 2012).

COORDINATEURS

Nicolas Delalande est enseignant-chercheur au Centre d'histoire de Sciences Po et rédacteur en chef à *La Vie des Idées*. Il a publié *Les Batailles de l'impôt. Consentement et résistances de 1789 à nos jours* (Seuil, 2011), et coordonné, avec Patrick Boucheron, *Pour une histoire-monde* (PUF, 2013).

Ancien élève de l'École normale supérieure (Fontenay-Saint-Cloud) et agrégé d'histoire, **Florian Mazel** est actuellement professeur d'histoire médiévale à l'université Rennes 2 et membre de l'Institut universitaire de France. Ses travaux portent sur l'histoire sociale et religieuse des IXe-XIIIe siècles. Il a publié *Féodalités. 888-1180* (Belin, 2010) et *L'Évêque et le Territoire. L'invention médiévale de l'espace, Ve-XIIIe siècle* (Seuil, 2016).

Yann Potin est historien et archiviste. Maître de conférences associé en histoire du droit à l'université Paris-Nord, il travaille aux Archives nationales au sein du département Éducation, Culture et Affaires sociales. Il a coordonné *L'Histoire du monde au XVe siècle* sous la direction de Patrick Boucheron (Fayard, 2009) et a récemment édité le cours de Lucien Febvre au Collège de France *Michelet, créateur de l'histoire de France* (Vuibert, 2014). Il travaille sur la construction des sources historiques et l'histoire du patrimoine et des archives.

Professeur d'histoire contemporaine à l'université Paris 1 Panthéon-Sorbonne, chercheur à l'UMR SIRICE et membre de l'Institut universitaire de France, **Pierre Singaravélou** a publié de nombreux ouvrages sur l'histoire du fait colonial et de la mondialisation en Asie aux XIXe et XXe siècles. Il a édité, au Seuil, *Les Empires coloniaux, XIXe-XXe siècle* (« Points Histoire », 2013) et coécrit avec Quentin Deluermoz *Pour une histoire des possibles. Analyses contrefactuelles et futurs non advenus* (2016). Il dirige actuellement les Publications de la Sorbonne et le Centre d'histoire de l'Asie contemporaine.

CONTRIBUTEURS

Jean-Loup Abbé: Professeur émérite d'histoire médiévale à l'université Toulouse 2-Jean Jaurès.

Étienne Anheim: Directeur d'études à l'EHESS et directeur de la rédaction de la revue *Annales. Histoire, Sciences sociales.*

Philippe Artières: Directeur de recherche au CNRS au sein de l'Institut interdisciplinaire d'anthropologie du contemporain à l'EHESS.

Mathieu Arnoux: Professeur à l'université Paris Diderot-Paris 7, directeur d'études à l'EHESS.

Vincent Azoulay: Professeur d'histoire ancienne à l'université Paris-Est-Marne-la-Vallée.

Antoine de Baecque: Historien, critique de cinéma et de théâtre, professeur d'histoire et d'esthétique du cinéma à l'ENS.

Michel Banniard: Directeur d'études émérite à l'École pratique des hautes études (Sociolinguistique diachronique romane) et professeur émérite à l'université Toulouse II-Jean Jaurès (Linguistique médiévale).

Ludivine Bantigny: Maîtresse de conférences en histoire contemporaine à l'université de Normandie (Rouen).

Pascale Barthélémy: Maîtresse de conférences en histoire contemporaine à l'ENS de Lyon.

Jean-Pierre Bat: Archiviste-paléographe chargé des relations africaines et du fonds Foccart aux Archives nationales.

Pierre Bauduin: Professeur d'histoire médiévale à l'université de Caen Normandie, directeur du Centre de recherches archéologiques et historiques médiévales (CRAHAM) et membre senior de l'Institut universitaire de France.

Stéphane Beaud: Professeur de science politique à l'université Paris-Ouest-Nanterre-La Défense.

Pierre-Yves Beaurepaire: Professeur d'histoire à l'université Nice Sophia-Antipolis, membre de l'Institut universitaire de France.

Alban Bensa: Directeur d'études à l'EHESS en anthropologie.

Romain Bertrand: Directeur de recherche à la Fondation nationale des sciences politiques (Ceri-Sciences Po).

Laurence Bertrand Dorléac: Professeure et chercheuse au Centre d'histoire de Sciences Po.

Hélène Blais: Professeure d'histoire contemporaine à l'ENS, membre de l'Institut d'histoire moderne et contemporaine (CNRS / ENS / Paris 1).

François Bon: Professeur de préhistoire à l'université Toulouse 2-Jean Jaurès.

Christophe Bonneuil: Chercheur au CNRS (Centre Alexandre Koyré) et enseignant à l'EHESS.

Edina Bozoky: Maître de conférences émérite de l'université de Poitiers, membre du Centre d'études supérieures de civilisation médiévale (CESCM).

Eugénie Briot: Maîtresse de conférences en histoire des techniques à l'université Paris-Est-Marne-la-Vallée.

Axelle Brodiez-Dolino: Directrice adjointe de la revue *Le Mouvement social* et chargée de recherche au CNRS en histoire, rattachée au Laboratoire de recherche historique Rhône-Alpes (LARHRA).

Bruno Cabanes: Professeur d'histoire contemporaine, titulaire de la chaire Donald G. and Mary A. Dunn d'histoire de la guerre à l'Ohio State University (États-Unis).

Armel Campagne: Mastérant en histoire des sciences, techniques et sociétés à l'EHESS, Centre Alexandre Koyré.

Sylvie Chaperon: Professeure d'histoire contemporaine du genre à l'université Toulouse 2-Jean Jaurès.

Jean-Luc Chappey: Maître de conférences en histoire moderne à l'université Paris 1 Panthéon-Sorbonne, membre de l'Institut d'histoire moderne et contemporaine (CNRS / ENS / Paris 1).

Christophe Charle: Professeur d'histoire contemporaine à l'université Paris 1 Panthéon-Sorbonne, membre de l'Institut d'histoire moderne et contemporaine (CNRS / ENS / Paris 1), membre honoraire de l'Institut universitaire de France.

Maud Chirio: Maîtresse de conférences en histoire contemporaine à l'université Paris-Est Marne-la-Vallée, spécialiste de l'histoire contemporaine du Brésil, plus particulièrement de l'institution armée, de la droite et de l'appareil répressif sous la dernière dictature militaire (1964-1985).

Magali Coumert: Maîtresse de conférences en histoire médiévale à l'université de Brest et membre de l'Institut universitaire de France.

Manuel Covo: Maître de conférences en histoire moderne et contemporaine à l'University of California, Santa Barbara.

Guillaume Cuchet: Professeur d'histoire contemporaine à l'université Paris-Est-Créteil-Val-de-Marne.

Leyla Dakhli: Chargée de recherche au CNRS, affectée au Centre Marc Bloch (Berlin).

Jérôme David: Professeur de littérature française et de didactique littéraire à l'université de Genève.

Hélène Débax: Professeure d'histoire du Moyen Âge à l'université Toulouse 2-Jean Jaurès et directrice de l'UMR FRAMESPA (France, Amériques, Espagne – Sociétés, pouvoirs, acteurs).

Quentin Deluermoz: Maître de conférences en histoire contemporaine à l'université Paris 13 (laboratoire Pléiade), chercheur associé au Centre de recherches historiques (EHESS) et membre de l'Institut universitaire de France.

Jean-Paul Demoule: Professeur de protohistoire à l'université Paris 1 Panthéon-Sorbonne et membre de l'Institut universitaire de France.

François Denord: Chargé de recherche au CNRS, membre du Centre européen de sociologie et de science politique (EHESS-Paris 1 Panthéon-Sorbonne).

Pierre Antoine Fabre: Directeur d'études à l'EHESS, membre du Centre d'études en sciences sociales du religieux (CéSor), directeur des Archives de sciences sociales des religions.

François-Xavier Fauvelle: Directeur de recherche au CNRS au sein du laboratoire de Travaux et recherches archéologiques sur les cultures, les espaces et les sociétés (TRACES) de l'université de Toulouse 2-Jean Jaurès.

Jérémie Foa: Maître de conférences en histoire moderne à l'université Aix-Marseille et membre junior de l'Institut universitaire de France.

François Foronda: Maître de conférences en histoire médiévale à l'université Paris 1 Panthéon-Sorbonne.

Claire Fredj: Maîtresse de conférences en histoire contemporaine à l'université Paris-Ouest-Nanterre-La Défense.

Jean-Baptiste Fressoz: Chargé de recherche au CNRS en histoire des sciences et des techniques de l'environnement et membre du Centre Alexandre Koyré (EHESS).

Patrick Garcia: Professeur d'histoire contemporaine à l'université de Cergy-Pontoise et chercheur associé à l'Institut d'histoire du temps présent.

Stéphane Gioanni: Professeur de latin tardif et médiéval à l'université Lumière Lyon 2.

Sebastian Grevsmühl: Chargé de recherche au CNRS et membre du Centre de recherches historiques (EHESS-CNRS).

Olivier Guyotjeannin: Professeur de diplomatique et archivistique médiévales à l'École nationale des chartes.

Jean-Louis Halpérin: Professeur d'histoire du droit à l'École normale supérieure de Paris.

Étienne Hamon: Professeur d'histoire de l'art médiéval à l'université Lille 3.

Philippe Hamon: Professeur d'histoire moderne à l'université Rennes 2.

Antony Hostein: Directeur d'études à l'École pratique des hautes études, section des sciences historiques et philologiques.

Arnaud-Dominique Houte: Maître de conférences en histoire sociale et culturelle à l'université Paris-Sorbonne.

Valeska Huber: Chercheuse au German Historical Institute London.

Léna Humbert: Mastérante en histoire des sciences, techniques et sociétés à l'EHESS, Centre Alexandre Koyré.

Dominique Iogna-Prat: Directeur de recherche au CNRS et directeur d'études à l'EHESS en médiévistique et sciences sociales des religions.

Marie-Céline Isaïa: Maîtresse de conférences en histoire du Moyen Âge à l'université Lyon 3.

François Jarrige: Maître de conférences en histoire contemporaine à l'université

de Bourgogne, membre du Centre Georges Chevrier (Université Bourgogne / CNRS).

Jean-Louis Jeannelle: Professeur de littérature française à l'université de Rouen et membre du Centre d'études et de recherche éditer / interpréter (CÉRÉdI).

Eric Jennings: Professeur d'histoire contemporaine à l'université de Toronto.

Annie Jourdan: Chercheuse associée en études européennes à l'université d'Amsterdam.

Philippe Joutard: Professeur d'histoire moderne émérite à l'université d'Aix-Marseille, et ancien recteur.

Dzovinar Kévonian: Maîtresse de conférences en histoire à l'université Paris-Nanterre.

Anouche Kunth: Chargée de recherche au CNRS en histoire contemporaine.

Guillaume Lachenal: Maître de conférences en histoire des sciences à l'université Paris Diderot-Paris 7 et chercheur au laboratoire Sciences, philosophie, histoire (SPHERE).

Sylvette Larzul: Chercheuse associée à l'Institut des mondes africains (IMAF), spécialiste de l'histoire de l'orientalisme.

Emmanuel Laurentin: Producteur à Radio France, chargé de cours à l'École de journalisme de Sciences Po et membre du conseil de rédaction de la revue *Esprit*.

Marc Lazar: Directeur du Centre d'histoire de Sciences Po (CHSP) et professeur d'histoire et sociologie politique à Sciences Po.

Pauline Lemaigre-Gaffier: Maître de conférences en histoire moderne à l'université de Versailles-Saint-Quentin-en-Yvelines, laboratoire des Dynamiques patrimoniales et culturelles (DYPAC).

Vincent Lemire: Maître de conférences en histoire contemporaine à l'université

Paris-Est-Marne-la-Vallée, directeur du projet ERC « Open Jerusalem ».

Alain de Libera : Professeur honoraire à l'université de Genève et professeur au Collège de France, titulaire de la chaire « Histoire de la philosophie médiévale ».

Aurélien Lignereux : Maître de conférences en histoire contemporaine à l'IEP de Grenoble.

Yann Lignereux : Professeur d'histoire moderne à l'université de Nantes.

Antoine Lilti : Directeur d'études à l'EHESS en histoire moderne.

Fabien Locher : Chargé de recherche au CNRS, membre du Centre de recherches historiques de l'EHESS.

Julien Loiseau : Maître de conférences en histoire médiévale à l'université Paul-Valéry Montpellier 3 et membre junior de l'Institut universitaire de France.

Emmanuelle Loyer : Professeure d'histoire contemporaine, membre du Centre d'histoire contemporaine de Sciences Po (CHSP).

Alain Mabanckou : Professeur de littérature francophone à l'université de Californie à Los Angeles (UCLA) et professeur au Collège de France, titulaire de la chaire « Création artistique ».

Fanny Madeline : Pensionnaire de la fondation Thiers, membre du laboratoire de Médiévistique occidentale de Paris (CNRS / Université Paris 1 Panthéon-Sorbonne).

Grégor Marchand : Directeur de recherche au CNRS rattaché au laboratoire Archéosciences de l'université Rennes 1.

Guillaume Mazeau : Maître de conférences en histoire moderne à l'université Paris 1 Panthéon-Sorbonne.

Hervé Mazurel : Maître de conférences en histoire contemporaine à l'université de Bourgogne et membre du centre Georges Chevrier.

Pierre Monnet : Directeur d'études à l'EHESS et directeur de l'Institut franco-allemand de sciences historiques et sociales de Francfort-sur-le-Main.

Renaud Morieux : Senior Lecturer en histoire britannique, Université de Cambridge.

Sébastien Nadiras : Conservateur du patrimoine aux Archives nationales.

Laurent Olivier : Conservateur en chef au musée d'Archéologie nationale de Saint-Germain-en-Laye.

Natalie Pigeard-Micault : Ingénieure au CNRS en histoire des sciences, responsable des ressources historiques du Musée Curie.

Vincent Puech : Maître de conférences en histoire ancienne à l'université de Versailles-Saint-Quentin-en-Yvelines.

Jenny Raflik : Maître de conférences en histoire contemporaine à l'université de Cergy-Pontoise.

Frédéric Régent : Maître de conférences en histoire moderne à l'université Paris 1 Panthéon-Sorbonne et président du Comité national de la Mémoire et de l'Histoire de l'esclavage.

Isabelle Rosé : Maîtresse de conférences en histoire du Moyen Âge à l'université Rennes 2.

Amable Sablon du Corail : Conservateur en chef du patrimoine, responsable du département du Moyen Âge et de l'Ancien Régime aux Archives de France.

Jean-Lucien Sanchez : Membre du Centre pour les humanités numériques et pour l'histoire de la justice (CLAMOR), chargé d'études historiques au ministère de la Justice et chercheur associé au Centre de recherches sociologiques sur le droit et les institutions pénales (CESDIP).

Thierry Sarmant: Conservateur en chef du patrimoine au Service historique de la Défense.

Maurice Sartre: Professeur émérite d'histoire ancienne à l'université François-Rabelais de Tours, membre honoraire de l'Institut universitaire de France.

Bénédicte Savoy: Professeure d'histoire de l'art à la Technische Universität de Berlin et au Collège de France à Paris.

Jean-Frédéric Schaub: Directeur d'études à l'EHESS, membre du laboratoire d'études des mondes américains.

Matthieu Scherman: Ancien membre de l'École française de Rome, enseignant du secondaire.

Emmanuelle Sibeud: Professeure d'histoire contemporaine à l'université Paris 8, membre de l'équipe de recherche du CNRS UDHES (UMR 8533).

Juliette Sibon: Maîtresse de conférences en histoire médiévale à l'université d'Albi, directrice de la Nouvelle Gallia judaica et membre du laboratoire des Études sur les monothéismes (LEM-UMR 8584).

Anne Simonin: Directrice de la recherche au CNRS (CESPRA/EHESS).

Alexis Spire: Directeur de recherche CNRS en sociologie.

Sylvie Thénault: Directrice de recherche au CNRS / Centre d'histoire sociale du XXe siècle.

David Todd: Enseignant-chercheur au King's College de Londres.

Sezin Topçu: Chargée de recherche au CNRS, rattachée au Centre d'Étude des mouvements sociaux.

Mélanie Traversier: Maîtresse de conférences en histoire moderne à l'université Lille 3 et membre de l'Institut universitaire de France.

Boris Valentin: Professeur d'archéologie préhistorique à l'université Paris 1 Panthéon-Sorbonne.

Stéphane Van Damme: Professeur d'histoire moderne à l'Institut universitaire européen de Florence.

Nicolas Vatin: Directeur de recherche et d'études au CNRS rattaché au laboratoire d'études turques et ottomanes.

François Velde: Économiste au département de recherche économique de la Federal Reserve Bank of Chicago.

Sylvain Venayre: Professeur d'histoire contemporaine à l'université Grenoble Alpes, directeur du LUHCIE (Laboratoire universitaire histoire cultures Italie Europe).

Geneviève Verdo: Maîtresse de conférences en histoire contemporaine à l'université Paris 1 Panthéon-Sorbonne.

Julien Vincent: Maître de conférences en histoire des sciences à l'université Paris 1 Panthéon-Sorbonne, membre de l'Institut d'histoire moderne et contemporaine (CNRS / ENS / Paris 1).

Sophie Wahnich: Directrice de recherche au CNRS en histoire contemporaine et directrice de l'équipe des Transformations radicales des mondes contemporains (Tram).

Laurent Warlouzet: Professeur d'histoire contemporaine à l'université Littoral-Côte d'Opale.

Annette Wieviorka: Directrice de recherche émérite au CNRS (Sirice-Paris 1 Panthéon-Sorbonne).

Claire Zalc: Directrice de recherche au CNRS à l'Institut d'histoire moderne et contemporaine.

Michel Zimmermann: Professeur émérite d'histoire médiévale à l'université de Versailles-Saint-Quentin-en-Yvelines.

TABLE

RÉALISATION : PAO ÉDITIONS DU SEUIL

IMPRESSION : NORMANDIE ROTO IMPRESSION S.A.S. À LONRAI (61)

DÉPÔT LÉGAL : JANVIER 2017. Nº 133629-3 (1700295)

IMPRIMÉ EN FRANCE